Dominikanische Republik

von
Elmar Mai

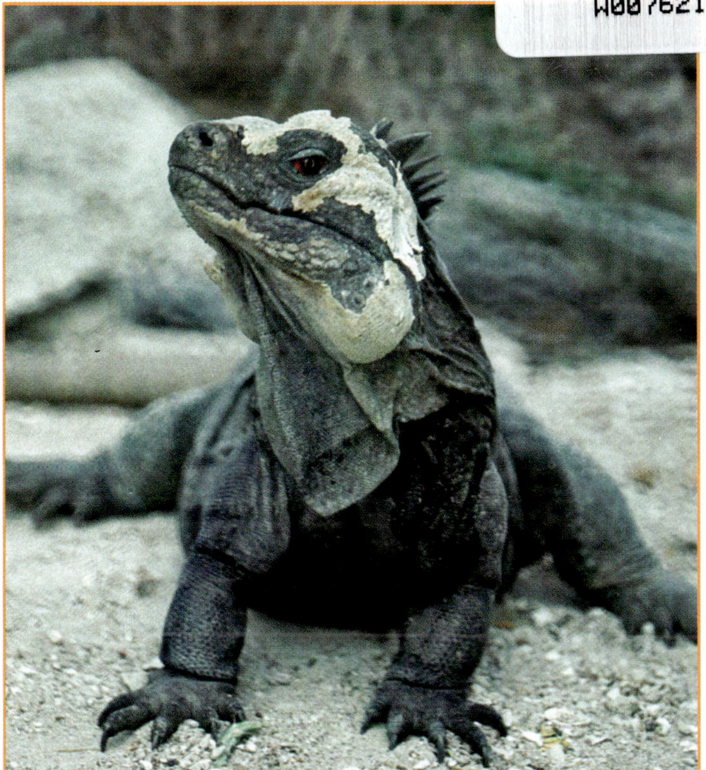

NTV
Reise

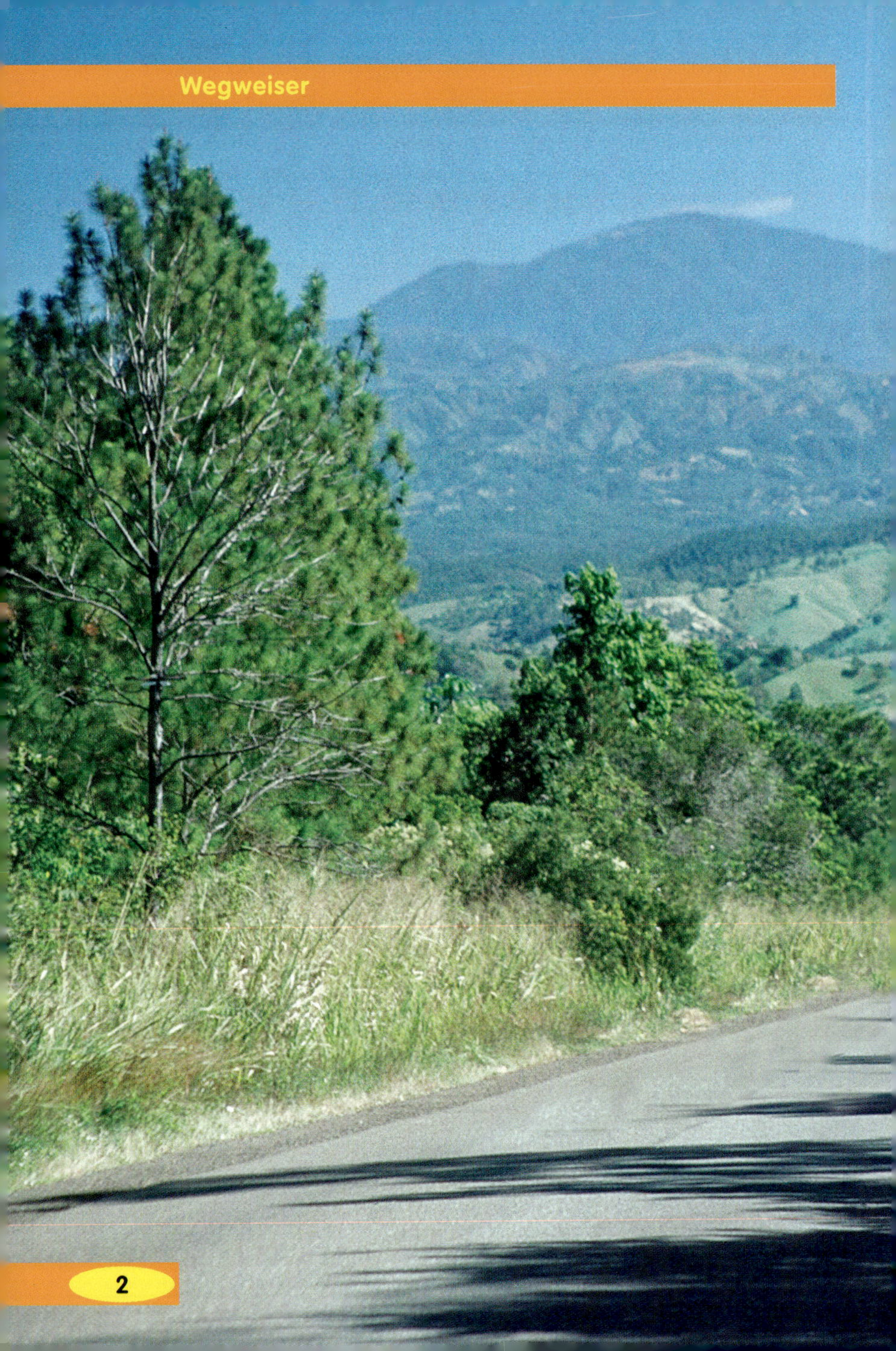

Wegweiser

Reiseziele

Inhaltsverzeichnis

Reisezziele

Der Südwesten 359

Reiseziele

Bildnachweis für dieses Inhaltsverzeichnis:
Seite 1:   Der Hispaniola-Wirtelschwanzleguan *Cyclura ricordi* im Süden der Dominikanischen
             Republik zählt zu den seltensten Reptilien der Welt
Seite 2/3:   Blick von Jarabacoa auf den Pico Duarte
Seite 4:   Das Mohngewächs *Bocconia frutescens* sieht auf den ersten Blick einer Eiche ähnlich.
Seite 5:   Bergpalmen besitzen äußerst elegante Wedel
Seite 6:   Glattkopfleguane sind in mehreren Arten auf der Insel häufig anzutreffen
Seite 7:   Eine unbeschwerte Kindheit
Seite 8:   Rosalöffler auf der Suche nach einer geeigneten Flachwasserzone
Seite 9:   Sisalagaven werden speziell zur Fasergewinnung angebaut
Seite 10:   Palmen, Meer und Strand bei Samaná

Bildnachweis Umschlag:
Rücken: Braunpelikan · Buckelwal Foto: Foto: © B.Cole/WILDLIFE
             Der Autor, Elmar Mai Foto C. Calzolari
Front: Strandszene · Haitiamazone · Einheimische Bevölkerung

ISBN 978-3-86659-041-0

© 2011 Natur und Tier - Verlag GmbH
Redaktion: Heiko Werning
Lektorat: Heiko Werning, Mike Zawadzki & Alexander Gutsche
Layout: Ludger Hogeback, hohe birken
Druck: Alföldi, Debrecen

Vorwort

Am Lago Enriquillo lebt vermutlich die größte Rosaflamingokolonie des Landes

„Die Dosis macht das Gift", hat Paracelsus einst gesagt. Gemessen daran, ist die Dominikanische Republik hoch suchterregend. Denn die Dosis an Eindrücken, die Vielfalt an Biotopen, Pflanzen und Tieren auf so engem Raum ist überwältigend. Sicherlich gibt es artenreichere Lebensräume, man denke nur an den südamerikanischen Regenwald, oder überwältigendere Landschaften, wie die Nationalparks im Südwesten der USA oder in Australien. Sicherlich bietet die Atacama-Wüste in Chile extremere Biotope und Bootsfahrten in den Everglades imposantere Begegnungen mit urzeitlichen Reptilien. Aber all diese Ziele nehmen sehr großen Raum ein, während man in der Dominikanischen Republik in nur 2–3 Stunden Autofahrt alle Extreme erleben kann, denn sie bietet auf engstem Raum von allem etwas. Man gelangt schnell von der trockensten Wüste in triefende Nebelwälder, von bizarren Felsküsten mit Palmen in einzigartige Berglandschaften mit bunt bewachsenen Kiefern oder vom geheimnisvollen Dickicht der Mangroven zu Aussichtspunkten mit einer Fernsicht bis zum Horizont. Die

Widmung

Dieses Buch widme ich den Kindern der Dominikanischen Republik. Dieser jungen Generation wird es vorbehalten bleiben, das Erbe ihrer Vorgänger anzutreten und die in den letzten Jahren begonnenen, ernsthaften Bemühungen zum Erhalt der Naturschönheiten fortzuführen. Der Anfang mit einer breiten Palette von Schutzgebieten ist gemacht. Es bedarf eines kompletten Menschenlebens, um den Schatz, den diese Insel bietet, annähernd zu begreifen. Daher ist es eine vordringliche Aufgabe, die Jugend frühzeitig und behutsam an ihre Umwelt heranzuführen und sie für deren Schönheit und Schutz zu begeistern. Nur was man wirklich kennt und liebt, kann man auf Dauer auch beschützen und bewahren.

Dominikanische Republik ist ein einziges Freilandlabor mit unzähligen Lebensräumen, in denen die Evolution pulst, wo sich Artentstehungsprozesse in vollem Gang befinden. Sie ist noch ein Land für unternehmungslustige Forscher und Entdecker. Für jeden ist etwas dabei: einzigartige Strände und Buchten mit tollen Unterwasserwelten, reißende Flüsse in den Bergen mit tosenden Wasserfällen, außergewöhnliche Bergtouren auf die höchsten Gipfel, Bootstouren zu geheimnisumwitterten Höhlen mit Fledermäusen, Besichtigungen von Kultstätten der Urein-

wohner oder Begegnungen mit Krokodilen sowie Flamingoschwärmen im Salzsee inmitten einer Kakteenwüste – alles bestens behütet in einem der unzähligen Nationalparks des Landes. Die Zeit vergeht wie im Flug. Und sei der Urlaub auch noch so lang, bei der Abreise bleiben dennoch viele Ecken unentdeckt und nähren den Wunsch nach einer neuen Dosis wildromantischer Naturerlebnisse in der Dominikanischen Republik.

Elmar Mai
Rösrath, im Frühjahr 2011

Einleitung

Als Christoph Kolumbus bei dem Versuch, Indien über die westliche Route zu erreichen, 1492 nach langer Fahrt durch angeblich unbekannte Gewässer (es gibt Hinweise darauf, dass Kolumbus die Route und die Existenz eines unbekannten Landes von Seefahrern der Azoren erfahren hat) endlich seinen Fuß auf festen Boden setzte, soll er in seinem Logbuch eingetragen haben, er habe das Paradies betreten. Kolumbus war der festen Überzeugung, die „Rückseite" Indiens auf der Westroute entdeckt zu haben und nannte die vorgelagerte Inselgruppe folgerichtig westindische Inseln, und so heißen sie auch heute noch. Trotz dieses Irrtums (von Amerika wusste damals noch keiner, von den Wikingern mal abgesehen, die schon um das Jahr 1000 in Neufundland siedelten, aber keinerlei Informationen darüber hinterließen) gehört die „Paradiesinsel", von Kolumbus „Hispañola" getauft, zu einer der interessantesten Inseln der Welt. Sie trennt zwei Meere voneinander: den Atlantik im Nordosten vom Karibischen Meer im Südwesten. Auch beherbergt sie zwei Staaten, im Westen Haiti, einst französische Kolonie, während den größeren, östlichen Teil die lange von den Spaniern beherrschte Dominikanische Republik einnimmt. Die Insel hat seitdem viele Tiefen durchlebt, nicht nur politische mit dem Völkermord an der Urbevölkerung durch die Spanier, Sklavenhandel oder korrupten Diktaturen, sondern auch ökologische mit gravierenden Abholzungen durch Spanier und Amerikaner gleichermaßen.

Die zweitgrößte Insel der Antillen kann mit einigen Superlativen aufwarten, etwa dem höchsten Berg der Karibik. Mit 3.098 m ist der Pico Duarte immerhin höher als der höchste deutsche Berg. Die tiefste Senke in ganz Südamerika – diesen Titel teilt sie sich mit einer gleich tief liegenden Senke in Argentinien – beherbergt mit mehr als 40 m unter dem Meeresspiegel den Lago Enriquillo, den größten Binnensee der Karibik. Weitere Höhepunkte sind die unendlichen, unberührten Strände und nicht zuletzt die kilometerlangen, reich belebten Riffe – also auch für Taucher ein Paradies.

Nachdem sich die politische und wirtschaftliche Lage zumindest in der Dominikanischen Republik in den letzten Jahrzehnten zunehmend stabilisiert hat, wurde sie mehr und mehr für den Tourismus interessant und gehört heute zu einem der internationalen Hauptreiseziele. Leider verbringen die meisten Erholungsuchenden ihre gesamte Urlaubszeit in den preiswert angebotenen „All-inclusive"-Hotelanlagen und an deren Stränden, nicht ahnend, dass ihnen eine bezaubernde, tropische Welt mit einer ebenso bezaubernden Bevölkerung verborgen bleibt. Denn obwohl die Dominikanische Republik de Facto immer noch als Entwicklungsland bezeichnet werden kann, hat

es die Regierung geschafft, etwa ein Sechstel der Fläche als Nationalpark auszuweisen, mit elf großen und unzähligen kleineren Flächen über die gesamte Insel verteilt. Und man hat es im Laufe der Zeit geschafft, mit einem guten Management vorzeigbare Naturschutzarbeit zu leisten.

Die katastrophale Infrastruktur, die noch Anfang der 1990er-Jahre herrschte, hat sich entschieden verbessert, sodass heute gute Straßen selbst in abgelegene Regionen führen, nicht ohne Gefahren für die Natur. Aber naturbegeisterte Reisende können heute bequem in Gegenden vorstoßen, die noch vor kurzem mit dem Risiko eines Achsbruches oder einer geborstenen Ölwanne behaftet waren.

Die Dominikanische Republik ist in weiten Teilen sehr fruchtbar, und Landnahme ist überall zu spüren. Wer weiß schon, dass Zigarren der Spitzenklasse, den berühmten kubanischen vergleichbar oder gar überlegen, von hier kommen, dass riesige Mengen Zuckerrohr angebaut und zu Zucker oder erstklassigem Rum verarbeitet werden, dass sich in den Höhenlagen eines der qualitativ besten Kaffeeanbaugebiete der Welt befindet und dort auch modernster Gemüsebau nach Bio-Richtlinien betrieben wird und dass riesige Reisfelder weite Tiefebenen beherrschen? Trotzdem ist noch genug Platz für eine üppige, tropische Fauna und Flora sowie für unternehmungslustige Naturfreunde, die das wahre Paradies entdecken wollen, so wie es Kolumbus schon vor über 500 Jahren in seinem Logbuch vermerkt hatte.

Allgemeines

Lage, Landverteilung und Landnutzung der Dominikanischen Republik

Die Dominikanische Republik liegt zwischen dem 18. und 20. Grad nördlicher Breite und dem 68. und 72. westlichen Längengrad im Westatlantik. Sie gehört zum Inselbogen der Großen Antillen, die den Golf von Mexiko und das karibische Meer vom Atlantik trennen. Hispaniola ist mit 77.914 km^2 die siebtgrößte Insel der Welt und die zweitgrößte Insel der Karibik. Sie liegt zwischen Kuba (114.524 km^2) im Westen und Jamaika (10.961 km^2) im Südosten und beherbergt als einzige der Großen Antillen zwei Staaten: im Westen Haiti und im Osten die Dominikanische Republik. Beide Staaten sind durch eine 315 km lange Grenze in Nord-Süd-Ausrichtung getrennt.

Für spätere Betrachtungen der einzelnen Naturschutzgebiete ist es wichtig zu wissen, wie die insgesamt etwa 48.734 km^2 Landesfläche der Dominikanischen Republik strukturiert sind. Folgende Maßzahlen in Metern unter oder über dem Meeresspiegel geben eine grobe Vorstellung vom Relief des Landes (Flächen mit gewissen Messfehlern und Prozente gerundet).

Die Dominikanische Flagge begrüßt die Fluggäste in Puerto Plata

HAIT

PORT-AU-PRINCE

ATLANTIK

Cabo del Morro

Luperon San Felipe de
Puerto Plata

San Fernando de
Monte Cristi   Imbert   Sosua
Cabo Francés
Viejo
Villa Vásquez   Los Hidalgos   Río San Juan   Cabrera
Castañuelas   Gaspar
pillo   Guayubin   1249 Pedro   Hernández
cedo   Río Yaque del Norte   Mao   Garcia
Dajabón   Esperanza   Tambaril   El Guayabo   Nagua
Partido   San Ignacio de   Las Terrenas   Las Galeras
Sabaneta   Moca   Salcedo
Loma de   Santiago   San   Santa Bárbara de
Cabrera   Los   de los Caballeros   Francisco   Sánchez   Samaná
uración   San José   Jánico   de Macorís   Villa Riva   Sabana
Almácigos   de las Matas   Concepcion de   Villa   de la Mar
Pedro   La Vega   Topia   Pimentel   Miches   La Vacama
Cordillera Central   Río Fan   Fantino   Sabana Grande   Santa Cruz del
Santana   Jarabacoa   Cotui   de Boya   El Valle   Seibo   El Macao
Bánica   Manabao   El Río   Maimón   Sabana Grande   Monte Plata
Carrera de   Pico Duarte   Constanza   Bonao   Piedra   Yamasá   Hato Mayor   Salvaléon de
Yeguas   3175   Blanca   del Rey   Ramón   Higüey   Punta Cana
ias Piña   Hato   San Juan   2630   Villa   Río Ozama   Los Llanos   Santana   Guaymate   El Cabo
Nuevo   de la Maguana   Altagracia   San Rafael del   Boca de Yuma
Las Matas   Río Yaque del Sur   Padre las Casas   Consuelo   Yuma
El Cercado   Peralta   Cambita   La Caleta   La Romana
Hondo   Vallejuelo   San José   Garabitas   San Pedro
Valle   Sierra de Neiba   Compostela de   de Ocoa   Las Charcas   SANTO   de Macorís
La   Los Ríos   Azua   Palmar   San   DOMINGO
Descubierta   Neiba   Vicente   de Ocoa   Cristóbal   Sabana Grande
Postrer Río   Noble   Puerto   Bahía   Baní   Punta
Lago   Mella   Viejo   de Ocoa   Palenque
Duvergé   Enriquillo   Fundación   Las Calderas   Punta
Cabra   Bahía   Salinas
2367   Barahona   de Neiba
Polo
Hispaniola

edernales   Enriquillo
Cabo Rojo
Oviedo

Cabo Falso
Cabo Beata

Isla Beata

Mona Passage

–40 bis 0 m:	Senke von Enriquillo. 537 km^2 = 1,1 % der Fläche
0–250 m:	Ebenen der Llano Costero Sur Oriental, Atlantik-Ebenen, Ebenen von Miches und Sabana de la Mar, Cibao-Tal, Teile der Senke von Azua und Enriquillo: 26.896 km^2 = 55,5 % der Fläche
250–500 m:	Viele Fußlagen der Berge und höhere Teile von Ebenen auf der gesamten Insel: 7.798 km^2 = 16,9 % des Landes. Damit liegen also in etwa 75 % des Landes unter 500 m!
Mittel- und Hochgebirge:	
500–750 m:	4.478 km^2 = 9,2 % der Landesfläche
750–1.000 m:	2.736 km^2 = 5,6 % der Landesfläche
1.000–1.500 m:	3.823 km^2 = 7,9 % der Landesfläche
1.500–2.000 m:	1.640 km^2 = 3,4 % der Landesfläche
2.000–2.500 m:	521 km^2 = 1,1 % der Landesfläche
2.500–3.175 m:	10 km^2 = 0,02 % der Landesfläche

Die Bevölkerung der Dominikanischen Republik lag 1930 noch knapp unter einer Million Einwohner. Bereits 50 Jahre später war sie auf 6 Millionen angestiegen und liegt derzeit knapp unter 10 Millionen. Um 1980 hatte der Abholzungsgrad mit etwa 60 % der gesamten Waldfläche sein trauriges Maximum erreicht. Höchste Zeit für die Regierung, etwas zu unternehmen. Eine akute Maßnahme war die Subventionierung von Gas zum Kochen, was die Brennholz- und Holzkohlegewinnung drastisch zurückgedrängt hat. Begleitet wurden die Subventionsmaßnahmen von ausgedehnten Wiederaufforstungen.

Seitdem hat sich der Waldbestand in vielen Gegenden spürbar erholt und steigt allmählich wieder an. Die Landnutzung gliedert sich derzeit etwa wie in der untenstehenden Übersicht. Zur Landfläche gehören zudem noch 238.250 km^2 Meeresgebiet mit staatlichen Hoheitsrechten.

Laubwald aller Kategorien:	ca. 10.000 km^2
Nadelwald:	ca. 3.000 km^2
Zuckerrohranbau:	ca. 3.700 km^2
Kaffee-, Kakao- und Zitrusplantagen:	ca. 3.400 km^2
Weidewirtschaft:	ca. 2.600 km^2
Mischgebiete mit Ackerbau:	ca. 17.600 km^2
Siedlungsgebiete:	ca. 400 km^2
Erosionsflächen:	ca. 1.300 km^2
Sonstige (Dünen, Strände, Mangroven, Seen):	ca. 6.500 km^2

Hispaniola bedeckt zwar nur etwa 0,1% der Erdoberfläche, aber fünf der insgesamt 200 (2,5 %) weltweit als schützenswert angesehenen Ökosysteme liegen hier, und darin leben wiederum etwa 3 % aller auf der Welt bekannten Wirbeltier- und Pflanzenarten. Wirbellose sind noch nicht genügend erforscht. Wer gelernt hat, Statistiken zu lesen, erkennt schnell die enorme biologische Bedeutung dieser Insel. Gesteigert wird der besondere ökologische Wert noch durch den extrem hohen Grad an endemischen Arten, also Pflanzen und Tiere, die ausschließlich auf Hispaniola vorkommen. Bei Amphibien und Reptilien liegt die Rate z. B. bei deutlich über 90 %, bei den Pflanzen regional bei nahezu 40 %.

Bedroht werden solche Systeme nicht nur durch Zerstörung, etwa durch Urbarmachung oder Übernutzung, sondern auch durch die Verfälschung mit eingeschleppten Arten, die auswildern und die heimische Fauna und Flora massiv bedrängen. Diese „Neuankömmlinge" werden Invasoren genannt. Als solche bedrohlichen Arten werden derzeit angesehen: 59 Pflanzen-, 4 Pilz-, 38 Insekten-, 15 Fisch-, 2 Amphibien-, 3 Reptilien-, 6 Vogel- und 11 Säugetierarten.

Ein Blick auf die Verteilung der Vegetationszonen (s. Kasten) zeigt deutlich, dass es eine ganze Reihe von Ökosystemen mit ganz kleiner räumlicher Ausdehnung gibt, die aber ökologisch besonders interessant sind und die Grundlage für die große Artenvielfalt bilden.

Prozentuale Verteilung der Waldflächen nach Vegetationszonen

Klassifizierung modifiziert nach HOLDRIDGE (1964) mit 7 Haupt- und 8 Übergangszonen

a) Subtropische Dornstrauchsteppe, Savanne und Wüste: . . . . .2,07 %
b) Subtropischer Hartlaubwald: . . . . .20,25 %
c) Übergang vom subtropischen Hartlaub- zum regengrünen Trockenwald: . . . .0,31 %
d) Subtropischer regengrüner Trockenwald: . . . . .1,03 %
e) Subtropischer halbimmergrüner Feuchtwald: 45,70%
f) Übergang vom halbimmergrünen zum immergrünen Feuchtwald: . . . . .0,32 %
g) Tropischer immergrüner Feuchtwald (tropischer Laubwald): . . . . .14,5 %
h) Übergang zum immergrünen Regenwald der submontanen Stufe: . . . . .0,05 %
i) Immergrüner Regenwald der submontanen Stufe: . . . . .0,50 %
j) Bergregenwald teils als Laubwald, teils als Mischwald: . . . . .7,34 %
k) Übergang vom Bergregenwald zum Nebelwald: . . . . .0,17 %
l) Nebelwald: . . . . .6,63 %
m) Übergang zum temperierten Regenwald mit Baumfarnen: . . . . .0,04 %
n) Übergang zum subalpinen Hochgebirgsnadelwald: .0,07 %
o) Subalpiner Hochgebirgsnadelwald: . . . . .0,63 %

Lebensräume der Dominikanischen Republik

Die Besiedelung mit Pflanzen und Tieren ist ein kontinuierlicher Prozess, sie war und ist manchmal überraschend schnellen Veränderungen unterzogen. Das heutige Vegetationsbild ist nach neuesten Schätzungen nicht älter als 7.000 Jahre und hat sich aus kleinräumigen Reliktparzellen nach der Eiszeit entwickelt. Zwar war die große Artenvielfalt schon vorher vorhanden, aber sie wurde während der Eiszeiten auf kleine Wärmeinseln zurückgedrängt. Um die aktuelle Fauna und Flora zu verstehen, muss man auch die geologische Entstehungsgeschichte mit einbeziehen. Klimaveränderungen und, im Falle der karibischen Inseln, mögliche Bindungen zum Festland sowie ständige Verlagerungen durch die Plattentektonik hatten auf den heutigen Zustand entscheidenden Einfluss. Hispaniola ist mit Sicherheit aus mehreren Bausteinen, also ehemals separaten Inseln (Paläoinseln genannt), zusammengesetzt. Jede von ihnen hatte sich biologisch mit einem eigenen Arteninventar gesondert entwickelt, und sie sind zu unterschiedlichen geologischen Zeiten aufeinander zugedriftet. Bei der Vereinigung entstanden lang gezogene Faltengebirge oder Bruchfaltengebirge, die Teilregionen bis heute voneinander abgrenzen und die für viele Organismen unüberwindliche Barrieren darstellen. Es gibt Gebiete, die quasi bis heute Inseln auf einer Insel geblieben sind.

Die Playa Diamante ist Karibik pur

Auch dadurch sind die regional gravierenden Unterschiede von Fauna und Flora und der damit verbundene enorme Artenreichtum zu erklären. Die gesamte geologische und ökologische Entwicklung der karibischen Inseln zeigt deutlich größere Zusammenhänge mit Süd- und Mittelamerika als mit Nordamerika, was sich im botanischen und zoologischen Erscheinungsbild auch klar widerspiegelt. Die endgültigen Weichen für den aktuellen Zustand wurden während des Pleistozäns (Quartär) gestellt. Während der Eiszeiten gab es, bedingt durch die riesigen Eismassen an Land, deutlich niedrigere Meeresspiegel (man schätzt 200 m!) und durch die freigelegten Schelfbereiche mit großer Wahrscheinlichkeit eine größere Landnähe zu Mittelamerika. Die Einflüsse von Nordamerika sind vergleichsweise gering und betreffen vor allem aktiv fliegende Organismen wie Fledermäuse, Vögel und Insekten. Demzufolge haben wir ein überwiegend neotropisches Ökosystem zu erwarten.

Hispaniola ist die gebirgigste aller Antilleninseln mit mächtigen Bruchfaltenstrukturen. Die daraus resultierenden, außergewöhnlich vielgestaltigen Landschaftsformen mit erheblichen Höhenunterschieden auf engstem Raum ermöglichten viele kleinräumige und vielseitige ökologische Nischen. Es gibt mehr Lebensräume, als es das Klima infolge der geographischen Lage und der Nähe zum Meer oder die Feuchtigkeit durch die Passatwinde vermuten lassen. Das alles spiegelt sich in der überraschend großen Artenvielfalt pro Flä-

Im Hintergrund von Jarabacoa erhebt sich der Pico Duarte

che wider. Wegen der komplizierten Faltung der Gebirge sind nirgends größere zusammenhängende Ökosysteme, vergleichbar den gigantischen Regenwaldbecken Amazoniens oder den Grassteppen Argentiniens, möglich, aber genau das macht den Reiz aus. Die Dominikanischen Republik bietet von allem etwas, verzahnt, verschachtelt und überall verstreut: ein Land der Kontraste. Man kann mindestens 14 deutlich verschiedene Ökosysteme unterscheiden. Das macht es dem Anfänger schwer, sich zurechtzufinden, stellt aber gleichzeitig eine spannende Herausforderung dar, es wenigstens in Angriff zu nehmen. Klar ist jedenfalls, dass ein einmaliger Besuch bei weitem nicht ausreicht, diese Insel kennen und verstehen zu lernen. Lieben lernen dagegen wird man sie auf den ersten Blick!

Entsprechend der Erkenntnis, dass eine Karibikinsel umso feuchter wird, je vielgestaltiger und höher ihr Relief ist, gibt es auf Hispaniola die meisten Ökosysteme der Karibik. Von borealen Hochgebirgslandschaften über subtropische Nadel-, Nebel-, Regen-, regengrüne, Trocken- und Küstenwälder bis hin zu wüstenhaften Dornbuschgesellschaften ist alles vorhanden. Dazu gesellen sich Flusslandschaften mit ausgedehnten Ästuaren und Mündungsdeltas, Lagunen, Salzseen und Marschen, Mangrovendickichte, Kakteenwälder, Savannen, Felsfluren, Dünen, Buchten, Küsten mit blitzweißen Sandstränden und Korallenriffe.

Die Dominikanische Republik inklusive aller kleinen Inseln nimmt mit 48.734 km² knapp zwei Drittel der Insel Hispaniola ein und ist damit etwas größer als Niedersachsen (47.618 km²). Die restlichen 29.243 km² werden vom Staatsgebiet Haitis eingenommen. Die maximale Länge in Ost-West-Richtung beträgt 390 km, die maximale Ausdehnung in Nord-Süd-Richtung 285 km. Die Dominikanische Republik allein verfügt über 1.570 km Küste, (824 km am Atlantik und 752 km am karibischen Meer), darunter viele bizarre Felsküsten und Buchten, aber immerhin auch 980 km flache Strände, die häufig mit Kies, größere Abschnitte aber auch mit Sand bedeckt sind. Entlang dieser Küste erstrecken sich außerdem die unterschiedlichsten Feuchtgebiete wie Mangroven oder mehr als 100 Flussmündungen sowie andere Ökosysteme, abhängig von Substrat und Niederschlag. Alleine die fünf größten Flüsse des Landes transportieren jährlich 15 Milliarden Kubikmeter Wasser ins Meer. In Sabana de la Mar im Norden, eingangs der Bucht von Samaná, regnet es im Jahresmittel 2.260 mm, in Las Salinas im Süden gerade mal 600 mm, das ist deutlich weniger als ein Drittel. Selbstverständlich spiegelt sich dieser Unterschied auch in der Küstenvegetation wider. Selbst wer den Strand nicht verlassen möchte, kann also eine Vielzahl von verschiedensten Pflanzengesellschaften mitsamt ihrem „tierischen Inventar" kennen lernen. Und Wasserratten kommen dank der großen Anzahl von Riffgebieten mit interessanten Tauchrevieren rund um die Insel ebenfalls auf ihre Kosten.

Doch auch die inneren Landesteile haben viel zu bieten. Insgesamt fünf große Gebirgsketten durchziehen das Land. Das Zentralmassiv, Cordillera Central genannt, bildet mit 200 km Länge quasi das Rückgrat der Insel und beherbergt die höchsten Erhebungen der Karibik sowie einige der beeindruckendsten Naturlandschaften weit und breit. Fruchtbare Täler wechseln mit schroffen Gebirgen ab und lassen zu keiner Zeit auch nur den Hauch von Langeweile aufkommen. Und wer das Meer am liebsten von weitem sehen möchte, der kann die höchste Erhebung der Karibik, den Pico Duarte, besteigen, um von dort einen grandiosen Ausblick bei klarer Sicht bis zum Meer zu genießen. Die weiteren großen Gebirgszüge sind die Nordkordillere (Cordillera Septentrional) und die Ostkordillere (Cordillera Oriental) im Norden der Insel, im Südwesten die beiden

Die Enriquillo-Senke liegt am tiefsten Punkt Lateinamerikas

Bergketten Sierra de Neiba und Sierra de Bahoruco (auch „Baoruco" geschrieben). Dazwischen breiten sich fruchtbare Senken oder Tieflandplateaus aus, im Norden etwa die Kornkammer des Landes, das Cibaotal und die Tiefebene des Río Yuna.

Im Südosten breiten sich ausgedehnte Zuckerrohrfelder auf der Tiefebene Llano del Este aus, und im Südwesten liegen die trockenen Senken von San Juan und Enriquillo sowie die Karstgebiete der Ebene des Parque Nacional Jaragua. Die größten Flüsse des Landes entspringen alle in der Cordillera Central und fließen von dort in verschiedene Richtungen. Die wichtigsten sind Río Yaque del Norte und Río Yaque del Sur, Río Ozama, Río Yuna und der Río Artibonito. Die Flüsse sind alle nicht schiffbar, bis auf den Unterlauf des Río Ozama bei Santo Domingo.

Insgesamt 22 Nationalparks, 10 Naturreservate und viele kleine Naturdenkmäler wie Flussmündungen, Dünen, Buchten, Senken oder kleine Erhebungen, Vernetzungskorridore und viele weitere Gebiete mit derzeit noch relativ niedrigem Schutzstatus decken die Aufrechterhaltung der Vielfalt von Fauna und Flora recht gut ab.

Ganz gleich, wo man landet – es gibt immerhin fünf internationale Flughäfen (Puerto Plata, Santo Domingo, La Romana, Punta Cana und Barahona) – und in welche Richtung man sich bewegt, überall gibt es Interessantes und Neues zu entdecken. Wer in einem der vielen „All-inclusive" Hotels an Langeweile erstickt, ist selber schuld.

Vom Diego de Ocampo hat man selten einen so klaren Blick

Nationalparks und Naturschutzgebiete

Die Schutzgebiete der Dominikanischen Republik wurden so ausgewählt, dass die Vielzahl aller Ökosysteme Berücksichtigung fand. Es spiegelt sich in ihnen ein erstaunlicher Reichtum an höchst unterschiedlichen Lebensräumen wider. Der politische Status reicht dabei von Nationalparks über Naturreservate bis hin zu für wissenschaftliche Forschungszwecke sichergestellten Gebieten. Auch einige historisch bedeutsame Regionen wurden in den Schutzgebietskatalog mit aufgenommen, Naturlebensräume überwiegen aber bei weitem. Aktuell gibt es rund 70 Schutzzonen auf dem Staatsgebiet, ihre Zahl nimmt erfreulicherweise weiter zu. Derzeit rückt eine Generation von verantwortungsvollen Naturwissenschaftlern nach, die sehr engagiert und kompetent das Wissen um ihre Insel zusammenfassen und mehren. Die ersten Nationalparks und Reservate wurden 1956 gegründet, und in der Folge wurden teilweise recht große Regionen unter Schutz gestellt. Es ist verständlich, dass das nicht gegen den Willen der Bevölkerung geschehen konnte, und so gab es viele Konflikte zu lösen – und das wird auch in der Zukunft nötig sein. In einigen Gebieten mussten schmerzhafte Kompromisse in Kauf genommen werden. Speziell in den höheren Lagen befinden sich manchmal ausgedehnte landwirtschaftliche Flächen inmitten der Nationalparks, die aber für den Anbau von Lebensmitteln, die nur in diesen Höhenlagen gedeihen, von großer Wichtigkeit für die Bevölkerung sind.

Die Vielfalt der geschützten Regionen beginnt weit draußen im Meer mit

Flachwasserzonen von hoher ökologischer Differenzierung und mit Paarungsrevieren für Meeressäuger, erstreckt sich über Korallenriffe und Strände jedweder Ausprägung, reicht von Wüsten bis zu triefenden Regenwäldern, von den tiefsten Niederungen bis zu den höchsten Erhebungen. Die geschützte Fläche beträgt mit 9.378 km^2 etwa 19,24 % des gesamten Territoriums der Dominikanischen Republik, dazu kommen noch etwa 17.500 km^2 geschützte Meeresfläche, das entspricht einer Fläche von mehr als der Hälfte Haitis.

Zum Vergleich: Deutschland strebt 5 % seiner Gesamtfläche als Naturschutzgebiet an, derzeit noch ein Ziel in weiter Ferne!

Grundlage des Schutzprogramms ist das Abkommen, das während der Konferenz der Internationalen Union zum Schutze der Natur und der natürlichen Ressourcen (IUCN – International Union for Conservation of Nature and Natural Resources) 1969 in Neu Delhi, in der allgemein verbindliche Schutzziele und eine komplexe Definition von Schutzgebieten festgelegt wurden, von den Vertragsstaaten unterzeichnet wurde. Nach dieser Definition umfasst ein Nationalpark eine relativ große Fläche, die ein oder mehrere Ökosysteme von nationaler oder internationaler Bedeutung beherbergt und in der Eingriffe des Menschen zugunsten einer ungestörten Entwicklung von Fauna und Flora auf das absolut notwendige Minimum beschränkt bleiben müssen. Als Ziele stehen u. a. die Schaffung von Regenerations- und Rückzugsmöglichkeiten für Tiere, komplexe Arterhaltungs-

maßnahmen für Fauna und Flora, Klimaschutz, Erhalt von hydrologischen Kreisläufen zur Sicherung der Gewässer und Trinkwasservorräte, Schutz der Böden, Regeneration und Dekontamination der Luft, wissenschaftliche Forschung sowie didaktische Umweltbildung im Vordergrund. Weitere Gründe zur Errichtung von Nationalparks sind u. a. geologische, historische oder anthropologische Besonderheiten oder die Einmaligkeit bzw. die Schönheit einer Landschaft. Von alledem hat die Dominikanische Republik reichlich zu bieten. Kleinere Flächen erhalten entsprechend ihrer Größe oder Ausprägung einen anderen Schutzstatus, etwa „Staatsforst", „Wissenschaftliches Reservat", „Naturdenkmal" usw. Diese Aufgaben und Ziele wurden 1974 von der Nationalparkverwaltung des Umweltministeriums im Gesetz 67 festgeschrieben und seitdem sukzessive umgesetzt. Eine Novellierung der Umweltschutzgesetzgebung fand mit dem Gesetz 64-00 im August 2000 statt und ist mit kleineren Änderungen bis heute gültig.

Zur Errichtung eines Nationalparks und anderer Schutzgebiete gehören natürlich auch Managementkonzepte zur Sicherung der Nachhaltigkeit von Schutzzielen, also zum Erhalt und zur Optimierung von Ökosystemen, Lösung von Konflikten und Artenschutzprogramme für gefährdete Organismen.

Gelder, die für ein derart umfangreiches Projekt erforderlich sind, erhofft sich die Regierung in Zukunft von einem kompetent durchgeführten sanften Ökotourismus. In den letzten zwei-

Die Königspalme ist eine Charakterpflanze der Cordillera Septentrional

einhalb Jahrzehnten hat die Regierung viel dazugelernt, und manche wilden Auswüchse sind zum Glück bereits verschwunden, ein hemmungsloser Waltourismus etwa oder fachlich unqualifiziertes Betreten geschützter Gebiete durch selbst ernannte „Naturführer".

Heute sind bereits acht Parks mit entsprechenden Stationen der Nationalparkverwaltung ausgestattet, und für kleines Entgelt werden kompetente Führungen durch Parkranger angeboten. Extratouren, etwa Bootsfahrten zu Inseln oder auf Lagunen, sind allerdings recht teuer, in aller Regel aber auch sehr lohnenswert. Es empfiehlt sich dringend, vom Angebot der Parkwächter Gebrauch zu machen und sich nicht auf die Versprechungen der überall herumlungernden „Fremdenführer" zu verlassen, die einen nicht selten finanziell dreist über den Tisch ziehen, ohne dafür wirklich etwas zu leisten. Auch viele Ausflugsangebote in den Hotels sind finanziell oft stark überzogen und lassen sich in Eigenregie viel besser und preiswerter durchführen.

Die meisten Naturschutzgebiete sind touristisch nicht erschlossen, was einen Besuch oft äußerst beschwerlich, manchmal sogar unmöglich macht.

Daher beziehen sich die ausführlicheren Beschreibungen der Nationalparks und anderer Schutzgebiete in diesem Buch überwiegend auf Ziele, die leicht bis einigermaßen gut erreichbar sind oder in die man zumindest marginal eindringen kann. Die anderen Gebiete werden aber ebenfalls weitgehend genannt, weil es immer wieder Reisende gibt, die auch beschwerliche Touren auf sich nehmen, um lohnenswerte Ziele zu erreichen.

Bei der Darstellung der Parks werden in aller Regel Lage, Größe, Schutzstatus, Fauna und Flora, Niederschlag, Temperatur, Klima, Geologie, Ökosysteme, Höhe, Landschaftsformen und eventuelle Besonderheiten sowie Hinweise, wie man von klassischen Touristenorten aus dorthinkommt, angegeben.

Bis 1980 gab es nur neun Schutzgebiete mit insgesamt 4 % der Fläche, heute stehen über 70 Gebiete unter Schutz, mit unterschiedlichen Zielen, die deshalb auf die fünf von der IUCN vorgeschlagenen Kategorien verteilt sind:

1. Naturreservate mit absolutem Schutzstatus und/oder Gebiete, die noch ziemlich frei von Verfälschungen und menschlichen Eingriffen sind und der Wissenschaft vorbehalten bleiben;
2. Nationalparks zum Schutz von Ökosystemen und natürlichen Ressourcen, aber auch zur Erholung für Besucher;
3. Naturdenkmäler, kleinere Gebiete zum Schutz herausragender Einzelaspekte;
4. Öffentlich zugängliche Entwicklungsräume zur Regeneration von Ökosystemen mit relativ niedrigem Schutzstatus;
5. Landschaftsschutzgebiete, öffentliche oder private Flächen mit eingeschränkten Nutzungsmöglichkeiten.

Damit hat sich die geschützte Fläche mit 19 % fast verfünffacht. Für naturinteressierte Besucher sind vor allem die Nationalparks, wissenschaftlichen Reservate und Naturdenkmäler von besonderem Interesse. Mit diesen Schutzgebieten sind fast sämtliche Hauptlebensräume abgedeckt.

Derzeit bestehende Schutzgebiete

Sechs wissenschaftliche Reservate mit striktem Schutzstatus, öffentlich meist nicht oder nur mit Sondererlaubnis zugänglich, da die Ökosysteme sehr fragil sind:
- Reserva Científica Villa Elisa (= Reserva Científica Orlando Cruz Franco)
- Reserva Científica Loma Quita Espuela
- Reserva Científica Miguel Canela Lázaro (= Loma Guaconejo)
- Reserva Científica Ébano Verde
- Reserva Científica Erik Leonard Ekman (= Loma la Barbacoa)
- Reserva Natural Estricta Lagunas Redonda y Limón

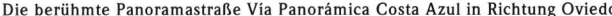

Die berühmte Panoramastraße Vía Panorámica Costa Azul in Richtung Oviedo

27

Vier biologische (Wildschutz-)Reservate mit höchstem Schutzstatus, nur mit Führung zugänglich:

- Reserva Biológica Dr. José de Jesús Jiménez Almonte (= Diego de Ocampo)
- Reserva Biológica Idelisa Bonnelly de Calventi (= Humedales de Bajo Yuna)
- Reserva Biológica Las Neblinas
- Reserva Biológica Padre Miguel Domingo Fuertes (= Bahoruco Oriental)

22 (33*) Nationalparks mit teilweisem Zugang für die Bevölkerung, vorwiegend aber der Natur als Regenerationsraum vorbehalten:

- Parque Nacional Armando Bermudéz
- Parque Nacional Cabo Cabrón (Alain H. Liogier)
- Parque Nacional Cabo Fránces Viejo
- Parque Nacional Del Este
- Parque Nacional Isla Cabritos
- Parque Nacional Jaragua
- Parque Nacional José del Carmen Ramírez
- Parque Nacional Juan B. Pérez Rancier (= PN Valle Nuevo)
- Parque Nacional Juan Ulises García Bonnelly
- Parque Nacional Lago Enriquillo
- Parque Nacional Litoral Norte de Puerto Plata
- Parque Nacional Litoral Sur de Santo Domingo
- Parque Nacional Los Haitises
- Parque Nacional Eugenio de Js. Marcano (= Loma la Humeadora)

- Parque Nacional Montecristi
- Parque Nacional Nalga de Maco
- Parque Nacional La Vega Vieja
- Parque Nacional Historico La Isabela
- Parque Nacional Submarino La Caleta
- Parque Nacional Sierra de Bahoruco
- Parque Nacional Sierra de Neiba
- Parque Nacional Sierra Martín García

*Gelegentlich ist von 33 Nationalparks die Rede, weil z. T. mehrere Flächen separat aufgeführt werden, die eigentlich in einem übergeordneten Schutzgebiet enthalten sind. Zum Beispiel liegt Estero Hondo im Nationalparkgebiet Monte Cristi, wird aber von einigen Autoren als eigenes Schutzgebiet geführt.

Neun Naturdenkmäler, kleinere Gebiete mit speziellen Einzelaspekten, die besonders schützenswert sind:

- Monumento Natural Bahía de las Calderas
- Monumento Natural Bahía de Luperón
- Monumento Natural Albufera de Maimón
- Monumento Natural Puerto Viejo
- Monumento Natural Cascade del Limón
- Monumento Natural Loma Isabel de Torres
- Monumento Natural Isla Catalina
- Monumento Natural Lagunas Cabarete y Goleta
- Monumento Natural Las Caobas

Zwei anthropologische Reservate:
- Reserva Antropológia Cuevas de Borbón o del Pomier
- Reserva Antropológia La Cueva de las Maravillas

Sieben Wildtier-Reservate:
- Refugio de Fauna Silvestre Bahía la Jina
- Refugio de Fauna Silvestre La Gran Laguna
- Refugio de Fauna Silvestre Laguna Bávaro
- Refugio de Fauna Silvestre Laguna de Rincón o de Cabral
- Refugio de Fauna Silvestre Laguna Mallén
- Refugio de Fauna Silvestre Río Higuamo

- Refugio de Fauna Silvestre Santuario de Mamíferos Marinos

Zehn (bzw. elf) Panoramastraßen:
- Vía Panorámica Aceitillar – Cabo Rojo
- Vía Panorámica Costa Azul
- Vía Panorámica Mirador del Paraíso
- Vía Panorámica Mirador del Atlántico
- Vía Panorámica Mirador del Valle de la Vega Real
- Vía Panorámica Río Bao
- Vía Panorámica Río Chavón
- Vía Panorámica Río Mao
- Vía Panorámica Río Soco
- Vía Panorámica Ríos Comate y Comatillo

Das kühle Quellwasser wird oft komplett von Wasserpflanzen bedeckt

Drei nationale Erholungsgebiete:
- Area Nacional de Recreo Cayo Levantado
- Area Nacional de Recreo El Puerto – Guaiguí
- Area Nacional de Recreo Playa de Andrés – Boca Chica

Sechs (bzw. fünf) ökologische Korridore:
- Corredor Ecológico Autopista Duarte
- Corredor Ecológico Carretera de Albaníco – Constanza
- Corredor Ecológico Carretera El Seibo – Miches

- Corredor Ecológico Carretera Tenares – Gaspar Hernández
- Corredor Ecológico Via Cabral – Polo
- Corredor Ecológico Via Turística La Cumbre – Puerto Plata

Ein Sondergebiet:
- Reserva Ecológica Especial Cinturón Verde de la Ciudad de Santo Domingo (ein Grüngürtel rund um Santo Domingo)

Einige Nationalparks im Südwesten und im Osten wurden in jüngster Zeit jeweils zu einem großen Biosphärenreservat zusammengefasst.

Der reiche Niederschlag wird in den Bergen in großen Stauseen gesammelt

Tabak stellt hohe Ansprüche an Klima und Boden

Das Klima von Hispaniola

Das Klima ist für Europäer ausgesprochen angenehm und im Wesentlichen sehr ausgeglichen. Hispaniola ist, wie die gesamte Karibik, tropisch marin geprägt. Es herrscht ein ausgesprochenes Tageszeitenklima vor, das bedeutet, dass am jeweiligen Ort die Unterschiede innerhalb eines Tages zwischen Tag und Nacht größer sind, als die Schwankungen im Verlaufe des gesamten Jahres. Die Insel liegt in den Randtropen mit einem feuchtwarmen Klima. Ihre Lage deutlich südlich des Wendekreises führt zu einer für diesen Breitengrad typischen sommerlichen Regenzeit und einer Trockenperiode im Winter. Durch die Neigung der Erdachse und der damit verbundenen jahreszeitlichen Wanderung der Sonne zwischen den beiden Wendekreisen verlagert sich die Zone der maximalen Einstrahlung, und dadurch verschiebt sich jahreszeitlich der Klimagürtel. Die Tageslänge ist zwar nicht wie am Äquator mit zwölf Stunden konstant, aber die Schwankungen zwischen Sommer und Winter fallen längst nicht so deutlich aus wie in Deutschland. Sie variieren zwischen dem längsten und kürzesten Tag nur wenig.

Die Meerestemperatur beträgt im Mittel 26 °C und schwankt nur um etwa 3 Grad, sowohl zwischen den Maxima im Sommer und den Minima im Winter als auch zwischen Atlantik und Karibischem Meer. Der große Wasserkörper hat natürlich Auswirkungen auf das Klima an Land und dämpft allzu große Schwankungen. Aber Topographie, Wind und Meeresströme haben erheblichen Einfluss auf das Mikroklima. Dieses ist auf Hispaniola sehr heterogen, weil die Insel von hohen Gebirgszügen in Ost-West-Richtung durchschnitten wird und es dementsprechend Bereiche im Wind oder im Windschatten gibt. Allgemein kann man sagen, dass es im Süden wärmer ist als im Norden, im Osten tropisch-feucht, im Westen dagegen wüstenartig-trocken. Das sind allerdings aufgrund des komplexen geographischen Aufbaus nur Richtwerte. In Folge der großen Reliefunterschiede kommt es auch regional zu unterschiedlichen Kleinklimazonen, die vom Gesamtbild stark abweichen können. Die Extreme schwanken von äußerst heiß und staubtrocken bis hin zu Regionen mit Nachtfrösten und sintflutartigen Regenfällen. Das karibische Meer ist insgesamt etwas wärmer und beschert dem Süden ein milderes Klima, der Atlantik im Norden ist dagegen etwas rauer und kann je nach Lage der Wetterfronten auch schon mal eine kühlere Phase mit sich bringen.

Am stärksten beeinflusst wird das Wettergeschehen von den Passatwinden. Diese tropischen Windssysteme gibt es rund um den Globus auf allen Meeren zwischen den beiden Wendekreisen. Sie entstehen durch permanente Tiefdruckgebiete im Äquatorialbereich (Kalmen genannt), weil sich die Luft dort am stärksten aufheizt, ausdehnt und aufsteigt. Der dadurch entstehende Unterdruck wird ausglichen, indem ständig bodennahe Luftmassen von den Wendekreisen her nachfließen. Passatwinde sind also stets zum Äquator gerichtet und kommen auf der nördlichen Halbkugel praktisch immer

Palmen, Meer und Strand bei Cabarete

vom Nordosten, auf der südlichen Hälfte von Südosten, weil sie durch Erdrotation und Reibung abgelenkt werden. Sie waren übrigens auch die treibende Kraft für die Segelschiffe von Kolumbus auf dem Weg in Richtung Hispaniola und die Neue Welt. Diese rund 90 % des Jahres wehenden Passatwinde führen viel Luftfeuchtigkeit mit sich, da sie lange Zeit über warme Meere streichen. An den Gebirgsketten werden sie gebremst, nach oben abgelenkt, kühlen sich ab und liefern den bekannten Steigungsregen, der natürlich im Nordosten am heftigsten ausfällt.

So gehört die Region rund um die Bucht von Samaná zu den regenreichsten Gebieten der Insel mit im Mittel 2.290 mm Jahresniederschlag. Dagegen zählt die Ebene von Pedernales mit weniger als einem Drittel dieser Niederschlagsmenge, nämlich mit nur 650 mm Regen pro Jahr, zu den trockensten Landstrichen. Wie schon dargestellt, gibt es aber regional große Unterschiede im Wettergeschehen in Abhängigkeit der Skulptur der Landschaft. Speziell in größeren Höhen können lokal ungemein heftige Regenmengen von über 3.000 mm fallen, und an Stellen dicht daneben im Windschatten übersteigen die Jahresniederschläge nur selten die 500-mm-Marke.

Klima und Wetter haben natürlich großen Einfluss auf die Besiedelung mit Pflanzen, und so lassen sich unzählige Vegetationszonen abhängig von Niederschlag und Temperatur erkennen. Neben der horizontalen Verteilung von Nord nach Süd und von Ost nach West, d. h. von üppig tropischen Tieflandre-

genwäldern bis hin zu vor Hitze flirrenden Küstenwüsten, gibt es auch vertikale Klimazonen von Meereshöhe über die kolline Stufe bis in die Bergregionen von über 3.000 m Höhe. Man durchkreuzt beim Aufstieg Gebiete mit trockenen Dornstrauchsteppen, gefolgt von sommertrockenen Hartholzwäldern über alle Übergangszonen mit regengrünen, Regen- und Nebelwäldern bis zu ausgedehnten Kieferbeständen des tropischen Hochlandes, in denen sogar Frost vorkommt.

Das Wetter schwankt mit den Jahreszeiten, und so gibt es ausgeprägte Regenperioden v. a. in den Monaten Mai und September sowie deutlich trockenere Phasen in den Monaten Januar und Februar.

Abweichungen werden von Schlechtwetterfronten und speziellen tropischen Großwetterlagen wie z. B. El Niño bestimmt. In den Monaten Juli bis Oktober spielen Hurrikane eine zunehmend wichtige Rolle, mit teilweise fatalen Folgen für Menschen und ihre Siedlungen, aber auch für die Vegetation mitsamt ihrem zoologischen Inventar. Ganze Landstriche können binnen Tagesfrist drastisch und lang anhaltend zerstört sowie oft nachhaltig verändert werden.

Die heißeste Region der Insel ist die Gegend um den Lago Enriquillo mit Spitzenwerten von 40 °C. Die Hauptstadt Santo Domingo mit Mittelwerten um 27 °C liegt ebenfalls in einer der wärmsten Regionen des Landes. Praktisch alle Küstenstädte haben den gleichen Temperaturverlauf: Der kälteste Monat ist der Januar mit mittleren

Der Artenreichtum der Baumfarne ist in der Cordillera Oriental recht groß

und kälteste Stadt der Insel, Constanza in etwa 1.100 m Höhe, bietet ganz andere Mittelwerte: im Januar nachts 9 °C und tags 23 °C, im August nachts 23 °C und tagsüber 26 °C. Dort oben geht das Tageszeitenklima allmählich in ein Jahreszeitenklima über.

Die Regenmengen sind im Norden grundsätzlich höher als im Süden und betragen z. B. für Puerto Plata im Jahresmittel 1.760 mm, in Samaná sogar 2.290 mm. Im Süden, etwa in La Romana oder Barahona, dagegen betragen sie um 1.040–1.050 mm, nur in Santo Domingo sind sie mit 1.382 mm spürbar höher. Die Niederschläge verteilen sich allerdings sehr unregelmäßig über das Jahr. Im trockensten Monat betragen sie in Barahona 33 mm, in La Romana 34 mm, in Santo Domingo 44 mm, in Puerto Plata 61 mm und in Samaná 104 mm. Im niederschlagreichsten Monat fallen in La Romana 140 mm, in Santo Domingo 187 mm, in Barahona 189 mm, in Samaná 244 mm und in Puerto Plata sogar 293 mm Regen. In Constanza schwanken diese Werte in den vergleichbaren Monaten zwischen 37 und 186 mm. Das Jahresmittel für die gesamte Insel liegt bei ca. 1.500 mm per anno und ist damit fast doppelt so hoch wie in Deutschland.

Nachtwerten von 19–20 °C und mittleren Tagestemperaturen um 29 °C, der wärmste Monat ist der August mit Nachtwerten um 23 °C und einem Tagesdurchschnitt von meist 31 °C, höchstens 33 °C. Die höchstgelegene

Klimadaten in der Übersicht

- Klima tropisch, feucht heiß und schwül
- Temperaturen tags 27–32 °C, nachts um 20 °C
- Trockenste Monate: Januar und Februar
- Feuchteste Monate: Mai und August
- Regenschauer meist kurz und heftig, überwiegend Sonnenschein. Kühlung durch Passatwinde.

Probleme und Konsequenzen des tropischen Klimas für Fauna, Flora und Ökologie

Anders als in den gemäßigten Zonen drehen sich die Stoffkreisläufe in den Tropen und Subtropen mit wesentlich größerer Geschwindigkeit. Zudem sind die ökologischen Gegensätze um ein Vielfaches größer, denn die Winde, welche feuchte und warme Luft auf die Landmassen zutreiben, führen beim Anstieg in Küstengebirgen zu extrem großen Regenmengen, trocknen aber gleichzeitig als Fallwinde hinter den Gebirgen ganze Landstriche aus und führen zu Wüstenbildungen. Alle diese Phänomene lassen sich in der Dominikanischen Republik lehrbuchhaft beobachten.

Im Norden der Insel treffen die Nordost-Passatwinde direkt auf ostwestwärts gerichtete Gebirgsketten mit beträchtlichen Erhebungen, nämlich die Cordillera Septentrional und die Cordillera Oriental. Die Luftmassen werden zum Aufsteigen gezwungen und verlieren dabei einen großen Teil ihrer Fracht als Regen, der besonders in der Bucht von Samaná sehr heftig und ergiebig sein kann, weil sie quasi rundum von hohen Bergen eingekesselt ist. Auf dem weiteren Weg über Hispaniola Richtung Süden durchqueren die Winde dann das relativ schmale Cibao-Tal, um direkt eine weitaus größere Hürde nehmen zu müssen: den Anstieg in die Cordillera Central mit Erhebungen bis über 3.000 m. Alles, was bisher nicht abgeregnet ist, wird jetzt in diesen Höhen abgeladen und versorgt die Vegeta-

tion der Berge mit immensen Wassermassen. Deshalb entspringen dort auch praktisch alle großen Flüsse des Landes. Auf dem weiteren Weg nach Süden sinkt die Luft wieder ab, komprimiert und erwärmt sich dabei ("Hochdruckgebiet" ähnlich dem Föhn in Bayern) und kann, weil sie trocken ist, jede Menge Wasser aufnehmen. Deshalb sind im Windschatten der Berge recht wenige Regenfälle zu erwarten, und fatalerweise wird auch noch die vorhandene Feuchtigkeit durch den Wind abtransportiert. Als Folge dessen kommt es zu einer Wüstenbildung, wie man sie im Südwesten in der Gegend um Azua in beispielhafter Ausprägung erleben kann.

Die generellen Großwetterlagen überschneiden sich natürlich mit allerlei regionalen Besonderheiten, sodass die Niederschlagsverteilung und das Kleinklima je nach Gebiet sehr unterschiedlich sein können und obige Aussagen nur in groben Zügen gelten. So bringt z. B. der Passatwind, wenn er durch Frontsysteme abgelenkt wird und ausnahmsweise von Südost weht, erhebliche Niederschläge in den Süden der Insel, die vor allem in der Sierra de Bahoruco abregnen.

Die Folgen dieser Klimaeinflüsse sind allenthalben zu sehen. Durch das Fehlen einer ausgeprägten Winterzeit mit Kältegraden unter Null, wie in Nordamerika oder Nordeuropa üblich, gibt es auch in der Vegetation keine ausgeprägten Rhythmen. In den meisten Wäldern findet deshalb kein signifikanter Laubfall statt (wohl aber in Gebieten mit jahreszeitlichen Dürreperioden), sondern ein permanenter Blattwechsel rund ums Jahr. Der Aufbau einer Humusschicht ist dadurch stark erschwert und führt in vielen Gebieten zu extrem dünnen Bodenauflagen. Alles, was herunter fällt, wird in Folge von Wärme und Feuchtigkeit durch Al-

erfinderisch, und so haben viele Bäume Stütz- oder Brettwurzeln zur Erhöhung ihrer Standfestigkeit entwickelt, ein typisches Phänomen in den Tropen und Subtropen.

In solchen Ökosystemen ist fast der gesamte Nährstoffvorrat in der Vegetation selbst gespeichert. 90 % der Biomasse zirkulieren permanent in der Pflanzen- und Tierwelt, nur 10 % lagern in der Humusschicht. Das ist genial und fatal zugleich. Genial deshalb, weil eine bestimmte Fläche ohnehin nur eine begrenzte Zahl von Pflanzen aufnehmen kann und ständige Nährstoffzufuhr aus dem Boden bei optimalen Wachstumsbedingungen zu einem Kollaps führen würde. Fatal aber deshalb, weil Verluste aus dem Ökosystem durch Auswaschungen nach Rodungen oder Bränden kaum wie-

Die Hänge entlang der Cordillera Septentrional sind oft abgeholzt

gen, Bakterien, Pilze und viele Bodenlebewesen, deren Artenzahl in den Tropen um ein Vielfaches höher ist als in gemäßigten Zonen, sofort zersetzt. Die Zersetzungsprodukte werden dem Stoffkreislauf unmittelbar wieder zugeführt, erkennbar u. a. an einem deutlich erhöhten CO_2-Gehalt der Luft in Bodennähe. Der Nährstoffmangel führt dazu, dass in solchen Regionen fast alle Pflanzen Flachwurzler sind, um möglichst viel der heruntergefallenen Nahrung gleich wieder zu erhaschen, was aber zu dem Problem führt, dass sie auf den steinigen Böden nur wenig Halt finden. Aber Not macht bekanntlich

der ausgeglichen werden können. Regenwaldsysteme in Brasilien, die mit Unterbrechungen seit Jahrmillionen bestehen, leiden unter einem kontinuierlichen Nährstoffverlust durch den Abtransport über die großen Flusssysteme, was zu einer deutlich erkennbaren Veränderungen der Artenzusammensetzung in der Vegetation führt. Dies hat zu immer genügsameren Arten geführt, wie man aus fossilen Torflagerstätten in dieser Region weiß. Rätselhaft ist nach wie vor, woher die Nährstoffe in der Vegetation eigentlich stammen, denn einige das Wachstum begrenzende Stoffe, etwa Phosphor und Spurenelemente, sind im Boden praktisch nicht enthalten und müssen schon seit Jahrtausenden in der Vegetation zirkulieren.

Das größte Problem sind deshalb Abholzung und Brandrodung (Wanderfeldbau) durch den Menschen. Denn aufgrund fehlender Nähstoffe ist es der Natur praktisch nicht möglich, sich zu regenerieren. Es soll hier nicht näher auf die bekannten und fatalen Phänomene der Regenwaldabholzung auf dem südamerikanischen Festland eingegangen werden, aber ähnliche Beobachtungen lassen sich „en miniature" auch in der Dominikanischen Republik machen. Speziell die Hänge der Cordillera Septentrional sind schon durch die Spanier rigoros gerodet worden und mehrten den Reichtum ihres europäischen Heimatlandes durch regen Handel mit Tropenholz. Das Mahagoniholz prägte sogar eine ganze Modeepoche: die Chippendale-Zeit. Aber auch bis zum heutigen Tag haben Handel mit Tropenholz, Köhlerei zur Produktion von Holzkohle oder Landnahme zu Siedlungszwecken und zur landwirtschaftlichen Nutzung zu Kahlschlägen auf der ganzen Insel geführt. Besonders augenfällig und niederschmetternd sind die kahlen, braunen Hänge in Haiti mit einer erbarmungslosen Bodenerosion. Man denke nur an die erschreckenden Ereignisse im Jahr 2004 mit Tausenden von Toten, sowohl im Norden als auch im Süden des Landes, durch die von Starkregen ausgelösten Schlammlawinen. Ökologisch

gesehen ist dieser Lebensraum auf Jahrtausende hin verloren.

Zu derart starken ökologischen Wunden ist es in der Dominikanischen Republik zum Glück nur selten gekommen, aber auch hier sind deutliche Schäden unübersehbar. Große Flächen,

Mächtige Brettwurzeln verankern den Kapokbaum im flachen Grund

auf denen nur die genügsamsten der genügsamen Pflanzen gedeihen, nämlich einige Palmen und Akazien, und auch das nur in großen Abständen, geben genug Anlass zur Sorge. Denn auch in einem für unsere Verhältnisse paradiesischen Klima können Pflanzen nicht ausschließlich von Luft und Wasser leben. Es wird viele Jahrzehnte, wenn nicht Jahrhunderte dauern, bis sich wieder genügend Biomasse gebildet hat, um zusammenhängende Waldflächen zu ermöglichen. Erfreulicherweise hat die Regierung des Landes diese Probleme erkannt und viele Aufforstungsmaßnahmen gestartet. Es gibt sogar

Bemühungen, dem bitterarmen Nachbarland Haiti mit Wiederaufforstungsprojekten unter die Arme zu greifen, in der Hoffnung, wenigstens etwas Schadensbegrenzung betreiben zu können.

Es ist interessant, dass solche Aufforstungen nicht nur zur Verhinderung von fortschreitender Bodenerosion wichtig sind. Gleichbedeutend beeinflussen sie auch das Klima weit über die regionalen Grenzen hinaus. Messungen haben ergeben, dass über Sandflächen oder trockenen Biotopen (Wüsten oder Dornbusch) die Strahlungsverluste der Sonnenenergie um ein Vielfaches höher liegen als über Wald. Die Tagesschwankungen fallen dadurch wesentlich größer aus. Jeder Wüstenreisende kennt die Gefahren der extremen nächtlichen Kälte. Bäume dagegen resorbieren Sonnenenergie und speichern sie. Je mehr Bäume, desto größer die gespeicherte Sonnenenergie – und wo gibt es mehr Bäume als im Wald. Aber noch etwas anderes ist wichtig: Bäume verdunsten aktiv immense Mengen Wasser und tragen dadurch erheblich zur Wolkenbildung bei. Das hat wiederum große Auswirkungen auf das Klima. Wolken schützen nicht nur die unter ihnen liegenden Flächen vor allzu aggressiver Sonneneinstrahlung, sondern sind auch für die Wetterbildung in weiter entfernten Gegenden in Folge ihrer Verdriftung verantwortlich. Auch hier sind komplexe Zusammenhänge zu beobachten, die typisch für tropische Regionen sind. Die Folgen von Eingriffen in solche Abläufe, etwa Rodungen, sind also gar nicht abzusehen.

Stürmische Zeiten

Alles hat seine Schattenseiten, und so schwebt auch über einem Paradies wie der Dominikanischen Republik ein Damoklesschwert. Sein Name: Hurrikan. Gerade im Zuge der Klimaveränderung durch die globale Erwärmung prophezeien Klimaexperten immer drastischere Stürme mit noch größerer Zerstörungskraft. Die Dominikanische Republik wurde in der fernen und nahen Vergangenheit immer wieder von verheerenden Orkanen heimgesucht und wird es in Zukunft – nach Expertenmeinung noch heftiger als bisher – auch weiter werden.

Nach jedem Hurrikan gelangen über die Flüsse Unmengen an Treibholz ins Meer

Die Entstehung eines Hurrikans ist recht komplex und auf das Zusammenspiel vieler Faktoren zurückzuführen: die größere Landmasse auf der nördlichen Erdhalbkugel, die Erwärmung des Wassers in den Ozeanen während des Hochsommers, die Erdumdrehung und die Nähe zum Äquator. Wegen der deutlich geringeren Landmasse südlich des Äquators gibt es Hurrikane überwiegend nur auf der nördlichen Hemisphäre.

Während des Sommers heizen sich die afrikanischen Landstriche nördlich des Äquators extrem auf. Heiße Luft ist bekanntlich leichter als kalte, also setzen sich diese Luftmassen wie ein Heißluftballon nach oben in Bewegung. Der Luftdruck am Boden fällt, es entsteht ein Hitzetief, ein Teilstück der sogenannten äquatorialen Tiefdruckrinne. Mit dem Aufsteigen der Luft werden weitere Prozesse in Gang gesetzt. Zum einen wird ein Druckausgleich angestrebt, d. h., die fehlende Luft am Boden wird von Norden her wieder angesaugt. Weil aber die Umlauf-Geschwindigkeit der Erde nach Norden hin deutlich langsamer wird (am Nordpol ist sie quasi Null, am Äquator dagegen beträgt sie 40.000 km pro Tag, d. h. 1.670 km/h), wird die angesaugte Luft

Hier nagen der Zahn der Zeit, Brandung und Wind

Zerborstene Baumstämme, das Werk eines Hurrikans

Richtung Westen durch die sogenannte Corioliskraft abgelenkt. Der Wind hinkt der Geschwindigkeit der Erde am Äquator hinterher, es entsteht ein Luftstrom gegen die Drehrichtung, also nach Westen. Normalerweise nehmen diese Winde als sogenannte Passatwinde eine ruhige Bahn und wehen mehr oder weniger stark das ganze Jahr über.

Dieser Luftstrom wird auf das Meer hinausgetrieben, das gegen Ende des Sommers ebenfalls maximal erwärmt ist. Liegt die Wassertemperatur über 26 °C, kann infolge der hohen Verdunstung die trockene, heiße Festlandsluft in kürzester Zeit ungeheuere Mengen Dampf aufnehmen. Dampfgesättigte Luft ist erheblich leichter als trockene (das Molekulargewicht von Wasser liegt bei „nur" 18, das von Sauerstoff bei 32 und das von Kohlendioxyd sogar bei 44 g/Mol). Ergo wird dampfgesättigte Luft noch schneller nach oben beschleunigt und erzeugt am Boden einen noch größeren Sog. En

miniature kann man dieses Phänomen an einem Topf mit kochendem Wasser beobachten, obwohl es sich hier um Tröpfchen und nicht um echten Wasserdampf, der unsichtbar ist, handelt. Das Tief verstärkt sich zu einem Sturmtief und wird gleichzeitig gen Westen abgelenkt. Sind gewisse Konstellationen in den Luftströmen in sehr großen Höhen („Jetstream" genannt) erfüllt, schaukelt sich das System auf: Die von Norden her immer schneller nachströmende Luft wird mit zunehmender Äquatornähe regelrecht Richtung Westen geschleudert und mündet gleichzeitig in eine Spiralbahn ein. Ein im Durchmesser bis zu 500 km messendes „Wirbelmonster" entsteht, das sich mit einer Umdrehungsgeschwindigkeit von bis zu 300 Stundenkilometern langsam in Richtung Karibik oder Mittelamerika bewegt und auf seinem Weg mehr und mehr Wasserdampf aufnimmt. Die Zugbahn der Hurrikane ist nur auf einen schmalen Korridor begrenzt. Das liegt an Geschwindigkeitsdifferenzen zwischen Nordpol und Äquator sowie an der Überlagerung der Rotationsbewegung von Hurrikanen mit anderen Windsystemen. Daher sind stets die gleichen Regionen betroffen.

In großen Höhen ist es eisig kalt, und jeder weiß, was mit dampfgesättigter Luft beim Abkühlen passiert: Sie kondensiert unter Wolkenbildung, und es regnet. Allerdings ist die Energiezufuhr durch den ständig nachgeführten kondensierenden Wasserdampf über dem Meer derart groß, dass der kritische Punkt nicht erreicht wird. Erst wenn die Wolken Land oder kühle

Meeresströme erreichen und die „Dampfheizung" wegen der fehlenden Thermik plötzlich stoppt, verlieren sie abrupt ihren gesamten Wasservorrat und – schlimmer noch – ihre gesamte Energie.

Wirbelstürme können unter ähnlichen klimatischen Bedingungen auch im Golf von Mexiko entstehen oder bereits abebbenden Tropenstürmen neuen Schwung verleihen. Die meisten Hurrikane treffen in der Dominikanischen Republik vom Süden oder vom Osten her an Land.

Es ist niemandem zu gönnen, einen solchen Wolkenbruch mit seinen unvorstellbar großen Wassermassen und rasenden Windgeschwindigkeiten, begleitet von Sturmfluten und Überschwemmungen der Flüsse, live mitzuerleben. Deswegen sind Reisen in die Dominikanische Republik zwischen Anfang Juli und Ende Oktober immer mit einem erhöhten Risiko behaftet, dann ist dort Hurrikan-Gefahr! Es ist erschreckend genug, in den betroffenen Gegenden mit den dramatischen Zerstörungen von Wäldern, Häusern, Straßen, Böschungen oder Brücken lange nach einem Hurrikan konfrontiert zu werden. Einen Besuch in dieser Zeit sollte man sich gut überlegen – es wäre doch schade, wenn tolle Urlaubserwartungen vom Winde verweht würden.

Einige Zahlen

„Normalerweise" sind pro Saison etwa vier tropische Wirbelstürme im karibischen Raum zu erwarten. Allerdings nahm die Zahl im Jahr 2005 auf insgesamt 24 Tropenstürme dieser Kategorie zu, mit zwei der zerstörerischsten Hurrikane, die jemals registriert wurden – eine beängstigende Bilanz. Auch tobten die ersten Stürme schon Ende Juni, die letzten noch im November, auch das ist eine ungewöhnliche Entwicklung. Doch selbst wenn das Jahr 2005 eine Ausnahme gewesen sein mag, ein Alarmsignal ist es in jedem Fall. Karibische Ökosysteme sind zwar an Stürme optimal angepasst, aber die komplette Regeneration nach einer Beschädigung dauert mindestens 50 Jahre. Es ist zu befürchten, dass diese Zeitspanne in Zukunft unterschritten wird und Ökosysteme nicht mehr „ausheilen" können. Studien an alten Bäumen haben fast immer viele verheilte Windbruchschäden aufgezeigt.

Die bisherige gemessene Maximalwindgeschwindigkeit in der Dominikanischen Republik brachte Hurrikan David mit 240 km/h, das ist das Doppelte von Windstärke 12!

Ab einer Windgeschwindigkeit von 118 km/h verwandelt sich ein Tropensturm in einen Hurrikan (der Name stammt übrigens aus der Sprache der Tainos, der Ureinwohner der Dominikanischen Republik: huracán bedeutete bei ihnen „starker Wind").

Hurrikane werden gemäß der Saffir-Simpson-Hurrikan-Skala in fünf Kategorien klassifiziert:

Stärke 1:	118–153 km/h
Stärke 2:	154-177 km/h
Stärke 3:	178-209 Km/h
Stärke 4:	210-249 km/h
Stärke 5:	über 250 km/h.

Einige der berüchtigsten Stürme und Hurrikane in der Dominikanischen Republik mit nachhaltigen Zerstörungen:

1910: ohne Namen, Windgeschwindigkeit 120 km/h

1916: ohne Namen, Windgeschwindigkeit 120 km/h

1921: ohne Namen, Windgeschwindigkeit 120 km/h

1926: ohne Namen, Windgeschwindigkeit 120 km/h

1928: ohne Namen, Windgeschwindigkeit 120 km/h

1930 (ab hier genauere Messungen): San Zenón, Santo Domingo wurde bei Windgeschwindigkeiten von 200 km/h komplett zerstört. Der Hurrikan forderte 6.000–8.000 Menschenleben und richtete Sachschäden von etwa 15 Millionen Dollar an, damals noch ein Mehrfaches des heutigen Wertes.

1931: ohne Namen, Windgeschwindigkeit 120 km/h

1952: Charlie, Windgeschwindigkeit 100 km/h

1963: Edith, Windgeschwindigkeit 160 km/h

1966: Inés, Windgeschwindigkeit 204 km/h. Nach dem Hurrikan waren etwa 200 Menschenleben zu beklagen und ein Sachschaden von etwa 10 Millionen Dollar.

1975: Eloisa, Windgeschwindigkeit 90 km/h

1979: David, mit immensen Zerstörungen von Waldgebieten, etwa denen des Ebano Verde bei Windgeschwindigkeiten von 240 km/h, im Zentrum sogar bis zu 400 km/h!

1979: Frederic, Windgeschwindigkeit 100 km/h

1984: Lili, Windgeschwindigkeit 120 km/h

1987: Emily, Windgeschwindigkeit 220 km/h

1996: Hortencia, Windgeschwindigkeit 148 km/h

1998: Georges, mit 235 Menschenopfern, große Zerstörungen im Parque Nacional del Este. Windgeschwindigkeiten bis 170 km/h. Schäden in Höhe von 145 Millionen Dollar.

2005: Kathrina und Wilma, Große Zerstörungen im Südwesten der Insel, auch wenn der Hauptschaden in den USA angerichtet wurde.

Hier stand vor dem Hurrikan noch eine Brücke

Vom Treiben der Kontinente

Alfred Wegener hat sich 1915 wohl nicht träumen lassen, dass er bei der Veröffentlichung seiner damals heftig umstrittenen Theorie, wonach die Kontinente „frei schwimmend" durch die Weltmeere treiben, die Biologie und die geologischen Wissenschaften so nachhaltig revolutionieren würde. Für die schon lange bekannte Beobachtung, dass die Kontinentalschelfe – das sind die durch flaches Küstenwasser verborgenen untermeerischen Grenzen der Landmassen – präzise wie die Teile eines Puzzles ineinander passten, präsentierte er als erster eine plausible Deutung. Sie ließen sich zu einem riesigen Urkontinent zusammenfügen, den Wegener Pangaea taufte und der vermutlich an der Wende vom Erdaltertum (Paläozoikum) zum Erdmittelalter (Mesozoikum) vor etwa 225 Millionen Jahren zu zerbrechen begann. Als wichtigste Teilstücke entstanden in der Trias vor rund 200 Mio. Jahren Laurasia, der Nordkontinent mit Europa, Nordamerika, Grönland und Teilen Asiens, sowie der Südkontinent Gondwanaland mit Afrika, Südamerika, Indien, Australien und der Antarktis auf der südlichen Hälfte des Globus. Dazwischen bildete sich das Ur-Mittelmeer (Palaeotethys). 25 Platten, davon sieben Großschollen und 18 kleine bis sehr kleine, sind an der Entwicklung der aktuellen Erdkruste beteiligt. Das Antlitz der heutigen Erde hat sich vermutlich in vier großen Epochen gebildet, wobei die beiden letzten das jetzige Erscheinungsbild der Kontinente wesentlich geprägt haben. Es sind die variszische und die alpidische Bildungsära, die ihre Spuren noch heute in Form von Mittel- und Hochgebirgen hinterlassen haben. Die Gebirge setzen sich zum Teil in anderen Kontinenten fort und stärken die Theorie von der Plattentektonik.

Das Schicksal der Antillen ist erst mit dem Ende der Jurazeit präziser nachvollziehbar. Gondwanaland zerbrach mit Beginn der alpidischen Bildungsära Mitte der Jurazeit, vor rund 150 Millionen Jahren, erneut in mehreren Teilungsschritten. Die Bruchstücke Indien, Australien mit Neuguinea, Afrika mit Madagaskar und Arabien, Südamerika und die Antarktis drifteten anfänglich voneinander weg. Dem folgt seit Beginn des Tertiärs ein Zudriften einzelner Schollen in Richtung der Nordkontinente mit unterschiedlicher Geschwindigkeit und unterschiedlicher Richtung, andere entfernen sich weiter Richtung Westen oder Osten. So erklärt man sich z. B. das rätselhafte Phänomen, dass Madagaskar und Südamerika eine ganze Reihe von biologischen Gemeinsamkeiten aufweisen damit, dass sie in der Phase des Zerbrechens im Bereich von Südpatagonien zusammengehangen haben und später rechts und links der afrikanischen Südspitze in unterschiedliche Richtungen verschoben wurden. Anderen Darstellungen zu Folge waren Madagaskar und Südamerika nie direkt miteinander verbunden, was eine plausible Erklärung noch schwieriger macht.

Dieses Driften hält immer noch an und ist für die vielen Erdbeben weltweit, u. a. auch in der Dominikanischen Republik und Haiti, verantwortlich. Sichtbare Folgen der Kontinentalverschiebungen sind:

- die Auffaltung des Himalaja, weil sich die indische Platte unter die asiatische Landmasse schiebt,
- die Alpine Faltung, weil Afrika mit einer Geschwindigkeit, mit der Fingernägel wachsen, auf Europa zutreibt und sich das Mittelmeer schon auf einen winzigen Bruchteil seiner ursprünglichen Ausdehnung verringert hat,
- die riesigen Gebirgszüge der Anden und der Rocky Mountains, weil Nord- und Südamerika westwärts driften und gewaltige Landmassen beim Druck auf die pazifische Platte hochgepresst werden, während die pazifische und die Nazca-Platte gleichzeitig unter die amerikanischen Platten zurück ins Erdinnere gedrückt werden,
- und last, but not least die Bildung Mittelamerikas mitsamt den karibischen Inseln, als Folge der Kollision des südamerikanischen Kontinents mit Nordamerika bei der gleichzeitigen Drift nach Westen.

Die Wurzeln von Hispaniola liegen vermutlich schon in der variszischen Bildungsära, nämlich in der Phase des Zerbrechens des Urkontinents Pangaea begründet. Als sich die Bruchstücke Laurasien und Gondwanaland vor über zweihundert Millionen Jahren voneinander entfernten, entstand zwischen beiden ein Tiefseegraben, sozusagen ein Dehnungsriss in der Erdkruste, mit einem riesigen Meer, der Paläotethys (Ur-Mittelmeer), begleitet von heftigem Vulkanismus. Im Südwesten des heutigen Nordamerikas bildete sich weit unten im Meer ein Schild aus Lava und Tiefengesteinen: Die „karibische Urscholle", von einigen Geologen „Antillia" genannt, war geboren.

Diese äußerst mobile Platte hat im Laufe ihrer wechselvollen Geschichte mehrere Hebungen und Senkungen erfahren, mit Höhenunterschieden von einigen Tausend Metern. So etwas kann nur unmittelbar an Tiefseegräben geschehen, die auch heute noch existieren und u. a. am Milwaukee-Graben die abrupten Meerestiefen im Atlantik mit mehr als 9.000 m östlich der Antillen verursachen. (Die Höhendifferenz zwischen dem Gipfel des Pico Duarte und dem tiefsten Punkt im besagten Tiefseegraben beträgt bei einer Distanz von nur 185 km Luftlinie sage und schreibe 12.300 m, einer der größten Höhenunterschiede der Erde!). Solche Gräben bilden u. a. auch die Mona-Passage zwischen der Dominikanischen Republik und Puerto Rico und verursachen auf der anderen Seite Amerikas die San-Andreas-Spalte quer durch San Francisco. Die karibische Platte, die relativ schmal und leicht gebogen ist, erstreckte sich zeitweise im Süden Nordamerikas bis nach Kalifornien und dürfte dort entstanden sein, wo heute die Galápagos-Inseln liegen. Die endgültige Form hat die Platte wohl in der alpidischen Ära gegen Ende der Kreidezeit vor etwa 65 Millionen Jahren erhalten. In dieser Zeit trennten sich Europa und Nordamerika sowie Afrika und Südamerika. Ursache war Spekulationen zu Folge ein gewaltiger Meteoriteneinschlag (oder mehrere?) in der Gegend des heutigen Yucatán, durch den die inneren Strömungen des plastischen Erdkerns gestört und in andere Bahnen umgelenkt wurden. Nord- und Südamerika verdrifteten jedenfalls, ob mit oder ohne Meteoriteneinschlag, westwärts. Der Riss, der sogenannte ozeanische Rücken, verbreitete sich und legte den Grundstein für den heutigen, immer noch wachsenden Atlantik, während sich die Tethys (das Mittelmeer) zusehends verkleinerte. Erneut spieen untermeerische Vulkane große Mengen Lava aus und formten u. a. bereits grob die Skulptur der Großen Antillen. Die karibische Platte vergrößerte sich in Dicke und Breite deutlich. Anschließend ist sie

auf- und spätestens im Alttertiär wieder abgetaucht und wurde unter dem Druck des herannahenden Südamerikas und von kleineren pazifischen Platten, der Nazca- und Cocosplatte sowie der Yucatanplattform, nach Osten verdrängt. Möglicherweise haben drei dieser Platten (Cocos-, Yucatan- und Karibikplatte) bereits im Alttertiär über den Nicaragua-Rücken schon einmal eine Art Isthmus zwischen Nord- und Südamerika gebildet. Die östlichen Ränder der Cocosplatte bilden heute das Gros der mittelamerikanischen Staaten, und die Yucatanplattform bildet weite Teile Mexikos, während sich die Nazca-Platte unter die Anden in Südamerika schiebt und allmählich verschwindet. Die karibische Platte hat es also erst in jüngster geologischer Vergangenheit in den Atlantik

Die Lockersedimente entstanden als Geröllschutt vorwiegend im Eozän

verschlagen und ist bei der Kollision mit der Bahamas-Platte leicht nach Westen verkippt. In dieser Zeit könnten nach Vermutungen einiger Geologen gelegentlich Landbrücken mit Nordamerika existiert haben, vielleicht auch nur mit Florida, welches aber erst später den nordamerikanischen Kontinent erreichte. Mit großer Wahrscheinlichkeit aber gab es im Alttertiär Kontakte mit Landmassen, die das heutige Mittelamerika bilden.

Die karibische Platte hat ihre vorläufige Endposition vermutlich im Pliozän vor etwa 3,5 Millionen Jahren eingenommen. Der westliche, größere Teil davon ist heute untergetaucht und bildet große Teile des Meeresbodens des Golfs von Mexiko. Der kleinere, östliche Rand von „Antillia" dagegen besitzt derzeit die vermutlich höchste Position, die diese Platte jemals besessen hat. Dort befinden sich die Großen Antillen mit Kuba, Hispaniola, Jamaika und Puerto Rico. Auch heute noch ist

Für Geologen sind solche Ablagerungen die Tagebücher der Erde

die karibische Platte eigenständig und mit keiner der anderen amerikanischen Platten verbunden. Allerdings gibt es Überschiebungen, bei denen Teile der Platten ins Erdinnere gedrängt werden, aufschmelzen und für heftigen Vulkanismus sorgen. Weiter im Süden, an der Grabenbruchkante zu Südamerika, sind deshalb viele Vulkane entstanden, die heute die Mehrzahl der Inseln des kleinen Antillenbogens bilden.

Die Großen Antillen dagegen besitzen, von seltenen Ausnahmen abgesehen, seit langem keinen aktiven Vulkanismus mehr, sondern sind vorwiegend Bruchfaltengebirge, die sich unter dem Einfluss der Kontinentalplatten von Nord- und Südamerika zusammenschieben. Der Bildungsprozess ist nach wie vor in vollem Gang, wie die vielen Erdbeben in dieser Region belegen. So wurden die beiden größten Städte des Landes, Santo Domingo und Santiago de los Caballeros, bereits je einmal von Erdbeben komplett zerstört. Seit der Entdeckung durch Kolumbus vor etwas mehr als 500 Jahren hat sich die Topographie in einigen Regionen sogar erkennbar geändert. So war etwa in den Karten von Kolumbus Samaná im Nordosten noch als Insel eingezeichnet, heute ist es eine Halbinsel. Da haben natürlich noch andere Naturgewalten, allen voran Hurrikane, mitgewirkt. Auch die Küstenregion um Barahona im Südwesten bis hinein nach Haiti ist, geologisch gesehen, erst in jüngster Zeit, also erst vor wenigen hunderttausend Jahren „fertig geworden" – genauer gesagt „fast fertig", wie das Erbeben in Haiti von 2010 gezeigt hat.

Schichtungen beweisen, dass der Gebirgszug aus Meeressediment besteht

Der geologische Aufbau der Insel

Die Dominikanische Republik besteht heutiger Lehrmeinung nach aus mindestens drei einstmals separaten Inseln, Paläoinseln genannt, die sich zu unterschiedlichen Zeiten unter Bildung neuer Faltengebirge zu einem Ganzen vereinigt haben (Genaueres dazu bei den regionalen Beschreibungen von Samaná und der Sierra de Bahoruco).

Die Gesteine des zentralen Inselteils setzen sich in ihrer Hauptmasse aus Materialien der Kreidezeit zusammen. Aufgrund der damaligen vulkanischen Tätigkeit jedoch weniger aus Meeressedimenten mit Kalkgesteinen, wie das überwiegend in Europa der Fall ist, sondern sie sind plutonischen (= tiefen-) und vulkanischen Ursprungs, d. h., sie

bestehen aus Schiefern, Gneisen, Lava und Basalt. Da das Innere der Erde aus mehreren klar getrennten Schichten besteht, können die Gesteine aus der Tiefe sehr unterschiedliche chemische und physikalische Eigenschaften sowie unterschiedliche Konsistenzen aufweisen, je nachdem, aus welcher Lage sie stammen und wie schnell sie aufgestiegen sind. Hat Magma die Erdoberfläche im flüssigen Zustand erreicht, nennt man die daraus entstandenen Gesteine Eruptivgesteine (z. B. Basalt, Tuff oder Lava). Solche Gesteine sind in der Dominikanischen Republik eher selten. Sind die flüssigen Erdmassen langsam aufgestiegen und schon vorher erstarrt, nennt man sie plutonisch (Erstarrungsgesteine). Typische Vertreter dafür sind Pegmatite, Gneise und Granite. Gebie-

Lockersedimente verwittern schnell zu bizarren Landschaften

te mit Plutoniten findet man vor allem in der Cordillera Central, der Sierra Yamasá, der Cordillera Oriental, die quasi das Rückgrat der Insel bilden, sowie in einigen nördlichen Randzonen, etwa der Halbinsel Samaná und einer Region rund um Puerto Plata. Im Süden besteht der innerste Kern der Sierra de Bahoruco ebenfalls aus solchen alten Gesteinen.

Durch immensen Druck wurden die Gesteine außerdem während ihrer wechselvollen Geschichte streckenweise aufgeschmolzen und umkristallisiert (Metamorphose), sodass sich heute der exakte geologische Herkunftsnachweis der „metamorphen Gesteine" nur mit Mühe führen lässt. Solche Gesteinstypen trifft man hauptsächlich in den Bergen der Halbinsel Samaná an, die dort massive, abbauwürdige Marmorvorkommen bilden, entstanden aus kreidezeitlichen Kalkablagerungen. Die wechselvolle Entstehung der Gesteine spiegelt sich in sehr unterschiedlichen Landschaftsformen wider, da sie unterschiedlich stark verwittern. So erklären sich einerseits recht schroffe oder andererseits harmonisch runde Formen leicht von selbst, wenn man die Verwitterungseigenschaften der Gesteine kennt. Sie haben auch großen Einfluss auf die Beschaffenheit und Qualität der Böden, die ja letztlich aus deren Verwitterungsprodukten entstehen. Auch Erzlagerstätten, wie die reichen Nickelvorkommen nahe Bonao, und andere Bodenschätze wie Gold und Silber in der Cordillera Central oder der Halbedelstein Larimar sind unmittelbar im Zusammenhang mit der Gesteinsbildung zu sehen und kommen daher nur in den entsprechenden Regionen vor.

Viele Randbereiche und einige ausgedehnte Senken in der Dominikanischen Republik sind allerdings erst in geologisch jüngster Zeit aus sich hebenden Meeressedimenten entstanden und bilden weitläufige Kalkebenen aus. Solche jungen Gebiete sind die Senken des Lago Enriquillo und des Cibaotals, Teile der Cordillera Septentrional und Cordillera Oriental, der Sierra Bahoruco und die Sierra Neiba. Diese dritte wichtige Gesteinsart ist deshalb ebenfalls für viele Landschaftsbilder prägend: Verwitterungsgesteine, die gerne auch als Sedimentgesteine bezeichnet werden. Sie bilden sich nicht nur im Meer durch organische Einflüsse (Korallenkalke) oder durch eingeschwemmte Materialien (Sandstein oder Ton), sondern bilden sich auch am Fuße von Bergen als Hangschutt oder in Flussauen durch Verwitterung und können großen Landstrichen in den Niederungen ihr Gepräge geben. Da derartige Böden in der Regel erst während der letzten Eiszeiten entstanden sind, werden sie auch oft als alluviale Böden bezeichnet.

So lagern im südlichen Tiefland relativ grobe Sedimente aus dem Tertiär auf einem sich noch immer hebenden Küstenplateau. Im Westen sind sie wenig verfestigt, weisen schroffe, tiefe Erosionsfurchen auf und bilden bizarre Landschaften, die mit einer noch bizarreren Vegetation bewachsen sind. Im Südosten dagegen bilden sie eine recht kompakte und einheitliche Landschaft, die Llanura del Este, eine ausgedehnte Savanne, die intensiv landwirtschaftlich genutzt wird.

Das Wissen um die Geologie erklärt auch die Absenkung einiger Landstriche im Süden der Dominikanischen Republik von weit mehr als 40 m unter den Meeresspiegel. Von Süden her driftete im Pliozän nämlich eine Insel mittlerer Größe, Bahoruco genannt, auf Hispaniola zu. Diese Insel hat sich möglicherweise lange vorher von der Kokosplatte abgelöst und stellt somit das einzige Landstück mittelamerikanischer Herkunft in der Karibik dar. Weil Druck von allen Seiten einwirkte, bildeten sich beim Anlanden von Bahoruco an Hispaniola zum einen Gebirgszüge, sozusagen Crash-Zonen, mit den Namen Sierra de Bahoruco und Sierra de Neiba auf dominikanischer Seite und Massif de La Selle und Massif de la Hotte in Haiti. Zum Ausgleich dafür wurde aber die dazwischenliegende Landmasse entlang von Bruchlinien nach unten gedrückt, die bis vor kurzem sogar noch vom Meer überflutet war, die sogenannte Enriquillo-Senke.

Die treibenden Kontinente sind auch die treibenden Kräfte der Evolution. Denn wer die Fauna und Flora von Nord- und Südamerika vergleicht, wird gewaltige Unterschiede feststellen, erklärbar nur dadurch, dass die Landbrücke von Panama ja „gerade erst", d. h. vor vermutlich zwei Millionen Jahren, geschlossen wurde. Mit dem Zerbrechen der letzten Teilstücke von Gondwanaland kühlte sich auch das Klima auf der Erde dramatisch ab und zwang die Organismen zu rasanten Anpassungen. Da aber Gondwana-land bekanntlich schrittweise und zu unterschiedlichen Zeiten in Einzelkontinente zerbrach, schlug jedes dieser Bruchstücke eine mehr oder weniger andersartige und eigenständige biologische Entwicklung ein, die über mindestens 60–70 Millionen Jahre unabhängig voneinander verlief. Das Resultat waren neue Lebensformen, spannend deshalb, weil gerade zur Zeit des Zerbrechens Gondwanas die Säugetiere in der Entstehung begriffen waren. Australien, das wohl als Erstes von Gondwanaland abgetrennt wurde, hat ja mit den als „primitiv" eingestuften Beuteltieren eine besonders prägnante Entwicklung genommen. Der Anteil dieser Gruppe ist in Südamerika schon deutlich geringer und fehlt den anderen Kontinenten völlig.

Auch die Tier- und Pflanzenwelt Nord- und Südamerikas sind völlig unabhängig und eigenständig entstanden. Bei der Zusammensetzung der Fauna und Flora ist es spannend zu sehen, welcher der beiden Kontinente den größeren Einfluss auf die Besiedelung der neu entstandenen Westindischen Inseln genommen hat. Schließlich liegen Kuba und die Südspitze Floridas heute nur etwa 144 km voneinander entfernt. Und es spricht einiges dafür, dass während der Eiszeiten, als viel Wasser in Form von Gletschern den Weltmeeren entzogen war, die Meeresspiegel um mindestens 100 m, vielleicht sogar 200 m tiefer lagen als heute und daher die Abstände noch geringer waren.

Die unterschiedlichen Bergzüge haben sich in verschiedenen geologischen Epochen gebildet

Doch da kommen die Meeresströmungen ins Spiel. Denn als die beiden Amerikas noch voneinander getrennt lagen, konnten der Altantik und der Pazifik zwischen den beiden Kontinenten frei hindurchfließen und sich die Äquatorialströme von Ost und West austauschen. Mit der Bildung der Landbrücke von Panama war damit aber Schluss. Die Wasserströme mussten sich neue Wege suchen. Bei dieser Gelegenheit entstand u. a. auch der Golfstrom als abgelenkter Äquatorialstrom gen Norden, der als Auslöser für die vier, neuesten Vermutungen nach sogar neun Eiszeiten verantwortlich gemacht wird. Die neuen Strömungen ließen von da an potenzielle, auf Treibholz sitzende Besiedler aus Nordamerika nach Norden abdriften. Das erklärt, warum der südamerikanische Einfluss bei weitem überwiegt, weil auch die Richtung des permanenten Nordostpassats von den westindischen Gefilden eher auf Nordamerika zuweist als umgekehrt. Vermutungen, dass es ab und zu Landbrücken oder zumindest „Trittsteine" zum mittelamerikanischen Festland, das vorwiegend von Südamerika her geprägt ist, gegeben haben könnte, sind in der Diskussion, aber noch nicht bewiesen. Doch es spricht vieles dafür, dass die Großen Antillen nie mit Südamerika in direktem Kontakt gestanden haben, also bestenfalls vor geologisch sehr langer Zeit Landverbindungen mit Mittel- und Nordamerika bestanden haben könnten. Mehr zu solchen und anderen Spekulationen in den Kapiteln „Säugetiere" und „Fische".

Alle derartigen Überlegungen sind die plausible Erklärung für die große Zahl endemischer Formen sowohl im Tier- als auch im Pflanzenreich. Summa summarum sind die karibischen Inseln, darunter vor allem Hispaniola, ein spannendes Feld für einen Einblick in die Mechanismen der Evolution.

Erdbeben mit fatalen Folgen

• Am 3. Dezember 1562 wurde die Stadt La Vega völlig zerstört. Danach wurde sie auf der anderen Seite des Río Camú wieder neu aufgebaut.

• 1751: Erdbeben mit anschließendem Tsunami. Azua, damals eine Hafenstadt nahe Pueblo Viejo, wurde nach seiner völligen Zerstörung an seinem heutigen Platz, weit weg vom Meer, neu errichtet.

• Am 4. August 1946 richtete ein Erdbeben an der Nordküste der Halbinsel Samaná erhebliche Schäden an. Gebäude und Straßen sowie ganze Küstenabschnitte wurden zerstört und zudem viele vorgelagerte Korallenriffe ernsthaft in Mitleidenschaft gezogen. Die gesamte Küstenlinie in der Bucht von Escocesa und selbst Gewässerläufe waren danach verändert.

• Am 12. Januar 2010 zerstörte ein Erdebeben die Hauptstadt Port au Prince in Haiti und forderte mindestens 212.000 Tote. Inoffiziellen Berichten zufolge lag die Opferzahl sogar bei über 500.000.

Das grüne Kleid der Insel: die Vegetation der Dominikanischen Republik

Botanisch gesehen gehört die Dominikanische Republik ins neotropische Florenreich, das den größten Teil von Süd- und Mittelamerika inklusive der Galápagos-Inseln und der gesamten Antillen einnimmt. Dieses Florenreich ist allerdings nicht homogen ausgeprägt, sondern wird in sechs unterschiedliche Florenregionen untergliedert. Eine davon fasst die Antillen mit einigen Teilen Mittelamerikas zur karibischen Florenregion zusammen. Manche wollen diese Region sogar als eigenes Florenreich aufgewertet sehen, eine Forderung, die vieles für sich hat. Sie schließt alle Abstufungen tropischer Vegetationstypen von Wüsten bis zu tropischen Regenwäldern ein, denn der karibische Archipel ist durch seine zahlreichen Inseln mit den unterschiedlichsten Relieftypen und seine wechselvolle Entstehungsge-

Calliandra tweedii heißt wegen der leuchtenden Staubgefäße Puderquastenstrauch

Hier ist ein Weiterkommen nur mit Schmerzen möglich

schichte stärker als die restlichen fünf Regionen zergliedert. Es gibt zwar viele Charakterarten mit einer weiten Verbreitung, es gibt aber auch viele endemische Formen, die oft auf kleinste Gebiete begrenzt sind.

Typisch für das neotropische Florenreich ist die große Zahl von Hülsenfrüchtlern, die Leguminosen, meist aus der Unterfamilie Mimosoideae, die stellenweise 60 % aller Baumarten ausmachen. Leguminosen haben spezielle Anpassungen an durch immense Regenmengen ausgelaugte, nährstoffarme Böden. Sie können nämlich mit Hilfe von in Wurzelknöllchen lebenden Bakterien Stickstoff aus der Luft in Nitrat umwandeln und als Nährstoff nutzen.

Charakteristisch sind außerdem die beiden ebenfalls artenreichen Familien der Kakteen und Bromelien, die fast ausschließlich auf die neotropische Region begrenzt sind. Nur verhältnismäßig wenige neotropische Arten haben seit der Bildung der mittelamerikanischen Landbrücke natürlich den Sprung von Süd- nach Nordamerika ins holarktische, also gemäßigt bis kalte Florenreich geschafft. Umgekehrt haben viel mehr holarktische Arten den südamerikanischen Kontinent besiedelt, ohne jedoch die vorhandene Vegetation nennenswert zu verdrängen. Die heutige Verbreitung vieler neotropischer Arten auf anderen Kontinenten ist allein menschlichen Einflüssen zu verdanken. Allerdings gibt es eine interessante Ausnahme: das Vorkommen der epiphytisch lebenden Kaktee *Rhipsalis baccifera* in Afrika. Sie hat den Weg

Leuchtfeuer einer *Calliandra* in der untergehenden Sonne

Feuchtigkeit mit sich, beste Voraussetzungen für Regen- und Nebelwälder. Auf der Leeseite im Süden sind die Wolken bereits weitgehend abgeregnet, was stellenweise zu Trockenwäldern, Halbwüsten oder sogar Wüsten führt. Zwischen diesen beiden Extremen trifft man fast jeden in dieser Florenregion erdenklichen Vegetationstyp an. Auffallend ist der meist deutlich niedrigere Wuchs der Wälder im Vergleich zum Festland. Tropische Waldsysteme der Antillen sind ständigen Veränderungen unterworfen, denn im Schnitt trifft alle 10–15 Jahre ein Hurrikan eine der Inseln mit regional massiven Verwüstungen. Gleichzeitig sind Hurrikane für die enorme Biodiversität mitverantwortlich, denn sie schaffen regelmäßig Bedingungen für eine Reihe von Spezialisten, die an solche Naturkatastrophen optimal angepasst sind (s. S. 269). Die durch die starken Regenfälle ausgelösten Erdrutsche sind für viele Pionierpflanzen eine ständige Herausforderung, sich anzupassen und sich weiterzuentwickeln. Auch die tropische Temperatur hat entscheidenden Einfluss auf die Anpassungsgeschwindigkeit, weil es im Gegensatz zu winterlich geprägten Ländern praktisch keine Vegetationspausen gibt.

über den Atlantik vermutlich ihren klebrigen Samen im Gefieder von Zugvögeln zu verdanken und so als einzige Kakteenart Amerika vor seiner Entdeckung durch die Europäer verlassen.

Die einzelnen Vegetationszonen der Dominikanischen Republik sind nicht homogen, sondern stark in Abhängigkeit der Topographie und des Reliefs ausgebildet. Im Norden, auf der Luvseite, bringen die Passatwinde viel

Der wesentliche Unterschied zwischen Regenwäldern der niederen, mittleren und höheren Lagen ist die nach oben hin abnehmende Durchschnittstemperatur und die zunehmend intensivere Sonneneinstrahlung. Daraus ergeben sich klar abgegrenzte Ökosysteme mit einem jeweils eigenen Arteninventar, selbst dann, wenn die

Niederschlagswerte in allen drei Lebensräumen exakt gleich wären.

Es gab viele Versuche, die einzelnen, schwierig zu fassenden Vegetationszonen zu klassifizieren. Einige Autoren versuchten es auf rein botanischer Basis, andere waren vorwiegend klimatisch orientiert. Heute richten sich die meisten Botaniker (noch) nach dem „Lifezone Classification System" von Leslie R. HOLDRIDGE (1964), wenn oft auch in abgewandelter Form. Es beruht in erster Linie auf klimatischen Daten (mittlere Temperatur, mittlere Niederschlagsmenge und mittlere Luftfeuchtigkeit), erst danach werden botanische Aspekte berücksichtigt und nur an dritter Stelle ökologische und geographische Faktoren wie Relief, Boden oder Untergrund. Es deckt sich aber im Resultat in groben Zügen mit dem System von MOSCOSO (1943), der die Vegetation der Dominikanischen Republik genau umgekehrt, also in erster Linie nach botanischen und topographischen Gesichtspunkten gegliedert hat. Das praktikabelste System für Hispaniola, einer Mischung aus beiden, ist derzeit das System von CIFERRI (1936), der die Vegetation in acht prinzipielle Zonen auf der Insel einteilte, natürlich mit allen erdenklichen Übergängen, sodass ungefähr 15 Vegetationszonen unterschieden werden können.

Alberto ARECES-MALLEA (1999) schlägt neuerdings einen ganz anderen Standard für die Großen Antillen vor. Hintergrund sind besser vergleichbare Aussagen für die Inseln untereinander. Dabei werden sieben hierarchische Ebenen aufgestellt, wobei die siebte als völlig unbewachsen definiert ist (z. B. Sandstrand). Die verbleibenden sechs werden dann nach Vegetationsstrukturen (z. B. Bäume, Sträucher, Kräuter als beherrschendes Element) und danach in verschiedene Pflanzengesellschaften aufgespalten. Nimmt man beispielsweise eine Waldstruktur („mit Bäumen als beherrschendes Element"), dann lassen sich lichte oder geschlossene Bestände unterscheiden, jeweils beherrscht von Laub- oder Nadelbäumen oder – als Mischwald – auch von beiden usw. Auf diese Weise ergeben sich annähernd hundert verschiedene Vegetationstypen für die Großen Antillen. Dieses System erlaubt wesentlich differenziertere Aussagen, ohne dass es unübersichtlich wird. Man kann es ein bisschen mit der biologischen Systematik vergleichen, wo es Ordnungen, Familien, Gattungen, Arten und sogar Unterarten gibt und somit jede Pflanze einen eindeutigen Platz zugewiesen bekommt. Weil dieser Vorschlag noch sehr neu ist, wird er derzeit erst in Anfängen angewendet, könnte aber in Zukunft alle anderen Klassifizierungssysteme ablösen.

Die Antillen zeichnen sich durch eine immense Diversität an Pflanzenarten aus. Die etwa 13.000 heimischen Arten verteilen sich auf 186 Familien in rund 2.500 Gattungen. Davon sind eine Familie, 118 Gattungen und insgesamt 6.550 Arten ausschließlich auf die Karibik begrenzt, also endemisch. Das ist in den Augen einiger Biologen natürlich ein gewichtiges Argument für ein eigenes Florenreich.

Etwas Phytogeographie – oder: wie die Pflanzen zu Insulanern wurden

Hispaniola ist botanisch gesehen nach Kuba die artenreichste Insel der Antillen. Bisher wurden in der Dominikanischen Republik 5.600 Pflanzenarten registriert. Darunter sind 1.800 endemisch, das sind stolze 36 % des gesamten Arteninventars des Landes. Da Hispaniola während der letzten Besiedelungsperiode wohl zu keiner Zeit mit dem mittelamerikanischen Festland in Verbindung gestanden hatte, sind alle Arten entweder als Treibgut dorthin ge-

Die auffälligen Schoten von *Albizia lebbeck*

langt oder durch fliegende Organismen, vor allem durch Vögel oder Fledermäuse, hierher verschleppt worden. Die Samen sind entweder im Gefieder oder im Pelz der Tiere hängengeblieben, oder die „Spediteure" hatten vor Reisebeginn Früchte gefressen, deren Samen nach der Darmpassage auf der Insel ausgeschieden wurden. Da die Antillen auch von vielen Zugvögeln aus Nordamerika und Kanada als Winterquartier oder Durchgangsstation aufgesucht werden, sind botanische Einflüsse von dort gut zu erklären. Inwieweit Stürme flugfähige Samen hierher transportiert haben, lässt sich nur schwer beziffern. Aufgrund der wechselvollen Entstehungsgeschichte ist auch nicht ganz auszuschließen, dass schon im Pliozän beim Festlandkontakt mit Nordamerika eine ursprüngliche Pflanzendecke mit Arten entstanden sein könnte, die heute auf dem Kontinent durch Konkurrenzdruck längst ausgestorben ist, so wie man es ja von den meisten Tierarten her kennt. Die klimatischen Veränderungen haben viele Eindringlinge mit der Zeit entweder wieder eliminiert oder zumindest in enge geographische Schranken verwiesen, man denke nur an die Einflüsse der Eiszeit, die auch an der Karibik nicht spurlos vorbeigegangen ist. In vielen Fällen ist es aber auch wahrscheinlich, dass sich die Pflanzen den neuen Bedingungen angepasst haben und zu endemischen Elementen der Flora geworden sind. Leider sind sichere Aussagen zur ursprünglichen Vegetation der Insel kaum noch zu treffen, weil seit der Entdeckung Hispaniolas die meis-

In den Hochlagen ziehen jeden Mittag im Nebelwald Wolken auf

ten Biotope sehr stark durch Rodung und Urbarmachung verändert wurden. Auch wurde eine sehr große Zahl neuer Pflanzenarten schon durch die Konquistadoren eingeführt, die sich vehement mit der ursprünglichen Vegetation vermischt und die heimische Flora dann großräumig verändert haben. Vieles, was sich dem unbedarften Besucher heute als typisch karibisch präsentiert, ist in Wirklichkeit ein Konglomerat tropischer Pflanzen aus der ganzen Welt.

Subalpine und alpine Wälder der tropischen Gebirgszone

In den Hochlagen der Berge sind Einflüsse sowohl von den gemäßigten Zonen Nordamerikas als auch, weniger deutlich, vom Süden her aus Patagonien zu erkennen. Sie gehen auf die Zeit des Pleistozäns („Quartär") zurück, wo Eiszeiten die Kontinente beherrschten. In dieser Epoche war auch die karibische Flora weit weniger tropisch als heute. Mit dem Klimawandel der Nacheiszeit sind die Kälte liebenden Pflanzen entsprechend ihren Bedürfnissen immer weiter in die Hochlagen verdrängt worden – sofern es solche gab –, oder sie sind ausgestorben. Ein typisches Element aus Nordamerika sind einige Arten aus der Gattung *Myrica*, von der es mit dem Gagelstrauch (*Myrica gale*) auch eine Art in Europa gibt.

Typisch für die Wälder der Hochlagen Hispaniolas ist die endemische Dominikanische Kiefer (*Pinus occidentalis*), die mancherorts bereits ab einer Höhe von etwa 850 m (dann in einer anderen Vergesellschaftung) bis in die Gipfellagen der höchsten Berge vorkommt und über weite Teile die Bergvegetation prägt. Kiefern sind im karibischen Archipel außer von Hispaniola nur von Kuba und den Bahamas bekannt und stellen mit großer Sicherheit ebenfalls Florenelemente aus Nordamerika dar. In der Dominikanischen Republik gibt es je nach äußeren Bedingungen (Höhe und Niederschlagsmenge) zwei deutlich unterscheidbare Nadelwaldtypen: einen dicht geschlossenen und einen mit eher offenem Baumbestand, je nach Tiefe des Untergrunds und kleinklimatischen Bedingungen. Danach richtet sich dann die Reichhaltigkeit des Unterwuchses. Vergleichbare Nadelwaldsysteme sind auch für temperierte Lebensräume außerhalb des Tropengürtels charakteristisch. Kiefernwälder gibt es in der Dominikanischen Republik ausschließlich in den westlichen Gebirgszügen, vorwiegend der Cordillera Central und der Sierra de Bahoruco. Typisch ist das abrupte Auftreten entlang einer „Demarkationslinie", also einer bestimmten Höhenlinie, meist

Die blaue Hundszunge ist ein Neophyt, d. h. eingeschleppt

deutlich über 1.500 m. Übergänge zu anderen Waldsystemen sind praktisch nicht vorhanden, aber es gibt stellenweise auch Mischwälder.

Die tropischen Hochlandwälder der Dominikanischen Republik entsprechen de facto den temperierten Nadelwäldern der gemäßigten Breiten und bilden die subalpine Zone, die von gelegentlichen Frostperioden gekennzeichnet ist. Mancherorts besitzen solche Wälder einen regelrechten Heidecharakter.

Auffallend ist allerdings der hohe Grad an endemischen Begleitarten, außergewöhnlich auch der enorme Besatz mit Epiphyten, allen voran spezielle Bromelien und Flechten sowie der starke Befall mit endemischen Parasiten.

Es gibt auch Einflüsse, die vermutlich von Reisenden verursacht wurden, ohne dass es ihnen bewusst war. Denn in den Bergen existiert eine Reihe von sogenannten Neophyten (eingeschleppte Pflanzen), die vermutlich eher zufällig nach Hispaniola verbracht wurden und sich nahtlos in das Vegetationsbild eingegliedert haben. Auffällig sind u. a. die Königskerze (*Verbascum thapsus*) aus Europa, der Holunder (*Sambucus canadensis*) aus Nordamerika oder die Hundszunge (*Cynoglossum amabile*) aus China. Holunder könnte aber auch natürlich während der Eiszeit eingewandert sein.

Tropische Hochlandwälder stellen Ökosysteme dar, die trotz vordergründiger Ähnlichkeiten keine vergleichbaren Parallelen in den gemäßigten Zonen finden, sie sind einmalig und daher

Endlose Kiefernwälder bedecken die Höhenlagen des Valle Nuevo

besonders schützenswert. Auch als Erosionsschutz und als Speicher von Wasserressourcen haben sie eine überragende Bedeutung.

Charakteristische Vertreter dieses Vegetationstyps findet man, von Ausnahmen abgesehen, ab etwa 2.000 m Höhe aufwärts in den Nationalparks der Cordillera Central (Parques Nacionales Armando Bermudez und Jose del Carmen Ramirez oder in der Reserva Científica Valle Nuevo) und im Südwesten in den Gipfellagen der Parques Nacionales Sierra de Bahoruco und Sierra Neiba.

Der Gipfelbereich des Diego de Ocampo
ist von Nebelwald bedeckt

Immergrüner montaner Nebelwald

Nebelwälder gedeihen nur in niederschlagsreichen und relativ kühlen Zonen der Tropen und sind demzufolge auf eine spezielle Höhenlage meist an den Nordhängen der großen Gebirgszüge konzentriert. Je nach Exposition zum Wettergeschehen (Wolkenbildung und Thermik) findet man sie selten schon ab 600 m, meist zwischen 1.200 und 2.300 m oder darüber. Nebel entsteht immer dann, wenn feuchte, warme Luft auf kühlere Luftmassen trifft und Wasser in Form von winzigen Tröpfchen, sogenannten Aerosolen, kondensiert. Dadurch kommt es zu einer gesättigten Luftfeuchtigkeit in Bodennähe, ohne dass es regnet. Eine derartige Wasserzufuhr wird auch als „horizontaler Niederschlag" bezeichnet, weil er durch den Zug der Nebelfelder oder die auf die Hänge auftreffenden Wolken stets von der Seite kommt. Die Feuchtigkeit wird von darauf spezialisierten Pflanzen regelrecht herausgekämmt. Nachts kondensiert der Nebel bei noch stärkerer Abkühlung dann zu Tau. Häufig sind diese Berghänge in Folge der einsetzenden Thermik vom späten Mittag an bis in die frühen Morgenstunden in Wolken gehüllt und permanent wassergesättigt. Leitarten für diesen Vegetationstyp sind in der Dominikanischen Republik u. a. *Didymopanax tremulus* (heute *Schefflera tremula*), *Brunellia comocladifolia*, *Magnolia pallescens*, *Magnolia hamori*, die Bergpalme *Prestoea acuminata* und Baumfarne (*Cyathea* spp.) sowie das gehäufte Auftreten von Farnen,

Moosen und Epiphyten. Die für diese Höhenstufe typischen Bäume werden nicht besonders hoch und weisen einen manchmal recht knorrigen Wuchs auf. Nebelwälder sind artenärmer als Regenwälder. Im Gegensatz zu den Regenwäldern der Niederungen mit reinem Laubwaldbestand mischen sich in die Nebelwälder mit zunehmender Höhe immer mehr Nadelgehölze. Dieser Waldtyp ist auf die Cordillera Central, die Cordillera Septentrional (z. B. Diego de Ocampo oder Loma Quita Espuela) und höhere Bereiche der Nationalparks in den Sierren Bahoruco und Neiba begrenzt. Nebelwälder sind eine Sonderform der Hochlandregenwälder mit einem charakteristischen Arteninventar und ähneln Wäldern der temperierten Subtropen.

Eine Sonderform des Nebelwaldes stellt der Elfenwald, auch Zwergenwald genannt, dar. Hier ist der Wind die entscheidende Einflussgröße. Bei dieser subalpinen Waldform bleiben die Bäume infolge des Winddrucks zwergenhaft klein, sie ducken sich quasi zu ihrem Schutz nach unten. Ihr Wuchs ist knorrig und verdreht, und alles erinnert an einen verwunschenen Märchenwald. Elfenwald findet man z. B. relikthaft in den Bergen südlich von Puerto Plata oder im Nationalpark Loma Nalga de Maco.

Immergrüne Regenwälder

Ganzjährig warme Regionen innerhalb der Wendekreise mit Durchschnittstemperaturen zwischen 22 und 28 °C, ohne große jahreszeitliche Schwankungen, ohne ausgeprägte Trockenzeiten und mit mindestens 1.500 mm Jahresniederschlag sind das Reich des immergrünen tropischen Regenwalds – der Inbegriff für Tropen und „Grüne Hölle". Das artenreichste und üppigste aller Ökosysteme der Erde ist in Europa immer noch mit vielen Vorurteilen und Fehlinformationen behaftet. Regen- und Nebelwälder – ihre Unterschiede liegen vor allem in der Form der Niederschläge – sind weder undurchdringliche Dickichte, noch strotzen sie vor Schlangen oder blutrünstigen Insekten. Es sind vielmehr locker aufgebaute Wälder, die allerdings recht dunkel sein

Kautschuk ist eines der Erzeugnisse von Samaná

können, weil nur wenig Licht den Boden erreicht. Sie sind, zumindest in der Karibik, eher die Ausnahme, denn die meisten Inseln sind im Gegensatz zu Hispaniola nicht hoch genug und daher viel zu trocken. Regen- und Nebelwälder sind hier zwar relativ weit verbreitet, aber auf die niederschlagsreichen Hänge des Nordostens oder die höheren Bergregionen begrenzt. Sie unterscheiden sich je nach Höhenlage deutlich in ihrer Artenzusammensetzung. Die Art des lokalen Wettergeschehens gibt hier den entscheidenden Ausschlag, die Beschaffenheit der Böden ist dagegen eher zweitrangig. Großen Einfluss auf die Artenzusammensetzung hat die Sonneneinstrahlung. Abhängig von der regional sehr unterschiedlichen

Wolkenbildung kann es zu relativ intensiven Strahlungsperioden kommen, die erheblichen Stress für die Pflanzen bedeuten, der sich vor allem in der Wipfelregion bemerkbar macht.

Tropische Wälder gedeihen hier auch auf sehr armen Böden recht üppig, was aber große Gefahren für die Stabilität solcher Ökosysteme in sich birgt. Regenwälder, das gleiche gilt auch für andere tropische Waldtypen, sind alles andere als monoton, sondern ganz im Gegenteil je nach geographischer Lage in ihrer Struktur sehr verschieden und reichhaltig. Die Aussage über den Waldtyp sagt noch lange nichts über seine Artenzusammensetzung aus. Deshalb sind Regenwälder in der Sierra de Bahoruco im Südwesten

In der regenreichen Region der Cordillera Central entspringen viele Flüsse

ganz anders zusammengesetzt als Regenwälder im Nordosten, etwa in Los Haitises.

Typische Bäume von immergrünen Wäldern sind häufig durch ihre dünne, weiche und oft grün gefärbte Rinde gekennzeichnet und durch großwüchsige, weiche Blätter mit einem unbenetzbaren Wachsüberzug auf der Oberseite. Die meist ungeteilten Blätter sind oft mit der typischen „Tropfnase", botanisch „Träufelspitze", versehen, also lang ausgezogenen Blattspitzen, die von den meisten Botanikern als Einrichtung zum schnelleren Abtrocknen nach Regenfällen gedeutet werden, um Krankheiten oder einer Veralgung vorzubeugen. Andere interpretieren sie als das Resultat eines ungestümen Blattwachstums, was die Funktion als Abtropfspitze allerdings nicht in Frage stellt. Jahreszeitlichen Laubwechsel gibt es hier nicht, der Blattfall findet kontinuierlich statt, und die Bäume treiben rund ums Jahr aus. Häufig fällt dabei die „Laubausschüttung" auf, das sind in periodischen Wachstumsschüben gebildete, schlaff herunterhängende Blätter an den Neutrieben, die oft sogar leuchtend rot gefärbt sind. Dieses Phänomen wird so gedeutet, dass die jungen und empfindlichen Blätter vor zu starker UV-Strahlung geschützt werden sollen und deshalb das grüne Chlorophyll, das Sonnenstrahlen einfängt, von rotem Anthocyan als sonnenabwehrenden Blattfarbstoff überlagert wird. Außerdem werden durch den hängenden Wuchs die jungen Blätter stärker beschattet. Nach Meinung anderer soll die rote Farbe dem Schutz der zarten Blätter vor Fressfeinden dienen, die rote Blätter als ungenießbar einstufen. Erst gegen Ende des Größenwachstums werden die Blätter straff und grün. Ein klassisches Studienobjekt dafür sind die leuchtend roten Neutriebe an Kakaobäumen, denen man in vielen Plantagen im Norden und Osten der Insel begegnet. Die Blätter bleiben bis zu drei Jahre am Baum, ehe sie abfallen.

Das Holz der meisten Regenwaldbäume weist keine Jahresringe auf, weil es zwar langsam, aber kontinuierlich wächst. Sie sind schlankwüchsig, und ihre Kronen setzen oft hoch am Stamm an. Viele Vertreter der Moraceen (Maulbeerbaumgewächse) und Euphorbiaceen (Wolfsmilchgewächse) führen außerdem Milchsaft in der Rinde. Beispiele sind der Kautschukbaum (Euphorbiaceae) oder der Gummibaum (Moraceae), aus dessen Rinde bei Verletzung brennbarer „Gummisaft" austritt. Die meist nährstoffarmen, flachgründigen Böden ermöglichen nur flach wurzelnden Arten ein Überleben, fehlende Standfestigkeit wird dann häufig durch Brettwurzeln ausgeglichen.

Auffällig ist das Fehlen von zu speziellen Jahreszeiten üppig blühenden Bäumen. Durch den gleichförmigen Rhythmus der Regenwälder ist nämlich auch eine permanente Blütezeit vorgegeben. Diese Strategie bietet geeigneten Bestäubern rund ums Jahr gleichmäßig Nahrung und bindet Spezialisten sehr eng an sich. Die Bildung von derartigen gegenseitigen Abhängigkeiten, Co-Evolution genannt, findet man in den Tropen häufig.

Reste eines einst ausgedehnten, üppigen
Regenwaldes in Form eines Galeriewaldes

Verschiedene Regenwaldtypen der höheren, mittleren und niederen Lagen

Man unterscheidet zwischen montanen, submontanen (auch collinen genannten) und Tieflandregenwäldern, die überwiegend im Nordosten des Landes oder in den regenreichen Gebirgslagen verbreitet sind. Sie sind grundsätzlich als Laubwälder, nur in größeren Höhen gelegentlich als Mischwälder, ausgeprägt und reichen von der Küste bis in 2.100 m Höhe. Entscheidende Faktoren für die unterschiedlichen Klassifizierungen sind neben der Topographie vor allem die mittleren Jahresniederschläge und die mittlere Jahrestemperatur sowie jahreszeitliche Klimaschwankungen, vor allem Trockenphasen. Aber auch die Böden, ob saures Urgestein oder neutrale bis kalkhaltige Untergründe, spielen eine entscheidende Rolle. Durch die kleinräumige Gliederung der dominikanischen Bergwelt existieren unzählige Unterschiede. Je nach Niederschlagsmenge spricht man von Feucht- oder von Regenwäldern, die durch unterschiedliche Leitarten gekennzeichnet sind.

Die meisten Tieflandregenwälder, meist als Küstenregenwälder ausgebildet, sind der Landwirtschaft gewichen. Die Gebiete werden heute überwiegend als Reisfelder, für den Ananas-Anbau oder als Kakao- und Kaffeeplantagen genutzt, östliche Teile der Insel sogar für den Zuckerrohranbau und als Weideland. Nennenswerte Reste der Tieflandregenwälder haben sich nur noch im Osten im Feuchtgebiet „Promotorio de Cabrera" und im Parque Nacional Los Haitises sowie auf der Halbinsel Samaná erhalten. Sie liegen im direkten Wirkungsbereich der Passatwinde, dort, wo diese vor größeren Gebirgsbarrieren an Land treffen. Die Temperaturen sind hoch und liegen im Jahresmittel bei 23–24 °C.

Die colline Stufe stellt den Übergangsbereich zwischen den Tieflandregenwäldern und den Bergregenwäldern dar und ist regional höchst unterschiedlich gegliedert. Beispiele werden in den jeweiligen Kapiteln genannt. Diese für die Landwirtschaft höchst attraktive Zone wurde durch die sich immer weiter ausdehnende Besiedelung fast gänzlich zerstört und ist nur noch relikthaft vorhanden. Die Unterschiede zu den Tieflandregenwäldern liegen vor allem in der unterschiedlichen Verteilung von täglicher Sonneneinstrahlung und Regen. Sie sind aber auch gemäßigter in der Durchschnittstemperatur, die von 22 °C mit fortschreitender Höhe allmählich abnimmt. Die Wolkenbildung mit Regen setzt an den Gebirgen meist gegen Mittag ein, und die Pflanzen sind dann nur vormittags der Sonne ausgesetzt, während Tieflandwälder oft den ganzen Tag besonnt werden. Der Tagesverlauf im Tiefland fällt also oft extremer aus. Und wenn die Niederschläge auch mengenmäßig gleich sind, so sind sie auf den Tag gesehen doch anders verteilt. Durchschnittswerte allein reichen also zum Verständnis nicht immer aus.

In Lagen meist ab etwa 500 m aufwärts findet man Bergregenwälder, auch montane Regenwälder genannt, vor allem in den beiden nördlichen Gebirgsketten, der Cordillera Septentrional und Cordillera Oriental, aber auch an den Nordhängen der Cordillera Central. Im Süden sind sie seltener und meist auf die höchsten Lagen begrenzt. Sie sind infolge der stärkeren Abkühlung der Luft regenreicher als Tieflandregenwälder und grenzen an den Nebelwald. Je nach Niederschlagsmenge (zwischen 1.500 und über 4.000 mm pro Jahr) und ihrer Verteilung im Jahr sowie nach topographischer Lage und Bodenstruktur werden viele verschiedenartige Regenwaldtypen unterschieden. Deren Klassifizierung würde den Nichtbotaniker schnell überfordern und wird daher jeweils nur grob vereinfacht dargestellt. Diese unterschiedlichen Typen sind für den Naturschutz aber außerordentlich wichtig, weil sie sich in der Artenzusammensetzung oft erheblich unterscheiden. Sie sind Grundlage für viele Naturreservate oder Nationalparks. Klimatisch geschützte Regenwälder sind die Heimat vieler Ehrfurcht einflößender Baumriesen, wie man sie in Perfektion vom Amazonas her kennt, in der Dominikanischen Republik aber nur noch selten antrifft.

Einige dieser Regenwaldtypen sind forst- und landwirtschaftlich wegen zu großer Niederschlagsmengen praktisch nicht nutzbar. Ein Glücksfall, denn sie bilden einen großen Teil der Naturschutzgebiete. Ihnen kommt die außerordentlich wichtige Bedeutung als Rückzugsgebiet für Fauna und Flora, aber auch für den Wasserhaushalt und als Erosionsschutz für die Böden zu.

Pflanzen des Regenwaldes haben einen enormen Wasserverbrauch und verdunsten viel Feuchtigkeit, manchmal die Hälfte des gesamten Niederschlages, was der Wolkenbildung zugute kommt. Regenwälder stellen damit einen wesentlichen Klimafaktor dar. Die Niederschlagsmenge ist immer deutlich höher als die Verdunstungsrate, sodass Regenwälder permanenten Wasserüberschuss besitzen, der meist oberflächlich abfließt und alle wichtigen Flüsse des Landes speist.

Entlang diesen Flüssen hat sich eine Sonderform des Regenwaldes gebildet: der Galeriewald. Der größere Lichteinfall und die konstante Feuchtigkeit haben zu einer außerordentlichen Üppigkeit geführt, die dem gesamten Regenwald den Namen „Grüne Hölle" eingebracht hat. Denn dieser schmale Saum ist tatsächlich mit Lianen und Epiphyten so stark durchsetzt, dass er fast undurchdringlich erscheint. Galeriewälder ragen oft aus den Regenwäldern in weit trockenere Zonen hinein, weil sie auch dort von den Fließgewässern mit der erforderlichen permanenten Feuchtigkeit versorgt werden.

In geschützten Tälern mit bis zu 2.000 mm Regen sind die Böden oft sehr fruchtbar und die artenreichen Wälder erreichen dort bis zu 30 m Wuchshöhe. In offeneren Bereichen mit meist ärmeren Böden gedeihen sie bis zu einer Meereshöhe von 1.500 m, erreichen dann aber meistens nur 20 m. Baumriesen innerhalb des innertropischen Gürtels gibt es theoretisch überall dort, wo selbst im trockensten Monat die Niederschlagsmenge nie unter

100 mm sinkt und der Boden nie aus-
trocknet. Häufig hat aber der Wind einen begrenzenden Einfluss.

Die Vegetation ist oft recht dicht,
aber nicht undurchdringlich. Primäre,
also vom Menschen niemals genutzte
Regenwälder der Höhenstufe sind fast
nur noch an unwegsamen Stellen erhalten und heute streng geschützt. Ein
schönes Beispiel findet man im Parque
Nacional Loma Nalga De Maco bei Rio
Limpio nahe der haitianischen Grenze.

Regenwälder weisen einen ungewöhnlichen Artenreichtum an Bäumen
auf, die allerdings immer nur vereinzelt
anzutreffen sind. Untersuchungen haben ergeben, dass eine Verjüngung, also die Keimung von eigenen Samen unter den Mutterbäumen, durch Hemm-
stoffe im Boden fast immer unterdrückt
wird und somit Monokulturen schon
im Ansatz verhindert werden. Daraus
ergibt sich eine nur schwer zu überbli-
ckende Vielfalt in der Vegetation. Während in Mitteleuropa gerade mal 20–30
Baumarten Wälder bilden können, geht
die Zahl der Waldbäume in der Dominikanischen Republik in die Hunderte. In
Wäldern der gemäßigten Zone sind nur
ganz wenige Baumarten an dem jeweiligen Waldtyp beteiligt, dann aber in
großen Stückzahlen. In den Regenwäldern der Tropen ist die Artenzahl pro
Waldtyp dagegen außerordentlich groß,
die Bestandsdichte von einzelnen Arten dafür äußerst gering. Kartierungs-
methoden, wie in Europa üblich, ver-
sagen hier kläglich.

Tropische Regenwälder weisen eine
typische Etagenbildung auf: Der oberste
Horizont wird von Altbäumen, soge-

Die Vegetation im Hinterland von
Los Haitises ist einzigartig

nannten Überständern, gebildet, vereinzelt stehenden und in der Dominikanischen Republik bis zu 30 m hohen Baumriesen (am Amazonas bis 60 m!), die mit ihren zum Teil mächtigen Kronen ein schützendes Dach bilden. Dazu gehören solche imposanten Arten wie Mahagoni, *Ficus* oder *Ceiba*. Das darunter liegende Stockwerk bildet ein weitgehend geschlossenes Blätterdach u. a. mit *Sloanea berteriana*, *Tabebuia berterii*, *Mora abbottii* oder *Manilkara domingensis*, welches nur noch wenig Licht auf den Boden durchlässt. Auch zeichnen sich Regenwälder stets durch die Anwesenheit von Baumfarnen (u. a. *Cyathea arborea*) aus.

Die untere Etage besteht aus schattenverträglichen Großstauden oder kleinen Baum- und Straucharten. In landwirtschaftlich genutzten Gebieten sind das z. B. Kakao oder Kaffee. Die Krautschicht ist je nach Lichteinfall recht unterschiedlich dicht ausgeprägt und beherbergt verschiedene Arten Begonien, Peperomien oder Farne sowie teils verholzende, teils krautige Lianen, beispielsweise mehrere Arten der Vanille-Orchideen. Auch Epiphyten und Hemiepiphyten gibt es in großer Arten- und Individuenzahl, z. B. Wurzelkletterer aus der Familie der Aronstabgewächse (*Philodendron* & Co.) oder auch Bromelien und Orchideen.

Beispiele für diesen Waldtyp findet man in der Cordillera Central, vor allem im Parque Nacional José del Carmen Ramirez oder in der Reserva Cientifica Ebano Verde sowie in den Nationalparks Loma la Humeadora, Lomas Quita Espuela und Guaconejo.

Das Kleinklima im Waldinneren ist Tag und Nacht fast konstant und schwankt auch kaum im Jahresverlauf. Problematisch wird es, wenn der Wald infolge einer Umwandlung zu Kakao- oder Kaffeeplantagen ausgelichtet oder durch Wanderfeldbau kleinflächig gerodet wird, dann kann das Kleinklima kollabieren, mit ökologisch unabsehbaren Folgen.

Halbimmergrüne und regengrüne Laubwälder

Es gibt gleitende Übergänge vom immergrünen Regenwald zum wechselfeuchten, regengrünen Wald. Er besetzt die niederen Höhenstufen von Meereshöhe bis etwa 500 m in den trockeneren Gebieten, also vor allem die Südhänge der Gebirge im Regenschatten. Auch innerhalb des regengrünen Waldes (gleichwertig auch wechselgrün genannt) gibt es Unterschiede: den regengrünen Feuchtwald und den regengrünen Trockenwald. Das ist abhängig vom Rhythmus der Jahreszeiten, davon, ob es eine längere, zusammenhängende Trockenperiode gibt (5–7,5 Monate mit weniger als 100 mm Niederschlag) oder Phasen, in denen die Niederschlagsmenge zwar deutlich reduziert ist, es aber trotzdem immer wieder zu Regenfällen kommt (3,5–5 Monate unter 100 mm Niederschlag). Die Trockenperiode hat etwas mit der Verschiebung der äquatorialen Tiefdruckrinne und damit auch des Klimagürtels zu tun, weil der Höchststand der Sonne im jahreszeitlichen Rhythmus zwischen den beiden Wendekreisen hin und her pendelt. Der regengrü-

Das weiße Laub der *Croton*-Büsche
leuchtet weithin sichtbar

Die meterhohen Blütenstände von *Agave antillarum* tragen leuchtende Farbtupfer

ne Feuchtwald ist meist sehr artenreich, der regengrüne Trockenwald
kann dagegen je nach Gegebenheit artenreich oder sehr monoton ausfallen.
Auch bei diesen beiden Waldformen
sind alle erdenklichen Zwischenstadien
nahtlos vorhanden, und es ist oft
schwer, sie exakt abzugrenzen.

Man muss davon ausgehen, dass
dieser Vegetationstyp seit dem Eintref-
fen der ersten Siedler auf der Insel vor
500 Jahren ebenfalls über weite Strecken systematisch ausgerottet und in
Agrar- oder Weideland umgewandelt
worden ist. In seinem Verbreitungsgebiet liegen heute die wichtigsten landwirtschaftlichen Flächen. Es handelt
sich um eine Vegetationsform, die sich
im Wechsel der jahreszeitlichen Re-

Der Kalebassenbaum bevorzugt trockene Standorte

Neobouchia paulina **ist ein endemischer Vertreter der Wollbaumgewächse mit einem mächtigen, wasserspeichernden Stamm**

gen- und Trockenzeiten entwickelt hat. Sie ist lichter, und viele Bäume werfen in oder gegen Ende der Trockenperiode ihr Laub mehr oder weniger komplett ab. Meist ist der Boden fruchtbarer als der eines Regenwaldes, weil Auswaschungen der Nährstoffe in Trockenzeiten unterbleiben. Mit Einsetzen der Regenzeit setzt ein ungestümes Wachstum ein, das viele Nährstoffe in den natürlichen Kreislauf zurückführt, bevor sie vom Regen weggespült werden können. Die Temperatur hat auf die regengrünen Wälder keinen Einfluss, der Laubfall hat seine Ursache einzig und allein in der Trockenheit. In den sommergrünen Wäldern der gemäßigten Breiten, wie z. B. in

Nordamerika oder Europa dagegen sind einsetzende Kälte mit Frost oder Lichtmangel durch zu kurze Tage für den Blattverlust verantwortlich.

Die Zusammensetzung der Baumarten in Wechselgrünen Wäldern unterscheidet sich deutlich von denen eines Regenwaldes. Neben den üblichen Leguminosen haben vor allem Arten aus den Familien der Wolfsmilchgewächse (Euphorbiaceae), Kreuzrebengewächse (Bignoniaceae), Bittereschengewächse (Simaroubaceae), Balsambaumgewächse (Burseraceae) und Wollbaumgewächse (Bombacaceae) laubabwerfende Arten hervorgebracht. Weitere typische Vertreter sind *Coccoloba diversifolia*, *Guajacum sanctum* und der Mahagonibaum (*Swietenia mahagoni*). Dazwischen gibt es aber auch eine Reihe von immergrünen Arten, allen voran Palmen, die sich mit derben Wedeln vor der Trockenheit schützen. Mit zunehmender Niederschlagsmenge steigt auch im Unterholz die Zahl der immergrünen Arten.

Typisch für regengrüne Wälder ist die Eigenart vieler Bäume, im noch unbelaubten Zustand zu blühen, also kurz vor dem Austrieb der Blätter zu Beginn der Regenzeit. Das ist ein weithin erkennbarer Unterschied zu den Regenwaldarten, die keine ausgeprägte Blütezeit besitzen. Es ist ein herrliches Schauspiel, die strahlenden Farben von *Jacaranda* und *Tabebuia* (beides Kreuzrebengewächse = Bignoniaceae) oder der Korallenbäume (Leguminosen aus der Gattung *Erythrina*) aus dem grauen Astgewirr heraus weithin leuchten zu sehen.

Besondere Anpassungen an die wechselfeuchte Lebensweise haben die Bäume dahingehend entwickelt, dass sie tiefer wurzeln als typische Regenwaldarten, um in der Trockenzeit an tiefere Wasserschichten zu gelangen. Aufsteigendes Wasser bringt außerdem wieder Nährsalze mit nach oben, die in der Regenzeit in tiefere Schichten ausgewaschen wurden.

Je nach Typ sind die regengrünen Wälder unterschiedlich belaubt. Arten des Feuchtwaldes besitzen oft noch große Blätter, ähnlich denen der Regenwälder, die Arten des eher trockenen Typs besitzen dagegen oft ganz kleine Blättchen oder Fiederblätter mit kleiner Oberfläche, um die Verdunstung möglichst gering zu halten. Oft genug sind solche Wälder neben Palmen auch mit anderen immergrünen Arten durch-

Ausgedehnte Schirmakazien-Wälder bedecken im Westen die Ebene von Azua

Der ökologische Korridor nach Polo mit blühenden Korallenbäumen und vielen anderen Baumarten

setzt, deren Blätter je nach Ausprägung des Ökosystems dann von lederartiger Konsistenz und meist klein sind, bei manchen sind die Blätter sogar bis auf nadelförmige Reste reduziert.

In Grenzstandorten mit sehr trockenen Zonen nehmen die Gehölze oft die sogenannte Obstbaumform an, so bezeichnet man das Erscheinungsbild von Arten mit einem sehr kurzen Stamm und einer ausladenden Krone, wie man es besonders von Akazien her kennt, damit der Boden möglichst stark beschattet wird. In der Dominikanischen Republik weisen vor allem Vertreter der Gattungen *Acacia* und *Prosopis* diese Wuchsform auf.

Bei manchen Bäumen gibt es eine Art Stammsukkulenz, um für trockenere Zeiten Wasser zu speichern. Auffällig ist das vor allem bei den mächtigen Stämmen der Wollbaumgewächse (Bombacaceae).

Das Holz der Bäume von regengrünen Wäldern ist oft sehr hart und bildet im Gegensatz zu denen des Regenwaldes deutliche Jahresringe und eine echte Borke aus. Darunter befinden sich viele begehrte tropische Edelhölzer. Bäume von sehr trockenen Standorten weisen dabei oft eine besonders dicke, rissige Borke auf. Diese dient als Schutz vor Schäden durch Brände, denn regengrüne Trockenwälder sind während der Dürreperiode wegen ihrer trockenen Laub- und Krautschicht besonders brandgefährdet. Auf natürliche Weise können solche Flächen bei Trockengewittern durch Blitzschlag Feuer fangen.

Der Unterwuchs in regengrünen Wäldern ist sehr unterschiedlich: Oft fehlt eine ausgeprägte Krautschicht in den sehr üppigen, feuchten Waldgesellschaften, weil Lichtmangel herrscht, oft ist sie schütter, weil die Oberfläche bei den besonders trockenen Waldtypen Wassermangel aufweist. In den lichten Übergangsbereichen dagegen ist sie manchmal recht üppig ausgeprägt. Dort lassen sich dann viele Arten von Kleinsträuchern, Gräsern oder bodenbewohnende Orchideen beobachten. Im Südosten wird die Bodenvegetation oft weiträumig von Cycadeen gebildet.

Epiphyten konnten dem Stress der Trockenheit mit Wasser speichernden Organen oder mit starker Behaarung als Verdunstungsschutz gut begegnen und sind selbst in recht trockenen Biotopen oft noch ziemlich häufig. Speziell Tillandsien sind regelmäßig anzutreffen (Näheres s. S. 90).

Beispiele für diesen Waldtyp kann man in noch weitgehend ungestörter Ausprägung im Parque Nacional del Este, in der Nähe von Bávaro, und an den Südhängen der Sierra Bahoruco antreffen.

Comocladia dodonaea ist ein giftiges Sumachgewächs

Hartlaub-Trockenwälder, Trockenbusch und Halbwüsten (Xerophyten)

Mit zunehmender Trockenheit versteppen die regengrünen Trockenwälder und gehen, salopp gesagt, in Trockengehölze, Trockenbusch oder Dornbusch über. In der Dominikanischen Republik gibt es mehrere solcher üblicherweise flachen Landstriche im Regenschatten der hohen Gebirge: einen im Nordwesten, einen an der Ostspitze sowie die Hauptverbreitung mit drei Regionen im Südwesten, die sich alle botanisch sehr deutlich unterscheiden. Dieser Lebensraum in allen genannten Gebieten ist noch weniger wüchsig und weist je nach Niederschlagswert bereits große bis sehr große Vegetationslücken auf. Im Extremfall leitet er in die Wüste über. Dornige Zwergstrauchsteppen herrschen immer dann vor, wenn es weniger als vier Regenmonate gibt und die Jahresniederschlagsmenge zwischen 400 mm und 600 mm liegt. Meistens befinden sich diese Gebiete auch in überdurchschnittlich heißen Zonen (mittlere Jahrestemperatur über 22 °C), sodass die Verdunstung das Niederschlagsvolumen mit ca. 130 % deutlich übersteigt und ständiger Wasserstress herrscht, verstärkt durch die austrocknenden Fallwinde. Fließgewässer sind selten. Da in Folge der Abstrahlung des wolkenlosen Himmels die Temperaturen nachts stärker als üblich abfallen, spielt hier Tau eine wichtige Rolle für das Überleben der Pflanzen.

Die Flora ist noch weiter ausgedünnt als die der regengrünen Trockenwälder und beherbergt naturgemäß noch stärker an Trockenheit angepasste Arten, hauptsächlich Dornensträucher.

Opuntia antillana: **Hier sitzt jeder Stachel tief**

Jeder denkt dabei natürlich sofort an Kakteen, und in der Tat dominieren mancherorts Säulen- oder Kandelaberkakteen das Vegetationsbild, bevorzugt *Cylindropuntia caribaea* oder *Neoabottia paniculata*.

Dazwischen wachsen vereinzelt *Capparis*-Arten. Aber natürlich finden sich auch viele Vertreter der allgegenwärtigen Leguminosen wieder, an erster Stelle typische Schirmbäume wie Scheinakazie (*Acacia macracantha*) und Mesquitestrauch (*Prosopis juliflora*). Daneben gibt es aber auch Vertreter aus den Familien Balsambaumgewächse (Burseraceae), Sterkuliengewächse (Sterculiaceae), Faulbaumgewächse (Rhamnaceae) und andere typische Arten der Halbwüsten, etwa *Tabebuia berterii* oder Mahagoni (*Swietenia mahagoni*), ein Baum, der fast in allen Lebensräumen vorkommt. Auffällig sind z. B. auch Agaven, von denen es ebenfalls eine Reihe endemischer Arten auf Hispaniola gibt. Die Vegetation erreicht in aller Regel maximale Höhen von 5–10 m. Die Bäume besitzen ein äußerst hartes Holz, sind entweder regengrün oder immergrün und dann meist microphyll, d. h. extrem kleinblättrig. Mit dieser Taktik vermindern sie die transpirierende Oberfläche beträchtlich. Oft sind die Blätter oder ganze Triebe zu Dornen reduziert, eine geniale Konstruktion, denn an deren Spitzen kondensiert besonders gut Tau, was entscheidend zur Wasserversorgung der Pflanzen beiträgt. Dass solche Dornen auch einen wirksamen Verbissschutz darstellen, ist möglicherweise nur ein nützlicher Nebeneffekt. Viele Pflanzen schützen sich nämlich viel effektiver durch zum Teil hoch wirksame Gifte vor Fressfeinden.

Manche Kakteen haben auf der dem Wind abgewandten Seite einen wolligen Belag entwickelt, der Tau besonders gut aufsaugen und speichern kann. Agaven und Kakteen sind neben solchen Anpassungen auch hochgradig sukkulent, d. h., sie können in einem speziellen „Wassergewebe" große Mengen des kostbaren Nass speichern. Xeromorphe Pflanzen wie Palmen oder Palmfarne (Cycadeen) und andere Immergrüne dagegen besitzen lederartige Blätter und sind damit an die Trockenheit ebenfalls hervorragend angepasst.

Riesige Säulenkakteen, hier ein *Pilosocereus*, signalisieren von Weitem trockene Böden

Die Vielzahl der Überlebensstrategien zeigt schon, dass die Vegetation nicht einheitlich ausgeprägt ist: In den Trockengebieten gibt es regional höchst unterschiedliche Artbestände zu verzeichnen, die vorwiegend an die unterschiedlichen Böden angepasst sind. Je felsiger der Untergrund, desto stärker überwiegen Gehölze mit tiefgehenden Wurzeln, die in Abhängigkeit der Niederschläge dann Vegetationsformen zwischen lockerem Offenwald oder Trockenbusch bilden. Auf mehr tonigsandigen Böden dagegen überwiegt der Sukkulentenbusch mit Flachwurzlern wie Kakteen und Agaven. Die Strauchschicht ist fast überall sukkulent. Doch es gibt auch Arten, die man als Geophyten bezeichnet und die sich in Dürrezeiten komplett unter die Erdoberflä-

Der Säulenkaktus *Stenocereus hystrix* bildet baumartige Exemplare

che in Speicherorgane zurückziehen können. Derartige Formen wurden von vielen verschiedenen Pflanzenfamilien hervorgebracht. Bekannte Beispiele sind Zwiebelgewächse aus den Familien Amaryllidaceae, Liliaceae und Iridaceae oder die Knollen der Aronstab-, Wolfsmilch- und Windengewächse, die heute oft zu Nahrungszwecken angebaut werden. Man denke dabei z. B. an Taro oder Batatas. Überraschenderweise sind solche Extrembiotope oft viel artenreicher als regenreichere Ökosysteme, was vermutlich mit der Vielzahl an ökologischen Nischen zusammenhängt, die dank Spezialanpassungen besiedelt werden können.

Trockenbusch spielt für die Menschen als Lebensraum nur eine untergeordnete Rolle, denn Landwirtschaft ist nur mit künstlicher Bewässerung möglich. Bevorzugt werden dann Feldfrüchte mit kurzer Kulturdauer ange-

baut. Häufigste Eingriffe sind die Nutzung als Weideland für Ziegen oder die Abholzung zur Gewinnung von Brennholz und Holzkohle. Da es sich aber um äußerst sensible Ökosysteme handelt, führen derartige Eingriffe schnell zu starken Erosionsschäden mit fatalen Folgen.

Typische Regionen für diesen Vegetationstyp sind im Süden die Senke des Neiba-Tales (zwischen Baní und der Bucht von Calderas), das Azua-Tal (zwischen Hatillo und Las Charcas) und weiter bis zum Lago Enriquillo sowie die flachen Regionen der Halbinsel Bahoruco zwischen Cabo Rojo und Pedernales. Im Nordwesten sind es die Ausläufer des Cibao-Tales in den Bergen von Los Aguacates nahe Cruce de Guayacanes.

Diese kahlen Hänge spiegeln die Sünden der Vergangenheit

Savanne und Steppe

Viele der regengrünen Trockenwälder der niederen Lagen sind durch Brände und darauf folgende Nutzung so stark geschädigt worden, dass Gräser über die vereinzelt stehengebliebenen Bäume oder Baumgruppen die Oberhand gewonnen haben und eine typische Savannenlandschaft entstanden ist. Meist wurden die Feuer von Menschenhand gelegt und zur Brandrodung eingesetzt. Natürliche Savannen, die entstehen, wenn die Niederschläge für die Waldbildung nicht ausreichen, gibt es in der Dominikanischen Republik nur selten und wenn, dann kleinräumig, wie z. B. im Nationalpark Monte Cristi am El Morro. Vor allem im Süden der Insel aber wurden große Gebiete künstlich in Savannen umgewandelt: Ausge-

dehnte Zuckerrohrplantagen, die alle savannentypischen Kriterien erfüllen, beherrschen dort das Landschaftsbild. Monokulturen, so weit das Auge reicht. Analog dazu im Norden ausgedehnte Weideflächen, auf denen Viehwirtschaft mit europäischen Hochzuchtrindern betrieben wird. Derartige „Savannen" sind Ersatzgesellschaften für regengrüne Trockenwälder, die sich bei Stilllegung schnell wieder in sogenannte Sekundärwälder zurückentwickeln würden. Diese sind dann aber deutlich artenärmer als die Ursprungsvegetation, weil bei der Brandrodung und der anschließenden Nutzung mit den vielen Veränderungen wertvolle Arten auf der Strecke geblieben sind. Auf intensiv bewirtschafteten Flächen ist die Gefahr der Erosion in Folge von Übernutzung – sowohl durch Nährstoffentzug als auch durch Trittbelastung – besonders groß, und in Haiti ist es traurige Realität, dass sich riesige Landstriche in Kulturwüsten verwandelt haben, die keinerlei Ertrag mehr liefern. Einstmals fruchtbare Böden werden mit jedem Regen zunehmend ins Meer gespült und verschärfen die Situation.

Je nach Niederschlagsaufkommen und Untergrund mit unterschiedlichen Wasserspeicherfähigkeiten unterscheidet man zwischen Feuchtsavanne und Trockensavanne. Die natürlichen Savannen sind durch mehr oder weniger grasdominierte Flächen mit einem lockeren Baumbestand gekennzeichnet. Die Bildungsbedingungen sind kompliziert und hängen außer von der Niederschlagssituation auch von den Böden und dem Grundwasserstand ab. Grundsätzlich fördern Regenmengen von 200–300 mm reine Grassavannen, von 300–400 mm Jahresniederschlag mischen sich dann vor allem buschartige Gehölze darunter und von 400–500 mm nehmen Bäume mehr und mehr Raum ein. Bei mehr als 500 mm Regen geht die Savanne normalerweise in Trockenwald über. Die Situation wird aber stark von der Durchlässigkeit der Böden beeinflusst, speziell bei geringen Niederschlagsmengen kann es bei porösen Böden vorzeitig zur Wüstenbildung kommen. Andererseits nimmt die Bewaldung zu, je höher der Grundwasserspiegel bei gleichem Niederschlagsaufkommen liegt, denn die Baumarten der Savanne sind Tiefwurzler und können unter günstigen Umständen schnell die Oberhand gewinnen. Der Schattendruck drängt die Grä-

ser dann zurück. Andererseits haben Gräser immer dann einen Vorteil, wenn der Grundwasserspiegel tief liegt und die kurzen Regenperioden für sie zwar ausreichen, bis zur nächsten Trockenperiode einen Entwicklungszyklus abzuschließen, die jungen Baumsämlinge dann aber vertrocknen und die Bewaldung schon im Ansatz scheitert.

Nicht nur im Flachland, auch in großen Höhen kann man Graslandschaften antreffen, die natürlich durch ganz andere Ursachen herbeigeführt werden. In den höchsten Gebirgslagen der Cordillera Central ist es vor allem die Kälte, die zu Grassteppen mit dem Bittergras *Danthonia domingensis* führt. Daneben sind auch Waldbrandgebiete in einem frühen Sukzessionsstadium von Steppe mit dieser Art bedeckt, gut zu sehen vor allem im Nationalpark Valle Nuevo.

In den Hochlandsteppen schützt das Bittergras den Boden vor Erosion

79

Tillandsia balbisiana ist ein hitzeverträgicher Epiphyt

Wüsten (Hyperxerophyten)

Extreme Trockenzonen sind in der Dominikanischen Republik selten und vorwiegend in unmittelbarer Küstennähe im Südwesten zu finden. Dort sind die Einflüsse des Meeres zu spüren, die ähnliche Versalzungen verursachen, wie sie auch in Wüstengebieten häufig anzutreffen sind. In diesen Küstensäumen sind die Niederschläge äußerst gering und sinken im Extremfall unter 200 mm pro Jahr, was eines der Kriterien für den Lebensraum „Wüste" ist. Ein weiteres Kriterium ist die maximale Höhe der Vegetation von unter 2 m. In solchen Säumen sind besonders viele Hyperxerophyten, aber auch viele Halophyten zu finden, also Trockenheit und Salz tolerierende Pflanzen, die ähnliche Mechanismen, nämlich Sukkulenz, entwickelt haben wie die Pflanzen der Wüste, die unter Wassermangel leiden. Auch die Dünen ließen sich hier anführen, zumindest, was die Anpassungen der Pflanzen an Trockenheit anbelangt, obwohl sie ökologisch einen Sonderstatus besitzen.

Auf den kargen Böden der Halbinsel Bahoruco gedeihen vor allem Asketen

Mangroven und Küstenvegetation (Halophyten)

Der Strand unweit Barahona ist Karibik pur

Hier vereinigt man Pflanzengesellschaften, die dem unmittelbaren Einfluss des Meeres unterworfen sind. Sie müssen salzverträglich und an die extreme Sonneneinstrahlung angepasst sein. Den Mangroven, also den Wäldern, die einen erheblichen Teil ihres Lebens im Meerwasser stehen, ist an anderer Stelle ein eigenes Kapitel gewidmet (s. S. 119). Die Vegetation an den trockenen Küstenabschnitten an Land umfasst je nach Topographie manchmal nur einen wenige Meter breiten Küstensaum, kann sich aber in flachen Regionen auch schon mal einige hundert Meter ins Land erstrecken. Halophyten sind Pflanzen, die den Salzgehalt der Umgebung aktiv in ihre physiologischen Abläufe mit einbeziehen und spezielle Mechanismen für den Salzstoffwechsel unter Meerwassereinfluss entwickelt haben. Sie sind auf das Salz angewiesen, im Gegensatz zu salzverträglichen Pflanzen anderer Regionen, etwa Wüsten, die den Salzstress bis zu einem gewissen Grad zwar tolerieren, aber genau so gut, um nicht zu sagen viel lieber, ohne Salz existieren könnten. Wassermangel und hohe Salzkonzentration in den Zellen wirken sich physiologisch ähnlich aus.

Eine besonders angepasste Pflanze ist z. B. die Meertraube (*Coccoloba uvifera*), die ein weit verzweigtes, flaches Wurzelsystem hat, um möglichst viel Tau aufnehmen zu können. Die Blätter wachsen in dichten Rosetten, um sich selbst zu beschatten. Ähnliche

Die Meertraube säumt alle Ufer des tropischen Westatlantik

Hoch hinaus: Kletterpflanzen

Zum unerschöpflichen Repertoire im Kampf ums Überleben in den dominikanischen Ökosystemen gehört die Strategie der zahllosen Lianen. Diese seltener krautigen, meist verholzten Vertreter aus unterschiedlichen Pflanzenfamilien – vorrangig Hülsenfrüchtler (Leguminosen), Trompetenbaumgewächse (Bignoniaceen), Windengewächse (Convolvulaceen) und Malpighiengewächse (Malpighiaceen) – erreichen durch beeindruckende Anpassungen mit einem Minimum an Material-

Das Kürbisgewächs *Cucumis dipsaceus* rankt gerne an Weidezäunen

Beobachtungen lassen sich auch bei *Calotropis procera* machen. Hier sind die Blätter zusätzlich mit Wachs überzogen, behaart und mit einer dicken Kutikula (äußeren Blattschicht) ausgestattet. Die Stomata (Atmungsöffnungen) sind tief eingesenkt. Die Blätter sind bei Wasserstress manchmal nach innen eingerollt oder in der Größe reduziert. Andere Küstenpflanzen sind mehr oder weniger sukkulent. Wieder andere bilden flach liegende Stammsysteme, ja sogar regelrechte Matten aus, um ein günstiges Mikroklima zu nutzen, z. B. *Sesuvium portulacastrum* oder die Geißfuß-Winde (*Ipomoea pescaprae*) mit ihren bis zu 20 m langen, am Boden liegenden Trieben.

Merremia umbellata ist überall in der Nähe von Feldern zu finden

Bougainvillea als Einfriedung eines Anwesens am Strand

einsatz ein Maximum an Effizienz. Mit ihren vielfältigen Kletterhilfen aus Haken, Angeln, Ranken oder Haftscheiben sind sie aber im Gegensatz zu anderen Baumbewohnern weder Epiphyten noch Parasiten. Sie benutzen ihre Wirtsbäume oder andere Kletterhilfen lediglich als Stützen und versorgen sich ansonsten Zeit ihres Lebens aus eigener Kraft über Wurzeln, die im Boden verankert sind. Die Übergänge zu Epiphyten sind allerdings schleichend, und bei einigen Arten oder Artkomplexen kommen beide Strategien nebeneinander vor, je nachdem, wie gut die Bedingungen in dem einen oder anderen Fall gerade sind.

Besondere Strategien für eine ungewöhnliche Lebensweise erfordern natürlich auch besondere Strukturen. So sind beispielsweise die Stängel von Kletterpflanzen äußerst biegsam, knick- und reißfest und halten enorme Zugkräfte aus. Bei vielen Arten müssen die Stängel auch sensibel gegenüber Berührungsreizen sein, um schnell auf sich bietende Verankerungsmöglichkeiten zu reagieren. Weil Kletterpflanzen

Die bekannte Zimmerpflanze *Philodendron* am Naturstandort

schnell wachsen, sind die Internodien, das sind die Abschnitte zwischen den einzelnen Blättern, besonders groß, und oft schieben Lianen zuerst unbelaubte Pioniertriebe durchs Geäst, um sich erst später in einem zweiten Entwicklungsschritt zu belauben, damit sie mit möglichst wenig Widerstand ans Ziel gelangen.

Dabei scheint das Streben nach Licht nicht immer der Hauptgrund zu sein, denn auch viele krautige Pflanzen aus Steppengegenden klettern, obwohl sie eigentlich genügend Sonne zur Verfügung hätten. Möglicherweise besteht ihre Taktik darin, Insekten, Vögeln und anderen potenziellen Bestäubern ihre

Blüten möglichst weit entgegenzustrecken, um Konkurrenten zuvorzukommen und um so den eigenen Fortbestand effizienter zu sichern.

Die Dominikanische Republik bietet eine bunte Palette an Beispielen für eine Fülle von unterschiedlichen Kletterstrategien. Die einfachste, aber trotzdem sehr effiziente Methode, mit der man auch ohne eigenes Stützgewebe empor kommt, ist die Ausbildung von Stacheln oder Dornen. Stacheln sind Bildungen der Rinde (Rosen haben demzufolge Stacheln und keine Dornen). Dornen dagegen sind umgebildete Blätter oder sogar ganze Äste, die aus dem Holz kommen. Sie lassen sich

nicht abstreifen wie die Stacheln von
Rosen. Mit solchen Gebilden verhaken
sich die biegsamen Ruten in der Nach-
barvegetation. Die wohl bekanntesten
Vertreter dieser sogenannten Spreiz-
klimmer bei uns sind Kletterrosen oder
Brombeeren, in den Tropen ist es u. a.
die allseits beliebte Bougainvillea (*Bougainvillea spectabilis*). Es mag verwun-
dern, dass sich sogar einige Kakteenarten mit ihren schlanken, langen Trieben durchs Geäst nach oben zwängen
und dabei dank ihrer dichten, rückwärts gerichteten Bestachelung den
Reibungswiderstand so sehr erhöhen,
dass sie nicht wieder zurückrutschen.

Zu den sogenannten Wurzelkletter-
rern, unter denen viele Arten von *Philodendron*, *Monstera* oder *Ficus* zu finden sind, zählen auch einige spektakuläre Kakteen. Die Bekannteste von ihnen ist die Königin der Nacht (*Selenicereus grandiflorus*). Bei dieser Strategie ist ein Teil der Wurzeln zu reinen
Haltewurzeln umgebildet, die entlang
der Sprossachse entspringen und ihre
Stütze in regelmäßigen Abständen umschlingen. Speziell bei dieser Taktik ist
der Übergang von Lianen zu Epiphyten
oft nicht mehr sauber zu trennen. Interessant ist, dass Wurzelkletterer zwei
Arten von Wurzeln ausbilden, die sich
völlig unterschiedlich verhalten. Nährwurzeln wachsen auf kürzestem Weg
senkrecht nach unten, bis sie Erdkon-
takt bekommen, erst dann verzweigen
sie sich und bilden Saughaare aus. Haltewurzeln dagegen wachsen waagerecht auf dem kürzesten Weg um ihre
Unterlage herum und stoppen ihr
Wachstum spätestens dann, wenn sie

Der Philodendron, ein Wurzelkletterer, hat seine Stütze fest im Griff

einmal komplett herumgewachsen sind. Sie bilden niemals Strukturen zur Nahrungsaufnahme, wohl aber feine Härchen, die mit der Unterlage verwachsen. Wer im Einzelfall die Entscheidung zu dieser Aufgabenteilung trifft, bleibt ein gut gehütetes Geheimnis der Pflanzen.

Winden (Convolvulaceae) arbeiten sich dagegen schnell nach oben, indem sie durch einen schraubenförmigen Wuchs die Stütze mit ihrem gesamten Trieb umschlingen. Die Windungsrichtung mit oder gegen den Uhrzeigersinn ist dabei artspezifisch. Bei dieser in der Dominikanischen Republik äußerst artenreichen Familie gibt es sowohl einjährige und krautige als auch mehrjährige und dann verholzende Arten. Winden findet man hier in allen Schattierungen von Weiß über Rosa, Rot, Purpurrot, Blau und sogar Gelb. Manche Arten sind zartgliedrig und in ihren Ausmaßen eher bescheiden, andere überwuchern selbst große Gebüschgruppen ohne Probleme. Auch *Clitoria*-, *Passiflora*- oder *Dioscorea*-Arten winden sich in der gleichen Art und Weise empor. Andere auffällige Vertreter mit dieser Klettertaktik stammen aus der Familie der Seidenpflanzen (Asclepidiaceae), die ihre Blütentriebe manchmal noch in schwindelnder Höhe durch die Baumkronen schieben und den Anschein erwecken, als ob der Stützbaum Blüten trägt.

Viele Kürbisgewächse (Cucurbitaceae) haben Ranken als Kletterhilfe ausgebildet. Speziell in landwirtschaftlich genutzten Gebieten sieht man allenthalben an Zäunen Exemplare der Balsambirne (*Momordica charantia*) oder von *Cucumis dipsaceus* mit ihren auffälligen, pelzigen Früchten emporwachsen. Hier sind spezielle, tastempfindliche Greiforgane ausgebildet. Berühren diese Organe den Untergrund, rollen sie sich ein und bilden dabei Spiralen, die die auftretenden Zugbelastungen federnd ausgleichen können.

Sowohl Blattstiele, Blattspitzen als auch ganze Blätter können zu Ranken umgebildet sein. Auffälliges Beispiel dafür ist der aus Mexiko eingeschleppte Mexikanische Knöterich (*Antigonon leptopus*), der speziell in der Gegend um Barahona die komplette Vegetation entlang den Straßenrändern unter einem roten Blütenteppich begräbt. Kletternde Bauhinien (die berühmten „Affentreppen") haben sogar komplette Nebenzweige zu Ranken umgebildet.

Im Extremfall können Rankorgane an ihren Enden sogar saugnapfartige Haftscheiben bilden, wie man es vom Wilden Wein oder dem Efeu her kennt. In den Tropen haben solche Saugnäpfe u. a. einige Vertreter der Gattung *Cissus* hervorgebracht.

Rankgewächse nehmen an Häufigkeit zu, je üppiger der Wald wird. Regenwälder mit einer ausgeprägten Schlingpflanzenvegetation sind stets ein sicheres Zeichen für unberührten Urwald, denn es braucht meist viele Jahre, bis sich ein Schlinger etabliert und armdicke Sprossen ausgebildet hat. Eine der ursprünglichsten Schlingpflanzengesellschaften auf der Insel findet man im Nationalpark Loma Quita Espuela im Osten der Cordillera Septentrional.

Epiphyten entdeckt man besonders
häufig auf Bäumen mit rauer Rinde

Rhipsalis baccifera ist der einzige
epiphytische Kaktus auf Hispaniola

Epiphyten: Grenzgänger zwischen Himmel und Erde

Das feuchte Tropenklima begünstigt
vielfältige Entwicklungsformen und im
Kampf um einen Platz an der Sonne legen manche Pflanzen eine gehörige
Portion Erfindergeist an den Tag. Während Rankgewächse mit minimalem
Energie-, Kraft- und Materialaufwand
versuchen, nach oben zu streben und
dabei Bäume als Stütze für ihre dünnen
Lianen „missbrauchen", haben sich andere von einem Leben mit festem Boden unter den Füßen ganz verabschie-
det. Sie besiedeln ihre Trägerbäume
oder steile Felswände frei wachsend in
luftiger Höhe. Manche akzeptieren in
Zeiten der Technisierung sogar Telefondrähte als Ersatzlebensraum.

Eine Tillandsie krallt sich an der Rinde einer Kiefer fest

en geschafft, u. a. Orchideen, Bromelien, Farne, Aronstabgewächse, Kakteen, Laub- und Lebermoose sowie Bärlappgewächse. Sie haben sich zu einer einzigartigen Lebensgemeinschaft zusammengeschlossen, dem Epiphyton.

Dabei haben sie sich mit ganz unterschiedlichen Strategien an ein Leben im Geäst der Baumwipfel − Fachleute sprechen hier von einer epiphytischen Lebensweise − angepasst. Anders als bei der geophytischen Lebensweise auf dem Boden, der über einen längeren Zeitraum Wasser und Nährstoffe speichern kann, sind epiphytische Pflanzen darauf angewiesen, Niederschläge unmittelbar dann zu nutzen, wenn sie fallen. Dies kann in manchen Lebensräumen auch allnächtlicher Tau sein. Es gibt aber auch Standorte, an denen Niederschläge höchstens alle paar Tage oder sogar Wochen fallen, dann aber im Überfluss. Viele Epiphyten stehen also vor ähnlichen Problemen wie Pflanzen in der Wüste: Sie müssen schnell Wasser sammeln und speichern (s. S. 89).

Orchideen haben hierzu nicht nur stark verdickte Stängelteile (Pseudobulben) ausgebildet, die sukkulent − also Wasser speichernd − sind und an Kakteenkörper erinnern, sie haben darüber hinaus eine Besonderheit entwi-

Der Nutzen liegt klar auf der Hand, der Preis dafür aber ist hoch. Denn mit dem Verlassen der Erdverbundenheit muss man sich Nährstoffe und Wasser anderweitig besorgen, sich vor Abstürzen und Austrocknen sichern und seine Vermehrung und Verbreitung völlig neu organisieren, also viele lieb gewordene Errungenschaften ablegen oder zumindest optimieren. Trotzdem hat das eine Fülle von Pflanzen aus völlig unterschiedlichen Famili-

ckelt, die typisch für alle epiphytischen Orchideen ist: Ihre manchmal bis zu bleistiftdicken Wurzeln sind mit einem speziellen, abgestorbenen Gewebe („Velamen") ummantelt, das wie ein Schwamm sehr schnell sehr viel Wasser aufnehmen und speichern kann. Außerdem verwachsen diese Wurzeln untrennbar mit ihrer Unterlage, sie bieten den Pflanzen somit optimalen Halt. Sie können sogar durch Einlagerung von Chlorophyll notfalls komplett die Funktion von Blättern übernehmen. Das Verhältnis von Blättern zu Wurzeln kann im Extremfall so weit gehen, dass Orchideen nur noch aus Wurzeln und Blüten bestehen und Blätter völlig rückgebildet sind. Viel besser, als es Blattgrün jemals könnte, schützt die silbrige Oberfläche des Velamens die Pflanzen durch Totalreflexion der Sonnenstrahlen vor Austrocknung und Überhitzung.

Obwohl die dominikanische Bevölkerung Orchideen und all die anderen Epiphyten oft als „parasitos" bezeichnet, schädigen sie ihren Wirt weder durch Entzug von Wasser noch von Nährstoffen. Nahrung beziehen sie vielmehr aus kondensiertem Staub, der bei Regen an der Rinde entlangläuft und sich an den Wurzeln sammelt. Dieser Staub, der oft über weite Strecken angeweht wird, ist häufig der einzige und deshalb ungemein wichtige Mineralstofflieferant für die Pflanzen. Nach neuesten Beobachtungen mit Hilfe von Satelliten weiß man von Saharastaubwolken, die bis nach Süd- und Mittelamerika verdriftet werden. Vielleicht kommen nennenswerte Mengen Saha-

rastaub auch mit Hurrikanen als Mineralstoffdünger in die Karibik, wer weiß?

Manche Bromelien haben eine ganz andere Strategie entwickelt: Sie bauen Zisternen. Die Blätter sind geschickt in einer Rosette angeordnet, die sich bei Regen mit Wasser füllt. Aber wie sollen die Wurzeln in Zeiten von Trockenheit an den selbst angelegten Wasservorrat gelangen? Kein Problem, denn nicht Wurzeln, sondern am Grund der Zisterne befindliche spezielle Saugschuppen sind hier für die Wasseraufnahme zuständig. Und weil in weit geöffnete Trichter jede Menge Staub und sogar abgestorbene Blätter und kleinere tote Tiere fallen können, ist auch stets für genügend Nahrung gesorgt. Aber manche Arten überlassen nichts dem Zufall. Sie locken spezielle Froscharten oder Moskitos zum Brüten in ihre wassergefüllten Zisternen. Deren Ausscheidungen kommen dem Pflanzenwachstum dann unmittelbar zugute.

Die meisten Bromelien und Orchideen bilden neben Samen auch Ausläufer und vermehren sich vegetativ, denn ein günstiger Standort muss optimal genutzt werden, und das führt manchmal zu beachtlichen Horsten.

Die zu Ernährungszwecken jetzt überflüssigen Wurzeln der Bromelien sind zu zwirnähnlichen, dünnen Halteorganen umgebildet, die extrem reißfest und lang sind, damit sie in luftiger Höhe auch bei Sturm die mitunter recht schweren Trichter sicher vertäuen können. So ganz nebenbei sind Bromelien wichtige und Leben spendende Reservoire und Refugien für unzählige Tierarten, weit weg von der nächsten

Wasserstelle. In Trockenzeiten versorgen sie Vögel und andere auf Bäumen lebende Tiere mit Trinkwasser. Außerdem sind sie ein vor Austrocknung schützender Lebensraum für Amphibien, Reptilien, Würmer oder Schnecken und oftmals der einzige Laichplatz für Amphibien und Insekten (Moskitos, Libellen, Käfer) weit und breit. Somit kommt Trichterbromelien eine unschätzbare ökologische Bedeutung zu, zumal es mittlerweile viele Tierarten gibt, die ausschließlich in solchen Trichtern leben.

Eine andere Gruppe der Bromelien, die Tillandsien, hat noch einen anderen Weg gewählt und das Prinzip der Saugschuppen perfektioniert. Der gesamte, meist recht kompakte Pflanzenkörper ist dicht bedeckt damit und bekommt dadurch ein graues, samtartiges Aussehen. Die Saugschuppen können nicht nur Wasser in Form von Niederschlägen, sondern im geringen Umfang sogar Wasser in Form von Dampf gegen das Konzentrationsgefälle der umgebenden Luft absorbieren. Von dort führen sie es dem Pflanzenkörper zu, der im unmittelbaren Anschluss an die Saugschuppen Wasserspeicherzellen besitzt. Tillandsien konnten deshalb selbst in sehr trockene und heiße Lebensräume ohne die Ausbildung von Zisternen vordringen, zumal der silbergraue Überzug Sonnenstrahlen reflektiert und den Pflanzenkörper vor Überhitzung und Transpiration schützt. Bei Regen wird die das Licht reflektierende Luft in den Schuppen schnell durch Wasser verdrängt und gibt den darunter befindlichen, grünen Pflanzenkör-

per frei, der sofort mit der Photosynthese beginnen kann. Er nutzt die Gunst der Stunde, bis es wieder trocken und heiß wird und sich die Saugschuppen erneut mit Luft füllen, um einen Schutzmantel zu bilden. Mit dieser Technik ist es den sogenannten atmosphärischen Bromelien sogar möglich, Telefondrähte zu besiedeln, wie im Fall von *Tillandsia recurvata*, oder wurzellos in langen Bärten von hohen Bäumen herunterzubaumeln, wie beim Louisianamoos (*Tillandsia usneoides*).

Manche Farne haben sich noch extremer spezialisiert. *Polypodium polypodioides* und verwandte Arten rollen ihre Blattwedel bei Trockenheit zusammen und erzeugen den Eindruck, als seien sie längst abgestorben. So können sie wochenlang mit einem Minimum an Restfeuchtigkeit ausharren, ohne abzusterben. Regnet es, quillt das Blattgewebe auf, dadurch entrollen sich die Blätter, zeigen ihr grünes Inneres und kurbeln Stoffwechsel und Wachstum wieder an, als wäre nichts gewesen. Um die Chancen des Überlebens zu erhöhen, haben sich diese Farne auf die Besiedelung von Bäumen mit rauer Rinde spezialisiert, die nach einem Regenguss wenigstens ein paar Stunden lang die Feuchtigkeit halten kann. Ein solches Phänomen ist der Bevölkerung natürlich nicht verborgen geblieben. Sie haben den Farn „Helecho que resucita" getauft, zu Deutsch: „der Farn, der wieder aufersteht".

Von Kakteen weiß man, dass ihre Dornen nicht nur dazu geeignet sind, Fressfeinde abzuhalten, sondern dass ihre nadelspitzen Enden auch Konden-

Ein Kiefernzweig, behangen mit Bromelien und Bartflechten der Gattung *Usnea*

sationspunkte für Wasser sind. Wer früh morgens unterwegs ist, wird feststellen, dass an den Stachelspitzen der von Bäumen herabhängenden Rhipsalideen (*Rhipsalis baccifera*) kleine Tautröpfchen hängen, die auf den Pflanzenkörper darunter tropfen und von dort absorbiert werden können. Für den unbedarften Beobachter haben diese Pflanzen außerhalb der Blütezeit kaum noch Ähnlichkeit mit Kakteen. Aber ihre Blüten lassen sie eindeutig der richtigen Familie zuordnen.

Zwischen allen diesen Strategien gibt es vielerlei Übergänge. So haben Anthurien („Flamingoblumen") und andere Verwandte aus der Familie der Aronstabgewächse einerseits Nährwur-

zeln nach dem Vorbild der Orchideen entwickelt, obwohl zwischen beiden keinerlei Verwandtschaft besteht, und besitzen zum anderen wie im Falle des *Philodendron* Haftwurzeln nach Art der Bromelien, die sich wie Arme um den Stamm ihrer Trägerbäume schlingen. Folgerichtig hat man diese Pflanzen „Wurzelkletterer" (siehe oben) getauft, die oft genug irgendwann den Kontakt zum Boden aufgeben und dann reine Epiphyten werden.

Solche als Hemiepiphyten bezeichneten Pflanzen beschreiten also einen Mittelweg. Im Falle von *Philodendron* oder einigen baumbewohnenden Kakteen beginnt das Leben ganz konventionell am Boden. Die dünnen Lianen

Die stabilen Äste des Kapokbaumes sind immer mit Epiphyten besiedelt, hier mit *Rhipsalis* und Orchideen

suchen sich aber schnell einen stabilen und senkrechten Halt, um daran dem Licht entgegenzustreben. Die Kletterei wird dabei durch Ausbildung von Wurzeln entlang dem Spross, sogenannte Adventivwurzeln, unterstützt, die nicht nur festen Halt geben, sondern auch in der Lage sind, Nahrung aufzunehmen und Humus zu sammeln. Mit der Zeit sterben die bodennahen Triebe ab und die Pflanze wächst alleine mit Hilfe ihrer Kletterwurzeln weiter. Sowohl baumbewohnende Kakteen, wie die Königin der Nacht (*Selenicereus grandiflorus*) als auch Philodendren besitzen Wasser speichernde Triebe,

sind also mehr oder weniger sukkulent und somit dem Baumleben bestens angepasst. Sie können beachtliche Ausmaße erreichen, indem sie sich in den Astgabeln ihrer Wirtsbäume ausbreiten und im Wirrwarr ihrer Triebe und Wurzeln große Mengen Nährstoffe in Form von Humusnestern ansammeln. Die Übergänge von bodenlebenden Arten (Geophyten) hin zum „Luftleben" (Epiphyten) sind somit in manchen Familien übergangslos vorhanden und geben einen spannenden Einblick in die Evolutionsprozesse der Natur.

Zum Leben auf Bäumen gehören aber auch geeignete Strategien zur Vermehrung und Verbreitung, denn Samen, die auf den Boden fallen, sind verloren. Viele tropische Epiphyten haben daher sehr effiziente Mechanismen entwickelt, die oft mit der Abhängigkeit von ganz bestimmten Tiergruppen einhergehen.

Vertreter aus der Familie der Bromelien etwa tragen oft lange und auffällig gefärbte Röhrenblüten. Diese werden hauptsächlich von Vögeln, allen voran Kolibris, besucht, denn in so komplexen Ökosystemen sind sie als lernfähigere Bestäuber den meisten Insekten klar überlegen. Derartige Wechselwirkungen zwischen Pflanzen und Vögeln werden ornithogam genannt und sind manchmal in genialer Weise perfektioniert. Tillandsien locken z. B. die Kolibris nicht nur gerne als Bestäuber an, sondern liefern den kleinen Luftakrobaten mit ihren haarigen Samen auch flaumweiches Polstermaterial für deren Nester. Wenn die Kolibris nach dem Brutgeschäft in luftiger Höhe dann ihre Nester verlassen, sind die Samen bereits an der richtigen Stelle „gepflanzt" und mit Guano versorgt. Sie brauchen nur noch zu keimen und zu wachsen – einfacher und effizienter geht es wirklich nicht.

Ein anderes Beispiel für die Anpassung an Vögel ist die Strategie des Louisianamooses. Diese auffälligen Epiphyten, die manchmal geradezu frei schwebende „Wiesen in Bäumen" bilden, werden von Vögeln gerne als Nestbaumaterial gesammelt und dann von Baum zu Baum getragen. Diese wurzellosen Pflanzen blühen nur noch ganz vereinzelt und setzen bei ihrer Verbreitung ganz auf die Mobilität der Vögel oder die Verdriftung von abgerissenen Pflanzenteilen bei Stürmen.

Viele Orchideen dagegen verlassen sich auf völlig andere Partner und Strategien, z. B. auf Fledermäuse oder kräftige Schwärmer. Weil diese nachtaktiv sind, müssen die Blüten natürlich in der Nacht besonders auffallen – und was ist da besser geeignet als eine weiße Färbung? Manche sind zudem ungewöhnlich groß und verströmen nachts einen auffallenden Duft. Damit die Bestäuber diese Blüten auch bequem anfliegen können, hängen sie oft an langen Stielen frei in den Raum. Diese Strategie wird übrigens auch von vielen halbepiphytischen Kakteen (siehe oben) angewandt. Das bekannteste Beispiel ist die schon erwähnte Königin der Nacht, die man tagsüber nie blühend zu Gesicht bekommt, die aber nach Sonnenuntergang mit atemberaubenden Blüten und Duft auf Bestäuber wartet.

Epiphyten (hier besonders Bromelien und Aronstabgewächse) produzieren oft große und leuchtend bunte Samen mit saftigem Fruchtfleisch, die gerne von Vögeln gefressen werden. Weil Fressplätze oder Ruheplätze meist auch Kotplätze sind, wird sichergestellt, dass ein Großteil der Samen nach der Darmpassage wieder in luftiger Höhe auf den Ästen „gepflanzt" wird. Durch den Kot werden die Samen optimal mit der Rinde verklebt und vor Austrocknung bewahrt, um in Ruhe keimen und sich selbständig verankern zu können, was natürlich besondere Mechanismen erfordert. Dass den Jungpflanzen durch

Im Kampf ums Licht sind manche Epiphyten weder wählerisch noch technikfeindlich

den Vogelkot so ganz nebenbei auch noch eine gehörige Portion „Babynahrung" verabreicht wird, sollte bei der Raffinesse solch ausgeklügelter Strategien kaum noch überraschen.

Aber es überrascht vielleicht, dass ausgerechnet Orchideen die kleinsten Samen der Welt in unglaublicher Zahl produzieren. Hunderttausende Samen mit zusammen noch nicht einmal einem Gramm Gewicht pro Kapsel sind hier die Regel. Die „Königin der Blumen" setzt dabei ganz auf „Väterchen Zufall". Denn die Bedingungen, unter denen Orchideensamen keimen und gedeihen können, sind nur äußerst selten erfüllt, und dem kann man am effizientesten mit Masse begegnen. Dass derart kleine Samen außer Erbgut praktisch keine Nähr- und Reservestoffe besitzen, hilft zwar enorm bei einer möglichst weiten Verbreitung durch den Wind, bringt aber auch existenzielle Probleme mit sich. Der Ausweg besteht darin, dass sich Orchideensamen bei der Keimung ganz in die Hände von speziellen Pilzen begeben, welche die kleinen Sämlinge anfangs mit allen wichtigen Nährstoffen versorgen. Sind die Orchideen dann viele Jahre später erstarkt, schmarotzt der Pilz bei ihnen – eine klassische Zweckgemeinschaft, Symbiose genannt. Das Spektakulärste an der Geschichte ist aber, dass Pilze zu Stoffwechselleistungen befähigt sind, die höhere Pflanzen zu keiner Zeit erbringen können, und Teile der Nährstoffversorgung der Orchideen vermutlich zeitlebens durch Pilze erbracht werden. Es gibt nämlich Beobachtungen, dass Orchideen im Inneren ständig Pilzgewebe absorbieren und in eigenes Gewebe umbauen. Vielleicht ist das der Schlüssel zum Erfolg dieser artenreichsten Pflanzenfamilie der Welt, die mit immerhin rund 350 Arten auch in der Dominikanischen Republik gebührend vertreten ist.

Übrigens ist die Abhängigkeit vieler Pflanzen von Pilzen nichts Ungewöhnliches, nur findet die „Zusammenarbeit" normalerweise außerhalb des Gewebes im Boden statt. Die im Boden befindlichen Pilze, die mit Bäumen „kooperieren", werden Mykorrhiza genannt und profitieren auch dort von gewissen Ausscheidungen der Wurzeln. Sie revanchieren sich, indem sie ähnliche Stoffwechselleistungen und Nährstoffkreisläufe zugunsten der Bäume entfalten, wie die Pilze im Inneren von Orchideen. Die Mykorrhiza spielen in den Tropen eine eminent wichtige Rolle bei der Fixierung von Nährstoffen im Ökosystem. Aufgrund des Mangels an Boden haben Orchideen die Mykorrhiza, im Gegensatz zu den Bäumen, allerdings in ihr Inneres verlagert. Symbiose ist in den Tropen – nicht nur bei Pilzen – ein wesentlich weiter verbreitetes Phänomen als in den gemäßigten Breiten.

Auf die Verbreitung mit staubfeinen Vermehrungskörpern setzen übrigens auch Farne und Bärlappgewächse, hier sind es allerdings keine Samen, sondern Sporen, die für ihre Keimung und Weiterentwicklung feuchte Bedingungen brauchen. Im tropischen Klima ist das natürlich kein Problem, und das ist sicherlich eine plausible Erklärung für den enormen Reichtum an Farnen

in tropischen Ökosystemen sowohl am Boden als auch in luftiger Höhe.

Ganz verblüffend ist die Entdeckung, dass auch ein ganzes Heer von Mikroorganismen den epiphytischen Lebensraum gewählt hat und Blätter in luftiger Höhe besiedelt. Die Epiphyllen genannten Blattbesetzer kämmen als Gegenleistung für ihren Platz an der Sonne aus dem über die Blätter rinnenden Regen feinstverteilte Staubpartikel aus. Die so gewonnenen Mineralstoffe führen sie direkt ihrer Wirtspflanze zu. Das ist weit mehr als nur eine Dankesgeste! Es ist ohnehin interessant, dass ein gehöriger Anteil eines Regenschauers bereits in der Laubschicht abgefangen wird und nie den Boden erreicht.

Es fällt auf, dass Aufsitzerpflanzen überwiegend auf tropische bis subtropische Lebensräume begrenzt sind, Blütenpflanzen sind es sogar ausschließlich. Vermutlich sind sie aus Vorfahren entstanden, die auf den recht kargen, tropischen Böden des Unterholzes bereits lange vor ihrer epiphytischen Lebensweise gezwungen waren, sich dem Nahrungsmangel anzupassen, Mechanismen gegen Trockenheit zu entwickeln und auf steinigen Untergründen Halteorgane auszubilden, sodass der „Sprung auf die Bäume" gar nicht so schwierig war. In Gebieten mit Frost dagegen können offensichtlich nur wenige niedere Pflanzen wie Flechten, Farne oder Moose den extremen Bedingungen auf den Bäumen trotzen. Das sind Arten, die bereits vorher an Extremstandorte, etwa Felsen, angepasst waren und daher epiphytische Eigenschaften mitbrachten.

Mit dem Sprung auf die Bäume haben die Epiphyten aber nicht nur Vorteile im Kampf ums Licht errungen, es gibt ein gravierendes Problem zu lösen, das typisch für tropische Lebensräume ist: Mangel an Humus. Bei genauerem Hinsehen entdeckt man im Umfeld der Epiphyten stets kleinere, oft aber auch recht beachtliche Ansammlungen von verrottenden Pflanzenresten. Manches schleppen sicherlich Ameisen heran, die in luftiger Höhe in der Nähe oder sogar in Epiphyten selbst ihre Nester bauen und dort emsig Material eintragen, viel öfter aber wird es von den Epiphyten selbst aktiv und mit speziell dafür entwickelten Strategien und Organen gesammelt. Offensichtlich findet in epiphytischen Lebensräumen ein langsamerer Stoffumsatz statt als am Boden, denn die errechnete Humusmasse auf Bäumen ist enorm – man spricht bei diesem Phänomen von „hyperterrestrischer Bodenbildung" –, und sie kann im Einzelfall sogar größer sein als auf den darunter liegenden, felsigen Böden.

Einige Arten – am auffälligsten sicherlich bei manchen Farnen, abgeschwächt auch bei Bärlappen zu sehen – haben regelrechte Körbe zum Fangen von organischen Resten aus ihren verdickten Wurzeln gebildet: filzig behaarte und Wasser speichernde Geflechte, die sie lose um die Baumunterlage schlingen. Dieser Humus ist nicht nur Nährstofflieferant, sondern auch ein wichtiger Schutz vor Austrocknung. Bromelien haben für den gleichen Zweck, wie schon erwähnt, „Abfalleimer" installiert, mit nach oben offenen Trichtern, in die viel organisches Material fällt und das dort gespeichert und zersetzt werden kann. Interessant dabei ist die Entdeckung, dass in Bromelientrichtern Pilze leben, die Stickstoff aus der Luft in Form von Ammoniakverbindungen fixieren können. Auch bei der Düngerbeschaffung kennt der Erfindungsreichtum also keine Grenzen. In Venezuela auf den Tafelbergen stehen einige Vertreter der Bromeliengattung *Brocchia* sogar im Verdacht, den Schritt zu fleischfressenden Pflanzen (Carnivoren) vollzogen zu haben, ein Phänomen, das bei den Bromelien der Dominikanischen Republik noch nicht beobachtet wurde. Hier gibt es nur die zu den Fettkräutern gehörende fleischfressende Art *Pinguicola casabitoana*, die epiphytisch ausschließlich in der Cordillera Central, etwa im Nationalpark Ebano Verde, vorkommt.

Es ist also eine äußerst spannende Beschäftigung, in den verschiedenen Ökosystemen, vom Nadelwald der Berge angefangen bis hin zu unwirtlichen Kakteendickichten der Niederungen, Bäume und Sträucher auf die vielen Epiphyten hin zu untersuchen und nach Phänomenen Ausschau zu halten, die eine der oben erwähnten Überlebensstrategien aufweisen. Man wird überrascht sein, wie viele Gemeinsamkeiten, aber auch welch große Unterschiede man bei einer großen Anzahl höchst unterschiedlicher Arten entdecken kann. Naturreisende bekommen hier eine kostenlose Lehrstunde mit interessanten Einblicken in die „Werkstatt der Evolution".

Kost und Logis frei: von Schmarotzern und Würgern

Ein häufiger Baum in der Dominikanischen Republik, der Balsamapfel (*Clusia rosea*) aus der Familie Clusiacea, wächst ähnlich einigen Feigenbäumen (*Ficus* spp.) hemiepiphytisch als sogenannter Würger. Beide bilden keinen echten, d. h. homogenen Stamm aus, sondern ein miteinender verwachsenes Geflecht aus Wurzeln. Würgefeige und Balsamapfel ist außerdem gemeinsam, dass sie sukkulente, ledrige Blätter besitzen, eine wichtige Eigenschaft für die erste Phase ihres Lebens. Das Leben solcher Hemiepiphyten beginnt nämlich als Epiphyt irgendwo in luftiger Höhe in einer Baumhöhle oder einer mit Humus angereicherten Astgabel.

Doch während *Clusia rosea* versucht, möglichst rasch mit frei nach unten wachsenden Nährwurzeln festen Boden „unter die Füße" zu kriegen, um danach eine Krone auszubilden und nach einem heftigen Konkurrenzkampf um Nährstoffe, der allmählich mit dem Tod ihrer Trägerpflanze endet, weiter zu wachsen, wenden manche *Ficus*-Arten eine wesentlich brutalere Strategie an: Sie erwürgen ihren Stützbaum mit eisernem Griff. Das hat ihnen im Volksmund den Namen „matapalo" („der Baumtöter") eingebracht. Dazu schlingen sie ein verzweigtes Geflecht aus Haftwurzeln um den Stamm, während es an ihm langsam abwärts wächst. Die Wurzeln verschmelzen an den Kreuzungspunkten miteinander, bilden ein Netzwerk und engen ihren Wirtsbaum mehr und mehr ein. Durch sekundäres

Der Teufelszwirn überspinnt als aggressiver Vollparasit ganze Buschgruppen

Clusia rosea beginnt sein Leben meist als Parasit auf einem Wirtsbaum

Dickenwachstum der Wurzeln wird außerdem ein immer größerer Druck auf den Stamm ausgeübt, bis der Stützbaum allmählich abstirbt. Die tödliche Umklammerung kann Jahrzehnte dauern. Längst sind dann die Haftwurzeln um den Stamm und weitere Nährwurzeln der Feige von oben frei herabwachsend im Boden verankert und können die jetzt kräftig wachsende Krone ernähren und stützen. Hatte sich die Feige einen schnell verrottenden Wirt ausgesucht, kann man später gelegentlich Exemplare mit einer recht skurrilen „gegitterten Wurzelröhre" um einen imaginären und zwischenzeitlich aufgelösten Stützkörper entdecken. Aber alles ergibt Sinn, und so bieten die hohlen Stämme ideale Lebensräume für allerlei Getier, z. B. Tagesverstecke für Fledermäuse. Im Falle der Hemiepiphyten ist auch der erste Schritt zum Parasitismus getan.

Das Repertoire der Evolution ist damit aber noch lange nicht erschöpft. In der Dominikanischen Republik gibt auch es eine große Anzahl von Parasiten. Das sind Pflanzen, die ihren Wirten aktiv Nährstoffe und Wasser entziehen, ohne dafür, wie im Falle der Orchideen mit ihren symbiontischen Pilzen, eine Gegenleistung oder einen anderen Vorteil für den Partner zu erbringen. Im Gegenteil: Es gibt genügend

Fälle, in denen die Parasiten ihre Wirte umbringen. Zwei Beispiele wurden bereits mit den Hemiepiphyten *Clusia* und *Ficus* angesprochen. In den Kiefernwäldern der Hochlagen trifft man immer wieder auf sehr auffällige und eigentlich äußerst attraktive, bei Förstern aber verhasste Kleinsträucher, die auf Nadelbäumen schmarotzen. Sie heißen „Conde de Pinos", ins Deutsche übertragen so viel wie Kieferngraf (*Dendropemon pycnophyllus* und *Dendropemon constantiae*); sie schwächen nicht selten ihre Wirte so sehr, dass diese absterben.

Es gibt eine Vielzahl weiterer Baumparasiten, die ohne nähere Untersuchung nicht von Epiphyten zu unterscheiden sind. Das zeigt, dass der Übergang vom Epiphyten zum Parasiten schleichend ist. Parasiten nehmen mit der Höhenlage zu, weil dort Trockenperioden und Lichtintensität zunehmen. Die Entwicklung dürfte wohl damit begonnen haben, dass sich in extremen Trockenzeiten bei brennender Sonne die Wurzeln der Epiphyten noch dichter an die Rinde ihrer Trägerbäume angeschmiegt und sie dabei Ritzen oder Verletzungen vorgefunden haben, aus denen Saft austrat, den sie aufnehmen konnten. Daraus haben sie mit der Zeit wurzelartige Organe, sogenannte Senker, entwickelt, die es ihnen ermöglichten, aktiv ins Gewebe und in die Leiterbahnen ihrer Wirte einzudringen, um auf diese Weise gezielt an Wasser und Nährstoffe zu gelangen. Solche Parasiten verwachsen im Laufe der Zeit mit ihrer Unterlage. Pflanzen, wie etwa der Kieferngraf, konnten danach viele Strukturen wie Nährwurzeln und Blätter reduzieren, weil sie diese nicht mehr unbedingt zum Stoffwechsel benötig-

Der Kieferngraf ist ein gefürchteter Baumschädling in den Bergwäldern

Der Balsamapfel, *Clusia rosea*, bildet apfelförmige Früchte

ten, und sich ganz auf die Bildung von Blüten und Früchten konzentrieren.

Es gibt selbst in der Mikroflora eine Fülle von Beispielen im Übergang von Epiphyllen zu Parasiten. Stellvertretend für eine bisher noch sehr lückenhafte Erforschung von Flechten, Algen, Moosen oder sogar Bakterien seien hier Pilze genannt, welche die Spreite eines einzelnen Blattes als Halt für ihr Mycel benutzen und den Wasserdampf aus deren Oberfläche gegen Eintrocknen nutzen. Jedoch dringt bereits eine Vielzahl von Arten ins Blattgewebe ein und parasitieren an den Inhaltsstoffen. Zu Pilzen dieser Art gehören gefürchtete Pflanzenkrankheiten, man denke nur an die Erreger von Echtem und Falschem Mehltau oder von Sternrußtau an Rosen in Europa, vergleichbare Pilze gibt es aber auch zuhauf in der Karibik.

Besser erforscht und bekannt sind hingegen die höheren Parasiten der Dominikanischen Republik. Man kennt eine ganze Reihe von Arten, die der Lebensform „Schmarotzerpflanzen" zugerechnet werden, wobei nicht alle auf Bäumen, sondern viele auch im Boden an Pflanzenwurzeln parasitieren. Spektakulär ist z. B. der Teufelszwirn (*Cuscuta americana* und *C. indecora*), der mit langen, leuchtend gelben und blattlosen Trieben selbst größere Büsche regelrecht einspinnen kann. Grüne Pflanzenteile sucht man bei ihm vergebens, denn er entzieht alle Nährstoffe seinem unfreiwilligen Wirt. Kleeseide, wie Teufelszwirn auch genannt wird, betreibt deshalb keinen eigenen Stoffwechsel mehr und kann auf Chlorophyll gänzlich verzichten.

Palmen der Dominikanischen Republik

Palmen sind für viele Europäer der Inbegriff von Tropen. Urlaub, Strand und Palmen werden jedenfalls stets in einem Atemzug genannt. Der eigenwillige Wuchs der sogenannten Schopfbäume findet in den gemäßigten Breiten keine Parallele, wenn man von den ganz wenigen Palmenarten absieht, die auch in kältere Regionen vorgedrungen sind. Fast alle der rund 4.000 Palmenarten der Welt sind auf tropische und subtropische Lebensräume beschränkt und prägen dort nicht selten ganze Landschaften. Schopfbäume, die in den Tropen noch von anderen Pflanzenfamilien wie Baumfarnen, Yuccas oder Drachenbäumen hervorgebracht wurden, sind eine ideale Anpassung an windexponierte Standorte. Ein verhältnismäßig dünner und biegsamer Stamm sowie eine flexible Krone trotzen oft ohne nennenswerte Blessuren Stürmen, denen kein Baum dieser Größe unbeschadet trotzen könnte.

In der Dominikanischen Republik gibt es eine Fülle von Palmen. Neben rund 20 Arten, die aus anderen Ländern eingeführt wurden (Neophyten), gibt es immerhin 31 heimische Arten, darunter viele endemische Vertreter, die nur hier vorkommen. Von den Küstenwüsten über alle Höhenstufen und Vegetationszonen hinweg gedeihen einige selbst in den triefenden Nebelwäldern der hohen Gebirgsketten. Zwerge und Riesen teilen sich den Lebensraum ebenso wie wuchtige und filigrane Arten aus insgesamt 16 verschiedenen Gattungen.

Die Hispaniola-Silberpalme ist eine
äußerst zierliche endemische Palmenart

Fieder sind eine von zwei möglichen Wuchsformen bei Palmenblättern

Die meisten dieser Palmen spielen im täglichen Leben der Bevölkerung eine wichtige Rolle. Palmen liefern mit ihren Früchten für Mensch und Tier Nahrung, produzieren Zucker und Stärke, Fette und Öle, Abdeckmaterialien für Dächer, Baumaterialien für Häuser und Möbel, Fasern für Kleidung, Seile oder Besen sowie viele andere Dinge des täglichen Bedarfs. Einige liefern sogar erfrischende oder alkoholische Getränke. Palmen gehören zu den wenigen Pflanzen, die fast zu 100 % vom Menschen genutzt werden können. In manchen Ländern der Welt werden sie deshalb als heilig verehrt, und man sagt einigen Arten sogar nach, dass sie so viele Verwendungsmöglich-keiten bieten wie das Jahr Tage hat.

Erstaunlich ist, dass die Palmen der Dominikanischen Republik noch relativ wenig erforscht sind. Obwohl eigentlich recht auffällig, werden immer noch neue Arten entdeckt. Aber wenn man ehrlich ist, sehen sich viele Arten so ähnlich, dass Verwechslungen leicht vorkommen können, wenn man nicht Blüten oder Früchte zur exakten Bestimmung vorliegen hat – und die hängen bekanntlich hoch! Außerdem sind viele Arten auf abgelegene und kleine Verbreitungsgebiete begrenzt, wo sie eher zufällig entdeckt werden.

Eine typische Palmengattung für Hispaniola ist *Coccothrinax*, die mit insgesamt neun Arten über die Insel verbreitet ist. *Coccothrinax argentea* ist die Wappenpflanze des Botanischen Gartens von Santo Domingo, ein Indiz für die herausragende Bedeutung dieser Gattung. Ein Großteil der sogenannten Guano-Palmen besitzt, wie viele andere Arten der Insel auch, ein kleines und klar begrenztes Verbreitungsgebiet und beweist einmal mehr die komplexe Zusammensetzung der dominikanischen Flora. Vertreter aus der Gattung *Coccothrinax* erkennt man meistens an einem sehr grazilen Wuchs und einer verhältnismäßig kleinen Krone. Durchschnittlich werden sie um 10 m hoch, bei einem Stammdurchmesser von gerade mal 10 cm. Manche Arten haben eine auffallend kunstvolle Bastummantelung um den Stamm. Die kleinen Beerenfrüchte sind in losen Trauben angeordnet. Es gibt viele endemische Formen, nur wenige Arten sind über die Grenzen Hispaniolas hinweg auch auf den Nachbarinseln verbreitet. Die meisten Arten vertragen viel Trockenheit und kommen noch auf den magersten Standorten zurecht. Kalk- oder Serpentinböden und Lockersedimente sind bevorzugte Substrate. Die meisten Vertreter der Gattung *Coccothrinax* lieben offenes Gelände in niedrigen Lagen.

Coccothrinax ekmanii, nach einem berühmten Erforscher der dominikanischen Flora benannt, wächst nur in den Trockenwäldern der Halbinsel Bahoruco im Südwesten des Landes nahe der haitianischen Grenze. *Coccothrinax argentea* ist die Wappenpflanze des Botanischen Gartens, weil sie vor dessen Gründung in dieser Gegend

sehr häufig war und auch heute noch größere Bestände innerhalb des Gartens bildet. Die vielfach genutzte Art ist vor allem im Süden der Insel verbreitet und häufig. *Coccothrinax boschiana* ist erst 1997 von Milcíades Mejía und Ricardo García, Mitarbeitern des Botanischen Gartens, im Schutzgebiet Parque Nacional Padre Julio Cicero (früher Sierra Martín García) entdeckt und zu Ehren des früheren Präsidenten der Dominikanischen Republik, Juan Bosch, benannt worden. Die elegante Palme wächst dort von annähernd Meereshöhe bis in Lagen um 200 m im Trockenwald. Die Guanao-Palme (*Coccothrinax fragrans*) weicht vom allgemeinen Bild der eleganten Form durch ihren etwas bauchigen Stamm ab. Diese auch in Kuba verbreitete Art findet man fast ausschließlich im Cibao-Tal nördlich der Cordillera Central im Grenzgebiet zu Haiti. *Coccothrinax spissa*, eine weitere bauchige Form, ist ebenfalls endemisch, allerdings auf die südliche

Coccothrinax miraguama **hat einen besonders kunstvoll umsponnenen Stamm**

Küstenebene rund um Bani und Azua beschränkt. *Coccothrinax gracilis* ist endemisch und hat ihr Hauptverbreitungsgebiet im Nordosten. Sie kommt besonders häufig im Nationalpark Los Haitises vor. Dort kann man sie manchmal fast waagerecht aus den Kalkfelsen herauswachsen sehen. Sie ist salztolerant und gedeiht vor allem in niederen Lagen.

Coccothrinax miraguama (= *C. scoparia*) wächst verbreitet im Südwesten des Landes in der Sierra de Bahoruco auf Kalk- und Serpentingestein. Sie bildet viele Unterarten und kommt möglicherweise auch auf Kuba vor. Sie besitzt einen außerordentlich kunstvoll umflochtenen Stamm, und ihre Verbreitung erstreckt sich von den niederen Vorbergen bis in die Hochlagen der Kiefernwälder des Nationalparks Hoyo de Pelempito. Die kleinwüchsige Küstenguano-Palme (*Coccothrinax montana*) wächst, entgegen ihrem deutschen Namen, nur in Höhenlagen über 1.800 m. Sie ist in der Cordillera Central im Nationalpark Nalga de Maco nahe der haitianischen Grenze endemisch.

Solche Simmungen bieten sich nur dem Frühaufsteher

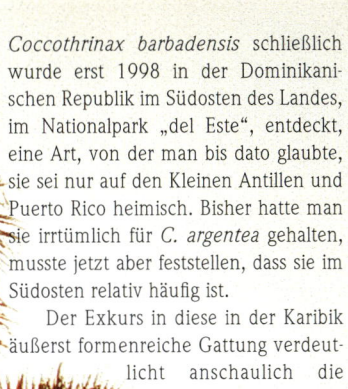

Coccothrinax barbadensis schließlich wurde erst 1998 in der Dominikanischen Republik im Südosten des Landes, im Nationalpark „del Este", entdeckt, eine Art, von der man bis dato glaubte, sie sei nur auf den Kleinen Antillen und Puerto Rico heimisch. Bisher hatte man sie irrtümlich für *C. argentea* gehalten, musste jetzt aber feststellen, dass sie im Südosten relativ häufig ist.

Der Exkurs in diese in der Karibik äußerst formenreiche Gattung verdeutlicht anschaulich die komplizierten Verbreitungsmuster der einzelnen Arten in der Dominikanischen Republik. Dieses stimmt aber mit vielen Verbreitungsmustern anderer Pflanzen und Tiere überein. Auf diese Weise bekommt man eine recht gute Vorstellung von Prozessen, die man wissenschaftlich trocken „Phytogeographie" und „Zoogeographie" nennt. Dahinter verstecken sich jedoch spannende Fragen nach den Gesetzmäßigkeiten bei der Besiedelung der Insel mit Pflanzen und Tieren nach der letzten Eiszeit, bei deren Beantwortung man eine gehörige Portion kriminalistischen Spürsinn mitbringen muss.

Weitere Palmen

Die augenfälligste und schönste Palme des Landes ist die allgegenwärtige Königspalme (*Roystonea hispaniolana*). Sie ist – zumindest nach Meinung einiger Experten – endemisch, andere halten sie für identisch mit der auf Kuba

Die Königspalme ist ein Indikator für Kalkböden

ten genutzten Palmen des Landes, sowohl als Zier- als auch als Nutzpflanze. Dieser eminent wichtige Baum, von dem es in der Karibik etwa 10 weitere Arten gibt, spielt auch als Pioniergehölz in stark gestörten Biotopen eine große Rolle, da er selbst mit äußerst mageren Böden zurechtkommt. Er bevorzugt allerdings feuchtes Klima und Kalkböden und kommt deshalb in Trockengebieten nicht vor. Königspalmen findet man von Meeresniveau bis in Höhen von 2.000 m, sie bilden gelegentlich dichte Bestände. Diese Palme ist die exklusive Heimat des dominikanischen Nationalvogels, der Palmenschwätzer (*Dulus dominicus*). Königspalmen sind an die tropischen Stürme optimal angepasst, weil sie ihre Wedel im Wind schnell verlieren, um Schäden am Stamm durch Bruch oder Umstürzen vorzubeugen. Aufgrund seiner vielen Verwendungsmöglichkeiten spielt der Baum bei Wiederaufforstungsprogrammen eine wichtige Rolle und steht unter strengem Artenschutz.

Die Kokospalme (*Cocos nucifera*) ist zwar keine heimische Palme, sondern stammt vermutlich aus Polynesien und kam mit afrikanischen Sklaven hierher, prägt aber in der Dominikanischen Republik gebietsweise ganze Landstriche. Sie gehört zu den zehn wichtigsten Nutzpflanzen der Welt. Ihre Kulturgeschichte lässt sich mindestens 4.000 Jahre zurückverfolgen. Kokosnüsse werden großflächig in Samaná zur Gewinnung von Kopra mit bis zu 70 % Fettgehalt, für Kokosöl zur Margarineherstellung (Palmin) und zur Produktion von Seife angebaut. Aus

vorkommenden Art *R. regia* oder der auf Puerto Rico wachsenden Art *R. borinquena*. Die majestätischen Palmen erreichen nicht selten Kronendurchmesser von 10–12 m und Stammhöhen von bis zu 30 m. Königspalmen waren die wichtigste Nutzpflanze der Tainos und werden auch heute noch vielseitig genutzt. Beispielsweise werden die öl- und stärkehaltigen Beerenfrüchte als wertvolles Tierfutter geschätzt oder die Triebspitzen junger Exemplare, die Palmherzen, als Salat oder Gemüse zubereitet. Aber auch sonst gehört diese Art zu den am meis-

dem Bast der Nüsse gewinnt man Fasern für Kokosmatten, Schnüre, Besen und Bürsten, und aus den Schalen fertigt man Gefäße für den täglichen Hausgebrauch oder Blumentöpfe. Reste werden beim Kochen verheizt oder zu Holzkohle verarbeitet.

Kokospalmen tragen ab dem 12. Jahr und liefern etwa 30 Jahre lang einen Ertrag von 50–80 Nüssen pro Jahr. Im jungen Zustand enthalten sie die begehrte und mineralreiche Kokosmilch, das spätere Fruchtfleisch enthält dann vor dem Trocknen etwa 35 % Fett und 10 % Zucker. Aus den Blütenständen wird Saft zur Erzeugung von Wein oder Spirituosen gewonnen. Und es gibt keine Speise in der traditionellen Küche Samanás, in der nicht irgendein Kokosnussprodukt enthalten ist.

Kokosnüsse, übrigens nach der Seychellennuss – ebenfalls eine Palme – die zweitgrößten Samen der Welt, können mehr als 4.000 km übers Meer schwimmen und anschließend beim Andriften an Land problemlos keimen. Deshalb gibt es kein tropisches Land, in dem heute nicht wenigstens am Strand ein paar Kokospalmen wachsen.

Die Bergpalme *Prestoea acuminata* ist eine typische Leitart für feuchte Wälder ab 300 m Höhe. Regional bildet sie dichte Bestände, sogenannte Manaclares, in deren Schatten sich andere Arten nur schwer behaupten können. Die im mittelamerikanischen Raum weit verbreitete Palme liefert mit ihren saftigen Beeren der endemischen Haitiamazone (*Amazona ventralis*), einer Papageienart, die Hauptnahrung. Die schlanke Art mit dem großen und ele-

Königspalmen liefern wertvolle Früchte für die einheimische Bevölkerung

So prächtig reife Kokosnüsse sind ein Augenschmaus

Kokospalmen in Blüte locken viele Insekten an

Kokospalmen lassen wenigstens noch etwas Licht zum Boden durch

ganten Schopf hat im ökologischen Gleichgewicht bei der Regeneration von gerodeten oder abgebrannten Flächen im Bergland eine herausragende Bedeutung.

Es gibt noch eine große Zahl von weiteren wichtigen oder interessanten Palmen, die hier nicht alle im Einzelnen vorgestellt werden können. Einige sollen aber wenigstens noch kurz porträtiert werden:

Die Zombipalme (*Zombia antillarum*) ist endemisch auf Hispaniola und macht ihrem Namen durch ihre langen Stacheln am Stamm, die in Haiti angeblich im Voodoo-Kult verwendet werden, alle Ehre.

Die Catey-Palme (*Bactris plumeriana*) ist ebenfalls über und über mit kleinen Stacheln besetzt und kommt in den Bergwäldern bis in Höhen von 600 m vor.

Die Waldpalme ist ein Vertreter der auf die Antillen beschränkten Gattung *Calyptronoma*. Die mit großen Wedeln ausgestattete Art *Calyptronoma plumeriana* ist eine der drei bisher bekannten Arten und wächst in feuchten Wäldern der Niederungen von Hispaniola und Kuba.

Die Afrikanische Ölpalme (*Elais guineensis*) aus den Regenwäldern des Golf von Guinea wird bis zu 15 m hoch und ist nach der Kokospalme mit 12 % aller hergestellten Pflanzenfette die wirtschaftlich zweitwichtigste Palme der Welt. Schon mit fünf Jahren beginnt sie, Früchte zu tragen. Das aus dem Fruchtfleisch gewonnene Öl wird zu Margarine, Kosmetika, Brennstoffen, Schmiermitteln, industriellen Fetten und Kerzen verarbeitet. Das Palmkernöl enthält bis zu 50 % schaumbildende Laurinsäure und ist ein wichtiger Rohstoff für die Seifenindustrie. Aus dem Saft der männlichen Blüten wird ein alkoholisches Getränk gebraut. Vor allem in der Cordillera Oriental wird sie in großen Plantagen angebaut.

Die Hispaniola-Wachspalme (*Copernicia berteroana*) ist endemisch und auf die Trockenwälder im Südwesten des Landes begrenzt. Die Blattoberfläche scheidet Wachs aus und war für die Gattung namensgebend. Aus der Gattung kommen noch einige weitere Arten in Hispaniola vor.

Die Seeräuberpalme (*Pseudophoenix sargentii*) ist mit drei weiteren Arten der Gattung in der Dominikanischen Republik vertreten. Das Innere des ziemlich unregelmäßig gewachsenen Stammes liefert einen süßen Saft, aus dem ein alkoholisches Getränk gebraut wird. Dies hat letztlich zu einer übermäßigen Abholzung der Palme geführt. In der Dominikanischen Republik ist sie auf den Parque Nacional del Este begrenzt.

Ekmans Weinpalme (*Pseudophoenix ekmanii*) gehört der gleichen Gattung an. Die mit ihrem keulig aufgeblähten Stamm unverwechselbare Art ist auf das trockenste Gebiet des Landes, den Jaragua-Nationalpark, begrenzt und ebenfalls ihres süßen Saftes wegen bedroht, der – nomen est omen – zur Palmweinherstellung genutzt wird.

Die Hispaniola-Hutpalme (*Sabal domingensis*) ist endemisch und eine der häufigsten Palmen der Insel. Die recht imposante Art mit den typischen, runden Blattwedeln und der kompakten Krone findet in der Bevölkerung vielerlei Verwendung. Unter anderem werden daraus Hüte geflochten. Sie kommt in Höhenlagen bis 1.000 m vor.

Bei den Palmen unterscheidet man grundsätzlich zwischen Fächer- und Fiederpalmen. Die Blattadern bei Fächerpalmen entspringen mehr oder weniger alle an dem Ansatzpunkt des Stiels und bilden ein fächerförmiges, rundliches Blatt. Fiederpalmen dagegen besitzen gestreckte Blätter, und von der Mittelrippe aus gehen in regelmäßigen Abständen rechts und links Blattadern ab. Die Blätter haben daher eher die Form einer Feder (= „Fieder"). Fächerpalmen zeigen aus der Ferne eine mehr oder weniger gerundete und kompakte Krone, Fiederpalmen dagegen oft einen recht ausladenden und schopfförmigen Kronenbereich.

Bergpalmen besitzen äußerst elegante Wedel

109

Sticht heraus: die Kakteengattung *Neoabbottia*

Allmählich hat man sich an den Begriff „endemisch" ja gewöhnt, aber eine Art sticht aus dem Gewohnten trotzdem heraus: der Kaktus *Neoabbottia paniculata*. Er vereinigt nämlich eine ganze Reihe Bemerkenswertes in sich. Es ist z. B. ungewöhnlich, dass eine monotypische, also nur aus einer einzigen Art bestehende Gattung endemisch in einem sehr beschränkten Areal vorkommt. Neuerdings wollen einige Autoren *Neoabbottia* lieber in der Gattung *Leptocereus* untergebracht sehen. Das wäre dann eine Gattung, die mit ein paar weiteren, weit weniger spektakulären karibischen Arten die Domini-

kanische Republik, hauptsächlich aber die Nachbarinsel Kuba besiedelt und äußerlich mit *Neoabbottia* nicht viel gemein hat. Auch wenn man diese „Sticheleien" bis zur endgültigen Klärung vorerst den Experten überlässt, ist es trotzdem erstaunlich, dass eine so stattliche und landschaftprägende Art wie *Neoabbottia paniculata* nur eng begrenzt in der Tiefebene von Azua („Llanura de Azua") und der angrenzenden Senke von Neiba vorkommt. Das ist ein Landstrich, der etwa von der Ortschaft Azua bis ans westliche Ende des Lago Enriquillo und noch ein paar Kilometer nach Haiti hineinragt. Ein Blick auf die Klimatabelle verrät aber sofort, dass es sich bei diesem Ge-

Die baumbildende Kakteenart *Neoabbottia paniculata* besitzt extem hartes Holz

biet um den „Backofen" der Dominikanischen Republik handelt: die höchsten Temperaturen mit 27 °C im Jahresmittel, die geringsten Niederschläge zwischen 500 und 800 mm pro Jahr bei einer extrem hohen Verdunstungsrate und die meisten Sonnenstunden. Die Böden sind vorwiegend sandig bis kiesig, daher äußerst nährstoffarm und wasserdurchlässig, also äußerst trocken.

Diese Ebene, die streckenweise sogar deutlich unter Meeresniveau liegt, hat sich erst in geologisch jüngster Zeit gebildet, bot also plötzlich Bedingungen, die Hitze liebenden Pionierpflanzen einen Existenzvorsprung verschafften, lange bevor sich andere Arten aus der Umgebung an diese extremen Lebensumstände anpassen konnten. Dies ist eine von mehreren Erklärungen, löst aber keineswegs das Rätsel um die Herkunft dieser Art, die nach wie vor im Dunkeln liegt.

Der unverwechselbare, baumartig geformte Kaktus kann gut und gerne eine Höhe von 10 m erreichen und bildet dabei einen verholzten Stamm mit bis zu 30 cm Durchmesser aus. _Neoabbottia paniculata_ stellt mit _Consolea moniliformis_ und dem

seltenen _Dendrocereus undulosus_ einen von drei Vertretern aus der Gruppe der baumbildenden Kakteen in der Dominikanischen Republik. Er blüht mit ca. 5 cm großen, weißlichen Blüten nur während der Nacht, wie übrigens eine Reihe anderer Kakteen der Dominikanischen Republik auch, und wird von Nachtfaltern, vermutlich aber weit häufiger von Feldermäusen bestäubt.

Neoabbottia paniculata bereitet Naturschützern einiges Kopfzerbrechen, weil seine Bestände permanent zurückgehen. Das hat jedoch weniger mit Klima- oder Lebensraumveränderung zu tun als vielmehr mit seiner Übernutzung, weil sich das Holz des Cagüey, wie der Kaktus im Volksmund heißt, bei der Bevölkerung ausgesprochener Beliebtheit erfreut. Daher wird es auch immer schwieriger, _Neoabbottia_-Bäume mit 10 m Höhe in freier Natur zu finden.

Es ist ein Statussymbol für Dominikaner, wenn ein Schaukelstuhl aus Kak-

Solche Stühle sind am Aussterben von _Neoabbottia paniculata_ schuld

teenholz, mit einem gehäkelten Deckchen darüber, vor dem Hauseingang steht. Eine recht zweifelhafte Karriere für einen Kaktus, aber im Raum Santo Domingo ist die Nachfrage danach sehr groß. Da nimmt es nicht wunder, wenn Familien in der Senke von Neiba Cagüey als ihre Existenzgrundlage betrachten, zumal Ackerbau und Viehzucht in diesem kargen Klima wenig Gewinn abwerfen. Und so enden noch immer viel zu viele Kakteen in den Werkstätten als Stühle, Schaukelstühle, Tischbeine oder Fensterrahmen und andere hölzerne Gebrauchsgegenstände. Ein Teufelskreis, der schnellstens durchbrochen werden muss, bevor die Landschaft endgültig um ein prägendes und einzigartiges Element ärmer geworden ist. Strenge Artenschutzgesetze helfen da weniger als konstruktive Aufklärung, Vernunft und vor allem zukunftsträchtige Alternativen für die Bevölkerung.

Weitere Kakteen

Der typische Lebensraum von *Neoabbottia* ist die subtropische Dornbusch-Savanne, die sich hauptsächlich im Westen des Landes mit je einem Schwerpunkt im Süden und im Norden von Meeresniveau bis in 200 m Höhe befindet. Sie erstreckt sich im Regenschatten der hohen Gebirgsketten, wobei nur die südliche Region von *Neoabbottia* besiedelt ist. Die Begleitflora besteht hauptsächlich aus der Leguminose *Prosopis juliflora* und dem Kaktus *Stenocereus hystrix* sowie aus einer Vielzahl von weiteren Kakteenarten.

Die Dominikanische Republik beherbergt insgesamt 47 verschiedene Kakteenarten. Ein Großteil davon ist heimisch, darunter 17 endemische Arten, andere dagegen sind eingeführt. Viele dieser Kakteen gelten als gefährdet, obwohl einige Arten undurchdringliche Dickichte bilden und weite Teile des Landschaftsbildes prägen. Im Fol-

Die niedrige *Opuntia dillenii* bildet dicht am Boden leuchtend gelbe Blüten

genden kurze Steckbriefe der wichtigsten Arten:

Cephalocereus senilis: baumförmige, fast immer unverzweigte Säulen, 10 m, selten bis 15 m hoch, bis 30 cm dick, in Gruppen wachsend. Typisch ist der einseitige, wollige Belag am oberen Säulenende, Cephalium genannt, dem die etwa 5 cm großen, rosa Blüten entspringen, Herkunftsland ist Mexiko.

Cereus hexagonus: in Gruppen wachsende Säulen, 6–7 m hoch, 40 cm im Durchmesser; Nachtblüher mit großen weißen Blüten, Früchte dunkelrot und essbar; Herkunft: Kleine Antillen, jetzt überall in Mittelamerika verwildert.

Cereus jamacaru: baumförmig mit verzweigter Krone, 10–15 m hoch, mit bis zu 60 cm dicken Stämmen; sehr große, weiße Blüten, nachts geöffnet und von Feldermäusen bestäubt; große, leuchtend rote Früchte; stammt aus Brasilien.

Consolea moniliformis: auffallende, weit ausladende baumförmige Opuntien-Art, bis 4 m hoch, bis 50 cm dicke Stämme, z. T. mit extrem langen Stacheln dicht besetzt; die gerunzelten Blätter dagegen im Jugendstadium zwar lang bestachelt, aber im Alter meist völlig unbewehrt; Blüten tags geöffnet, ziemlich klein, gelb oder orangerot je nach Bestäubungszustand; vorwiegend von Kolibris und Schmetterlingen besucht; die 6 cm großen Früchte sind eine wichtige Nahrung für Großleguane; endemisch.

Consolea nashii: baum-, seltener strauchförmig, 1–4 m, verzweigt,

Hauptäste bis 1 m, Blätter ca. 30 cm, auch im Alter bestachelt, Blüten klein und rot; selten; endemisch, nach anderen Quellen auch auf Kuba und den Bahamas verbreitet.

Die Baumopuntie *Consolea moniliformis* ist im Jugendstadim noch wehrhaft bestachelt

Die Natur als Grafiker

Consolea spinosissima: baumförmig, bis 5 m hoch, Stamm ziemlich dünn, sehr stark bestachelt, Blätter ebenfalls, nur selten nackt; aus Jamaika eingeführt.

Cylindropuntia caribaea: dichte Verhaue bildend, meist bis 1 m, gelegentlich aber bis 3 m hoch, sehr häufig und lästig im Süden; die lang bestachelten, waagrecht abstehenden Glieder

Das Hauptverbreitungsgebiet von *Melocactus pedernalensis* ist klein und eng begrenzt

brechen sehr leicht ab und verankern sich mit Widerhaken an den Beinen von Mensch und Tier (viele Einheimische glauben, die Sprosse springen einen aktiv an), schmerzhaft beim Entfernen; vorwiegend vegetative Vermehrung; Blüten hellgelb, Früchte rot, gelegentlich rote Stängelglieder sind von Insekten verursachte Gallen. Aus Venezuela und Trinidad eingeschleppt.

Dendrocereus undulosus: stark verzweigt, baumförmig, bis 10 m hoch, kurzer, stacheliger Stamm, Krone mit tief gelappten, meist 3-, seltener 5-flügeligen, blattartig verbreiterten und wenig bestachelten Sprossgliedern; Blüten groß, Früchte birnenförmig, gelb; endemisch; in Haiti häufig, in der Dominikanischen Republik dagegen selten und nur im Südwesten.

Epiphyllum oxypetalum: ein epiphytischer Blattkaktus mit stark abgeplatteten Blättern, die von bis 3 m langen, rundlichen, hängenden Stämmchen aus nach allen Richtungen abzweigen; auffallend schöne, strahlenartige weiße Blüten; bis 30 cm. Ursprünglich aus Mexiko, heute in ganz Mittelamerika verbreitet.

Harrisia divaricata: ziemlich häufig, strauchartig, aber wenig verzweigt wachsend, überhängende, dünne und lange Triebe, bevorzugt trockene Standorte; große Blüten, nachts geöffnet und von Fledermäusen bestäubt, Frucht gestaucht rundlich, gelb; endemisch. Die drei Arten lassen sich am besten an der Form ihrer Früchte erkennen, die verschieden gerundet und skulpturiert sind; alle sehr groß und äußerst saftig, gutes Mittel gegen Durst.

Harrisia hurstii: kleine Bäumchen mit einem kurzen Stamm, nur einige überhängende Äste, große, weiße Blüten mit gezähnten Blütenblättern und zitronengelbe, ovale Früchte, leicht genoppt, endemisch.

Harrisia nashii: strauchbildend, mit etwa 2–3 m langen Ruten, große, weiße Blüten und elliptische Früchte, 6–8 cm groß, gelb mit stark ausgeprägten Noppen, in Trockengebieten häufig, endemisch.

Hylocereus napoleonis siehe *Hylocereus trigonus*.

Hylocereus triangularis: Kletterpflanze mit weiter Verbreitung in den Wäldern, gewöhnlich als Hemiepiphyten mit Kletterwurzeln, Triebe deutlich dreikantig, große weiße Blüten, Frucht rot, essbar. Ursprünglich aus Jamaika, heute weit in der Karibik verbreitet, vor allem in Kuba und der Dominikanischen Republik.

Hylocereus trigonus (syn.: beinhaltet heute auch *Hylocereus napoleonis*): stark verzweigt, Blätter dreikantig, kriechend oder kletternd, bis 10 m; bis

Harrisia-Früchte sind für den durstigen Wanderer eine köstliche Erfrischung

30 cm große weiße Blüten, Trachtpflanze für Bienen; selten, aber überall in der Karibik verbreitet, speziell auf den Kleinen Antillen und angeblich auch in Mexiko.

Hylocereus undatus: kletternde Art an Baumstämmen, manchmal mit bis weit über 50 m langen Trieben, 3-rippig, spektakuläre Blüten bis 20 cm, Frucht bis 12 cm groß, essbar, wohlschmeckend; ziemlich häufig. Herkunft unbekannt, da schon frühzeitig kultiviert, tropisches Amerika, heute weltweit.

Leptocereus weingartianus: Gattung mit 12 Arten endemisch für die Großen Antillen, fast ausschließlich in Kuba. *Leptocereus weingartianus* ist strauchig mit kriechenden bis kletternden, verzweigten Trieben, bis 10 m; kleine Blüten und Früchte; nicht häufig; endemisch für Hispaniola. Vermutlich gibt es eine weitere Art in Samaná, die noch nicht beschrieben ist.

Mammillaria prolifera haitiensis: Die Unterart ist endemisch für Hispaniola, bildet große Teppiche aus unzähligen Sprossen. Einzelköpfe 3–6 cm bis maximal 7 cm im Durchmesser, komplett weißlich behaart, kleine blassgelbe Blütchen und auffällige, bis 2 cm lange lackrote Fruchtkapseln. Wächst gerne im Schatten unter Sträuchern.

Melocactus lemairei: Der bis 30 cm hohe, in seiner Form an eine Melone erinnernde Kugelkaktus besitzt eine auffällige Kappe, Cephalium genannt. Er wächst immer einzeln und besiedelt die ariden Gebiete entlang der Küste bis auf den äußersten Südwesten, dort wird er von *Melocactus pedernalensis* abgelöst, der sich u. a. durch mehrere Cephalien von *M. lemairei* unterscheidet. Das braun behaarte Cephalium wird erst im erwachsenen Zustand gebildet, und nur aus ihm treten die blassroten Blüten hervor. Fruchtstände leuchtend rot, etwa 1,5 cm lang; wird von Kolibris bestäubt; endemisch.

Melocactus pedernalensis: knapp 50 cm hoch, seine Hauptpopulation beschränkt sich auf eine Fläche von

Mammillaria prolifera nutzt die wenigen Erdkrümel in den Karstspalten

71.000 m² nahe Pedernales; endemisch.

Neoabbottia paniculata: häufig, aber nur im Südwesten, endemisch. Näheres siehe oben. Von einigen Autoren in jüngster Zeit zu *Leptocereus* gestellt.

Opuntia (Nopalea) cochenillifera: baumartig verzweigt, bis 4 m hoch mit deutlich abgesetztem Stamm, plattovale Seitentriebe. Blüten rosa von mittlerer Größe, 5 cm lange, rote Früchte; essbar, allerlei Verwendungen, z. B. als Heilmittel gegen Rheuma, Hautpilze, zur Erzeugung von Karmin, einem rotem Farbstoff aus der darauf parasitierenden Cochenille-Schildlaus, als Viehfutter, für Möbelholz u. a. Ursprung vermutlich Mexiko, heute weltweit.

Opuntia antillana: bildet dichte sukkulente Gruppen auf Trockenflächen, häufig, gelbe bis rötliche, 5–7 cm große Blüten, tagblühend; wird von allerlei Bienen besucht; von Puerto Rico und den Virgin-Islands stammend.

Opuntia dillenii: strauchig, bodendeckend oder als aufrechter Busch, seltener auch als kleiner Baum, bis 2 m hoch, ziemlich große gelbe, nach rot verfärbende Blüten; tagblühend, die unbewehrten, um 7 cm großen roten Früchte sind essbar. Verwendung als Heilmittel, Früchte als Farbstofflieferant; heimisch und weit verbreitet im ariden Amerika in trockenen Gegenden.

Opuntia ficus-indica: strauchiger oder baumartiger Wuchs, bis 6 m hoch, Stamm meist vorhanden, Blüten gelb bis rot, 5–10 cm groß, Früchte groß und essbar, Farbe grün bis rot, teils unbedornt. Als eine Art „Obstbaum" mit vielen Zuchtformen kultiviert, vielseitige Verwendung als Heilmittel, lebender Zaun, Viehfutter und anderes mehr. Heimat vielleicht Mexiko, heute weltweit, zum Teil als ökologisch höchst bedenkliches Unkraut verwildert, so in Australien und Südafrika.

Opuntia taylori: endemischer, kleiner fleischiger Strauch, stark bestachelt, mit kleinen gelben Blüten und unbewehrten, kleinen Früchten; häufig; endemisch.

Opuntia spp.: Es sind noch einige weitere Arten auf Hispaniola eingeschleppt worden und ausgewildert, stellen aber derzeit kein nennenswertes Problem dar.

Pereskia aculeata: Die Gattung erscheint auf den ersten Blick gar nicht als Kaktus, sondern als immergrüner oder laubabwerfender holziger Baum oder Strauch mit bestachelten Ästen, trägt permanent oder in der Regenzeit derbe Laubblätter. Die Art *P. aculeata* ist mit ihren langen, hakenförmigen Dornen kletternd, etwa 3–10 m hoch, mit nur 3 cm dicken Stämmchen, regengrün, blühende Äste insgesamt etwas an Kamelien erinnernd, an Zweigenden große spektakuläre, weiße oder rosafarbene Blütenbüschel, besitzt essbare Beeren. Verbreitung: südliches Amerika, in der Karibik verwildert.

Pereskia bleo: Strauch oder kleiner Baum bis 7 m, 10 cm dicke Stämme, Blüten endständig in leuchtenden Rot-Tönen, gelbe Früchte; zerstoßene Blätter wurden früher zur Aufbereitung von Trinkwasser genutzt; Zierpflanze. Heimat: Panama und Kolumbien.

Stenocereus hystrix und seine wehrhaften Freunde

Pereskia marcanoi: Von Professor Marcano 1992 im Grenzbereich zu Haiti in Höhenlagen um 500 m entdeckt und ihm zu Ehren benannt (mehr zur Person s. S. 334), baumartig bis 6 m hoch, 30 cm dicker Stamm, Blüten einzeln, männliche und weibliche auf getrennten Pflanzen, leuchtend purpurrosa. Endemisch im äußersten Westen von Hispaniola.

Pereskia portulacifolia: meist baumartig wachsend, bis über 6 m hoch, Stamm bis 20 cm dick, Blätter klein, Blüten einzeln, rosa bis pink, Früchte bis 3 cm und glatt; selten, in westlichen Trockengebieten; endemisch auf Hispaniola.

Pereskia quisqueyana: noch ein Endemit, diesmal vom Südosten der Insel, nur im Parque Nacional del Este vorkommend. 1980 von Henry Liogier beschrieben (mehr zur Person s. S. 277 f.), strauchförmig, bis 4 m hoch, bis 10 cm starke Äste, große Blätter, sommergrün, Blüten einzeln stehend, intensiv rosa bis pink, ziemlich groß; endemisch; auf Typuslokalität begrenzt, gefährdet.

Pilosocereus polygonus (syn.: *Cephalocereus polygonus, C. keyensis*): Die Säulen werden 3–10 m hoch, vom Boden her und auch die Säulen selbst verzweigt, bilden oft ein Pseudocephalium, d. h. einen haarigen Teil, aber Blüten entspringen auch an anderen Stellen. Etwa 6 cm große, weiße Blüten, Nachtblüher, von Fledermäusen bestäubt, kugelige Früchte. In Trockengebieten häufig, stammt aus Kuba, heute auch in Florida und auf den Bahamas.

Rhipsalis baccifera (syn.: *R. cas-*

sutha): epiphytisch in Feuchtwäldern, die dünnen, verzweigten Hängeruten bis 4 m lang, meist aber viel kürzer. Die kleinen weißen Blüten entspringen längs der Sprossachse, Früchte weiß oder rosa, kugelig bis 1 cm; häufig. Als einziger Kaktus natürlicherweise außerhalb Amerikas über das tropische Afrika bis nach Sri Lanka verbreitet.

Selenicereus grandiflorus („Flor de baile"): Königin der Nacht oder Schlangenkaktus, kletternde Art mit über 5 m langen, fingerdicken Ruten und lockerer Verzweigung, spektakuläre, 30 cm große duftende weiße Blüten, die nur eine Nacht geöffnet sind; von Fledermäusen bestäubt, große Früchte. Herkunft: ungewiss, ob Mexiko oder Karibik, heute weit verbreitet, früher zu Heilzwecken kultiviert, auf Hispaniola fast ausschließlich in Haiti, häufig, fehlt auf Kuba und Jamaika.

Stenocereus hystrix (syn.: *Lemairocereus hystrix*, *Stenocereus fimbriatus*): 4–6 m hoch werdende, fleischige Säulen mit bis zu 30 cm Durchmesser; vom Grund her verzweigt kandelaberartig oder in dichten Gruppen, Blüten 3–9 cm, purpur bis grün, tagblühend, Frucht scharlachrot und bestachelt; Große Antillen, häufig, an trockenen Standorten.

Zygocactus truncatus (syn.: *Schlumbergera truncata*): epiphytisch, stark verzweigt, hierzulande als Weihnachtskaktus bekannt. Der gliederblättrige Habitus und die endständigen, röhrenförmigen Blüten sind für einen Kaktus eher ungewöhnlich. Heimat: Brasilien (um Rio de Janeiro); Zier- oder Zimmerpflanze.

Weder Land noch Meer: die Welt der Mangroven

Die ausgedehnten Mangrovengürtel entlang vielen Küstenbereichen stellen eine besondere Anpassung von Bäumen an das Leben im oder am Salzwasser dar und verbinden das Land mit dem Meer. Theophrast sprach schon vor über 2.000 Jahren von „Wäldern, deren Bäume im Meer wachsen". Heute wird das Ganze sachlicher als Gezeitenwald oder als Flutgehölz bezeichnet. Mangroven sind überwiegend auf die amphibischen Bereiche tropischer Regionen zwischen den Wendekreisen beschränkt, folgen jedoch gelegentlich

Die Knopfmangrove mit den namensgebenden Blütenköpfchen

Monte Cristi besitzt einen ausgedehnten Mangrovengürtel

warmen Meeresströmen drüber hinaus. Sie umfassen als Sammelbegriff jene Gehölze aus ganz unterschiedlichen Familien, deren einzige Gemeinsamkeit ihre hohe Salztoleranz ist. Weltweit gibt es rund 50 Mangroven-Arten, aber im tropischen Atlantik an den Ostküsten von Mittel- und Südamerika sind es gerade mal eine Hand voll. Diese Artenarmut wird von Wissenschaftlern dahingehend erklärt, dass das Entstehungszentrum im Indowestpazifik liegt und nur einige Arten den Sprung in den (erdgeschichtlich gesehen sehr viel jüngeren) Atlantik geschafft haben. Fossile Belege von Mangrovenwäldern gibt es auch aus dem Mittelmeergebiet, was die Theorie von der Ausbreitung nach Westen stützt.

Die frühesten Funde gehen bis in die Obere Kreide zurück.

Mangroven gedeihen in flachen, schlickreichen Küstengewässern überall dort am besten, wo Korallenriffe oder vorgelagerte Inseln die Wucht der Brandung dämpfen, sowie in geschützten Buchten. Man unterscheidet je nach Standort zwischen Küsten-, Riff- und Flussmündungsmangroven. Denn sie säumen oft auch viele Kilometer landeinwärts die Flussmündungen im Bereich der Brackwasserzone, Regionen also, wo sich Fluss- und Meerwasser vermischen und der Salzgehalt mit Ebbe und Flut periodisch wechselt. Dieser Lebensraum wird wissenschaftlich als Ästuar – die Brackwasserzone der Flussmündungen – bezeichnet.

Es ist spannend, entlang den Küsten der Dominikanischen Republik die Zonierung der verschiedenen Arten zu studieren. In einem Lebensraum, der maßgeblich von Ebbe und Flut geprägt ist, gibt es eine Abfolge mehrerer Bereiche bis zur Grenze der höchsten Flut, in denen jeweils eine andere Art dominiert. Nicht alle Mangroven vertragen die gleiche Salzkonzentration. *Rhizophora mangle*, die Rote Mangrove (der Name rührt von einem roten Farbstoff in der Rinde her), weist eine mittlere Salztoleranz auf und wagt sich in flachen, schlammigen Bereichen weit ins Meer vor; sie steht mit ihren Wurzeln praktisch ständig im Wasser. Ab der mittleren Flutlinie landeinwärts gedeiht die Schwarze Mangrove (*Avicennia germinans*). Namensgebend war hier die schwarz- bis graugefärbte Rinde. Die Bastschicht ist, im Unterschied zu *Rhizophora*, gelblich und nicht schwarz.) In dieser zeitweise trockenfallenden Zone verdampft während der Ebbe jede Menge Wasser; die Salzkonzentration steigt deutlich an und erreicht kurz vor der nächsten Flut ihr Maximum, das von der Schwarzen Mangrove verkraftet wird. Schon deutlich weiter vom Küstensaum entfernt, nahe der höchsten Hochwasserlinie, findet man die Weiße Mangrove (*Laguncularia racemosa*) und die Knopfmangrove (*Conocarpus erectus*). Letztere löst weiter landeinwärts im noch salzärmeren und trockeneren Milieu die Schwarze Mangrove ab. Sie ist zum Teil bereits mit anderen schwach salzverträglichen Arten vergesellschaftet, etwa bei Rio San Juan in der Bucht Gri Gri mit dem Schwarzen

Olivenbaum (*Bucida buceras*), der als Charakterbaum der Bucht seinen Namen verlieh. Weil die Knopfmangrove (*Conocarpus erectus*) auch in weiter vom Meer entfernten ariden Zonen vorkommt, wird sie von manchen Botanikern nicht mehr den echten Mangroven zugerechnet.

In humiden (feuchten) Zonen, etwa den regenreichen Gebieten im Parque Nacional Los Haitises, gibt es landeinwärts eine allmähliche Aussüßung des Meerwassers, weil überschüssiges Regenwasser die Salzkonzentration zunehmend verdünnt. Hier herrscht die eben beschriebene klassische Verteilung vor.

An anderen Stellen sucht man diese Zonierung allerdings vergeblich, denn in regenarmen, sogenannten ariden Zonen – also den meisten Bereichen an der Südküste – ist die Verdunstung deutlich größer als die Niederschlagsmenge. Hier nimmt die Salzkon-

Mangroven, so weit das Auge reicht

zentration in den nur selten überfluteten Bereichen landeinwärts nicht ab, sondern sogar deutlich zu. Unter solchen Bedingungen können als einzige Arten nur die im Meer stehende *Rhizophora mangle* sowie an Land *Avicennia germinans* existieren, allerdings auch hier nur bis zu einer gewissen Grenzkonzentration. Dahinter folgt dann, als Konsequenz der lebensfeindlichen Salzanreicherung durch die große Trockenheit bedingt, ein vegetationsloser Gürtel, dessen Breite von der Reichweite des salzigen Spritzwassers abhängt – daran hat auch der Wind entscheidenden Anteil. Derartig niederschlagsarme Regionen findet man bevorzugt im Windschatten der hohen Gebirgsketten.

Extrem hohe Salzkonzentrationen trifft man auch in manchen Lagunen an. Als Beispiele seien hier die Lagune von Oviedo und der Lago Enriquillo genannt, beide im Südwesten des Landes gelegen. Bei Letzterem ist die Salzkonzentration über längere Perioden sogar so hoch, dass selbst *Rhizophora mangle* und *Avicennia germinans* absterben. Abgesehen von solchen Extremen finden Mangroven jedoch in Lagunen ihre idealen Lebensbedingungen vor, d. h. flaches, warmes und nährstoffreiches Wasser, im Gegensatz zum Meer, wo sie von den durch Ebbe und

Mit Booten kann man in Gri Gri den Mangrovengürtel durchfahren

Flut bedingten ständig wechselnden Wasserständen sowie der Wellenkraft gebeutelt werden.

Ein Leben im Einklang mit Ebbe und Flut erfordert eine Vielzahl von Anpassungen, speziell bei Arten, die sich weit ins Meer hinauswagen. Das Problem, bei Flut täglich zwei Mal überschwemmt zu werden, hat *Rhizophora mangle* elegant dadurch gelöst, dass sie Stelzwurzeln bildet. Diese wachsen zunächst waagerecht und biegen sich erst ab einer gewissen Länge allmählich nach unten, um sich tief in den Schlamm zu bohren. Der Haupttrieb stirbt unten relativ schnell ab, und dann entspringt der „schwebende"

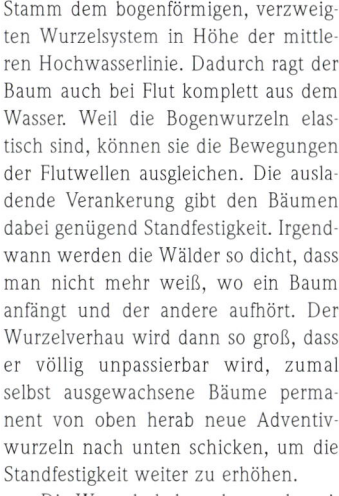

Stamm dem bogenförmigen, verzweigten Wurzelsystem in Höhe der mittleren Hochwasserlinie. Dadurch ragt der Baum auch bei Flut komplett aus dem Wasser. Weil die Bogenwurzeln elastisch sind, können sie die Bewegungen der Flutwellen ausgleichen. Die ausladende Verankerung gibt den Bäumen dabei genügend Standfestigkeit. Irgendwann werden die Wälder so dicht, dass man nicht mehr weiß, wo ein Baum anfängt und der andere aufhört. Der Wurzelverhau wird dann so groß, dass er völlig unpassierbar wird, zumal selbst ausgewachsene Bäume permanent von oben herab neue Adventivwurzeln nach unten schicken, um die Standfestigkeit weiter zu erhöhen.

Die Wurzeln haben aber noch weitere erstaunliche Fähigkeiten entwickelt. So können sie z. B. mit Hilfe spezieller Osmose-Verfahren bei einer Saugspannung von bis zu 20 Atmosphären gegen den Salzgehalt des Meeres mit Hilfe von Membranen relativ salzarmes Wasser aufnehmen. Bei Ebbe betreiben sie außerdem mit speziell dafür entwickelten Organen regen Gasaustausch, denn im Schlamm herrscht ein beträchtliches Sauerstoffdefizit. Jeder, der einmal in diesen Schlamm geraten ist, wird den Geruch von faulen Eiern nicht mehr vergessen, ein sicheres Indiz für Zersetzungsprozesse unter völligem Sauerstoffabschluss mit Bildung von Faulgasen.

Weil sich ständig Schlamm in den Wurzeln der Mangroven verfängt, kommt ihnen große Bedeutung beim Küstenschutz und der Landgewinnung zu und stellt für den Menschen eine

Flachere Strandbereiche sind oft mit Mangroven bewachsen

wertvolle Hilfe im Kampf gegen die Erosion von Küsten dar. Vor allem in Flussmündungen, wo sich Süß- und Salzwasser mischen, flocken mitgeführte Erdpartikel zu feinem Tonschlamm aus und bilden zusammen mit Unmengen von Falllaub und anderen organischen Abfällen einen ungemein fruchtbaren und für die Nahrungskette wichtigen Bodenschlamm, den die Mangrovenwurzeln an sich binden und der andernfalls als Verlust ins Meer gespült würde.

Je weiter die Arten vom Meer abrücken, umso weniger spektakulär sind ihre Wurzelsysteme. *Avicennia* und, weniger ausgeprägt *Laguncularia*, bilden sogenannte Spaghetti- oder Spargelwurzeln aus. Das heißt, aus unterirdischen Wurzelausläufern entspringen viele senkrecht nach oben weisende, bis 20 cm lange Atemwurzeln (Pneumatophoren), die bei Ebbe aus dem sauerstofffeindlichen Schlamm ragen und zum Teil die gleichen Funktionen übernehmen wie die von *Rhizophora*. Die Wurzeln sind so konstruiert, dass sie mit winzig kleinen Spaltöffnungen zwar Gasaustausch betreiben können, die Öffnungen aber für einen Wassereintritt zu klein sind. Während der Überflutung wird ständig Sauerstoff aus den Atemwurzeln verbraucht und als Kohlendioxyd ausgeschieden; so entsteht ein beträchtlicher Unterdruck im Gewebe, der erst bei Ebbe wieder ausgeglichen werden kann, wenn die

Wurzeln trockenfallen. Weil Sauerstoff deutlich kleinere Moleküle besitzt als andere Luftbestandteile, wird er bevorzugt durch die Spaltöffnungen aufgenommen.

Die noch weiter vom Meer entfernten Knopfmangroven (wegen ihrer flachkugeligen, an Knöpfe erinnernden Früchte so genannt) besitzen zwar rein äußerlich fast die gleiche Form wie übliche Waldbäume, allerdings mit ihren unterirdischen Wurzelausläufern noch besondere Anpassungen an salzige Böden.

Auch das Blattwerk der Mangroven musste sich den extremen Bedingungen anpassen, denn so paradox es klingen mag: Das Leben im Salzwasser bedeutet Wassermangel. Die immergrünen Blätter sind daher ledrig, glatt, wachsüberzogen und unbehaart, um die Verdunstung auf ein Minimum zu reduzieren, sonst würde der Salzgehalt im Zellsaft schnell ansteigen. Außerdem können Mangroven ihre Blätter mit hochgestellten Spitzen so in der Sonne ausrichten, dass sie von den Strahlen nie voll getroffen werden. *Rhizophora* wandelt ältere Blätter in Wasserspeicher um, sie bekommen dann fast einen sukkulenten Charakter. Andere Mangrovenarten haben andere Wege gewählt und scheiden Salzkristalle an den Enden der Blattadern oder durch „Absalzdrüsen" auf der Blattoberseite aus, die dann vom Regen abgewaschen werden. Wieder andere lagern große Salzmengen in ausgewählten Blättern ein, die sie dann komplett abwerfen. Die Übergänge zwischen den einzelnen Strategien sind manchmal stufenlos und kommen auch bei anderen Pflanzen nahe der Küste vor. Da Mangrovenwälder nicht von Niederschlägen abhängig sind wie die Landpflanzen, werden sie als azonale Lebensform bezeichnet, d. h., ihre Existenz ist ausschließlich vom Standort geprägt und relativ unabhängig vom örtlichen Klima. Begrenzt werden Mangroven nur durch das Auftreten von Frost, durch kalte Meeresströmungen und durch exponierte Standorte mit zu viel Brandung oder ungeeigneten Untergründen.

Das harte Holz wird häufig zur Herstellung von Holzkohle verwendet. Da es darüber hinaus viele Tannine und Huminsäuren besitzt, die es schwer verrottbar machen, ist es – vor allem von der Rotern und Schwarzen Mangrove – als Baumaterial von Häusern oder Booten sehr begehrt. Das hat streckenweise zur akuten Gefährdung der Bestände beigetragen. Tanninextrakte aus der Rinde werden in der Volksmedizin gegen diverse Erkrankungen eingesetzt, hauptsächlich gegen Durchfall, aber auch für das Gerben von Leder.

Einmalig ist die Fortpflanzung bei *Rhizophora*: Da übliche Samen entweder schnell vom Wasser verdriftet würden oder im sauerstoffarmen Bodenschlamm eine Keimung unmöglich wäre, bildet die einsamige Frucht bereits am Baum einen kompletten Keimling, bestehend aus Keimblättern, Sprossachse und Wurzel. Die fertige, bis 30 cm lange Jungpflanze sammelt zuerst viele Energiereserven, fällt dann manchmal aus großer Höhe wie ein Stilett ins Wasser und bohrt sich mit der Wurzel in den Schlamm. Selbst wenn das missglückt, ist die Pflanze nicht verloren. Dann schwimmt sie je nach Salzgehalt und Entwicklungszustand flach oder senkrecht im Wasser. Gut geschützt durch eine Wachshaut kann sie dank ihres grünen Farbstoffs Photosynthese betreiben und mit Hilfe der eingelagerten Reservestoffe bis zu einem Jahr überleben. Trifft sie eines Tages auf einen geeigneten Grund in Gebieten mit nicht zu großem Salzgehalt, stellt sie sich senkrecht, und die Wurzel kann sich binnen weniger Stunden im Substrat verankern – vielleicht als Pionier einer neuen Mangrovenkolonie. Das erklärt die weite Verbreitung dieser Art im gesamten tropischen West-Atlantik. Derartig „lebendgebärende" (vivipare) Pflanzen gibt es im Pflanzenreich nur sehr selten. *Avicennia*-Arten sind kryptovivipar, d. h., hier entwickeln sich Keimlinge sehr weit am Baum, zwar nicht so weit wie bei *Rhizophora mangle*, aber sie haben dennoch einen großen Entwicklungsvorsprung gegenüber anderen Arten.

Und noch eine Besonderheit kann man – allerdings nur mit viel Geduld – beobachten: Manche Mangroven können wandern. Mit Hilfe ihrer Stelzwurzeln kann sich die Rote Mangrove aufgrund unterschiedlicher Wachstumsgeschwindigkeiten ihrer gegenüberliegenden Wurzeln aktiv bis zu 10 cm pro Jahr in für sie günstigere Gefilde ziehen. Das sind immerhin mehrere Meter im Laufe ihres Lebens, die sie dazu nutzen kann, den durch angesammelten Humus neu geschaffenen Lebensraum weiter meerwärts zu erweitern.

Neben solchen erstaunlichen Anpassungen bilden Mangroven auch wertvolle Lebensräume für viele Tierarten zwischen Land und Meer. Sie sind z. B. wichtige und recht sichere Brutplätze und Schlafstätten für eine große Zahl von Seevögeln, die hier zum Teil in großen Kolonien brüten. Vor allem bei Stürmen sind es sichere Unterschlüpfe, weil durch die Elastizität der Wurzeln kein nennenswerter Bruch der Bäume zu befürchten ist.

An ein Leben auf die periodisch überfluteten Stelzwurzeln haben sich allerlei Mollusken, etwa Austern (*Ostrea frons*, *Isognomom alatus* und *Crassostrea rhizophorae*) oder Schnecken (etwa *Littorina angulifera*) spezialisiert. Erstere nutzen die Wurzeln als Ankerplatz, um aus dem vorbeiströmenden Gezeitenwasser nahrhafte Partikel auszufiltern, Letztere weiden von den stets feuchten Wurzeln bei Ebbe Algenbeläge ab. Auch Seepocken (*Balanus* spp.), also festsitzende Krebse, sowie Schwämme und Manteltiere (Salpen) besiedeln als typische Filtrierer von Plankton den amphibischen Lebensraum. Mangrovenkrabben der Art *Aratus pisonii* klettern dicht oberhalb oder unterhalb der Gezeitenlinie behänd an Wurzeln und Ästen auf und ab, stets auf der Suche nach Fressbarem, u. a. auch nach den vielen Rotalgen, die unterhalb der Hochwasserlinie an den Stelzwurzeln der Mangroven Halt finden.

Im Gezeitenbereich leben in Erdlöchern wohnende Winkerkrabben (*Uca minax*), die bei Ebbe ihren Bau verlassen und den Bodenschlamm nach Fressbarem durchwühlen. Die Männchen betreiben dabei permanent auffällige Balzspiele, indem sie mit einer überdimensional ausgebildeten Schere winken, um den Weibchen zu imponieren, damit sie ihnen bei der nächsten Flut willig zur Paarung in die Bauten folgen.

Der Wasserkörper zwischen den Wurzeln bietet dank seiner enormen Biomasse einer fein abgestimmten Abfolge von Destruenten, das sind Mikroorganismen, welche verrottende Materie schrittweise zersetzen, sowie einer großen Zahl von ausschließlich in Mangroven lebenden Tierarten eine Existenz. Die Nahrungskette beginnt bei Bakterien und Pilzen, geht über Rädertierchen und viele Gruppen von Würmern bis zu speziellen, auf Weichgrund lebenden Garnelen, Taschenkrebsen, Langusten, Muscheln, Schnecken, Schwämmen oder Seeigeln und Seesternen und ist natürlich in weniger salzhaltigen Bereichen auch ein El Dorado für Myriaden von Moskitolarven der unterschiedlichsten Arten. Weiter geht die Verwertung der Ressourcen über eine Vielzahl von Kleinfischarten, die hier nicht nur Schutz, sondern auch je-

de Menge Nahrung und Brutmöglichkeiten finden und die ihrerseits die hungrigen Mägen von Krabben, Raubfischen, Pelikanen oder Reihern füllen. Auch der Karibische oder Nagel-Manati, ein zu den Seekühen zählender,

Mangroven zeigen die Meernähe am Unterlauf des Rio Yuma an

Im Lago Enriquillo steigt der Salzgehalt oft so stark, dass selbst die Mangrove abstirbt

urtümlicher Meeressäuger, findet hier optimalen Schutz ganz dicht in der Nähe seiner Weidegründe, den Seegraswiesen. Heutigen Erkenntnissen zu Folge waren es genau solche Lebensräume, in denen vor Urzeiten Wasser bewohnenden Arten der entscheidende Schritt an Land geglückt war. Auch dem Amerikanischen oder Spitzkrokodil, ein Endglied der Nahrungskette, bieten Mangroven eine ideale Heimstätte.

Nennenswerte Mangrovenbestände findet man in der Dominikanischen Republik buchstäblich an jeder Ecke, denn die Hauptvorkommen befinden sich im äußersten Nordosten (Bucht von Samaná mit dem Parque Nacional Los Haitises und Gran Estero) oder im äußersten Nordwesten (im Parque Nacional Monte Cristi) sowie im äußersten Südosten im Parque Nacional del Este und im äußersten Südwesten im Parque Nacional Jaragua. Kleinere Vorkommen gibt es überall verstreut, u. a. bei Barahona, in der Bucht Puerto Viejo de Azua oder im Norden bei Rio San Juan in der Bucht Gri Gri. Insgesamt sind 325 km^2 von Mangrovenwäldern bedeckt.

Mein Freund der Baum

Beim Durchstreifen der Insel fallen einem die unzähligen Baumarten auf, die den regionalen Charakter der Landschaft entscheidend mitprägen. Oft sind es heimische Bäume, oft aber auch eingeführte Arten aus aller Welt, die heute aus dem Landschaftsbild kaum mehr wegzudenken sind, weil sie sich nahtlos in das Ökosystem eingegliedert haben. Viele der eingeführten Bäume wurden wegen ihres wertvollen Holzes angepflanzt, andere wegen ihrer wohlschmeckenden Früchte und wieder andere wegen ihrer medizinischen Bedeutung. Denn zu Zeiten der frühen Seefahrer und Kolonialisten war die Pharmaindustrie noch nicht erfunden, und man musste sich anderweitig behelfen. So erklärt sich, dass schon frühzeitig viele Bäume rund um den Globus quasi als lebende Apotheke mitgeführt und angepflanzt wurden. Eine Auswahl von besonders augenfälligen heimischen oder interessanten eingeführten Arten soll hier vorgestellt werden.

Der Kapok- oder Wollbaum (*Ceiba pentandra*); heimisch

Einheimische verehren den größten Baum der Karibik ehrfurchtsvoll als heilig. Als Begründung bekommt man zu hören, dass dieser Baumriese im Gegensatz zu allen anderen Arten jeden auch noch so heftigen Hurrikan schadlos übersteht. In der Tat sind Kapokbäume statische Wunderwerke: Gewaltige Brettwurzeln stützen sie nach allen Richtungen hin gegen Umfallen ab, und die weit ausladenden Äste können durch ihren hochovalen Querschnitt enorme Kräfte aufnehmen, ohne zu brechen. Ceibabäume, die im gesamten tropischen Amerika heimisch sind, zählen zu den sogenannten Überständern, das sind bis zu 60 m hohe Bäume in Regenwäldern, die ihre Mitbewohner deutlich überragen und als Schatten- und Schutzbäume eine wichtige Funktion bei der Stabilisierung von Ökosystemen übernehmen.

Solche riesigen Kapok-Bäume gab es früher noch viele

Ein beeindruckendes Exemplar des Kapokbaumes wächst nahe Santiago in einem kleinen Städtchen namens Tamboril am südlichen Rand der Sierra Septentrional in Richtung Moca. Etwa 1.000 Jahre alt soll er sein, und wenn man an seinem Fuß steht, herrscht kein Zweifel daran, dass diese Angabe durchaus stimmen könnte. Eine derartige, gut 50 m hohe Baumpersönlichkeit flößt jedem Betrachter eine gehörige Portion Respekt ein. Einziger Wermutstropfen ist der Gedanke, dass dieser Gigant einst Beschützer eines Urwaldes gewesen sein muss, der mittlerweile der Zivilisation zum Opfer gefallen ist. Denn das Naturdenkmal steht recht einsam am Rande von Feldern und Weiden etwas abseits der Straße.

Kapokbäume begegnen einem immer wieder, besonders im Norden beiderseits der Sierra Septentrional, manchmal verdeckt in Baumgruppen oder Urwaldresten, manchmal aber auch frei stehend auf Weiden, wo sie dann zwar besonders beeindruckend wirken, ihren ökologischen Zweck aber leider nicht mehr erfüllen können. Trotzdem bilden sie interessante Biotope, weil sie meist mit Epiphyten bewachsen sind, häufig mit auffälligen, baumbewohnenden Kakteen der Art *Rhipsalis baccifera*, die mit ihren langen Ruten von den Ästen herabhängen, aber auch mit weniger auffälligen Orchideen oder epiphytischen Farnen. Der mächtige Stamm bietet dank seiner reichen Bestachelung – übrigens ein typisches Erkennungsmerkmal der Art und Hinweis auf die Zugehörigkeit zu den *Bombax*-Gewächsen – kletternden

Kakteen, wie *Pilosocereus polygonus* oder der Königin der Nacht, gute Aufstiegsmöglichkeiten. Er ist Hausbaum für den Hispaniola-Specht, der ungestraft viele Nisthöhlen in das Holz zimmern darf. Alle diese Anpassungen zeigen, dass der Kapokbaum ein im karibischen Ökosystem etablierter Baum ist.

Wirtschaftliche Bedeutung hat er als leicht zu kultivierender Baum vor allem bei der Wiederaufforstung von tropischen Waldsystemen erlangt. Die Früchte sind Lieferanten von flauschigen Fasern – daher auch der Name Wollbaum – als Füllung von Matratzen, Kissen und Schwimmwesten (die Fasern sind nur schwer benetzbar und daher schwimmfähig!). Die Fasern sind auch unter dem Namen Kapok im Handel. Aus den Samen wird Öl gewonnen. Das Holz ist nicht besonders strapazierfähig und spielt wirtschaftlich eine untergeordnete Rolle. Trotzdem wird der Baum rund um den Äquator in vielen tropischen Ländern wegen seines schnellen Wachstums angebaut und sein Holz genutzt.

Der Sandbüchsenbaum (*Hura crepitans*); heimisch

Das imposante, ebenfalls mit einer stacheligen Rinde bewehrte Gehölz erfreut sich als Schatten- und Alleebaum regional großer Beliebtheit. Solche herrlichen Alleen finden sich vor allem im Ostteil der Insel, etwa in der Gegend um Boca de Yuma oder Punta Cana und weiter nördlich auf der Halbinsel Samaná. Aber die Bäume sind im Prinzip über die gesamte Insel verteilt, solange genügend Feuchtigkeit zur Verfügung steht, denn es handelt sich auch bei ihnen um stattliche Urwaldbäume mittelamerikanischer und karibischer Herkunft.

Der Name Sandbüchsenbaum stammt noch aus früheren Zeiten, als die unreifen und ausgehöhlten, etwa mandarinengroßen Fruchtkapseln als Behälter für Sand zum Abtrocknen von frischer Tinte benutzt wurden. Das Art-Epitheton *crepitans* (= „krepierend") rührt von der Eigenschaft der reifen Samenkapseln her, sich explosionsartig zu öffnen, um die recht großen Samen weit in die Umgebung zu schleudern. Diesen Schleudersamenmechanismus kennt man von vielen Wolfsmilchgewächsen, zu denen auch der Sandbüchsenbaum zählt. Er ist zwar botanisch mit dem Weihnachtsstern verwandt, hat damit aber rein äußerlich nicht die geringste Ähnlichkeit. Die dekorativen Blätter sind oval und spitz zulaufend, die männlichen Blütentrauben besitzen ebenso wie die getrennt auf eigenen Zweigen der gleichen Pflanze sitzenden Früchte einen hohen Zierwert. Das eher minderwertige Holz wird für Zaunpfähle oder für den Bau von Kisten verwendet. Früher wurde der äußerst giftige und die Haut reizende Saft der Rinde als Narkotikum auf Speerspitzen aufgebracht, um damit Fische zu betäuben. Auch heute noch muss man aufpassen, dass einem bei Regen das von den Blättern herabtropfende Wasser nicht in die Augen gelangt, weil es starke Reizungen verursacht.

Der Sandbüchsenbaum eignet sich nicht unbedingt als Kletterbaum

Der Niembaum (*Azadirachta indica*); eingeführt

Noch ein heiliger Baum, nämlich der heilige Baum Indiens. Seit Jahrtausenden dort verehrt, wurde er für so viele Dinge verwendet, dass er bald als überaus wertvolles Gehölz über den gesamten Kontinent und später um die ganze tropische Welt verbreitet wurde. Ein sehr früher Verbreitungsschwerpunkt außerhalb Indiens waren überraschend auch einige Karibikinseln, darunter Hispaniola. Vor allem im trockenen Süden und in den ariden Gebieten des Nordwestens trifft man in Siedlungsnähe auf ausgedehnte, Schatten spendende Alleen dieses zierlichen und äußerst dekorativen Baumes. Hervorstechende Eigenschaften sind u. a. seine Anspruchslosigkeit an den Boden und Resistenz

Der Niembaum ist ein anspruchsloser Alleebaum im trockenheißen Süden

gegenüber Trockenheit. Der Niembaum ist eines der wenigen Pioniergehölze, das sogar in der Sahelzone überlebt und mit dem man erfolgreich versucht, die fortschreitende Wüstenbildung zu stoppen. Andere interessante Aspekte schlummern in der Vielzahl seiner Inhaltsstoffe in verschiedenen Teilen der Pflanze für pharmazeutische oder pflanzenschutztechnische Anwendungen. So werden in Indien Extrakte gegen Hautkrankheiten und sogar gegen Lepra eingesetzt. Interessant ist aber noch eine weitere Verwendung als natürliches Insektizid. Man hat entdeckt, dass es vor allem in den Samen Inhaltsstoffe gibt, die stark einem Hormon aus dem Stoffwechsel von Insekten ähneln, das die Häutung steuert. Raupen, die an Niembaumblättern fressen, stellen sofort ihre Aktivitäten ein und bereiten eine Häutung vor, wieder und wieder, bis sie vor Erschöpfung sterben. Diese Wirkung machten sich die Inder schon vor Jahrtausenden zu Nutze, um erfolgreich Körperparasiten wie Läuse, Flöhe oder Wanzen mit Ölen aus Niembaumsamen zu bekämpfen. In tropischen Ländern laufen derzeit Forschungen auf Hochtouren, um im ökologischen Landbau mit Niembaumextrakten Alternativen zur chemischen Keule zu finden. Da ist es fast schon Nebensache, dass auch das Holz für allerlei Zwecke geeignet ist, selbst für die Herstellung von Möbeln. Da Niembäume ausgesprochen rasch wachsen und selbst frei von Krankheiten und Schädlingen sind, ist dem heiligen Baum der Inder eine große Zukunft sicher.

Die Meertraube (*Coccoloba uvifera*); heimisch

Entlang der Küsten rund um die Insel trifft man unmittelbar in Strandnähe oft auf ein robustes Pioniergehölz mit äußerst dekorativen Blättern und Früchten. Es handelt sich um die salztolerante Meertraube (*Coccoloba uvifera*). Verwandte der in Amerika insgesamt 125 Arten zählenden Gattung *Coccoloba* finden sich in den unterschiedlichsten Bereichen der Insel in einer Reihe verschiedener Arten, von strauchartig bis baumförmig wachsend, von küstennah bis in die Höhen der Gebirgszüge reichend. Sie sind mit einigen endemischen Formen botanisch äußerst interessant. Am auffälligsten aber sind die manchmal recht großen Bäume von *C. uvifera* am Strand, die von den Badegästen gerne als ausladende Schattenspender genutzt werden. Meertrauben besiedeln weite Küstenbereiche der Neotropis mit Schwerpunkt der Westindischen Inseln und wagen sich besonders weit in den Spritzwasserbereich der Gischt vor. Die ziemlich unspektakulären weißen Blütchen sitzen an 15–20 cm langen Trauben, nach männlichen und weiblichen Blüten getrennt. Die sich bei Reife rötlich violett verfärbenden, an Weintrauben erinnernden, säuerlichen Früchte („*uvifera*" bedeutet übersetzt nichts anderes als „Trauben tragend") können roh gegessen werden und sind im Salzwasser schwimmfähig. Ihr Saft wird als fiebersenkendes Mittel eingesetzt, die Früchte in der Küche manchmal wie Kapern zubereitet. Daneben liefern sie köstliches Gelee und

Getrocknete Blätter der Meertraube eignen sich als dekorative Postkarten

einen gehaltvollen Wein. So weit der Aspekt für den Gourmet. Medizinisch liefern die abgekochten Wurzeln Mittel gegen Durchfall, die Rinde gegen Halsentzündungen. Doch auch für Ästheten sind die Bäume nicht uninteressant, denn die auffallend rot geaderten, recht großen und ledrigen Blätter sind wahre Kunstwerke der Natur. Es ist ein herrlicher Zeitvertreib, das Farbenspiel der frisch ausgetriebenen, leuchtend bronzefarbenen Blätter über alle Entwicklungsstadien hinweg bis zum ausgewachsenen, nierenförmigen Blatt zu verfolgen. Zum Studium eignet sich natürlich am besten eine Badepause im Schatten einer Meertraube. Und vielleicht animieren die Blätter ja auch zu einem originellen Urlaubsgruß in die Heimat, schließlich wurden sie bereits von den Konquistadoren als willkommener Papierersatz genutzt.

Lignum Vitae, Baum des Lebens, Gujakbaum, Pockholz oder Eisenholzbaum (*Guaiacum officinale*); heimisch

Eisenholz, das klingt ziemlich archaisch, und in der Tat ist sein Holz unglaublich hart und bei einer Dichte von weit über 1 g/cm^3 deutlich schwerer als Wasser, schwimmt also nicht. Die bis 10 m hohen Eisenholzbäume mit mächtigen Stämmen gehören zu den beeindruckendsten und schönsten Bäumen der Karibik. Eine interessant gemusterte Rinde, zart blaue Blüten und bizarrer Wuchs – für jeden Geschmack ist etwas dabei. Sie sind in der gesamten Karibik und in Teilen Mittelamerikas heimisch und bevorzugen eher heiße und trockene Standorte. Die Hauptverbreitung in der Dominikanischen Republik liegt im Süden und Südwesten des Landes. Einer Legende der Tainos zu Folge soll die Erde früher auf vier Säulen aus dem Holz des Guayacán gelagert gewesen sein. Aber ein abtrünniger Gott wurde dazu verurteilt, fortan statt ihrer die Erde zu tragen, und seit dieser Zeit macht sich sein gelegentlicher Kräfteeinbruch in Form eines Erdbebens bemerkbar.

Das Holz wird zu allen möglichen Gebrauchsgegenständen verarbeitet. Für Touristen am augenfälligsten sind Mörser, kleinere für Gewürze, große zum Zerstampfen von Bananen und ganz riesige als unverrückbarer Blickfang und mit Sand gefüllt als „Kippensammler" am Eingang von Hotels oder Banken mit Rauchverbot. Aber es gibt auch andere Kunstgegenstände, die vor allem im Süden in Höhe der Stadt Azua

Pockholz ist im gesamten Gebiet noch häufig anzutreffen.

an der Straße angeboten werden. Des Weiteren wird das wunderschön dunkel gemaserte Holz für Zahnräder, Walzen, Rammklötze, Kegelkugeln, Flaschenzugrollen oder Lagerhülsen für Schiffsschrauben verwendet. Die einst großen Bestände in der Karibik wurden beim Bau des Panama-Kanals deutlich dezimiert, weil sich das Holz ideal für Verschalungen unter Wasser eignete: schwer wie Stein, aber zu bearbeiten wie Holz. Heute versucht man, die Bestände weitestgehend zu schützen, obwohl immer noch daraus gefertigte Gegenstände angeboten werden – offensichtlich geduldet. Das Art-Epitheton „*officinale*" deutet auf seine medizinische Verwendung hin. Extrakte des „Lignum Vitae", des Leben spendenden Holzes, lieferten in der Tat schon kurz nach der Entdeckung Amerikas in Europa Anregungs-, harnfördernde oder Abführmittel, Medikamente gegen Rheuma und Gicht sowie in Kombination mit Quecksilber sogar einen Wirkstoff gegen die Syphilis. Die letztere Verwendung hat dem Pockholz auch den Namen Franzosenholz eingebracht, weil die Syphilis damals durch französische Soldaten unter Napoleon verbreitet wurde. In dieser Zeit war das Holz so begehrt, dass es nach Gewicht verkauft wurde, ein angesichts der hohen Dichte recht einträgliches Geschäft und ein zweifelhaftes obendrein, weil die gewünschte Wirkung nie nachgewiesen wurde. Ja, es starben sogar viele Probanden frühzeitig an Schwermetallvergiftung durch die von den Quecksilbermischern (Quacksalbern!) verabreichten Mittel.

Der Orleansstrauch (*Bixa orellana*); heimisch

Der Orleans- oder Annattostrauch ist im gesamten tropischen Südamerika heimisch. Heute sind Zuchtformen über alle tropischen Länder der Welt verbreitet. Der dominikanische Trivialname „Bija" stammt aus dem karibischen Begriff „biga" für rot. Es ist ein hübscher, kleiner Baum oder Strauch mit großen, rosafarbenen Blüten, der allerdings in erster Linie wegen seines roten Farbstoffes in den Samenschalen, die in einer stacheligen Kapsel heranreifen, kultiviert wird. Der Farbstoff, Bixin, in der Handelssprache Annatto genannt, dient dem Färben von Wolle, Seide, Speisen (Getränke, Soßen, Fleisch, Käse, Reis, Butter, Margarine, Backwaren), wird in der Kosmetikindustrie verwendet und lieferte seit

Der Annattobaum lieferte den roten Farbstoff für die Kriegsbemalung der Indianer

alters die rote Farbe für die Körperbemalung der Indios in Südamerika. Der Karotinfarbstoff wird durch Auslaugen der fleischigen Samenhaut in kochendem Wasser gewonnen. Verschiedene Wirkstoffe der Pflanze werden außerdem als Heilmittel gegen vielerlei Symptome eingesetzt, z. B. als Wurmmittel, gegen Kopfschmerzen oder Verbrennungen. Neuerdings werden Wirkstoffe sogar zur Krebstherapie eingesetzt oder dienen als Stärkungsmittel. Da der Farbstoff auch Lippenstiften seine rote Farbe verleiht, wird *Bixa* im Amerikanischen spöttisch „lipsticktree" genannt. Zwar ist der Orleansbaum über den gesamten feuchttropischen Teil der Insel verbreitet, gewerbliche Anbaugebiete liegen aber vor allem in Samaná, der Cordillera Oriental und den höheren Lagen bei Polo in der Sierra de Bahoruco.

An den Küsten rund um die Insel wächst der Westindische Mandelbaum

Der Westindische Mandelbaum (*Terminalia catappa*); eingeführt

Die weit verbreitete Gattung *Terminalia* hat spezielle Anpassungen an verschiedene Standorte hervorgebracht. Arten im Inneren von Afrika beispielsweise besitzen Samen mit Flugapparaten für ihre Verbreitung. Die Art *T. catappa* an den karibischen Küsten dagegen besitzt schwimmfähige Samen, die lange übers Meer treiben können, bevor sie wieder anlanden und problemlos keimen. Der Westindische Mandelbaum ist ein mächtiger und formschöner Baum an vielen Stränden oder Strandpromenaden, mit einer hohen Salztoleranz. Die Bäume gedeihen aber auch genauso gut im Landesinneren und sind dort als Allee- oder in Parks als Schattenbäume beliebt. Die Samen sind essbar und gleichen im Geschmack ein bisschen dem von Mandeln. Der nahtlos ins Landschaftsbild integrierte Baum ist aber kein heimisches Gewächs, er entstammt vielmehr den Tropen der Alten Welt und ist heute zirkumtropisch verbreitet. *Terminalia catappa* wird für vielseitige medizinische Anwendungen genutzt. Er ist außerdem ein schönes Beispiel für den in den Tropen weit verbreiteten etagenförmigen Wuchs von Bäumen.

Der Afrikanische Tulpenbaum (*Spathodea campanulata*); eingeführt

Wer in den Wintermonaten über die Insel reist, wird vor allem in den tropisch feuchten Regionen des Nordens von der überwältigenden Blütenpracht des Tulpenbaumes begeistert sein. Das aus dem tropischen Westafrika stammende Gehölz ist nicht ohne Grund heute in allen warmen Ländern der Erde als Zierbaum zu Hause und überall verwildert. Die imposanten Bäume färben sich zur Blütezeit flammrot und leuchten über weite Entfernungen. Seinen Weg in die Dominikanische Republik fand der Tulpenbaum vermutlich erst mit den afrikanischen Sklaven, ist heute aber aus dem Landschaftsbild nicht mehr wegzudenken. Der Name erklärt sich von selbst, wenn man die großen, tulpenartigen Blüten betrachtet, die orangerot leuchten und einen feinen, goldgelben Saum besitzen. Eine Besonderheit ist, dass die blühreifen Knospen in ihrem Inneren Wasser sammeln, das sich auch noch einige Zeit am Grund der geöffneten

Blüten hält und Vögeln als willkommene Tränke dient. Dieser seltene Blütenbau wird von Botanikern Wasserkelch genannt. Weite Verbreitung finden die Bäume durch ihre flugfähigen Samen, die aus bis zu 30 cm langen, zweiteiligen Kapseln entlassen werden, nachdem die Blüten zuvor von Fledermäusen oder von durstigen Vögeln bestäubt wurden.

Der Baum findet außer als rasch wachsendes Schatten- und Ziergehölz entlang von Straßen oder in Parks kaum Verwendung, da sein Holz weich und brüchig ist. Allerdings werden aus verschiedenen Pflanzenteilen Mittel gegen Hautkrankheiten gewonnen.

Bursera simaruba, **der Amerikanische Balsambaum, mit vollem Fruchtschmuck**

Der Amerikanische Balsambaum (*Bursera simaruba*); heimisch

Der in küstennahen Trockengebieten des gesamten tropischen Amerikas weit verbreitete Baum lässt sich sofort an seiner in dünnen Häutchen abschälenden, rötlichen Rinde erkennen. Weil der Baum auch in den Everglades von Florida natürlich vorkommt, haben ihn Ranger dort spöttisch „Tourist Tree" getauft, denn so ähnlich geht es hier vielen Urlaubern nach ihrem ersten Sonnenbad. Das Phänomen, dass Bäume ihre Rinde schälen, hat offensichtlich den Sinn, sich Parasiten oder Epiphyten vom Leib zu halten, denn alles, was auf der Rinde keimt, wird bald danach mit ihr abgestoßen. Dieses Verhalten ist zwar nicht häufig, ist aber − weniger konsequent − außerdem von Birken, dem Zimtahorn, von Platanen und nicht zuletzt vom Pockholz bekannt. Auch als Schutz gegen Hitze und Trockenheit hat der Balsambaum mit der Einlagerung von Harzen ein probates Mittel gefunden, das beispielsweise bei den Einheimischen als Räuchermittel im Gottesdienst oder, weniger spirituell, bei der Erzeugung von Lacken Verwendung findet. Auch der Weihrauch stammt von einer Burseracee, die in Afrika wächst und in gewisser Weise mit dem amerikanischen Balsambaum verwandt ist.

Da der Baum in sommergrünen Trockenwäldern vorkommt, wirft er in der regenarmen Zeit sein Laub ab. Dadurch kann man die stumpfroten Früchte besonders gut erkennen. Die Blüten sind weniger auffällig, klein und grünlich bis weißlich gelb. Im Gegensatz zu vielen Bäumen der Trockenwälder ist das Holz weich und wenig widerstandsfähig. Es wird daher nur für minderwertige Produkte wie Verpackungen, Streichhölzer, Zahnstocher oder Regalbretter genutzt. Aus der harzreichen Pflanze werden allerdings in der Volksmedizin Wirkstoffe gewonnen, z. B. gegen Magen- und Nierenbeschwerden, Durchfall oder Antiseptika.

Der Flammen- oder Feuerbaum (*Delonix regia*); eingeführt

Das Ursprungsland des weit ausladenden Flammen- oder Feuerbaumes ist Madagaskar, wo er gut und gerne 15 m hoch wird. Seine herrlich scharlachroten Blüten haben ihm als wahrscheinlich schönsten Baum der Erde zu Weltruhm verholfen und zu seiner globalen Verbreitung innerhalb des Tropengürtels beigetragen. So ist es nicht verwunderlich, dass er auch überall in der Dominikanischen Republik anzutreffen ist und im Frühjahr ganze Straßenzüge in ein leuchtend rotes Flammenmeer verwandelt, ganz besonders in den Städten La Vega und Moca. Auffällig sind auch die imposanten Samenschoten, die bis zu 60 cm lang werden, sehr hart sind und die Form eines klobigen Schwertes besitzen. Sie bleiben das ganze Jahr über hängen und machen den Baum selbst in der laublosen Zeit und ohne Blüten unverwechselbar.

Seine zahlreichen, an langen Stielen sitzenden Fiederblättchen werden in der Trockenzeit abgeworfen. Meist noch vor dem Neuaustrieb erscheinen die gewellten, scharlachroten Blüten, die mit einem orangefarbenen Streifen verziert sind. Die Blüten werden von Bienen und Vögeln bestäubt. Das Holz ist weich, daher nehmen die Bäume bei starken Winden häufig großen Schaden. Aus den Stämmen dagegen gewinnt man ein sehr haltbares, harzreiches Bauholz. Die Rinde liefert ebenfalls Harze mit fiebersenkenden Inhaltsstoffen und sowohl aus den Blüten als auch aus der Rinde können Farbstoffe gewonnen werden.

Der Regenbaum (*Samanea saman*); heimisch

Der stark verzweigte und maximal 25 m hohe Baumgigant ist im gesamten tropischen Amerika heimisch und mittlerweile über die ganze Welt verbreitet. Mit seiner bis zu 50 m ausladenden Krone ist er als überdimensionaler Sonnenschirm im ländlichen Bereich als Dorfmittelpunkt oder als Schattenspender auf Viehweiden äußerst beliebt. Sowohl die Samen als auch die tiefer hängenden Blätter werden von Weidetieren gerne gefressen. Der Name Regenbaum rührt von der Eigenschaft her, dass sich die Blätter nachts oder bei starkem Regen zusammenfalten, dadurch gelangt das kostbare Nass ungehindert durch die Krone an die Wurzeln des Baumes. Andererseits bewirkt das Wegklappen der Blätter eine größere Effizienz bei der Bestäubung, da die Pinselblüten nachts gerne von Fledermäusen besucht werden, wobei Blätter sicherlich im Wege wären. Als Honig- und Nektarlieferant werden die Blüten aber auch tagsüber von Insekten und Kolibris besucht. Eine andere Erklärung für den Namen Regenbaum rührt von einer kleinen Schaumzikade her, die den Baum häufig befällt. Der Schaum wird, wie bei der europäischen Schaumzikade auch, von dem Insekt und deren Larven als Tarnung ausgeschieden (der Name des europäischen Wiesenschaumkrauts ist auf die Aktivitäten von Schaumzikaden zurückzuführen). Bei starkem Befall tropft dieser Schaum zusammen mit überschüssig aufgenommenen Pflanzensäften herab und täuscht Regen aus heiterem Himmel vor.

Die Bäume mit ihren beeindruckenden Dimensionen besitzen ein zähes und kompaktes, rötliches Holz, das sich neben seiner Verwendung als Baumaterial in idealer Form für Möbel und Drechselarbeiten eignet.

Die Tamarinde (*Tamarindus indica*); eingeführt

Der einzige Vertreter dieser Gattung stammt aus Ostindien. Tamarinden werden bis 15 m hoch und können dabei einen Stammumfang von bis zu 8 m erreichen. Die gelblich rot gefärbten Schmetterlingsblüten stehen in endständigen Trauben und liefern Bienen Pollen und Nektar. Aus den Blüten entwickeln sich gelbliche bis graue, klobige Samenhülsen, die sich nicht öffnen. Die bis zu 15 cm langen Hülsen enthalten neben glänzenden Samen ein säuerliches Fruchtmus, Pulpa genannt, welches zu Getränken, Sirup, Süßigkeiten und zu Konserven verarbeitet wird. Das Fruchtfleisch besitzt in hohen

Der Regenbaum ist wegen seiner ausladenden Krone ein beliebter Schattenbaum

Kosmopoliten – oder: Neophyten beherrschen das Bild

Das Mark der Tamarindenfrüchte liefert ein fruchtiges Erfrischungsgetränk

Das heutige Landschaftsbild der Dominikanischen Republik prägen leider auch Pflanzen, die als sogenannte Neophyten mit Beginn der internationalen Seefahrt vor etwas mehr als 500 Jahren aus aller Herren Länder hierher verschleppt wurden. Da sie auch in viele andere Teile der Welt eingeführt wurden, vagabundieren sie heute rund um den Globus. 56 Arten werden in der Dominikanischen Republik als besonders problematisch eingestuft, weil sie sich nicht integrieren, sondern die heimische Flora verdrängen. Sie werden deshalb nicht als Neophyten, sondern als Invasoren bezeichnet. 110 eingeführte Pflanzenarten wachsen alleine auf Samaná. An diesem Beispiel soll, stellvertretend für die gesamte Insel, die äußerst problematische Situation für die heimische Flora dargestellt werden.

Allen voran ist die Kokosnuss (*Cocos nucifera*) zu nennen, die vermutlich durch afrikanische Sklaven ins Land gebracht wurde. Sie wird in der gesamten Region in tieferen Lagen in Reinkulturen angebaut und ist mittlerweile auch auf beträchtlichen Flächen außerhalb der Plantagen ausgewildert.

In Samaná hat der intensive Anbau von Kokospalmen auf den Küstenebenen zum großflächigen Aussterben der ursprünglichen Flora geführt, und es gibt Aussichtspunkte, von denen man, so weit das Auge reicht, nur über die Kronen von Kokospalmen schaut, ohne auch nur einen anderen Baum dazwischen zu entdecken.

Konzentrationen eine abführende Wirkung. Aus anderen Pflanzenteilen werden weitere Heilmittel hergestellt, etwa gegen Hämorriden, Asthma, Rheuma, Augenentzündungen und offene Wunden. Die Blätter liefern außerdem eine gelbe Tinte und sind genießbar. Junge Früchte finden in der Küche zum Würzen von Fleisch Verwendung, Blätter dienen als Gemüse. Tamarinden werden als Allee- oder Schattenbäume gepflanzt, und ihr festes Kernholz wird gerne als Brennholz oder zur Erzeugung von Holzkohle genutzt, weil es lange die Wärme hält.

Der Himmel ist vor lauter Palmen kaum zu sehen

In höheren Lagen spielt als weiterer Neophyt der aus Abessinien eingeführte Kaffee eine landschaftsprägende Rolle. Unter dem Schutz diverser Schattenbäume (meist ebenfalls Neophyten!) finden sich überall Plantagen in den Bergen. Es werden drei Sorten Kaffee angebaut, die von den einheimischen Bauern als „Tipico", „Coralito" und „Balatá" bezeichnet werden. Die ersten beiden wachsen als Sträucher, Letzterer bildet kleine Bäumchen, ein Indiz dafür, dass hier sowohl Arabica- als auch Robusta-Sorten kultiviert werden (Weiteres zum Thema Kaffee siehe unter „Wovon die Menschen heute leben").

Wer die Straße von Sanchez nach Las Terrenas wählt, stößt in den Bergen auf kleinere Plantagen mit den typisch weißrindigen Kautschukbäumen (*Hevea brasiliensis*). Sie stammen aus dem tropischen Regenwald Brasiliens, werfen in der winterlichen Trockenperiode ihr Laub ab und sehen dann wie abgestorben aus. Die von den Einheimischen „Caucho" genannten, mittelhohen Bäume aus der Familie der Wolfsmilchgewächse liefern durch vorsichtiges Einritzen der Rinde mehr als 20 Jahre lang Rohlatex für die Gummiindustrie. Latex ist einer der vielseitigsten Rohstoffe, der über ständig neu gezogene, spiralförmige Rillen zum tiefsten Punkt in Auffangbehälter geleitet wird. Geschickte Latexbauern können täglich bis zu 700 Bäume beernten. Durch Zusatz von Ammoniak kann der Saft am Gerinnen gehindert werden. Bei der heute üblichen Verarbeitungsmethode dagegen werden die durch Säurezusätze aus dem klebrigen Saft ausgeflockten Substanzen zu dünnen Matten gepresst und als Naturkautschuk gehandelt. Dieser wird durch Vulkanisieren unter Zusatz von Schwefel bei hohen Temperaturen zu Gummi verarbeitet, ein Verfahren, das 1839 von Charles Goodyear erfunden wurde. Kautschukbäume benötigen als typische Regenwaldart Niederschläge von etwa 2.000 mm pro Jahr, eine Durchschnittstemperatur von deutlich über 20 °C und stellen hohe Ansprüche an den Boden. Sie werden deshalb bevorzugt im dampfend-tropischen Klima von Samaná angebaut. Schon die Tainos kannten die Bäume, die sie Ule nannten. Bereits im Jahr 1521 berichtete der Spanier Pedro Martir Anghiera, dass in Haiti Indios mit Gummibällen spielten, die sie aus dem Saft von Kautschukbäumen gefertigt hatten. Offensichtlich hatten sie Samen dieser Bäume bereits bei der Besiedelung von Hispaniola mitgeführt. Später beschrieb Alexander von Humboldt den Kautschukbaum aus dem Orinokobecken, der eigentlichen Heimat dieser Art. Bisher sind übrigens mehr als 100 weitere tropische Pflanzen bekannt geworden, die als Rohstofflieferant für Latex in Frage kommen. Nach vielen Jahren, wenn der Kautschukertrag zu Ende geht, wird der Stamm als Papierholz geerntet. Die Blausäure enthaltenden Samen liefern trotz ihrer Giftigkeit ein wertvolles Öl zur Herstellung von Seife, und die Blüten sind als Trachtpflanzen bei Bienen und Imkern gleichermaßen beliebt. Wo es die Böden zulassen, werden Kautschukbäume gerne als Schattenbäume in Kaffee- oder Kakaoplantagen eingesetzt.

In den niederschlagsreichen und warmen Niederungen (Mindesttemperatur 27 °C) sind große Kakaoplantagen angesiedelt. Die schweren Früchte von *Theobroma cacao* entwickeln sich aus kleinen, gelben Blütchen direkt am Stamm oder an kräftigen Ästen, nie jedoch an dünneren Zweigen. Dieses Phänomen wird als Kauliflorie, Stammblütigkeit, bezeichnet und ist speziell in den Tropen bei einer ganzen Reihe von Arten quer durch das botanische System zu finden.

Ein Vertreter für diese ungewöhnliche Erscheinung ist z. B. der ebenfalls in der Dominikanischen Republik weit verbreitete Brotfruchtbaum (*Artocarpus altilis*), ein Maulbeerbaumgewächs. Auch er ist ein Neophyt, allerdings aus Südostasien. Die stärkehaltigen Samen der bis kinderkopfgroßen Beeren stellen heute ein wichtiges Nahrungsmittel für die Bevölkerung dar. Jungpflanzen gelangten 1793 durch keinen geringeren als William Bligh, den Kapitän der Bounty, in die Karibik.

Doch zurück zum anspruchsvollen Kakaobaum, der eine große wirtschaft-

Der Hochlandkaffee von Polo besitzt eine außergewöhnliche Qualität

Die schweren Kakaofrüchte hängen an dicken Zweigen

liche Bedeutung erlangte. Die Erfolgsstory reicht bereits in die Zeit der Mayas zurück, wo der Samen als Zahlungsmittel und somit eines der ersten Geldstücke der Welt, verwendet wurde. Schon Kolumbus führte Kakao als „bebida de los dioses", also das „Getränk der Götter", nach Europa ein, damals noch ein fettes, bitteres und schaumiges Getränk (Theos heißt übrigens auf griechisch „Gott" und broma „Speise", daher der wissenschaftliche Name *Theobroma*), es blieb aber lange Zeit unbeachtet. Den Siegeszug der Schokolade und der Kakaogetränke verdanken wir Casparus van Houten, der 1828 in Holland ein Verfahren zur Entfettung der Kakaobohnen mittels einer hydraulischen Presse patentierte und mit dem zu gleichen Teilen getrennten Kakaopulver und der Kakaobutter an allerlei kulinarischen Köstlichkeiten tüftelte. Um 1850 kam dann die erste Tafel Schokolade in England auf den Markt. Kakaoprodukte besitzen neben einem großen Nährwert eine anregende Wirkung, die sie dem Theobromin, einen dem Koffein verwandten Alkaloid, verdanken. Es war z. B. auch in der berühmten Fliegerschokolade „Schokakola" enthalten, um die Konzentration der Kampfflieger zu steigern. Edelsorten für hochwertige Kakaoprodukte werden in der Dominikanischen Republik heute in Biobetrieben vorwiegend an den Nordflanken der Cordillera Septentrional, der Cordillera Central und in Samaná angebaut, in kleinerem Maßstab auch in der Sierra de Bahoruco. Die Pflanzen benötigen gute Böden, tropische Temperaturen und mindestens 1.000 mm Regen im Jahr.

Die Gattung *Theobroma* ist mit 22 Arten in Mittelamerika verbreitet und wächst im Unterholz der Regenwälder. Kakaobäume sind recht bizarre Gestalten mit krummen Stämmen, weit ausladenden Kronen und großen, dicht beieinander stehenden Blättern, die am vorderen Ende mit einer Träufelspitze ausgestattet sind. Unterstützt wird diese Schnelltrockeneinrichtung durch hängenden Wuchs und eine sehr glatte und leicht gewachste Oberfläche. Die Blätter bleiben etwa 3 Jahre am Baum, bevor sie irgendwann im Laufe der Vegetationsperiode abfallen.

Die immergrünen Bäume produzieren rund ums Jahr bis zu einem halben Kilo schwere, gurkenartige Früchte in allen Reifestadien. Als Anpassung an den Regenwald ist ihre Außenhaut längsgefurcht, damit sie mit Hilfe solcher Ablaufrinnen ebenfalls schneller abtrocknen können. Verwendet werden die in einem sauren Fruchtfleisch eingebetteten Samen, Kakao-Bohnen genannt, die erst einige Tage fermentiert und dann geröstet werden müssen, bevor sie zu den bekannten Produkten weiterverarbeitet werden können. Ähnlich den Kaffeeanpflanzungen benötigt auch der Kakao eine Schattierung. Soweit es die Böden zulassen, werden dafür Kautschukbäume, oft aber auch Mangos, Kokospalmen oder Korallenbäume verwendet. Bei der Fahrt durch Samaná sieht man immer wieder am Straßenrand ausgebreitete Decken mit darauf verteilten Kakaobohnen, die zum Trocknen ausgelegt sind, stets ein Hinweis darauf, dass ganz in der Nähe Kakao angebaut wird, was man aus der Distanz nicht so ohne Weiteres erkennen kann.

Eingezäunt werden solche Plantagen gerne mit „Lebenden Zäunen" in Form der ungemein wüchsigen Gliricidie (*Gliricidia sepium*). Sie ist ein Neophyt aus Mittelamerika, der in Jamaika spöttisch „quick stick", der schnelle Stock genannt wird, weil jeder abgebrochene Ast im Boden sofort anwächst und rasant größer wird. Bei den lebenden Zäunen werden in geringen Abständen Stecklinge als Pfähle im Boden bewurzelt und mit mehreren Reihen Stacheldraht untereinander verbunden. Der Draht wächst meist schnell und tief in die Rinde der kurzlebigen Bäume ein und braucht deswegen anfangs nur notdürftig befestigt zu werden. Der entscheidende Vorteil dieser preiswerten Methode aber ist, dass die „lebenden Zaunpfähle" im Boden nicht verrotten oder von Termiten bzw. Pilzen zerfressen werden. Der spanische Name „madre de cacao" (Mutter des Kakao) weist darauf hin, dass Gliri-

Lebende Zäune sind ständige Wegbegleiter

So schön können lebende Zäune blühen

cidien gerne als Schattenbäume in Kakao-, aber auch in Kaffeeplantagen Verwendung finden und wie viele Leguminosen dabei sogar den Boden mit Stickstoff anreichern. Entlang den Straßen trifft man ihn regional als beliebten und auffällig blühenden Alleebaum an. Aus den giftigen Samen des über 10 m hoch werdenden Gehölzes wird ein Mittel zur Bekämpfung von Ratten und Mäusen gewonnen.

Ebenfalls zur Abgrenzung von Grundstücken oder Plantagen werden

Der mexikanische Knöterich als Neophyt überwuchert regional ganze Gebüschgruppen

Palmlilien (*Yucca aloifolia*) aus den Südstaaten der USA oder Bromelien wie *Bromelia pinguin*, ein heimisches Gewächs, als undurchdringliches Dickicht benutzt. Außerdem findet man vereinzelt blickdichte und mannshohe lebende Zäune aus der indischen Kandelaber-Wolfsmilch (*Euphorbia lactea*), durch die sich noch nicht einmal mehr ein kleiner Vogel quetscht.

Aus landwirtschaftlichen Kulturen „ausgebüchst" und allenthalben verwildert sind z. B. auch verschiedene Arten Yamswurz, die „Luftkartoffeln" (*Dioscorea* spp.) aus Afrika, Indien oder Malaysia, oder Taro mit einigen anderen verwandten Aronstabgewächsen, deren Wurzeln der Ernährung dienen (*Colocasia esculenta* und *Xanthosoma*

Weideland ist schon aus der Ferne an den lebenden Zäunen zu erkennen

spp.), welche die Flora am Wegesrand ebenfalls stark verfälschen.

Entlang den Fließgewässern haben sich Spanische Tamarinde (*Vangueria madagascariensis*), ein Strauch, der seine Herkunft im Namen trägt, oder der Rosenapfel (*Syzygium jambos*) aus Indien und Malaysia angesiedelt und große Teile der heimischen Flora verdrängt.

Probleme mit Neophyten machen auch in den Wäldern Samanás nicht Halt. So bilden z. B. der Bambus *Bambusa vulgaris* oder *Flemingia strobilifera* große Bestände. Auch der einst als Zierpflanze aus Asien eingeführte, Ausläufer bildende Schwertfarn *Nephrolepis multiflora* ist in die freie Natur entwischt und fühlt sich ganz offensichtlich in den Wäldern wohl, wie ausgedehnte Bestände zeigen.

Die Liste der Neophyten ließe sich noch endlos lange fortsetzen, an verschiedenen Stellen wird auch immer wieder darauf hingewiesen. Allein die genannten Beispiele zeigen bereits, wie massiv der Eingriff in die bestehenden natürlichen Ökosysteme ist. Es ist verständlich, dass die Dominikanische Republik kein Einzelfall ist, vielmehr haben die meisten der hier vorgestellten Neophyten als Kosmopoliten den gesamten tropischen Gürtel erobert.

Wovon die Menschen vor Kolumbus lebten

Vor der Entdeckung Amerikas besiedelten bereits einige verschiedene Indianerstämme Hispaniola. Die ersten nachweisbaren Einwohner waren Siboneys vom Stamm der Arawak, die vermutlich um 5.000 v. Chr. von Venezuela her über die Kleinen Antillen eingewandert waren. Von ihnen sind weder Landwirtschaft noch der Gebrauch von Keramik bekannt, offensichtlich lebten sie dort als Sammler und Jäger. Etwa im Jahr 100 n. Chr. wurden sie von den friedfertigen Tainos abgelöst, zu denen sich ab dem 12. Jahrhundert im Nordosten der Insel kriegerische Nomaden vom Stamm der Kariben gesellten, die der gesamten Inselregion den heutigen Namen Karibik verliehen. Aus dieser Zeit sind bereits Gebrauchsgegenstände und einige landwirtschaftliche Feldfrüchte überliefert. Im Gegensatz zu Völkern der gemäßigten Breiten, deren Nahrungsgrundlage neben Fleisch vor allem Getreide und Wurzel- oder Blattgemüse sind, besaß in der Ernährung der tropischen Urvölker Obst den höchsten Stellenwert. Die

Maniok ist seit alters her ein wichtiger Stärkelieferant für die Ernährung

Tainos bauten zudem Maniok (*Manihot esculenta*) an, aus dem sie eine Art Fladenbrot namens „Cassava" fertigten. Auch heute noch wird es in Jamaika und in der Region westlich von Mao im Cibao-Tal als Spezialität („Casabe") gebacken. Ferner waren bereits Mais (*Zea mais*), Ananas (*Ananas comosus*), Süßkartoffeln (*Ipomoea batatas*), Taro (Wurzeln von *Colocasia* spp.), Yam (*Dioscorea rotundata*) oder Erdnüsse (*Arachis hypogaea*) bekannt. Selbst Knoblauch (*Allium sativum*) und Peperoni waren schon

Süßkartoffeln haben nicht nur süße Wurzelknollen, sondern auch schöne Blüten

geschätzte Würzen für die Speisen, und Tabak (*Nicotiana tabacum*) war ein geschätztes Genussmittel. Aber im häuslichen Umfeld wurden bereits zahlreiche Obstgehölze angepflanzt, wie Avocados (*Persea americana*, in einer eigenen Antillenrasse), Guaven (*Psidium guajava*) oder diverse Arten von Annonen (z. B. *Annona squamosa*). Der Eiweißbedarf wurde durch Vögel, Leguane, die beiden Säugetierarten Jutia und Solenodon oder Süßwasser- und Meerestiere gedeckt. Seekühe wurden dabei genauso bejagt wie Meeresschildkröten, Fische oder die Riesenflügelschnecke (*Strombus gigas*).

Maniok, auch Kassave genannt (*Manihot esculenta*) ist einer der wichtigsten Stärkelieferanten in den Tropen.

Der Ursprung dieses Wolfsmilchgewächses liegt vermutlich in Brasilien, doch Genaueres ist nicht bekannt. Die Kultur lässt sich etwa 5.000 Jahre zurückverfolgen. Heutige Sorten sind vermutlich durch Kreuzung aus mehreren Arten entstanden.

Maniok benötigt viel Licht, ist aber ansonsten recht anspruchslos. Die ausdauernde Staude wird mehrere Jahre alt. Die mehrtriebigen Sprosse erreichen 3 m Höhe und verholzen an der Basis. Für die Ausbildung guter Wurzelknollen sind Durchschnittstemperaturen von 20 °C und ausreichende Niederschläge erforderlich. Sie erreichen dann ein Gewicht von 2–4, selten bis 5 kg, sind reich an Stärke, aber relativ eiweißarm. Unzubereitet sind sie äußerst giftig, denn sie enthalten Linamarin, ein Blausäureglykosid, das erst durch Kochen oder Rösten unschädlich gemacht wird. Die Knollen sind wenig lagerfähig und müssen schnell verarbeitet werden, durch Trocknen erhält man aber ein haltbares Mehl.

Der Sternapfel (*Chrysophyllum cainito*) ist auf den Antillen und in Südamerika zu Hause und gehört mit vielen anderen bedeutenden Obstgehölzen zur Familie der Sapotaceae. Dieser herrliche, leider kurzlebige Baum mit seinen kupferbraunen Blattunterseiten wird gerne auch als Ziergehölz angebaut und findet sich bevorzugt im Süden der Insel.

Der Kaschubaum, Lieferant der Cashew-Nuss (*Anacardium occidentale*, indianisch „kaju" genannt) ist ebenfalls auf den Antillen und im südamerikanischen Raum beheimatet und gedeiht in

Die Früchte der Avocados wurden schon von den Tainos geschätzt

der Dominikanischen Republik bevorzugt in semiariden Gebieten. Hauptanbauflächen des etwa 10 m hoch werdenden Baumes befinden sich im Süden um Baní und im Norden in den Bezirken Dajabón und Monte Cristi. Charakteristisch sind die blasigen, blass gelbroten Früchte, botanisch gesehen verdickte Fruchtstiele, an denen in einem separaten Gewebesack am unteren Ende der Frucht die begehrte Nuss (gelegentlich „Elefantenlaus" genannt) eingebettet liegt. Die Nuss ist giftig und verliert erst beim Rösten ihre schädlichen Substanzen. Das umhüllende Gewebe ist gallenbitter und hautreizend! Die rote, an Paprikas erinnernde Frucht („Kaschuapfel") dagegen ist essbar, auch wenn ihr Geschmack nicht gerade Begeisterung hervorruft. Sie wird häufig zu Saft und zu alkoholischen Getränken weiterverarbeitet. Der Kaschubaum gehört in die Familie der Sumachgewächse, aus der viele Giftpflanzen bekannt sind. Die meisten dieser Gifte werden in der Volksmedizin eingesetzt. Blüten trägt der Kaschubaum von Februar bis Juni, Früchte zwischen April und September. Heute ist er überall in den Tropen verbreitet.

Schon bei seinem ersten Besuch wurden Kolumbus von den Ureinwohnern Früchte der Ananas (*Ananas comosus*) überreicht. Vermutlich stammt die Urform aus Brasilien, hat aber durch die Indios eine frühzeitige Verbreitung über das gesamte tropische Süd- und Mittelamerika erfahren, später durch die Spanier sogar den Siegeszug um die gesamte tropische Welt angetreten. Erste Abbildungen, die nach Schilderungen der Konquistadoren angefertigt wurden, stellen die Ananas noch als Baum dar, heute wissen wir natürlich, dass es eine bodenbewohnende Staude aus der Familie der Bromelien ist, mit einem einzigen,

Chilis wurden bereits von den Tainos aus Südamerika auf Hispaniola eingebürgert

in der Mitte aufragenden Blütenstand. Die gesamte Blattrosette stirbt nach zweijähriger Kulturzeit und dem Ertrag von nur einer einzigen Frucht ab, bildet aber vorher einige Seitensprosse, Kindel genannt. Es gibt unzählige Sorten, die aus drei verschiedenen Arten gekreuzt wurden, manche davon sind sehr saftig und mit einem unglaublichen Aroma, die aber leider nicht lange lagerfähig sind. Die fleischige Sammelfrucht besteht aus wabenähnlichen Einzelfrüchten und erinnert an einen Pinienzapfen (spanisch „Piña"). Der saftige Blütenboden bildet die eigentliche Ananasfrucht. Das Fruchtfleisch enthält große Mengen Vitamin B_1, B_2 und C sowie das Eiweiß spaltende Enzym Bromelin mit einer verdauungsfördernden Wirkung, die auch den Indios nicht verborgen geblieben war. Der oberständige, typische Blattschopf der Frucht eignet sich ebenfalls für die vegetative Vermehrung. Die Kultur erfordert fruchtbare Böden, ein tropisches Klima mit Durchschnittstemperaturen von mehr als 25 °C und mittlere Niederschläge zwischen 1.000 und 1.500 mm. Die stacheligen und bis zu 1 m langen Blätter liefern nach einer aufwändigen Prozedur Fasern, die zu kühlenden Textilien verarbeitet werden.

Passionsfrüchte sind in einer großen Gattung mit weit über 500 Arten in ganz Süd- und Mittelamerika verbreitet. Auch in der Dominikanischen Republik gibt es einige Arten. Aber die Passionsfrucht schlechthin ist die Maracuja (*Passiflora edulis*), die ein exotisch köstliches und erfrischendes Getränk liefert. Alle Arten der Gattung sind Rankgewächse, meistens mehrjährig und verholzend. Der eigenwillige Bau der Blüten mit vielen „christlichen Symbolen", die angeblich an die Leiden Christi erinnern, hat der Gattung den Namen *„Passiflora"*, Passionsblumen, eingetragen. Die Frucht ist bei Vollreife pergamentartig beschalt, sehr kernreich und liefert relativ wenig Saft. Das

Sapote-Früchte besitzen einen köstlich-exotischen Geschmack

Fruchtfleisch wird ausgelöffelt, besser ist es aber, es vorher durch eine Saftpresse zu schicken. Die Kultur erfolgt an Spalieren in einer Art Laube. Passionsblumen sind die ausschließliche Futterpflanze von vielen tropischen Schmetterlingen, vor allem den Heliconiden, zu Deutsch Passionsfalter, die auffallend bunt sind und recht unbekümmert fliegen, da sie die in der Pflanze enthaltenen Alkaloide aufnehmen und dadurch für Fressfeinde ungenießbar sind. Diese Alkaloide werden auch in der Volksmedizin als blutdrucksenkende, krampflösende und beruhigende Mittel eingesetzt.

Der Kalebassenbaum (*Crescentia cujete*) ist zwar keine Nutzpflanze für die Ernährung, aber die Früchte liefern den Werkstoff für allerlei Gebrauchsgegenstände. Der kleine Baum trägt am Stamm nur nachts geöffnete Blüten, die von Fledermäusen bestäubt werden, und später bis zu 10 kg schwere Früchte. Aus den dünnen und wasserdichten

Fruchtschalen werden Schüsseln, Tassen, Becher oder sogar Rasseln hergestellt, die manchmal mit hübschen Schnitzereien verziert werden. Das Fruchtfleisch wird in der Volksmedizin verwendet, und die Samen werden gekocht gegessen. Das harte Holz wird ebenfalls zu Gebrauchsgegenständen verarbeitet.

Wovon die Menschen heute leben

Mit der Besiedelung Hispaniolas durch die Europäer hat sich das Bild stark gewandelt.

Aus Asien wurden Zuckerrohr, Reis, Bananen oder Zitrusfrüchte eingeführt, aus Afrika kam mit der Sklaverei Hirse ins Land, und vom südamerikanischen Festland wurde u. a. Kakao importiert. Auch der Kaffeeanbau hat die Landwirtschaft stark beeinflusst.

Der Name für Kaffee (*Coffea arabica*) geht vermutlich auf türkische oder arabische Quellen zurück und weist

Zuckerrohr-Anbau war einst ein Garant für Reichtum in der Karibik

Kaffee aus Constanza gehört zu den besten Sorten der Welt

Kaffeebohnen trocknen auf der Straße und Platz zum Fahren ist auch noch

auf die Höhenlagen der abessinischen Landschaft Kaffa hin, der Urheimat des heute weltweit in den Tropen verbreiteten Kleingehölzes. Auch der Name Mokka für Kaffee deutet auf seine ostafrikanische Herkunft hin.

Die Kaffeekultur entstand nicht etwa in seiner Heimat Äthiopien, sondern um 1000–1300 n. Chr. im Jemen. Erste Berichte über Kaffee gelangten 1576 durch den deutschen Arzt Rauwolf nach Westeuropa. Das erste Kaffeehaus wurde 1683 in Wien durch Türken eröffnet. Um 1710 bauten Holländer Kaffee in Java an und erst zwischen 1750 und 1850 entstanden auch Plantagen in der Neuen Welt.

Kaffee ist ein 2–3 m hoher Strauch oder kleiner Baum mit immergrünen, glänzenden, elliptisch bis lanzettlich zugespitzten Blättern, ähnlich Lorbeer.

In den Blattachseln entwickeln sich bis zu 60 Blüten. Sie öffnen sich mit Beginn der Regenzeit und überziehen die Kaffeeplantagen weithin sichtbar mit einem leuchtenden Weiß. Aus den Fruchtknoten entwickeln sich die rot-violetten Kaffeekirschen mit zwei hornartigen Samen, den Kaffeebohnen. Kaffeesträucher blühen ab dem 3. Lebensjahr und bringen etwa 30 Jahre lang Erträge.

Der Bergkaffee benötigt eine mittlere Temperatur von 18–22 °C und Niederschläge zwischen 500–1.500 mm. Er gedeiht am besten in Höhenlagen von 600–1.200 m, unter günstigen Umständen bis 1.700 m und wird in der Dominikanischen Republik vor allem an den Nordhängen der großen Gebirgszüge kultiviert. Kaffeeplantagen erwecken in mittleren Höhen mit den

Der blühende Mango-Baum verspricht
eine reiche Ernte

Die Mangoernte fällt dieses Mal üppig
aus

dort erforderlichen Schattenbäumen den Eindruck von geschlossenen Wäldern. Auffallend ist der häufige Epiphytenbewuchs auf den Schattenbäumen mit Bromelien, Orchideen, Aronstabgewächsen und Farnen.

Die Reifezeit beträgt bis zu einem Jahr. Bei der Verarbeitung vor Ort werden die Kirschen grob vom Fruchtfleisch befreit und die Steinkerne im Wasserbad 1–3 Tage einer Gärung unterzogen, um Reste des Fruchtfleisches abzulösen. Nach dem Trocknen werden die Samen von ihrer pergamentartigen Schale befreit. Die Bohnen röstet man für das volle Aroma erst kurz vor Gebrauch.

Von den rund 90 Arten werden drei wirtschaftlich genutzt: Bergkaffee, Robustkaffee und Liberiakaffee. Der kleinwüchsige Bergkaffee ist der wirtschaftlich bedeutendste. Er liefert 74 % der Welternte. Der Robust-Kaffee ist die kräftigste Sorte, die in feucht-warmen Regionen in den Hochlagen, z. B. in der Gegend um Constanza, vielfach ohne Schattenbäume kultiviert wird. Teeanbau spielt in der Dominikanischen Republik keine Rolle.

Des Weiteren sieht man auf der gesamten Insel vor allem in den niederen Lagen tropische Obstgehölze, von denen viele rund ums Jahr reife Früchte tragen. Darunter befinden sich sowohl heimische als auch eingeführte Arten. Hier eine Auswahl:

Der Brotfruchtbaum (*Artocarpus altilis*) stammt aus Südostasien und wurde 1792 durch Kapitän Bligh mit der „Bounty" in Hispaniola eingeführt, wo er sich rasch harmonisch ins Gefüge der heimischen Vegetation eingegliedert hat. Der imposante Baum (bis 20 m) erfreut sich als Nutzgehölz wie als Zierbaum gleichermaßen großer Beliebtheit. Häufig wird er auch als Schattenbaum in Kaffee- und Kakaoplantagen angetroffen. Der Baum führt in allen Teilen einen weißen Milchsaft. Typisch

Der Melonenbaum liefert leckere Papaya-Früchte

sind die dekorativen, tief eingeschnittenen, dunkelgrünen Riesenblätter (70 x 40 cm) und die großen, bis 2 kg schweren, pelzigen Früchte mit bis zu zwei Dutzend kastaniengroßen Nüssen. Sie werden zu Mehl verarbeitet, aus dem man Brot backt. Auch sonst ist die Frucht vielseitig verwendbar.

Der Wasserapfel und der Rosenapfel (*Eugenia aquea* und *E. javanica*) aus der Familie der Myrtengewächse gedeihen entsprechend ihrer ostasiatischen Heimat am besten im feucht-tropischen Klima und werden deshalb in der Dominikanischen Republik bevorzugt in den feucht-heißen Klimazonen der Insel angebaut. Das Fruchtfleisch schmeckt eher fade, die bessere Verwendung besteht deshalb mehr im Anbau als Zierbaum. Die Hauptreifezeit der Früchte liegt im ausgehenden Jahr, obwohl die Bäume rund ums Jahr fruchten.

Der Mango-Baum (*Mangifera indica*) stammt, wie aus dem Namen ersichtlich, ursprünglich aus Indien und wird dort nachgewiesenermaßen schon seit 4.000 Jahren kultiviert. Mittlerweile zählen Mangos wegen ihres hohen Vitamingehaltes und des hohen Nährwertes zu den wichtigsten Obstgehölzen der tropischen Welt.

Aufgrund der enormen Bedeutung wurden viele verschiedene Sorten gezüchtet. So kennt man allein in der Dominikanischen Republik etwa 50 Varianten, die sich in Fruchtgröße bis 3 kg Gewicht, Ertragszeitpunkt, ihren Inhaltsstoffen und somit im Geschmack unterscheiden. Neben dem Rohverzehr werden sie zu allen möglichen Produkten wie Marmelade oder Süßspeisen verarbeitet.

Auch der Baum selbst findet in allen Teilen Verwendung: Sein Stamm liefert wertvolles Möbel- und Bauholz. Inhaltsstoffe aus Samen, der Rinde und den Blättern werden in der Volksmedizin eingesetzt, außerdem liefern die Blätter eine gelbe Tinte. Die mächtigen

Bäume erfreuen sich allerorts als Schattenspender großer Beliebtheit. Der immergrüne Baum gedeiht nur bei relativ hohen Temperaturen und viel Niederschlag, fehlt also in den trockeneren oder höher gelegenen Zonen des Landes.

Die Papaya (*Carica papaya*) war zwar schon lange in Süd- und Mittelamerika in Kultur, wurde aber erst durch die Spanier in die Dominikanische Republik eingeführt. Die eigenartige, unverzweigte Pflanze trägt an ihrem bis zu 6 m hohen, hohlen Stamm einen palmenartigen Blätterschopf, in dessen Schatten unmittelbar darunter am Stamm kopfgroße Früchte heranreifen. Papayas sind einhäusig, d. h., männliche und weibliche Blüten entstehen an getrennten Pflanzen. Nur selten sind die Blüten zwittrig. Die an Melonen erinnernde, etwas birnenförmige Beerenfrucht erreicht ein Gewicht von über einem Kilogramm. Das Fruchtfleisch ist appetitlich orangerot bis satt gelb und besitzt eine cremige Konsistenz mit einem leichten Melonengeruch. Die zahlreichen Samenkörner haben nicht nur die Größe von Pfefferkörnern, sondern sind auch ähnlich scharf. Papayas haben einen hohen Nährwert und besitzen viel Vitamine und Enzyme. Extrakte aus der krautig weichen Rinde werden in der Volksmedizin als Wurmmittel und zur Verdauungsförderung eingesetzt und finden auch in der Textilindustrie oder der Bierbrauerei Verwen-

Der Dickkopfanolis jagt in einer Papaya-Pflanze

dung. Papayas gehören neben Bananen, Zitrusfrüchten und Mangos zu den wichtigsten Obstlieferanten in den Tropen.

Die Wildform des Zuckerrohrs (*Saccharum officinarum*) stammt Vermutungen nach ursprünglich aus Neuguinea und wird heute rund um den Globus in allen warmen Ländern angebaut. Es ist eine der wichtigsten Nutzpflanzen der Welt mit einer jahrtausendealten Tradition in Asien. Zuckerrohr gelangte bereits durch Kolumbus in die Dominikanische Republik. Moderne Kulturformen bestehen aus Kreuzungen mit nahe verwandten Arten aus anderen Ländern Ostasiens.

Zuckerrohranbau findet man in der Dominikanischen Republik rund um die Insel in niederen Lagen überall dort, wo genügend Niederschläge (1.000–1.500 mm) fallen und die Böden locker und nährstoffreich sind, bevorzugt jedoch im Südosten des Landes.

Botanisch gesehen gehört Zuckerrohr zu den Gräsern, wird etwa 6 m hoch, und seine Halme können Durchmesser bis zu 7 cm erreichen. Die messerscharfen

Blätter erreichen Längen von 2 m. Der Zuckergehalt in den Stängeln ist vor der Blüte am höchsten und beträgt an der Basis bis zu 20 %! Die weithin schneeweiß leuchtenden, lockeren Blütenrispen können bis zu 3 m hoch werden. Die Pflanzen schlagen aus Bodentrieben immer wieder neu aus und bringen etwa 20 Jahre lang Erträge.

Im Alter von etwa einem Jahr werden die Stängel, leider immer noch recht archaisch von haitianischen Wanderarbeitern, kurz über dem Boden mit Macheten abgeschlagen. Die oberste Halmspitze wird als Steckling zur Anlage neuer Felder abgeschnitten und der Rest zwischen Stahlwalzen, in sogenannten Zuckermühlen, gehäckselt und ausgequetscht. Die gefilterte Melasse wird durch Kochen eingedickt und der auskristallisierte Zucker danach abzentrifugiert. Der flüssige Überstand wird zu Rum weitervergoren, nach Aussage von Kennern zum besten der Welt. Zuckerrohrstängel werden überall in der Dominikanischen Repu-

blik auch zum Kauen als beliebte Süßigkeit für Kinder angeboten.

Die Zucker- und Rumindustrie hatte unter dem ehemaligen Präsidenten Héctor Trujillo erheblich zum Wohlstand der Dominikanischen Republik beigetragen. Allerdings ist der Rohrzucker-Weltmarkt durch den Anbau von Zuckerrüben in Europa zeitweise fast völlig eingebrochen, was u. a. zur hoffnungslosen Verarmung von Haiti beigetragen hat. Mit dem Wegfall von Subventionen im Rübenanbau in Europa gewinnt die Rohrzuckerproduktion allerdings wieder an Bedeutung. Und neuerdings erlebt der Zuckerrohr-Anbau auch wieder einen Aufschwung als Lieferant von alternativem Bio-Treibstoff.

Reis (*Oryza sativa*) deckt heute einen großen Teil des Grundnahrungsbedarfes der dominikanischen Bevölkerung. Er wird meist in sogenannten Nassfeldkulturen betrieben, d. h., die Felder sind permanent mit Wasser überflutet. Es gibt aber auch eine trockene Anbauvariante. Weltweit kennt man Tausende von Kultursorten. Die Ursprünge der Reiskultur lassen sich in Ostasien etwa 5.000 Jahre zurückverfolgen und sind vermutlich gleichzeitig in China und Indien entstanden. Schon lange vor Christus kam Reis über verschiedene Handelswege nach Europa und wurde im Mittelmeerraum angebaut.

Die Hauptanbaugebiete in der Dominikanischen Republik befinden sich im Norden, im mittleren bis östlichen Cibao-Tal. Dort sind die Böden äußerst fruchtbar, denn Reis gedeiht als anspruchsvolles Rispengras nur in humusreichen und tiefgründigen Böden unter tropischen Bedingungen. Die Nassfeldkultur deckt bei veränderlichen Wasserständen je nach Entwicklungszustand der Pflanzen einerseits den hohen Feuchtigkeitsbedarf der Pflanzen, andererseits erzeugen Blaualgen im stets feuchten Bodenschlamm zusätzliche Nährstoffe, weil sie Luftstickstoff fixieren und in Nitrat umwandeln können. Nur zur Erntezeit lässt man die Felder trockenfallen. Die trockene Kulturmethode ohne Wasseranstau ist nur in äußerst niederschlagsreichen Regionen, etwa an den nördlichen Hanglagen im Nordosten, mit viel Steigungsregen möglich und wird mit weniger anspruchsvollen Sorten praktiziert.

Auch die Banane blickt auf eine mehrere tausend Jahre alte Tradition zurück. Die sortenreiche Tropenfrucht ist das Kreuzungsprodukt aus mehreren Wildformen, mit unterschiedlicher Herkunft von Madagaskar über den gesamten indomalaiischen Raum hinweg. Bananen gehören heute in vielen armen Ländern zum unentbehrlichen Grundnahrungsmittel, das man leicht selber anbauen kann. Grundsätzlich wird zwischen Obst- und Kochbananen unterschieden. Die Verbreitung ist seit der An-

Im Neiba-Tal sind große Flächen von Zuckerrohrfeldern bedeckt

Die Sortenvielfalt der Bananen ist unglaublich groß

tike unaufhaltsam vorangeschritten und hat mit der Seefahrt ihren endgültigen Siegeszug rund um die ganze Welt angetreten. 1516 gelangte die Banane von den Kanarischen Inseln mit den Spaniern in die Karibik und weiter nach Süd- und Mittelamerika. Dort fasste sie schnell Fuß und und nimmt heute die weltweit größten Anbauflächen ein. Deshalb glauben viele Menschen irrtümlich, Mittelamerika sei die Heimat der Bananen.

Platanos, wie Kochbananen in der Dominikanischen Republik heißen, werden gekocht, frittiert oder gebacken als Sättigungsbeilage gegessen. Aus ihnen wird auch ein Brei gefertigt, der mit Öl ausgebacken und mit Speck, Zwiebel und Ei angerichtet wird. Dieses typisch dominikanische Frühstück nennt sich mangú und gibt Kraft für den ganzen Tag.

Die Banane verlangt in der Kultur nährstoffreiche Böden, hohe Temperaturen, hohe Niederschläge und einen sonnigen Standort. Die vielen unterschiedlichen Sorten werden zwischen 2 und 5 m hoch und tragen pro Staude jeweils einen Fruchtstand mit im Extremfall bis zu 300 Früchten, die sich in sogenannte „Hände" untergliedern. Bananenpflanzen sind Stauden, die nach der Fruchtreife absterben, sie treiben aber vorher mehrere neue Schösslinge aus dem knolligen Wurzelstock. Die langen, typischen Blätter bilden eine im Durchmesser bis zu 7 m große, ausladende Krone auf einem krautigen Scheinstamm. Bananen zählen zu den größten Stauden der Welt. Damit sie den tropischen Winden standhalten können, reißen die Blätter bei mechanischer Belastung an vorgefertigten Sollbruchstellen ein und sehen dann zwar recht zerzaust aus, bleiben aber voll funktionsfähig. Die imposante Blüte ist von zahlreichen braunrot gefärbten Zwi-

Dem freundlichen Parkranger geht Gastfreundschaft über alles

Aus diesem Blütenstand entwickeln sich die Bananenfrüchte

schenblättern geschützt. Zuerst bilden sich weibliche und erst später männliche Blüten, die von Insekten oder Fledermäusen besucht werden. Die Sorten sind aber steril und bilden ohne Bestäubung Früchte aus. Das ist ein großer Vorteil, denn die harten und großen Samen in der Frucht wären recht hinderlich. Vermehrt wird grundsätzlich vegetativ aus den Tochterpflanzen.

Der Unterschied zwischen Koch- und Obstbanane ist bei Vollreife im unterschiedlichen Stärke- und Zuckergehalt und in ihren unterschiedlichen Größen zu suchen. Beide Formen sind äußerst nährstoffreich und enthalten viele Vitalstoffe wie z. B. Vitamin C. Sie liefern ein geschätztes Trockenobst und Kochbananen außerdem ein wertvolles Mehl für leicht verdauliche Diätspeisen.

Überall im Land findet man – häufig verwildert – Zitrusfrüchte, vor allem Orangenbäume. Sie kamen ebenfalls früh ins Land und dienten den Seefahrern als „lebende Apotheke" im Kampf gegen den Skorbut, der gefürchteten Vitamin-C-Mangelkrankheit mit Zahnausfall. Zitrusplantagen findet man z. B. entlang der Autopista Durate, also der Autobahn von Santo Domingo nach Santiago de los Caballeros im Schutz der Cordillera Central, wo es reichliche Niederschläge gibt. Orangenbäume gedeihen auch im etwas kühleren Klima der Berge und sind eigentlich in jedem Bauerngarten zu finden. Vor allem in den Wintermonaten fallen bei der Durchkreuzung der Cordillera Septentrional von Santiago nach Puerto Plata entlang der Carretera Turistica die liebevoll geschmückten Obststände mit kunstvoll geflochtenen Mandarinen-Zöpfen ins Auge. Reisende sollten stets grüne Mandarinen kaufen, denn wenn sie sich typisch orangerot verfärben, sind sie meist schon trocken und holzig.

Das Angebot an tropischen Früchten ist im Winter reichhaltig.

Die Tierwelt der Dominikanischen Republik

Mangelware: Säugetiere

Die Entdecker und Erforscher der Karibischen Inseln dürften über die große Armut an Säugetieren mehr als überrascht gewesen sein. In der Tat fehlen allen Inseln größere oder tagaktive Säuger, wenn man von Meeressäugern wie Walen, Delfinen oder Seekühen einmal absieht.

Die Inseln der Großen Antillen beherbergen allerdings eine interessante Reliktfauna aus dem Tertiär, mit einigen spezifischen Arten für jede Insel. Alle Verwandten dieser recht altertümlichen Tiere

Die Küstengewässer der Dominikanischen Republik eignen sich zum Whale Watching
Foto: D. Knop

waren nach heutigen Erkenntnissen auf dem nordamerikanischen (!) Festland bereits im Pliozän ausgestorben, denn nur von hier sind fossile Überbleibsel bekannt, die bis ins Oligozän zurückreichen. Aus Sicht der Evolutionsbiologen sind solche Reliktfaunen natürlich ein reizvolles Forschungsfeld. Aber sie müssen sich beeilen, denn eine große Zahl der noch zu Zeiten von Kolumbus existierenden Arten ist heute auf den Inseln bereits ausgestorben oder verschollen. Die Ursachen dafür sind vielfältig und werden weiter unten genauer erörtert. Bisherige Versuche zur kontrollierten Nachzucht der bedrohten Arten sind jedenfalls trotz ernsthafter Bemühungen gescheitert.

Die beiden einzigen Vertreter der bodenlebenden, endemischen Säuger der Dominikanischen Republik sind das etwa katzengroße Zaguti (*Plagiodontia aedium*) und der etwa 1 kg schwere Haiti-Schlitzrüssler (*Solenodon paradoxus*).

Der Haiti-Schlitzrüssler, ein altertümliches Tier, gleicht einer Kombination aus einem Rattenkörper mit viel zu großen Füßen und der Schnauze einer überdimensionalen Spitzmaus. Es weist etwa 50–60 cm Körperlänge auf, wovon 25 cm auf den Schwanz entfallen, und lebt in Felsspalten, in kleinen, selbst gegrabenen Höhlen am Boden oder in hohlen Baumstämmen. Zusammen mit seiner kubanischen Schwesterart *S. cubanus* bildet er den Rest der ansonsten vermutlich schon im Tertiär ausgestorbenen Familie Solenodontidae. Allerdings lassen Skelettfunde auf zwei weitere Arten schließen, je eine auf Kuba und Hispaniola, die vermutlich erst in jüngster Zeit, also nach der Entdeckung Amerikas ver-

schwunden sind, und von denen *S. marcanoi* vielleicht noch an unzugänglichen Stellen in Haiti zu finden sein könnte. Die größte Gefährdung stellen die vom Menschen eingeführten Fressfeinde dar, in erster Linie Ratten und streunende Hunde oder Katzen, aber Schlitzrüssler werden auch durch die großflächige Vernichtung ihres Lebensraumes beeinträchtigt. Sie besiedeln Wälder oder Buschland, oft am Rande von Feldern, wo sie gerne in der dicken Humusschicht oder der Laubstreu mit ihrer nackten, rüsselartig ausgezogenen

Früher das einzige Transportmittel, heute eher selten zu sehen

Schnauzenspitze nach Nahrung wühlen, vorrangig Insekten, Spinnen, Würmer und Schnecken, oder wo sie mit ihren klobigen Krallen Larven aus morschem Holz herausscharren. Doch auch Früchte, kleine Echsen oder Vögel und was sie sonst noch überwältigen können stehen auf ihrem Speiseplan. Bemerkenswert ist, dass Schlitzrüssler neben Schnabeltieren die einzigen giftigen Säugetiere der Welt sind, denn sie können ein Sekret zur Abwehr ihrer Angreifer aus einer Falte hinter den Schneidezähnen absondern. Für größere Tiere ist das allerdings nicht sonderlich gefährlich und ist wohl mehr zum Lähmen der gefangenen Beute gedacht.

Schlitzrüssler leben gerne in Sozialverbänden, gebären oft zwei Mal jährlich ein bis höchstens zwei Junge, werden gut und gerne 10 Jahre alt und etwa 1 kg schwer. Sie blicken aber einer sehr ungewissen Zukunft entgegen, weil es bisher nur selten gelungen ist, Tiere über längere Zeit in menschlicher Obhut zu halten, geschweige denn, sie zu züchten.

Auch das Zaguti ist akut vom Aussterben bedroht. Zagutis und Anverwandte bilden die Kleinsäugerfamilie der Ferkelratten (Capromyidae), die endemisch auf den Antillen ist und von denen es noch in historischer Zeit 26 Arten, verteilt auf acht Gattungen gab. Innerhalb weniger Jahrzehnte ist der Bestand auf sieben Arten in fünf Gattungen zusammengeschrumpft. In der Dominikanischen Republik gibt es heute nur noch die Gattung *Plagiodontia* mit zwei „Arten", die jedoch seit neuester Zeit als Unterarten aufgefasst werden. Eine überwiegend südwestlich verbreitete, aber auch im Parque National del Este vorkommende Unterart ist Cuviers Zaguti (*P. a. aedium*). Die mehr im Nordosten verbreitete Form dagegen ist das Dominikanische Zaguti, das heute als Unterart *P. a. hylaeum* geführt wird. Seine Lebensweise ähnelt der des Schlitzrüsslers, also nächtlich und in Höhlen oder hohlen Baumstämmen wohnend. Die Nahrung des etwa 30–40 cm großen, zu den Meerschweinchenartigen zählenden Kleinsäugers ist überwiegend vegetarisch und besteht aus Wurzeln, Früchten, Rinde oder Knospen, aber auch kleine Tiere werden nicht verschmäht. Zagutis bevorzugen als Lebensraum Wald, der von der Küste bis in Höhen von 2.000 m reichen kann, und kommen zum Teil mit recht unwirtlichen Bedingungen zurecht. Die meist braunen, kurzbehaarten Tiere sind gute Kletterer und halten sich sowohl auf Bäumen als auch am Boden auf. Sie leben paarweise oder gesellig, können ebenfalls etwa 10 Jahre alt werden und bringen pro Wurf jeweils ein Junges zur Welt. Die größte Gefährdung war früher die intensive Bejagung zu Nahrungszwecken oder die Bekämpfung als Feldschädling, heute ist es mehr die Zerstörung ihres Lebensraumes. Viele Tiere fallen auch Mungos zum Opfer, die 1872 zur Bekämpfung von Feldschädlingen wie Ratten in Zuckerrohrplantagen aus Asien eingeführt wurden und die mittlerweile auf der gesamten Insel verwildert sind.

Die vielen altertümlichen Gattungen konnten bisher auf den Antillen nur deshalb überleben, weil die „modernen Entwicklungen" des Festlandes, die ihnen als Feinde hätten gefährlich werden können, die Inseln so lange nicht er-

Karibische Seekuh oder Manati Foto: K. Rudloff

reicht haben, bis der Mensch kam. Solche Reliktformen lassen Zoogeographen natürlich gerne darüber spekulieren, ob und wann die Inseln zum letzten Mal mit dem Festland in Verbindung gestanden haben könnten. Vergleiche mit anderen Tier- und Pflanzengruppen (siehe z. B. S. 179 ff.) schüren zwar die These von unabhängigen und eigenständigen ozeanischen Inseln, aber Funde von fossilen Wirbeltieren südamerikanischer Herkunft in Höhlensedimenten der Großen Antillen, etwa von Affen, befeuern immer wieder die Theorie, dass die karibische Platte im Unteroligozän vielleicht doch mit Teilen von Südamerika in Verbindung gestanden haben könnte (siehe auch Diskussion S. 43). Doch die Theorie, wonach der Orinoko oder ein anderer großer Strom in der jüngeren geologischen Vergangenheit in Richtung der Großen Antillen geflossen sein könnte und Tiere auf Flößen aus losgerissenem Treibgut die Inseln über eine relativ schmale Meerespassage erreicht haben könnten, ist viel wahrscheinlicher.

Kurze Charakterisierung der dominikanischen Fledermausarten (Microchiroptera)

Mormoopidae (Nacktrücken- oder Kinnblatt-Fledermäuse)

Pteronotus parnellii (Schnurrbart-Fledermaus): lebt in Höhlen und Baumhöhlen, Insektenjäger.

Pteronotus (*Chilonycteris*) *quadridens*: wohnt in zum Teil riesigen Sozialverbänden in Höhlen oder Baumhöhlen und jagt kleine Insekten. Auf die Großen Antillen begrenzt; bedroht.

Mormoops blainvillii: in Höhlen, lebt von Insekten, auf die Große Antillen begrenzt; bedroht.

Noctilionidae (Hasenmäuler)

Noctilio leporinus (Großes Hasenmaul): in Felsspalten, Höhlen und Baumhöhlen. Die bis zu einem halben Meter Spannweite messende Art fängt hauptsächlich Fische, die direkt mit den krallenbewehrten Hinterbeinen von der Wasseroberfläche im Flug erbeutet werden, frisst gelegentlich auch Insekten oder Krabben.

Phyllostomidae (Neuweltblattnasen oder Lanzennasen), zu ihnen zählen einige wichtige Blütenbestäuber!

Macrotus waterhousii: Lebt in Höhlen, gelegentlich auch in Gebäuden. Jagt Insekten und frisst Früchte (gerne auch Kakteenfrüchte).

Monophyllus redmani: Dieser Höhlenbewohner frisst weiche Früchte und Nektar. Ist auf den Großen Antillen und den südlichen Bahamainseln verbreitet.

Brachyphylla nana (Blütenvampir): überwiegend Höhlenbewohner, frisst Nektar, Pollen und Früchte. Verbreitet auf diversen Westindischen Inseln; bedroht.

Erophylla sezecorni (= *E. bombifrons*): lebt in Höhlen und frisst Insekten sowie Früchte und Nektar. Kommt nur auf den Westindischen Inseln und den Bahamas vor.

Phyllonycteris poeyi obtusa (Blütenvampir): ist in Höhlen zu finden. Ernährt sich von Früchten, Nektar, Pollen und Insekten. Auf Kuba und Hispaniola begrenzt; von der Ausrottung bedroht oder gar bereits ausgerottet!

Artibeus jamaicensis (Fruchtvampir): in Höhlen, Baumhöhlen und

Gebäuden anzutreffen, frisst überwiegend saftige Früchte, gelegentlich Nektar, Pollen oder Insekten.

Phyllops falcatus haitiensis: schläft in Höhlen, Gebäuden oder frei in Bäumen und lebt fast ausschließlich von Früchten. Nur auf Kuba und Hispaniola vorkommend.

Natalidae (Trichterohren)

Natalus (*Natalus*) *stramineus*: Höhlenbewohner und nächtlicher Insektenjäger.

Natalus (*Nycticellus*) *micropus*: ebenfalls Höhlenbewohner und Insektenjäger. Große Antillen und Teile von Kolumbien.

Vespertilionidae (Glattnasen)

Eptesicus fuscus (Große Braune Fledermaus): in Baumhöhlen lebender Insektenjäger.

Lasiurus minor: in Baumhöhlen oder frei im Laub der Bäume, jagt Insekten.

Molossidae (Bulldogg-Fledermäuse)

Tadarida brasiliensis (Guano-Fledermaus): in Höhlen, Häusern und Baumhöhlen, Futter besteht aus Insekten; bedroht. Der deutsche Name stammt von den unglaublichen Kothaufen, die in Folge einer Massenansiedlung von über 8 Millionen Exemplaren in den Karlsbad-Höhlen New Mexicos, USA, industriell als Düngemittel abgebaut wurden. In der Dominikanischen Republik kommt eine eigene Unterart, *Tadarida brasiliensis constanzae*, vor.

Nyctinomops macrotis: lebt zwischen Felsen, in Gebäuden oder gelegentlich auf Bäumen und ernährt sich vorwiegend von großen Nachtfaltern.

Molossus molossus (Samt-Fledermaus): Diese kleine Art besiedelt Baumhöhlen oder Gebäude und jagt nächtliche Insekten.

Fruchtvampir (*Artibeus jamaicensis*) mit blattartig verbreitetem Nasenfortsatz
Foto: E. Grimmberger

Dann hätten statt Landbrücken Süßwasserbrücken existiert, auch das wäre eine Einmaligkeit in der Evolution dieser Inseln. Diese Theorie würde hinreichend gut erklären, warum nur ganz bestimmte Tiergruppen in früherer Zeit die Inseln erreicht haben, z. B. die behänden Affen, die auf Flößen ganz gute Überlebenschancen gehabt hätten, zumal sie ja mit dem Süßwasserstrom auch immer genügend zu trinken hatten.

Den Großteil an der Landsäugerfauna stellen die Fledermäuse. Auch das ist für Evolutionsbiologen spannend, denn Fledermäuse haben sich in Süd-amerika im späteren Tertiär, im Miozän vor etwa 15–20 Millionen Jahren, sprunghaft mit vielen endemischen Familien entwickelt und sind damit im Gegensatz zu den bodenständigen und häufig sehr ursprünglichen Arten äußerst „neumodische" Organismen. Fledermäuse stellen weltweit als zweitgrößte Wirbeltiergruppe nach den Nagetieren rund 25 % aller bekannten Säugetierarten. Sie zählen nach Ansicht der meisten Wissenschaftler zu den höchstspezialisierten Säugetieren, denn sie sind gemeinsam mit den Flughunden deren einzige aktiv fliegende Sektion. Fledermäuse sind mit modernster Ultraschall-Ortungs-Technologie ausgestattet und damit auch die einzigen Säugetiere, die nachtaktive Fluginsekten als Nahrungsquelle nutzen können. Einige Fledermäuse leben in den größten Kolonien aller Säugetiere mit bis zu 20 Millionen Individuen. Typisch für sie ist die mit dem Kopf nach unten hängende Ruhestellung, wobei die Krallen alleine durch das Gewicht der Tiere greifen, es ist also nur Muskelkraft zum Öffnen erforderlich.

Offensichtlich sind über den immer näherrückenden nordamerikanischen Kontinent auch einige Altwelt-Familien eingedrungen, denn Südamerika war rund 60–70 Millionen Jahre lang als Insel von allen Entwicklungen der modernen Säugetierfauna abgeschottet. Die ursprüngliche Besiedelung muss aber schon beim Auseinanderbrechen von Gondwanaland erfolgt sein, denn Fledermäuse haben in Lateinamerika die größte Artenvielfalt von allen Kontinenten hervorgebracht. Das konnte nur geschehen, weil viele ökologische Nischen unbesetzt waren. Von dort haben es immerhin 18 Fledermausarten geschafft, in der Dominikanischen Republik Fuß zu fassen und damit fast den kompletten Bestand aller Säugetierarten zu stellen. Hier haben sie sich auf Blütenbesuche oder sogar auf Fischfang spezialisiert, aber natürlich befinden sich auch die klassischen Insektenjäger darunter. Blutsaugende Vampirfledermäuse, wie in Süd- und Mittelamerika, gibt es auf Hispaniola allerdings nicht.

Die ökologische Bedeutung der Fledermäuse ist in Anbetracht ihrer großen Individuendichte recht hoch. Erstens halten sie die Insektenbestände unter Kontrolle, zweitens bestäuben die blütenbesuchenden Arten viele von ihnen abhängige Nektarpflanzen und drittens verbreiten fruchtfressende Arten, wie z. B. *Artibeus*, die Samen ihrer Wirtspflanzen über weite Strecken.

Weitere Vertreter der Säugetiere sind, wie bereits erwähnt, Meeressäuger wie Wale und Delfine (mehr dazu s. S. 284) oder die Karibische Seekuh, auch Antillenseekuh oder Manati genannt (*Trichechus manatus*), die ebenfalls zu den bedrohten Tierarten des Landes zählt. Die Seekuh war vermutlich ein Vorbild für die Legende der Meerjungfrau. Als Seefahrer diese Wesen aus einer Mischung von Land- und Meerestier zum ersten Mal erblickten, trauten sie ihren Augen nicht. Obwohl dieser merkwürdige Meeressäuger nach Ansicht vieler zu einem der hässlichsten Säugetiere der Welt gerechnet werden muss, verklärten es die von ihren langen Seereisen entwöhnten Seefahrer zu einer bildschönen „Sirene", eben jener Meerjungfrau, die Matrosen den Kopf verdreht und heute noch in idealisierter Form den Hafen von Kopenhagen ziert. Zu Zeiten der Ankunft von Kolumbus schienen Manatis noch ziemlich häufig in Flussmündungen, Lagunen und Mangrovenbeständen gewesen zu sein. Dieses walzenförmige, 2 bis knapp 5 m lange Geschöpf erreicht zwischen 200 und 600 kg Gewicht, selten sogar fast eine Tonne, ist unbehaart und in küstennahen Gewässern Mittelamerikas weit verbreitet. Es zählt heute aber überall zu den Raritäten. Seekühe sind ein Schulbeispiel für die Mechanismen konvergenter

Entwicklung, d. h. gleiche Anpassungen von nicht näher verwandten Arten. Viele Laien stellen sie fälschlich in die Verwandtschaft von Walen und Delfinen. Seine nächste Verwandtschaft sind allerdings Elefanten. Die trägen Pflanzenfresser haben keine Fettschicht wie Wale und sind daher auf warme Gewässer von mindestens 16 °C angewiesen.

Insgesamt sieht es um die heimische Säugetierfauna der Dominikanischen Republik nicht sonderlich gut aus. Die Hauptursache für den Rückgang der ursprünglichen Fauna liegt ganz offensichtlich in der Einfuhr exotischer Tiere aus Europa und Asien, Neozoen genannt. Die ersten Ankömmlinge zusammen mit Kolumbus dürften wohl Ratten (*Rattus rattus* und *R. norvegicus*) sowie Mäuse (*Mus musculus*) gewesen sein, die auf allen Schiffen dieser Welt als blinde Passagiere mitreisen. Vor allem Ratten entwickelten sich schnell zu einer ernsthaften Konkurrenz für heimische Schlitzrüssler und Zagutis. Die sukzessive Umnutzung vieler Flächen als Weideland für Rinder, Pferde und die Vielzahl der Ziegen und Esel führten außerdem zum Verlust oder zur Zerstörung wichtiger Lebensräume. Ausgewilderte Kaninchen (*Oryctolagus cuniculus*) und Wildschweine (*Sus scrofa*) erreichten dabei sogar die hohen Lagen der Gebirge. Die rasante Ausdehnung von landwirtschaftlichen Flächen für Reis- und Zuckerrohranbau engte den Lebensraum für die heimische Tierwelt darüber hinaus dramatisch ein. Die größten Probleme aber waren die aktiven Räuber, wie verwilderte Hunde und Katzen, die den mit Fressfeinden unerfahrenen „Ursäugern"

(aber auch anderen heimischen Tieren wie Echsen und Vögeln) große Verluste zufügten und sie schnell an den Rand des Aussterbens drängten. Als dann noch Mungos (*Herpestes auropunctatus*) aus Indien dazukamen, eigentlich zur Bekämpfung von Ratten und Mäusen in Zuckerrohrplantagen gedacht, war für einige Arten die letzte Stunde angebrochen. Mungos wachsen zu einem zunehmenden ökologischen Problem heran, denn sie sind auch für den drastischen Rückgang einiger Reptilienarten (z. B. Schlangen der Gattungen *Alsophis* und *Ialtris*) verantwortlich. Heute kennt man eine Reihe von Kleinsäugern der Insel nur noch aus der alten Literatur oder aus subfossilen Knochenfunden rund um historische Siedlungen oder aus Höhlensedimenten. Ein Beispiel ist die derzeit als ausgerottet geltende, zu den Schlitzrüsslern gehörende Art *Solenodon marcanoi*, von der man vermutet, dass vielleicht doch noch einige versprengte Populationen in unzugänglichen Bergregionen Haitis vorkommen könnten.

Neuerdings wurde noch ein weiterer Neuankömmling als jagdbares Wild angesiedelt: Der Weißwedelhirsch (*Odocoileus virginianus*) ist jetzt das größte wild lebende Säugetier der Insel. Seit einiger Zeit steht er unter Schutz, denn er hat sich bisher ohne erkennbare ökologische Probleme in die Bergwelt der Cordillera Central rund um La Vega integriert.

Die Zahl der heute die Insel bewohnenden Säugetierarten beläuft sich auf 48. Etwa 50 % der aktuellen Säugetierfauna sind Neozoen, d. h., sie wurden in historischer Zeit eingeführt.

Herausragend: die Vogelwelt

Von den Westindischen Inseln einschließlich der Bahamas sind insgesamt 564 Vogelarten bekannt. Rund ein Drittel davon kommt endemisch nur hier vor. Etwa 110 Arten von ihnen sind jeweils auf eine einzige und weitere 70 Arten auf zwei oder mehrere Inseln beschränkt. Der karibische Archipel gilt deshalb aus ornithologischer Sicht als ein weltweit bedeutsames Evolutionszentrum! Viele Vögel haben sich dort offensichtlich über sehr lange Zeiträume isoliert vom Festland entwickelt. Es zeichnen sich also klare Parallelen auch zu den Amphibien, Reptilien und zu den Schmetterlingen ab. Die Vogelwelt liefert damit einen weiteren Baustein zur Erforschung der Tiergeographie der Antillen und nährt die Forderung einiger Wissenschaftler, die karibische Region mit Teilen von Mittelamerika, den Bahamas und der Südspitze Floridas als eine eigene Faunenregion, die des westindischen Archipels, anzusehen. Nach dieser Sichtweise wäre sie dann kein Bestandteil der Neotropis. Diese Forderung deckt sich mit Erkenntnissen der Botaniker, die ebenfalls eine eigenständige karibische Florenregion für gerechtfertigt halten.

Unter Einbeziehung einiger unsicherer Angaben leben etwa 310 Vogelarten auf Hispaniola (Arten mitgerechnet, die bisher nur ein einziges Mal gesichtet wurden). In bereinigten Listen werden immerhin noch 296 Vogelarten geführt, die zweifelsfrei auf der Insel nachgewiesen sind, selbst das ist noch mehr als die Hälfte aller in der Karibik bekannten Arten. Davon sind 27

Fregattvögel sind Räuber, sie jagen anderen Wasservögeln ihre Beute ab

Arten und sechs Gattungen exklusiv auf die Dominikanische Republik begrenzt. Die Zahl der endemischen Arten wächst sogar auf insgesamt 33 (über 11 % der Gesamtfauna), wenn man einige Vögel einrechnet, die ansonsten nur noch auf einigen Nachbarinseln vorkommen. Die Dominikanische Republik beherbergt damit die zweitgrößte endemische Vogelfauna der karibischen Inselwelt, nur knapp hinter Jamaika.

Viele Erkenntnisse gehen auf das Engagement der amerikanischen Ornithologin Annabell Stockton DE DOD (1978) zurück, die viele Jahrzehnte in der Dominikanischen Republik forschte und sogar neue Arten entdeckte, z. B. die Haitidrossel (*Turdus swalesi*) in der Sierra de Bahoruco oder Arten in der Cordillera Central wie den Glanzkuhstärling (*Molothrus bonariensis*), den Bindenkreuzschnabel (*Loxia leucoptera*) oder die Morgenammer (*Zonotrichia capensis*).

Die Vögel bilden zwar die größte Wirbeltiergruppe in der Dominikani-

Bei Ebbe ist alles, was Beine hat, auf Nahrungssuche

Der Buntfalke (*Falco sparverius*) ist überall auf der Insel ein häufiger Greifvogel

schen Republik, aber verglichen mit dem nahen Kontinent ist trotzdem eine gewisse Armut an Brutvögeln zu verzeichnen. Das liegt vor allem daran, dass Inseln ihre eigenen Gesetze haben und Neuankömmlinge vor dem Problem stehen, ökologische Nischen zu finden, die ihren Bedürfnissen entsprechen. Da diese Nischen äußerst komplex sind und die Vögel sowohl geeignete Nahrungs-, Balz- als auch Brutplätze vorfinden müssen, gelingt es nur wenigen, auf Dauer Fuß zu fassen. In den seltenen geglückten Fällen setzen dann sofort Prozesse zur Optimierung an die neuen Bedingungen ein, der Grundstein für eine neue Art ist gelegt. Je spezieller dabei die Ökosysteme der Insel sind, desto schneller bilden sich Endemiten heraus.

Insgesamt lässt sich feststellen, dass die Vogelfauna der Antillen von beiden Teilen der Neuen Welt beeinflusst ist. Ein Teil ist paläarktisch geprägt, weist also große Ähnlichkeiten mit nordamerikanischen Vögeln auf. Zeisige oder Kreuz-

Die auffälligen Blüten von *Calliandra* locken Kolibris an

schnäbel aus den Hochlagen der Cordillera Central würden vermutlich von niemandem als „Exoten" empfunden werden, wenn sie unvermutet in Kanada auftauchten. Zum anderen sind auch Einflüsse aus dem neotropischen Südamerika zu verzeichnen. Viele Küstenvögel wie Pelikane oder Fregattvögel, aber auch Papageien, Kolibris und Kuckucksarten im Landesinneren können ihre südamerikanische Herkunft nicht verleugnen.

Damit unterscheidet sich die Vogelwelt hinsichtlich ihrer Besiedelungsgeschichte deutlich von anderen Tiergruppen, die erheblich einseitiger von Südamerika beeinflusst sind.

Der Grund liegt offensichtlich in der ungewöhnlichen Mobilität der Vögel, die den größten Aktionsradius im Tierreich besitzen. Durch ihre enorme Reichweite sind sie Fledermäusen, Insekten, Meeressäugern oder Fischen überlegen, obwohl auch bei diesen weite Wanderungen an der Tagesordnung sind.

Ein anderer Faktor dürfte die Klimaentwicklung gewesen sein, die nach der Eiszeit großräumig stattgefunden hat und vermutlich die Hauptursache für den Vogelzug gewesen ist. Denn nach dem Auftauen der Dauerfrostgebiete im Norden wurden riesige Ressourcen frei, die von den mobilen Vögeln schnell entdeckt und genutzt wurden. Vor den winterlichen Kälteeinbrüchen konnten sie dann dank ihrer effizienten Fortbewegung schnell wieder nach Süden zurückweichen. Die Inselkette der Antillen war dabei ein wichtiges Bindeglied auf den Wanderwegen vieler Sing- und Küstenvögel zwischen den Sommer- und den Winterquartieren, also zwischen Nord- und Südamerika.

Bei der Rekonstruktion der Besiedelungsgeschichte darf man aber keinesfalls die Geologie außer Acht lassen, denn bekanntlich waren die Kontinentalplatten von Nord- und Südamerika in erdgeschichtlicher Zeit räumlich viel weiter

Noch sind die gelben Schuhe des Schmuckreihers sauber

entfernt. Auch damals waren die Großen Antillen schon von Vögeln besiedelt und haben alle Veränderungen mit spezifischen Anpassungen bis heute mitge-

Ein Glattschnabelani kommt selten allein

macht. Diese Fakten spielen bei den folgenden Betrachtungen eine wichtige Rolle.

Auf den großen Antillen existieren zwei endemische Familien. Eine davon sind Todis (Todidae), kleine, bunt gefärbte Insektenjäger, die mit den Eisvögeln verwandt sind. Es gibt insgesamt fünf Todiarten, die mit jeweils einer endemischen Art in Kuba, Jamaika und Puerto Rico leben. Die einzige Ausnahme ist die Dominikanische Republik mit zwei endemischen Vertretern. Der Breitschnabel-Todi lebt fast ausschließlich in den Bergregionen, Schmalschnabel-Todis dagegen leben in trocken-heißen Landstrichen des Tieflandes. Bemerkenswert ist, dass es sich bei dieser Familie offensichtlich um lebende Fossilien handelt, denn nahe verwandte Arten wurden bereits in eozänen Ablagerungen von Wyoming und anderen Fossilfundstellen in Nordamerika nachgewiesen, sind heute aber auf dem gesamten Festland ausgestorben. Nirgendwo außer in Nordamerika wurden aber weitere Hinweise auf die Existenz von Todis gefunden. Die Populationen in der Karibik sind also mit großer Sicherheit Relikte aus der früheren nordamerikanischen Fauna, vermutlich der Fauna des Pliozäns.

Das zweite Beispiel ist die isoliert stehende Familie Dulidae, weltweit mit nur einer einzigen Art ausschließlich auf Hispaniola vertreten. Der Palmenschwätzer (*Dulus dominicus*) wurde wegen dieser Exklusivität sogar zum Nationalvogel der Dominikanischen Republik gekürt. Palmenschwätzer brüten gesellig in geräumigen Gemeinschaftsnestern, die hoch oben in den Kronen zwischen Blattwedeln rund um den Stamm der endemischen Königspalme (*Roystonea hispaniolana*) angelegt werden. Weil das alles mit lautstarker Kommunikation einhergeht, bedarf der deutsche Name keiner weiteren Erläuterung. Bei der Frage nach der Herkunft dieser Familie bleibt die Antwort allerdings weitgehend im Dunkeln. Zwar ist eine gewisse Verwandtschaft mit Seidenschwänzen aus Nordamerika zu erkennen, aber denkbar wäre auch eine Einwanderung aus weiter entfernten Kontinenten, denn Seidenschwänze gibt es auch in Asien und Europa. Anders als bei den Todis existieren allerdings keinerlei Hinweise auf näher verwandte Formen – vielleicht noch ein zweites lebendes Fossil?

Gut dokumentiert dagegen ist die Besiedelung des gesamten tropisch-amerikanischen Raumes mit einem Neuankömmling aus Afrika. In den frühen Fünfziger Jahren des letzten Jahrhunderts erreichte ein Trupp Kuhreiher (*Bubulcus ibis*) die amerikanische Küste auf unbekannte Weise. Vermutungen sprechen von einer Verdriftung durch Winde anlässlich eines Hurrikans im Jahr 1948. In Mittelamerika angekommen, haben die Kuhreiher einen ungeahnten Siegeszug angetreten und sind heute fast überall in klimatisch zusagenden Gegenden anzutreffen. Sie sind mehr oder weniger Kulturfolger und halten sich – nomen est omen – bevorzugt in der Nähe von weidenden Rindern, aber

Palmenschwätzer bauen große Gemeinschaftsnester in den Kronen von Palmen

auch Pferden auf. Diese scheuchen beim Grasen Insekten und andere Kleintiere hoch, die von den wachsamen Kuhreihern sofort aufgepickt werden. Es gibt sogar Beobachtungen, wonach Kuhreiher bei Flächenbränden mitten im um sie herum brennenden Gras herumhopsen, um in Panik geratene und flüchtende Kleintiere zu fangen. Eine solche Erfolgsstory zeigt deutlich, wie effizient die Neubesiedelung von Lebensräumen manchmal sein kann, wenn man zur rechten Zeit am rechten Ort ist. Heute gehören Kuhreiher zur Karibik wie Palmen zum Strand.

Der Geier wärmt seinen Körper in der Morgensonne

Die Antillenkrähe ist endemisch auf Hispaniola

Die Vogelfauna der Dominikanischen Republik unterteilt sich in mehrere Gruppen. Eine davon bilden Seevögel, die weit verbreitet sind und die Küstensäume der karibischen Inseln und des tropisch-amerikanischen Festlandes bevölkern. Sie waren nachweislich vor mehr als 500 Jahren die ersten Vorboten, die Kolumbus und seinen Mannen die Kunde vom nahen Amerika überbracht haben und sie Kurs auf Südwest in Richtung der Bahamas nehmen ließen. Andernfalls wäre Kolumbus weiter westwärts gesegelt und in Nordamerika gelandet.

Die zweite Gruppe bilden Zugvögel. Sie suchen die Inseln saisonal auf, entweder, um dort zu brüten, um Zuflucht vor der winterlichen Kälte des nordamerikanischen Kontinentes zu finden, oder um sie einfach nur als Zwischenstopp auf ihrer Durchreise zu nutzen.

Und schließlich gibt es die dritte Sektion der heimischen Landvogelfauna, die das Festland der Insel dauerhaft besiedelt und der das besondere biologische Augenmerk gehört, denn diese Gruppe hat viele interessante Inselformen hervorgebracht.

Analysiert man die Liste der Vögel Hispaniolas genauer, zeigt sich, dass rund 100 Arten, das entspricht ca. 35 % des Artenspektrums, Zugvögel sind. Die restlichen knapp zwei Drittel sind heimisch und brüten hier auch. 33 Arten davon sind endemisch, was einem Anteil von 11,5 % entspricht. Der Rest von etwa 55 % wird von Arten gebildet, die eine mehr oder weniger weite Verbreitung haben. Das sagt jedoch weder etwas über deren Häufigkeit noch etwas über eine mögliche Bedrohung aus.

Auffallend ist nämlich, dass vor allem endemische Arten ganz weit oben auf der Liste der bedrohten Arten stehen. Der Grund ist darin zu sehen, dass Inselformen spezialisiert sind und fast nie große Populationen ausbilden. Wegen dieser Spezialisierung reagieren sie aber besonders empfindlich auf Umweltveränderungen und menschliche Eingriffe oder auf Katastrophen wie Hurrikane oder Brände. Ein ganz großes Problem ist auch die Konfrontation mit für sie unbekannten Feinden. Für viele Arten geht von den erst in den letzten Jahrhunderten eingeführten Katzen, Ratten oder Mungos eine existenzielle Bedrohung aus. Weil es auf der Insel vorher überhaupt keine Raubtiere gegeben hat, haben sie auch keinerlei Schutzmechanismen gegen diese entwickelt.

Eine besondere Anpassung an das Inseldasein verkörpert der Hispaniolaspecht (*Melanerpes striatus*). Wegen der besonderen Situation der Insektenfauna – manche sonst häufige Gruppen haben die Insel nie erreicht – reicht die Insektennahrung in der Rinde der Bäume nicht immer aus. In Notzeiten steigt der Specht kurz entschlossen auf vegetarische Kost um und wird dann gelegentlich in Obstplantagen zum Schädling. Die Regierung zahlte deshalb früher für jede abgelieferte Zunge als Beweis für die Tötung eines Spechtes eine kleine Belohnung!

Zu den häufigsten Vögeln der Insel zählen Strand- und Seevögel, die mit vielen Arten wie Pelikanen, Prachtfregattvögeln, Sturmseeschwalben und Limikolen die Küsten beherrschen und zu denen sich zu bestimmten Zeiten auch viele Zugvogelarten gesellen.

Schon wegen ihrer Größe gehören die vielen Reiherarten zu den auffälligsten Vögeln an Land und manchmal auch am Meer. Es sind klassische Bewohner von Feuchtgebieten wie Lagunen, Mangroven, Flüssen und Seen und sogar Reisfeldern.

Die endemische Haitiamazone wird trotz Verbotes oft als Haustier gehalten

Beim Anblick der Flamingokolonien, die vor allem im Südwesten in flachen Lagunen anzutreffen sind, erwacht sofort tropisches Feeling.

Häufig machen auch Kolibris durch ihr brummendes Schwirren auf sich aufmerksam, und das Lied der Spottdrossel begleitet einen überall hin. Lautstark krächzende Glattschnabelanis ziehen in kleineren Trupps im Land umher, und das Lachen des Hispaniolaspechtes ist selbst in Städten unüberhörbar. Neuerdings sind auch Papageien von der Landflucht ergriffen, und so kreisen mitten in Santo Domingo oder Santiago plötzlich kreischend Trupps der eigentlich bedrohten Haitisittiche umher. Falken lauern auf exponierten Zäunen, Telefondrähten oder Ästen auf Beute, und ein Blick in den Himmel zeigt einem sofort, ob man sich in einem Gebiet mit Geiern befindet. Trotz ihrer Bedrohung gehören manche endemischen Arten noch zu den häufigsten Vögeln, da sie sich derart perfekt an die speziellen Bedingungen der Insel angepasst haben, dass sie fast konkurrenzlos alle Landstriche besiedeln können, solange diese nicht zu sehr verändert werden.

Das Gros der Vögel lebt eher unauffällig, und so wird es letztlich dem Zufall überlassen bleiben, ob und wann man eine der prinzipiell häufigen Arten zu Gesicht bekommt. Vogelstimmenkenner haben es da schon leichter, denn fast aus jedem Busch dringt Vogelgesang.

Ein Truthahn-Männchen imponiert seinem Weibchen

Auch Neubürger aus anderen Ländern und sogar Kontinenten haben mittlerweile in der Dominikanischen Republik eine neue Heimat gefunden. Neben dem Kuhreiher auch viele Haustiere wie Hühner, Truthähne und Perlhühner oder Volierenflüchtlinge verschiedener Ziervögel, die mit den Siedlern aus aller Welt mitgeführt wurden. Elf Arten mit ausländischer Herkunft sind derzeit bekannt, am augenfälligsten vielleicht die Dorfweber aus Afrika, deren Nistkolonien nicht zu übersehen sind. Einige dieser Arten haben sich sogar zu Schädlingen in Reisfeldern entwickelt, vor allem die Dorfweber (*Ploceus cucullatus*) und Muskatfinken (*Lonchura punctulata*).

Die räumliche Verteilung der Vögel auf der Insel ist sehr heterogen. Neben vielen der oben angeführten Arten, die ohne festgelegte Lebensraumansprüche als sogenannte Ubiquisten über die gesamte Insel verteilt leben, gibt es Spezialisten, die besondere Anforderungen an ihren Lebensraum stellen und deshalb nur sehr lokal vorkommen.

Darunter sind einige Besonderheiten hervorzuheben. Die Haitidrossel (*Turdus swalesi*) lebt z. B. nur in der Sierra de Bahoruco in einem eng begrenzten Gebiet nahe Haiti, wo sie noch etwas häufiger vorkommt. Die Morgenammer (*Zonotrichia capensis*) dagegen brütet ausschließlich in der Cordillera Central und dort vor allem im Parque Nacional Ebano Verde. Und um den Bindenkreuzschnabel (*Loxia leucoptera megaplaga*) zu entdecken, muss man sich in die Kiefernwälder der Hochlagen in der Cordillera Central begeben.

Der Hispaniolaspecht ist endemisch und frisst neben Insekten auch Früchte

Es gibt Nahrungsspezialisten, die untrennbar mit der Verbreitung ihrer Futterpflanze vorkommen. So etwa lebt der Swainsonkolibri (*Chlorostilbon swainsonii*) ausschließlich in der Höhenstufe, in der auch die Fuchsienart *Fuchsia triphylla* wächst, deren rote Röhrenblüten seine Hauptnahrungsquelle darstellen. Der Antillenstieglitz (*Carduelis dominicensis*) ist an das Vorkommen von *Pinus occidentalis* gekoppelt, und so ließe sich die Liste weiter fortsetzen.

Solche hochspezialisierten Arten sind immer lokal begrenzt und gelten

Die Bucht Boca de Yuma ist fischreich und lockt auch viele Braunpelikane an

ten kann man daher nicht automatisch als gefährdet einstufen.

Ein besonderes Phänomen der westindischen Inseln ist der Zwergwuchs bei einigen Vogelarten. Kuba hält zum Beispiel mit der Bienenelfe (*Mellisuga helenae*) den Rekord der kleinsten Vogelart der Welt. Gleich dahinter kommt die Zwergelfe (*Mellisuga minima*) in der Dominikanischen Republik, deren Körper ebenfalls nur mit Mühe die Größe einer Hummel erreicht. Der Grund für dieses Phänomen liegt vermutlich im Fehlen spezieller Insektengruppen, wodurch deren ökologische Nischen unbesetzt geblieben sind. Man kann also sagen, dass die Zwergelfe die Rolle von Hummeln übernommen hat. Ähnliche Tendenzen lassen sich auch bei Fröschen und Geckos beobachten, denn auch hier leben einige der kleinsten Vertreter der Welt in der Karibik, allerdings nicht in der Dominikanischen Republik.

daher prinzipiell als gefährdet. Insgesamt stehen in der Dominikanischen Republik derzeit rund 40 heimische Vogelarten auf der Roten Liste, alle mehr oder weniger stark bedroht. 13 Arten davon sind direkt vom Aussterben bedroht, neun Arten gelten als stark gefährdet, zehn Arten sind selten geworden und bei acht Arten sind deutlich rückläufige Populationsdichten zu verzeichnen.

Überraschenderweise sind neben den Brutvögeln unter den seltenen oder sehr seltenen Arten auch viele Zugvögel. Der Grund dafür ist, dass manche Arten sich nur gelegentlich in diese Gegend verirren oder nur in ganz strengen Wintern so weit südwärts vor einer Kältefront zurückweichen müssen. Solche Ar-

Gute Gegenden für Vogelbeobachtungen sind im Prinzip alle Nationalparks des Landes, da dort die Natur noch relativ ungestört und vor allem typisch ist. Herausragende Gebiete sind allerdings die Halbinsel Bahoruco, weil es dort viele endemischen Arten gibt, die Hochlagen der Gebirge mit ihren Spezialisten und die beiden Nationalparks Los Haitises und Parque Nacional del Este. Aber das ist eine Frage des Zeitpunktes. März bis Mai sind die besten Monate, wenn es um Brutvögel geht, dann ist nämlich die Hauptbalz- und Brutzeit. November bis Februar dagegen sind die idealen Monate für Zugvogelbeobachtungen, dann lohnt sich z. B. auch ein Besuch im Parque Nacional Monte Cristi.

Was da kreucht und fleucht: Amphibien und Reptilien

Reptilien stellten in der Dominikanischen Republik vor der Einführung neuer Tiere durch die Europäer mit den Krokodilen und Leguanen die größten Landwirbeltiere der Insel und bildeten gleichzeitig die Spitze der Nahrungskette. Krokodile waren zusammen mit Boas die größten Räuber, Leguane dagegen die größten Pflanzenfresser.

Hispaniola ist in Hinblick auf Amphibien und Reptilien von allen karibischen Inseln die artenreichste. Sie bilden mit rund 225 Arten hinter den Seefischen und Vögeln die drittgrößte Wir-

beltiergruppe der Insel. Mit 32 Gattungen, davon acht endemischen, sowie einer eingeführten, übertrifft sie selbst die größere Insel Kuba, die „nur" 29 Gattungen beherbergt, darunter vier endemische und eine eingeführte. Andere Nachbarinseln wie Jamaika mit 19 Gattungen und Puerto Rico mit 17 Gattungen fallen schon deutlich ab. Mit Kuba, der nächstgelegenen Insel, hat Hispaniola 19 Gattungen gemeinsam, 13 dagegen fehlen dort gänzlich.

Bisher sind 65 Arten Amphibien und rund 160 Arten Reptilien von Hispaniola bekannt, die sich auf folgende Familien verteilen (Artenlisten im Anhang):

Ein Antillen-Laubfrosch (*Osteopilus dominicensis*) beäugt seine Umgebung
Foto: M. Schmidt

Amphibien (63 von 65 Arten sind endemisch, also 97 %!)

Echte Kröten (Bufonidae): 4 Arten *Bufo* (neuerdings: *Rhinella*)
Laubfrösche (Hylidae): 4 Arten (*Hyla* mit 3 Arten, *Osteopilus* 1 Art)
Pfeiffrösche (Leptodactylidae): 56 Arten. (*Leptodactylus* 1 Art, *Eleutherodactylus* 55 Arten)
Echte Frösche (Ranidae): *Rana* mit 1 Art

Reptilien (von 160 Arten sind 138, entsprechend rund 90 % endemisch)

Doppelschleichen (Amphisbaenidae): 7 Arten der Gattung *Amphisbaena*
Schleichen (Anguidae): 12 Arten der Gattung *Celestus*
Geckos (Gekkonidae): 42 Arten in 5 Gattungen:
Kugelfingergeckos = *Sphaerodactylus* (35 Arten);
Halbzeher = *Hemidactylus* (2 Arten), *Aristelliger* (3 Arten)
und *Gonatodes*, *Phyllodactylus* mit je 1 Art
Leguane (Iguanidae): 58 Arten in 3 Gattungen:
Saumfinger = *Anolis* 43 (29*) Arten,
Glattkopfleguane = *Leiocephalus* 12 (6*) Arten,
Wirtelschwanzleguane = *Cyclura* 2 (2*) Arten.
*(In Klammern die Arten mit Vorkommen in der
Dominikanischen Republik, Rest nur in Haiti).
Glattechsen (Scincidae): 1 Art der Gattung *Mabuya*
Schienenechsen (Teiidae): Ameiven = *Ameiva* in 3 Arten
Schlankblindschlangen (Leptotyphlopidae): 4 Arten der Gattung *Leptotyphlops*, die alle
unterirdisch und von Termiten leben.
Blindschlangen (Typhlopidae): 13 Arten, unterirdisch von Termiten und Ameisen lebend
Riesenschlangen (Boidae): 3 endemische Arten der Gattung *Epicrates* (Schlankboas)
Erdboas (Tropidophiidae): Die einzige Art, die Haiti-Erdboa (*Tropidophis haetianus*),
jagt nachts am Boden nach Echsen und verbringt den
Tag gut getarnt in Verstecken.
Nattern (Colubridae): 12 Arten in 6 Gattungen. *Alsophis* (2 Arten): flinke,
tagaktive Jäger; *Antillophis parvifrons* (Antillennatter):
ebenfalls am Tag Echsen jagend; *Darlingtonia haetiana*,
kleiner Froschjäger; *Hypsirhynchus ferox*: mittelgroßer
Anolis-Jäger; *Ialtris*: für Hispaniola endemische und
wenig erforschte Gattung mit 3 Arten; *Uromacer*: Eine
ebenfalls mit 4 Arten auf Hispaniola endemische
Gattung, 3 Arten davon in der Dominikanischen
Republik, eine weitere in Haiti. Tagaktive *Anolis*-Jäger.
Emydidae (Sumpfschildkröten): 3 Arten
Marine Schildkröten: 4 Arten
Krokodile (Crocodylidae): 1 Art

Reptilien stellen nach den Fischen (der Großteil davon im Meer lebend) und Vögeln, wie schon erwähnt, die drittgrößte Wirbeltiergruppe in der Dominikanischen Republik dar und weisen die mit Abstand höchste Rate an endemischen Formen auf.

Aufgrund der wechselvollen geologischen Entstehungsgeschichte der Dominikanischen Republik ist das Artenspektrum sehr komplex und hat sich vermutlich im Pleistozän gebildet. Viele Arten sind regional sehr begrenzt, und es gibt eine auffallend große Unterartenbildung. Allein vom Maskenleguan (*Leiocephalus personatus*) sind 11 Unterarten bekannt, davon leben sieben auf der Hauptinsel, der Rest ist auf vorgelagerten Inseln verbreitet. Der Artbildungsprozess, der mit großer Dynamik verlaufen ist, hält weiter an, denn durch die zum Teil sehr jungen geologischen Ereignisse vor nicht einmal

Ein Exemplar aus der Gruppe der Antillen-Pfeiffrösche Foto: L. Barkam

500 Jahren wurden einstmals getrennte Bereiche vereinigt (s. S. 272 ff.). Schon deutlich spezialisierte Unterarten trafen dann plötzlich aufeinander, vermischten sich und konnten in neu entstandenen Ökosystemen Nischen besiedeln, die sie vorher noch nicht besetzt hatten. Diese Tendenz lässt sich bei fast allen Gattungen beobachten (s. S. 179 ff., 196 und

Auf Hispaniola eingeschleppt: die Agakröte *Rhinella marina* Foto: L. Barkam

Leiocephalus lunatus **kommuniziert durch das Rollen seines Schwanzes**

199). Praktisch alle Vertreter gehören sogenannten „primitiven Gruppen" an, ein weiteres Indiz dafür, dass die Isolation der Insel schon früh eingesetzt hat und „moderne Entwicklungen" auf den Großen Antillen nicht stattgefunden haben. So gibt es hier z. B. keine Giftschlangen.

Als Vertreter von sogenannten „primitiven" Gruppen sei hier die zu den terrestrischen Pfeiffröschen zählende Gattung *Eleutherodactylus* (Antillen-Pfeifrösche) angeführt. Die Vertreter der artenreichen Gattung legen ihre Eier nicht wie üblich in Gewässern, sondern meist an den Wasserzisternen von epiphytischen Bromelien, in die feuchte Bodenstreu oder in feuchte Blattachseln ab. Daraus schlüpfen dann nicht etwa Kaulquappen, sondern fertig entwickelte, winzige Fröschchen. Weil so die Metamorphose über das Kaulquappenstadium, das sich während der Entwicklung komplett im Ei vollzieht, umgangen wird, können die Frösche es sich leisten, nur verhältnismäßig wenige Eier zu legen.

Da es auf der Insel nach wie vor äußerst schwierig zu erreichende Regionen gibt, ist zu erwarten, dass dort noch die eine oder andere biologische Überraschung ihrer Entdeckung harrt. Es vergeht auch heute kein Jahr, in dem nicht neue Arten entdeckt oder neue Unterar-

Spitzkrokodil

ten beschrieben werden. Speziell bei dämmerungs- oder nachtaktiven Gruppen blicken Wissenschaftler ganz sicher aufregenden Zeiten entgegen.

Durch die starke Verzahnung von Biotopen auf engstem Raum und die damit verbundene große Differenzierung von Lebensräumen gehen Formen oft ineinander über, was den Systematikern bei der Abgrenzung von Arten oder Unterarten manchmal großes Kopfzerbrechen bereitet. Aber so kompliziert diese Prozesse auch sein mögen, geben sie andererseits lehrbuchhaft Einblicke in Prozesse der Evolution, wie man sie schöner nicht präsentiert bekommen kann.

Geckos stellen mit 42 Arten zwar „nur" die drittgrößte Gruppe unter den Reptilien auf Hispaniola, darunter aber immerhin das kleinste bisher gefundene Wirbeltier unter allen Reptilien, Vögeln und Säugetieren der Welt. Der erst 2001 beschriebene, im Jaragua-Nationalpark entdeckte Jaragua-Kugelfingergecko (*Sphaerodactylus ariasae*) hält jetzt mit nur wenigen Zentimetern den Weltrekord unter den Winzlingen. Er findet, etwas zusammengerollt, problemlos auf einer Ein-Euro-Münze Platz.

Geckos sind nachtaktive Jäger und mit ihren Haftzehen optimal an ein Leben auf Blättern und Baumrinde, aber als Kulturfolger auch an Hauswänden oder Glasscheiben angepasst. Häufig lauern die gelehrigen Tierchen des Nachts regungslos an den Lampen und

Der Hispaniola-Wirtelschwanzleguan ist sofort an seinen roten Augen erkennbar

Zwergameiven fallen im kontrastreichen Gelände kaum auf

Warmer Asphalt ist für die wärmelieben-den Schlangen ein gefährliches Pflaster

der Hauswand oder gar an der Zimmer-decke, um blitzschnell vom Licht ange-lockte Insekten zu erhaschen. Bessere Kammerjäger kann man sich eigentlich nicht wünschen.

Ein Kugelfingergecko im Laub direkt am Strand

Aber davon abgesehen sind Geckos stammesgeschichtlich sehr alte Tiere, die weltweit in warmen Regionen verbreitet sind und sich Lebensräume von Wüsten bis hin zum Regenwald erobert haben. Infolge ihrer überwiegend nachtaktiven Lebensweise haben sie sehr große Augen entwickelt und sind längst nicht so bunt gefärbt, wie z. B. die tagaktiven Anolis (siehe unten). Allerdings ist häufig ein Farbwechsel zwischen Nacht und Tag zu beobachten. Die Zehen sind sehr unter-schiedlich ausgebildet. Viele Arten besit-zen keine Haftlamellen. Die verbreiter-ten Haftpolster vieler baumlebender Ar-ten aber sind mit unzähligen, winzigen Hakenzellen bestückt, die selbst kleinste Unebenheiten als Halt nutzen können und ermöglichen so den Tieren ihre akrobatischen Kletterkünste. Sie saugen sich nicht mit Saugnäpfen fest und son-dern auch keine Klebstoffe ab, wie oft fälschlich angenommen wird. Allerdings kleben die Gecko-Weibchen ihre weich-schaligen Eier in Ritzen oder Spalten, manchmal sogar unter Baumrinde fest. In der Regel besteht ein Gelege aus je zwei Eiern, während z. B. die Vertreter der Gattung *Sphaerodactylus* nur jeweils ein Ei, das aber öfter im Jahr, ablegen.

Geckos können im Gegensatz zu den meisten Echsen Laute erzeugen, die manchmal – in Grenzen – sogar melodiös sind.

Die meisten Geckos in der Domini-kanischen Republik zählen zur Gattung *Sphaerodactylus*, den Kugelfingerge-ckos.

Die große Familie der Leguane (Iguanidae nach herkömmlicher Ansicht) ist mit annähernd 800 tagaktiven Arten

– von Madagaskar und einigen Südsee-Inseln abgesehen – ausschließlich auf die Neue Welt begrenzt. Leguane ersetzen in der Neotropis die Agamen, das vergleichbare Gegenstück aus der Alten Welt, zu denen es auch viele parallele Entwicklungen gibt. Beide Familien gehören zur Unterordnung der Eidechsen, die sich durch schlanke Körper mit einem langen Schwanz auszeichnen, der meist weit mehr als die Hälfte der Gesamtlänge ausmacht. Dieser kann von

Es gibt keine Giftschlangen auf der Insel

den Leguanen bei Gefahr abgeworfen werden und regeneriert sich anschließend weitgehend. Leguane sind flinke, anpassungsfähige Tiere, die praktisch alle Lebensräume an Land und in Gewässernähe, selten sogar im Wasser, besiedeln. In der Dominikanischen Republik sind viele Vertreter von ihnen zu finden, darunter einige besonders auffällige und bemerkenswerte. Den Anolis als der herausragenden Gattung wird weiter unten ein eigenes Kapitel gewidmet, hier geht es um eine nicht minder interessante Gruppe: die imposanten Wirtelschwanzleguane der Gattung *Cyclura*. Von den neun noch existierenden Arten leben zwei Spezies ausschließlich auf Hispaniola, die anderen Vertreter sind auf andere Karibische Inseln verteilt. Es handelt sich somit um eine endemische Gattung der Antillen. Offensichtlich stammen sie alle von den gleichen frühen Vorfahren ab, die vor etwa 12 Millionen Jahren, im Mittelmiozän, über unbekannte Wege die Karibik besiedelt haben.

Die beiden dominikanischen Wirtelschwanzleguane bewohnen vorwiegend die Dornbusch- und Kakteensavannen im Süden des Landes, mehr

oder weniger in Küstennähe. Beide Arten schlafen nachts in selbst gegrabenen Höhlen. Diese suchen sie auch tags in der größten Mittagshitze oder bei Beunruhigung als Refugium auf. Jungtiere ernähren sich von Insekten, Schnecken, Würmern und kleinen Wirbeltieren, im Alter dagegen verlegen sie sich mehr und mehr auf pflanzliche Kost. Sie verzehren mit ihren hornigen

Der einzige Skink auf Hispaniola:
Mabuya lineolata

Kiefern dann gerne die fleischigen Blätter oder saftigen Früchte von Opuntien. Obwohl Wirtelschwanzleguane grundsätzlich bodenlebende Tiere sind, können sie geschickt auf Bäumen klettern und gut schwimmen und tauchen.

Der Rindenanolis *Anolis distichus* tarnt sich perfekt an seiner Unterlage

Anolis: kaltblütig zum Erfolg

Dem aufmerksamen Besucher der Dominikanischen Republik fällt neben den Vögeln sofort die große Vielzahl der Anolis auf. Das sind behänd an den Baumstämmen herumkletternde, tagaktive Leguane, die oft ihre leuchtend gelb, weiß oder rot gefärbte Kehlfahne („Kehlwamme") aufrichten, die bei den Männchen besonders auffällig ausgebildet und arttypisch ist. Anolis sind schlanke und flinke Kletterer, deren lange, verbreiterte Zehen als Anpassung an das Leben auf Bäumen mit Haftpolstern von weit über einer Millionen Hafthärchen pro Quadratmillimeter Fußsohle ausgestattet sind. Wegen der ausgeprägten Kletterzehen werden Anolis auf deutsch auch Saumfinger genannt.

Anolis verfügen über eine erstaunliche Farbenvielfalt in allen erdenklichen Abstufungen aus Grün, Braun, Grau bis hin zu Schwarz, oft eingestreut mit Blau, Gelb und Weiß, manche samtartig matt, andere metallisch glänzend. Viele sind einfarbig, andere recht bunt. Oft besitzen sie arttypische Zeichnungen. Sie sind dann gepunktet, gescheckt, genetzt, gebändert oder gestreift, manche Arten sind dabei ausgesprochen variabel. Die meisten Anolis können ihre Farbe wechseln, manche grüne Arten bis hin zu Schwarz, andere Arten können nur die Intensität verändern, bei anderen verschwinden oder entstehen Muster. Mit dem Farbwechsel können sie Gefühle ausdrücken: Paarungsstimmung, Angst, Aggression oder Imponiergehabe, meist unterstützt durch Ausstülpen der arttypischen Kehlwamme. Üblicherweise helle Arten können auch bei Kälte deutlich dunkler werden, um mehr Sonnenenergie zu absorbieren. Dieser Farbwechsel hat den Anolis auch den volkstümlichen Namen „Amerikanische Chamäleons" eingebracht. Aber obwohl viele Arten grundsätzlich eine Tarnfärbung aufweisen, können sie sich nicht wie die Chamäleons aktiv dem Untergrund anpassen!

Die stammesgeschichtlich sehr alten Reptilien – ihre Anfänge reichen ca. 100 Millionen Jahre bis in die Oberkreide zurück – sind in mehrerer Hinsicht von großem Interesse und geben vielerlei Rätsel auf.

Anolis stellen mit über 350 Arten die größte Gattung innerhalb der Reptilien dar, und viele ihrer Vertreter sind ausgesprochen attraktiv. Ihre Gesamtverbreitung erstreckt sich, abgesehen von einer Ausnahme im Süden der USA, auf das tropische Süd- und Mittelamerika und auf alle karibischen Inseln. Die Inselformen sind überwiegend endemisch, d. h., die jeweiligen Arten kommen nur auf einer einzigen Insel vor, manche sind selbst dort nur lokal in eng begrenzten Regionen zu finden. Kleine Inseln beherbergen oft nur ein bis zwei, die großen Inseln wie Kuba und Hispaniola dagegen jeweils 30 bis über 50 Arten. Es werden auch heute noch ständig neue Arten entdeckt. Der Ökologe Jonathan ROUGHGARDEN (1995) hat errechnet, dass in intakten Biotopen die Individuendichte von Anolis mit einem Exemplar pro Quadratmeter typisch ist; das legt die Vermutung nahe, dass ihnen eine immense ökologische Bedeutung zukommt.

Umfangreiche Studien haben ergeben, dass auf den artenreichen großen Antillen viele verschiedene ökologische

Der Dickkopfanolis jagt gelegentlich auch auf dem Boden

Anolis chlorocyanus bewohnt den unteren Teil der Baumstämme

Anolis brevirostris **an einem Baum der Küstenpromenade**

Nischen durch Anolis besetzt sind und dass sich die Arten dort in Größe, Färbung und Lebensweise entsprechend ihren Aufgaben deutlich unterscheiden. Neben der Besiedelung verschiedener Klimazonen, von Küstengebieten über Gras- und Kakteensteppen, Trockenbusch- und Regenwäldern bis in die höchsten Bergregionen teilen sich diese Reptilien den Lebensraum sogar auch kleinräumig auf, ohne sich dabei nennenswert ins Gehege zu kommen, obwohl die Männchen ein ausgeprägtes Revierverhalten zeigen. Es gibt klassische Baumwipfelbewohner mit den bis zu 60 cm langen, grünen Riesenanolis auf den stärkeren Ästen, auf den dünneren Zweigen und Lianen dagegen kleinere, eher graue Arten. Weiterhin gibt es mittelgroße Arten um 20–30 cm Länge mit meist grüner Färbung im unteren Bereich der Baumkronen. An den Stämmen selbst leben die typischen Baumstammanolis, nach Arten getrennt

im oberen, mittleren und unteren Drittel, jeweils unterschiedliche und meist eher kleine Spezialisten mit oft verblüffender Tarnfarbe. Dazu kommen noch Grasanolis am Fuß der Bäume, zu denen vor allem gestreifte, schlanke Arten zählen, und last but not least einige wenige am Boden oder an Felsen lebende Vertreter. Es ergeben sich also mindestens 6–7 verschiedene Lebensbereiche an oder um einen einzigen Baum, was die enorm große Individuendichte pro Fläche erklärt.

Das Spannende ist aber die Frage, wie eine so große Individuendichte überhaupt existieren kann. Eine plausible Erklärung ist die Beobachtung, dass Anolis auf den karibischen Inseln offensichtlich eine ganz bestimmte Gruppe Insekten fressender Vögel ersetzen, die dieses Nahrungsangebot im Prinzip ebenfalls nutzen könnten. Anolis sind typische Ansitzjäger, d. h., sie beobachten bewegungslos ihre Umgebung und schnellen erst bei Erscheinen der Beute vor, die in aller Regel aus Insekten besteht. Aber sie müssen für die Aufrechterhaltung ihrer Körpertemperatur weniger Energie aufwänden, weil sie wechselwarm sind und ihre Körperwärme von der Sonne beziehen. So haben sie warmblütigen Vögeln gegenüber einen riesigen Vorteil: Vögel benötigen nämlich einen Großteil der Energie zur Regulierung ihrer Körpertemperatur und müssen erheblich mehr Nahrung aufnehmen, um die gleichen physiologischen Leistungen zu erbringen. Dementsprechend haben die effizienteren Anolis den Vögeln einen attraktiven Lebensraum abgetrotzt, weil sie gefangene Beute ohne große Umwege in schnelles Körperwachstum und in eine schnelle Reproduktionsrate investieren können. Außerdem legen sie, wie fast alle eierlegenden Echsen, ihre pro Gelege ein, selten zwei Eier im Boden ab und überlassen sie sich selbst. Energieaufwändiges Brutgeschäft und Aufzucht der Jungen entfallen. So ernährt das gleiche Nahrungsangebot hundertmal mehr Anolis als Vögel!

Und damit nicht genug: Anolis bieten auch für Evolutionsforscher jede Menge interessanten Stoff. Die geologische Entstehungsgeschichte der Antillen ist noch längst nicht in allen Einzelheiten geklärt und es gibt genügend Anhaltspunkte für die Annahme, dass einige Inselkomplexe zu verschiedenen Zeiten der älteren und jüngsten Erdgeschichte immer wieder zusammengehangen haben und wieder getrennt wurden. Beispielsweise lag der Meeresspiegel während der Eiszeit um mindestens 100 m tiefer als heute und einige Inseln waren trockenen Fußes zu erreichen, bis sie vom steigenden Wasserspiegel der Warmzeit wieder isoliert wurden.

Anhaltspunkte für die Richtigkeit der einzelnen Theorien liefern die Anolis.

Es ist eine gesicherte Tatsache, dass bei der Aufspaltung einer Population, etwa durch das Auseinanderbrechen einer

Ein junger *Anolis chlorocyanus* hat sich eine Kokospalme als Ansitzwarte ausgesucht

Insel in zwei Hälften, jede der beiden Teilgruppen eigene Wege geht. Wird eine solche Teilpopulation erneut getrennt, beginnt die Anpassung aufs Neue. Es entsteht mit der Zeit ein natürlicher Stammbaum mit eigenständigen Arten. So ein Stammbaum lässt natürlich auch umgekehrt Rückschlüsse vom heutigen Kenntnisstand ausgehend in die Vergangenheit zu, vorausgesetzt, man kennt die Geschwindigkeit der Anpassungen. ROUGHGARDEN hat sowohl den Stammbaum als auch die Evolutionsgeschwindigkeit ermittelt und konnte mit diesen Daten den Zeitpunkt der Bil-

Methoden mikrotektonische Bewegungen einzelner Inselkomplexe rekonstruiert, ja, er kann sogar Aussagen über die geologische Vergangenheit vieler Karibikinseln treffen, und das nur mit Hilfe der Anolis.

Allerdings bleiben auch noch genügend Fragen offen und bieten reichlich Stoff für weitere Forschungen. Derzeit sind z. B. Genanalytiker dabei, die Verwandtschaftsbeziehungen der Anolis mit ganz neuen Methoden zu untersuchen. Widersprüche sind vorprogrammiert.

Fragile Wanderer zwischen Raum und Zeit: Schmetterlinge

Schmetterlinge gehören aufgrund ihrer Größe und Farbenpracht mit zu den auffälligsten Erscheinungen der Insel. Rund ums Jahr flattern sie überall an Blüten am Wegesrand oder in Gärten, und es gibt ausgesprochen attraktive Arten darunter. In der Dominikanischen Republik sind rund 170 Arten (auf Hispaniola inklusive Haiti rund 180, in der gesamten Karibik etwa 300) bekannt, die aus 11 Familien und 90 Gattungen bestehen. Der größte Einfluss kommt aus der Neotropis. Trotzdem ist der Formenreichtum verglichen mit der Vielfalt der mittel- und südamerikanischen Falterfauna deutlich geringer. Immerhin beherbergt die Dominikanische Republik die größte Zahl an Tagfaltern von allen Antilleninseln und weist mit 40 Arten (28 %) die meisten endemischen Formen auf.

Danaus eresimus
ist ein Verwandter
des berühmten
Monarchfalters

dung einzelner Inseln zurückberechnen und die Wege der Besiedelung durch Anolis rekonstruieren. Ein glücklicher Umstand half dabei. 1980 konnte durch den Fund des in Bernstein eingeschlossenen *Anolis dominicanus* die Existenz dieser Gattung in der Dominikanischen Republik für mindestens 30 Millionen Jahre gesichert nachgewiesen werden. ROUGHGARDEN hat mit ökologischen

Siproeta steneles imitiert mit seinem Muster das Spiel von Licht und Schatten

zeichnen, um ihre bevorzugten Lebensbedingungen zu finden. Es ist eine große ökologische Dynamik in der Falterwelt der Insel zu beobachten. Trotzdem, oder gerade deshalb liefern Vergleiche mit dem Festland einige überraschende und wissenschaftlich bedeutsame Erkenntnisse.

So ist z. B. bei Wanderfaltern festzustellen, dass sie ihren Aktionsradius auf den Inseln deutlich verkleinert haben. Das ist auch sinnvoll, denn zu große Flugradien würden häufig auf offener See enden, was große Verluste bedeuten würde. Der Monarch (*Danaus plexippus*) etwa legt als einer der berühmtesten Wanderfalter der Welt auf dem nordamerikanischen Festland jedes Frühjahr und jeden Herbst Strecken von beinahe 5.000 km zurück, um vom Sommerquartier in Kanada in sein mexikanisches Winterquartier zu gelangen. Auf dem Festland scheint dies sinnvoll, weil hier Fröste das

Aus zoogeographischer Sicht sind die Schmetterlinge der karibischen Inseln höchstinteressante Forschungsobjekte. Tagfalter sind ausgezeichnete Bioindikatoren, die als Spezialisten, was ihre Nektar- und Raupenfutterpflanzen anbelangt, häufig sehr eng an besondere Biotopstrukturen gebunden sind. Ökologische Veränderungen werden oftmals als Erstes und am augenfälligsten durch die Veränderung der Schmetterlingsfauna sichtbar.

Andererseits besteht das Arteninventar der Dominikanischen Republik aus vielen bekannten Wanderfaltern, die sich durch große Mobilität aus-

Danaus gilippus unterscheidet sich durch sein Fleckenmuster vom ähnlichen Monarchfalter

***Hamadryas februa* imitiert ein Stück lose Baumrinde**

Überleben der kälteempfindlichen Art im Norden gefährden würden. Auf den rund ums Jahr warmen Karibikinseln ist der Zwang zum Wandern allerdings nicht mehr gegeben. Die Monarchen hier sind deshalb mehr oder weniger „sesshaft" geworden.

Die Konsequenz ist, dass sich bei einigen vormals sehr mobilen Arten mit der Zeit erkennbare morphologische Veränderungen „eingeschlichen" haben, die zu charakteristischen Inselformen geführt haben. So haben sich *Agraulis vanillae* oder *Dryas julia*, beides Arten mit einem im Prinzip sehr großen Verbreitungsgebiet, in diverse Unterarten aufgespaltet, die selbst ein ungeübter Laie ohne viel Mühe ganz bestimmten Inseln zuordnen könnte. In der Dominikanischen Republik sind das *Agraulis vanillae insularis* und *Dryas julia hispaniola*. Bei *Danaus plexippus* ist das schon schwieri-

ger, offensichtlich gibt es immer noch einen Genaustausch über die Grenzen von Inseln hinweg.

Auch andere Wanderfalter von Weltrang, unser heimischer Admiral (*Vanessa atalanta*) und der Distelfalter (*Vanessa cardui*), haben irgendwann einmal (vermutlich mit dem Ende der letzten Eiszeit) die Dominikanische Republik erreicht und haben sich dort entsprechend ihrer altweltlichen Herkunft in den kühleren Bergregionen niedergelassen. Auch hier wären große Wanderbewegungen nicht mehr sinnvoll, weil die Lebensbedingungen für diese eher kühle Bedingungen liebenden Arten in der Karibik deutlich eingeschränkt sind. Trotz der langen Isolation der Tiere haben sich aber keine unterscheidbaren Inselformen herausgebildet, also keine Regel ohne Ausnahme.

Es gibt umgekehrt Gattungen, die offensichtlich ihr Artentstehungszentrum in der Karibik haben. Die Gattung *Calisto* z. B. zeichnet sich durch eine ungewöhnlich große Artenvielfalt aus, deren Hauptverbreitung sich außer auf die Dominikanische Republik vorwiegend auf Kuba und Jamaika erstreckt. In der Dominikanischen Republik befindet sich der Artstehungsprozess von *Calisto* offensichtlich noch im vollen Gange, denn mit 40 endemischen Arten und Unterarten (100 % Endemismus!) existiert hier die mit Abstand größte Diversität von allen Inseln. Manchmal unterscheiden sich die Arten optisch zwar relativ wenig voneinander, aber in ihren Lebensraumansprüchen sind sie schon deutlich unterscheidbar und besiedeln Ökosysteme, die regional zum Teil sehr eng auf die Hochlagen der Gebirge begrenzt sind. Solche Beobachtungen lassen Schlüsse auf den Zeitpunkt der Abtrennung untereinander und von anderen Inseln zu und legen den Verdacht nahe, dass die Gattung *Calisto* in der Dominikanischen Republik entstanden sein muss. Die Hochgebirgsformen sind ganz sicher Reliktfaunen aus der kälteren Ära der Eiszeit und sind mit dem Klimawandel in die kühlen Hochlagen verdrängt worden. Die Isolation hat dann

Euptoitea hegesia deckt an einer eingetrockneten Pfütze seinen Salzbedarf

ähnliche Prozesse in Gang gebracht, wie sie üblicherweise bei Inselbildungen ablaufen. Vergleichbare Phänomene wurden ja bereits bei den Anolis (s. S. 186) angesprochen. Manche Biologen glauben ja, dass, wie bereits mehrfach erwähnt, die Großen Antillen nie mit dem Festland in Verbindung gestanden haben, es sich zoogeographisch also um echte ozeanische Inseln handelt, vergleichbar den Galapagosinseln im Pazifik. Gattungen wie *Calisto* werden für diese Theorie gerne als Beweis angeführt. Aber auch hier sind die Ansichten verschiedener Wissenschaftler sehr widersprüchlich, und es besteht weiterhin viel Klärungsbedarf. Derzeit offene Fragen werden deshalb vermutlich auch noch nachfolgende Generationen beschäftigen.

Studiert man das Verbreitungsmuster der Gesamtfauna, gibt es derzeit noch einige Ungereimtheiten. Denn wenn die Besiedelung der Antillen vom mittelamerikanischen Festland her aktiv erfolgt wäre, müsste es auf dem näher gelegenen Jamaika mehr Arten geben als in der Dominikanischen Republik. Dem ist aber nicht so, es sind im Gegenteil sogar deutlich weniger. Viele der zarten und

kleinen Arten könnten vermutlich die weite Strecke aktiv auch gar nicht bewältigen. Alternativ wird die Verfrachtung

Bunte Blüten verheißen köstlichen Nektar

Historius acheronta: Der Erstnachweis durch den Autor eines bisher nur aus Haiti bekannten Tagfalters in der Dominikanischen Republik durch Hurrikane diskutiert. Das ginge zum einen recht schnell, zum anderen wäre es eine plausible Erklärung für die un-

gleiche Verteilung. Denn wenn ein Hurrikan über die Antillen auf Mittelamerika zurast, drückt er auf seinem südlichen und frontalen Teil die Luft vor sich her in Richtung Festland. Infolge der Rotation schaufelt er aber gleichzeitig im Norden große Luftmassen vom Festland weg in Richtung der Inseln, in günstigen Fällen also nach Kuba und in die westliche Dominikanische Republik. Es wird den verfrachteten Arten (Luftplankton genannt) zwar in den allerseltensten Fällen gelingen, Fuß zu fassen, trotzdem hat diese Theorie einiges für sich. Der Vorgang hat sich schließlich im Laufe vieler hunderttausend Jahre – wer weiß, wie oft – wiederholt, und gelegentlich schafft es dann doch mal eine Art, sich zu behaupten.

Andererseits gibt es viele endemische Arten, die auf dem Festland gar nicht vorkommen und die auf eine einzige Antilleninsel begrenzt sind, obwohl dazwischen oft nur kleine Distanzen zu überbrücken wären, was erneut Raum für Spekulationen bietet. „Inselhüpfen", also die Verbreitung vom Festland über Kuba, die Dominikanische Republik und weiter nach Puerto Rico, wie von vielen vermutet, lässt ebenfalls genügend Fragen unbeantwortet.

Selbst, wenn man sich daran nicht beteiligen möchte und nur feststehende Tatsachen im Sinn hat, kommt eine Menge Arbeit auf einen zu. Viele Arten sind nämlich nur auf ganz bestimmte Ökosysteme oder Regionen Hispaniolas begrenzt, oder sie fliegen nur zu ganz bestimmten Zeitpunkten im Jahr. Man wird bei einem einmaligen Besuch also immer nur einen Teil des Artenspektrums vorfinden. Um die Fülle der gesamten Falterfauna kennen zu lernen, ist viel Zeit erforderlich.

Zur Beruhigung aller wird man aber zu keiner Zeit auf Schmetterlinge verzichten müssen, ein Teil von ihnen fliegt, mit annähernd konstanter Häufigkeit und weiter Verbreitung, rund ums Jahr. Dazu gehören viele für Mittelamerika typische Falter, darunter einige der Schönsten der Insel. Als Beispiel wurden schon die unsteten Wanderer genannt, die Monarchfalter, von denen es vier Arten auf Hispaniola gibt.

Natürlich beschränkt sich die Entomofauna der Insel nicht nur auf Tagfalter. Aber die Erforschung von anderen großen Insektengruppen wie Nachtfaltern,

Käfern, Libellen, Wanzen, Fliegen, Bienen usw. ist derzeit noch in vollem Gange. Nach derzeitigem Wissensstand hat man Kenntnis von etwa 4.200 Insektenarten, darunter 1.500 Käferarten, etwa 400 Heuschrecken- und 500 Spinnenartigen, aber fast täglich werden neue Arten entdeckt.

Es ist z. B. auffallend, dass einige der größten Nachtfalter der Welt auf der Insel zu finden sind, etwa der Eulenfalter *Thysania zenobia* oder die Schwarze Hexe (*Ascalapha odorata*) mit Spannweiten von weit über 10 cm. Einige besonders erwähnenswerte Fundstellen werden in den betreffenden Kapiteln angesprochen.

Thysania zenobia zählt mit über 15 cm Spannweite zu den größten Eulenfaltern der Welt

Angemerkt soll noch werden, dass die Dominikanische Republik im Gegensatz zu vielen anderen Regionen der Welt über viele Millionen Jahre hinweg ein recht konstantes, tropisches Klima besaß, welches der Evolution wenig Hindernisse in den Weg legte. So konnten einmal eingeschlagene Richtungen unbeirrt weiterverfolgt und optimiert werden. Dank der reichhaltigen fossilen Wirbellosenfauna von bisher über 1.000 fossilen Insekten und Spinnen im Bernstein (s. S. 259 ff.) lassen sich über mindestens 15 Millionen Jahre hinweg solche Entwicklungslinien rekonstruieren. Auch hier öffnet sich für Evolutionsbiologen ein Eldorado mit ungeahnten Möglichkeiten.

Mit ihrem raffinierten Muster wird diese Libelle fast unsichtbar

In den Anfängen befindlich ist auch die Erforschung der Landmollusken. Nachdem die Karibik das zweitwichtigste Evolutionszentrum der Welt für Landschnecken ist, sind hier interessante Ergebnisse zu erwarten.

Nächtliche Beobachtung am Hotel: *Diphtera festiva*

Klein aber fein: Süßwasserfische in Flüssen und Seen

Obwohl die Dominikanische Republik sehr wasserreich ist und in den Bergen unzählige Bäche und Flüsse entspringen, herrscht im Gegensatz zur Meeresfauna eine erstaunliche Armut an einheimischen Süßwasserfischen sowohl in der Artenzahl als auch in der Größe der Tiere. Die meisten werden nicht größer als ein kleiner Finger. Außerdem fällt wieder der extreme Endemismus auf, denn viele Arten sind nur auf ein oder wenige Gewässersysteme begrenzt. Drittens ist schließlich einmal mehr die unterschiedliche Verteilung diesseits und jenseits der Cordillera Central zu beobachten, ein klarer Hinweis auf die Entstehungsgeschichte der Insel Hispaniola als Vereinigung von mindestens zwei früher unabhängigen Inselkomplexen.

Die Gewässersituation in der Dominikanischen Republik ist äußerst vielgestaltig und reicht von unterschiedlichen Quellgebieten über reißende Gebirgsbäche, kleine und große Flüsse höchst unterschiedlicher Wassertemperatur und Strömung, Rinnsale, Tümpel, Süßwasserseen und Seen unterschiedlicher Salinität bis hin zu hypersalinen Lagunen oder Brackwasserzonen im Mündungsbereich der Flüsse. In den letzten Jahrzehnten kamen außerdem viele Talsperren dazu.

Derzeit geht man von etwa 55 Fischarten in dominikanischen Gewässern aus, wobei 16 Arten eingeführt wurden. Die Einbürgerung fremdländischer Fische geschah meist mit der Absicht, den Speiseplan der dominikanischen Bevölkerung zu bereichern, mit – zumindest wirtschaftlichem – Erfolg, denn heute sind praktisch alle kommerziell genutzten Süßwasser-Speisefische ausländische Arten. Darunter befinden sich die vertrauten europäischen Karpfen, Forellen und Welse, aber auch Vertreter aus Asien und Afrika.

Der Rest der Fischfauna verteilt sich auf 28 heimische Arten, die z. B. auch in Kuba vorkommen, und auf acht endemische Formen mit meist äußerst lokaler Verbreitung. Praktisch alle Süßwasserfische leiten sich von Brackwasserarten ab, die entlang den Inselsäumen in den Mangroven leben. Ein weiterer, nicht näher zu beziffernder Teil von Arten kommt nach wie vor nur gelegentlich oder zum Laichen in die Flüsse, es sind also marine Invasoren, darunter auch der im karibischen Meer lebende, endemische Aal *Anguilla rostrata*.

Die größte Gruppe stellen lebendgebärende Zahnkarpfen (Poecilidae) mit einer ganzen Reihe von interessanten Formen und einigen extremen Anpassungen. Sie besiedeln z. B. auch brackige oder hypersaline Binnengewässer und ertragen manchmal einen sehr hohen Schwefelgehalt im Wasser. Einige von ihnen sind als eifrige Vertilger von Mückenlarven vor allem in Mangrovengebieten bekannt, was ihnen den Namen Moskitofische eingebracht hat.

Über die kleinen, endemischen Arten weiß man noch nicht allzu viel, nur, dass sie in äußerst eng begrenzten Arealen vorkommen. Hier befindet sich die Erforschung in vollem Gange, denn auch auf haitianischer Seite gibt es noch mehrere bemerkenswerte Arten, die in der Dominikanischen Republik gänzlich fehlen. Heute weiß man allerdings schon, dass verschiedene Arten, die zusammen im gleichen Gewässer vorkommen, gänzlich unterschiedliche Nahrungsansprüche besitzen und dann entweder überwiegend vegetarisch oder räuberisch leben, um sich nicht gegenseitig Konkurrenz zu machen.

Auch weiß man mittlerweile, dass die südwestlichen Gebiete, also die Halbinsel Bahoruco, die Region mit der höchsten biologischen Differenzierung von allen Antilleninseln ist. Mit 14 Arten stellen sie auf kleinstem Raum rund 25 % der gesamten Fischfauna Hispaniolas.

Aktuelle DNA-Analysen rütteln mal wieder an der umstrittenen Vorstellung, dass es im Unteroligozän vielleicht doch eine Landbrücke mit Südamerika gegeben haben könnte, weil einige Fischarten ähnliche Erbgutmerkmale aufweisen wie südamerikanische Formen. Andererseits zeigen die großen Flusssysteme des Amazonas und des Orinoko eindrucksvoll, dass ihr Süßwassereinfluss Hunderte von Kilometern aufs Meer hinausreichen kann. Süßwasser ist spezifisch leichter und schwimmt angesichts der gewaltigen Mengen und der großen Strömung dieser beiden Flüsse lange auf dem Meerwasser, bevor es sich langsam damit vermischt. Man weiß sicher, dass sich die Flusssysteme Südamerikas im Laufe der jüngeren Erdgeschichte alle nach Osten verlagert haben, weil sich durch die Drift Südamerikas nach Westen die Anden als unüberwindbare Wasserscheide aufgetürmt haben. In dieser Umbruchphase könnten nach recht neuen Theorien also auch nordwärts gerichtete Süßwasserströme, etwa die eines Ur-Orinoko, zu-

In der Enriquillo-Senke entspringen viele kühle Quellen

sammen mit einigen Brackwasser vertragenden Fischarten die großen Antillen erreicht haben.

Viele heimische Fischarten sind durch mehrere Faktoren bedroht. Zum einen durch den Bau von Talsperren oder die vielen Bewässerungsgräben, was in beiden Fällen zu einem völlig anderen Fließverhalten der Gewässer führt. Zum anderen werden sie durch die Konkurrenz von exotischen Fischen bedroht, denn viele Arten wurden als Speisefische eingesetzt, die als Nahrungskonkurrenten oder sogar als Räuber die heimische Kleinfischfauna dezimieren. Und in den letzten Jahren gelangen zunehmend mehr Zierfische von Hobby-Aquarianern in die Gewässer, die ebenfalls eine große ökologische Konkurrenz darstellen.

Gelegenheit zum Untertauchen: die Korallenriffe

Rund um die Westindischen Inseln erstrecken sich mit die größten tropischen Korallenriffe. Ein Riesenheer winziger Polypen hat dort Unterwasserwelten geschaffen, wie sie kein anderer Organismus zu Stande gebracht hat, Menschen eingeschlossen. Mikrometer um Mikrometer sind die gigantischen Kalkgebilde gewachsen, über Jahrzehnte, Jahrhunderte, Jahrtausende, Jahrmillionen – auch viele kleine Schritte führen mit der nötigen Beharrlichkeit zum Ziel. Riffbildende Organismen hatten im Laufe der Erdgeschichte erheblichen Anteil an der Evolution und der Gestalt der heutigen Kontinente. Ganze Gebirgszüge in vielen Teilen der Welt sind nichts anderes als fossile Meeresriffe, die durch tektonische Kräfte manchmal mehrere tausend Meter aus dem Meer hochgehoben wurden. Früher waren eine Reihe anderer Organismen an der Riffbildung beteiligt, die heute schon ausgestorben sind, z. B. die zu den Schwämmen gehörenden Stromatoporen. Diese hatten ihre Blütezeit im Erdaltertum und Erdmittelalter und bildeten gewaltige Riffe. Heute sind ihre Hauptkonstrukteure vor allem Korallen.

Korallenriffe haben einen großen Anteil an der aktuellen Gestalt der Dominikanischen Republik. Praktisch alle Küstenebenen bestehen aus emporgehobenen, tertiären Riffplateaus und tragen erheblich zur flächenmäßigen Ausdehnung der Insel bei. Weiter draußen, wo die Riffe durch Wachstum auf natürliche Weise die Meeresoberfläche erreicht haben, entstanden zudem viele Koralleninseln oder sogar kleine Barriereriffe.

Viele Küsten rund um die Insel werden von fossilen Korallenriffen gebildet

Es bedarf einer Reihe von Voraussetzungen, damit sich tropische Korallenriffe bilden können. Wichtigste Faktoren sind flache Küstenschelfe mit höchstens 60 m Wassertiefe und eine Mindestwassertemperatur von 20 °C sowie nicht zu stark bewegtes Wasser mit wenig Sedimentation und wenig Trübung. Daher kommen derartige Korallenriffe (im Unterschied zu den nicht-tropischen Tiefwasserkorallenriffen) nur an geschützten tropischen Küsten zwischen den beiden Wendekreisen vor, in warmen Meeresströmen auch etwas darüber hinaus. Diese warmen Meeresströmungen reichen im Golfstrom über den nördlichen Wendekreis bis nach Florida und an die Küste von Texas heran. Tropische Korallenriffe fehlen in Bereichen kalter Wasserströme, selbst innerhalb ihres möglichen Verbreitungsgebietes. Man kennt weltweit eine Reihe verschiedener Riff-Typen, Barriereriffe etwa oder Atolle, allerdings trifft man in der Regel Saumriffe an, so auch in der Dominikanischen Republik. Es sind zwischen 50–500 m entfernte, parallel zur Küste verlaufende, massive Bollwerke gegen die Gewalten des Meeres und frühe Entwicklungsstadien der beiden anderen Rifftypen. Ihnen kommt eine nicht zu unterschätzende Aufgabe beim Küstenschutz zu. Die vielen Kanalsysteme in alten Riffen auf der Nordostseite der Insel geben einen Eindruck von der gewaltigen Zerstörungskraft bei Hurrikanen und der Rolle der Riffe als Gegenspieler.

Korallenriffe sind höchst komplexe und trotzdem klar gegliederte Lebensräume mit einer großen Anzahl von Spezialisten, die in einer komplizierten Be

Flötenfische wie dieser *Aulostomus maculatus* haben ein sehr typisches Erscheinungsbild Foto: D. Knop

ziehung zueinander stehen, was gleichbedeutend mit einer großen Artenvielfalt ist. Daher spricht man auch gerne in Analogie von den „Regenwäldern der Weltmeere". Natürlich bringt eine derartige Konzentration von Leben auch einen immensen Stoffumsatz mit sich. Experten halten den Stoffumsatz in Korallenriffen sogar für den produktivsten aller Ökosysteme weltweit. Riffe spielen in der Meeresökologie eine eminent wichtige Rolle, daher gilt es, sie unbedingt zu schützen und zu erhalten. Denn trotz ihrer imposanten Erscheinung sind es filigrane Ökosysteme, die auf Störungen empfindlich reagieren und deshalb größter Rücksichtnahme bedürfen. Korallenriffe, Inbegriff von üppigen Lebensgemeinschaften in tropischen Gewässern, locken Heerscharen von Schnorchlern und Tauchern an und stellen für die Tourismusbranche einen bedeutenden Wirtschaftsfaktor dar. Dies ist Chance und Gefahr zugleich, denn die Erfahrung zeigt, dass Unvernunft zu irreparablen Schäden an vielen Riffen dieser Welt geführt hat. Auch die Dominikanische Republik ist davon nicht verschont geblie

Soldatenfische wie dieser *Holocentrus rufus* sind vorwiegend nachtaktiv
Foto: D. Knop

ben. Sie hat viele Tauchreviere rund um die Insel zu bieten, von denen aber zum Glück mittlerweile die wichtigsten unter Schutz gestellt sind.

Die Mechanismen, die den Saumriffen zugrunde liegen, sind damals wie heute die gleichen: Es ist immer die klassische Dreiteilung von Lagune, Vorder- und Hinterriff. Damit durchbrechen sie das übliche Erscheinungsbild einer gleichförmigen Meeresküste. Es gibt Brandungszonen und Stillwasserbereiche bis hin zu Gezeitentümpeln, es gibt Flach- und Tiefwasserzonen, und es gibt Licht und Schatten auf engstem Raum. Folglich existieren große Unterschiede in der Wassertemperatur zwischen der Stillwasser- und der Brandungszone. Auch das Angebot an Nahrung ist auf beiden Seiten des Riffes höchst unterschiedlich. Dadurch sind sehr verschiedene Lebensräume mit einem komplett anderen Arteninventar möglich. Bei entsprechenden Meerestiefen kann sich vor dem Riff eine gut differenzierte Zonierung ausbilden, mit jeweils spezifischen Arten für jede Tiefenstufe, die nicht zuletzt von der Intensität des ankommenden Lichtes oder der Strömung abhängt. Derartige Lebensräume waren in der Vergangenheit die Motoren der Evolution, und sie sind es vermutlich auch heute noch. Manche Meeresbiologen sehen in einem Korallenriff als Ganzes sogar eine Art Organismus, denn neben den komplexen Funktionen, Organen vergleichbar, können sie wachsen und sterben. Sie betreiben sogar eine Art Stoffwechsel, indem sie über Kanäle Abfallstoffe als Riffschutt aus dem System in tiefere Meereszonen entsorgen und dem Riffsystem im Zuge der Brandung Sauerstoff und Nährstoffe zuleiten.

Es findet eine ständige Beeinflussung und Wechselwirkung zwischen Lebewesen und der Umgebung statt; Korallenriffe sind also aktiv an der Gestaltung und Weiterentwicklung ihres eigenen Ökosystems beteiligt. Nicht nur Korallen, auch viele Kalkalgen und Schwämme sind in der Lage, feste Substanzen auszuscheiden, die dem Aufbau und der Verfestigung des Riffkörpers dienen, besonders in lichtärmeren Bereichen oder in Zonen mit einer für Korallen ungünstigen Strömung. Einen verhältnismäßig kleinen Beitrag als Riffbauer tragen dagegen Schnecken (speziell Vermetidae = Wurmschnecken) sowie diverse Gehäuse bauende Würmer (Serpuliden und Sabellariiden) bei. Riffe sind immer nur an ihrer Oberfläche belebt, Korallen und

Algen überbauen quasi das tote Erbe ihrer Vorgängergenerationen und wachsen permanent über sich hinaus, solange es die äußeren Bedingungen zulassen. Letztlich aber ist ein Riff immer das Gemeinschaftswerk aller dort lebenden Organismen.

Längst nicht alle Korallen sind Riffbildner. Sie müssen ganz bestimmte Voraussetzungen erfüllen, d. h. koloniebildend und vor allem schnellwüchsig sein sowie Kalk produzieren. Es gibt nämlich viele einzeln lebende Arten sowie Horn- oder Weichkorallen, die zwar in Riffen leben, aber keinen aktiven Beitrag zu dessen Aufbau leisten können. Die Fähigkeit, Kalk auszuscheiden, ist kompliziert und beruht auf der Symbiose von speziellen Algen, den Zooxanthellen, mit riffbildenden Steinkorallen der Ordnung Scleractinia. Diese Algen betreiben, im Gewebe der Polypen eingebettet, Photosynthese und nehmen das ausgeatmete Kohlendioxid (CO_2) ihrer Wirtsorganismen auf. Dabei wird ständig ein Gleichgewicht zwischen im Wasser gelöstem Hydrogencarbonat (HCO_3^-) und Carbonat (CO_3^-) aufrechterhalten. Das Carbonat reagiert mit im Meerwasser gelöstem Kalzium zu Kalk ($CaCO_3$), der auskristallisiert und dem Aufbau des Korallenstockes dient. Die Symbiose bewirkt eine bis zu 20-fach schnellere Kalkausscheidung als es den Polypen ohne Algen möglich wäre und ist daher für die Riffbildung unverzichtbar. Da Photosynthese an Sonnenlicht gebunden ist, welches selbst bei klarstem Wasser im Meer nicht tiefer als 60 m vordringen kann, ist die Bildung tropischer Riffe auf flache Gewässer mit tragfähigem Untergrund begrenzt. Im Idealfall können sich dann geschlossene Säume rund um eine Insel bilden. Das wird aber nur selten erreicht. Flussmündungen z. B. führen einerseits so viele Schwebstoffe mit sich, dass die Korallenstöcke permanent überdeckt werden und die Polypen darunter ersticken, andererseits vermindern sie die Salzkonzentration erheblich, was ebenfalls zum Absterben von Polypen führt, denn sie benötigen mindestens 20 Promille Salzgehalt. Allerdings steigt in Flussmündungen die Artenvielfalt, weil Brackwasserarten hinzukommen und weil in den flussbegleitenden Mangroven viele Riff-Fischarten ihre Kinderstube haben. Neuerdings transportieren die Flüsse allerdings in steigendem Maße Chemikalien der Industriegesellschaft ins Meer, die die Korallen ebenfalls direkt schädigen. Auch der Klimawandel hinterlässt Spuren. Denn so paradox es

Gorgonien wie diese *Gorgonia ventalina* gehören zur typischen Karibik-Meeresfauna Foto: D. Knop

klingen mag: Die globale Klimaerwärmung lenkt zunehmend kalte Meeresströme an die Küsten der Karibik, oft mit für Korallen bedrohlich niedrigen Temperaturen, weil der Ausgleich zwischen kaltem Nordmeer- und warmen Äquatorwasser rasanter als bisher abläuft und das Wasser auf seinem Weg keine Zeit mehr zur Erwärmung hat.

Flussmündungen waren schon für frühe Seefahrer oft der einzige Durchbruch durch ein Korallenriff, um an Land zu gelangen. Aber gerade in der Dominikanischen Republik gibt es durch tektonische Einflüsse auch viele Grabeneinbrüche mit Tiefwasserzonen unmittelbar an der Küste, an denen eine Riffbildung unmöglich ist, beispielsweise vor der Halbinsel Barahona, die deshalb auch über einen natürlichen Seehafen verfügt. Die anderen Seehäfen liegen für gewöhnlich in Flussmündungen.

Überall findet man genügend Gelegenheiten, die faszinierende Unterwasserwelt kennen zu lernen. An vielen Stellen der Insel bieten Tauchschulen ihre Dienste an. Dort kann man Kurse besuchen und sich die Ausrüstung leihen, die nötig ist, um die üppige Farbenpracht der Korallenriffe zu entdecken. Im Schutze oft riesiger Blöcke verschiedenster Steinkorallen tummeln sich Schwärme tropischer Fische, verstecken sich Krabben und Langusten, Muscheln und Schnecken, gehen Seeigel sowie See- und Schlangensterne auf Jagd. Eine Vielzahl von sessilen (festgewachsenen) Lebewesen wie Seescheiden, Weichkorallen, Seepocken, Würmer, Schwämme, Moostierchen oder Algen rangeln um jeden freien Platz, notfalls auch als Aufsitzer auf anderen Riffbewohnern. In Korallenriffen sind praktisch alle bekannten Tierstämme vertreten, viele vermutlich sogar während der Evolution hier entstanden. Jeder Horizont und jeder Korallenstock beherbergt seine eigene Fauna und Flora, abhängig von Tiefe, Strömung, Wassertemperatur und Nahrungsangebot. Für jeden Lebensbereich gibt es Spezialisten, die nur hier vorkommen, frei schwimmend oder als Sand-, Fels- und Höhlenbewohner, Parasit oder Aufsitzer auf anderen Organismen. Und selbst im Wechsel von Tag und Nacht kommen höchst unterschiedliche Arten aus ihren Verstecken. „Langeweile" – bei Tauchern ein Fremdwort!

Die Struktur der Riffe erkennt man meistens an den verschiedenen Farben des Meeres: smaragd- bis türkisgrün die ruhigen Gewässer der flachen Lagunen zwischen Küste und Riff, weißlich blau die aufgewühlte, schmale Zone über den Riffkämmen dicht unter der Oberfläche und das abrupt einsetzende tiefe Azurblau hinter den steilen Abfällen auf der zur offenen See hin gewandten Riffseite.

Die seewärts gerichteten Steilabfälle sind typisch für viele Saumriffe und entstehen entweder durch langsame Absenkung des Meeresbodens, vorausgesetzt, die Neubildung der Korallen kann mit der Sinkgeschwindigkeit Schritt halten, oder sie bilden sich auf den Ansammlungen von vorgelagertem Riffschutt. Auf solche Weise sind schon in erdgeschichtlicher Zeit im Verlaufe vieler Jahrmillionen kilometerhohe Riffe entstanden. Andererseits heben sich speziell in der Dominikanische Republik auch heute noch Küstenbereiche und drängen die Riffe

Schnapper zahlreicher Arten ziehen gern im Schwarm umher Foto: D. Knop

immer weiter seewärts, was eine stetige Vergrößerung der Insel zur Folge hat.

Nebenbei sei noch angemerkt, dass viele Tiefseeorganismen rund um die Sockel der Antilleninseln verwandtschaftlich mit indopazifischen Tiefseeformen wesentlich enger verknüpft sind als mit atlantischen. Dieser scheinbare Widerspruch ist aber leicht mit der geologischen Entstehungsgeschichte der Antillen zu erklären. Denn wie oben bereits ausgeführt, ist es ziemlich sicher, dass die Antillenplatte südwestlich von Nordamerika im damaligen Pazifik etwa an der Stelle des heutigen Galapagos entstanden ist. Sie wurde erst während der Vereinigung von Nord- und Südamerika mit der Bildung der mittelamerikanischen Landbrücke nach Osten verdriftet und anschließend vom Pazifik abgeschnitten.

Auch andere Tiergruppen zu Wasser und zu Land weisen ähnliche Phänomene auf und geben Einblicke in die Entwicklungsgeschichte längst vergangener Zeiten.

Die Entwicklung im Westatlantik ist ziemlich eigenständig verlaufen, sodass auch ein Großteil der Meeresorganismen als endemisch für die Antillenregion angesehen werden kann. Zum Südatlantik hin bilden die Orinoko- und Amazonasmündungen mit Süßwasserströmen bis weit aufs Meer hinaus natürliche Barrieren, und nach Osten verhindern starke Meeresströme ebenfalls nennenswerte Wanderungen. Der Golfstrom schließlich endet in kalten Gewässern und trägt als eisige Schranke nicht zu einem Genaustausch bei. Selbst die Meeresfauna liefert also Argumente für eine eigenständige – nämlich eine karibische – Faunenregion.

Auswahl von charakteristischen Arten in karibischen Korallenriffen

Weiche Hornkorallen und leuchtend bunte Schwämme prägen die karibische Unterwasserwelt und bilden die prächtigen „Gorgonengärten". Es gibt reichhaltige und vielgestaltige Unterwasserlandschaften mit Ebenen, zerklüfteten Steilwänden, Schluchten, Überhängen und Höhlen. Sie alle bieten ihren Bewohnern natürlichen Schutz, Lebens- und Rückzugsraum, Jagd- und Nahrungsrevier und wichtige Reproduktionsstätten.

Die Existenzgrundlage, also die Basis der Nahrungspyramide der gesamten Riff-Fauna bilden einzellige Organismen wie Phytoplankton oder Zooplankton und einige mehrzellige Algen. Über ausgeklügelte Abfolgen von Vegetariern und Räubern arbeiten sich die Spezialisten immer weiter nach oben, bis an der Spitze der Nahrungskette die Herrscher der Weltmeere erscheinen, die Haie.

Schnapper-Schwärme gehören auch in der Karibik zum typischen Bild Foto: D. Knop

Schildkröten

An den Küsten der Dominikanischen Republik nisten vier Meeresschildkröten: Echte Karettschildkröte (*Eretmochelys imbricata*), Lederschildkröte (*Dermochelys coriacea*), Unechte Karettschildkröte (*Caretta caretta*) und Suppenschildkröte (*Chelonia mydas*).

Fische

Wichtige wirtschaftlich genutzte Seefische in der dominikanischen Gastronomie sind die Thunfische *Thunnus alalunga* und *Thunnus albacare*, Schnapper (*Lutjanus* spp.), Riesenbarsche (*Epinephelus* spp.), Olivgrüner Snook (*Centropomus undecimalis*), Karibik-Ammenhai (*Ginglymostoma cirratum*), Königsmakrele (*Scomberomorus cavalla*) und Fregattenmakrelen (*Auxis* spp.).

An den tropischen Küsten der Karibik leben schätzungsweise 1.000 Fischarten, darunter mindestens 500 Arten, die mit wechselnder Häufigkeit und sehr unterschiedlicher Verbreitung an oder in Korallenriffen vorkommen. Aber viele sehr kleine, gut getarnte oder versteckt lebende Arten harren noch ihrer Entdeckung oder tauchen trotz Kenntnis nicht in Faunenlisten auf, da sie quasi niemand zu Gesicht bekommt. Die tatsächliche Artenzahl ist also ganz sicher größer. Etwa 180 Arten gelten für diese Region als endemisch.

Die Fische sind in vielfältigster Weise an das Leben im Riff angepasst: Zum einen besitzen sie ausgeprägte Tarnfärbungen, formauflösende Körperumrisse oder verwirrende Muster und verlassen sich blind auf diese Wirkung, sowohl als Jäger als auch als Gejagte. „Sehen und gesehen werden" gilt hier nicht. Zum anderen sind sehr wehrhafte Arten darunter. Sie können es sich leisten, auffällig bunte Zeichnungen zu zeigen. Gelb und rot, wie bei einer Ampel, sind beliebte Warnsignale. Einige haben ausgeprägte Verhaltensweisen, um dem großen Feind- und Konkurrenzdruck auszuweichen oder standzuhalten: Es gibt Arten, die streng territorial leben und vehement ihre abgesteckten Revier verteidigen, manche rotten sich zu Schulen zusammen, um als Kollektiv Feinde zu verwirren, andere blasen sich bei Gefahr auf und passen dann in kein Fischmaul mehr, noch andere sind äußerst giftig und warnen dann potenzielle Fressfeinde mit eindeutigen Signalen. Eine weitere erfolgreiche Strategie ist das plötzliche Eingraben im Substrat.

Stolz präsentiert ein Fischer eine ungewöhnlich große Stachelmakrele

Auch die Ernährung ist höchst unterschiedlich, und alle Ressourcen im Riff werden rund um die Uhr konsequent genutzt. Neben Planktonfressern, die das Meerwasser auf alles Verwertbare hin durchkämmen und ausfiltern, gibt es Pflanzenfresser, die Seegräser oder Algenrasen abweiden, und Räuber, die solchen friedfertigen Vegetariern nachstellen. Andere Arten ernähren sich, indem sie mit ungemein kräftigen Gebissen Schnecken und andere gepanzerte Tiere knacken, wieder andere haben pinzettenartig zugespitzte Mäuler, mit denen sie Polypen aus den Korallenstöcken herauspicken und noch andere durchwühlen den Bodenschlamm nach Fressbarem, es gibt sogar Aasfresser. Daneben existieren Spezialisten für unterschiedliche Strömungssituationen und unterschiedliche Wassertiefen usw. Die optimale Nutzung aller Ressourcen ist einer der Garanten für den ungeheuren Artenreichtum in einem Korallenriff.

Viele Rifffische sind zwittrig und machen im Laufe ihrer Entwicklung eine Geschlechtsumwandlung durch, je nach Art vom Männchen zum Weibchen oder umgekehrt. Die Eiablage und Befruchtung erfolgt meist im freien Wasser. Brutpflege in Nestern oder Maulbrüten sind zwar selten, kommen aber vor.

Soziale Bindungen wie Symbiose, Kommensalismus und Parasitismus sind weit verbreitet und wirken in komplexen Systemen ineinander. Spektakulär ist z. B. das Verhalten von Putzerfischen (etwa *Bodianus rufus*) oder die Koexistenz von diversen Fischen mit Putzergarnelen, beides sind klassische Dienstleister mit einem höchst komplexen Verhalten: sie befreien andere Fische von Parasiten, Futterresten oder losen Schuppen.

Nachfolgend eine Auswahl von besonders typischen oder besonders auffälligen Fischen, ohne einen Anspruch auf Vollständigkeit (Artenzahlen in Klammern beziehen sich, soweit bekannt, auf die nachgewiesene Gesamt-Artenzahlen von Gattungen im Westatlantik. Nicht alle von ihnen müssen deshalb zwangsläufig auch an den dominikanischen Küsten vorkommen). Die Liste sagt auch nichts über die Häufigkeit der einzelnen Arten aus.

Haie (Ordnung Selachii, ca 18 Arten): Karibik-Ammenhai (*Ginglymostoma cirratum*), Karibischer Riffhai (*Carcharhinus perezi*), Zitronenhai (*Negaprion brevirostris*), Spitznasenhai (*Rhizoprionodon terraenovae*), Bullenhai (*Carcharhinus leucas*), Schwarzspitzenhai (*Carcharhinus limbatus*), Walhai (*Rhincodon typus*).

Rochen (Ordnung *Rajiformes*, 11 Arten) („Raya"): Gefleckter Adlerrochen (*Aetobatus narinari*), Jamaika-Stechrochen (*Urolophus jamaicensis*), Amerikanischer Stachelrochen (*Dasyatis americana*).

Tarpune (Megalopidae): Atlantik-Tarpun (*Megalops atlanticus*); in Mangroven.

Barracudas: Großer Barrakuda (*Sphyraena barracuda*)

Muränen (Muraenidae, 12 Arten) („Morena"): Gefleckte Riffmuräne (*Gymnothorax moringa*), Grüne Muräne (*Gymnothorax funebris*), Goldschwanz-Muräne (*Muraena miliaris*).

Meeresaale (Congridae, 3 Arten): Karibik-Röhrenaal (*Heteroconger halis*).

Schlangenaale (Ophichthidae, 5 Arten): Goldflecken-Schlangenaal (*Myrichthys ocellatus*).

Eidechsenfische (Synodontidae, 5 Arten): Sandtaucher (*Synodus intermedius*).

Beilbauchfische (Pempheridae): Kupfer-Beilbauchfisch (*Pempheris schomburgki*).

Anglerfische (Antennariidae, 7 Arten): Vielaugen-Krötenfisch (*Anten-*

narius multiocellatus), Sargasso-Angler-fisch (Histrio histrio).

Seefledermäuse (Ogcocephalidae, 4 Arten): Kurznasen-Seefledermaus, *Ogcocephalus nasutus*.

Soldaten- und Husarenfische (Holocentridae, 8 nachtaktive Arten): Gattung *Holocentrus* („Husarenfische"): Langstachel-Husar (*Holocentrus rufus*), Gemeiner Husar (*H. adscensionis*); Gattung Sargocentron: Dunkler Husar (*Sargocentron vexillarius*); Gattung *Myripristis* („Riffhörnchenfische"): Jacobus Soldatenfisch (*Myripristis jacobus*).

Trompetenfische (Aulostomidae): Gefleckter Trompetenfisch (*Aulostomus maculatus*).

Seepferdchen und Seenadeln (Syngnathidae, 6 Arten): Langschwänziges Seepferdchen (*Hippocampus reidi*), Kurzflossen-Seenadel (*Cosmocampus albirostris*).

Skorpionsfische, Drachenköpfe (Scorpaenidae, 6 Arten): Karibik-Skorpionsfisch (*Scorpaena caribbaeus*).

Zackenbarsche (Serranidae, über 50 Arten): Tiger-Zackenbarsch (*Mycteroperca tigris*), Nassau-Zackenbarsch (*Epinephelus striatus*), Blutroter Juwelenbarsch (*Cephalopholis cruentatus*), Karibik-Juwelenbarsch (*Cephalopholis fulva*), Braunband-Hamletbarsche (*Hypoplectrus puella*), Großer Seifenbarsch (*Rhypticus saponaceus*).

Büschelbarsche, Korallenwächter (Cirrhitidae): Karibik-Korallenwächter (*Amblycirrhitus pinos*).

Feenbarsche (Grammidae, 3 Arten): Halfter-Feenbarsch (*Gramma linki*), Königs-Feenbarsch (*Gramma loreto*).

Großaugenbarsche (Priacanthidae, 3 Arten): Glasauge (*Heteropriacanthus cruentatus*).

Kardinalbarsche (Apogonidae, 18 Arten): Gürtel-Kardinalbarsch (*Apogon townsendi*), Augenstreif-Kardinalbarsch (*Apogon maculatus*).

Stachelmakrelen (Carangidae, 19 Arten): Permit (*Trachinotus falcatus*), Afrikanische Fadenstachelmakrele (*Alectis ciliaris*), Pferdemakrele (*Caranx hippos*).

Schnapper (Lutianidae, 12 Arten) („Chillo"): Schulmeister-Schnapper (*Lutjanus apodus*), Gelbschwanzschnapper (*Ocyurus chrysurus*), Virginia-Grunzer (*Anisotremus virginicus*).

Süßlippen, Grunzer (Pomdasyidae, 14 Arten): Blaustreifen-Grunzer (*Haemulon sciurus*), Goldstreifen-Grunzer (*Haemulon aurolineatum*), Franzosen-Grunzer (*Haemulon flavolineatum*), Schwarzrücken-Grunzer (*Haemulon melanurum*).

Ritterfische und Trommler (Sciaenidae, 6 Arten): Gefleckter oder Tüpfel-Ritterfisch (*Equetus punctatus*).

Meerbarben (Mullidae): Gelbe Meerbarbe (*Mulloidichthys martinicus*).

Spatenfische (Ephippidae): Karibik-Spatenfisch (*Chaetodipterus faber*).

Borstenzähner, Schmetterlingsfische (Chaetodontidae, 5 Arten): Riff-Falterfisch (*Chaetodon sedentarius*), Karibik-Pinzettfisch (*Chaetodon aculeatus*).

Kaiserfische, Engelfische (Pomacanthidae, 7 endemische Arten): Blauer Zwergkaiser (*Centropyge argi*), Grauer Kaiserfisch (*Pomacanthus arcuatus*), Karibenkaiserfisch, Felsenschönheit, Dreifarbiger Kaiserfisch (*Holacanthus tricolor*), Diadem-Kaiserfisch (*Holacanthus ciliaris*).

Riffbarsche (Pomacentridae, 9 Arten): Dreifleck-Gregory (*Stegastes planifrons*), Juwelen-Riffbarsch (*Microspathodon chrysurus*), Blauer Chromis (*Chromis cyanea*), Olivgrüner Chromis (*Chromis insolata*).

Lippfische (Labridae, 16 Arten): Eber-Lippfisch (*Lachnolaimus maximus*), Blaukopf-Junker (*Thalassoma bifasciatum*), Kreolen-Lippfisch (*Clepticus parrae*).

Papageifische (Scaridae, 14 Arten, allesamt Vegetarier): Signal-Papageifisch (*Sparisoma viride*), Himmelblauer Papageifisch (*Scarus coeruleus*), Gestreifter Papageifisch (*Scarus croicensis*).

Schleimfische (Blenniidae u. a., 35 Arten): Diamanten-Blenny (*Malacoctenus boehlkei*), Zweifarben-Kammzähner (*Ophioblennius atlanticus*), Dreiflossen-Schleimfisch (*Enneanectes atrorus*).

Grundeln (Gobiidae, 34 Arten): Gelbschnauzen-Grundel (*Gobiosoma louisae*), Gelblinien-Grundel (*Gobiosoma horsti*), Putzer-Grundel (*Gobiosoma genie*), Spitznasen-Grundel (*Priolepis hipoliti*).

Doktorfische (Acanthuridae, 3 Arten): Blauer Doktorfisch (*Acanthurus coeruleus*).

Buttverwandte (Bothidae, 10 Arten): Pfauenbutt (*Bothus lunatus*).

Drückerfische und Feilenfische (Balistidae mit Monacanthinae und Balistinae, 16 Arten): Königin-Drückerfisch (*Balistes vetula*), Sargasso-Drückerfisch (*Xanthichthys ringens*).

Schrift-Feilenfisch (*Aluterus scriptus*), Gesäumter Feilenfisch (*Monacanthus ciliatus*).

Kofferfische (Ostraciidae, 5 Arten): Waben-Kofferfisch (*Acanthostracion polygonus*), Perlen-Kofferfisch (*Lactophrys triqueter*).

Kugelfische (Tetraodontidae, 12 Arten): Karibik-Sitzkopfkugelfisch (*Canthigaster rostrata*), Schildkröten-Kugelfisch (*Sphoeroides testudineus*).

Igelfische (Diodontidae): Igelfisch (*Chilomycterus antennatus*), Großer Igelfisch (*Diodon holocanthus*), Gepunkteter Igelfisch (*Diodon hystrix*).

Mollusken: Muscheln, Schnecken und Tintenfische

In der gesamten Karibik sind aus der großen Klasse der Mollusken allein aus den Ordnungen der Muscheln und Schnecken ziemlich genau 500 Arten bekannt, darunter rund 300 Arten auch in der Dominikanischen Republik. Am Strand von Monte Cristi kommen davon wiederum mit 107 bisher nachgewiesenen Arten über 20 % der karibischen bzw. über 35 % der Meeresmolluskenfauna von Hispaniola vor, ein repräsentativer Querschnitt auf engstem Raum.

Unter den Schnecken (Vorderkiemerschnecken = Prosobranchia) befinden sich so spektakuläre Arten wie die Westindische Spitzschnecke (*Cittarium pica*), diverse Flügelschnecken (*Strombus gallus*, *S. pugilis*, *S. gigas*), der Königshelm (*Cassis tuberosa*), die Braune Kronenschnecke (*Melongena melongena*), die Tulpenschnecke (*Fasciolaria tulipa*), die Apfel-Stachelschnecke (*Murex pomum*) oder das Atlantische

Käferschnecken schmiegen sich im Spritzwasserbereich in Felsenritzen

Tritonshorn (*Charonia variegata*), verschiedene Kauris (*Cypraea* spp., *Cyphoma* spp.), aber auch kleinere Arten wie diverse Schlüssellochschnecken (*Fissurella* spp. und *Diodora* spp.), Turbanschnecken (*Turbo castanea*), Sternschnecken (*Astraea phoebia*), Lastträger (*Xenophora conchyliophora*), Nabelschnecken (*Natica canrena*), Tritonshörner (*Cymatium caribbaeum*) oder verschiedene Olivenschnecken (*Oliva* spp.) und viele mehr. Interessant ist auch die in Riffen zwischen Korallen festsitzende Wurmschnecke *Petaloconchus irregularis*, die quasi den Kitt zwischen den Korallenstöcken bildet.

In seichten Gewässern rund um die Dominikanische Republik lebt mit bis zu 30 cm großen Gehäusen eine der größten Schneckenarten der Welt, die Riesenflügelschnecke (*Strombus gigas*), kreolisch lambí genannt, zu deutsch gerne auch als Seefahrerschnecke bezeichnet. Ihr Fleisch zählt zu den traditionellen Speisen des Landes, und im Geschmack erinnert es stark an Kalbfleisch. Gelegentlich findet man am Strand riesige Berge leerer Gehäuse mit dem typischen Macheteneinschnitt, mit dem der Haltemuskel des am Gehäuse festgewachsenen Tieres durchtrennt wurde. Weil lambís im flachen Schlick der Seegraswiesen leben, sind sie leicht zu erbeuten und deshalb sehr gefährdet. Sie stehen ganz weit oben auf der Liste der vom Aussterben bedrohten Tierarten. Touristen sei vom Kauf solcher leeren Schalen, die von Souvenirhändlern überall angeboten werden, dringend abgeraten, will man Ärger und empfindliche Geldstrafen bei Zollkontrollen vermeiden, von der

Traurige Reste nach vielen Schneckenmahlzeiten

Verantwortung gegenüber den gefährdeten Tieren ganz zu schweigen.

Es gibt auch interessante und vielgestaltige Muscheln (Bivalvia), darunter Stachelaustern (*Spondylus americanus*), Archenmuscheln (z. B. *Arca zebra*), Steckmuscheln (z. B. *Atrina seminuda*), Kamm- oder Pilgermuscheln (*Aequipecten-* und *Chlamys*-Arten), Feilenmuscheln (z. B. *Lima lima*), Huf- oder Stachelmuscheln (z. B. *Echinochama arcinella*), Venusmuscheln (z. B. *Pitar dione*) oder Plattmuscheln (z. B. *Tellina radiata*).

Strombus gigas **ist die größte Meeresschnecke der Karibik**

**Die Spritzwasserzone an Felsküsten ist
häufig üppigst besiedelt**

Außerdem zählen eine ganze Reihe
Nacktschnecken zu den Mollusken, die
in die bunte und vielgestaltige Gruppe
der Hinterkiemer (Opistobranchia) eingeordnet werden. Augenfällige Vertreter
sind z. B. die Egel-Kopfschildschnecke
(*Chelidonura hirundinina*), der Braun-
ring-Seehase (*Aplysia dactylomela*), die
Salatnacktschnecke (*Tridachia crispata*),
die Genetzte Nacktschnecke (*Bornella
calcarata*) oder die Prachtsternschnecke
(*Hypselodoris acriba*). Manche von

ihnen scheiden bei Beunruhigung eine
tintenartige Substanz aus, um Feinde zu
verwirren.

Käferschnecken (Amphineura) sind
mit 16 Arten vertreten. An Felsen in der
Gezeitenzone lassen sich z. B. häufig
Vertreter der Fusselkäferschnecke (*Acan-
thopleura granulata*) oder der karibischen Schlankkäferschnecke (*Stenoplax
purpurascens*) entdecken.

Von der am höchsten entwickelten
Molluskengruppe, den Tintenfischen
(Cephalopoda) findet man z. B.: „Cala-
mares" = Nordamerikanischer Langflossenkalmar (*Loligo pealei*), Schlanker
Langflossenkalmar (*Dorytheutis plei*),
Karibischer Riffkalmar (*Sepioteuthis
sepioidea*), Seegraskalmar (*Pickfordia-
teuthis pulchella*), Braunstreifenkrake
(*Octopus burryi*), Weißpunktkrake (*O.
macropus*), Gemeiner Krake (*O. vulgaris*), Karibik-Zweifleckkrake (*O. filo-
sus*), Atlantik-Zwergkrake (*O. joubini*),
Karibik-Riffkrake (*O. briareus*) und
andere.

Die flinken Mollusken können mit
einem Rückstoßmechanismus geschickt
manövrieren oder ihren Feinden schnell
entkommen, und die hochentwickelten
Augen machen sie selbst zu gefährlichen
Räubern, weil ihnen nichts entgeht.

Unter den Meeresmollusken gibt es
viele Standortspezialisten. Einige kommen z. B. nur an Felsküsten in der Spritzwasserzone vor, die vor allem im Süden
der Insel zu finden sind, etwa Kahn- und
Käferschnecken. Andere Arten sind
Bewohner flacher Schlamm- oder Sand-
böden und Seegraswiesen und deshalb
u. a. in Monte Cristi häufig anzutreffen.
Manche Arten bevorzugen eher größere

Meerestiefen und sind daher in Strandnähe nur selten zu finden, wieder andere sind typische Korallenriff-Bewohner und noch andere haben sich auf flache Gezeitentümpel an Stein- oder Korallenunterseiten an Felsküsten spezialisiert oder leben eingebohrt in Korallen, Holz oder sogar in Steinen.

Krebse

Einige Krebse (Crustacea) besitzen als Nahrungslieferant eine gewisse wirtschaftliche Bedeutung. Neben Süßwasser- und Brackwasserformen gibt es auch viele marine Arten. Aus der Fülle der Garnelen, Langusten, Krabben und Einsiedlerkrebse usw. hier eine Auswahl:

Eine Felsenkrabbe an der Mündung des Río Yuma

Garnelen (diverse Familien): Gebänderte Scherengarnele (*Stenopus hispidus*), Pederson-Partnergarnele, Blaupunkt-Putzergarnele (*Periclimenes pedersoni*), Doppelzangengarnele (*Brachycarpus biunguiculatus*), Grabhams Putzergarnele (*Lysmata grabhami*), Rote Tanzgarnele (*Cinetorhynchus manningi*). Alle Arten sind mehr oder weniger nachtaktiv.

Langusten (Palinura, diverse Familien): Karibik-Languste (*Palinurus argus*), Rotband-Languste (*Justitia longimanus*), nachtaktiv.

Bärenkrebse (Scyllaridae): Spanischer Bärenkrebs (*Scyllarides aequinoctialis*), Guinea-Bärenkrebs (*Arctides guineensis*), nachtaktiv.

Krabben (Brachyura, diverse Familien), („Camarones Marinos"): Königskrabbe, Stachelige Spinnenkrabbe, Seespinne („Cangrejo Centolla" = *Mithrax spinosissimus*), Grüne Seespinne (*M. sculptus*), Flecken-Porzellankrebs (*Porcellana sayana*), Korallen-Steinkrabbe (*Carpilius corallinus*), Erosionskrabbe (*Glyptoxanthus erosus*), Bunte Rundkrabbe (*Platypodiella spectabilis*), Gelbring-Felsenkrabbe (*Percnon gibbesi*), Pfeil-Gespensterkrabbe (*Stenorhynchus seticornis*), Augen-Schwimmkrabbe (*Portunus sebae*), Blaue Schwimmkrabbe (*Callinectes* sp.) u. a.

Einsiedlerkrebse (Paguroidea, diverse Familien): Neben den Landeinsiedlerkrebsen gibt es auch zahlreiche Meeresformen: Der Riesen-Einsiedlerkrebs (*Pe-*

Landkrabben sind im Parque Nacional del Este häufig, aber vor allem nachts aktiv

Die Mangrovenkrabbe *Armases roberti* ist ein geschickter Kletterer

trochirus diogenes) lebt oft in kiloschweren Gehäusen von *Strombus gigas*, daneben kann man den Sternaugen-Einsiedler (*Dardanus venosus*) oder den Roten Riffeinsiedler (*Paguristes cadenati*) unter Wasser antreffen. Die Gehäuse vieler Meereseinsiedler sind mit Schwämmen oder anderen inkrustierenden Organismen überwachsen, die von den Nahrungsabfällen der Einsiedlerkrebse leben. Einige Korallen oder Schwämme wachsen sogar mit und machen einen Umzug in ein größeres Gehäuse für den Krebs

überflüssig, denn sobald er das Haus verlässt, wird es für ihn bedrohlich. Einsiedlerkrebse sind Tiere mit den unglaublichsten Anpassungen und mit außergewöhnlichen Lebensgewohnheiten, die wegen der Besiedelung von leeren Schneckenhäusern sogar im Ruf stehen, „Werkzeuge" zu benutzen, ein Attribut für Intelligenz.

Auch in der Gezeitenzone festsitzende Seepocken (Balanidae) und Entenmuscheln (Lepadidae), die gerne an treibenden Gegenständen anhaften und Feinpartikel aus dem Wasser filtern, gehören zu den Krebsen.

Stachelhäuter

Zu den Stachelhäutern (Echinodermata) zählen Seeigel, Seesterne, Schlangensterne, Haarsterne und Seegurken. Neuesten Untersuchungen zufolge wurden 154 Arten aus dieser Familie an den Küsten Hispaniolas, 124 davon an denen der Dominikanischen Republik nachgewiesen. Stachelhäuter sind im Gegensatz zu den vorgenannten Tierklassen reine Meeresorganismen geblieben, während

Wellen tragen den sterbenden Seeigel langsam Richtung Strand

vielen Vertretern von Fischen, Muscheln, Schnecken und Krebsen der Sprung ins Süßwasser, den beiden Letzten, also Krebsen und Schnecken, sogar der Sprung an Land geglückt ist.

Seeigel (Echinoidea, 51 Arten): Schwarzer Diademseeigel (*Diadema antillarum*; nachtaktiv), Felsbohrer-Seeigel (*Echinometra lucunter*; nagt Höhlen in Kalkstein, in denen er sich tagsüber versteckt), Juwelen-Seeigel (*Lytechinus williamsi*), Lanzenseeigel (*Eucidaris tribuloides*), Seegrasseeigel (*Tripneustes ventricosus*).

Seesterne (Asteroidea, 33 Arten): Kissenseestern (*Oreaster reticulatus*), Bänderseestern (*Luidia alternata*).

Haarsterne (Crinoidea, 23 Arten): Goldfederstern (*Davidaster rubiginosa*), Schwimmfedersterne (*Analcidometra armata*) kriechen nachts mit speziellen „Laufarmen" aus ihren Verstecken hoch, um mit weit ausladenden Fangarmen Plankton zu jagen.

Schlangensterne (Ophiuroidea, 30 Arten): Schwammschlangenstern (*Ophiothrix suensoni*), Netzschlangenstern (*O. reticulata*), Stumpfdorn-Schlangenstern (*Ophiocoma echinata*), Armband-Schlangenstern (*O. appressum*).

Seegurken (Holothuroidea, 17 Arten): Kegelseegurke (*Eostichopus arnesoni*), Eselswurst-Seegurke (*Holothuria mexicana*), Schlankseegurke (*H. impatiens*).

Seegraswiesen bilden den Lebensraum für Kissenseesterne.

Hohltiere, Schwämme und andere Riffbewohner

Die im Riff wichtigsten Hohltiere (Coelenterata) sind wohl die Korallen, die zu den Nesseltieren (Cnidaria) zählen. Etwa 40 Vertreter der bisher bekannten 111 Korallenarten stellen praktisch die „Bausubstanz" der dominikanischen Riffe dar. Korallen können sehr bunt (rot, rosa, blau, schwarz) und äußerst vielgestaltig sein. Es gibt Weichkorallen und Steinkorallen, die entweder eine lederartige oder kalkige Struktur besitzen. Nesselnde Formen bezeichnet man als Feuerkorallen, weiche Formen als Leder-

Ein aus Korallen gefertigtes Mäuerchen mit Schwärmer

Fossile Korallen bilden große Teile des dominikanischen Festlandes

korallen, steinartige Formen je nach Aussehen etwa als Hirnkorallen (sessile und frei schwimmende Stadien!). Überraschend ist die Vielfalt von höchst unterschiedlichen Riffgemeinschaften. Alle diese Formen sind fleischfressende Jäger und erbeuten vorwiegend Zooplankton mit ihren überwiegend nachts ausgestreckten Tentakeln. Die meisten ziehen sich tagsüber in das Kalkskelett zurück. Es gibt etwa 90 endemische Korallen, also einen hohen Prozentsatz an der Gesamt-Korallenfauna.

Korallen gliedern sich in zahlreiche Klassen und Ordnungen, z. B. Hydrokorallen oder Hydrozoen (Hydrozoa) mit Feuerkorallen (Milleporina) der Arten *Millepora complanata, M. squarrosa* und *M. alcicornis* sowie Filigrankorallen (*Stylaster roseus*), in Hornkorallen (Oktokorallen oder Gorgonien = Octocorallia) wie die Krustengorgonie (*Erythropodium caribaeorum*) oder strauchige Formen wie Strauchgorgonien (*Pseudoplexaura* spp.), Seepeitschen (*Plexaura flexuosa* und *P. homomalla*), Kandelabergorgonien (*Eunicea succinea*), Federgorgonien (*Pseudopterogorgia bipinnata*), Seefächer (*Gorgonia ventalina*), Venusfächer (*Rhipidogorgia flabellum*), Fingergorgonien (*Titanideum frauenfeldii*) usw, oder Weichkorallen (Telestinae) wie Weiße Telesto (*Carijoa riisei*) oder *Neospongodes portoricensis*.

Unter den Steinkorallen (Hexakorallen, Scleractinia) gibt es Arten wie Elchgeweihkorallen (*Acropora cervicornis* und A. *palmata*), Poren- oder Domkorallen (*Porites porites, P. asteroides*), Säulenkorallen (*Dendrogyra cylindrus*), Augenkorallen (*Oculina robusta*), Sternkorallen (*Montastrea annularis*), Gehirnkorallen (*Diploria labyrinthiformis, Diplora clivosa* und *Colpophyllia natans*), Blattkorallen (*Agaricia lamarcki*) und viele andere mehr. Schwarze Korallen (Antipatharia), wie Flaschenbürstenkoralle (*Antipathes barbadensis* und A. *hirta*), Drahtkoralle (*Cirrhipathes leutkeni*) usw. zählen ebenfalls dazu.

Daneben kennt man noch andere Nesseltiere, z. B. Seeanemonen und Quallen, deren Beschreibung den Rahmen eines solchen Reiseführers sprengen würde. Es ist jedoch wichtig, hier zu erwähnen, dass einige Arten wegen ihres Nesselgiftes entweder lästig, in Einzelfällen aber auch gefährlich sein können, etwa die Portugiesische Galeere (*Physalia physalis*). Andere Arten besitzen in Mangroven eine gewisse ökologische Bedeutung, z. B. die Mangrovenqualle *Cassiopeia xamachana*, die mit ihrem Schirm „verkehrt herum" auf dem Boden liegt.

Nesseln können auch die vielen Formen der Seeanemonen, wenn man ihre Tentakel berührt. Diesen festsitzenden Tieren sollte man sich also mit Respekt nähern.

Schwämme (Porifera) sind in der Dominikanischen Republik mit 39 Arten bekannt. Sie haben weder Gewebe noch Organe, sondern bestehen aus einer gering organisierten Ansammlung verschiedener Zelltypen. In einem sehr erstaunlichen Experiment wurde ein kompletter Schwamm zerlegt und durch ein Sieb passiert. Anschließend hat sich dieser Schwamm im Wasser wieder zu einem funktionierenden Organismus zusammengefügt und ist unbeirrt weiter gewachsen, lediglich seine Form war danach anders.

Schwämme gehören zu den häufigsten und typischsten Riffbewohnern der Karibik. Becher-, Krusten- oder Geweihschwämme etwa bilden farbenprächtige Unterwasserlandschaften in Gelb, Rot, Orange, Grün oder Blau. Röhren- (z. B. *Aplysina fulva*), Tonnen- (z. B. *Callyspongia* spp.), Seilschwämme (z. B. *Niphates erecta*) oder Rinden- bzw. Hornschwämme (*Tedania ignis*, *Xestospongia muta*) ergänzen mit oft bizarren Formen

das Arteninventar der Riffe. Eine Besonderheit jedoch sind fluoreszierende Farben, z. B. bei *Callyspongia plicifera*, in fast lichtlosen Tiefen. Hier unten spielen Schwämme auch heute noch als Riffbauer eine wichtige Rolle.

Röhrenwürmer (Polychaeta) sind bisher noch recht wenig erforscht. Unter anderem gibt es aber herrlich bunte, koloniebildende Formen, etwa Sabellariidae in mindestens sechs Arten, z. B. *Bispira brunnea*, oder Serpuliden wie den Feder-Röhrenwurm (*Sabellastarte magnifica*), den Roten Röhrenwurm (*Pomatostegus stellatus*) oder den Kalk-Röhrenwurm (*Spirobranchus giganteus*). Man kennt auch ganz andere Würmer wie Strudelwürmer oder Platt- und Schnurwürmer, die oft zoologisch in ganz getrennten Ordnungen zu finden sind und trotz des Namens verwandtschaftlich weit auseinander liegen.

Weitere Tiere der Unterwasserwelt sind zum einen hoch entwickelte Salpen wie die Violette Seescheide (*Clavelina* sp.), die zu den Ur-Wirbeltieren gehören, äußerlich aber eher einem Schwamm gleichen, zum anderen die als Einzelindividuum zwar mikroskopisch kleinen, aber große Kolonien bildenden „primitiven" Moostierchen, die Bryozonen mit einer erdgeschichtlich langen Tradition, die sogar in seltenen Fällen kleine Riffe bilden können. Selbst einzellige Foraminiferen (z. B. *Homotrema rubrum*) bilden manchmal dicht an dicht stehende Kolonien in kräftigen Rottönen auf Schneckengehäusen oder Kalkskeletten von anderen Mitbewohnern der Riffe.

Algen sind mit 168 bekannten Arten vertreten, darunter viele Braunalgen, etwa Sargasso-Tange aus dem nahe gelegenen Sargasso-Meer (z. B. *Sargassum fluitans*), Blattalgen der Gattung *Padina* sowie Ohren- oder Gabeltange, Grünalgen wie Vertreter der Wasserkresse (*Halimeda*), Federalgen der Gattung *Caulerpa*, verschiedene Kugelalgen (*Ventricaria* spp. und andere Gattungen), Netzalgen der Gattung *Microdictyon* oder Fächeralgen der Gattung *Udotea*.

Rotalgen sind oft als Krustenalgen („Riffzement") ausgebildet oder als fein zweigförmig gegliederte Gebilde (*Amphiroa* spp.).

Einige Verhaltensregeln für Strandwanderer, Schnorchler und Taucher

• Am Meer ist die Gefahr von Sonnenbrand besonders groß. Speziell Schnorchler sollten anfangs mit einem langärmeligen Hemd ins Wasser gehen, bis sich genügend eigene Bräune als Sonnenschutz gebildet hat, denn Sonnencremes werden schnell abgewaschen.

• Obwohl die Gefahren, die von den Meerestieren ausgehen, relativ gering sind, sollten doch einige Vorsichtsmaßnahmen ergriffen werden. Grundsätzlich sollte man keine Tiere beunruhigen und schon gar nicht anfassen.

• Flache Meeresbereiche nur mit festen Badeschuhen betreten, denn es gibt einige Tiere, die schmerzhafte Verletzungen hervorrufen können. Neben scharfkantigen Korallenbruchstücken und Muschelschalen, die böse Schnittwunden verursachen, sind es vor allem Seeigel, Skorpionsfische oder Stachelrochen, die einem mit ihren spitzen oder auch giftigen Stacheln einige Urlaubstage vermiesen können. Da sich solche Schnitte und Stiche häufig entzünden, ist unbedingt schnellstens ein Arzt aufzusuchen.

• Quallen können heftig juckende und schwer heilende Brandwunden erzeugen, und auch verschiedene Korallenarten besitzen ein nesselndes Gift. Die Verletzungen sind zwar meist „nur" schmerzhaft und lästig, gefährlich dagegen ist die Portugiesische Galeere, deren Nesselgift zu ernsthaften Lähmungen führen kann.

• Einige Fische, vor allem Barrakudas und Muränen, können bei Beunruhigung ziemlich aggressiv reagieren; Muränen können Reviereindringlingen mit ihrem giftigen Biss gefährliche Verletzungen zufügen. Besonders wenn man harpunierte Fische mit sich führt, reizt der Blutgeruch den einen oder anderen Räuber zum Angriff. Speziell großen Haien sollte man tunlichst aus dem Weg gehen, indem man notfalls das Wasser schnell,

Schwämme wie dieser große Vasenschwamm gehören zum typischen Bild der karibischen Meeresfauna Foto: D. Knop

Dieser nachtaktive Soldatenfisch *Myripristis jacobus* beäugt den Taucher kritisch Foto: D. Knop

aber ohne hektische Bewegungen verlässt. Naturfreunde verzichten ohnehin auf das Harpunieren!

Beliebte Tauchreviere und bedeutende Riffe

Die Küste von Monte Cristi bis Punta Deborá beherbergt die ausgedehntesten und mächtigsten Riffe der gesamten Dominikanischen Republik. Strömungen und Wellengang können Tauchgänge aber schon mal recht anstrengend oder sogar unmöglich werden lassen oder zumindest die Sicht trüben. Die besten Riffe für Anfänger und für Fahrten mit Glasbodenbooten liegen vor Cabarete und Sosúa. Fortgeschrittene bevorzugen die Riffe La Piramide und Las Palmitas vor dem Flughafen von Puerto Plata, und Schatzsucher tummeln sich vor allem an den Riffen von Monte Cristi, auf der Suche nach den sagenumwobenen gesunkenen spanischen Silberschiffen.

An mehreren Stellen der Insel wurden künstliche Riffe angelegt, indem mittlerweile einige hundert ausgediente Schiffe kurzer Hand versenkt wurden. Diese Wracks sind teilweise mehrere

Riffe im …

Norden
Bahía de Icaquitos bei Punta Rucia (Monte Cristi)
Banco de Monte Cristi (Monte Cristi)
Bahía de Sosúa (Puerto Plata und Sosúa)
Punta Balandra (Samaná)

Osten
Diese Riffe sind vom Kontakt des Atlantiks und dem karibischen Meer geprägt, deshalb geht es gelegentlich beim Tauchen durch wechselnde Strömungen recht turbulent zu. Das längste Riff mit ca. 30 km liegt vor Punta Cana.
Punta Icaco bei Cabo Engaño (La Altagracia)
Canal de Catuano (La Altagracia)

Süden
Die Riffe liegen alle im Einflussbereich des ruhigeren karibischen Meeres, hier stören nur selten Strömung und schlechte Sicht das Tauchvergnügen. Kein Wunder, dass hier die meisten Tauchschulen liegen, gehäuft z. B. in Juan Dolio oder Bayahibe:
Isla Saona (La Altagracia)
Isla Catalina (La Romana)
Guayacanes – Juan Dolio (San Pedro de Macorís)
La Caleta (Regierungsbezirk)
Puerto Viejo (Azua)
Isla Beata (Pedernales)
Cabo Rojo (Pedernales)

Auf offener See

Die Banco de la Plata, im Nordosten der Insel, liegt etwa 140 km von Puerto Plata entfernt. Neben dem Waltourismus sind diese Untiefen –allerdings nur mit Erlaubnis der Naturschutzbehörde – interessante Tauchreviere, mit einer Art Barriereriff zum offenen Atlantik hin.

Jahrzehnte alt. Die Außenhaut ist dann üppig bewachsen, und die Innenräume sind als künstliche Höhlen mit allerlei Meeresgetier besiedelt. Fast alle Wracks liegen in günstigen Tiefen und dienen Tauchern wie Wissenschaftlern gleichermaßen als ideale Studienobjekte. Viele Taucher geben jedoch die Hoffnung nicht auf, eines Tages auch einmal auf ein Wrack aus der Zeit der spanischen Seefahrer mit ihren legendären Gold- oder Silberschätzen zu stoßen, die vor allem im Norden der Insel liegen sollen und noch heute immer wieder Abenteurer anlocken.

Abenteurer unter den Touristen besuchen dagegen gern die vielen Unterwasserhöhlen, die es rings um die Insel gibt. Höhlentauchen ist mittlerweile eine beliebte Sportart, die von allen einschlägigen Tauchschulen angeboten wird. Manchmal sind die Tropfsteinhöhlen mit Süßwasser gefüllt und besitzen dann kristallklares Wasser. Aber Vorsicht: Höhlentauchen ist gefährlich und nur unter Aufsicht ortskundiger Tauchlehrer zu empfehlen.

Aktuelle Bemühungen zum Schutz der Riffe basieren auf dem 1996 international ins Leben gerufenen Reef-Check, bei dem weltweit in mittlerweile 70 Ländern viele Kriterien zum Ist- und Sollzustand von Riffen erfasst und ausgewertet werden.

Die Dominikanische Republik beteiligt sich auf das Betreiben vieler Hotels im Küstenabschnitt zwischen La Romana und Bayahibe im Rahmen der als „Blaues Band" bezeichneten Kampagne seit 2004 an dieser Aktion. Derzeit kartieren viele freiwillige Helfer die Riffe vor Punta Cana, Bayahibe, Isla Catalina, Boca Chica und La Caleta und stellen ihre Daten für eine weltweite Auswertung zur Verfügung.

Seit 2003 werden auch die atlantischen Riffe näher unter die Lupe genommen. Eine Initiative unter dem Kürzel AGRRA sammelt ebenfalls Daten zum Zustand der Riffe rund um die Insel. Sie hat erstmalig auch Erhebungen zu Riffen zwischen Punta Cana und Bavaro an der Nahtstelle von Atlantik und Karibik durchgeführt. Die fünf großen Riffsysteme, unterteilt in insgesamt 20 Einzelregionen, werden rund um die Insel sowohl auf ihren Zustand als auch auf prinzipielle Unterschiede hin untersucht.

Das Riff von Boca Chica ist demnach ein gut entwickeltes Riff, zwar mit einigen Störungserscheinungen, aber immer noch in einem passablen Zustand. Das Riff vor Cabo Rojo weist mit etwa 35 % den höchsten Bedeckungsgrad des Untergrundes mit Korallen auf. Die Riffsysteme im Norden vor Monte Cristi weisen den größten Artenreichtum und den zweitgrößten Bedeckungsgrad auf und zeichnen sich durch die große Häufigkeit der Steinkoralle *Acropora palmata* aus. Die Riffe vor Las Terrenas dagegen besitzen die geringste Korallendichte mit nur sehr kleinen Kolonien und wenigen Tochterkolonien, den geringsten Artenreichtum und die geringste Häufigkeit des Seeigels *Diadema antillarum*. Das Riff zeigt deutliche Degenerationserscheinungen, möglicherweise durch menschlichen Einfluss. Es befindet sich aber auch in der exponiertesten Region der Insel und bietet eine große Angriffsfläche bei Stürmen.

Reiseziele

Die Gliederung verläuft von Norden nach Süden in drei breiten Streifen (der Norden, die Mitte, der Süden) jeweils von West nach Ost. Diese drei Regionen sind auch ökologisch und biogeographisch weitgehend eigenständig. Es kann bei dieser Vorgehensweise vorkommen, dass räumlich nahe beieinander liegende Gebiete textlich weiter voneinander entfernt besprochen werden. Sofern nötig, wird dann mit Querverweisen gearbeitet. Die Behandlung von geografisch dicht beeinander liegenden Stellen in unterschiedlichen Kapiteln des Buches hat inhaltliche Gründe, seltener organisatorische. Manchmal lassen sich aber Konflikte nicht vermeiden, weil sich Gebiete aufspalten oder parallel verlaufen. Man kann dann der Logik der Gliederung besser folgen, wenn man einen Aspekt konsequent zu Ende verfolgt und den zweiten dann erst später aufgreift, als ständig hin und her zu springen.

Der nördliche Inselteil

Landwirtschaft pur: das Cibao-Tal

Zwischen den Gebirgszügen, die bekanntlich alle mehr oder weniger von Nordwesten nach Südosten streichen, liegen in gleicher Ausrichtung mehrere Talsysteme. Die große Senke im Norden zwischen Cordillera Central und Cordillera Septentrional ist die Kornkammer der Dominikanischen Republik und wird Cibao-Senke oder Cibao-Tal genannt. Es ist ein alter Meeresarm, der in einem geologischen Einbruchgraben liegt und während der einsetzenden Entstehungsphase der Cordillera Septentrional am Ende des

Die nördlichen Anhöhen des Cibao-Tales zur Cordillera Septentrional

219

O c e a n

© MairDumont, D-73751 Ostfildern

C o s t á m b a r

PUERTO PLATA
Perla
Playa El Encuentro
Playa Marina
Playa Dorada
Playa Sosúa
Punta Goleta
Playa Cabarete
Monte Llano
Sabaneta de Cangrejos
SOSÚA
Loma Catalina 350m
Cabarete
Boca del Yásica
Cuevas de Cabarete
Sabaneta de Yásica
Playa Grande
Mata Puerco
Playa Preciosa
Cabo Francès Viejo
Ahreu
Puerto Blanco
Catalines
Cabrera
Madre Vieja
Veragua Abajo
Gaspar Hernández
Rio San Juan
Playa Magante
Laguna Gri-Gri
Parque Nacional Cabo Francès Viejo
Playa Diamante
Punta Sabaneta
Río Yásica
Tubagua
Los Brazos
Bejuco Blanco
Magante
Cueva de las Golondrinas
Caño Azul de Los Cacaos
La Jaguita
Santa Maria
La Entrada
Yásica Abajo
Jamao al Norte
Ojo de Agua
Jobo Arriba
Los Cacaos
Arroyo Sabana
San Rafael
Pueblo Nuevo
Palo Quemado
La Cumbre
Puesto Grande
Palma Herrada
La Piragua
Loma Puerca Gorda 800m
Río San Juan
A Blanco
Arroyo Salado
Playa Laguna Grande
Tamboril
Rancho de Los Platanos
Jose Contreras
Jamao Adentro
Los Bacuí
Los Jengibres
Las Gordas
El Juncal
San Victor
Guamarones
El Aguacate Arriba
Los Cacaos
Canete
Río Boba
El Caño
Licey al Medio
Juan López Abajo
Placer
Río Corcobado
NAGUA
Matancita
Playa Matancita
Puñal
MOCA
La Malena
Loma Quita Espuela 943m
Caya Clara
Colorado
Bahía Escoces
SALCEDO
La Joya
Jaya
Cadillal
El Factor
Los Yayales
El Mirador
Cayetano Germosen
Tenares
La Pajya
Demajagual
El Papayo
Los Pajones
Cutupú
Villa Tapia
Porquero
SAN FRANCISCO DE MACORIS
Güiza
La Pena
Rincón Hondo
Madre Vieja
El Pozo
La Vega Vieja
Pueblo Viejo
Santo Cerro
La Cruz de Cenoví
Mirabel
Pontón
Río Nagua
San Felipe Arriba
Cruce de Rincón
Licey
Barranca
Jamo
Colón
La Jina
Las Guáranas
Juana Diaz
Castillo
Bayacanes
LA VEGA
Sabaneta
Caobete
Pimentel
Hostos
Las Taranas
Arenoso
Los Coles
Hatillo
Las Cabuyas
El Caimito
Sab Grande
Villa Riva
Ceiba de Los Pajaros
Buena Vista
El Ranchito
El Pino
Jununucu
Jima Abajo
San Miguel
Cuaba Abajo
Acicate
Cerrejón
Agua Santa del Yuna
Jarabacoa
Rincón
Angelina
La Bija
Platanal
Lema Colorada
Pedregal
La Frontera
Fantino
La Mata
Río Yuna
Salto de Jimenoa
Sierra Prieta
Comedero Abajo
El Hato
Batey
Rincón Claro
Majagual
Reserva Científica Ebano Verde
Sabana del Puerto
Presa de Rincón
Hernando Alonzo
CÓTUI
La Cueva
Sabana Grande Abajo
Zapote
Las Ta
Loma Altar 1556m
Jima
Pringamosa
Los Ranchos
Caballero Abajo
Presa de Hatillo
Cevicos
Abadesa
Batey Altagracia
Juan Sánchez
Sabana Grande de
Río Masipedro
Jayaco
La Ceiba
La Trinchera 592m
Zambrana Abajo
Loma Culo del Diablo 496m
Cabeza de Toro
BONAO
Hato Viejo
Juma
Hatillo
Maimón
Las Lagunas
Sabana de Payabo
Payabo
Frias
Buena Vista
Gonzalo
Loma Arroyo Toro 1565m
La Salvia
Loma la Guardarraya 592m
La Guázuma
Don Juan
La Jagua
Loma Media Cara 526m
Centro de Boyá
MONTE PL
Blanco
Bejucal
Guazumita
El Dean
Cacique
s de s Blancas Bandera 2842m
Piedra Blanca
Río Ozama
La Jina
Esperalvillo
El Rincón
Hato Arriba
La Guia
Loma de la Creosa 2453m
Pino Herrado
Río Verde
Los Jovillos
Rio Boyá
San Francisco
Lomas de la Lechuga 2420m
Los Ranchitos
Yamasá
Los Botados Guanuma
La Nuez
Rancho Arriba
Las Matas Basima
Hato Viejo
San Mateo
Villa Altagracia

219 II

Oligozäns langsam verlandete. Bis zu 4.000 m mächtige Ablagerungen mit Vorkommen von fossilen Korallen, Muscheln und Schnecken sind Zeugen dieses Hebungsprozesses, der bis zum Ende des Pliozäns andauerte. Das Gebiet erstreckt sich über eine Länge von etwa 225 km, bei einer mittleren Breite von 20 km (15–40 km in den Extremen). Diese große Senke zerfällt in zwei ungleiche Teile, einen westlichen und einen östlichen Bereich, verengt in der „Mitte" durch das Bergland rund um Santiago, das auch den höchsten Punkt mit einer Wetter- und Wasserscheide bildet. Den kleineren und trockeneren, westlichen Bereich zwischen Monte Cristi und Santiago nennt man Senke von Santiago, Cibao- oder Yaque-Tal, benannt nach dem Río Yaque del Norte. Der östliche, feuchtere Teil wird dagegen allgemein als Vega oder Vega Real, die

„königliche Ebene" bezeichnet, ein Name, den ihr einst Kolumbus angesichts ihrer Schönheit und Fruchtbarkeit verliehen hatte. Es handelt sich um das traditionell am dichtesten besiedelte Gebiet des Landes. Der Hauptfluss hier ist der Río Yuna. Aber die wertvollsten Böden der gesamten Antillen besitzt die Senke von Santiago, die durch Verfüllung während des Quartärs entstanden sind. Sie bringen die hochwertigsten Agrarprodukte hervor. Nur hier wächst beispielsweise der Tabak, aus dem die berühmten Zigarren von Hand gedreht werden. Schon Kolumbus kam bei seinem ersten Besuch in den Genuss von Tabak und berichtete überrascht von der dortigen Bevölkerung, die „zusammengerollte Blätter" rauchte. Für Zigarren oder Zigaretten werden unterschiedliche Sorten angebaut, helle Zigarettensorten sind Burley und Virginia, dunkle Sorten für Zigar-

Tabak ist eine der wirtschaftlichen Stützen des Landes

ren dagegen Sumatra und Connecticut. Man findet regional konzentriert, je nach Kleinklima, außer Tabak große Bananenplantagen, Felder mit Paprika oder Tomaten, Gurken, Papaya und in den feuchteren Bereichen Reis. Das Klima in Richtung Monte Cristi ist wärmer und trockener und wird umso ausgeglichener und regenreicher, je weiter man sich im Windschatten zwischen Cordillera Central (im Osten auch als Cibao-Kette bezeichnet) und Cordillera Septentrional auf Santiago zu bewegt. Die Lebensader für die Bewässerung der Felder bildet der Río Yaque del Norte, mit über 300 km der längste Fluss des Landes, der ein 7.000 km^2 großes Einzugsgebiet entwässert. Er entspringt in der Cordillera Central am Pico Duarte und speist, gestärkt durch sieben Nebenflüsse sowie zahllose Bäche, in der Bucht von Monte Cristi ein gewaltiges Ästuar mit üppigen Mangroven, bevor er sich ins Meer ergießt. Ästuare nennt

man Brackwasserdeltas der Flussmündungen, in denen sich Süß- und Salzwasser mischen. Das Tal lässt sich sowohl von Santiago, aber auch von Navarrete (in den Karten oft auch als „Bisono" bezeichnet) und ebenso von Mao oder von Monte Cristi aus gut erforschen. Es lohnt sich, immer wieder auszusteigen und am Wegesrand die üppige „Unkrautflur" zu studieren. Es gibt z. B. unzählige Windenarten und andere Kletterer, die Bäume, Büsche oder Zäune als Rankhilfe „missbrauchen", aber es gibt auch viele Vögel, Schmetterlinge, Spinnen oder diverse kleine Anolisarten zu entdecken.

Es ist fast nirgendwo ein Problem, die Felder zu betreten, wenn man die freundlichen Landarbeiter um Erlaubnis bittet.

Die Reisfelder, als Nassfeldkulturen betrieben, werden gerne von Kuhreihern besucht. Hier sind sie unentwegt damit beschäftigt, Insekten aufzupicken – der

Reisanbau, manchmal noch so archaisch wie früher

beste natürliche Pflanzenschutz, den man sich wünschen kann. „Guano" als Dünger gibt es dann gratis gleich mitgeliefert. Die Bewirtschaftungsmethoden sind manchmal mit Ochsenkarren noch recht archaisch, direkt auf dem Feld daneben dann hochmodern. Mit einem lachenden und mit einem weinenden Auge ist dieser Modernisierungsprozess zu sehen, denn in den Dörfern prangen immer mehr Werbeschilder an den einschlägigen Geschäften für agrochemische Produkte, die nicht alle bedenkenlos angewendet werden sollten. Aber selbst vor einem Paradies macht der wirtschaftliche Druck nun mal nicht halt.

Auf der östlichen Seite von Santiago erstreckt sich mit der Vega Real der weitaus größere Teil der Cibao-Senke und wird ebenfalls von der Landwirtschaft dominiert. Dort beherrschen ausgedehnte Reisfelder das Landschaftsbild, aber über weite Strecken auch andere landwirtschaftliche Nutzungen, allen voran großflächige Viehweiden und an den Berghängen Kakaoplantagen. Die Felder und Weiden werden von Großbetrieben bewirtschaftet und sind sorgfältig gepflegt. Hier liegt die Basis für die Versorgung der dominikanischen Bevölkerung mit Grundnahrungsmitteln. Die fruchtbaren Böden werden intelligent genutzt, häufig in einer speziellen Art von Mischkultur. Je nach Entwicklungszustand der Kakaopflanzen werden z. B. für ganz kleine Jungpflanzen Mais, später Bananen und erst zum Schluss höhere Bäume als Schattierung gepflanzt.

Östlich der Mündung des Río Yuna taucht die Vega Real dann in annähernd unveränderter Breite hinter einem dichten Mangrovengürtel in die vom Meer überflutete Bucht von Samaná ab (Näheres s. S. 272).

Der Norden des Cibao-Tals wird von der Cordillera Septentrional begrenzt

Parque Nacional Histórico La Vega Vieja (Das Alte La Vega)

Unweit der Stadt La Vega (etwas südlich von Santiago de los Caballeros) erhebt sich mit 465 m Höhe der Heilige Berg „Santo Cerro", wo Kolumbus nach erfolgreichem Kampf gegen die Urbevölkerung eine Siedlung gegründet und ein Kreuz aufgestellt haben soll. Heute ist es die beliebte Pilgerstätte „Virgen de las Mercedes". Das Loch, in dem angeblich das Kreuz gesteckt haben soll, ist noch in einer darüber errichteten Kapelle zu sehen. Man spricht in diesem Zusammenhang von Wundern, die Maria persönlich im Kampf gegen die Indios vollbracht haben soll. So ist in einem Wandgemälde dargestellt, wie sie die brennenden Pfeile auf die Angreifer zurücklenkt. Deshalb ist es Brauch, einen kleinen Löffel Erde, der wundersame Kräfte zugesprochen werden, aus dem Loch als Andenken an die Pilgerfahrt mit nach Hause zu nehmen.

Das seit 1977 unter Schutz stehende alte La Vega ist einer der geschichtsträchtigsten Orte des Landes. Hier hat Kolumbus 1494 die Festung La Concepción erbauen lassen. Sie war Zentrum für die ersten Goldsucher unter den Konquistadoren. Heute zeugen noch Festungsmauern, Kirchenruinen und ein Franziskanerkloster von der einstigen Hochblüte dieser Stadt, bevor sie 1562 von einem Erdbeben zerstört wurde. Sie wurde an anderer Stelle, an den Ufern des Río Camú, als das heutige La Vega wieder aufgebaut. Im Museum sind viele Funde der damaligen Zeit ausgestellt.

Von diesem aus der gesamten Umgebung herausragenden Punkt kann der Blick über die Vega Real fast 100 km weit bis nach Samaná schweifen, falls die Luft ausnahmsweise einmal klar und trocken sein sollte. Der Südrand dieser Senke wird von recht gleichförmigen Karstbergen begrenzt, die später allerdings in deutlich bizarrerer Form in den sehenswerten Parque Nacional Los Haitises übergehen.

Das äußerst niederschlagsreiche Gebiet wird von zahllosen Nebenflüssen des Río Yuna entwässert, die den umliegenden Bergen entspringen und viele kleine, meist unpassierbare Täler geformt haben, die noch reich bewaldet sind. Die Böden sind in den höheren Lagen kiesigsandig und eignen sich u. a. gut für Kakao-Plantagen, während sie talwärts immer feinkörniger und toniger werden, oft vernässen und ideal für den Reisanbau sind. Früher bedeckten diese Region ausgedehnte und unpassierbare Sumpflandschaften mit tiefgründigen, schwarzen Schlammböden und entsprechender Vegetation, die heute großflächig von der Landwirtschaft verdrängt worden ist.

Die Pflanzenwelt unterscheidet sich deutlich von derjenigen des Cibao-Tals zwischen Santiago und Monte Cristi, denn dort ist es erheblich trockener. In der Vega Real dagegen treiben die Passatwinde vom Atlantik her feuchte Luft über die Bucht von Samaná in die Ebene, die sich entweder beim Aufstieg an den Bergen abregnet oder nachts als Tau kondensiert und die Luftfeuchtigkeit stets sehr hoch hält. Im Osten direkt an der Bucht von Samaná sind die Niederschläge daher am höchsten und nehmen gegen Westen immer weiter ab, bis sie nahe Monte Cristi zu fast wüstenhaften Bedingungen führen. Bereits 20 km jenseits von Santiago sind die meisten Bäume typische Trockenarten, etwa diverse Akazien, durchmischt mit sehr hohen Säulen- oder Ohrenkakteen. Nur entlang den Flussläufen bleibt die Vegetation wegen des hohen Grundwasserstandes tropisch-feucht.

Parque Nacional El Morro de Montecristi

Monte Cristi hat seinen eigenen Charme. Einerseits ist die bereits 1506 an einem Nebenarm an der Mündung des Río Yaque del Norte gegründete Stadt auch heute noch ein recht verschlafenes Nest nahe der Grenze zu Haiti, andererseits bietet die Umgebung eine ganze Reihe reizvoller Naturräume mit einem einzigartigen Kontrast: unüberschaubare Mangrovenwälder und daran unmittelbar angrenzend weitläufige Kakteendi-

ckichte. Und mittendrin ein Berg rätselhafter Entstehung mit einer recht eigenwilligen Form, was Kolumbus bei seiner ersten Reise 1492 dazu verleitete, ihm den Namen „El Morro" – das Kamel – zu verleihen. Der Ausdruck „Morro" beschreibt heute in Lateinamerika oft einen einzeln stehenden Felshügel.

Weit ab vom Tourismus bietet Monte Cristi also genug Stoff für naturinteressierte Individualreisende.

Anreise

Man erreicht Monte Cristi, im äußersten Nordwesten des Landes in der gleichnamigen Provinz gelegen, entweder über die sehr gut ausgebaute Autobahn, die Autopista Duarte, von Santo Domingo aus über Santiago (ca. vier Stunden), oder man startet in Puerto Plata (ca. zwei Stunden Fahrzeit). In beiden Fällen

Der El Morro erinnert an ein liegendes Dromedar

**Im trockenen Westen des Cibao-Tals wird
Aloe vera angebaut**

kommt man nach Navarrete. Ab Navarrete, in Karten aus politischen Gründen meist als „Bisono" bezeichnet, bewältigt man die 150 km innerhalb von 1,5 Stunden oder entsprechend länger, abhängig davon, wie oft man aussteigt – und das sollte man unbedingt tun! Man fährt am nördlichen Rand des Cibao-Tals Richtung Westen durch eine sich stetig verändernde Landschaft. Es wird zunehmend trockener, und allmählich verwandelt sich das fruchtbare Kulturland in eine trockene Buschlandschaft, die mehr und mehr von hohen Säulenkakteen durchsetzt ist. Etwas abseits der Autopista kann man auf den trockenen Ton- und Karstböden zwischen Kakteen und Akazienbüschen *Aloe vera* entdecken. Es ist eine eher extensive Form des Anbaues für die Kosmetikindustrie und stellt die westlichsten Ausläufer der landwirtschaftlichen Nutzung des Cibao-Tals dar – noch, so muss man leider sagen, denn das Buschland weiter westlich wird mehr und mehr gerodet, viel Naturraum mit interessanten Tieren und Pflanzen verschwindet. Es weicht riesigen Bananenplantagen mit künstlicher Bewässerung aus dem nahe gelegenen Río Yaque del Norte oder der Anlage von Industriegebieten. Zunehmend nagen auch Steinbruchbetriebe weithin sichtbare Wunden in die südliche Flanke der Cordillera Septentrional. Wirtschaftlicher Aufschwung hat eben seinen Preis!

Übersicht über den Park

In Monte Cristi angekommen, muss man praktisch durch den gesamten Ort fahren, um hinter dem Wasserturm, dem nicht zu übersehenden Wahrzeichen der Stadt, zum Atlantik abzubiegen. Nach wenigen Minuten erreicht man die Küste und fährt entlang dem Strand an einem kleinen Hafen vorbei zum Besucherzentrum der Nationalpark-Verwaltung, das sich etwa in der Mitte des Nationalparks befindet, dort, wo die Straße endet. Noch bis vor kurzem hatten hier Spekulanten größere Bauprojekte in Arbeit, die aber mittlerweile alle gestoppt sind. Die Wunden sind allerdings bis heute geblieben. Ansiedlungen innerhalb des Schutzgebietes sind überschaubar und auf wenige Anwesen begrenzt. Es gibt einige Hotels und Gastronomiebetriebe direkt am Strand mit gutem Standard, ausreichend für die wenigen Touristen, die sich hierher verirren.

Das Nationalparkgebiet wurde im August 1983 unter Schutz gestellt und 1993 mit finanzieller Unterstützung der Weltbank erweitert. Die Schutzbestimmungen werden immer wieder überprüft und verfeinert. Heute ist der Park mit einem Informationszentrum, sanitären Einrichtungen, einer Holztreppe zum Gipfel des El Morro und Informationstafeln versehen. Er umfasst mittlerweile eine Gesamtfläche von 1.300 km², also quasi den gesamten Küstenbereich der Provinz Monte Cristi (202 km²), be-

Dieser Treppenweg ist nichts für Ängstliche

inhaltet ausgedehnte Meeresflächen (1.107 km²) und Landzungen, Küstenlagunen, Feuchtgebiete mit Mangroven, einige Inseln – die „Los Cayos Siete Hermanos" (Inselgruppe der sieben Brüder) – sowie einige Strände, die zum Baden geeignet sind (z. B. die Playa de los Muertos). Unübersehbar ist der höchste Punkt in einem sonst sehr flachen Landstrich: der 237 m hohe „Morro de Monte Cristi". Es ist ein im Untermiozän entstandener, etwa 3 km² großer Schichtkomplex mit wechselnden Lagen unterschiedlicher Kalkgesteine. Einige Lagen enthalten Fossilien, vorwiegend Schnecken, Muscheln oder Korallenreste, die für die Altersbestimmung herangezogen wurden. Wie der Berg entstanden ist, gibt den Geologen Rätsel auf; es könnte der letzte Rest eines ehemaligen Gebirgszuges oder Hochplateaus sein, aber das ist reine Spekulation. Es gibt einen größeren (El Morro) und einen kleineren Berg (El Morrito), quasi Kopf und Rumpf des „Kamels", auch „El Dromedario de Monte Cristi" genannt. Beide können bestiegen werden und bieten einen schönen Ausblick über die Ebene. Der höhere, El Morro, ist mit einer waghalsigen Treppe ausgestattet, weil sonst der steile und rutschige Aufstieg für die meisten nicht zu bewerkstelligen wäre, aber die Treppe ist gelegentlich aufgrund von Schäden gesperrt. Der raue Passatwind des unmittelbar daneben liegenden Atlantiks und das feuchtheiße Klima fordern ihren Tribut.

Dem Morro vorgelagert ist die kleine Isla Cabras, ein flaches Eiland, das vorwiegend von Salinen beherrscht wird. Hier gibt es einen kleinen Wald, der aus Knopfmangroven (*Conocarpus erectus*) besteht.

Die weitläufigen Feuchtgebiete, mit vielen verschlungenen Wasserwegen unmittelbar am Hafen nahe des El Morro, werden vom Delta des Río Yaque del Norte gespeist. Ganz im Südwesten des Parks, direkt an der haitianischen Grenze, mündet bei Pepillo Salcedo (= Mazanillo) der Grenzfluss Río Dajabón (in Haiti „Río Masacre" genannt) und versorgt die Laguna Saladillo mit Wasser. Trotz der vielen Feuchtgebiete beträgt der jährliche Niederschlag nicht mehr als 700 mm (Jahresmittel 675 mm), viel Wasser regnet bereits an der Cordillera Septentrional ab. Dafür sind die Jahresdurchschnittstemperaturen mit 26,4 °C spürbar höher als die mittleren Temperaturen des restlichen Landes. Da die Verdunstung mit 1.700 mm erheblich höher als die Niederschlagsmenge ist, ist das Klima semiarid, d. h., es ist ein Landstrich mit permanentem Wasserdefizit. Die Vegetation außerhalb der Feuchtgebiete stellt deshalb eine typische subtropische Trockenwald-Gesellschaft dar. Vor dem El Morro breiten sich ausgedehnte Flachwasserzonen im Meer aus. In den Seegraswiesen aus *Thalassia testudinum* und *Halodule wrightii*, mit stachelbewehrten Seeigeln, Seesternen und Schnecken, versuchen Fischer, weit draußen bis zum Bauch im Wasser stehend, mit kunstvoll ausgeworfenen Netzen einige der vielen kleinen Fische zu fangen. Unmittelbar am Strand stochern rastlos Limikolen (Watvögel) an der Wasserlinie entlang oder huschen Echsen im Gebüschsaum durch niedriges Gras. Einige salztolerante Bäume bieten kleinen

Kein Badestrand, aber für Naturfreunde ein Muss

Singvögeln Schutz oder dienen Anolis als Ansitzwarte. In den flachen Tümpeln mit oft nur wenigen Zentimetern Wassertiefe suchen unzählige Stelzvögel nach Nahrung, und im Schlick der Gezeitenzone vollführen Winkerkrabben ihre kuriosen Balzspiele vor ihren Wohnhöhlen. Niedriges Krüppelholz dient als Rastplatz für Scharen von Reihern, die sich besonders während des Winters hier in großen Mengen als Zugvögel versammeln. Auf den Inseln schließlich brüten viele Seevögel, z. B. die imposanten Prachtfregattvögel.

Am Rande des Gebietes befinden sich dagegen intensiv genutzte, eingegrenzte Salzgärten: Salinen, in denen Menschen, die Gunst des ariden Klimas nutzend, dem Meerwasser die mineralische Fracht abtrotzen und weitgehend davon leben, obwohl die Salinen im Prinzip illegal betrieben werden. Eine weitere Gefährdung stellen die Sedimente des Río Yaque del Norte dar, welche die der Mündung vorgelagerten Korallenriffe mit ihren Sedimenten allmählich verschütten. Vor weit über 100 Jahren wurde der Fluss umgeleitet und die frühere Mündung von der Bucht Mazanillo nahe Los Conucos in die heutige Position verlegt. Nur der Kanal Tapión liefert heute noch Restmengen aus dem Río Yaque del Norte in die Bucht von Mazanillo.

Auch der Klimawandel macht sich bemerkbar, indem immer häufiger kalte Meeresströme, von Nordamerika kommend, die Küste im Norden der Dominikanischen Republik erreichen und die Meeresfauna und -flora beeinträchtigen. Besonders die Korallen leiden unter den niedrigen Temperaturen.

Die Flora

Die Pflanzen gehören recht unterschiedlichen Vegetationstypen an, die zum Teil sehr kleinräumig gegliedert sind. Der El Morro beherbergt eine Reihe von endemischen Pflanzen, von denen einige ein winziges Verbreitungsgebiet nur hier besitzen und daher besonders gefährdet sind. Wegen des kalkigen, porösen Gesteins, der rauen Winde und der spärlichen Niederschläge herrscht auf dem El

Der starke Seewind drückt selbst Bäume flach an den Boden

Morro ein schütterer, subtropischer Trockenwald vor, der nur im Windschatten etwas üppiger ausfällt. Trotzdem sind bereits in diesem eng begrenzten Gebiet 203 Pflanzenarten aus 159 Gattungen in 65 Familien nachgewiesen, ein angesichts des kargen Eindrucks der Vegetation erstaunliches Ergebnis. 35 Arten (17 %) sind endemisch für Hispaniola und zwei Arten, nämlich *Salvia montecristina* und *Mosiera urbaniana*, nur auf

Diese Palme hat einen Logenplatz auf dem El Morro ergattert

dem El Morro zu finden. 128 Arten (= 63 %) sind hier heimisch. 30 Arten, immerhin fast 15 %, sind vom Menschen eingeführt, also Neophyten, von denen sich 12 Arten mittlerweile als fester Bestandteil in die Landschaft eingebürgert haben. 15 der hier nachgewiesenen Pflanzen stehen auf der Roten Liste der gefährdeten Arten. Einige typische Arten entlang der Holztreppe zum Gipfel sind mit Namenstafeln versehen.

Unter dem Oberbegriff eines subtropischen Trockenwaldes lassen sich sieben verschiedene Pflanzengesellschaften feststellen, darunter die salzbeeinflusste Savanne am Fuße des El Morro, wo Buschfeuer die ursprüngliche Vegetation komplett vernichtet haben und es zur Bildung von grasdominierten Lebensräumen kam. Am Berg selbst gibt es eine Hangzone mit lockerem Bewuchs aus Gebüsch und Kräutern und die Gipfelzone mit relativ niedrig gewachsenen Laubbäumen, beides jeweils auf der Luv- und der Leeseite unterschiedlich ausgeprägt. Es gibt Hänge, die direkt dem Meer und dem Passat zugewandt sind, an denen selbst großwüchsige Bäume kaum mannshoch werden, weil sie der Wind mit aller Kraft nach unten drückt und sie sich fast horizontal weiterentwickeln. Erst aus größerer Distanz erkennt man, wie groß die beinahe liegenden Bäume tatsächlich sind. Dieser Vegetationstyp wird scherzhaft „Vegetatión costera peinada" genannt, die „frisierte Küstenvegetation", wissenschaftlich trockener als Windschur bezeichnet. Die Pflanzen der windabgewandten Hänge dagegen sind wegen des deutlich günstigeren Kleinklimas merklich großwüchsiger.

Neben lokalendemischen Arten wie Monte-Cristi-Salbei, *Antirrhoea montecristina*, *Portulaca procumbens*, *Myrtus flavicans* und *Mosiera urbaniana* beherrschen kleinwüchsige Verwandte der Meertraube, also *Coccoloba*-Arten das Bild. Des Weiteren findet man hier den Amerikanischen Balsambaum, die Wilde Frangipani, den Chechem-Baum, verschiedene Kroton-Arten (*Croton discolor* oder *C. poitaei*), Capanema, Katzenkralle, Duftakazien (*Acacia macracantha* und V*achellia farnesiana*), den Guajak-Baum, Pockholz, das Nachtschattengewächs *Solanum polyacanthum* sowie *Jacquinia berterii*, *Amyris diatrypa*, *Jacquemontia havanensis*, *Eugenia fragrans*, *Coccothrinax* spp. oder den alles dominierenden Mesquitebusch.

Ganz im Gegensatz zu der ausgedörrten Trockenvegetation der Hänge finden sich dann an der Küste im Marschland Bahía de Icaquito und entlang dem Río Yaque del Norte die Feuchtigkeit liebenden Mangroven wie Rote Mangrove oder seltener die Schwarze Mangrove, je nach Wasserstand. Dieser

Der Meer-Hibiskus verträgt erhebliche Mengen Salz

Mangrovengürtel entlang dem gesamten Schutzgebiet wird durch die vorgelagerten Riffe gut geschützt und ist nach den Beständen in der Bucht von Samaná das zweitgrößte zusammenhängende Mangrovegebiet des Landes, außerdem der größte Mangrovengürtel aller Karibikinseln auf atlantischer Seite. Hier werden erhebliche Mengen Fisch, Krabben, Langusten und Garnelen gefangen, eine nicht zu unterschätzende Beeinträchtigung der Stabilität dieses empfindlichen Ökosystems. Vor allem die kommerzielle Garnelenzucht mit der Schaffung von künstlichen Anzuchtbecken durch Rodungen inmitten der Mangrovenbestände stellt einen erheblichen Eingriff in die ökologische Stabilität dar.

Am Sandstrand in der Spritzwasserzone wachsen außerdem der salzverträgliche Meer-Hibiskus, die Meertraube und die Knopfmangrove, an Kräutern vor allem Halophyten wie *Sesuvium portulacastrum*. Wegen der windexponierten Lage sind aber auch hier die Bäume relativ niedrig; sie werden selten höher als 4 m. Des Weiteren sind im Südosten am Fuß des El Morro in einem Gebiet namens La Granja einige kleine Dünen vorhanden, die vorwiegend mit niedrigen Sträuchern bewachsen sind.

Eine Besonderheit bietet die Vegetation der vorgelagerten Sandbänke Los Cayos de Los Siete Hermanos. Die flachen und oft nur wenig mehr als 1.000 m² großen Inseln sind vor allem mit Halophyten bewachsen, u. a. mit *Sesuvium portulacastrum*, *Batis maritima*, *Canava-lia maritima*, *Sporobolus virginicus* oder *Tribulus terrestris*. Auf etwas erhöhten Standorten wachsen *Opuntia dillenii*, *Suriana maritima*, *Stigmaphyllon* spp., *Borrichia arborescens* und andere. Größere Gehölze werden fast ausschließlich von Knopfmangrove, Meertraube, *Pithecellobium circinale* und *Vachellia farnesiana* gebildet.

Die Fauna

Die Tierwelt an Land wird durch Vögel, Reptilien und Insekten beherrscht, im Wasser durch Mollusken, Stachelhäuter und Fische.

11 Arten von Reptilien sind nachgewiesen, als spektakulärste sicherlich eine kleine Restpopulation des Spitzkrokodils in der 2,5 km² großen Laguna de Saladillo, falls sie überhaupt noch existiert. Recht häufig dagegen sind – sogar unmittelbar am Strand – Masken- und Glattkopfleguane (*Leiocephalus schreibersii*, *L. personatus* und *L. semilineatus*), Ameiven (*Ameiva chrysolaema*, *Ameiva l. lineolata* und *A. l. meracula*), einige Anolis-Arten wie *Anolis olssoni*, *A. distichus* und *A. cybotes*, Nattern und

Sturmseeschwalben sind elegante Wegbegleiter an allen Küsten

die nachts allgegenwärtigen Geckos. Daneben weiß man bisher von drei verschiedenen Amphibienarten.

Von den 163 festgestellten Vogelarten kann man je nach Jahreszeit für das Gebiet typische Zug- oder Brutvögel beobachteten. In Gehölzen sieht man häufig Glattschnabelanis, Antillenkrähen, Kaninchenkäuze, Liebestauben, Breitschnabeltodis, Sperlingstäubchen, Swainsonkolibris, Zwergelfen, Gürtelfischer, Hispaniolaspechte, Grautyrannen, Spottdrosseln oder Schwarzscheitelpalmiste.

An den flachen Gewässern halten sich auf: Schwarznacken-Stelzenläufer, Klapperrallen, Silberreiher, Krabbenreiher, Mangrovenreiher, Braunsichler, Weißschwanz-Tropikvögel, Kiebitzregenpfeifer, Wiesenstrandläufer, Steinwälzer und Gelbstirn-Blatthühnchen.

Am Meer und auf den Inseln leben und brüten vor allem Braunpelikane, Prachtfregattvögel, Rotfußtölpel, Schlammtreter und Rußseeschwalben.

Dieser Glattkopfleguan lebt keine fünf Meter vom Strand entfernt

Lecauge venusta scheinbar schwerelos beim Hochseilakt

Eine Besonderheit stellen die winzigen Krebschen *Artemia salina* in den extrem salzhaltigen Gewässern der Salinen dar, die teilweise in solchen Massen auftreten, dass sie das Wasser leicht rosa färben. Sie bilden die Nahrungsgrundlage für viele Fische mit hoher Salztoleranz und eine ganze Reihe von Zugvögeln.

Schmetterlinge kommen in die Mangrove, um Salz zu lecken

Von den Säugetieren sind im offenen Meer Buckelwale und Delfine anzutreffen, in flacheren Küstengewässern noch größere Bestände von Karibischen Seekühen. Außerdem leben hier Meeresschildkröten.

Weiterhin wurden bisher 107 Meeresmollusken nachgewiesen, überwiegend Muscheln und Schnecken. Strandwanderer kommen dank einer großen Zahl angespülter Gehäuse voll auf ihre Kosten. Ausgedehnte Seegraswiesen bilden dabei den Lebensraum für viele Muscheln und große Schneckenarten, während die vorgelagerten Riffe vielen Spezialisten eine gesicherte Existenz bieten. Die Verzahnung von verschiedensten Lebensräumen auf engem Raum ist hier in idealer Weise ausgebildet, was die große Individuen- und Artendichte in dieser Region erklärt.

Viele Meeresschnecken wird man mit Erstaunen auch an Land herumspazieren sehen, denn Landeinsiedlerkrebse sind sehr häufig und schleppen leere Schneckenschalen als ihr „Traumhaus" huckepack mit sich herum, selbst auf den Gipfel des El Morro, wenn es sein muss.

Aktivitäten

Der Nationalpark wurde neuerdings in mehrere Sektionen mit unterschiedlichen Schwerpunkten unterteilt, die teilweise als eigene Gebiete geführt werden. Dies sind u. a. der Nationalpark Manglares de Estero Balsa, der Unterwasser-Nationalpark Monte Cristi, das Wildtierreservat Cayos Siete Hermanos, das Wildtierreservat Laguna Saladilla und das Waldschutzgebiet Buen Hombre.

Die Strände bieten genügend Muße, um die Seele baumeln zu lassen. Es gibt reichlich Buchten, an denen man fast den ganzen Tag allein ist. Das trübe und flache Wasser bietet zwar wenig Möglichkeiten zum Baden, das kann aber in einer geschützten Bucht am Playa de los Muertos hinter dem Besucherzentrum reichlich nachgeholt werden. Hier lädt glasklares, smaragdgrünes Wasser zu einem angenehmen Erfrischungsbad ein, leider mit einem Kiesstrand und einigen vorgelagerten, sehr flachen Korallenbänken. Also beim Schwimmen aufpassen und Badeschuhe nicht vergessen!

Das Vogelschutzreservat Cayos Siete Hermanos, die „Inseln der sieben Brüder", kann man mit Motorbooten erreichen. Zu ihnen werden vom Hafen aus regelmäßig Tagestouren angeboten, die allerdings nicht ganz billig sind. Aber die Fahrt lohnt sich, denn dort findet man von den umgebenden Korallenriffen jede Menge hochgespültes Strandgut wie Muscheln, Schnecken und Kugelfische. Dort brüten auch viele Vögel, allen voran Prachtfregattvögel (*Fregata magnificens*), Sturmseeschwalben (*Sterna* spp.) und Rotfußtölpel (*Sula sula*). Rotfußtölpel bilden hier sogar die größte Kolonie der gesamten Republik. Auf diesen Inseln sind die Vögel besonders sicher, denn Nesträuber wie Katzen oder Ratten führen auf der Hauptinsel regelmäßig zu schmerzlichen Brutverlusten. Die Inseln sind vermutlich die Kuppen von in früherer Zeit entstandenen Kegelkarstbergen. Nach mehreren Hebungen und Senkungen von Hispaniola sind sie derzeit bis auf die Spitzen untergetaucht. Die Inseln liegen 5–15 km vom Hafen entfernt. Sie teilen sich in zwei Gruppen auf, die eine besteht aus den drei Inseln Tororu, Monte Chico und Terrero, die andere aus den restlichen vier namens Monte Grande, Ratas, Muertos und Arenas. Monte Chico und Ratas stellen wichtige Brutinseln für Ruß- und Noddy-Seeschwalben dar. Da die Einheimischen glauben, dass deren Eier aphrodisierende Stoffe enthalten, werden alljährlich Tausende geraubt, was die Bruterfolge erheblich gefährdet und die Bedrohung durch Katzen mehr als nur übersteigt.

Vom Hafen aus geht es auch direkt in die Feuchtgebiete des Gran Canal del Morro (auch Canal de Embarcadero) mit ausgedehnten Mangrovenwäldern entlang den Armen des Río Yaque del Norte. Vom Boot aus lassen sich viele Vogelarten in den Bäumen beobachten, und am Wendepunkt der Bootsfahrt lädt die Rast an einem Anlegesteg zum Baden im erfrischenden Wasser ein. Mit etwas Glück lassen sich vom Steg aus auch einige größere Fischarten im Fluss beobachten.

Ebenfalls mit Motorbooten gelangt man nach Los Conucos mit Gelegenheit zum Tauchen und Schnorcheln. Im Nordosten des El Morro befinden sich ausgedehnte Korallenriffe, die unter dem Namen „La Cordillera" bekannt sind und sich entlang der Küste zwischen Buen Hombre und Bahía de Iquaguitos erstrecken. Bemerkenswert ist hier vor

Auch Kanada-Reiher machen Winterurlaub in der Karibik

Stachelige Vielfalt mit Blüte

allem das gehäufte Vorkommen von Elchgeweihkorallen, einer typischen Art für die Karibik.

Der Zugang zum äußersten Südwesten über Pepillo Salcedo (auch Manzanillo) zur Bucht Bahía de Manzanillo liegt etwa eine halbe Autostunde von Monte Cristi entfernt. Auf dem Weg dahin durchquert man Gebiete mit ausgedehnten Kakteenwäldern, dominiert von *Pilosocereus polygonus*. Hier macht sich das Fehlen von Oberflächengewässern bemerkbar, denn in der nordwestlichen Zentralkordillere ist der Untergrund sehr porös, und die reichlichen Niederschläge an den Berghängen versickern, bevor sie die Niederungen erreichen. In der Bucht Bahía de Manzanillo selbst gibt es ausgedehnte Mangroven. Der Mangrovengürtel reicht mit kleinen Unterbrechungen von der Mündung des Río Dajabón (= Río Masacre) über Estero Balsa und der Mündung des Río Yaque del Norte bis zur Bucht Bahía de Icaquito am El Morro. Er geht mit der Gran Mangle an der Nordküste über Buen Hombre an der Playa los Cocos bei Punta Rucia und Estero Hondo entlang weiter bis nach La Isabela. Wer einen kleinen Abstecher nach Dajabón und von dort weiter in die nahen Ausläufer der Cordillera Central macht, kann dort in den Flüssen nach Gold waschen, denn die sehr alten Gesteine dieser Region sind reich an Edelmetallen. Aber von Reichtümern sollte man nicht träumen, denn die Funde sind gering, Spaß macht es trotzdem. Und wer nur die Kühle der Gebirgsgewässer sucht, kann sich am Wasserfall der Loma de Cabrera im Naturschwimmbad abkühlen.

Die Atlantikküste

Die Atlantikküste wird auch Costa Ámbar, Bernsteinküste, genannt und bietet insgesamt 125 km Strand vom Feinsten, von denen einige Abschnitte mittlerweile unter Schutz stehen. Hier im reichen Norden, rund um Puerto Plata und Sosúa, liegen die Anfänge des Massentourismus in der Dominikanischen Republik, der seit etwa 1985 stetig gewachsen ist. Der schmale, fruchtbare Küstensaum wird landwirtschaftlich intensiv genutzt. Am augenfälligsten sind Zuckerrohrplantagen mit Zuckermühlen und Rumfabriken rund um Puerto Plata, sowie Tabak- und Reisfelder. Die Küstenebene ist geologisch recht jungen Alters und erst im Quartär entstanden. Viele Täler am Meer, z. B. die Bereiche um Puerto Plata oder Sosúa sind einstige Buchten, die erst nach der letzten Eiszeit mit Sedimenten von Flüssen, die heute in ganz anderen Betten fließen, verfüllt wurden.

Sosúa, eine Siedlung jüdischer Emigranten aus Mitteleuropa, ist mittlerweile Zentrum einer modernen Viehwirtschaft mit leistungsfähigen Rinderrassen aus Europa und neu eingeführten Futtergräsern geworden, die weit bessere Erträge liefern als die ursprünglichen Rinderfarmen. Fleisch und Milchprodukte aus Sosúa sind auf der gesamten Insel geschätzte Nahrungsmittel. Allerdings ist die Erosion der Böden durch die intensive Nutzung nicht zu übersehen.

Extensive Kulturen von Kokospalmen weiter östlich dienen der Kopragewinnung als Ausgangsprodukt für diverse Rohstoffe.

Punta Rucia, ein Insider-Tipp vom Feinsten

Parque Caños de Estero Hondo

Von Osten her erreicht man die Ausläufer des Nationalparks El Morro, wenn man von Monte Cristi auf die Autopista Duarte in Richtung Navarrete (= Bisono) fährt und nach etwa 50 km in Villa Elisa in nördlicher Richtung nach Punta Rucia, einem idyllischen Fischerdorf, abbiegt. Kommt man von Puerto Plata oder Santo Domingo, muss man über Navarrete ebenfalls bis Villa Elisa fahren. Man quert auf einer Schotterstraße mit wechselnden Belägen die westlichsten Ausläufer der Cordillera Septentrional mit relativ flachen Erhebungen. Die Landschaft hier ist zu etwa 90 % mit ausgedehnten Weideflächen, vorwiegend für Rinder und Ziegen, genutzt, mit einigen wenigen Schattenbäumen und etwas Buschland, das zum Teil eine interessante Reliktflora beherbergt. Manche Hänge werden von großen Sträuchern dominiert, die auffallend weißfilziges Laub tragen und zur Gattung *Croton* (*Croton discolor*) gehören. Schon von weitem sieht man von einer etwa 400 m hohen Anhöhe den Atlantik und blickt über eine üppige, tropische Küstenvegetation am Nordhang der Cordillera Septentrional. Sie ist dem Regen zugewandt und begleitet einen dann mehrere Kilometer bis Punta Rucia. Die Region liegt in einer lang gestreckten, schmalen Küstenebene, die sich zwischen Atlantik und der Cordillera Septentrional von Monte Cristi im Westen bis nach Nagua im Osten erstreckt.

In Punta Rucia breitet sich ein schmaler Strand in einer etwa 10 km^2 großen, geschützten Bucht mit dem Feuchtgebiet Estero Hondo (Meeresarm von Hondo) aus, der den östlichsten Ausläufer des Nationalpark Monte Cristi bildet. Neben den vier üblichen Mangrovenarten ist die Bucht von einigen salztoleranten Gehölzen wie dem Schwarzen Olivenbaum (*Bucida buceras*) und dem Amerikanischen Balsambaum (*Bursera simaruba*) gesäumt. In deren Schatten haben Einheimische am Stand kleine Imbissbuden errichtet, in denen jede Menge bunte Fische und fangfrische Krustentiere wie Seespinnen oder Langusten angeboten werden. Die üppigen Mangroven und die flache Meeresbucht nahe dem Dörfchen liefern reichhaltigen Nachschub. Dort münden auch einige kleine Flüsse, etwa der Río Paso Seco, der Río Soliman sowie einige kleine Rinnsale wie Jaiba und Encantamiento ins Meer. Auf deren Sediment kommen allerlei Brackwasser liebende Mollusken vor, z. B. Braune Kronenschnecken mit herrlichen Farbstreifen in rot oder gelb. Der Salzgehalt ist deutlich niedriger als der des angrenzenden Meeres. Im Wasser ruhen auf Pfosten, an denen Fischer ihre Boote befestigen, die allgegenwärtigen Braunpelikane, Reiher und einige Seeschwalben. In der flachen Bucht sieht man am Grund zwischen üppigen Seegrasbeständen einige Seeigel oder Kissenseesterne, und in den nahen Mangroven tummeln sich Krabben, die von Einheimischen gefangen und verzehrt werden. Der Mangrovenbereich des knapp 2 km^2 großen Caño Estero Hondo mit den nahen Seegraswiesen bietet auch der Karibischen Seekuh ein wichtiges Rückzugsgebiet mit idealen Voraussetzungen. Die vom Aussterben bedrohen Manatis sind scheu, und es ist schwierig, sie zu entdecken. Im Schutzgebiet werden noch etwa 12 Exemplare vermutet. Die Durchschnittslänge eines ausgewachsenen Tieres beträgt 2,6 m, bei einem Körpergewicht bis 300 kg. Die Tragezeit erstreckt sich auf 400 Tage, und die Muttertiere bleiben nach der Geburt noch etwa zwei Jahre mit ihrem Jungen zusammen.

Die Seegraswiesen, vorwiegend aus Schildkrötengras und Manati-Seegras bestehend, bieten außer für Manatis auch Nahrung für Echte Karett- und Lederschildkröten, die nahen Strände sind ihre traditionellen Nistgebiete.

Der Caño Estero Hondo ist touristisch erschlossen, es gibt ein Besucherzentrum und eine Aussichtsplattform, von der aus man, mit etwas Glück, eine Seekuh sichten kann.

Hauptattraktion für die meisten Touristen, die sich nach Punta Rucia verirren aber ist die Tauchschule, denn im flachen Ufersaum zwischen Monte Cristi und Luperón breiten sich ausgedehnte Korallenriffe aus. Die bis zu 10 km entfernten Tauchreviere sind nur mit leistungsfähigen Booten zu erreichen. Aber es lohnt sich, denn es sind nicht nur die größten Saumriffe der Dominikanischen Republik, sondern sie zählen sogar zu den bedeutendsten der gesamten Antillen. In der Tauchschule sind auch die einzigen Unterkünfte zu finden, von einigen wenigen privaten Anbietern mit recht einfachen Zimmern einmal abgesehen. Einheimische dagegen schätzen den Strand als einen der schönsten ihres Landes und genießen die Ruhe, die in dieser einsamen Gegend jede Menge Erholung vom Lärm der Stadt bietet.

Das Klima wird vom Nordostpassat bestimmt, die durchschnittliche Regenmenge beträgt 1.200 mm und die Durchschnittstemperatur liegt bei 23–24 °C. Die günstigste Zeit für einen Besuch ist zwischen November und Mai, obwohl dann Regenzeit herrscht. Den Rest des Jahres ist es sehr heiß, und auch dann sind häufig Regenfälle zu erwarten, aber das bei einem viel schwüleren Wetter.

Hier standen früher einzigartige Trockenwälder

In diesem kleinen Park wachsen weltweit einzigartige Orchideen

Reserva Científica Dr. Orlando Cruz Franco (Villa Elisa)

Eine alternative Route nach Punta Rucia führt – allerdings über eine deutlich schlechtere Straße – von der Autopista Duarte, zwei Orte hinter Villa Elisa in Hatillo Palma abzweigend, an der Reserva Científica Villa Elisa vorbei. Sie liegt auf kommunalem Gebiet von Guayubin etwa 8 km nördlich der Stadt Villa Elisa. Hierbei handelt es sich um einen schütteren, aber bedeutsamen subtropischen Trocken- und Kakteenwald in etwa 120 m über Meereshöhe mit einer für die im Windschatten der Cordillera Septentrional gelegenen, typischen Pflanzengesellschaft und natürlich mit einer Besonderheit. Das Schutzgebiet, mit gerade mal 0,08 km² das kleinste im Lande, ist ziemlich eben, und die Böden bestehen aus feinen, durchlässigen Verwitterungssedimenten des umgebenden Kalkgesteins. Gegründet wurde das Naturreservat im April 1976 hauptsächlich, um eine der seltensten Pflanzen der Dominikanischen Republik zu schützen, die endemische Orchidee *Hispaniella henekenii*, mit einer Blütezeit zwischen Februar und April. Die Bestäubung erfolgt durch Männchen der schwarzen Wildbienenart *Centris insularis*, die auf die kleinen pelzigen Blüten – perfekte Attrappen eines Wildbienenweibchens – hereinfallen. Da die Lippe dieser Blüte überwiegend dunkelbraun und haarig ist, erinnert sie auch ein bisschen an den pelzigen Körper der haitianischen Vogelspinne, die im Volksmund „cacata" genannt wird und der Orchidee den populären Namen „Cacatica" oder „Cacaquita" („Spinnchen") eingebracht hat. Sie wurde bereits 1855 vom deutschen Botaniker Robert Schomburgk in der Nähe ihres heutigen Vorkommens entdeckt und beschrieben. Deren Bestände waren durch Abholzungen zur Gewinnung von Holzkohle, durch intensive Landwirtschaft und vor allem durch Raubbau für den illegalen Orchideenhandel drastisch zurückgegangen. Es gibt auch noch andere endemische Orchideen im Gebiet, etwa die Arten *Psychilis atropurpurea*, *P. cogniauxii* und *Tolumnia quadriloba* sowie die auch auf anderen Inseln vorkommenden Arten *Broughtonia domingensis*, *Tolumnia variegata*, *T. calochila* und *Tetramicra canaliculata*.

Schützenswert sind aber auch die einige Hektar großen Restbestände der ursprünglichen Vegetation in einer sonst recht ausgeräumten Landschaft. Solche regengrünen Trockenwaldgesellschaften, die im Regenschatten zwischen den beiden Kordilleren eingekeilt sind, waren früher im äußersten Nordwesten der Dominikanischen Republik zwischen Monte Cristi und Santiago im Cibaotal die Regel. Sie sind aber infolge einer hier einst florierenden Holzkohleindustrie, der intensiven Bewirtschaftung und Bewässerung der Felder bis auf wenige Relikte zusammengeschrumpft und in typischer Ausprägung, wie sie in der Reserva Científica Villa Elisa vorzufinden sind, äußerst selten geworden. Solche Trockenwälder sind durch regenarme Schönwetterperioden mit über 300 Sonnentagen im Jahr gekennzeichnet und nur von kurzen Regenzeiten zwischen April und Juni sowie September und Oktober unterbrochen, je nach Region etwas unterschiedlich. Die mittleren Jahrestemperaturen rund um das Schutzgebiet schwanken zwischen 26 °C und 30,5 °C, abhängig von der Höhenlage zwischen 0 und 700 m sowie der Nähe zum Meer. Die jährliche Niederschlagsmenge beträgt 500 mm.

Von den 138 Pflanzenarten, die von Mitarbeitern des Botanischen Gartens in Santo Domingo nachgewiesen wurden, sind 104 Arten heimisch, 28 endemisch sowie drei eingeführt und verwildert.

Die typische Vegetation besteht vorwiegend aus Kakteen, Sträuchern und einigen Bäumen mit vielen Epiphyten, vor allem Orchideen und Bromelien. Darunter befinden sich je nach Bodenverhältnissen und Höhenlage Capanema, Mesquitebusch, *Vachellia farnesiana*, *Krugiodendrum ferreum*, *Ziziphus rignoni*, Pockholz und Gujakbaum. In anderen Gebieten wiederum dominieren Amerikanischer Balsambaum und *Capparis cyanophallophora*, die Silberpalme, Kroton und in Küstennähe die Meertraube. Dort, wo die natürliche Vegetation gestört ist, haben sich Kakteen, etwa

Säulenkakteen wie *Pilosocereus polygonus*, die Baumopuntien *Consolea moniliformis*, Mammilarien, die Opuntien *Cylindropuntia caribaea* und *Opuntia dillenii* oder Melonenkakteen breitgemacht.

Die Vogelwelt ist u. a. mit folgenden Arten vertreten: Nachtreiher, Buntfalke, Carolinataube, Grautyrann, Zwergelfe, Breitschnabeltodi, Antillenstieglitz, Sperlingstäubchen, Dickkopftyrann und Haitiamazone.

Orchideen, wie die *Tolumnia variegata*, blühen bevorzugt in den Herbstmonaten

Neueren Vorschlägen nach soll die Reserva Científica Villa Elisa, die 1986 in Reserva Cieníf́ica Orlando Cruz Franco umgetauft wurde, in ein Naturdenkmal mit dem Namen Donald Dod umgewandelt werden. Der aus Kansas City stammende Chemie-Ingenieur Donald Dod war einer der bedeutendsten Erforscher der dominikanischen Orchideenflora und Initiator des Schutzgebietes zum Erhalt der dortigen Orchideen. Dod war es auch, der Orchideen aus der umliegenden Gegend in das Schutzgebiet umgesiedelt und dafür gesorgt hat, dass ein Bestand im Botanischen Garten in Santo Domingo angelegt wurde, um aus deren Samen im Reagenzglas neue Jungpflanzen im größeren Stil zu züchten, damit sie später wieder an ihren angestammten Plätzen angesiedelt werden können. Er benannte außerdem die endemische Orchideengattung *Quisqueya*, entdeckte viele neue Arten und veröffentlichte zahlreiche Studien und Monographien. Während sich seine Ehefrau Annabelle

Stockton de Dod (s. S. 391) um die Vogelfauna der Insel verdient gemacht hat, ist die Mitbegründung des Orchidariums mit der umfangreichen Schausammlung von fremdländischen und heimischen Orchideen im Botanischen Garten von Santo Domingo ein weiteres Verdienst von Donald Dod. Die Eheleute haben insgesamt 22 Jahre in der Dominikanischen Republik gelebt und gewirkt, haben aber auch danach ihr Engagement für dieses Land nie aufgegeben.

Parque Nacional Histórico La Isabela

Die zweitälteste europäische Siedlung der neuen Welt aus dem Jahr 1493 (die älteste war die Siedlung „Navidad" in Haiti, die noch im Gründungsjahr 1492 von den Tainos zerstört wurde), war Grund genug, das Gebiet um La Isabela in der Provinz Puerto Plata 1969 als Nationalpark unter Schutz zu stellen. Das Kap Cabo Isabela ist zugleich der nördlichste Punkt der Dominikanischen Re-

Bei Regen gibt es auf dem Weg nach La Isabela kein Weiterkommen

publik. Zwar ist es kein Park aus biologischen Gründen, sondern aus historischem Anlass. Und wenn auch nur noch ein paar Fundamente davon zeugen und kaum noch etwas zu sehen ist, ist das 0,05 km² kleine Stückchen Land trotzdem interessant. Denn auf der Reise dorthin begegnet man allerlei bemerkenswerten Pflanzen, etwa der verwilderten Gewürzrinde (*Senna alata*). Der Park ist an der nördlichen Küste in der Bucht „Bahía de La Isabela" zwischen Luperón und Punta Rucia an der Mündung des Río Bajabonico gelegen und grenzt unmittelbar an das Schutzgebiet Estero Hondo. Mit dem Namen der Ansiedlung wollte Kolumbus seiner Gönnerin, Isabel La Catolica, der Königin von Spanien (auch unter dem Namen Isabella von Kastilien bekannt) ein Denkmal setzen. Es war die erste dauerhafte Siedlung der Europäer auf dem amerikanischen Kontinent. Überreste von Töpferarbeiten der Tainos und viele bis zu 500 Jahre alte spanischen Keramik- und Haushaltsgegenstände wurden bei mehreren Ausgrabungen gefunden und sind jetzt im örtlichen Museum ausgestellt. Die Siedlung wurde 1493 zum ersten militärischen Stützpunkt der Spanier in Amerika, und hier wurde am 06. Januar 1494 von Pater Fray Bernardo Boil auch die erste heilige Messe auf amerikanischem Boden gehalten. Vieles der alten Ansiedlung wurde während der Trujillo-Diktatur vernichtet, weil die Aufforderung, die alte Siedlungsstelle für einen Besuch aufzuräumen, missverstanden wurde und man alle restlichen Gemäuer abriss und ins Meer warf, anstatt sie zu sanieren.

Wassergefüllte Reifenspuren laden den Keilschwanz-Regenpfeifer zum Bade

Der Hahn ist auf Hispaniola Ersatz für den Kampfstier

Überall findet man liebevoll gestrichene Bauernhäuschen

Monumento Natural Loma Isabel de Torres

Eine beliebte touristische Attraktion im Norden der Dominikanischen Republik ist eine Fahrt mit der Seilbahn auf die Loma Isabel de Torres, einem knapp 800 m hohen Berg unmittelbar im Süden von Puerto Plata, einer 1496 ebenfalls durch Kolumbus gegründeten Stadt. Oben erwarten den Besucher das Bauwerk Cristo Redentor, das en miniature der weltberühmten Christusstatue von Rio de Janeiro nachempfunden wurde, sowie eine unglaubliche Aussicht über die Küstengebiete des Atlantik. Der Berg wurde 1493 von Kolumbus zu Ehren seiner Gönnerin Isabella von Kastilien auf den Namen La torre de la Reina Isabel ge-

Der Riesenpfeffer wächst nur im tropischen Regenwald

Man sollte für einen Besuch die Küstenstraße von Puerto Plata aus über Luperón wählen, denn von der südlich gelegenen Stadt aus, ebenfalls mit dem Namen La Isabela, muss man zwei Flüsse durchqueren, was sich nach Regenfällen mit einem PKW als äußerst problematisch, wenn nicht sogar als unmöglich erweisen kann.

Bei dieser Gelegenheit kann man auch etwas Zeit in der felsigen Bucht von Luperón verbringen, denn sie gilt nicht nur als ein sicherer Naturhafen für Schiffe bei Stürmen und ähnlichen Naturereignissen, sondern steht seit 1996 auch als Monumento Natural Bahía Luperón unter Schutz. Von besonderem Interesse sind dabei die Mangroven mit der angrenzenden Vegetation und ihrer recht seltenen, engen Verflechtung mit Kakteen, Orchideen und Bromelien. Es ist eine für die westliche Atlantikküste typische Vegetationsform in einem weitgehend natürlichen Zustand, mit mehreren Übergangsstadien von einem Feuchtwald zu den mehr trockenen Standorten im Regenschatten der Berge. Das Schutzgebiet umfasst eine Fläche von 19,5 km².

tauft, der mit dem Ende der Kolonialzeit auf den heute gültigen Namen Loma Isabel de Torres umbenannt wurde.

Das Besondere, das ein Naturschutzgebiet rechtfertigt, ist aber weder die einzige Seilbahn der Karibik noch das Bauwerk, in dessen Inneren sich die üblichen Souvenirläden befinden, und auch nicht der kleine botanische Garten,

det. Zum anderen ist er mit einem interessanten Tropenwald der niederen Bergstufe bedeckt.

Bereits während der Fahrt mit der Seilbahn hinauf schwebt man über den Wipfeln eines reichhaltigen Küstenregenwaldes. In aller Ruhe kann man aus der Gondel die unterschiedlichen Farben und Formen der vielfältigen immergrü-

Diese beim Fußmarsch zum Isabel de Torres angetroffene Schweinefamilie fühlt sich sauwohl

den man auf der Kuppe vorfindet (und der dem botanischen Garten in Santo Domingo unterstellt ist). Vielmehr ist es zum einen der Berg selbst, der gar nicht in das geologische Gefüge der direkt dahinterliegenden Cordillera Septentrional passen möchte. In der Gesteinszusammensetzung und seiner Entstehungsgeschichte stimmt er am ehesten mit den Bergen der Halbinsel Samaná überein und ist wohl eher zufällig hier gestran-

nen Laubbäume studieren und zwischendurch die herrliche Aussicht auf die Bucht von Puerto Plata und den Atlantik mit seinem Küstenpanorama genießen. Die Sicht ist vormittags am besten, denn bei mittleren Niederschlagswerten von mindestens 1.800 mm pro Jahr kann man leicht nachvollziehen, dass Regen hier eher die Regel als die Ausnahme ist. Er bildet sich fast immer in der zweiten Tageshälfte. Auch wenn

Die einzige Seilbahn der Karibik führt auf den Isabel de Torres

Hinter den Zuckerrohr-
feldern lugt der Isabel de
Torres hervor

es nicht regnet, ziehen nachmittags zuverlässig Wolken auf. Die Seilbahn nimmt auf ihrer letzten Etappe einen ungemein steilen Kurs und schwebt über die unwegsamen Feuchtwälder an den schroffen Hängen, die den großen biologischen Wert dieses Parkes begründen.

Um das etwa 22 km² große Gelände genauer kennen zu lernen, das 1983 vom einfachen Schutzgebiet zu einem wissenschaftlichen Naturreservat aufgewertet wurde und nach neuester Nomenklatur seit 1996 als Naturdenkmal geschützt ist, sollte man besser zu Fuß oder mit einem geländetauglichen Allradwagen den Berg von seiner Rückseite her erkunden. Der schotterige Weg ist für einen normalen PKW stellenweise zu steil, die Räder drehen dann durch! Motorradtaxen, die immer an der Basisstation der Seilbahn auf Kundschaft warten, können entweder den Weg zeigen oder einen ein Stück weit nach oben bringen, denn die ganze Strecke ist zu Fuß recht weit und außerdem sind die niederen Lagen landwirtschaftlich stark genutzt. Ein Problem bei diesem Schutzgebiet ist nämlich der hohe Anteil an Privateigentum.

Die aus metamorphen Kalkgesteinen gebildete Kuppe ist von einem Küstennebelwald bedeckt. Das Gestein ist nicht ganz unproblematisch, denn es besteht aus Wechsellagen von Kalk und Mergel. Bei einem leichten Erdbeben vor einigen Jahren sind ganze Hangabschnitte ins Rutschen geraten, und es gibt Befürchtungen, dass weitere Bergrutsche folgen könnten. Davon wären dann die Bergstation der Seilbahn und der Botanische Garten betroffen.

Alle fünfzehn hier entspringenden Fließgewässer verlaufen in dem verkarsteten Gestein über große Strecken unterirdisch und destabilisieren den Untergrund zusätzlich.

Die Kuppe liegt im direkten Einflussbereich des Nordostpassats, der sich hier staut und permanent Wolken heranführt. Der Temperaturverlauf von der Küste bis zum Gipfel reicht im Jahresmittel von 25 °C im Tal bis zu 17 °C auf der Kuppe.

Bisher sind durch Dr. Alain Liogier und Dr. Eugenio de Jesús Marcano 594 Pflanzenarten einer bemerkenswerten, Kalk liebenden Flora nachgewiesen worden. Der Isabel de Torres gehört auch zu einer der legendären Wirkungsstätten des berühmten schwedischen Botanikers Erik L. Ekman. Er kam 1914 als junger Mann auf die Insel und entdeckte und beschrieb 17 Jahre lang, bis zu seinem frühen Tod 1931, wie besessen etwa 2.000 neue Pflanzenarten. Damit steht er unangefochten als Rekordhalter im Entdecken von neuen Arten an der Weltspitze! Viele der hier wachsenden Arten wurden erstmals von Erik

Ekman beschrieben. Im Gedenken an diesen Botaniker wurden insgesamt 55 Arten und Gattungen und ein Nationalpark nach ihm benannt (s. S. 338).

Es lassen sich drei deutlich unterschiedliche Vegetationstypen erkennen: Im direkten Einfluss des Passats steht ein kleinwüchsiger, vom ständigen Wind knorrig niedergedrückter Elfen- oder Zwergwald, über und über mit Epiphyten bewachsen, vor allem mit Bromelien, Orchideen, Farnen, Moosen und Flechten. Typische Arten für diesen Vegetationstyp sind *Schlegelia brachyantha*, *Illicium parviflorum*, *Pitcairnia fuertesii* und *Oreopanax capitatus*. In den etwas weniger windexponierten Lagen wird der Elfenwald durch einen normal entwickelten Regen-/Nebelwald und in den unteren Lagen durch Tieflandregenwald abgelöst.

Die Bergkuppe außerhalb des Botanischen Gartens wird von der Bergpalme *Prestoea acuminata*, Wilder Tamarinde, *Beilschmiedia pendula*, Sternapfel, Dominikanischer Kiefer und den Baumfarnen *Cyathea arborea* und *Nephelea crassa* geprägt. In tieferen Bereichen herrschen Mahagonibaum, *Nectandra coriacea*,

Balsamapfel, Trompetenblumenbaum und *Calophyllum calaba* vor. Dazwischen gibt es viele Gräser aus den Familien der Gramineen und Cyperaceen mit so typischen Arten wie *Andropogon bicornis*, Bermudagras und *Scleria hirtella*. Auch die Königspalme beherrscht über weite Strecken die Szene, ein untrügliches Zeichen dafür, dass hier Kalk im Untergrund vorhanden ist.

32 Vogelarten können angetroffen werden, darunter fünf endemische. Mit etwas Glück lassen sich Haitiamazone, Palmenschwätzer, Hispaniolaspecht, Zuckervogel, Rosenschultertaube, Rallenkranich und verschiedene Greifvögel wie der Haitibussard beobachten.

Die Säugetiere sind mit vier Fledermausarten vertreten: *Monophyllus redmani*, *Erophylla bombifrons*, Blüten- und Fruchtvampir.

Bei den Amphibien kennt man je einen heimischen Vertreter der Gattungen *Osteopilus, Eleutherodactylus* sowie die eingeführte Aga-Kröte und bei den Reptilien fünf Vertreter der Gattung *Anolis*.

Parque Nacional Litoral Norte de Puerto Plata

Der 0,75 km² große Küstenstreifen im Bereich der Strandpromenade von Puerto Plata ist seit 1971 geschützt. Es sind flach ins Wasser ragende, ausgedehnte Felsplateaus aus Korallenkalk mit einer großen Vielfalt an niederen Meerestieren, u. a. Muscheln, Schnecken und Käferschnecken, sowie einem reichen Bewuchs mit verschiedenen Meeresalgen. An den Ufern breitet sich ein schmaler Sandstrand aus.

Der Strandbereich ist vor allem mit Meertrauben und diversen angepflanzten Akazienarten bewachsen. Andere Strandpflanzen sind durch den permanenten Seewind niedergedrückt und stark verformt. Die durchschnittliche Jahrestemperatur in Puerto Plata beträgt 25 °C und die Niederschlagsmenge liegt im Mittel bei 1.725 mm jährlich. Das Schutzgebiet umfasst weite Teile der Strandpromenade und dient in erster Linie dem Erhalt des Panoramas und der Naherholung der Menschen.

Der als Nationalpark Mirador del Norte geschützte Küstenabschnitt bei Puerto Plata

Gut getarnt lebt sich's recht entspannt
(*Anolis brevirostris*)

Monumento Natural Lagunas Cabarete y Goleta (El Choco)

Das 26 km² große Schutzgebiet von El Choco liegt nahe den touristischen Hochburgen Sosúa und Cabarete. Es beinhaltet neben 5 km Strand mit Dünen die Lagunen Cabarete und Punta Goleta, einige Feuchtgebiete mit Sumpfvegetation und Mangroven und steigt bis auf 100 m über Meeresniveau an. Es beherbergt das im Pliozän entstandene, rund fünf Millionen Jahre alte Höhlensystem von Cabarete (Cuevas de Cabarete) mit sehr bizarren Karstbildungen knapp 6 km Land einwärts. Eine geführte Tour durch die insgesamt sechs Höhlen, die von unterirdischen Gewässern gebildet wurden, dauert ungefähr zwei Stunden, inklusive einer Badeunterbrechung im ca. 23 °C warmen Wasser.

In der nahen Lagune kann man Teichhühner, Gelbstirn-Blatthühnchen und mit etwas Glück Antillen-Schmuckschildkröten beobachten. Die vorherrschende Vegetation wird vom Balsamapfel gebildet.

Das Höhlensystem dient einer Reihe von Tieren zumindest zeitweise als Unterschlupf oder bietet ihnen Lebens- und Nistraum. Kartierungen haben bisher 55 Arten erbracht, die dieses Höhlensystem in irgendeiner Form nutzen. Dazu gehören zwei Amphibien-, vier Reptilien-, 36 Vogel- und 13 Säugetierarten, vorwiegend Fledermäuse. In einer der Höhlen hat man sogar fossile Menschenknochen gefunden, ebenso Gebrauchsgegenstände der Tainos, die in vorkolumbianischer Zeit ebenfalls die Höhlen bewohnt haben.

Der Küstenstreifen von Cabarete gehört zur Ebene von Yásica und ist bei Windsurfern als das beste Surfgebiet Amerikas berühmt geworden.

Die Küste vor Cabarete und Sosua bietet Anfängern ideale Riffe zum Tauchen, und in der Bucht von Sosua werden auch Glasboden-Bootsfahrten für Landratten angeboten.

Fortgeschrittene Taucher finden beste Bedingungen bei Las Palmitas, am Airport Wall La Piramide in Richtung des Flughafens von Puerto Plata.

Die Ziegenfußwinde ist eine typische Strandpflanze

Vía Panorámica Mirador del Átlantico

Zwischen Cabarete und Nagua erstreckt sich ein kleines Bergland namens Promontorio de Cabrera (Vorgebirge von Cabrera). Es liegt zwischen dem Atlantik und der Cordillera Septentrional und besteht aus angehobenen, kalkigen Meeressedimenten des Miozäns und Pliozäns, die halbkreisförmig in Stufen erodiert sind. Bis auf Los Cocos mit 451 m gibt es keine nennenswerten Erhebungen. Das Wasser fließt in dem verkarsteten Gestein meist unterirdisch ab. Bei Río San Juan kommt einer dieser Flüsse nahe dem Meer ans Tageslicht und speist die Laguna Gri Gri. Es herrscht ein tropisch-feuchtes Klima vor. Der Küstenregenwald ist überwiegend abgeholzt, stattdessen breiten sich ausgedehnte Weideflächen oder Felder aus. Einige Strandabschnitte wurden mit Geldern der Zentralbank für den Tourismus erschlossen, etwa die Playa Grande östlich von Río San Juan. Diese Strände mit ihrem glasklaren und erfrischenden Wasser gehören nach Meinung der Einheimischen zu den einsamsten und schönsten des Landes. Der Straßenabschnitt zwischen Río San Juan und Cabrera steht wegen der großen Abwechslung und mehrerer schöner Aussichtspunkte seit 1996 als Panoramastraße Vía Panorámica Mirador del Átlantico unter Schutz. 200 m beiderseits der Straße dienen als biologische Pufferzone.

Strand mit altem Palmenblatt

Laguna Gri Gri

Wenn man in der Ortsmitte von Río San Juan Richtung Atlantik abbiegt, kommt man nach wenigen hundert Metern an eine beliebte Touristenattraktion, die Laguna Gri Gri. Sie ist nach dem dort gehäuften Vorkommen des salztoleranten Schwarzen Olivenbaumes benannt. Die eigentliche Attraktion aber ist der unterirdische Fluss, der ein paar hundert Meter von der Küste entfernt aus dem Karstkörper austritt und an dessen weiterem Verlauf sich ein kleiner Mangrovenhain entwickelt hat. Die Quelle ist großräumig gefasst und bildet den Hafen für eine ganze Armada von Motorbooten, welche die Touristen durch das Mangrovengebiet auf das offene Meer hinausfahren. Dort können sie an dem „einsamen" Strand Playa de Caletón oder in der Piscina Natural (Naturschwimmbad) eine Badepause einlegen oder einen Blick in die Cueva de las Golondrinas, die Schwalbenhöhle, werfen. Vom Boot aus hat man einen schönen Überblick in die von Höhlen durchlöcherte Küstenterrasse, die die unterste Stufe von mehreren in der Promontorio de Cabrera bildet. Einige dieser Höhlen liegen unter dem Meeresspiegel und sind bei Tauchern sehr beliebt.

Die Küste vor Gri Gri ist felsig und voller Höhlen

Bootstour durch die Mangroven von Gri Gri

Naturfreunde sollten noch einen zweiten Weg wählen: Umgeht man die gefasste Quelle in westlicher Richtung, kommt man zu Fuß ebenfalls in das Mangrovengebiet und an den Strand und kann dort eine ganze Menge verschiedener Tiere wie Mangrovenkrabben und diverse Reiher beobachten. Der Mangrovenbestand wird vorwiegend von der Roten Mangrove gebildet. Verbringt man die Nacht im direkt angrenzenden Hotel, kann man bei einem frühmorgendlichen Spaziergang unendlich viele Kuhreiher und Truthahngeier beobachten, denn die Lagune ist deren tradi-

Ein junger Kuhreiher beim Flugtraining

tionelles Übernachtungs- und Brutgebiet. Abends fliegen nicht enden wollende Schwärme von Kuhreihern in das Mangrovengebiet, und kurz nach Tagesanbruch verteilen sie sich wieder auf die umliegenden Felder, zum Teil in beträchtlicher Entfernung. Zwar wurden

Kurz vor der Mündung in den Atlantik verflachen viele Flüsse in der Ebene

viele große Bäume während eines 2004 tobenden Hurrikans stark beschädigt, die Vögel haben das Gebiet aber trotzdem nicht verlassen. Sie haben den Sturm in den Räumen eines Hauses zwischen den Mangroven, das sich zu dieser Zeit noch im Rohbau befand, dicht gedrängt und unbeschadet überstanden.

Parque Nacional Cabo Francés Viejo

An der Atlantikküste liegt unweit der Stadt Nagua in der Provinz María Trinidad Sánchez ein kleiner Nationalpark, der vor allem dem Schutz der Seevögel, aber auch dem schönen Panorama gewidmet ist. Die trotz Ausschilderung leicht zu übersehende Zufahrt zweigt von der Küstenstraße zwischen Río San Juan und dem Örtchen Cabrera nach Norden zum Park ab. Auf einer Länge von etwa 5 km ist seit 1974 ein schmaler

Die Playa Diamante ist oft menschenleer

Küstenstreifen mit einer Gesamtfläche von 1,25 km² als Nationalpark ausgewiesen. Darin sind neben dem eigentlichen Kap Francés Viejo auch der benachbarte Strand El Bretón und die vorgelagerten Riffe enthalten. Das Kap Frances Viejo selbst ist ein Küstenplateau innerhalb des Promontorio de Cabrera, mit einem zerklüfteten Steilabfall und einem herrlichen Fernblick an der bizarr geformten Küstenlinie entlang. Zum Strand führt ein steiler und rutschiger Weg, der aber die Mühe lohnt, denn dort kann man ungestört baden.

Fauna und Flora sind noch wenig erforscht. Es handelt sich um einen arg geplünderten Küstenregenwald. Unterhalb des Kaps herrschen typisch marine Arten vor. Bei den Pflanzen sind Rote und Weiße Mangrove sowie andere salztolerante Arten zu erwähnen, z. B. Meer- und Bergtraube.

Die Fauna besteht vor allem aus Seevögeln, die in dem tropischen Küstenregenwald rasten und brüten. Die auffälligsten unter ihnen sind Braunpelikan, diverse Strandläufer und der Prachtfregattvogel.

Die Abgrenzung des Parkes wird derzeit überarbeitet und vermutlich irgendwann erweitert.

Refugio de Fauna Silvestre La Gran Laguna

Ebenfalls nahe der Stadt Nagua, am Playa Boba, zwischen dem Mangrovengebiet der Mündung des Río Boba und den Mangroven der Flussmündung Río Baquí, liegt die Bucht La Gran Laguna. Zusammen mit dem Umland von insgesamt 15,4 km² genießt sie als Wildtier-Reservat seit 1995 einen besonderen Schutzstatus. Hier rasten vorwiegend Seevögel, etwa Kuba-Pfeifgänse, Krabbenreiher, Karibenblässhühner oder Indianerdommeln. Im Wasser leben Schildkröten sowie Krebstiere und Meeresmollusken in unzähligen Arten. Strände wie diese sind aber auch immer lohnenswerte Ziele auf der Suche nach Anolis und bodenlebenden Echsen, etwa Glattkopfleguanen der Gattung *Leiocephalus*. Solche Strandabschnitte werden durch den Kampf der Flüsse mit dem Meer geprägt. Die Brandung des Meeres bringt viel Sediment mit sich und baut es vor den Flussmündungen als große Sandbank auf. Die meist nicht sonderlich starken Flüsse kommen mit ihren Wassermassen dagegen nicht an und müssen, statt den Sand wegzuspülen, durch diese Sandbänke regelrecht hindurchsickern. Das führt zu höchst interessanten

Der Rio Boba kurz vor der Mündung in den Atlantik

Lebensräumen mit einer eigenen Fauna und Flora. Solche verschütteten Flussläufe sind charakteristisch für viele Gewässermündungen an der Atlantikküste der Dominikanischen Republik.

Cordillera Septentrional

Die Cordillera Septentrional („Nordkordillere") ist der westlichere der beiden großen Gebirgszüge im Norden der Dominikanischen Republik. Sie wird gelegentlich auch Sierra de Monte Cristi genannt. Die etwa 200 km lange und im Mittel 40 km breite Gebirgskette erstreckt sich in Richtung Nordwest/Südost und liegt zwischen Monte Cristi und dem Mangrovengebiet Gran Estero in der Nähe von Nagua, parallel zum Atlantik. Erdgeschichtlich handelt es sich um ein recht junges Gebirge, das erst im späteren Tertiär vor höchstens 10–20 Millionen Jahren zusammen mit den kleinen Antillen entstanden ist. Das Gros der Oberflächengesteine besteht aus oligozänen und miozänen Meeressedimenten. Es setzt sich überwiegend aus Kalken, gelegentlich auch aus saueren Tonen zusammen und ist über weite Strecken längst nicht so verkarstet wie andere Kalkgebirge der Insel. Es lagert auf einem Kern aus kreidezeitlichen Tiefengesteinen, die aber nur selten und dann vor allem im östlichen Bereich zu Tage treten. Für das Klima der Insel besitzt dieser Gebirgszug als Barriere zur offenen See hin eine entscheidende Bedeutung.

Die Cordillera Septentrional beginnt ein paar Kilometer östlich von Monte Cristi mit niederen Hügeln und steigt allmählich ostwärts an. Die ersten größeren Erhebungen liegen mit dem Pico

Murazo und Pico Jicome (je ca. 1.000 m) in der Nähe der Stadt Esperanza und erreichen mit dem Diego de Ocampo (1.250 m) ihre größten Höhen nördlich der Stadt Santiago de los Caballeros. Weiter im Osten verläuft sie in Höhe der Stadt Tamboril auf einem Niveau von etwa 1.100 m weiter und fällt erst hinter der fast 950 m hohen Loma Quita Espuela wieder ab.

Zwischen Nagua und der Halbinsel Samaná liegt – in einer der vielen tektonischen Störungen rund um die Insel – das Mangrovengebiet Gran Estero. An dieser Verwerfung endet die Cordillera Septentrional recht abrupt. Diese Senke, Isthmus von Samaná genannt, trennt den Gebirgszug der Halbinsel Samaná von der Cordillera Septentrional, die geologisch gesehen wenig gemeinsam haben.

Eine Sonderstellung nimmt der Isabel de Torres ein (Näheres s. S. 242), ein etwa 800 m hohes isoliertes Bergmassiv im Norden der Cordillera Septentrional direkt südlich der Stadt Puerto Plata gelegen, das geologisch eher mit den Gebirgen von Samaná zusammenhängt als mit der unmittelbar angrenzenden Cordillera Septentrional.

Im Norden wird die Cordillera Septentrional von einer schmalen Küstenebene entlang dem Atlantik begrenzt. In der westlichen Hälfte fallen die Hänge nach Süden ziemlich steil in die Cibao-Senke ab, weiter östlich klingt die Südflanke dagegen mit einer vorgelagerten, flachen Hügelkette weich in der Vega Real aus. Das Klima auf der Luvseite, also dem Passat zugewandt, ist außerordentlich feucht, dementsprechend tropisch ist die Vegetation mit immergrünen Re-

Querung der Cordillera Septentrional in Richtung Puerto Plata

genwäldern. Kakaoanbau an der Nordflanke, Kaffeekulturen und viele verschiedene Feldfrüchte auf der trockeneren Windschattenseite im Süden prägen die Landschaft. An anderen Stellen der Leeseite, mit ehemals regengrünen Wäldern, fallen ausgedehnte, baumlose Weideflächen ins Auge. Viele Hänge sind weitgehend abgeholzt und bieten streckenweise in Folge der nicht zu übersehenden Erosion ein trauriges Bild.

Beispielhaft: der Diego de Ocampo oder die „Reserva Biológica Dr. Jose De Js. Jimenez Almonte"

Der Diego de Ocampo ist mit 1.249 m die höchste Erhebung der Cordillera Septentrional, mit der besten und landschaftlich reizvollsten Fernsicht über das Cibao-Tal – falls der Gipfel einmal nicht in Wolken gehüllt ist. Von Santiago de los Caballeros aus zweigt von der stadtauswärts in Richtung Puerto Plata führenden Avenida Estrella Sadhalá der ausge-

Prestoea montana ist eine typische Palme im Unterholz des Diego de Ocampo

Nebelwald, ein ökologisches Kleinod mit außergewöhnlich vielen lokalendemischen Pflanzen. Typisch für dieses Ökosystem sind z. B. *Dendropanax arboreus, Schefflera tremula* oder die Bergpalme. Das Gebiet ist regenreich und besitzt viele Quellen, die u. a. die Flüsse Río Bajabonico oder Río Yásica sowie einige Nebenflüsse des Río Yaque del Norte speisen. Hier ist ein interessantes Experiment gelungen, das auf die Initiative von Studenten der Universität Santiago de Caballeros zurückgeht und als vorbildlich bezeichnet werden muss. Heute liegt das Projekt in Händen der Sociedad Ecológica del Cibao (Soeci), mit Sitz in Santiago de los Caballeros.

Der Berg wurde, wie so viele andere in der Umgebung, von der einheimischen Bevölkerung großflächig abgeholzt, landwirtschaftlich genutzt und sah recht geschunden aus. Überall waren flickenteppichartig in den unbedeutenden Resten des Urwaldes Felder ("Conucos") oder Weideflächen für Rinder und Ziegen verstreut, eine typische Wirtschaftweise des Wanderfeldbaues der Campesinos, der Landbevölkerung aus der Region. Es drohte die Gefahr von starker Bodenerosion. Nur der Gipfelbereich war noch einigermaßen intakt und durch die vielen endemischen Pflanzen eine Fundgrube für Botaniker. Dem Einsatz und der Beharrlichkeit von Studenten der Universität ist es zu verdanken, dass im Laufe von mittlerweile 15 Jahren die meisten Bauern davon überzeugt werden konnten, die Felder in den Bergen aufzugeben und die zum Tausch angebotenen Flächen in den Niederungen zu akzeptieren. Die freigewordenen Flä-

schilderte Weg zum nördlichen Parkeingang ab und ist mit dem Auto in etwa einer halben Stunde verhältnismäßig gut zu erreichen. Über diverse Fußpfade von zwei Besucherzentren in etwa 922 m Höhe aus lässt sich der Berg in einer Tagestour problemlos besteigen. Vom Norden her gibt es einen Weg über einen steilen Anstieg mit 1,5 km Länge, ausgehend von den kleinen Örtchen Piche und Manacla. Von Osten her führt ein weniger steiler, aber mit 3,5 km deutlich längerer Weg zum Gipfel. Der Diego de Ocampo ist ein typischer immergrüner

chen in den Bergen wurden schnell von fast mannshohen Farnen besiedelt, vorwiegend vom Adlerfarn.

Parallel zur Regeneration der Böden und der beginnenden Sukzession wurden im Tal Jungpflanzen von seltenen Nebelwaldbäumen herangezogen, aus Samen, die am Diego de Ocampo gesammelt wurden. Fachleute sprechen in solchen Fällen von authochthonem Saatgut, d. h. Samen ausschließlich vom angestammten Standort. Das ist wichtig, um ökologische Verfälschungen im System zu vermeiden. Was Skeptiker nie für möglich hielten, hat zu aller Überraschung erstaunlich gut geklappt: Die jungen Bäume, die mühevoll mit Maultieren in die Berge geschafft wurden und mit tatkräftiger Unterstützung der vorher dort ansässigen Bauern zwischen die Farne gepflanzt wurden, sind angewachsen und haben sich binnen weniger Jahre zu vielversprechenden jungen „Urwäldern" weiterentwickelt.

Zusätzlich wurden immer wieder vom Hubschrauber aus Samen vieler Nebelwaldpflanzen ausgestreut. Mit dem Heranwachsen der Bäume wurde der Farn schnell zurückgedrängt. Stattdessen haben sich Bergpalmen entwickelt, die beim Aufbau des Nebelwaldes eine enorm wichtige Rolle spielen, weil sie schnell in die Höhe wachsen und ein schattiges Blätterdach bilden. Sie können erst ab Niederschlagswerten von 2.500 mm optimal gedeihen. Darunter kann sich dann das dampfende Klima stabilisieren, das empfindlicheren Bäumen und Sträuchern die lebensnotwendigen Bedingungen bietet. Das einstmals stark gestörte Ökosystem am Diego de

Der Flechtenbewuchs zeigt die extreme Luftfeuchtigkeit im Nebelwald an

Ocampo hat auf diese Weise schon einige Zonen verschieden weit fortgeschrittener Entwicklungsstufen hinzugewonnen, denn die Maßnahmen wurden jeweils vom Rand des bestehenden Nebelwaldes her schrittweise talwärts vorgenommen. Übrigens sucht man hier Nadelbäume vergeblich. Dieser Gebirgszug gehört dem östlichen Florenbereich der Insel an, wo natürlicherweise keine Kiefern oder Verwandte vorkommen, einzige Ausnahme die Loma Isabel de Torres.

Die Studenten der Universität von Santiago haben den schlüssigen Beweis angetreten, dass einheimischer Wald trotz vieler Bedenken durchaus wieder hergestellt werden kann, eine Erkenntnis, die zuversichtlich stimmt. Es ist verständlich, dass es noch viele Jahrzehnte dauern wird, bis sich stabile Verhältnisse

Miconia septentrionalis ist endemisch am Diego de Ocampo

bilden und dass noch viele Eingriffe nötig sind, um Sünden der Vergangenheit zu beseitigen, etwa Zitrusbäume oder Bambushorste auszumerzen. Aber der Erfolg versprechende Anfang ist gemacht.

Von dieser positiven Entwicklung ermutigt, haben die Initiatoren einen zwei-

ten Schritt umgesetzt: eine moderne Basisstation mit regenerativen Energien und mit Übernachtungsmöglichkeiten für regelmäßige ökologische Exkursionen zum Gipfel, sowohl für naturinteressierte Touristen, aber vor allem auch für Schulen zur Bildung des Umweltbewusstseins. Schon heute besteigen jährlich etwa 3.500 Besucher den Diego de Ocampo. Ein Arboretum, d. h. eine Lehr-Anpflanzung verschiedener Baumarten, die bei der Wiederaufforstung verwendet wurden, ist ebenfalls angelegt worden. Auf dem Gipfel wurde vor wenigen Jahren ein stattliches Aussichtsplateau errichtet, das einen tollen Überblick über die Cordillera Septentrional erlaubt und auch einen Blick auf das imposante Blätterdach freigibt, mit all den unterschiedlichen Blattfarben, -formen und -größen. Von dort oben aus sind auch gut die großen Wedel der Bergpalme zu sehen, denen als Pionier eine so wichtige Rolle zukommt, nicht nur am Diego de Ocampo. Mittlerweile hat die Methode Schule gemacht, und es gibt bereits mehrere wissenschaftlich begleitete Projekte, in denen die Sukzession und die Regeneration von Primärurwäldern erforscht und optimiert werden. Es ist beruhigend zu wissen, dass Wunden, die der Mensch empfindlichen Ökosystemen zugefügt hat, mit seiner Hilfe auch wieder heilen können – allen Unkenrufen zum Trotz. Und es ist beruhigend, dass internationale Organisationen diesem Projekt eine so große Bedeutung beimessen, dass sie ihm einen Preis verliehen haben.

Heute besitzt das Biologische Reservat eine Größe von 26,5 km^2 und erstreckt sich über die höchsten Erhebungen der Cordillera Septentrional vom Diego de Ocampo bis zur Loma Peñon mitsamt ihren Abhängen ins Cibao-Tal. Rundum ist ein 10,5 km² großer Schutzstreifen angegliedert. Gegründet wurde das Naturschutzgebiet erst 1996, obwohl die Arbeiten dazu schon vor zwanzig Jahren begonnen hatten. Das Besondere an diesem Reservat ist der permanente Nebel, der in Folge des feuchten Passatwindes fast täglich ab Mittag aufsteigt und dann die Höhenlagen ab etwa 750 m aufwärts komplett einhüllt. Begehungen sollten also sehr früh morgens starten, um noch die schöne Aussicht am Vormittag zu genießen. Im westlichen Sektor des Geländes lassen sich im Windschatten der Gipfel interessante Übergänge zu Trockenwald-Gesellschaften entdecken, die sich in einem erstaunlich naturnahen Zustand befinden. Diese bemerkenswerten Gebiete wurden von dem Arzt und über die Grenzen des Landes hinaus bekannten Botaniker José de Jesús Jiménez Almonte aus Santiago de los Caballeros erkannt und intensiv erforscht. Er entdeckte nicht nur viele neue Arten, sondern hat sich auch maßgeblich für die Unterschutzstellung solcher ökologischer Kleinodien engagiert. So ist es verständlich, dass nicht nur einige Pflanzen, sondern auch das Reservat ihm zu Ehren benannt wurden, obwohl natürlich auch andere wichtige Persönlichkeiten, etwa Dr. Rafael M. Moscoso, Professor Eugenio de Jesús Marcano Fondeur, Pater Julio Cicero oder Dr. Alain Liogier an der Erforschung des Geländes mitgewirkt haben. Ihnen wurden an anderer Stelle ebenfalls bedeutende Naturschutzgebiete gewidmet.

Corredor Ecológico Carretera Turística La Cumbre – Puerto Plata

In den Katalog der Schutzgebiete wurden auch Straßen mit aufgenommen, die ökologisch besonders wertvoll sind und für die eine eigene Kategorie geschaffen wurde: Corredor Ecológico. Die Carretera Turística, die Touristenstraße, ist eine davon. Sie führt 50 km quer durch die Cordillera Septentrional von Santiago de Los Caballeros über la Cumbre bis nach Puerto Plata. Die malerische Bergstraße ist schon sehr alt und war als eine der wenigen Straßen des Landes bereits für den LKW-Verkehr gesperrt, lange bevor ihr das Prädikat Corredor Ecológico verliehen wurde. Die Tatsache, dass man

So sieht die karibische Wildform des Weihnachtssterns aus

257

Vitaminmangel ist hier ein Fremdwort

einen tropischen Tieflandregenwald, aber die Straßenränder sind in den schmalen Schluchten von vielen lang gestreckten Dörfern gesäumt. Im Hinterland sind, soweit das Gelände es zulässt, dann Kaffeeanpflanzungen oder andere landwirtschaftlich genutzte Flächen angelegt. Die Früchte der Arbeit werden entlang der Straße an liebevoll dekorierten Obstständen angeboten. Die Straße folgt einem sehr wechselvollen Relief und quert mehrere Flussläufe. Immer wieder gibt es mal großartige Ausblicke in die Bergwelt der Cordillera Septentrional, mal auf offene Weideflächen, auf Kaffee- oder Kakaokulturen mit überdimensionalen Tigerkrallen als Schattenbäumen, mal in unberührte Tälchen mit Resten von Regen- oder Nebelwäldern, mal auf die Galeriewälder entlang den Fließgewässern mit einem üppigen Vorhang aus Schlingpflanzen in engen Schluchten, dann wieder auf akkurat angelegte Gärten mit Palmen, Bananenstauden,

hier auch bequem reisen kann, hat der Straße den Namen Carretera Turistica eingebracht. Weil aber heftige Regenfälle immer wieder zu schweren Bergrutschen führen, ist die eigentlich sehr gute Straße oft in einem desolaten Zustand und dann manchmal auch für längere Zeit gesperrt. Im Prinzip führt sie durch

Praktisch Denkende erkennen schnell überall einen Mehrfachnutzen

Obstbäumen und tropischen Zierpflanzen. Kurzum: Die Fahrt gestaltet sich sehr abwechslungsreich.

In den Ortschaften findet man auch erstaunlich viele Händler, die Bernstein und daraus gefertigten Schmuck anbieten. Kein Wunder, denn in La Cumbre befindet sich das größte Bernsteinvorkommen des Landes mit vielen Minen in den Bergen.

Ein zweiter ökologischer Korridor ähnlicher Ausprägung führt weiter östlich mit der teils unbefestigten Carretera Tenares-Gaspar Hernandez ebenfalls durch die Cordillera Septentrional. Er ist wie alle solche Straßen mit einem 200 m breiten, beidseitigen Schutzstreifen für die heimische Flora und Fauna versehen. Es gibt noch weitere reizvolle Querungen durch die Cordillera Septentrional, etwa von Moca aus, die sich unbedingt lohnen.

Urzeitliche Insektensammlung: Bernstein und seine Einschlüsse

In den Gebirgsketten des Nordens lag lange Zeit unbeachtet ein wissenschaftlicher Schatz vergraben: Ámbar, zu Deutsch Bernstein. In der Cordillera Septentrional und der Cordillera Oriental gibt es verstreut auf etwa 1.000 km² an vielen Stellen Funde dieses fossilen Harzes. Die Vorkommen waren zwar schon seit Langem bekannt – Kolumbus brachte bereits von seiner ersten Reise Belegstücke mit (es waren überreichte Gastgeschenke der Taino-Indianer), und seit etwa 1850 tauchten regelmäßig vereinzelte Berichte über Inklusen in der einschlägigen Literatur auf –, aber die Bemühungen des systematischen Abbaus erstickten immer wieder im Keim, selbst Regierungsprogramme zur Intensivierung scheiterten. Der Grund war die An-

Lohn der harten Arbeit: ein Pracht-Rohbernstein

sicht der Schmuckindustrie, „echter Bernstein" käme nur aus dem Ostseeraum zwischen Polen und Russland, Baltikum genannt, alles andere seien Fälschungen oder jüngeres subfossiles Harz, sogenannter Kopal.

Nach dem Zweiten Weltkrieg versiegten hierzulande die Quellen für Baltischen Bernstein durch die Bildung des Eisernen Vorhanges. Da Deutschland aber schon immer eine Schlüsselrolle im Bernsteinhandel innehatte, musste man neue Quellen erschließen und begann, Dominikanischen Bernstein zu importieren. Anfangs noch als Baltischer Bernstein, später dann ehrlich als Dominikanischer Bernstein deklariert, versiegten unter dem Diktator Trujillo die Quellen abermals. Erst ab 1960 begann man unter den neuen Machthabern erneut mit dem Export, allerdings unter der Vorgabe des neuen Gesetzes, dass nur noch bearbeiteter Bernstein, also keine Rohware mehr, das Land verlassen durfte.

So kamen erst um 1975 wieder nennenswerte Mengen Dominikanischen Bernsteins nach Deutschland und erregten plötzlich die Gemüter, denn schnell wurde klar, dass darin eine immense Artenfülle von bis dato gänzlich unbekannten fossilen Insekten des Tertiärs überliefert war. Die größte Sensation dabei waren die ersten körperlich erhaltenen Wirbeltiere wie Geckos, Frösche und Leguane (s. S. 186), die im neotropischen Klima offenbar schon damals in großer Zahl vorkamen. Dr. Dieter Schlee vom Stuttgarter Naturkundemuseum „Am Löwentor", der diesen Schatz entdeckt hat, katapultierte durch systematische wissenschaftliche Arbeiten den Dominikanischen Bernstein binnen kürzester Zeit auf einen der vordersten Plätze in der Weltrangliste! Seiner Initiative ist es auch

In Dominikanischem Bernstein eingeschlossene Insekten halten immer wieder Sensationen bereit Fotos: Stuttgarter Naturkundemuseum „Am Löwentor"

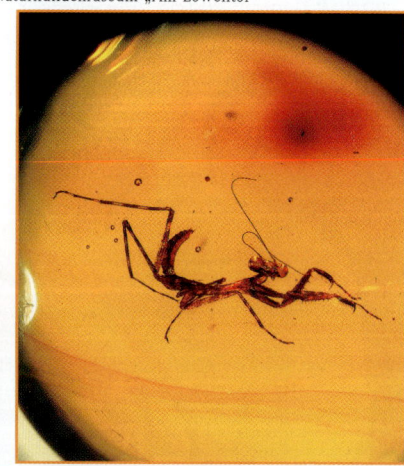

zu verdanken, dass in Stuttgart die wohl größte Dominikanische Bernsteinsammlung weltweit aufbewahrt wird.

Bernstein ist fossiles Harz, das durch Alterungsprozesse unter Luftabschluss und Druck mit den Jahrmillionen aushärtet und sich dabei über mehrere Stufen („Kopal-Stadien") in eine Art natürlichen Kunststoff umwandelt. Er kommt weltweit schon mit der Entstehung der ersten Landpflanzen im späteren Erdaltertum vor. Während im Karbon die Bernsteinvorkommen noch äußerst selten und die einzelnen Stücke winzig klein waren, weil die Bäume noch wenig Harz produzierten, nahmen mit der Kreidezeit die bernsteinliefernden Pflanzen sprunghaft zu. Man nimmt an, dass heute etwa 10 % aller Baumarten Bernstein produzieren könnten, wenn auch meist in sehr bescheidenem Maße. Der Name Bernstein ist althochdeutschen Ursprungs und kommt von Börnstein, was soviel wie Brennstein bedeutet und auf die leichte Brennbarkeit und frühere Verwendung als Räucherwerk zurückzuführen ist. Noch um 1900 wurden im Baltikum jährlich etwa 500 Tonnen Bernstein gefördert. Wissenschaftlich wird der Hauptbestandteil des Bernsteins als Succinat oder Bernsteinsäure bezeichnet, mit der chemischen Summenformel $C_4H_6O_4$ und gehört in die Gruppe der Kohlenhydrate. Auch in der Dominikanischen Republik wurde Bernstein früher zum Beleuchten der Hütten genutzt, begleitet von einem aromatischen Harzgeruch, der Mücken vertrieb.

So vielfältig die fossilen Harze sind, so vielfältig sind auch die botanischen Lieferanten, die man mit chemischen

Viele Bäume können Harz absondern, aus dem mit Glück dann Bernstein wird

Analysen nachweisen kann. Während der Baltische Bernstein von Nadelbäumen aus Skandinavien, wahrscheinlich einem ausgestorbenen Vertreter der Schirmtannen, stammt, hat man in der Dominikanischen Republik Laubbäume, genauer gesagt die nur fossil bekannte Leguminosenart *Hymenaea protera* als Harzlieferanten ausgemacht, mit ganz anderer chemischer Zusammensetzung. Ein rezenter Nachfolger, *Hymenaea courbaril*, ist heute noch als stattlicher Baum unter dem populären Namen Algarrobo auf den Antillen und in Südamerika verbreitet. Sein Harz wird heute bevorzugt zur Lackherstellung verwendet, und das selten angebotene Holz steht dem von Mahagoni in nichts nach. Der engste noch lebende Verwandte der Bernstein liefernden Art *Hymenaea protera* aber wurde mit *H. verrucosa* nicht in Südamerika, sondern in Afrika entdeckt.

Baltischer und Dominikanischer Bernstein unterscheiden sich jedoch nicht nur in ihren Erzeugerbäumen und ihrer chemischen Zusammensetzung, sondern auch optisch voneinander. Während Baltischer Bernstein in der Regel härter, honiggelb und oft leicht milchig ist, ist Dominikanischer Bernstein gewöhnlich weicher, bräunlich gelb mit einem leichten Grünschimmer und von Natur aus wasserklar. Allerdings gibt es viele Ausnahmen, denn je nach Bildungsbedingungen ist der Dominikanische Bernstein für sein ungeheueres Farbspiel berühmt, das von Rot über Gelb, Ocker, Braun, Grünlich, Oliv, Schwarz bis zum heiß begehrten Grasgrün oder Dunkelblau reichen kann und das durch Fluoreszenz im Sonnenlicht ständig in neuen Nuancen schimmert. Neuere Forschungen haben ergeben, dass die blaue Farbe durch feinst verteilten Kohlenstoff hervorgerufen wird, ein Indiz dafür, dass der Bernstein während der Hebungsphase der beiden Gebirgszüge durch die enormen Drücke relativ stark erhitzt wurde. Aber auch Infiltrationen von Mineralstoffen aus dem umgebenden Gestein sind für manche Farbnuancen verantwortlich.

Der bisher größte gefundene Brocken in der Dominikanischen Republik wog etwa 13 kg und stammt aus den Minen um Palo Alto de la Cumbre an der Carretera Turistica. Weltweit sind indes schon Bernsteinklumpen von weit über einem Zentner gefunden worden.

Bäume produzieren Harze, um Wunden zu verschließen und/oder um Feinde abzuwehren. Schadinsekten, etwa Holzkäfer, werden einfach mit einem Harzüberzug oder durch Verstopfen ihrer Bohrgänge mit Harz schachmatt gesetzt. Auch äußere mechanische Verletzungen oder Wunden durch Pilzinfek-

tionen versuchen die Pflanzen mit Harzen zu verschließen. Dann tropfen daraus oft große Mengen dünnflüssigen Harzes, oder es laufen sogenannte Schlauben, durch mehrfache Schübe innerlich geschichtete „Tropfnasen" oder „Tränen", an den Stämmen herab. Der harzige Geruch und die gelbliche Farbe locken Tiere an, die dort festkleben und von nachgelieferten Harzen oft sehr schnell eingeschlossen werden. Natürlich werden auf ähnliche Weise auch Zufallsbesucher oder Pflanzenreste konserviert. Inklusen, also eingeschlossene Objekte, finden sich fast ausschließlich in solchen Schlauben, die für die Schmuckindustrie wegen ihres schichtförmigen Aufbaus wenig brauchbar sind. So kommen sich Wissenschaftler und Kunsthandwerker zum Glück nur selten in die Quere.

Bernstein beschäftigt viele Wissenszweige: Geologen, Paläontologen (Fossilienforscher), Mineralogen, Chemiker, Mikrobiologen, Botaniker, Zoologen, Entomologen (Insektenkundler), aber auch Historiker und Kunsthistoriker, denn Bernstein war auch schon den Ureinwohnern bekannt und wurde von ihnen zu Schmuck verarbeitet. Im Anthropologischen Museum in Santo Domingo (Museo del Hombre Dominicano) sind Belege dafür ausgestellt.

Im Film „Jurassic Park" wurde die Erbsubstanz zum Klonen der Dinosaurier mit Hilfe einer Steckmücke aus dem Dominikanischen Bernstein gewonnen. Dies ergibt in doppelter Hinsicht wenig Sinn: Erstens gab es zur Zeit der Entstehung des Dominikanischen Bernsteins schon längst keine Dinosaurier mehr, und zweitens haben sich vermeintliche Spuren von fossiler Erbsubstanz im Bernstein ausnahmslos als aktuelle Verunreinigungen der Proben mit heutigen Mikroorganismen herausgestellt.

Das Entstehungsalter des Dominikanischen Bernsteins wird in die Zeit zwischen Oligozän und Untermiozän datiert und auf ca. 15–30 Millionen Jahre geschätzt, obwohl die ältesten Funde bis ins Mittel-Eozän (40 Millionen Jahre) zurückreichen sollen. Er ist somit jünger als der baltische Bernstein, der auf 40–50 Millionen Jahre geschätzt wird. Gebildet wurde er unter tropischen Klimabedingungen, und beim Austreten war er offensichtlich äußerst dünnflüssig, was die große Transparenz gut erklärt. In neuerer Zeit häufen sich auch Meldungen von Kopal- und Bernsteinfunden aus den südlichen Landesteilen, und man darf gespannt sein, was da noch so alles ans Tageslicht befördert wird.

Die Hauptabbaugebiete liegen derzeit vor allem in den Regionen zwischen Palo Alto de la Cumbre und dem Pico Diego de Ocampo und zwischen La Cumbre de Puerto Plata und Altamira, alle in der Cordillera Septentrional in Höhen meist um 1.000 m gelegen. Gearbeitet wird ähnlich abenteuerlich wie in den Larimar-Minen: Es werden entweder die Böschungen und Ufer entlang den Flüssen abgesucht, oder mit einfachsten Mitteln Löcher, Gruben und schmale Stollen in den Berg gegraben, was dem einen oder anderen schon das Leben gekostet hat. Die Jahresproduktion beträgt zwischen 2 und 5 Tonnen. In der Cordillera Oriental ist das Muttergestein deutlich weicher und toniger, und der Bernstein wird aus dem Sediment quasi herausgestochen. Der Einsatz von Maschinen oder Sprengstoff hat sich als ungeeignet erwiesen, da Bernstein dann unweigerlich Schaden nimmt.

Der Korallenbaum wird oft als Schutzdach für Kaffeeplantagen gepflanzt

In Puerto Plata gibt es seit 1982 ein Bernsteinmuseum, das „Museo del ámbar", integriert in einen Verkaufsladen. Dort bekommt man auch wichtige Hinweise zum Erkennen von echtem Bernstein, denn leider haben mittlerweile auch Betrüger das lukrative Geschäft mit Inklusen entdeckt. Möglicherweise bekommt man dann einen „Moskito in Ámbar" zum Kauf angeboten, der kurz vorher noch einen anderen Touristen gepiesackt hat und in Wirklichkeit nur ein heutiges, getrocknetes Insekt in aufgeschmolzenem Kopal darstellt. Kopal lässt sich nämlich im Gegensatz zu Bernstein noch leicht durch Erwärmung verflüssigen. Also aufpassen und nur in seriösen Läden einkaufen!

Auch darf man nicht vergessen, dass Bernstein nicht „irgendein Mineral", sondern von Lebewesen gebildet und daher nicht schutzlos haltbar ist. Am besten bewahrt man die Stücke dunkel, kühl und in dicht schließenden Gefäßen auf, um Austrocknen oder Verdunsten von Resten der Bernsteinsäure und deren Umwandlungsprodukten zu bremsen. Andernfalls wird der Bernstein schnell rissig und spröde und kann schlimmstenfalls in kleine Krümel zerfallen.

Dominikanischer Bernstein ist wissenschaftlich deshalb so interessant, weil Hispaniola seit seiner Entstehung eine Insel war und die Nachfahren der Fossilien entweder ausgestorben sind oder sich daraus interessante Rückschlüsse auf die Evolution bis in die Neuzeit hinein ableiten lassen – ungestört von kontinentalen Einflüssen. Und nicht zu vergessen: Fossilien in Bernstein – nicht nur im Dominikanischen – sind dreidimensional erhalten und lassen alle Feinheiten erkennen. Perfekter geht es eigentlich nicht: glasklare Einblicke in eine längst vergangene Zeit.

Die fossile Fauna ist tropisch. Es sind bisher über 100 Gattungen unterschiedlichster Tierordnungen mit insgesamt über 1.000 Arten bekannt geworden, darunter Spinnen, Skorpione, Pseudoskorpione, Milben und Insekten (Käfer, Fliegen, Mücken, Wespen, Ameisen, Termiten, Zikaden, Grillen, Ohrwürmer, Schmetterlinge, Gottesanbeterinnen, Wanzen, Köcherfliegen, Libellen und Eintagsfliegen).

Landschnecken und sogar einige Wirbeltiere wie Frösche, Geckos, Anolis, Vogelfedern und Knochen von Kleinsäugern gehören zu den herausragenden Seltenheiten und sind als Bernsteineinschlüsse fast ausschließlich aus der Dominikanischen Republik bekannt.

Des Weiteren sind Reste von vielen Pflanzen, darunter Blätter und Blüten des Bernsteinbaumes *Hymenaea protera* gefunden geworden, und alle möglichen Artefakte. Luftblasen etwa erbrachten die überraschende Erkenntnis, dass zur Einbettungszeit ca. 30 % statt der heutigen 21 % Luftsauerstoff vorhanden waren. Wassertropfen mit interessanten Mustern als Zeugen heftiger Tropenregen sind ebenso vorhanden wie Fußabdrücke von Tieren, die dem klebrigen Harz wieder entkommen konnten.

Interessanterweise lassen die gefundenen Insekten auch umfassende Rückschlüsse auf deren Lebensumstände zu: Wenn man davon ausgeht, dass sich Tiere im Laufe der Millionen Jahre zunehmend spezialisieren, muss man annehmen, dass auch damals schon spezielle Futterpflanzen ähnlich den heutigen existiert haben müssen. So haben Wissenschaftler lange vor den ersten Funden gefordert, dass es Palmen gegeben haben muss, weil die Nachfahren spezieller Rüsselkäfer aus dem Bernstein heute nur in Palmen leben. Tatsächlich ist der Nachweis von Palmen im Bernstein später auch geglückt. Parasiten im Bernstein lassen die Forderung nach ganz bestimmten Wirten laut werden usw. Hunderte von verschiedenen Tierarten werfen also ein Vielfaches an neuen Fragen auf, liefern aber bei genauem Hinschauen gleichzeitig auch ein wesentlich komplexeres Bild der damaligen Zeit, als es die greifbaren Funde vermuten lassen. Schließlich lebte auch damals keiner allein. Ganz sicher reicht ein Menschenleben nicht aus, um die Geheimnisse des Dominikanischen Bernsteins in allen seinen Facetten zu lüften.

Reserva Científica Loma Quita Espuela, „der Weg zu den Wolken"

Das 1992 ins Leben gerufene Naturreservat setzt sich aus einer Gruppe der höchsten Berge am östlichen Rand der Nordkordillere zusammen. Die Loma Quita Espuela (der „abgebrochene Sporn") im Zentrum ist mit 985 m am höchsten, flankiert von den Gipfeln der Loma Vieja (730 m), der Loma El Quemado (565 m), der La Canela (560 m) sowie dem Höhenzug Los Sabrosos (510 m). Das etwa 72 km² große Areal mit weiteren 128 km² Pufferzone befindet sich rund 15 km nordöstlich von San Francisco de Macorís in der Provinz Duarte. In dem dem Passatwind zugewandten Gebiet fallen jährlich 3.000–4.000 mm Niederschlag. Es ist das Quellgebiet von insgesamt 60 Fließgewässern, darunter Río Jaya, Río Cuaba, Río Cuevas, Río Nagua, Río Los Bracitos, Río Quebrada Prieta,

Überall haben Rodungen ihre Spuren hinterlassen

Fremde sind hier noch selten zu sehen

Río Lagunita, Río El Arroyaso, Río Las Cañas, Río Los Guineos, Río Brazo Grande und Río Piedra Blanca. Die Loma Quita Espuela trägt daher mit Recht den Namen „La Madre de los Ríos", zu Deutsch „Mutter der Flüsse". Viele davon dienen der Bewässerung von landwirtschaftlichen Flächen rund um die Städte Salcedo, San Francisco de Macorís, Pimentel und Nagua. Diese Liste unterstreicht die große Bedeutung des Schutzgebietes auch für die Landwirtschaft der angrenzenden Region. Unter anderem liegen hier die Hauptanbauflächen von Reis

(40 % der Landesproduktion) und Kakao. Außerdem gedeihen hier nennenswerte Mengen Orangen, und Kaffee wächst im Schatten von alten Kakaokulturen. Immerhin besitzen die Ackerflächen im Osten des Cibao-Tals zusammen mit denen von Santiago die fruchtbarsten Böden der Welt.

Im Primärurwald der unwegsamen Hochlagen hielt sich der Einfluss des Menschen bisher stark in Grenzen. Es ist der größte zusammenhängende noch intakt gebliebene montane Regen- und Nebelwald der Cordillera Septentrional und auch einer der größten des ganzen Landes.

Von den 639 nachgewiesenen Pflanzen gehören 540 Arten zu den höheren Pflanzen. 99 Arten sind Flechten, Farne und Moose.

Besonders hervorzuheben sind endemische Bäume wie der erst 1994 neu beschriebene *Tabebuia ricardii*, der nur in dieser Gegend vorkommt, *Mora abbottii* oder die endemischen Palmen wie *Bactris plumeriana*, Königspalme, Hutpalme und die Küsten-Guanopalme.

Weitere Bäume, denen man beim Aufstieg zum Gipfel begegnet (teilweise sogar mit Schildern beschriftet), sind: *Genipa americana*, *Spondias purpurea*, *Guarda guidonia*, Mango, *Erythrina poeppigiana*, Würgefeige, *Buchenavia tetraphylla*, *Miconia mirabilis*, *Cyrilla racemiflora*, *Didymopanax tremulus*, *Hymenaea courbaril*, *Clusia rosea*, *Manilkara bidentata*, *Manilkara jaimiqui* und viele andere mehr.

Die Strauchschicht wird hauptsächlich von *Ocotea leucoxylon* und *Ixora ferrea* gebildet.

Auch der Reichtum an Orchideen (z. B. *Epidendrum carpophorum*, *E. difforme* und *Polystachia foliosa*), bunten Bromelien (z. B. *Vriesea capituligera*), Farnen (z. B. *Oleandra articulata*, *Grammitis trifurcata*) und großen Baumfarnen wie *Cyathea arborea* oder *Alsophila*-Arten ist bemerkenswert.

Von den hier lebenden drei endemischen Säugetierarten sind zwei äußerst gefährdet. Der Schlitzrüssler und das Zaguti besitzen in diesem Wissenschaftlichen Reservat jedoch noch eine gesicherte Existenz. Insgesamt kennt man von hier sechs Säugetierarten, vier davon sind Fledermäuse, darunter eine endemische Art.

Im feuchten Klima fühlen sich neun Amphibienarten wohl, darunter sieben endemische Arten, die vorwiegend der Gruppe der Antillenpfeiffrösche angehören. Charakteristisch oder besonders häufig sind *Eleutherodactylus abbotti*, *E. flavescens* und der Laubfrosch *Osteopilus dominicensis*.

Unter den 18 Reptilienarten mit 13 endemischen Vertretern ist besonders *Anolis christophei* mit seiner großen Populationsdichte in den höheren Lagen von Quita Espuela und La Canela hervorzuheben, eine typische Regen- und Nebelwald-Art.

Die bemerkenswerteste der bisher 24 beobachteten Schmetterlingsarten ist

Diese überreife Mango ist für Schmetterlinge unwiderstehlich

die vor allem im Regenwald entlang von Bächen vorkommende *Greta diafana*. Dieser Falter von mittlerer Größe mit glasklaren Flügeln aus der Familie Ithomiidae fliegt in den höheren Lagen Jamaikas und Hispaniolas ab etwa 700 m. Im Schutzgebiet hat er allerdings die nur hier vorkommende Unterart *quisqueya* (Quisqueya ist der Name der Tainos für Hispaniola) gebildet, eine von drei weiteren in der Dominikanischen Republik endemischen Unterarten.

In den Gewässern leben neun Fischarten. Erwähnenswert ist vor allem der Amerikanische Aal, der einzige Vertreter aus der Familie der Aale (Anguillidae) in der Karibik. Er steigt alljährlich als sogenannter Glasaal zum Laichen vom Meer her über den Río Boba in die kühlen Gebirgsbäche auf.

58 Vogelarten runden die interessante Fauna ab, von denen 23 Arten, also rund 40 % endemisch sind und davon wiederum 12 Arten als gefährdet eingestuft werden. Unter anderem lassen sich der Nationalvogel – der Palmenschwätzer –, Hispaniolaspecht, Antillentaube, Haitibussard, Schwarzschnabelkuckuck, Dominikanermango, Zwergelfe, Bartvireo und Haitiamazone beobachten.

Seit 1990 liegt das Schutzgebiet in Händen der Initiative „Fundación Loma Quita Espuela" FLQE), die vom deutschen Entwicklungsdienst unterstützt

Die Haitiamazone ist eine endemische Papageienart

wird. Eines ihrer Hauptziele ist der kontrollierte Ökotourismus unter Einbeziehung der angrenzenden Bevölkerung, um ihnen durch neue Verdienstmöglichkeiten Anreize zur Umsetzung der Schutzbemühungen zu geben. Die Reserva Científica Loma Quieta Espuela ist ein schönes Anschauungsbeispiel dafür, wie im Wechselspiel von Klima und Pflanzen die Feuchtigkeit der Wolken und des Nebels, die ständig vom Passatwind herangetragen werden, an den Ästen kondensiert und entlang den Stämmen zu Boden läuft. Etwa neun Monate im Jahr sind die Gipfel des Parks in Wolken gehüllt. Kein Wunder also, dass die praktisch rund ums Jahr feuchten Bäume eine derart große Last an Epiphyten und Moosen tragen müssen.

Bei Los Memizos wurden durch den Hurrikan Georges große Waldgebiete in den Hochlagen zerstört, in denen auch die zwei Schutzgebiete Reserva Científica Loma Quita Espuela und die nachfolgende Reserva Científica Miguel Canela Lázaro liegen und die ebenfalls leichte Schäden davon getragen haben.

Reserva Científica Miguel Canela Lázaro (= Loma Guaconejo)

Am äußersten östlichen Ausläufer der Cordillera Septentrional liegt nahe Nagua noch ein weiteres kleines Naturschutzgebiet, die Reserva Científica Miguel Canela Lázaro. Auf 22 km², umgeben von einer 38 km² großen Pufferzone, wird seit 1996 rund um die Loma Guaconejo (605 m) ein abgeschiedenes Feuchtwaldgebiet mit einem imposanten Baumbestand geschützt. Manche Exemplare der „Sabina sin olor" (*Cyrilla racemiflora*), immergrüne Bäume mit teils mächtigen Kronen und ungewöhnlich hohen Stämmen, gehören mit über 1.000 Jahren zu den ältesten Bäumen des Landes und können ein Alter von 1.200 Jahren erreichen. Dieser vielgestaltige und im tropischen Amerika weit verbreitete Baum wächst in der Dominikanischen Republik fast nur hier. Die alten Exemplare sind mit arten- und formenreichen Epiphyten und Parasiten nur so übersät, u. a. mit endemischen Farnen, Bromelien und überraschend vielen Orchideen oder mit dem Balsamapfel (*Clusia rosea*), einem parasitischen Baumwürger. Im Inneren des Waldes existieren weitere seltene Baumarten.

Das Reservat ist dem weltberühmten dominikanischen Arzt Miguel Canela Lázaro gewidmet, der durch die Entdeckung der Achillessehne unvergesslich geworden ist und der zusammen mit Dr. Pérez Rancier zu den ersten Naturschützern des Landes gehörte.

Dieses Gebiet war ab 1991 einige Jahre lang Forschungsobjekt im Rahmen einer Doktorarbeit der Universität Bielefeld (GROß 1998). Ein Hauptziel der Untersuchung waren Alter und Zusammensetzung der Baumarten in diesem ökologischen System. Zwar ließ sich letzten Endes auch hier eine hohe Diversität mit über 60 Arten feststellen – mehr, als im Reservat Loma Quita Espuela existieren –, aber es überraschte andererseits, dass die Wälder hier an der östlichsten Cordillera Septentrional von nur einigen wenigen Baumarten dominiert werden. Sechs Arten stellen hier über drei Viertel des gesamten Baumbestandes, alle ande-

Die Königspalme ist in der Cordillera Septentrional besonders häufig

ren Arten (92 %!) treten nur sehr sporadisch auf. Das ist möglicherweise eine besondere Anpassung an die Auswirkungen der Hurrikane, die hier gehäuft an Land treffen, durch Winddruck regelmäßig Schneisen schlagen und deren mitgeführte Wassermassen gewaltige Erdrutsche auslösen. Es handelt sich hier offensichtlich um ein Ökosystem, das nie zur Ruhe kommt.

Jahresniederschläge von etwa 2.000 mm, mit je einer Trockenphase im Februar/März und August/September und mittlere Temperaturen um 19 °C sind die Grundlage für diesen regengrünen Feuchtwald. Unzählige Quellen speisen u. a. den Río Helechal. Aber das Gebiet ist insgesamt deutlich trockener als die nur 25 km entfernte, allerdings höher gelegene Loma Quita Espuela.

Neben typischen Baumarten wie *Mora abbottii*, *Cyrilla racemiflora*, *Beilschmiedia pendula*, *Sloanea berteriana* oder *Buchenavia tetraphylla* wurden für die Cordillera Septentrional erstmalig auch Arten wie *Manilkara jaimiqui* und *Plumeria magna* (erst 1990 im Nationalpark Los Haitisis entdeckt) nachgewiesen, die sonst nur deutlich kleinwüchsiger in Nachbargebirgen vorkommen. Mit *Hirtella rugosa*, bisher ausschließlich auf der Nachbarinsel Puerto Rico für endemisch gehalten, gelang sogar ein Erstnachweis für die Dominikanische Republik. Alles das sind Indizien für ein wohl einmaliges Ökosystem.

In Folge der hohen mechanischen Windbeanspruchung ist das Waldgebiet äußerst heterogen gegliedert. Das maximal 20 m hohe Kronendach der meisten Altbestände wird von *Mora abbottii* beherrscht, in dessen lichtem Schatten eine mehr oder weniger fortschreitende Waldverjüngung stattfindet. Typische Gehölze der mittleren Baumschicht sind entweder *Tabebuia acrophylla*, *Garcinia glaucescens* und *Ocotea leucoxylon* oder bei etwas mehr Licht *Ormosia krugii* und *Didymopanax morototonii*. Im Unterwuchs treten dann häufig die Waldpalme oder Baumfarne aus der Gattung *Alsophila* auf. Entlang den Gewässern oder den vielen Steilhängen wachsen gebüschartige Gehölzformationen mit *Cyrilla racemiflora* oder Baumfarndickichte. Von den vielen formenreichen Schlingpflanzen ist vor allem die hier extrem häufige *Rourea surinamensis* hervorzuheben. Typisch für dieses Gebiet sind jedoch die inselartigen Bestände mit ehrwürdigen Altbäumen von *Cyrilla racemiflora*, offensichtlich in geschützten Lagen standhafte Überbleibsel nach unzähligen Stürmen.

Auf den besonnten Hangrutschflächen dagegen fassen andere Bäume wie *Laetia procera*, *Didymopanax morototonii*, Ameisenbaum, *Alchorneopsis floribunda*, *Tabebuia ricardii*, aber auch *Cyrilla racemiflora* Fuß, die als Licht liebende Pioniergehölze die Grundlage für eine allmähliche Wiederbewaldung schaffen. Als Indikator für ein fortgeschrittenes Stadium kann dann das gehäufte Vorkommen von *Ormosia krugii* angesehen werden. *Cyrilla racemiflora* übernimmt im Laufe der Zeit zusammen mit der erst später dazustoßenden *Mora abbottii* die Funktion der Überständer, also der höchsten Schutzbäume. Sie kann dabei sehr alt werden und die zuerst vorherrschende *Mora abbottii* im Endzustand fast ganz verdrängen, denn *Mora abbottii* wird mit maximal 80 Jahren nicht sonderlich alt.

Besser lassen sich Dynamik, Wiederbesiedelungsstrategien und Sukzessionsstadien in einem von Hurrikanen gebeutelten Ökosystem über einen Zeitabschnitt von etwa einem Jahrtausend kaum beobachten. Und anschaulicher kann die Rolle von Hurrikanen für die Evolution der karibischen Ökosysteme auch nicht dargestellt werden. *Cyrilla racemiflora* ist offensichtlich ein langlebiges Pioniergehölz, das auf Katastrophen spezialisiert ist, denn auch an anderen Standorten am Festland kommt es vor allem unter besonders ungünstigen Bodenverhältnissen vor.

Über die Fauna ist bisher noch wenig bekannt. Angaben über verschiedene Arten sind eher Zufallsfunde. Dieser Wald birgt offensichtlich noch viele Geheimnisse, und man darf auf die Ergebnisse der angelaufenen Forschungen gespannt sein.

Seit einigen Jahren ist angedacht, die östlichen Ausläufer der Cordillera Septentrional als Nationalpark auszuweisen, der dann die beiden obigen Naturreservate großräumig mit einschließen würde.

Die Erdorchidee *Bletia patula* ist auf
Samaná besonders häufig

Veränderte Topographie: die Halbinsel Samaná

Die im äußersten Osten Hispaniolas gelegene Halbinsel Samaná war zu Zeiten von Kolumbus in den Karten noch als Insel eingezeichnet. Sie ist nach Aufzeichnungen von Kolumbus Sitz der Kariben gewesen, einem kriegerischen Volksstamm, der sich erst wenige Jahrzehnte vor der Ankunft der Spanier hier niedergelassen hatte. Die Kariben überfielen die friedfertigen Tainos und raubten sie aus. Auch Kolumbus berichtete von ihren Überfällen. Da er glaubte, dass sie ihre Opfer verspeisten, nannte er sie Kannibalen, in falsch verstandener Anlehnung an das Wort Kariben.

Später boten die ausgedehnten Sumpflandschaften rund um die Mündung des Río Yuna der späteren Plage der Meere, den Seeräubern, ebenfalls geheime Schlupflöcher zwischen der Bucht von Samaná und dem offenen Atlantik. Erst in neuerer Zeit, vor etwa 200 Jahren, wurden die Passage durch die Einwirkung von Hurrikanen, Erdbeben, geologische Hebungen sowie Flusssedimenten des Río Yuna endgültig zugeschüttet. Heute ist Samaná durch Trockenlegungsmaßnahmen und anschließendem Straßenbau endgültig verlandet und an Hispaniola „angedockt". So werden mit einer veränderten Topographie neue Fakten geschaffen. Begrenzt wird die Halbinsel im Nordwesten durch die Bucht Bahiá Escocesa, im Norden durch den Atlantik, im Osten durch die Bahía del Rincón und die Landzunge Cabo de Samaná, im Süden durch die Bucht von Samaná und im Südwesten durch das Feuchtgebiet Gran Estero.

Geologisch stellt die nur 768 km² große, also etwa 65 km lange und maximal 18 km breite Halbinsel eine Besonderheit dar, auch wenn sie sich rein optisch harmonisch in die Landschaft einfügt. Genauso wie einige Gebirgsteile rund um Puerto Plata passt auch dieser Gebirgszug, Sierra de Samaná genannt, anhand seiner Gesteinszusammensetzung nicht ins Gesamtbild. Die Entstehung dieser beiden Landstriche hat unter anderen geologischen Voraussetzungen stattgefunden als bei der Hauptmasse der Insel. Wie schon mehrfach erwähnt, ist Hispaniola ein Mosaik aus diversen kleineren und größeren Bausteinen rund um

Thunbergia grandiflora, **große Schwester der bei uns beliebten Schwarzäugigen Susanne**

einen zentralen Kernbereich. Heute sind sich Geologen darin einig, dass die lang gestreckte Gebirgskette der Cordillera Septentrional eine Auffaltung ist, die sich durch den Druck einer Platte, die sich vom Norden her unter die Hauptinsel schob, im Tertiär aufgewölbt hat. Das Cibao-Tal und die Vega Real sind also die ehemaligen, nördlichen Küstenbereiche der Kerninsel. Sie liegen heute in einem Einbruchgraben, der ziemlich genau mit dem Verlauf des Río Yaque del Norte und dem Río Yuna zusammenfällt. Samaná könnte dagegen gut und gerne der letzte Baustein der aktuellen Bildungsphase von Hispaniola im Norden sein, ganz sicher ist es aber nicht die Fortsetzung der Cordillera Septentrional. Das Gestein besteht größtenteils aus geologisch stark beanspruchten Kalken, sogenannten metamorphen Gesteinen, die durch enormen Druck und die dabei auftretenden, hohen Temperaturen zu Marmor und anderen Gesteinen umkristallisiert wurden. Sie werden in ihrer Hauptmasse als kreidezeitlich eingestuft und sind somit die ältesten Kalkgesteine der Insel. Praktisch der gesamte Marmor, der in der Dominikanischen Republik verarbeitet wird, stammt von hier. Im weniger umkristallisierten Nebengestein wurden vereinzelt Fossilien gefunden, die eindeutig Kreideformen zugeordnet werden können. Das Relief der Sierra de Samaná ist strichweise karstartig zerklüftet und von vielen Schluchten durchzogen, aber die

Diese Brücke führt zu einem Privatgelände

Unterhöhlte Ufer sind das Werk der nie endenden Brandung

Berge sind nicht allzu hoch. Insgesamt lassen sich drei Höhenzüge unterscheiden, von denen zwei in Ost-West-Richtung verlaufen, der dritte verschwenkt leicht nach Süden. Die höchsten Erhebungen sind der Monte Mesa (auch La Meseta genannt) mit 606 m, die Las Cañitas mit 546 m und die Loma Pilón de Azúcar mit 530 m. Samaná ist das Gebiet mit den meisten Erdbeben im Land, ein Hinweis darauf, dass der Anlandungsprozess an Hispaniola noch lange nicht abgeschlossen ist. Es gibt außerdem Hinweise darauf, dass Hispaniola in geologischer Zeit mit Puerto Rico zusammengehangen hat und Samaná möglicherweise ein abgesprengtes Bruchstück der im Miozän nach Osten abgedrifteten Nachbarinsel ist. Rein optisch passt Samaná auch noch

Der schnittige *Dryas julia* besitzt auf Hispaniola eine eigene Rasse

ganz gut an das westliche Ende von Puerto Rico, obwohl zwischen beiden heute ein sehr tiefer Graben klafft.

Am Fuße der Sierra de Samaná existieren Bereiche geologisch wesentlich jüngeren Alters, z. B. das ausgedehnte Küstenplateau zwischen Santa Bárbara de Samaná und Las Galeras, das erst im Pleistozän bis 100 m über den Meeresspiegel angehoben wurde. Auch das ist eine Folge von immer noch anhaltenden tektonischen Bewegungen. Dieses im Süden ausgedehnte Kalkplateau ist hügelig verwittert und beherbergt in den welligen Tälern teils eine interessante endemische Flora, z. B. „Drachenwälder" mit der seltenen Charakter-Baumart *Pterocarpus officinalis*. Durch die sehr ausgeprägte Geländestruktur mit gleichzeitig hohen Temperaturen von rund 27 °C im Jahresmittel, in niederen Lagen sogar 29 °C, haben sich drei Haupt-Vegetationszonen entwickelt. Diese reichen vom üppigen Regenwald mit Tendenz zum Nebelwald über einen tropischen Feuchtwald bis hin zu regengrünen Trockenwäldern im Regenschatten der Sierra Samaná. Daneben existiert eine interessante Küstenvegetation, die an felsigen Stellen fast bis an die Hochwasserlinie reicht. Ausgedehnte Kaffee- oder Kakaoplantagen täuschen aus der Distanz zwar intakte Wälder vor, sind aber intensiv genutzte Sekundärbiotope, die nichts mehr mit der ursprünglichen Vegetation zu tun haben. Das Gleiche gilt für die riesigen Kokosplantagen des südwestlichen Küstenplateaus (siehe S. 141 ff.).

Reserva Biológica Dra. Idelisa Bonnelly de Calventi (Humedales de Bajo Yuna)

Das erst in den letzten paar Jahrhunderten „fertig gewordene" Feuchtgebiet Gran Estero, das große Ästuar, schließt praktisch die Lücke zwischen der Halbinsel Samaná und dem Festland. Sedimente, die der Río Yuna aus den umliegenden Bergen angeliefert hat, haben die letzten Schlupflöcher zwischen Atlantik und der Bucht von Samaná endgültig gestopft. Der Río Yuna ist das zweitgrößte von insgesamt neun großen Flusssystemen in der Dominikanischen Republik. Der etwa 200 km lange Fluss entwässert ein Einzugsgebiet von ca. 5.600 km². Da er in der regenreichsten Zone der Insel liegt, sind die transportierten Wassermassen immens, und dementsprechend groß sind die mitgeführten Sedimente. Heute hat sich um das Mündungsdelta des Río Yuna der mit 62 km² größte geschlossene Mangrovenbestand des Landes entwickelt, vermutlich sogar der größte der gesamten Antillen. Es gibt viele Wasserstraßen an den kleineren Nebenarmen im Mündungsdelta mit Namen wie Barracote, Colorado, Boca Chiquita, Berra-

Ein Braunpelikan landet in der Vegetation für eine Verschnaufpause

quito, La Ceja, El Pinito, Sandoval, Berraco, La Lisa, Gran Estero und Cuba Libre.

Der Mangrovenwald besteht zwar aus allen vier Arten, den Löwenanteil aber bilden Rote und Weiße Mangrove. In den trockeneren Innenbereichen wachsen neben der Schwarzen Mangrove bemerkenswert große Bestände des ansonsten seltenen Küstenbaumes „Drago" (*Pterocarpus officinalis*), der, wie das Art-Epitheton *officinalis* schon verrät, medizinischen Zwecken dient. In den durch Abholzung beeinträchtigten Bereichen fasst dagegen schnell der Mangrovenfarn (*Acrostichum* sp.) Fuß, einer der wenigen salzverträglichen Farne.

Feuchtgebiete bilden natürlich ideale Lebensräume für Amphibien, die hier entsprechend häufig vor-

Der Blaureiher ist ein wahres Kleinod unter den Reihern

kommen. Von den ebenfalls zahlreich nachgewiesenen Reptilienarten bildet die Schildkröte *Trachemys decorata* hier die größte Population des Landes. Außerdem leben hier viele Mollusken und Krebstiere. Eine große Besonderheit ist jedoch das Vorkommen des vom Aussterben bedrohten Karibik-Manati, das hier – neben der Population von Monte Cristi – noch einen der stabilsten Bestände der Insel besitzt.

Das Biologische Reservat ist berühmt für seinen unglaublichen Vogelreichtum. Besonders häufig oder typisch sind Braunpelikane, Prachtfregattvögel in großen Brutkolonien, Gelbstirn-Blatthühnchen, Blaureiher, Krabbenreiher, Schleiereule, Truthahngeier, Rosenseeschwalbe, Haitisittich und Haitiamazone. Die reichhaltigen Strukturen bieten der Vielzahl der verschiedenen Vogelarten geradezu ideale Lebensbedingungen. Sie sind außerdem beliebte Rast- und Nahrungsbiotope für Unmengen von Zugvögeln, die hier Energie auftanken, bevor sie die anstrengende Reise über das offene Meer antreten. Das Schutzgebiet ist 1986 nicht zuletzt wegen dieser überregionalen Bedeutung für den Vogelzug eingerichtet und im Jahre 2000 noch einmal deutlich erweitert worden.

Namensgebend für dieses Schutzgebiet war die Ökologin Dr. Idelisa Bonnelly de Calventi, die u. a. durch ihre Grundlagenforschungen zu den Ressourcen der Meeresküsten und den Meeressäugern, speziell Walen und Delfinen, große Verdienste erworben hat. Sie forschte und wirkte an der Universität in Santo Domingo. Meeressäuger spielen in der angrenzenden Bucht ebenfalls eine wichtige Rolle.

Dieses mittlerweile 285 km^2 große Reservat im Westen der Bucht von Samaná am Zusammenfluss von Río Yuna und Río Barracote beherbergt an seinen Säumen und den Flussmündungen die bedeutendsten Fischlaichgründe weit und breit und ist Lebensraum für eine Vielzahl weiterer Tiere. Sanchez hat sich beispielsweise als Lieferant von Shrimps einen (zweifelhaften) Namen gemacht, die in den frühen Morgenstunden am Rande der Mangrovenwälder gefangen werden. Für die Aufzucht wurden sogar Schneisen als „natürliche Zuchtbecken" in die Mangrovenbestände geschlagen. Nur wenige andere Ökosysteme der Insel reichen an die enorme Produktivität dieser Mangrovenzone heran, manche Wissenschaftler halten sie sogar für die höchste des ganzen Landes.

Das Gebiet ist am besten per Boot von Samaná oder Sanchez aus zu erreichen. Der Landweg über Villa Riva ist mühsam, schwer zu finden und angesichts der vielen Niederschläge und der dadurch aufgeweichten Straßen meist nur mit Geländefahrzeugen zu bewältigen.

Parque Nacional Alan H. Liogier (Parque Nacional Cabo Cabrón)

Es ist auch wichtig, die wenigen noch intakten Teile der Inland-Vegetation zu schützen, wie es im recht jungen Nationalpark an der äußersten Nordostküste des Atlantiks entlang der Halbinsel Samaná der Fall ist. Mit diesem Naturschutzgebiet werden die großen Verdienste eines der bedeutendsten Botaniker des Landes gewürdigt: Alain Henry Liogier war Mitbegründer und erster Direktor des botanischen Gartens in Santo Domingo und ist Vater des umfassendsten Florenwerkes des Landes. In zahllosen Veröffentlichungen publizierte der mittlerweile betagte Wissenschaftler über zwei Jahrzehnte lang die „Flora der Dominikanischen Republik". Zuvor hatte er die extrem reichhaltige „Flora von Kuba" fertiggestellt und arbeitet jetzt noch mit über 90 Jahren an der „Flora von Puerto

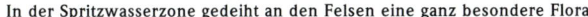

In der Spritzwasserzone gedeiht an den Felsen eine ganz besondere Flora

Rico". Er legte den Grundstein für das umfangreichste Herbarium der Karibik mit etwa 125.000 gepressten botanischen Belegstücken. Henry Liogier ist außerdem Mitbegründer der Dominikanischen Akademie der Wissenschaften und prägte entscheidend eine junge Generation von Botanikern, die mit unvermindertem Eifer sein umfangreiches Vermächtnis weiterführen.

Die Gründung des Nationalparks basiert auf einigen Gebieten, die bereits seit 1966 unter Schutz standen. Mit der aktuellen Maßnahme wurden diese aber auf 142 km² erweitert und erheblich aufgewertet. Der Park erstreckt sich nun über einsame Küstenabschnitte und die dahinter liegenden Nordhänge der Berge zwischen der Mündung des Río Limón

und dem Cabo de Samaná. Die höchste Erhebung erreicht er an der Loma La Meseta mit 605 m. Dieser Teil der Insel bietet die abwechslungsreichste Küstenlinie des Landes. Neben kleineren Strandabschnitten ragen schroffe Steilufer teils bis mehrere hundert Meter Höhe auf und werden nur gelegentlich von kleinen Hügelketten unterbrochen oder von tiefen Buchten zerschnitten. Andernorts breiten sich Küstensteppen aus oder wagen sich Mangrovenhaine, geschützt von Riffsäumen, weit ins Meer hinaus. Die tosende Salzgischt spritzt manchmal viele Meter an den Kalkwänden hoch und verursacht dadurch eine einzigartige Pflanzengesellschaft. Hier herrscht eine immense Artenvielfalt, die allerdings wegen der großen Unzugänglichkeit noch

Die Steilküste des Parque Nacional Alan H. Liogier

wenig erforscht ist. Der größte Teil des Parks ist nur von See aus zu erreichen. Die Passatwinde führen viele Niederschläge mit sich und bilden die Grundlage für einen tropischen Küstenregenwald, der vielerorts die typische „Sturmfrisur" aufweist, „Vegetacion peinada" genannt, also eine vom Wind zerzauste und niedergedrückte Pflanzendecke. Ganz sicher wird dieser Park in Zukunft noch viel von sich reden machen, denn vor dieser Küste befinden sich auch interessante Riffgebiete, die vielen Meeressäugern als wichtige Nahrungsbiotope dienen.

Monumento Natural Cascade del Limón (Monumento Natural Salto El Limón)

Wegen der geringen Größe der Halbinsel Samaná sind natürlich auch die Längen der beiden größten Flüsse, also die des Arroyo Limón und des Río San Juan, sehr begrenzt und durch die große Porosität des Untergrundes auch die mitgeführten Wassermengen.

Dass ein kleiner Fluss wie der Arroyo Limón dennoch ein Fall für den Naturschutz sein kann und Teilabschnitte im Jahr 1996 in die Liste der schützenswerten Gebiete aufgenommen wurden, liegt u. a. daran, dass er über eine 63 m hohe Klippe in die Tiefe stürzt. Dadurch liefert er eine der spektakulärsten Touristenattraktionen der Insel. Dank der hohen Luftfeuchtigkeit ist der gesamte Spritzwasserbereich mit unzähligen Moosen und Farnen üppigst besetzt. Außerdem liegt sein Oberlauf an den Nordhängen der Sierra de Samaná inmitten eines äußerst interessanten Waldgebietes mit einer noch recht ursprünglichen Vegetation. Wie bereits dargestellt, unterscheidet sich diese deutlich von der Vegetation der Hauptinsel und rechtfertigt allemal dieses etwa 18 km² große Schutzgebiet. Internationalen Gepflogenheiten entsprechend, werden Flächen unterhalb einer gewissen Größenordnung heute allerdings nicht mehr als Nationalpark, sondern wie hier als Naturdenkmal ausgewiesen.

Der Wasserfall von El Limón, an der Verbindungsstraße von Santa Barbara de Samaná aus nach Norden etwa 10 km südöstlich von Las Terrenas nahe dem Örtchen El Limón gelegen, gehört zu den populärsten und beliebtesten Ausflugszielen der Urlauber. Touren dorthin werden praktisch in jeder Ferienanlage angeboten. Leider ist es wie immer: Wo Geld zu verdienen ist, tummeln sich auch viele selbst ernannte Fremdenführer, die nicht selten wenig bieten, aber viel dafür verlangen. Also aufgepasst, vor allem, wenn man den Wasserfall auf eigene Faust erkunden will. Wichtig ist es, vorher den Preis aushandeln und nie Geld im Voraus zu bezahlen. Durch die ziemlich schroffe und üppig bewachsene Landschaft lässt sich der Wasserfall nach einem längeren und beschwerlichen Fußmarsch je nach Fitness in etwa anderthalb bis zwei Stunden erreichen. Die engen Pfade führen häufig durch Matsch oder durchqueren das Flussbett, deswegen ist es ratsam, entweder derbe Schuhe zu tragen oder, wenn man sich einig geworden ist, das Angebot „hoch zu Ross" zu wählen. Aber auch das kann angesichts der häufigen Regenfälle zu einer abenteuerlichen und rutschigen Angelegenheit werden. Schwimmsachen nicht vergessen, denn am Fuße des Wasserfalls kann man in dem romantischen Naturschwimmbecken, einem typisch dominikanischen Balneario, ein erfrischendes Bad nehmen.

Flora und Vegetation des Gebirges

Das feuchte und warme Klima im unmittelbaren Einflussbereich des Passatwindes mit 2.000–2.500 mm Jahresniederschlag ist auch Grundlage für den tropischen, immergrünen Regenwald der Gebirgszüge auf der Halbinsel Samaná. Die Böden sind extrem fruchtbar und zählen zu den besten des Landes, daher ist die Vegetation prinzipiell sehr üppig. Nur am östlichen Zipfel, im Windschatten in der Gegend von Las Galeras, herrscht chronischer Wassermangel.

Aber von der einstigen dichten Bewaldung wurden bereits in der Kolonialzeit große Bereiche abgeholzt, sodass heute nur noch maximal 10 % der ursprünglichen Pflanzendecke erhalten sind. Überlieferungen zufolge standen hier in undurchdringlichen Wäldern einst die mächtigsten Mahagonibäume des Landes und andere imposante Baumriesen, die in nur wenigen Jahrzehnten skrupellos abgeholzt wurden. Vermutlich sind dabei schon viele Arten unentdeckt ausgerottet worden. Denn aufgrund der früher isolierten Lage hatten sich natürlich auch viele botanische Besonderheiten entwickelt. Aktuelle Untersuchungen ergaben immerhin noch die beachtliche Zahl von 773 Pflanzenarten, die sich auf 480 Gattungen in 118 Familien verteilen. Von diesen 773 Arten sind 89 Arten, also rund 12 %, endemisch für Hispaniola, und davon sind wiederum 9 Arten nur auf Samaná und die unmittelbar angrenzenden Gebiete (z. B. Los Haitises, siehe S. 346) beschränkt. Darunter der recht seltene, klein bleibende Baum *Cinnamodendron ekmanii*, das strauchförmige Pfeffergewächs *Piper samanense*, das bevorzugt auf den Felsplateaus der Niederungen gedeiht, im Gegensatz zum Bewohner der höchsten Lagen der Halbinsel, dem Strauch *Tetrazygia cordata*. Weitere Bäume, Sträucher oder Kräuter wie *Amyris metopioides*, *Mouriri helleri*, *Clusia abbottii* oder *Isidorea veris* sind ebenfalls nur in dieser Region zu finden, um nur einige zu nennen. Aber es gibt auch fünf Arten, die weltweit exklusiv auf Samaná vorkommen, darunter *Eugenia samanensis*, *Solanum dendroicum* sowie ein neu entdeckter Kaktus, der bisher noch keinen Namen trägt und in die Gattung *Leptocereus* eingeordnet wird.

Aus der Fülle der nachgewiesenen Pflanzen sind neben den 89 endemischen weitere 574 Arten heimisch, kommen also sowohl hier als auch auf benachbarten Inseln oder dem mittelamerikanischen Festland natürlicherweise vor. Einige davon werden wirtschaftlich genutzt, etwa der Orleansbaum.

Allerdings werden weite Landstriche von Neophyten beherrscht: Kokosplantagen, Kaffee- und Kakaoanbau oder Kautschukkulturen prägen die Landschaft.

Alle diese landwirtschaftlichen oder forstwirtschaftlichen „Neuerungen" haben große Teile der heimischen Vegetation verdrängt und —schlimmer noch — zu großen Erosionsproblemen geführt. Änderungen in der Vegetation führen zwar stets zur Veränderung von Ökosystemen, aber nur selten zu deren Verbesserung.

Die Fauna von Samaná

Die unterschiedlichen Ökosysteme der Halbinsel beherbergen naturgemäß regional sehr unterschiedliche Tierarten.

Insgesamt wurden hier bisher 8 Amphibien- und 29 Reptilienarten gefunden. Die beiden herausragenden Arten sind eine verstreute Population des Nashornleguans und der bemerkenswerte Riesengecko *Aristelliger lar*. Der Nashornleguan besiedelt vor allem die trockenen Wälder in Meereshöhe im äußersten Osten, in der Gegend zwischen Las Galeras und Los Farallones de Talanquera, während der Riesengecko die feuchten Laubwälder des felsigen Küstenplateaus liebt. 26 der 37 Arten der Reptilien und Amphibien, also 70 %, gelten als bedroht, vor allem infolge des Verlustes ihrer angestammten Lebensräume oder der Geschwindigkeit der Lebensraumveränderung. Die vielen Plantagen beherbergen durch die Bank nur häufige „Allerweltsarten".

In den höheren Lagen der tropischen Regenwälder findet man häufig drei Arten von Pfeiffröschen, nämlich *Eleutherodactylus abbotti*, *E. flavescens* und *E. inoptatus* und mit etwas Glück im östlichen Bereich sogar mit *E. ruthae*, eine vierte Art. Die Anolis sind mit *Anolis baleatus samanae*, *A. chlorocyanus*, *A. semilineatus*, *A. distichus* sowie *A. cybotes* vertreten. An weiteren Echsen kommt die endemische Schleiche *Celestus stenurus alloeides* vor, und von den

Wer entdeckt den Anolis? Perfekter kann Tarnung nicht sein.

Palmen, Meer und Strand bei Samaná

Schlangen trifft man hier vor allem die Haiti-Spitzkopfnatter *Uromacer catesbyi* häufiger an. Entlang den Flussläufen gesellen sich zu den oben erwähnten Arten noch die Schlankboa *Epicrates striatus* und die endemische Natter *Antillophis parvifrons niger*.

Die im Südosten liegenden, trockenen Küstenwälder und flachen Strauchsavannen werden außer von Nashornleguanen und den allgegenwärtigen *Anolis cybotes* und *A. distichus* vor allem von bodenlebenden Ameiven und Leguanen besiedelt, wie etwa *Ameiva taeniura ignobilis* oder *Leiocephalus personatus pyrrholaemus*. Kugelfingergeckos sind mit der für hier typischen Art *Sphaerodactylus clenchi* vertreten. Über die in Samaná endemische, verborgen lebende Schlangenart *Leptotyphlops calypso*, die erst 1985 entdeckt wurde, ist bisher nur wenig bekannt.

In einigen Lagunen trifft man die im Süßwasser lebende Antillen-Schmuckschildkröte an.

An den Stränden legen drei Arten von Meeresschildkröten ihre Eier ab: Echte Karettschildkröte, Lederschildkröte und Suppenschildkröte.

Etwas abseits im Inneren der Halbinsel liegt eine kleine Leguan-Aufzuchtstation nach dem Vorbild der Stationen im Süden (Lago Enriquillo) und Osten (Punta Cana). Interessenten erhalten Unterlagen von der CEBSE, deren Büro neben dem kleinen Walmuseum am Hafen von Samaná gelegen ist. Näheres siehe weiter unten.

Von den 154 bisher auf Samaná nachgewiesenen Vogelarten, also gut der Hälfte aller Arten Hispaniolas, sind 70 noch regelmäßig anzutreffen. Naturgemäß sind hier wegen der langen Küstenabschnitte besonders viele Seevögel zu beobachten, und Zugvögel sind in den Wintermonaten häufig. Das spezielle Augenmerk richtet sich daher mehr oder weniger auf die Brutvögel des Binnenlandes und die reiche Lagunenfauna. Auch wenn die Artenzahl im Binnenland hoch erscheinen mag, ist die Zahl der beobachteten Individuen gebietsweise doch erschreckend gering, was an der erheblichen Zerstörung oder Umwandlung ganzer Landstriche liegt. Besser sieht die Bestandsdichte noch entlang den Küstenebenen und in den Lagunengebieten aus, weil dort die Eingriffe moderater ausgefallen sind. Verglichen mit anderen Landesteilen Hispaniolas ist Samaná also nicht der Ort für intensive Vogelbeobachtungen, abgesehen vielleicht von einigen überall häufigen Arten und natürlich zur Zugzeit vom Gran Estero (Reserva Biológica Dra. Idelisa Bonnelly de Calventi, siehe entsprechendes Kapitel).

Wegen der starken Verkarstung weiter Gebiete existieren unzählige Höhlen, die gern von den 13 bisher nachgewiesenen Fledermausarten bewohnt werden. Dominierende Arten sind der Fruchtvampir, der sich hier bevorzugt von Feigenfrüchten ernährt, die auf die Antillen beschränkte Art *Erophylla bombifrons*, ein Allesfresser und das Große Hasenmaul, das hauptsächlich vom Fischfang lebt. Alle anderen Arten sind hier sehr selten oder sogar nur durch Einzelbeobachtungen nachgewiesen.

Der Schlitzrüssler ist in den niederen Lagen auf den karstigen Küstenplateaus noch vorhanden, was durch Totfunde, die durch wildernde Hunde verursacht werden, regelmäßig bestätigt wird. Die Bestandsermittlungen und die Erarbeitung von Konzepten zum Erhalt dieser äußerst bedrohten Art laufen derzeit auf Hochtouren.

Nationales Erholungsgebiet: Cayo Levantado

Es gibt eine ganze Reihe von kleineren Inseln sowohl auf atlantischer Seite als auch in der Bucht von Samaná. Die größte von ihnen – und mittlerweile eine hochfrequentierte Attraktion vor Santa Bárbara de Samaná – ist die durch einen Fernsehspot berühmt gewordene „Bacardi-Insel", das Klischee für Karibik schlechthin. Die mit richtigem Namen Cayo Levantado genannte Insel ist zwar als nationales Erholungsgebiet im Katalog der Naturschutzgebiete aufgeführt, aber leider völlig überlaufen, und es stellt sich die Frage, ob dann noch Erholung für Mensch und Natur möglich sind. Die Sandbank liegt unweit des Ufers im nordöstlichen Teil der Bucht von Samaná. Falls man trotzdem einen Besuch wagen möchte, empfiehlt es sich, ganz früh morgens das erste Boot am Malecon in Santa Bárbara de Samaná zu besteigen und die Insel wieder frühzeitig zu verlassen, bevor endlose Buskolonnen aus den Feriendomizilen die eingesammelten Menschenmassen ausspucken, die sofort auf die Insel ausschwärmen. Schade eigentlich, dass man diese herrliche Palmeninsel nicht mit mehr Muße besuchen kann. Immerhin gibt es die Möglichkeit, in dem kleinen Hotel auf der Insel eine ruhige Nacht zu verbringen, falls man ein Zimmer ergattert.

Die Strände bestehen aus feinstem weißen Sand und werden von unzähligen Palmen beschattet. Das Inselinnere dagegen ist mit einem kleinen, einzigartigen Feuchtwald bewachsen, der eines der wenigen Rückzugsgebiete für den äußerst seltenen dominikanischen Riesengecko *Aristelliger lar* geworden ist, und das ist das Hauptargument für den Naturfreund, diese Insel doch zu besuchen. Der Riesengecko lebt bevorzugt an Bäumen mit dicken Stämmen, die tiefe Furchen aufweisen, in die er sich tagsüber dank seiner perfekten Tarnfärbung ungestört zurückziehen kann. Nur nachts geht er auf Nahrungssuche. Außerdem leben hier die häufigen Anolisarten *Anolis cybotes* und *A. distichus*. In den Baumkronen rasten unzählige Seevögel.

Von Cayo Levantado starten auch Beobachtungsboote zu den Walen, die allerdings nur in den Wintermonaten in dieser Gegend weilen. Boote fahren nur von Mitte Januar bis Mitte März.

Weltenbummler: die Wale von Samaná

Jedes Jahr Ende Dezember das gleiche Spektakel: Die Wale kommen! Ihnen hat man es letztlich zu verdanken, dass die Halbinsel Samaná zu einer touristischen Attraktion geworden ist. Und Kim Beddall, einer engagierten Naturschützerin aus den USA, ist es zu verdanken, dass der einst wüste und unkontrollierte Waltourismus in geordnete Bahnen gelenkt wurde. Es ist ein beeindruckendes Spektakel, wenn sich etwa 80 % des gesamten nordatlantischen Artbestandes der Buckelwale Jahr für Jahr zur gleichen

Buckelwale Foto: © B.Cole/WILDLIFE

Zeit nördlich der Bucht von Samaná an ihrem alt angestammten Platz am Silberriff einfinden, um sich zu paaren oder um Junge zur Welt zu bringen. Ein paar Wochen nur, dann ist dieses Schauspiel vorbei, und die Wale verlieren sich, abgemagert vom Liebesspiel oder der Geburt. Spätestens Ende März sind sie wieder im Atlantik, um sich in den kälteren Gefilden der Nordmeere jede Menge Fettreserven anzufressen – für das Liebeswerben im nächsten Jahr.

30–48 Tonnen Fett und Fleisch bei etwa 12 bis maximal 19 m Körperlänge haben die Gier skrupelloser Walfänger beflügelt, die Wanderungen zu den Familientreffen gnadenlos für ihre Zwecke zu nutzen. Die wegen des Fehlens natür-

licher Feinde arglosen Wale ließen sich ohne große Gegenwehr harpunieren und abschlachten. So gingen die Bestände innerhalb weniger Jahrzehnte durch den Einsatz hochtechnisierter Methoden von weltweit geschätzten 200.000 Buckelwalen Anfang 1900 auf unter 7.000 nach 1955 zurück, bis endlich strenge Gesetze das sinnlose Töten stoppten und die Restpopulationen unter Androhung harter Strafen unter Schutz stellten. Meilenstein bei der Schutzgebung war 1946 die freiwillige Unterzeichnung eines Abkommens der „IWC“, der Internationalen Walfangkommission, der zunehmend mehr verantwortungsvolle Regierungen beigetreten sind und die 1955 für die Mitgliedsstaaten verbindlich wurde. Nach dieser Verordnung stehen auch die Buckelwale seit 1966 unter Artenschutz. Dass immer noch einige Regierungen deren Fang erlauben, etwa Norwegen oder Japan, zeugt von Uneinsichtigkeit und Respektlosigkeit.

Mittlerweile gehören die sanften Buckelwale zur bestuntersuchten Meeressäugergattung der Welt, und wohl jeder hat schon von ihren geheimnisvollen Gesängen gehört! Es ist nur zu verständlich, dass man so etwas Beeindruckendes auch einmal selbst erleben möchte. Die Gesänge, die übrigens nur von den Männchen erzeugt werden, ähneln eher einem minutenlangen Ächzen, Stöhnen, Grunzen oder Schnalzen und sind nur unter Wasser hörbar. Sie wurden von amerikanischen Militärs beim Abhören der Meere nach feindlichen U-Booten entdeckt und sind mit 188 Dezibel die lautesten Töne und die komplexesten Gesänge im gesamten Tierreich. Wissenschaftler haben Tonbandaufnahmen erheblich schneller abgespielt und Melodien ähnlich denen von Vögeln entdeckt. Man glaubte sogar, einige „Dialekte" erkannt zu haben, die dann ganz bestimmten Populationen zugeordnet werden konnten, sich aber ständig verändern. Heute ist man sich ziemlich sicher, dass die niedrigen Frequenzen der Gesänge so angelegt sind, dass sich Buckelwale möglicherweise rund um den Globus über alle Weltmeere hinweg verständigen können und dadurch sozialen Kon-

Buckelwal Foto: © B.Cole/WILDLIFE

takt in der gesamten Population aufrechterhalten. Dabei kennen und nutzen sie womöglich das bisher unerklärliche Phänomen spezieller tiefer Wasserhorizonte in den Ozeanen, in denen sich der Schall über ungewöhnlich große Entfernungen viel schneller als sonst üblich ausbreitet.

Buckelwale gibt es in mehreren Sippen in allen Ozeanen sowohl auf der Südhalbkugel als auch auf der nördlichen Hälfte der Erde, die sich nach heutigem Kenntnisstand aber praktisch nicht vermischen. Die atlantische Sippe trifft sich überwiegend vor Samaná zur Paarung, die nordpazifische Sippe in den Flachwassergebieten vor Hawaii oder Mexiko. Die südlichen Populationen haben mehrere Paarungs- und Abkalbreviere rund um Afrika und Madagaskar, Australien und Neuseeland sowie vor Südamerika.

Buckelwale gehören zu den Furchenwalen und sind trotz ihrer imposanten Größe harmlose Filtrierer. Sie können mit einem komplizierten Reusensystem aus behaarten Hornlamellen am Oberkiefer, Barten genannt, Kleinlebewesen aus dem Meerwasser herausfiltern. Dabei ist ihr Kehlbereich dank zahlreicher tiefer Furchen (daher der Name Furchenwale) unglaublich dehnungsfähig, damit sie beim plötzlichen Aufreißen des Mauls viele Kubikmeter Wasser mit Kleintieren einsaugen können, um es anschließend durch die Barten wieder nach außen zu filtrieren. Darin verfangene Nahrung wird vor dem nächsten Beutezug heruntergeschluckt. Ein Trick der Wale, die Effizienz beim Jagen zu steigern, ist es, Vorhänge aus dünnen Luftbläschen zu erzeugen („Netzfischen" genannt), um dadurch verängstigte Tiere enger zusammenzutreiben. Buckelwale haben aber auch noch viele andere Tricks, um die Erfolge beim Jagen zu steigern, etwa die Oberfläche abzufischen, aus großer Tiefe in Fischschwärme hineinzustoßen oder mit offenem Maul immer enger um sie herum zu kreisen. Auch aus dem Wasser hochstoßen und laut klatschend auf die Oberfläche zurückfallen, ist eine Taktik, mit der die Fische kurzzeitig betäubt oder ganze Schwärme in Panik versetzt werden. Hauptweidegründe sind für alle die Südhalbkugel der Erde besiedelnden Populationen die krillreichen, kalten Gewässer der Antarktis. Als Krill werden die nur in kalten Meeren vorkommenden Kleinkrebse *Euphausia superba* aus der Ordnung der Euphausiacea bezeichnet, die es dort in ungeheuren Massen gibt. Allerdings trifft dies auf die Wale der Nordhalbkugel nicht zu, denn anders, als häufig behauptet, gibt es in den nördlichen Polarmeeren kein Krill. Dort müssen sich die Buckelwale von einer Vielzahl anderer Kleinkrebsarten wie Copepoden und Amphipoden ernähren, die allerdings die Nordmeere analog dem Krill in ähnlich großen Populationsdichten besiedeln. Außerdem leben sie von schwarmbildenden Fischen wie Heringen, Makrelen und Sardinen. Solche gewaltigen Nahrungsressourcen sind wichtig, denn Wale fressen bis zu einer Tonne täglich!

Auf ihren Wanderungen zu den Jagdgründen legen Buckelwale Strecken von weit über 5.000 km zurück. Diese Wanderungen gehören damit – von denen der Vögel abgesehen – zu den weitesten im Tierreich. Ein Buckelwal der Südhalbkugel hält sogar mit 8.334 km einfacher Wanderstrecke den Weltrekord unter den Säugetieren. Bei einer theoretisch möglichen Durchschnittsgeschwindigkeit von 5 km/h hieße das, mehr als zwei Monate lang nonstop zu schwimmen.

Die Antwort auf die Frage, warum Wale einen derartigen Aufwand betreiben, liegt in der Empfindlichkeit ihrer Jungtiere begründet. Sie würden in den kalten Meeren schlicht und ergreifend erfrieren, weil sie noch keine Speckschicht, Blubber genannt, als Wärmeisolierung unter der Haut besitzen. Fett vergrößert außerdem den Auftrieb. Jungwale müssen permanent in Bewegung bleiben, sonst würden sie untergehen und ertrinken. Bis zu einem Jahr verbringen sie deshalb in der Obhut ihrer Mütter, die sie in dieser Zeit beim Schlafen stützen müssen und die sie bis zur Vollendung des 8. Monats zusätzlich zur normalen Nahrungsaufnahme säugen. Erst dann hat sich ein mindestens 12 cm dickes Fettpolster gebildet, das den Jungwalen ein eigenständiges Leben mit genügend Auftrieb und Kälteschutz ermöglicht.

In jeder Saison suchen über 2.500 Wale die Reviere vor Samaná auf, vom liebestollen Bullen über hochträchtige Kühe bis zu paarungswilligen Weibchen. Zum Höhepunkt Mitte Februar halten sich hier etwa 300 Tiere gleichzeitig auf und machen die Region zu einer der attraktivsten Walbeobachtungsorte der Welt und zum bedeutendsten Buckelwalschutzgebiet des Atlantiks. Die Tiere sind die lebhaftesten unter allen Walen, speziell Männchen zeigen vor der Paarung ausgedehnte Balzspiele mit vielen Sprüngen aus dem Wasser, die von Kennern in bestimmte Kategorien eingeteilt werden. Es fallen dann Begriffe wie „Durchbruch", „Rollen", „Flippering" oder „Schwanzheber". Die Eigenart, vor dem Abtauchen den Rücken hochzuwölben, hat ihnen wahrscheinlich den deutschen Namen Buckelwal eingebracht.

Wale sind Säugetiere und daher auf Lungenatmung angewiesen. Oft kann man weithin das „Blasen" der Tiere beobachten, wenn sie vor dem nächsten Atemzug dampfgesättigte Luft aus den Lungen durch ihre Nasenlöcher („Spritzlöcher") 2 m hoch abrupt in den Himmel stoßen, die in der kälteren Außenluft kondensiert. Das hat es früheren Walfängern leicht gemacht, die Tiere zu entdecken. Wale können bis zu 40 Minuten unter Wasser bleiben und dabei in erstaunliche Tiefen von vielen hundert Metern vordringen. Als Luftatmer schlafen sie meist in waagerechter Position an der Oberfläche treibend und halten nach Ansicht einiger Wissenschaftler immer einen Teil ihres Gehirns wach, damit sie die Atmung kontrollieren können. Wale sind mit äußerst empfindlichen Sinnesorganen ausgestattet, die sie zum ausgezeichneten Fühlen, Hören und Sehen befähigen. Auch sollen sie Magnetfelder messen können, was für die Orientierung bei ihren Wanderungen eine äußerst sinnvolle Einrichtung wäre.

Die im Allgemeinen dunkelgrauen Tiere haben einen hellen Bauch und eine individuelle Zeichnung auf der Schwanzflossenunterseite, mit der sich jedes einzelne Tier sicher erkennen lässt und die Walforschern schon viele Informatio-

Buckelwal Foto: D. Knop

nen geliefert hat. Zum Beispiel können die Tiere bei ihren Wanderbewegungen verfolgt werden, ohne dass technisches Gerät zu ihrer Ortung angebracht werden muss, oder man erhält Erkenntnisse darüber, in welchen zeitlichen Abständen sie ihr Winterquartier aufsuchen. Es sind schon über 6.000 Buckelwale in einer Fotodatei erfasst: Bilder aus aller Herren Meere, von Forschern oder Amateuren fotografiert, die alle dazu beigetragen haben, das heutige Wissen über Wale zu mehren.

Der wissenschaftliche Name für Buckelwale, *Megaptera novaeangliae*, zu Deutsch der „Große Flügel von Neuengland", weist auf die Gegend vor der Ostküste Nordamerikas hin, wo diese Art zum ersten Mal wissenschaftlich nachgewiesen und benannt worden ist, sowie auf die typischen, ungewöhnlich großen flügelartigen Brustflossen. Diese Flossen, Flipper genannt,

sind übrigens die größten Gliedmaßen im gesamten Tierreich.

Den eigentlichen Vortrieb beim Schwimmen erhält der Wal allerdings durch die mächtige, quer stehende Schwanzflosse („Fluke"). Sie ist in der Mitte eingekerbt und wird ähnlich den Schwimmflossen der Taucher senkrecht auf und ab bewegt. Der äußerst muskulöse Schwanzstiel mit einer Verlängerung bis weit in das Hinterende des Körpers hinein liefert die dazu nötige Kraft.

Die Buckelwale von Samaná haben schon vor Kolumbus die Aufmerksamkeit der Urbevölkerung auf sich gezogen, was in Felszeichnungen, z. B. in den Höhlen des Nationalparks Los Haitises, mit Darstellungen von blasenden Tieren dokumentiert ist. Auch Kolumbus hat schon von Walbeobachtungen nördlich der Dominikanischen Republik bei seiner Reise 1493 berichtet. Und es gibt Schilderungen von verängstigten Seefahrern, die im Schiffsrumpf unter Deck merkwürdige Geräusche wahrgenommen haben, nicht ahnend, dass sie Zeugen der beeindruckenden Walgesänge geworden sind. Vermutlich glaubten die damaligen Matrosen, diese betörenden Gesänge kämen von den Sirenen, und bis heute hat sich die Mär darüber im Seefahrerlatein erhalten.

Die Fahrt zum Santuario Mamíferos Marinos Bancos de la Plata y de la Navidad

Die meiste Zeit verbringen die Buckelwale in seichten Gewässern im Atlantik. Bevorzugte Gebiete sind die 148 km nördlich der Bahía Escocesa und der Halbinsel Samaná gelegenen, 3.748 km² großen und überwiegend nur 20–40 m unter dem Meeresspiegel liegenden Bänke des Silberriffs (Banco de la Plata) oder des etwas südlicheren Weihnachtsriffs (Banco de la Navidad). Es handelt sich bei beiden um eine Art Barriereriff. Sie sind seit Oktober 1986 als Biosphärenreservat ebenso wie die Bucht von Samaná und die gesamte Nordküste der Halbinsel strikt unter Naturschutz gestellt, denn Buckelwale rangieren auf der traurigen Weltrangliste der gefährdeten Walarten auf Platz 2. Das führte u. a. zu Konsequenzen für den Schiffsverkehr, der diese gefährlichen Untiefen ohnehin am liebsten meidet, und Einschränkungen für die Fischerei, um Störungen zu reduzieren. Hier finden die Paarungsrituale statt, und hier verbringen kalbende Muttertiere die ersten kritischen Tage mit ihren Jungen. Jungtiere und Mütter suchen aber später auch gerne den

Schutz der ruhigeren Gewässer eingangs der Bucht von Samaná auf und werden dort auch von den meisten Beobachtungsbooten angesteuert.

Das Schutzgebiet wurde aber nicht nur für Buckelwale eingerichtet, denn hier leben auch andere gefährdete Meeressäuger, etwa Großer Tümmler, Rauzahn-Delfin, Zügeldelfin, Gewöhnlicher Delfin, Schwertwal, Indischer Grindwal, Pottwal, Gervais-Zweizahnwal, Cuvier-Schnabelwal, Seiwal, Zwergwal und Byrde-Wal.

Außerdem sind hier Schwärme tropischer Fische in einer großen Artenvielfalt beheimatet, hier befinden sich wichtige Lebensräume und Rückzugsgebiete für Meeresschildkröten, und hier findet das Manati Nahrung. Es haben sich auch bedeutende Vorkommen seltener Korallen in den nordöstlichen Riffen hin zur offenen See angesiedelt, die trotz strengem Artenschutz immer wieder in Souvenirshops auftauchen. Deshalb Finger weg von Korallen, nicht nur, um späteren Ärger mit dem Zoll zu vermeiden.

Zum Silberriff starten die Boote in aller Regel von Puerto Plata oder von Luperón aus und sind für die Stecke von 70–80 km fast den ganzen Tag unterwegs. Das Zielgebiet ist aber nicht nur bei Waltouristen, sondern auch bei Schatztauchern beliebt, denn dort werden viele Wracks der Konquistadoren mit reichen Silberschätzen vermutet, somit erklärt sich der Name für diese Untiefen ganz von selbst.

Kleinere Walbeobachtungstouren in oder vor der Bucht von Samaná starten vom 15. Januar bis zum 20. März täglich auf der Victoria II zu Tieren der Umgebung. Sie legt um 9.00 h und um 13.30 h im Hafen von Samaná ab, beziehungsweise um 9.30 h und um 13.30 h von der Insel Cayo Levantado. Selbstverständlich werden sämtliche Walschutzbestimmungen eingehalten, also Mindestabstände von 50 m zu erwachsenen Tieren und 80 m zu Müttern mit Jungtieren, sowie die begrenzte Verweildauer von maximal 30 Minuten in ihrer Nähe. An Bord ist auch ein Hydrophon, also ein Unterwasser-Mikrophon zum Hörbarmachen ihrer Gesänge. Zum Preis der Bootsfahrt (derzeit 45 US-$ pro Person, Kinder unter 10 Jahren 25 US-$) kommt noch der Eintritt zum Santuarios de Mamíferos Marinos von 100 RD$ (das sind etwas mehr als 2 Euro).

Auf der Bootstour kann man mit etwas Glück auch andere Walarten beobachten, z. B. Grindwale, meist auch Delfine wie den großen Tümmler oder Spinnerdelfine und gelegentlich Haie. Es gibt ein Büro von Kim Beddall in der Nähe des Hafens in Samaná an der Promenade, wo Touren gebucht werden können. Dort erfährt man auch Näheres über das Wal-Museum, das ein paar hundert Meter entfernt, etwas versteckt rechter Hand am Kreisverkehr des Ortsausgangs in Richtung Hafen liegt. Es wurde auf Initiative von Kim Beddall und der CEBSE (Zentrum zum Erhalt und zur nachhaltigen Entwicklung der Bucht von Samaná), einer Umweltorganisation mit Arbeitsschwerpunkt Halbinsel Samaná, gegründet. Die CEBSE hat direkt neben dem Museum ihren Stützpunkt und deshalb auch die Museumsleitung übernommen. Ziel aller Aktivitäten der CEBSE ist es, die Umwelt einerseits

sorgfältig zu erforschen, sie aber andererseits dem Umwelttourismus zu erschließen, um die Region in eine Richtung zu lenken, in der beide ohne Konflikte überleben können: die Natur und die Bevölkerung! Daher ist es richtig und wichtig, den sachgerechten Waltourismus zu unterstützen und zu fördern, damit die Region ein wirtschaftliches Interesse entwickelt, vom Schutz der Wale zu leben und nicht wie früher von der Vermarktung der Walprodukte. Es ist eine ehrenvolle Aufgabe, etwas für dominikanische Staatsbürger zu tun, denn nicht nur die Bewohner auf Samaná, sondern auch die Buckelwale des Nordatlantiks besitzen einen „dominikanischen Pass", schließlich wurden so gut wie alle nahe der Bucht von Samaná auf dominikanischem Hoheitsgebiet geboren.

Hütten am Strand locken Gäste für einen kurzen Zwischenstopp an

Die Mitte

Die Westliche Cordillera Central

Hoch hinaus: Die Nationalparks Armando Bermúdez und José del Carmen Ramírez

D ie Zentralkordillere, auch Dominikanische Alpen oder Dominikanische Schweiz genannt, ist der mächtigste Gebirgsstock inmitten des Landes und setzt sich im Massif du Nord in Haiti fort. Er ist insgesamt 350 km lang, davon entfallen 200 km auf die Dominikanische Republik. An seiner breitesten Stelle misst er 105 km.

Die Gesteine sind mindestens 60 Millionen Jahre alt, sie reichen zum Teil sogar bis in die früheste Entstehungsphase der Antillen vor rund 125 Millionen Jahren zurück, wie man durch radiometrische Messungen herausgefunden hat. Bei den ältesten Bausteinen der Insel handelt es sich überwiegend um kristalline Tiefengesteine (Plutonite) oder magmatische- und Eruptivgesteine (Vulkanite). Das sind dann vorwiegend kristalline Gesteine wie Quarz, Gneis, Granodiorit, Peridot oder verschiedenartige amorphe Gesteine wie Basalte oder Andesite aus der Vulkantätigkeit während der Oberkreide. Es gibt stellenweise aber auch metamorphe (durch Druck und Hitze umgewan-

Blick über die Cordillera Central und die beiden größten Nationalparks

delte) Gesteine, etwa Serpentinit, Schiefer und Marmor.

Das Massiv zieht, wie alle Gebirge der Insel, von Nordwest nach Südost und bildet dabei zwei Hauptäste, die sich im Hochtal von Constanza gabeln. Es reicht von der haitianischen Grenze im Nordwesten mit einem Ast bis nach Bani und streicht bei San Cristobal im Südosten in der sogenannten Sierra de Ocoa aus. Im Osten bildet der Verlauf der Autopista Duarte im Bonao-Tal die natürliche Grenze für den zweiten, kleineren Ast, der sich in der Sierra de Yamasá (siehe gleichnamiges Kapitel) nach Osten als eigenständiges Gebirge fortsetzt. Im Norden und Nordosten wird die Cordillera Central vom Grabeneinbruch des Cibao-Tals begrenzt. Ganz im Süden endet sie in der Kalkebene von Azua und im Südwesten ebenfalls an einer geologischen Störung, dem Valle San Juan. Dieses Tal entlang der haitianischen Grenze hat sich als ein wichtiger ökologischer Korridor erwiesen, durch den bereits viele Arten von Nord nach Süd und umgekehrt in die jeweils andere Landeshälfte „umsiedeln" konnten (Näheres hierzu s. „Parque Nacional Loma Nalga De Maco").

Der Kamm der Zentralkordillere ist Wasser- und Wetterscheide zwischen den nördlichen und südlichen Landesteilen und gleichzeitig die Grenze zwischen den Nationalparks Armando Bermúdez und José del Carmen Ramírez. Die beiden Parks, die zusammen mit noch anderen eine geschlossene Einheit bilden, liegen in den höchsten und unwegsamsten Regionen der Cordillera Central und beherbergen mit den Bergen

Parque Nacional Loma Nalga de Maco aus der Ferne

Pico Duarte (3.175 m, nach GPS-Messungen im Jahre 2003 auf 3.098 m korrigiert), La Pelona (3.087 m [früher 3.094 m]), Loma la Rusilla (3.038 m) und Pico Yaque (2.760 m) die höchsten Erhebungen der Insel und gleichzeitig der gesamten Karibik. Weite Gebiete sind auch heute noch so gut wie unbesiedelt. Die Cordillera Central beherbergt mit 1.500 Pflanzenarten, darunter 25 % endemischen, eine höchst bedeutsame Biodiversität und zählt deshalb zu den fünf wichtigsten Ökoregionen des Landes. Viele dieser Pflanzen sind Relikt-

Der Baitoa-Stausee, eine der vielen Wasserreserven in der Zentralkordillere

arten aus der letzten Kaltzeit, die außerhalb Hispaniolas längst ausgestorben sind.

Die Besucherzahlen liegen bei einigen tausend Personen pro Jahr, was hauptsächlich der Besteigung des Pico Duarte zuzuschreiben ist, einer der Hauptattraktionen des Landes, besonders auch in der eigenen Bevölkerung. Die Nationalparkverwaltung hat bereits einige Schutzunterkünfte in den Parks errichtet oder ist dabei, solche zu errichten, einschließlich sanitärer Einrichtungen. So gibt es im Parque Armando Bermúdez seit 2003 Refugien im Valle de Lilís, nahe dem Gipfel des Pico Duarte, für bis zu 300 Personen, eine andere im Valle del Tetero im Parque José del Carmen Ramírez.

Die Zuwegungen in den Park Armando Bermúdez führen vom Norden her einerseits von San José de las Matas über Los Montones Abajo nach Mata Grande, der Nordgrenze des Parks. Von hier aus gelangt man dann nach Diferencia, Manacla und La Leonor. Die Hauptroute zum Pico Duarte aber führt von La Vega aus über Jarabacoa und Manabao weiter nach La Ciénaga. Von hier starten dann die Touren zu den höchsten Gipfeln. Ansonsten gibt es nur wenige weitere Wege in die Nationalparks.

Parque Nacional Armando Bermúdez

Der Parque Nacional Armando Bermúdez wurde 1956 zum Naturschutzgebiet erklärt und 1974 unter die Obhut der neu gegründeten Nationalparkverwaltung gestellt. Doch bereits 1928 gab es erste Schutzbemühungen; der Nationalpark ist somit das älteste Naturschutzgebiet des Landes. Es ist 766 km^2 groß und liegt an den Hängen der nordwestlichen Cordillera Central. In so großen Höhen können im Winter die Temperaturen unter den Gefrierpunkt fallen. Am kältesten Punkt der Insel, im Valle de Bao, wurde im Dezember 1997 der Kälterekord von -8 °C gemessen. Die Hochflächen sind dann komplett mit Raureif überzogen, Schneefall ist aber nicht bekannt. Während des restlichen Jahres liegen die Durchschnittswerte je nach Höhenstufe bei kühlen 10–18 °C. Weite Teile des Parks sind dem Nordostpassat zugewandt, daher sind die mittleren Jahresniederschläge regional sehr hoch. Sie betragen mindestens 1.000 mm, in einigen Regionen sogar zwischen 3.500 und 4.000 mm und gehören damit zu den regenreichsten der gesamten Republik.

In den beiden Nationalparks entspringen die zwölf größten und wichtigsten Flüsse des Landes, die sowohl für die Landwirtschaft als auch für die Energieversorgung von größter Bedeutung sind. Es sind dies u. a. im Parque Nacional Armando Berúdez die Flüsse Río Yaque del Norte, Río Jagua, Río Bao, Río Mao und Río Guayubín mit vielen ihrer Nebenflüsse. Im Parque Nacional José del Carmen Ramírez entspringen Flüsse wie Río Yaque del Sur, Río San Juan oder Río Mijo. Sie alle entstehen jeweils in großen Talsystemen, die teilweise durch 2.000 m hohe und äußerst schroffe und schmale Gebirgskämme voneinander getrennt sind. William Gabb, ein amerikanischer Geologe, der als einer der ersten Wissenschaftler um 1850 die Cordillera Central durchquerte, notierte in seinen Aufzeichnungen, dass er angesichts der Strapazen diesen Weg nie mehr zurückgegangen wäre. Eines von mehreren unerwarteten Problemen war z. B. das Phänomen, dass beim Durchqueren der krautigen Vegetation immense Mengen von staubfeinen Farnsporen die Augen fast erblinden ließen. Gabb wäre, eigenen Bekundungen nach, lieber im Inland geblieben, hätte er nicht einen anderen Weg zurück nach Norden gefunden. Dieser andere Weg ist die heutige Trasse der Autobahn von Santo Domingo nach Santiago de los Caballeros und liegt in einer Senke zwischen der Cordillera Central und der östlich angrenzenden Sierra Yamasá (siehe „Corredor Ecologico Autopista Duarte"). Umso bewundernswerter ist demnach die Tatsache, dass Erik Ekman Jahrzehnte später allein und nur zu Fuß weite Teile dieser Cordillera erforscht hat. Diese fast übermenschliche Leistung hat dem schwedischen Asketen nicht ohne Grund den Namen „der Mann aus Stahl" eingebracht.

Regenmengen von 3.500–4.000 l pro Quadratmetern in so großen Höhen beinhalten natürlich ein gewaltiges Energiepotenzial. So ist es nur allzu logisch, dass an mehreren Flussläufen Wasserkraftwerke errichtet wurden, im Norden beispielsweise am Río Yaque del Norte oder am Río Bao. Der gesamte Flusslauf des Río Bao ist wegen seiner landschaftlich schönen Lage von der Quelle auch außerhalb des Nationalparks bis zur Mündung in die Talsperre Tavera als **Vía Panorámica Río Bao** ausgewiesen und genießt seit 1996 die für diese Kategorie festgelegten Schutzmaßnahmen. Der Fluss Mao ist aus den gleichen Gründen

Der Río Cana ist einer von vielen Nebenflüsse des Río Yaque

als **Vía Panorámica Río Mao** unter Schutz gestellt worden. Er entspringt im Nationalpark Nalga de Maco (siehe S. 306) und durchfließt die Cordillera Central weiter im Nordwesten. Die landschaftlich schönen Abschnitte ragen weit bis in die Vorberge im Cibao-Tal − Sambahills genannt − hinein, wo der Fluss in den Río Yaque del Norte mündet, sind aber im Oberlauf nur mit Schwierigkeiten zu erreichen. Der im Unterlauf meist gemächlich dahinfließende Río Mao bildet dagegen ein lang gestrecktes Naturschwimmbad mit imposanten, weiten Schluchten und unzähligen, seichten Badebuchten, begleitet von herrlichen Galeriewäldern. Alle diese Flüsse versorgen den gesamten Nordwesten inklusive der Städte Santiago oder Mao mit Strom. Die Wasserkraftwerke im Süden der Zentralkordillere am Río Yaque del Sur und am Río San Juan dagegen liefern den trockenen Senken von San Juan und Azua sowie dem Gebiet um Barahona sowohl die nötige Energie als auch Wasser zur Versorgung der Felder. Der Río Yaque del Sur bildet mit 200 km Länge und 5.300 km^2 Einzugsgebiet das wichtigste Flusssystem im Südenwesten der Insel.

Der Park ist mit seiner recht schroffen Geländestruktur sehr reichhaltig an unterschiedlichen Lebensräumen. Prägende Ökosysteme sind je nach Höhenlage verschieden ausgebildete subalpine Nadelwälder, subtropische Bergnebelwälder oder subtropische Bergregenwälder. Zusätzlich kommen entlang den Fließgewässern auch Galeriewälder mit einem eigenen Gepräge vor oder in den kalten Senken mit wenig Humusauflage Hochland-Steppen.

Allerdings haben in vielen, vor allem weniger hoch gelegenen Gebieten Wanderfeldbau und Weidewirtschaft zu starken Beeinträchtigungen der Vegetation und des Landschaftsbildes geführt. Auch heute noch befinden sich im Park kleinbäuerlich genutzte Flächen, und in den mittleren Höhenstufen trifft man immer wieder ausgedehnte Kaffeeplantagen an.

Die Nebelwälder sind praktisch immer von Wolken eingehüllt und besitzen eine gesättigte Luftfeuchtigkeit. Diese kondensiert auf den Blättern von speziell daran angepassten Pflanzen, dem Nebel wird permanent Feuchtigkeit entzogen und kommt der Vegetation oder dem Boden zugute. Das funktioniert aber nur dann, wenn die Temperaturen den Taupunkt unterschreiten. Nebelwälder gibt es also immer nur in kühleren Regionen ab einer ganz bestimmten Höhenlage, die je nach Strömungsverhältnissen der Luft zwischen 800 m und 1.300 m liegt. In noch größeren Höhen kühlt sich die Luft oft bereits so stark ab, dass sich statt des Nebels Regen bildet.

Gestaffelt nach einzelnen Vegetationszonen dominieren in den immergrünen Regen-, Nebel-, Nadel- oder Galeriewäldern sehr unterschiedliche und ökologisch äußerst wichtige Gehölzarten als sogenannte Leitgehölze die Waldgesellschaft.

Bis 1.200 m beherrschen je nach Klima und Niederschlag Westindische Zeder, *Petitia domingensis*, *Zanthoxylum spinifex*, Wilde Bergolive, *Trichilia pallida* und *Sideroxylon domingensis* das Bild.

In den Galeriewäldern entlang den Flüssen findet man zusätzlich Westindische Walnuss sowie im Unterwuchs den Riesenpfeffer, Schilfrohr, *Eugenia* spp. und *Curcuma longa*.

Die Vegetation zwischen 1.200 m und 1.500 m wird durch eine Pflanzengesellschaft abgelöst, die u. a. aus *Linociera ligustrina*, Myrtenblättriger Pflaume, Balsamapfel, *Citharexylum fruticosum*, Westindischer Mandel und Bergpalme besteht.

Die nächste Höhenstufe zwischen 1.500 m und 2.000 m wird durch typische Arten wie Ameisenbaum, Westindischen Sumach, *Tropis racemosa*, Penda, *Schefflera tremula*, *Weinmannia pinnata*, *Cyrilla racemiflora*, Krugs Avocado und Baumfarne (*Cyathea* spp.) gekennzeichnet. In den Nebelwäldern gibt es auch viele Farne, die hier zu ungewöhnlicher Größe heranwachsen, sowie Moose und jede Menge Epiphyten.

Ab 2.000 m bestimmen Mischwälder mit Dominikanischer Kiefer, *Lyonia heptamera*, *Myrica picardae* und im Unterholz Sträuchern wie *Garrya fadyenii*, *Satureja alpestris*, *Baccharis myrsinites* oder *Ilex tuerckheimii* die Vegetation.

Der Rio Mao ist der größte Nebenfluss des Rio Yaque del Norte

So ein Rinnsal kann bei Regen schnell zu einem tosenden Wasserfall anschwellen

Selbst die höchsten Berge sind bis zum Gipfel mehr oder weniger stark bewaldet, speziell mit lichten und fast reinen Beständen der Dominikanischen Kiefer.

Die endemische Dominikanische Kiefer prägt manchmal schon ab 800 m mit bis zu 85 % Bodendeckungsgrad das Landschaftsbild sowohl in niederen als auch in höheren Lagen, eine Vegetationsform, wie sie für viele gemäßigten Zonen der Erde typisch ist. Die Kiefer kann imposante Ausmaße annehmen. Ausgewachsene Exemplare sind nicht selten 35 m hoch, es wurden sogar schon Einzelexemplare von 54 m Höhe gefunden. Ab 1.800 m ist die Dominikanische Kiefer oft die einzige Baumart, die in diesen Höhen noch existieren kann. Sie kommt gut mit kargen Böden zurecht und spielt als Pionierpflanze nach Waldbränden

oder Rodungen eine herausragende Rolle. Es ist ein typisch nordamerikanisches Florenelement, das vermutlich in den Eiszeiten Fuß gefasst hat.

Leider werden immer wieder Fehler gemacht, denn in der Gegend um La Ciénaga wurden größere Flächen mit *Pinus caribea*, einer nicht heimischen Kiefer aus Mittelamerika, statt mit der Dominikanischen Kiefer aufgeforstet.

Die Tierwelt ist von einer Vielzahl an Vögeln geprägt, die sich meist in den oberen Stockwerken der Vegetation aufhalten. Unter den 64 dort bekannten Arten gelten viele als gefährdet; sie finden in den Bergen ideale Rückzugsgebiete. Charakteristisch sind Haitiamazone, Haitisittich, Hispaniolaspecht, Hüpfspecht, Antillenkrähe, Palmenkrähe, Palmenschwätzer, Grauscheitelpalmist, Hispaniolapiwih, Rosentrogon, Bahamataube, Bartklarino, Haitibussard, Antillentaube und Carolinataube. In den höheren Lagen der Kiefernwälder lebt der seltene Bindenkreuzschnabel.

Der Park beherbergt mit 90 Arten den größten Schmetterlingsreichtum der Insel, darunter 22 endemische Arten. Ideale Beobachtungsgebiete für Schmetterlinge und andere Insekten sind die Ränder von Laubwäldern der mittleren Lagen in der Gegend um die Dörfer La Diferencia, Los Romanos, Mata Grande, Los Tablones und La Ciénaga. Besondere Beachtung verdient das Vorkommen vieler Arten der Schmetterlingsgattung *Calisto* (siehe S. 190 ff.), da sich in der Cordillera Central vermutlich deren Entstehungszentrum befindet. 18 Arten, das sind nahezu 50 % aller *Calisto*-Arten der Insel, kommen hier vor. Von wenigen Ausnahmen abgesehen, fliegen sie ausschließlich in der Cordillera Central, und viele von ihnen sind selbst hier regional äußerst begrenzt.

An Säugetieren findet man, vorwiegend in den unzugänglichen Teilen des Parks verbreitet, Zagutis und Wildschweine, die offensichtlich aus Europa eingeführt wurden, ebenso wie die allgegenwärtigen Mäuse. Bemerkenswert ist, dass in der Zentralkordillere 17 der 18 in Hispaniola lebenden Fledermausarten vorkommen. Damit lebt der Großteil aller heimischen Säugetierarten in der Cordillera Central und unterstreicht die Schutzbedürftigkeit dieser Region.

Von den 47 Amphibien- und Reptilienarten, die man bisher in der Cordillera Central nachgewiesen hat, können die meisten Arten auch in diesem Nationalpark beobachtet werden, darunter viele endemische Arten, die sich auf verschiedene Höhenstufen verteilen.

Typisch für die Region sind u. a. Vertreter der Froschgattungen *Eleutherodactylus,* mit den endemischen Arten *E. abbotti*, *E. minutus*, *E. audanti*, *E. montanus*, *E. pituinus* oder *E. haitianus* und anderen, oder die Laubfrösche *Osteopilus vastus, O. pulchrilineatus* und *O. dominicensis*. Auch bei den Anolis kann man bis in große Höhen viele Vertreter antreffen, z. B. *Anolis aliniger* (endemisch in der Cordillera Central), *A. baleatus* (die größte Art der Insel), *A. chlorocyanus* (bis 1.500 m vorkommend), *A.*

Die Flüsse im Cibao-Tal sind oft tief ins Sediment gegraben

semilineatus (kleine, in Bodennähe lebende, auch noch in der Dämmerung aktive Art), *A. distichus* (auf der ganzen Insel häufig), *A. christophei* (endemisch in der Cordillera Central und stellenweise sehr häufig), *A. shrevei* (ebenfalls endemisch in der Cordillera Central), *A.*

Der Río Cana entspringt der Cordillera Central

cybotes (eine der verbreitetsten Arten der Insel) und *A. etheridgei* (noch ein Endemit der Cordillera Central, der in Hochlagen bevorzugt an Kiefern lebt). Des Weiteren findet man in den heißesten Stunden des Tages den Kugelfingergecko *Sphaerodactylus difficilis* auf Beute lauernd. Von den Schleichen leben hier verschiedene Arten der Gattung *Celestus*, z. B. *C. costatus*, die weit verbreitet auf der Insel ist, oder *C. darling-*

toni. Im Valle de Lilís lebt unter Felsen die nur im Parque Nacional Armando Bermúdez vorkommende, terrestrische Art *Celestus marcanoi*, die bei ihrer Entdeckung vor einem Jahrzehnt hier häufig anzutreffen war, heute jedoch nur noch selten gesichtet wird. Die Gründe hierfür sind unbekannt. Typische Schlangen sind die Natter *Antillophis parvifrons* (endemisch), *Epicrates striatus* (Hispaniola-Boa, die größte auf der Insel vorkommende Schlange), die Blindschlange *Typhlops pusillus* (endemisch), oder Vertreter der Hispaniola-Spitzkopfnattern mit *U. catesbyi* und *U. oxyrhynchus*, beide mit weiter Verbreitung auf der Insel. In den Hochlandsteppen trifft man nicht selten auf Nattern der Gattung *Alsophis*.

Parque Nacional José del Carmen Ramírez

Der Parque Nacional José del Carmen Ramírez erstreckt sich mit 764 km² über große Teile des Südabhangs der Cordillera Central und wurde 1958 gegründet. Am besten ist er von Süden her über San Juan de la Maguana zu erreichen. Dort führt 19 km vor der Stadt bei Guanito ein Weg in den Park. Das Schutzgebiet grenzt direkt an den Parque Nacional Armando Bermúdez und bildet mit ihm zusammen das größte zusammenhängende Bergwaldgebiet der Antillen. Da er jedoch im Wind- und Regenschatten gelegen ist, unterscheiden sich seine Klimadaten und die Vegetation deutlich von denen des Parque Nacional Armando Bermúdez. Die Tiefsttemperaturen liegen mit 4 °C klar über der Frostgrenze, und die mittleren Jahrestemperaturen schwanken zwischen 12 und 18 °C, je nach Höhenlage. Nur in ganz wenigen Hochtälern, z. B. im Valle de Tetero, der Sabana de Macutico, im Vallecito Sabana Vieja oder im Vallecito Sabana Nueva unterschreitet das Thermometer mit -4 bis -5 °C gelegentlich die Null-Grad-Marke. Die maximalen Jahresniederschläge fallen im Regenschatten mit 2.500 mm deutlich mäßiger aus, denn ein erheblicher Teil ist bereits im Nordteil an der Cordillera Central abgeregnet.

Auch hier stellt die landwirtschaftliche Nutzung vielerorts noch ein Problem dar, vor allem die Flächen der lichten Kiefernwälder werden gerne als Weideland genutzt. Durch den sogenannten Wanderfeldbau ("Conuscos") kommt es zu einem Mosaik aus bestellten Feldern und Brachland, das später in Sekundärwälder übergeht und zu einer ganz andersartigen Pflanzenzusammensetzung führt. Aber auch Kaffee- und Kakaoplantagen und Obstkulturen reichen an vielen Stellen in den Nationalpark hinein.

Die Vegetation ist überwiegend als subtropischer Bergregenwald ausgebildet. Es lassen sich je nach Höhenstufe drei unterschiedliche Waldsysteme unterscheiden. In den höheren Lagen dominieren ausgedehnte Nadelwälder oder, etwas tiefer gelegen, Mischwälder mit Dominikanischer Kiefer und immergrünen Laubbäumen. Dann findet man charakteristische Arten wie Wilde Tamarinde, *Tetragastris balsamifera*, *Oxandra lanceolata* oder *Schefflera tremula*. In den tieferen Lagen wachsen typische Regen-/Nebelwaldvertreter wie *Pimenta ozua*, *Lyonia* spp., *Didymopanax moro-*

totoni, Wacholder oder *Tabebuia berterii*.

Außerdem sind dort Bergpalme, Westindischer Sumach, *Nectandra coriacea*, *Lysiloma latisiliqua*, Westindische Zeder und viele weitere Arten anzutreffen. Berühmt geworden ist der Park vor allem durch seinen Orchideenreichtum.

Aus der Vogelwelt sind die bedrohten Haitiamazonen noch häufig anzutreffen, dazu kommt ein ähnliches Artenspektrum wie im Norden, mit z. B. Antillenkrähe, Rosentrogon, Haitizeisig, Haitibussard, Hispaniolaspecht, Carolinataube, Bartklarino, Bahamatyrann, Antillentaube, Schwarzsegler oder Graubrust-Waldsänger.

Auch die Säugetierfauna unterscheidet sich mit dem Zaguti, dem Wildschwein und den Fledermäusen nicht wesentlich vom nördlichen Nachbarpark.

Die Besteigung des Pico Duarte

Der Pico Duarte liegt ziemlich genau im geographischen Zentrum der Insel. Um den Höhenunterschied von etwa 2.000 m zu bewältigen, muss man mindestens zwei, besser drei Tage einkalkulieren, bei manchen Routen sogar je nach Fitness 3–5 Tage. Der Aufstieg zum Gipfel ist recht weit, steil und anstrengend und setzt gehöriges Quantum an Kondition voraus. Obwohl es alternative Routen mit anderen Ausgangspunkten gibt, ist La Ciénaga de Manabao als Startpunkt mit der kürzesten Route am besten geeignet. Dort kann man Führer und die dringend benötigte Ausrüstung mieten, wie Schlafsäcke, Gaskocher, Transportgefäße usw. Festes Schuhwerk, derbe Kleidung mit einer warmen (!) Jacke und Regenschutz sind dringend geboten! Der Park darf nur in Begleitung eines autorisierten Führers betreten werden und kostet Eintritt. Die kleinen Lädchen führen alles, was man an Lebensmitteln für die Besteigung braucht. Reitpferde oder Mulis fürs Gepäck, die an die Strapazen gewöhnt sind und die den Weg kennen, kann man leihen. Der kürzeste Aufstieg führt über die Stützpunkte Los Tablones, Valle de Tetero und La Compartición. Die Vegetation unterscheidet sich deutlich von derjenigen der Umgebung. Zum einen sind die Berghänge der tieferen Lagen landwirtschaftlich stark genutzt – Felder und Viehweiden reichen manch-

mal bis in Höhen von 1.500 m –, zum anderen kommen Nebelwälder nur vereinzelt vor, auch fehlen die ausgedehnten, dichten Kiefernwälder. Bisher kennt man hier oben fast 250 Pflanzenarten, von denen 97 nur in der Dominikanischen Republik gedeihen. Die natürliche Pflanzendecke ist niedriger als üblich, eine Folge des Kleinklimas, denn in den Senken des Gebirgsstockes sammelt sich die kalte Luft aus den Hochlagen und führt zu angepassten Vegetationsformen. Viele dieser Gebirgstäler, in denen im Winter die Temperaturen nachts regelmäßig unter den Gefrierpunkt fallen, sind versteppt, je nach Höhenstufe mit unterschiedlichen Gräserarten. In den höheren Lagen herrscht das

Ein Haus in den Bergen

horstbildende, niedrige Bittergras vor. Es prägt das Erscheinungsbild der Täler Valle del Tetero (1.500 m), Valle de Bao (1.800 m), Sabana Vieja (1.900 m), Sabana Nueva (1.950 m) und Vallecito de Lilís (2.950 m). In den tieferen Lagen oder entlang den Flüssen wird es durch das bis zu 5 m hohe Schilfrohr ersetzt. Die Flüsse werden von Galeriewäldern gesäumt, mit der Bergpalme, Westindischen Mandel und dem Westindischen Sumach. Manchmal erschwert das kletternde Gras *Arthrostylidium* sp. das Weiterkommen, weil es undurchdringliche Verhaue bildet. Tiere sind hier oben erstaunlich rar. Außer ein paar Insekten und Spinnen ist wenig zu sehen. Die wechselwarmen Amphibien und Reptilien werden von den kühlen, fallenden Luftmassen in ihren Aktivitäten zu sehr eingeschränkt. Nur Vögel sind häufig zu hören und zu sehen.

Die dreitägige Besteigung setzt sich aus zwei Aufstiegstagen und einem Abstiegstag zusammen. Am ersten Tag legt man von La Ciénaga bis zum ersten Stützpunkt etwa 18 km zurück. Es geht zunächst Richtung Westen bis zur Boca de los Ríos, wo am Zusammenfluss von Río Los Guanos und Río Los Tablones der Río Yaque del Norte entsteht und wo sich auch der Eingang zum Nationalpark befindet. Hier sollte man in dem beliebten Naturschwimmbad im Fluss vor den Strapazen noch mal eine Erfrischung genießen.

Eine einsame Hütte am Wegesrand

Es herrscht zunächst Laubwald mit Baumfarnen (*Cyathea* spp.), Westindischem Sumach, Gujak-Baum und Mahagonibeständen vor, der einen bis nach Los Tablones, der ersten Übernachtungsmöglichkeit, begleitet. Das häufige Vorkommen der Bergpalme ist ein typisches Indiz für einen subtropischen Bergregenwald. Ab Los Tablones ändern sich Vegetationsbild und Klima, die Luftfeuchtigkeit steigt. Ab jetzt bestimmen typische Vertreter des Nebelwaldes das Bild: Farne, Schlinggewächse, Orchideen, Bromelien, Flechten und Moose besetzen die vergleichsweise niedrigen Laubbäume. Man kann sagen, dass mit jeweils

Baumfarne erobern als Pionierpflanzen zerstörte Landschaft zurück

100 Höhenmetern die Temperatur um etwa 0,6–1,0 °C sinkt. Die Wege werden steiler und schlechter, es wird kühler. Noch weiter oben löst ein offener Kiefernbestand allmählich den Laubwald ab. Rote Bromelien, etwa *Vriesea sintenisii*, auf den Ästen sind in diesen Höhen ein untrügliches Zeichen für sehr kalte Nächte. Der Aufstieg führt über den Pico La Cotorra (1.720 m) und La Laguna (1.980 m) und man überschreitet bei 2.650 m an der Quelle Agüita Fría, dem Ursprung des Río Yaque del Sur, den höchsten Punkt des Tages und die Wasserscheide zwischen Nord und Süd. Hier können eisige Winde wehen. In den Senken erstrecken sich monotone Feuchtsavannen. Ab hier prägt weiter bergwärts ein reiner, offener Kiefernbestand die Vegetation, mit locker ausgebildetem Unterholz. Nach einem Abstieg von etwa 200 Höhenmetern auf der Südflanke der Loma La Rusilla erreicht man nach insgesamt sieben Stunden Marsch die Bergstation La Compartición (2.450 m) in einem geschützten Tal, wo man übernachtet. Die Route des zweiten Tages ist zwar mit 5 km relativ kurz, aber sehr steil und kraftraubend. An der Wetterstation im Vallecito de Lilís (2.950 m) vorbei geht es zum Gipfel (3.175 m bzw. korrigierte 3.098 m) und wieder zurück nach La Compartición. Der Weg ist stets von größeren Kieferngruppen gesäumt, geschlossene Bestände kommen hier oben nur noch vereinzelt an sehr geschützten Stellen vor. Der Pico Duarte und die Loma Pelona bilden zusammen einen Zwillingsberg mit fast der gleichen Höhe, nur durch das 2.950 m hoch gelegene Hochtal Vallecito de Lilís getrennt. Die offiziel-

le Erstbesteigung fand 1851 durch den britischen Konsul und Geographen deutscher Abstammung, Sir Robert H. Schomburgk, statt. Er nannte den Berg Monte Tina und vermaß ihn mit 3.140 m. Der schwedische Botaniker Erik L. Ekman taufte den Doppelgipfel dann 1913 in Pelona Grande und Pelona Chica um. Früher galten beide Gipfel als gleich hoch, und es wurde nur zwischen der Pelona Grande und der Pelona Chica unterschieden. Während der Trujillo-Diktatur dokumentierte der Name des Berges genauso wie die dominikanische Hauptstadt Santo Domingo („Ciudad Trujillo") den Größenwahn des Diktators. Erst nach dessen Ermordung 1961 wurde der höhere der beiden Berge von Pico Trujillo auf seinen jetzigen Namen Pico Duarte umgetauft und ist seitdem mit der Büste des Volkshelden Juan Pablo Duarte, dem Befreier aus der haitianischen Herrschaft, geziert. Der kleinere der beiden Gipfel, der Pico La Pelona, ist 3.087 m hoch. Nach Osten und Westen fällt das Gebirgsmassiv steil ab und gibt einen herrlichen Blick über die gesamte Zentralkordillere frei. Der Aufstieg empfiehlt sich vor allem in den Wintermonaten von Ende Dezember bis Ende April. Dann ist es zwar deutlich kälter, aber das Wetter ist trockener und stabiler. Trotzdem ist es unbedingt ratsam, sich vor Antritt der Besteigung genaue Wetterprognosen zu besorgen, um unliebsame Überraschungen zu vermeiden. Häufig werden im Sommer Touren abgesagt, weil heftige Gewitter mit der Gefahr von Blitzschlag drohen. Im Frühjahr und im Herbst machen starke Regenfälle den Aufstieg fast unmöglich. Immerhin rei-

chen die mittleren Niederschläge lokal bis an die 4.000-mm-Marke heran. Sie verwandeln dann die ohnehin ausgewaschenen Wege in reißende Sturzbäche.

Alternative Aufstiegs-Wege (nur für erfahrene Bergwanderer mit entsprechender Ausrüstung und kompetenter Führung!)

Ab Mata Grande: Anfahrt über Santiago de los Caballeros nach San José de las Matas. Von dort in die Berge nach Mata Grande und weiter bis zum Parkeingang Altonsape Bueno bei La Leonor. Von dort geht es über die Täler Valle de Bao (mit einem herrlichen Panorama), La Guácara, Valle de Lilís und über den Pico La Pelona zum Pico Duarte. Für die Tour mit etwa 45 km Länge muss man 3–5 Tage veranschlagen, abhängig davon, welchen Rückweg man wählt.

Ab Constanza: Von hier geht es erst am Río en Medio entlang, dann muss man sich nördlich halten und gelangt im Valle del Tetero, einem Tal mit in Stein gemeißelten historischen Petroglyphen, „las ballenas" genannt, auf den üblichen Weg. Auch hier sind mindestens drei Tage erforderlich.

Ab Padre las Casas: Wenn man von Azua in Richtung San Juan de la Maguana fährt, geht es ein paar Kilometer vor der Stadt bei Los Friós nach Padre de las Casas zur Talsperre von Sabaneta ab. Von Padre de las Casas führt ein etwa 20 km langer Weg über die Berge Macutico und la Pelona zum Ziel. Für diese Tour sollte man sich ebenfalls 3–5 Tage Zeit lassen. Bei all diesen Alternativen ist zumindest eine Übernachtung in Zelten einzuplanen.

Ein Gebirgsbach in der regenreichen Cordillera Central

Parque Nacional Loma Nalga de Maco

Der Park liegt im äußersten Westen der Cordillera Central nahe der Grenze zu Haiti in der Provinz Elías Piña. Im Osten bildet er eine gemeinsame Grenze mit den Nationalparks Armando Bermúdez und José del Carmen Ramírez. Mit seiner Gründung im Jahr 1995 ist es zwar einer der jüngeren Nationalparks, aber gleichzeitig auch einer der wertvollsten und wissenschaftlich interessantesten. Er beinhaltet einzigartige Ökosysteme und wegen seiner Reichhaltigkeit an endemischen Pflanzen und Tieren vielfältige genetische Ressourcen, außerdem ist er Quellgebiet für insgesamt 126 Gewässer, darunter viele Zuflüsse des Río Mao und des Río Artibonito. Seinen Namen hat der Park vom höchsten Berg der Gegend, dem 1.990 m hohen Nalga de Maco („Krötenpopo", wegen seiner Form) erhalten. Weitere nennenswerte Erhebungen sind La Tayota, Peña Blanca und Piedra Blanca. Das Massiv liegt, umringt von geologischen Störungen, recht isoliert und ist überwiegend im Tertiär entstanden. Deshalb besteht es auch im Gegensatz zu den umgebenden vulkanischen Gesteinen überwiegend aus Kalkablagerungen des Oligozäns, stellenweise auch aus Sandstein, und schafft mit seinem alkalischen Untergrund ökologisch ganz andere Voraussetzungen als die saueren Urgesteine der Kreidezeit in der Umgebung. Der Nationalpark befindet sich in einem zerklüfteten und teilweise recht schroffen Waldgebiet, das vom Menschen noch ziemlich unberührt ist. Es handelt sich also um einen weitgehend intakten Primärurwald. In bis zu 800 m langen Höhlensystemen, die den Tainos als Unterkunft gedient haben, wurden viele historische Spuren und Höhlenmalereien entdeckt. Man vermutet, dass Bereiche davon auch religiösen Zwecken als eine Art Tempelanlage gedient haben.

Im 278 km² großen Nationalparkgebiet entspringt mit dem Río Artibonito auch der längste Fluss der Insel Hispaniola, von den Tainos früher Guayajayuco genannt. Er umrundet quasi den Nalga de Maco, bildet mit seinem Oberlauf einen Teilabschnitt der Grenze zu Haiti und spendet nach seinem Grenzübertritt auf dem weiteren Weg nach Süden dem fruchtbarsten Tal der Nachbarrepublik das lebensnotwendige Nass. Der Einzugsbereich des Río Artibonito beträgt etwa 6.500 km². Früher mündete er noch in den Río Yaque del Sur und entwässerte nach Südosten. Heute verläuft der größte Abschnitt, wie schon einmal im Miozän, nach Westen durch Haiti, weil Sedimente aus den Eiszeiten das zwischenzeitliche Flussbett wieder verschüttet haben. Das Tal des Río Artibonito ist der südliche Teil eines ökologisch bedeutsamen Korridors zwischen den südlichen und nördlichen Inselteilen. Hier, entlang der Grenze, besitzt die Cordillera Central ein offenes System aus weiten Tälern, über das man von Süden über San Juan de la Maguana nach Norden (und umgekehrt) gelangen kann, ohne größere Höhen überwinden zu müssen. Die höchsten Erhebungen liegen hier bei nur 650 m. Im Norden wird der Korridor dann vom Grenzfluss Río Massacre, im Dominikanischen auch Río Dajabón genannt, fortgesetzt, der ebenfalls hier entspringt. Im Río Massacre wurden schon Fische und andere Wasserorganismen gefunden, die sonst nur aus dem Río Artibonito bekannt sind und umgekehrt. Ganz offensichtlich ist die sehr kurze Distanz zwischen den beiden Flusssystemen für Fische kein unüberwindliches Hindernis. Aber auch Anolis und Schlangen konnten durch das Talsystem die jeweils andere Inselhälfte besiedeln.

Das Gebiet um die Loma Nalga de Maco dagegen scheint nach dem Ende der Eiszeit eine isolierte Entwicklung durchlaufen zu haben, zumindest lassen eine ziemlich eigenständige Fauna und Flora darauf schließen. Im Gipfelbereich

Der rote Austrieb ist typisch für viele tropische Pflanzen

Calisto pulchella **ist einer der vielen Vertreter dieser Gattung auf Hispaniola**

bende Bevölkerung ganz zu schweigen.

Den Park erreicht man, wenn man die Autobahn von Santiago de los Caballeros westwärts in Richtung Monte Cristi wählt, nach Esparanza abbiegt und sich über Mao, Sabaneta und Dajabón südwestlich in Richtung Restauración hält. Vorher biegt die kleine Straße nach Río Limpio, einer kleinen Gemeinde am Fuß des Berges Loma Nalga de Maco ab. Hier hat sich eine Enklave mit alternativer Landwirtschaft gebildet, in der schon seit langem Kaffee und andere Erzeugnisse nach Bio-Richtlinien angebaut werden, denn die Region ist recht fruchtbar. In Río Limpio befindet sich auch das Besucherzentrum des Parks. Von dort gelangt man auf abgelegenen Pfaden in eine der außergewöhnlichsten und wildesten Landschaften der Republik.

Die Vegetation ist, wie fast überall in der Cordillera Central, von zwei unterschiedlichen Klimahorizonten geprägt. Aber die mikroklimatische Situation ist in dieser Gegend besonders ausgeprägt und liefert daher sehr vielgestaltige Ökosysteme. In den tieferen Lagen herrschen Laubwälder oder Mischwälder als Regen- oder Nebelwald vor, in den höheren Lagen wächst dagegen meist reiner subalpiner Nadelwald mit Dominikanischen Kiefern. Da sich das Klima aber nicht abrupt ändert, sondern in Abhängigkeit des Reliefs kontinuierlich über viele Zwischenstufen entwickelt, lassen sich hier auch besonders viele, sehr spezielle

kommt z. B. lokalendemisch, also weltweit nur hier, der Schmetterling *Calisto wetherbeei* vor. Möglicherweise flog dieser früher auch im angrenzenden Haiti, aber infolge der radikalen Abholzung sind dort praktisch alle Lebensräume vernichtet. Das ist wissenschaftlich fatal, weil interessante Informationen für die Zoogeographie verloren gegangen sind, von irreparablen Schäden für die dort le-

Waldtypen erkennen, die die Grundlage dieses Nationalparks bilden.

Auf der geschützten Ostseite des Bergmassivs ist ab 600 m bis in die Höhenlagen hinauf ein intakter subtropischer Primärlaubwald mit altem Baumbestand in einer großen Artenvielfalt erhalten. Auf den Westhängen breiten sich ausgedehnte Palmenwälder („Manaclares") mit der Bergpalme *Prestoea acuminata* aus. Der Gipfel selbst ist von einem ausgedehnten Nebelwald bewachsen, als Zwergwald u. a. mit *Coccoloba* spp. und *Podocarpus aristulatus*, übersät mit Bromelien, Orchideen, Farnen, Lebermoosen, Moosen und Flechten. Die häufigsten Arten sind die Bromelien *Guzmania monostachya*, *Tillandsia hotteana*, *T. selloana*, *Vriesea capituligera* und *Werauhia sintenisii* sowie die Orchideen *Isochilus linearis*, *Pleurothallis domingensis*, *Epidendrum anceps*, *E. difforme*, *E. ramosum* und *E. repens*. Am Boden gedeihen Farne wie *Asplenium radicans*, *Blechnum occidentalis* oder *Diplazium grandifolium*. Das Weiterkommen wird durch das Klettergras *Arthrostylidium* sp. erschwert, der Raupenfutterpflanze der schon öfter erwähnten *Calisto*-Arten.

Interessante und ziemlich einzigartige Ökosysteme sind in den niederen Lagen, etwa am Río Limpio, Loma La Tayota und dem Fuß des Pico Nalga de Maco, Wälder mit der großen Vorherrschaft des hier endemischen Baumes *Sloanea ilicifolia* oder im Vallecito Wälder mit *Scheflera tremula*, *Licaria triandra* und *Beilschmiedia pendula*, die hier auf den humusarmen, flachgründigen und vor allem kalkigen Böden – eine Seltenheit in den Bergen – gedeihen. Im Allgemeinen handelt es sich um immergrüne Wälder mit großkronigen und recht hohen Individuen.

Einzige Ausnahme ist der Bewuchs einiger Südost-Hänge mit kleinwüchsigen Bäumen, sogenanntem Zwergen- oder Elfenwald, durchsetzt mit niederen Sträuchern und stacheligen Büschen. Alle Pflanzen sind an die hohen Niederschläge der Region angepasst, besonders in den höheren Lagen infolge der Passatwinde. Es herrscht ein großer Reichtum an endemischen Arten vor.

Die bisher nachgewiesenen sieben Amphibienarten repräsentieren 36 % aller in der Cordillera Central lebenden Arten und gehören in die drei Familien Kröten (Bufonidae), Pfeiffrösche (Leptodactylidae) und Laubfrösche (Hylidae). Die meisten Arten halten sich in der Vegetation entlang den Flussläufen auf.

Die eingeschleppte Aga-Kröte findet man mit Einbruch der Dunkelheit häufig sogar direkt an den Straßen im Bereich von Feldern. Die Antillen-Pfeiffrösche sind vor allem mit *Eleutherodactylus audanti* und *E. inoptatus* vertreten, die man an Blättern, im Gesträuch oder unter Steinen entlang den Flussläufen entdecken kann. Besonders häufig sind sie in Höhen zwischen 1.200 und 1.500 m in der Loma La Tayota und El Vallecito, einem Gebiet, das mit bis zu 40 m hohen Bäumen bestanden und dessen Boden laubbedeckt ist. Zwei weitere Arten sind bisher nur mit ihren Rufen in verschiedenen Gegenden gehört, aber noch nicht gesehen worden. Von den Laubfröschen hat man bisher *Osteopilus pulchrilinea-*

tus und *O. dominicensis* nachgewiesen.

Die acht Reptilienarten sind vor allem durch Saumfinger repräsentiert. Die häufigsten sind die allgegenwärtigen *Anolis chlorocyanus*, *A. cybotes* und *A. distichus*, die man zu allen Tageszeiten im offenen Gelände bis etwa 800 m Höhe, in geschützten Lagen auch etwas darüber, beobachten kann.

Anolis etheridgei dagegen kommt nur in höheren Lagen zwischen 1.200 und 1.700 m, besonders in den Regionen der Loma La Tayota, El Vallecito und Pinar Claro, recht häufig vor. Diese Art bevorzugt gebüschreiches Terrain. *Anolis christophei* wurde gelegentlich auf den Blättern des Galeriewaldes entlang dem Río Vallecito angetroffen, und *A. insolitus* wurde bisher nur in einem einzigen Exemplar beobachtet. Schlangen hat man hier kaum gesehen. Lediglich eine Natter der Art *Antillophis parvifrons* ist aus der Gegend um Río Limpio bekannt geworden. Eine zweite Beobachtung berichtet von

einer Hispaniola-Spitzkopfnatter aus der Gattung *Uromacer*. Schlangen scheinen in dieser Gegend aus unbekannten Gründen äußerst selten zu sein.

Die Vogelfauna ist in der Cordillera Central recht gut untersucht. Aus der Region um den Nationalpark Nalga de Maco sind 49 Vogelarten bekannt, die aus 12 Ordnungen und 18 Familien stammen. Der Nationalpark hat eine große Bedeutung für die Vogelwelt, da hier 15 von 33 endemischen und 14 von insgesamt 54 in der Dominikanischen Republik bedrohten Arten vorkommen.

Die häufigsten Vögel sind Hispaniolaspechte, Antillenorganisten, Schmalschnabel-Todis und Zuckervögel. Regional ebenfalls häufig sind Antillen- und Palmenkrähen. Seltener trifft man Bartklarinos (nur über 1.200 m) und Dominikanischer Tangar an.

Unter den gefährdeten Arten befinden sich Antillenkrähen, Haitisittiche, Haitiamazonen und Antillentauben. Kritisch ist die Situation von

Dominikanerkuckuck, Rosenschultertaube, Haitibussard und Spiegelwaldsänger. Der Dominikanerkuckuck ist nach neuesten Untersuchungen nur noch an zwei weiteren Stellen in der Dominikanischen Republik, nämlich bei Puerto Escondido und Azua, zu finden und gilt als äußerst bedroht. Auch die Populationen von Haitibussard und Spiegelwaldsänger schrumpfen zusehends, und die Restbestände werden immer weiter in die Hochlagen der Berge zurückgedrängt.

Die Säugetierfauna ist in dieser Gegend recht artenarm. Der Schlitzrüssler ist z. B. häufig das Opfer von wildernden Hunden, und die tatsächliche Bestandssituation ist unklar. In den Bergen findet man noch regelmäßig Exkremente dieser Art, ohne die Tiere jedoch zu Gesicht zu bekommen. Das Zaguti kommt noch vor, und mit *Artibeus jamaicensis* und *Phyllops falcatus haitiensis* sind bisher nur zwei der 18 in Hispaniola lebenden Fledermausarten sicher nachgewiesen, auch das ist eine rätselhafte Erscheinung.

Die östliche Cordillera Central

Jarabacoa und Umgebung

Die Provinz La Vega beherbergt neben den fruchtbaren Gebieten in der Vega Real im Cibao-Tal eine Vielzahl von schützenswerten Naturressourcen und herrlichen Landschaften. Die meisten davon liegen an den Berghängen und in den Tälern der östlichen Cordillera Central. Manche von ihnen sind nur mit großem Aufwand zu erreichen, andere sind beliebte Touristenattraktionen, und man kommt entsprechend leicht dahin.

Von La Vega aus, direkt an der Autobahn zwischen Santo Domingo und Santiago de los Caballeros gelegen, führt z. B. eine recht gut ausgebaute Straße durch die gemischte Bergvegetation, anfangs noch aus Laubbäumen, in höheren Lagen aus Kiefernmischwäldern bestehend, nach Jarabacoa. Diese kleine Stadt liegt 529 m hoch, und bei der angenehmen Durchschnittstemperatur von

Die fruchtbare Hochebene bei Jarabacoa

Der Wasserfall Salto de Jimenoa von Jarabacoa

Der Río Yaque del Norte am Oberlauf bei Jarabacoa

22 °C sind Einflüsse des nahen Cibao-Tals und der Vega Real noch deutlich spürbar. Etwa 3 km vor der Stadt zweigt ein Weg zu einer bekannten Touristenattraktion ab: Eine etwa 4 km lange Schotterstraße endet kurz vor dem Wasserfall Salto de Jimenoa an einem Parkplatz, von dem aus man in nur wenigen hundert Metern zu Fuß über schwankende Hängebrücken den Wasserfall erreicht. Auffallend viele Bäume sind hier mit verschiedenen kleineren Bromelien der Gattung *Tillandsia* bewachsen, erst kürzlich wurde sogar direkt am Wasserfall eine neue Art entdeckt. Wer Badesachen dabei hat, kann in dem natürlichen Schwimmbecken am Fuße des Wasserfalls ein erfrischendes Bad nehmen. In der näheren Umgebung gibt es noch weitere Wasserfälle (Baiguate und La Guázara), die aber beschwerlicher zu erreichen sind. Jarabacoa stammt aus der Sprache der Tainos und bedeutet so viel wie „Land des Wassers". Kein Wunder, denn in dieser Gegend entspringen unzählige Flüsse, im Hinterland am Pico Duarte sogar einer der wichtigsten, der Río Yaque del Norte. Der jährliche Niederschlag von 1.426 mm liefert seinen Zuflüssen reichlich Nachschub.

Nahe Jarabacoa liegt auch etwas versteckt ein kleiner botanischer Garten mit einigen typischen Pflanzen der Region, allerdings ist er nur mit Hilfe eines ortskundigen Führers zu finden.

Die östliche Cordillera Central ist von drei großen Senken durchzogen: Neben dem Tal von Jarabacoa sind es die Täler von Constanza und Tiero. Es sind angesichts der kühlen Temperaturen wichtige landwirtschaftliche Flächen. Jarabacoa ist auch Durchgangsstation in Richtung Manabao und La Ciénaga, auf dem Weg zum Pico Duarte, der von hier aus noch etwa 50 km entfernt liegt (siehe S. 301).

Corredor Ecológico Carretera de Albaníco – Constanza

Von Jarabacoa aus führt eine schroffe Bergstraße direkt nach Constanza in ein 1.100 m hoch gelegenes Gebirgstal, das für seine Fruchtbarkeit berühmt ist. Auf dem Weg dorthin, durch herrliche Kiefernwälder hindurch, bieten sich immer wieder imposante Aus- und Durchblicke in die archaische Landschaft der Cordillera Central mit Sicht auf den Pico Duarte und andere hohe Berggipfel. Allerdings ist die Straße in einem recht schlechten Zustand, und es empfiehlt sich, einen anderen Weg zu wählen, zumal auch dieser interessante Naturerlebnisse bietet.

Um diese Route zu erreichen, muss man allerdings von Jarabacoa wieder zurück auf die Autopista Duarte in Richtung Süden, um ein paar Kilometer vor Bonao bei Cruce del Abaníco die gut ausgebaute Asphaltstraße hoch nach Constanza zu wählen. Diese Straße ist als „ökologischer Korridor" unter Schutz gestellt und führt in eine der schönsten Landschaften der Dominikanischen Bergwelt. Die Straßensäume von je talwärts 100 m und bergwärts 250 m stehen für die natürliche Vegetation unter Schutz. Die reine Fahrzeit beträgt 45 Minuten, aber es gibt unterwegs viel zu sehen, deshalb sollte man reichlich Zeit einplanen. Die Straße ist auch als **Vía Panorámica Mirador del Valle de La Vega Real** bekannt und unter staatlichen Schutz gestellt.

Auf dem Weg in die Berge passiert man nach etwa 10 km recht eigenwillig bewachsene Steilhänge. Sie bestehen

Baumfarne besitzen äußerst dekorative Wedel

Der Keulen-Bärlapp ist ein direkter Nachfahre von erdgeschichtlich uralten Pflanzen

Der Ameisenbaum ...

... und die Bergpalme *Prestoea montana* sind wichtige Pioniergehölze

großflächig aus ziemlich niedrigen, hellgrünen Farnen, durchsetzt mit vereinzelten Bäumen, Palmen oder Baumfarnen. Dies ist ein Schulbeispiel für ein ernstes Problem tropischer Gebirgshänge. In Regionen, in denen der Wald gerodet wurde oder Waldbrände gewütet haben und deren Böden stark ausgelaugt und erodiert sind, fasst schnell eine Farngesellschaft namens „Calimete" Fuß (bevorzugt aus *Dicranopteris pectinata* und *Gleichenia bifida* bestehend) und bildet dichte Teppiche. Diese Flächen erweisen sich als äußerst resistent gegenüber aufkommender Bewaldung, weil die Samen der Bäume in dem dichten Farnwuchs entweder zu wenig Licht zum Keimen bekommen oder weil deren Sämlinge angesichts der mageren Böden gegenüber dem äußerst anspruchslosen Farn kein Durchsetzungsvermögen besitzen. Außerdem sondern einige Farne chemische Substanzen an den Boden ab, welche die Keimung von „lästigen Konkurrenten"

unterdrücken. Die Farne selbst verbreiten sich mit Ausläufern und bilden immer größere Matten. So werden Regeneration und Sukzession für eine natürliche Wiederbewaldung auf lange Zeit verhindert. Pessimisten reden hier von mehren hundert Jahren! Lediglich die Bergpalme (*Prestoea acuminata*) schafft es, kleinere Horste zu bilden und den Farn langsam zurückzudrängen, indem sie ihm das Licht nimmt. Solchen Calimetes wird man in den bewaldeten Hochlagen des Landes immer wieder begegnen.

Mauerbienen brüten in auffälligen Kolonien an Felsen und Hauswänden

Die imposante Bromelienart *Vriesea tuerckheimii* ist endemisch

Von Mauerblümchen und Mauerbienen

Auf der Weiterfahrt durch die Berge in Richtung Constanza, nahe dem Aussichtspunkt mit einem tollem Panorama in die Vega Real, fallen steile Felswände auf, an denen angekrallt Orchideen der Gattung *Epidendrum* oder große Trichterbromelien der Gattung *Vriesea* wachsen. Gnadenlos heiße Steine, bestenfalls mit ein paar Krümeln Erde in den Ritzen – lebensfeindlicher kann ein Biotop eigentlich gar nicht sein. Da fragt man sich

verwundert, wie dort überhaupt etwas existieren kann. Und doch gibt es viele auf Felsen spezialisierte Arten aus unterschiedlichen Familien wie Orchideen, Bromelien, Farne oder Kakteen. Man nennt solche extrem angepassten Arten Lithophyten, zu Deutsch „Mauerblümchen", oder etwas seriöser ausgedrückt „Steinbesiedler". Der Vorteil liegt klar auf der Hand: Solche Pflanzen haben praktisch keine Konkurrenz im Kampf um Licht oder Platz und sind überdies vor hungrigen Mäulern gut geschützt. Im Gegenzug müssen sie extreme Hitze, Trockenheit und Nahrungsmangel ertragen.

Aber ist der Preis wirklich so hoch? Constanza liegt etwa auf einer Höhe von 1.100 m. Wer sich einmal die Mühe macht und kurz vor Sonnenaufgang zu diesen Felsen aufbricht, wird erstaunt feststellen, dass um diese Zeit und in diesen Höhen die Temperaturen im einstelligen Bereich liegen, im Winter sogar um

Die Orchidee *Epidendrum* besiedelt vor allem besonnte Felsen

von nackten Felsen und von Baumrinde scheint mit unterschiedlichen Mechanismen und Anpassungen verbunden zu sein, obwohl bei oberflächlicher Betrachtung beide Lebensräume ähnliche Anforderungen stellen. Die beiden Artengruppen kommen sich also offensichtlich nicht ins Gehege. Allerdings besitzen viele Familien mehrere Arten, die entweder auf Bäumen oder auf Felsen wachsen. Ein schönes Beispiel dafür sind Trichterbromelien. Wozu ein morgendlicher Spaziergang nicht alles gut sein kann.

den Gefrierpunkt, und dass die Felsen triefend nass sind. Jede Menge Tau gibt den Pflanzen über Nacht ausreichend Gelegenheit, sich vollzusaugen. Da Lithophyten meist sukkulent sind, d. h. die Fähigkeit besitzen, in verdickten Blättern oder Stängeln einen beachtlichen Wasservorrat zu speichern, sind sie trockener Hitze gegenüber bestens gewappnet. Weil sie zudem bevorzugt Felsen besiedeln, die nach Westen weisen, trifft sie die Sonne erst in den Nachmittagsstunden mit voller Wucht, die kritische Phase ist relativ kurz, und bald schon kommt die nächste Nacht mit jeder Menge Tau, der Zyklus beginnt von vorne. Interessanterweise handelt es sich bei den meisten Lithophyten, also nicht nur bei denen auf dem Weg nach Constanza, um Arten, die man als Epiphyten auf Bäumen vergeblich sucht. Die Besiedelung

Aber an diesen Felsen kann man noch mehr entdecken. Zum Beispiel gibt es Partien, die überhängen und den darunter liegenden Teil während des ganzen Tages beschatten. Das sind ideale Brutplätze für Mauerbienen. Diese Insekten sind eine weltweit verbreitete Gruppe solitärer Hautflügler, vorwiegend der Tropen, die keine großen Staaten bilden, sondern Brutkolonien gründen, die sie allein versorgen. Dazu sammeln die Weibchen kleine Kügelchen aus Lehm, die, mit Speichel vermischt, kunstvoll zu Röhren verklebt werden. Die Behausungen für den Nachwuchs werden also, ihrem Namen entsprechend, regelrecht gemauert. Da hinein werden dann Nahrungsvorräte eingetragen, ein Ei hineingelegt und der Eingang zugemauert. Direkt im Anschluss daran folgt die nächste Wabe, es entstehen langgestreckte Ketten, von denen mehrere nebeneinander gebaut werden können. Da die Baumaterialien oft von weit her aus unterschiedlichen Rohstoffquellen gewonnen werden müssen, sehen solche Brutkolonien bisweilen bunt gescheckt aus. Wenn die Larven dann den Nahrungsvorrat aufgebraucht und sich zur fertigen Mauerbiene entwickelt haben, nagen sie sich kurzerhand unter Zuhilfenahme von speziellen Speichelenzymen durch die Wand hindurch ins Freie, paaren sich und gründen eine neue Lehmsiedlung. Vielleicht haben ökologisch angehauchte Architekten die Lehmbauweise ja den Mauerbienen abgeschaut? Jedenfalls ist die Bauart bei Wildbienen in der Dominikanischen Republik weit verbreitet, und gelegentlich sind ihre Kolonien auch an Hauswänden zu entdecken.

Reserva Científica Ébano Verde

Weiter in Richtung Constanza führt die Straße nahe der Loma de la Sal an der Station Alto de Casabito (in der Gemeinde Jarabacoa gelegen) an einem Naturschutzgebiet vorbei, das dem heimlichen Nationalbaum der Dominikanischen Republik, dem Ébano Verde, der Blassblütigen Magnolie, gewidmet ist. Ébano Verde ist ein endemischer Baum von besonderer Schönheit mit einem der edelsten Hölzer der Welt, was ihm beinahe zum Verhängnis geworden wäre. Er wächst ausschließlich in der Cordillera Central und hat seine Hauptverbreitung in der Gegend um Constanza. Es handelt sich um eine von fünf Magnolienarten, die alle auf Hispaniola endemisch sind (zwei davon ausschließlich in Haiti), die aber jeweils unterschiedliche Lebensräume besiedeln. Eines der vielen ungelösten botanischen Rätsel, denn die Existenz

Calimete, Folge der Regenwaldzerstörung

des aus Nordamerika stammenden Florenelementes in der Karibik lässt sich nicht befriedigend erklären, ebenso wenig wie die Existenz der Walnuss oder des Wacholders. Die Blassblütige Magnolie kann bis 20 m Höhe mit Stämmen von über 2 m Dicke erreichen und verlieh diesem Schutzgebiet ihren Namen. Erfreulicherweise kann man hier eine Regeneration des Bestandes durch Naturverjüngung feststellen. Die größten Vorkommen findet man noch an den Hängen der Berge Loma de Casabito, Loma de la Sal und Loma La Golondrina. Hier liegt auch der Park Ébano Verde. In Höhen zwischen 800 und 1.565 m befindet sich auf der windexponierten und steil abschüssigen Nordost-Seite der Cordillera Central eine einzigartige Nebelwaldzone. Mit Niederschlagsmengen zwischen 1.500 und 3.000 mm im Jahr reiht sie sich in die regenreichsten Gebiete des Landes ein. Diese Vegetationsform ist relikthaft nur an sehr wenigen Stellen Hispaniolas erhalten und ist hier nicht nur besonders großflächig, sondern auch noch in einem erstaunlich ursprünglichen Zustand. Das „wissenschaftliche Reservat" mit höchstem Schutzstatus dient deshalb nicht nur dem Erhalt der Blassblütigen Magnolie, sondern der gesamten Vielfalt von Tieren und Pflanzen, die sich exklusiv in diesem Ökosystem entwickelt haben.

Das 1989 gegründete und erst kürzlich von 23 km² auf 35 km² erweiterte Gebiet liegt in den Provinzen La Vega und Monseñor Nouel auf den Territorien der vier Gemeinden Jarabacoa, Constanza, Bonao und La Vega im Osten der Cordillera Central. Es ist das erste von mitt-

lerweile mehreren Schutzgebieten in Händen von privaten Stiftungen, in diesem Fall der Fundación Progressio. Von einigen Ausnahmen im Randbereich abgesehen, ist das Areal öffentlich nicht zugänglich und dient vor allem wissenschaftlichen Studien.

Einer der wenigen für Besucher freigegebenen Wege, sogar mit einem Aussichtsplateau bestückt, befindet sich bei Baño de Nubes (zu deutsch „Wolkenbad"). Man erreicht es, wenn man von der Hauptstraße an der Station Casabito einer steilen Straße zuerst in Richtung Jarabacoa folgt und sich dann nach 2 km auf einer Nebenstraße an den Antennenanlagen einer Fernmeldestation orientiert. Hier befindet sich der Eingang. Die Gegend ist so benannt, weil sie praktisch ständig in Wolken gehüllt ist und man unweigerlich nass wird. Wie zum Beweis rinnt allmorgendlich Tau an den Baumstämmen herab oder tropft von den Blättern.

Der Weg verläuft in einer Höhenlage von etwa 1.000 m über einen Kamm. In einem der seltenen Fälle, in denen wolkenfreies Wetter herrscht, reicht die Fernsicht über die gesamte Vega Real bis zur Bucht von Samaná. Aber auch ohne Fernsicht gibt es viel zu sehen, denn eine ganze Reihe der im Schutzgebiet wachsenden Pflanzen sind entlang dem Lehrpfad mit Namensschildern versehen.

Die gesamte Gegend ist magmatisch-vulkanischen Ursprungs mit unterschiedlichen Gesteinen aus der Kreidezeit, dementsprechend reagieren die Böden sauer, sie sind nur geringmächtig, ausgelaugt, und ihre Konsistenz ist lehmig-tonig.

Der Farn *Dicranopteris pectinata* bildet dauerhafte Teppiche

Die extrem reichhaltige Vegetation setzt sich aus einer großen Vielfalt an Bäumen, Sträuchern, Epiphyten, Schlingpflanzen und Kräutern zusammen. Hier gedeihen auch auffallend viele Orchideen. Charakteristisches Indiz für die Nebelwaldzone ist das gehäufte Auftreten von Baumfarnen.

686 Gefäßpflanzen, von denen 158 endemisch sind, darunter neun Arten, die nur hier vorkommen, wurden bisher gezählt, außerdem eine Vielzahl an niederen Pflanzen wie Lebermoose, Flechten, Farne und Moose, die einen grünen Teppich bilden. Unter den besonders charakteristischen oder seltenen Pflanzen befindet sich neben *Magnolia pallescens* die einzige fleischfressende Pflanze der Dominikanischen Republik. Diese ausgestorben geglaubte, endemische *Pinguicola casabitoana* wurde erst kürzlich in der Nähe von Baño de Nubes, auf dem Weg zur Loma de Casabito, in wenigen Exemplaren wiederentdeckt. Weitere Raritäten, die fast nur noch hier wachsen, sind u. a. *Gonocalyx tetrapterus*, *Lyonia alainii*, *Gesneria sylvicola* und *Myrica saliana*.

Die Leitart dieses Nebelwaldtyps ist der Baum des Windes, der so genannt wird, weil seine Blattwedel im Wind, der hier permanent weht, rhythmisch schaukeln. Mit etwa 20 m überragt er die meisten Bäume der Umgebung und verleiht der gesamten Landschaft durch sein auffälliges Verhalten mit den unverwechselbaren Blättern einen besonderen Charme.

Typische andere Baumarten sind *Bumelia salicifolia*, *Linociera caribaea*, *Haenianthus salicifolius*, *Myrsine magnoliifolia*, *Mecranium amygdalinum*, *Pseudalbizia berteroana*, *Beilschmiedia pendula*, der mit 30 m alles überragende *Cyrilla racemiflora* und andere. Die Bäume sind mit vielen Epiphyten behangen, vor allem mit Bromelien und Orchideen.

Bei den Reptilien und Amphibien wurden bisher acht Amphibien- und zehn Reptilienarten gefunden, alles charakteristische Arten für die Cordillera Central.

Die Säugetiere sind u. a. mit einer endemischen Fledermaus-Unterart vertreten, der Guano-Fledermaus, und natürlich darf in einem so erlesenen Gebiet der seltene Haiti-Schlitzrüssler nicht fehlen.

Als Repräsentanten der Vogelwelt seien stellvertretend für die insgesamt 59 nachgewiesenen Arten Haitiamazone, Haitisittich, Rallenkranich und die bedrohte Morgenammer genannt.

Neuere Untersuchungen in einem Teilgebiet, das vor kurzem von Waldbränden vernichtet worden war, haben gezeigt, dass ein so einzigartiges Ökosystem nur schwer wieder seinen Urzustand erreichen kann. Nebelwälder können zwar Zerstörungen durch Windbruch recht gut kompensieren, sind Waldbränden aber schutzlos ausgeliefert. Offensichtlich überstehen weder Samen noch die Pflanzen selbst die Hitze des Feuers. Zwar haben sich die zerstörten Flächen durch Samenanflug erstaunlich schnell regeneriert und binnen eines Jahres eine bis zu 2 m hohe Krautschicht gebildet, aber der Sekundärbewuchs unterschied sich doch erheblich in seiner Artenzusammensetzung im Vergleich zu Regenerationsflächen, die durch Sturm geschädigt waren. Solche Windbruchflächen stehen seit ihrer Zerstörung durch den Hurrikan David 1979 im Gebiet als unfreiwillige Referenz zur Verfügung. Die Wunden sind selbst heute noch nicht vollständig verheilt.

Der Wasserhaushalt des Reservates ist von größter Bedeutung für die Region. Gespeist von Hunderten von Quellen entspringen hier der Río Camú und kleinere Bäche wie Arroyo La Sal, Arroyo Bonito, Arroyo El Arroyaso, wichtige Zuflüsse für den Río Jimenoa und den Río Jatubey. Gemeinsam versorgen sie sowohl die Stadt La Vega als auch die beiden Talsperren Tavera und Rincón mit Wasser. Die vielen Wasserläufe bieten auch erfrischende Badegelegenheiten mit einer Reihe von herrlichen Naturschwimmbädern. Eines der schönsten ist das Felsenbassin des 14 °C kalten El Arroyaso, der in den Bergen des Ébano Verde entspringt. Es liegt einige Kilometer vom Lehrpfad Las Nubes entfernt an der Straße, die wieder zurück nach Constanza führt. Hier, am südöstlichen Ende des Parkes befindet sich auch eine kleine Station der Parkverwaltung.

Reserva Biológica Las Neblinas

Dieses 1986 gegründete Reservat liegt nicht nur im gleichen Gebirgsstock wie die Reserva Ciéntifica Ébano Verde, sondern ähnelt ihr auch sonst sowohl in seiner botanischen Zusammensetzung als auch in seiner topographischen Lage. Es ist ebenfalls sehr wasserreich und speist mehrere Flüsse, darunter den Río Las Palmas und den Río Jatubey. Aber es gibt trotz der großen Übereinstimmungen auch Unterschiede, z. B. die ungleiche Verteilung von terrestrischen, also von bodenbewohnenden Orchideen. Während Orchideen im Ébano-Verde-Reservat ausschließlich epiphytisch wachsen, also Stämme und Äste von Trägerbäumen besiedeln, gibt es in Las Neblinas auch im Unterholz Arten, die ausschließlich auf dem Boden gedeihen und dort große Bestände bilden. Sie können sich sogar gegenüber Farnen durchsetzen. Trotzdem handelt es sich um ein fragiles Ökosystem, das gleich von mehreren Seiten bedroht ist. Zum einen grenzen an das 36 km² große Areal viele landwirtschaftliche Flächen, vor allem mit Kaffeeanbau, zum anderen werden in unmittelbarer Nähe Fernmeldeeinrichtungen mit festen Bauwerken und Zuwegungen betrieben, und außerdem wird der Wasserhaushalt durch die Talsperre des Río Las Palmas erheblich gestört. Trotzdem handelt es sich um ein Schutzgebiet mit einzigartigen Besonderheiten, das allerdings nur mit Mühe erreicht werden kann.

Constanza

Constanza ist mit 1.164 m über dem Meer die höchstgelegene Stadt der Karibik, mit einer blühenden Wirtschaft im wörtlichen Sinn. Denn das im Jahresmittel 18,2 °C kühle Klima, nachts bis auf durchschnittlich 10 °C absinkend, erlaubt den Anbau von Kartoffeln, Bohnen, Erdbeeren, Zwiebeln, Knoblauch, Karotten und anderen Gemüsesorten wie z. B. vielen Kohlsorten. Wegen seiner Lage innerhalb der Wendekreise gibt es mehr oder weniger immer die gleiche Tageslänge mit nur geringen jahreszeitlichen Schwankungen, daher ist z. B. der Anbau von Salat, einer typischen Kurztagspflanze, besonders einfach, weil er hier nie zur Blüte kommt und deshalb nicht schosst. Auch Blumen und Gartenpflan-

Das Hochtal von Constanza ist von schützenden Bergen umgeben

In Constanza wird vielerorts biologisch dynamisch angebaut

Im kühlen Hochlandklima werden Blumen, Kartoffeln und Kohl auf Kosten der Natur angebaut

Der Pico Duarte, mehrere Tagesmärsche weit entfernt, im Abendlicht

zen finden sich dort im Programm, die hier allerdings zur Blüte kommen und den Topf- und Schnittblumenmarkt bereichern. Mit etwa 30 km² ist es ein von Bergen umgebener, ausgedehnter Gebirgssattel mit weitläufigen landwirtschaftlichen Flächen und äußerst fruchtbaren Böden, die ihre Entstehung der Verwitterung des umgebenden vulkanischen Gesteins während der Eiszeit verdanken („alluviale Böden"). Niederschläge von etwas mehr als 1.000 mm pro Jahr sorgen für einen ausgeglichenen Wasserhaushalt.

An der Grenze zwischen Nebelwald und Kiefernwald wächst an einigen geschützten Hängen kurz vor Erreichen der Stadt der beste Kaffee der Insel, ein Hochlandkaffee, der nach Auskunft von Experten zu den drei Topsorten auf dem Weltmarkt zählt. Allerdings ist die Menge derart begrenzt, dass er fast ausschließlich im Lande selbst aufgebraucht wird.

In der Dominikanischen Republik gehören zur Weihnachtszeit Äpfel zu den begehrtesten Früchten. Da Importware teuer ist, wurden in den Hochlagen von Constanza auch große Obstplantagen angelegt, sehr zum Unmut der Umweltverbände, weil viele Anbauflächen in das angrenzende Naturschutzgebiet hineinragen.

Die Stadt Constanza wurde erst 1892 gegründet und hat ihren Namen von Aussiedlern nach der deutschen Stadt Konstanz am Bodensee erhalten. Vorher war das Gebiet nur von einigen Wanderfeldbauern besiedelt und vorwiegend mit Laubwald bewachsen. Die landwirtschaftliche Nutzung wurde erst unter Trujillo ab 1955 forciert und meist von Spaniern, Japanern und Ungarn betrieben. Trujillo initiierte während seiner Regierungszeit viele Besiedelungsprojekte in unerschlossenen Regionen, beispielsweise auch an der haitianischen Grenze in der Region um Elias Piña. Zu diesem Zweck wurde sogar eine asphaltierte Straße in diese Region vorgetrieben, die nach Trujillos Tod aber wieder verfiel. Erst in neuerer Zeit wurde sie als wichtige Nord-Süd-Verbindung wieder restauriert und führt nun von San Juan de la Maguana nach Dajabón.

Von Constanza aus gehen auch Touren auf den Pico Duarte. Zu Fuß oder auf Maultieren reitend, dauert die Besteigung hin und zurück 4–5 Tage und führt über die Stationen Los Cayetanos, Los Rodríguez, El Tetero und La Compartitión zum Gipfel (s. S. 305).

Das Hochtal von Constanza unterteilt die östliche Cordillera Central in zwei Teilmassive, und zwar in den nordwestlichen Hauptteil, Lamedero-Massiv

Gigantisch große Mohrrüben aus Constanza

genannt, das praktisch unzugänglich ist, und das südöstlich liegende, deutlich schmalere Massiv Quéliz. Die beiden Teilmassive sind biogeographisch höchst interessant, wie z. B. Untersuchungen an der Schmetterlingsgattung *Calisto* zeigen. Das Massiv Quéliz beherbergt mit *Calisto tragia*, C. *grannus* und C. *ainigma* drei Arten, die ausschließlich hier vorkommen, während vom Lamadero-Massiv sechs weitere Arten mit exklusiver und zum Teil nur auf einen einzigen Berg begrenzter Verbreitung beschrieben wurden. Nur vier Arten fliegen in beiden Gebieten gemeinsam. Diese Aufspaltung gibt Auskunft über die nacheiszeitlichen Wiederbesiedelungsprozesse von einzelnen Bergregionen.

Parque Nacional Juan Bautista Pérez Rancier (Reserva Científica Valle Nuevo)

Auf mittlerweile 910 km² sind, südöstlich im Anschluss an die beiden großen Nationalparks Armando Bermúdez und José del Carmen Ramírez, einige der spektakulärsten Waldgebiete der Insel zu einem Naturschutzreservat zusammengeschlossen und tragen zu den Ressourcen der Insel einen gewichtigen Baustein bei. Der Park bildet das südöstliche Ende der Cordillera Central und liegt Luftlinie nur 30 km vom Meer entfernt. Das erstmals 1852 von dem englischen Konsul Robert Schomburgk beschriebene Gebiet liegt überwiegend in der Provinz La Vega, kleinere Teile in den Provinzen Monseñor Nouel, Azua und San José de Ocoa. Der Nationalpark wurde nach erstmaligen Schutzbemühungen 1961 im August 1983 als Reserva Científica Valle Nuevo ausgewiesen. Lange waren weder Schutzkategorie noch exakte Grenzen genau festgelegt, weil es im Gebiet alte Nutzungsrechte gibt, die das ökologische Gleichgewicht derzeit immer noch empfindlich beeinträchtigen. Zum Beispiel gibt es an manchen Hanglagen Weideland für diverse Nutztiere, in den Höhenlagen große Obstplantagen mit Äpfeln, Mandeln oder Pfirsichen nach europäischem Vorbild sowie Erdbeer- und Gemüseanbau oder Blumenfelder. Hier befinden sich auch die größten Kartoffelanbaugebiete der Insel. Militärische Interessen, aber auch Schneisen und Türme mit Antennen für die Telekommunikation stellen weitere erhebliche Eingriffe dar. 1992 wurden die Grenzen um die Einzugsgebiete der Talsperren des Río Nizao

Ab Mittag steigt im Nebelwald regelmäßig Nebel auf

und Río Yuna erweitert. 1996/1997 wurde es dann trotz einiger Bedenken, etwa wegen fortschreitender Erosion in Folge Übernutzung einzelner Gebiete, in nochmals erweiterten Grenzen in den Status eines Nationalparks erhoben und auf den Namen Juan Bautista Pérez Rancier, ein berühmter Geograf und Naturschützer aus Leidenschaft, umgetauft.

Das mit 2.200 m höchste Bergplateau der Karibik wurde von Gletschern der letzten Eiszeit überformt, den einzigen nachgewiesenen Gletschern der gesamten Antillen, gut ausgeprägt vor allem in der Gegend rund um den Berg Alto Bandera. Die tiefer liegenden Landstriche, eine Ansammlung von mehreren, oft tief eingeschnittenen Tälern, erhielten ihr heutiges Gepräge bereits durch die vielen Vulkanaktivitäten während der frühen Bildungsphase der Insel und die nachfolgende Metamorphose der Gesteine. Allerdings bereiten Vulkanaktivitäten in dieser Region auch während des Pleistozäns Wissenschaftlern einiges Kopfzerbrechen bei ihren Fragen zur Geologie der Insel.

Das Gebiet ist mit rund 2.500 mm Jahresniederschlag auf der Südseite der Hauptkordillere überdurchschnittlich feucht und gehört zu den wasserreichsten Regionen des Landes. Die mittleren Temperaturen liegen entsprechend der Höhenlage mit 9–17 °C ziemlich tief, zumal in den kältesten Wintermonaten die Temperatur auf -7 °C abrutschen kann und sich dann häufig Raureif bildet. Wegen der gemäßigten Temperaturen von maximal 20 °C bleibt die Verdunstungsrate mit 60 % deutlich hinter den Niederschlagswerten zurück, es herrscht al-

Nebelwälder haben etwas Geheimnisvoll-Gespenstisches an sich
Die permanente Luftfeuchtigkeit ist Lebenselixier für Flechten

Die Bromelie *Werauhia sintenisii* leuchtet wie eine Kerze am Weihnachtsbaum

so permanenter Wasserüberschuss, der oberflächlich abfließt.

Dieses Nadel- und Nebelwaldgebiet liegt im südöstlichen Ast der Hauptkordillere. Es ist sowohl von Norden her über einen 2.500 m hohen Pass von Constanza aus als auch vom Süden her über San José de Ocoa auf einer lang gezogenen, von Tälern zerfurchten und kurvenreichen Bergstraße relativ leicht mit dem Auto zu erreichen. Sie ist unter dem Namen Carretera Antonio Duvergé

bekannt. Diese beiden Verbindungsstraßen wurden von Diktator Trujillo 1937 angeordnet, um zur Devisenbeschaffung wertvolle Hölzer aus den Bergwäldern des bis dahin unwegsamen Gebietes abtransportieren zu können. Sie wurden 1947 bzw. 1952 fertiggestellt. Allerdings sind die nicht befestigten Straßen je nach Wetterlage sehr aufgeweicht und mit tiefen Schlaglöchern oder Schlamm- und Wasserfurchen versehen. Daher ist die Anfahrt mit einem Geländewagen zu empfehlen, will man ernsthafte Schäden am Auto vermeiden. Es gibt zwar Pläne, die Straße von Constanza nach San José de Ocoa mit einem festen Belag zu versehen, was bei Naturschützern aber auf heftigen Widerstand stößt.

Im Zentrum des Parks liegt unmittelbar an der Straße eine Station, die sich die Naturschutzbehörde, die Forstbehörde und das Militär gemeinsam teilen. Dort wird man freundlich empfangen und bekommt in den einfachen Hütten im Gelände gegenüber auch bereitwillig Unterkunft. Komfort ist jedoch keiner zu erwarten, und es empfiehlt sich, einen warmen Schlafsack mitzubringen. Bei freundlicher Nachfrage steht einem aber wenigstens die warme Dusche der Station zur Verfügung – nach einer kalten Nacht eine willkommene Wohltat.

Bei der Anfahrt über Constanza, die mit 15 km deutlich kürzere der beiden Passstraßen, kommt man an einer in der Bevölkerung populären Attraktion, dem Salto de Aguas Blancas, vorbei. Leider lässt sich der in 1.800 m Höhe gelegene und mit 83 m (davon fast 60 m im freien Fall) höchste Wasserfall des Landes nur nach einem beschwerlichen Fußmarsch über einen recht rutschigen Weg erreichen, doch ist er auch gut aus größerer Entfernung zu erkennen, denn die weiße Gischt leuchtet hell aus der dunklen Schlucht hervor. Überraschend rührt der ins Deutsche übersetzte Name „Wasserfall des weißen Wassers" aber nicht von diesem Erscheinungsbild her, sondern von der Tatsache, dass sich im Winter an den Wasserkaskaden oft weiß glitzernder Raureif und Eiszapfen bilden, denn hier ist der Kältepol der Insel – wer hätte schon Frost und Eis in der Karibik vermutet! Da wundert es kaum, dass man einer ganzen Region mitsamt ihrem 2.390 m hohen Berg den Namen La Nevera, „der Kühlschrank", gegeben hat.

Bei der Anfahrt von Süden her über San José de Ocoa lassen sich beispielhaft mehrere Vegetationszonen studieren, die man auf der etwa 50 km langen Strecke durchquert: submontane regengrüne Trockenwälder, submontane halbimmergrüne Feuchtwälder, immergrüne Niederungswälder mit Übergängen zu Bergregenwäldern und schließlich Misch- und Nadelwälder. Je nach Höhenstufe sind die Gebiete allerdings unterschiedlich stark mit landwirtschaftlichen Flächen durchsetzt und ziemlich abgeholzt.

Der Kernbereich des Nationalparks liegt in etwa 2.200 m auf einer Hochebene und steigt bis auf 2.640 m an. Von hier aus streichen zwölf Täler in alle Richtungen – neben dem namensgebenden Valle Nuevo z. B. Sabana de los Robles, Pinar Parejo, Las Neblinas, La Piramide, La Nevera und La Siberia.

Im Schutzgebiet wurden bisher 531 Pflanzenarten nachgewiesen, verteilt auf 401 höhere und auf 130 niedere Pflanzen aus der Verwandtschaft der Farne, die insgesamt 103 Familien angehören. 138 der gefundenen Pflanzenarten, also etwa 26 %, sind endemisch. Sie wachsen zum Teil ausschließlich in diesen recht kühlen Hochlagen, darunter dem höchstgelegenen Vorkommen eines Nebelwaldes in der gesamten Karibik. Das unterstreicht nachdrücklich die große ökologische Bedeutung dieser Region. Das Besondere der hiesigen Flora sind Einflüsse sowohl von den Anden als auch vom nordamerikanischen Kontinent. Viele dieser Pflanzen werden deshalb botanisch geschulten Europäern vertraut vorkommen, handelt es sich doch offensichtlich um Eiszeitrelikte, die auf Vorläufer aus den gemäßigten Zonen zurückgehen. Leider fallen auch viele in der Neuzeit eingeführte Pflanzen ins Auge. 73 eingeschleppte Arten (Neophyten) stellen heute immerhin 13 % der dortigen Gesamtflora, und einige hier angebaute Weidegräser (*Melinis minutiflora*, *Panicum nitidum*) stellen ernsthafte ökologische Probleme dar.

Eine endemische Begonie im Valle Nuevo

Hier oben in den Bergen kann man vier Vegetationstypen unterscheiden, die sich aber über große Strecken nicht mehr in ihrem ursprünglichen Zustand befinden. Einige Eingriffe sind bereits auf die Urbevölkerung zurückzuführen. Außerdem haben wohl immer wieder natürlich entstandene Waldbrände als ein dynamisch-ökologisches Element ausgedehnte Bereiche der Vegetation vernichtet. Trujillo hat sogar aus Furcht vor aufständischen Rebellen einmal gezielt einige Waldgebiete abbrennen lassen, weil er sie für deren Schlupfwinkel hielt. Auch der Holzeinschlag hat viele Bestände stark verändert.

Prägend sind mit Sicherheit die ausgedehnten Nadelwälder, aber es gibt auch immergrünen Laub- und Nebelwald. Da in den Wintermonaten regional die Temperaturen nachts regelmäßig unter den Gefrierpunkt absinken, ist das Valle Nuevo die einzige Region der gesamten Karibik, deren Flora alpin geprägt ist, mit äußerst komplexen Ökosystemen und Hochgebirgssteppen. Der Untergrund reagiert infolge des Urgesteins oder des vulkanischen Ursprungs sauer. Das Gelände ist zu etwa 90 % mit Koniferen, d. h. verschiedenen Kiefernarten wie der Dominikanischen Kiefer, aber auch den eingeführten Arten *Pinus caribaea* und *P. radiata* bestanden. Bemerkenswert sind auch die großen Exemplare der endemischen Wacholder *Juniperus gracilior* und *J. ekmanii*, die beide

Mehrere Arten Baumfarne bereichern die Flora im Valle Nuevo

ein besonders wertvolles Holz liefern, sowie *Podocarpus aristulatus*. Dazwischen befinden sich immer wieder größere Steppen mit dem ökologisch bedeutsamen Bittergras, das große, steife Büschel von 30–60 cm Höhe bildet. Verheerende Waldbrände – die größten, die die Insel seit Menschengedenken heimgesucht hatten – haben 1983 über 15 Tage lang etwa ein Drittel des Nadelwaldes (32 km^2) vernichtet, ehe es den 560 eingesetzten Feuerwehrleuten gelang, den Brand zu löschen. Dem Bittergras „pajón amargo" ist es zu verdanken, dass der Boden schnell wieder versiegelt wurde und kaum Erosion stattgefunden hat. Nachfolgende umfangreiche Aufforstungen haben die Schäden von damals zwar noch lange nicht behoben, aber immerhin einen deutlichen Zeitvorsprung gegenüber der natürlichen Sukzession geschaffen – leider nicht immer mit der heimischen Kiefer, sondern mit Kiefernarten vom benachbarten Festland oder von Kuba.

Die Sukzessionsstadien kann man noch deutlich erkennen und auch die wichtige Rolle der dominikanischen Kiefer. Sie besitzt von Natur aus eine feuerhemmende Rinde, und vor allem alte Individuen überleben Waldbrände ganz gut. Der Unterwuchs wird aber meistens komplett vernichtet. Im Verlauf von 10–20 Jahren regeneriert sich der Unterwuchs allerdings wieder im Schutz der alten Bäume und durchschreitet dabei alle möglichen Entwicklungsstufen mit unterschiedlichen Pflanzenarten, bis sich wieder ein dichter und sehr artenreicher Bestand aufgebaut hat. In den Aufforstungsgebieten, in denen die Vegetation komplett vernichtet war, dauert dieser Vorgang allerdings länger, weil die Bäume erst wachsen und eine geschlossene Krone bilden müssen. Daher ist der Regenerationsprozess im Valle Nuevo stellenweise noch im vollen Gang. Je nach klimatischen Verhältnissen kann die Sukzession sogar so weit gehen, dass die Kiefern eines Tages von Laubbäumen komplett verdrängt werden und wieder ein immergrüner Nebelwald entsteht.

In den recht dichten und artenreichen Kiefernmischwäldern in den Höhenlagen über 2.000 m finden wir neben Kiefern u. a. *Garrya fadyenii*, den einzigen Repräsentanten seiner Familie im Land, weiterhin Westindischen Sumach, *Baccharis myrsinites*, *Lyonia heptamera*, *Ilex tuerckheimii*, *Tetrazygia urbaniana*, *Eupatorium illitium*, die Fuchsie *Fuchsia pringsheimii*, *Gaultheria domingensis*, die kubanische Heidelbeere *Vaccinium cubense* und das Gras *Panicum nitidum*.

Der permanente Nebel, der gegen Mittag mit großer Zuverlässigkeit aufsteigt, ist Existenzgrundlage für eine ungewöhnlich hohe Zahl von Epiphyten (s. S. 87), die entweder gespenstisch als lange Bärte von den Bäumen herabhängen oder dicht gedrängt auf den Ästen kauern. Wehende Bartflechten der Gattung *Usnea*, Krustenflechten in vielen Schattierungen von Schwefelgelb bis grünlich weiß, unzählige Orchideenarten, weithin rot leuchtende Vriseen (*Werauhia sintenisii*) und andere Vertreter aus der Familie der Bromelien nutzen die Gunst der rauen Kiefernborke, um sich daran festzukrallen.

Auch die beiden auffälligen Parasiten „Conde de Pinos", ins Deutsche übertragen so viel wie Kieferngraf, sind hier überall präsent und lassen zwei Herzen in der Brust schlagen: Soll man sie nun schön finden, oder soll man sie als schädlichen Parasiten ablehnen? Daneben gibt es offenere Kiefernbestände mit Steppen- oder Heidecharakter mit dem Bittergras als Sukzessionswald.

Die Blätter des Streifenfarns sind üppig mit Sporen besetzt

Weiter westlich gedeihen in den Gegenden um Pinar Parejo, Las Neblinas, La Neverita und La Siberia in Höhen zwischen 1.200 und 2.300 m auch vier außergewöhnliche, als Nebelwald ausgebildete Laubholzbestände, u. a. mit der bedrohten Blassblütigen Magnolie. Erstaunlicherweise hat sich bis vor kurzem noch nie jemand um deren Nachzucht in Kultur gekümmert. Die Vegetation ist insgesamt sehr üppig und vielfältig, mit Westindischem Sumach, *Colubrina elliptica*, *Myrsine coriacea*, *Coccoloba wrightii*, *Meliosma* sp. und *Schefflera tremula*, vergesellschaftet mit *Haenianthus salicifolius* und *Clusia clusioides*. Es existiert ein interessanter Unterwuchs mit vielen Sträuchern, darunter *Lepechinia urbanii*, *Garrya fadyenii*, *Ilex tuerckheimii*, *Ilex microphylla*, Lionia, *Ignurbia constanzae*, *Rubus domingensis* und *R. eggersii*, *Gaultheria domingensis* und andere Heidegewächse, die dem mediterranen Erdbeerbaum ähneln. *Podocarpus aristulatus*, *Miconia* sp., *Maytenus* sp., *Merania involucrata*, *Leandra lima* und *Laplacea* sp., Baumfarne, darunter die nur hier vorkommende Art *Cyathea insignis*, große Fuchsienbestände (*Fuchsia pringsheimii* und *F. triphylla*), *Palicourea alpina*, blau blühende Salbeibüsche und mannshohe Farne bedecken den Boden. Auf felsigen Stellen darben unzählige Flechten in kunstvoll verwobenen Gebilden. Das Klima ist besonders förderlich für eine Vielzahl von Epiphyten. Als Besonderheit wachsen hier oben auch die beiden endemischen Pflanzen Puntilla (*Vegaea pungens*), einer monotypischen Gattung (d. h., sie besitzt nur diese eine Art) und *Pinguicula casabitoa-*

na (eine fleischfressende Pflanze), die beide ausschließlich auf die Cordillera Central beschränkt sind und deren äußerst lokale Verbreitung erst neuerdings genauer erforscht wird.

In den Palmenwäldern der Nebelwaldzone in Höhenlagen zwischen 1.350 m und 1.440 m findet man neben der Bergpalme auch Bäume wie *Meliosma herbertii*, *Citharexylum discolor*, *Oreopanax capitatus*, *Trema micrantha* und *Myrsine coriacea* und im Unterholz Sträucher der Arten *Cestrum coelophlebium*, *Solanum crotonoides*, *Solanum americanum*, den Baumfarn *Alsophila urbanii*, *Baccharis myrsinites*, *Cleome domingensis*, *Bocconia frutescens* und *Hibiscus* sp.

Kräuter sind durch folgende Arten vertreten: *Pilea erosa*, *Blechnum tuerckheimii*, *Blechnum fragile*, *Lophosoria quadripinnata* und *Diplazium altissimum*. Als Aufsitzer oder Lianen fallen Orchideen der Gattung *Maxillaria* und das Klettergras *Arthrostylidium* sp. sowie der kriechende Farn *Hypolepis hispaniolica* ins Auge.

Etwas tiefer gelegen (700–1.500 m) wächst in der Gegend von El Mechesito ein typischer Palmenwald, Manaclares genannt, mit der Bergpalme als prägendem Element. In deren Bestand mischen sich typische Begleitbäume ein wie der Ameisenbaum, *Alchornea latifolia*, *Zanthoxylum martinicense*, *Guarea guidonea*, *Oreopanax capitatus*, *Miconia* sp., *Tabebuia bullata* und *Trema micrantha*. Auffällig sind die vielen Baumfarne wie *Cyathea furfuracea* und *Alsophila woodwardioides* mit bis zu 12 m hohen Exemplaren und *Alsophila* (heute zu

***Fuchsia triphylla* ist ziemlich frosttolerant**

Cyathea gerechnet) *urbanii*, *Alsophila brooksi* sowie die nur hier vorkommende *Cyathea harrisii*. Die Strauchschicht bilden unter anderen *Palicourea alpina* und *Eupatorium puberulum*. Daneben findet man viele epiphytische Farne wie *Vittaria lineata*, *Polypodium loriceum* oder diverse Arten von *Elaphoglossum*.

Die Fauna wird erst seit kurzem genauer erforscht. Bisher wurden 66 Vogelarten nachgewiesen, die meisten Arten davon im Kiefernwald. Bemerkenswert sind u. a. Morgenammer, Haitisittich, Bindenkreuzschnabel, Haitizeisig, Hüpfspecht, Kiefernwaldsänger, Antillenorganist, Dominikanischer Tangar, Bergtaube, Haitikuckuck, Spiegelwaldsänger, Spottdrossel, Antillenschwalbe, Palmenkrähe und sogar Kolibris. Insgesamt sind hier mit 17 endemischen Arten 63 % aller endemischen Arten Hispaniolas vertreten.

Amphibien sind mit 17 Arten (27 % der Amphibienfauna Hispaniolas) und Reptilien mit 29 Arten (20 % der Reptilienfauna) im Nationalpark vertreten. Erstere kommen mit 12 Arten von Pfeifffröschen der Gattung *Eleutherodactylus*, vor allem *E. minutus*, *E. montanus*, *E. patriciae* und *E. auriculatoides*, vier Arten von Laubfröschen sowie der eingeführten Aga-Kröte vor. Anolis stellen mit 13 Arten den größten Anteil an der Reptilien, etwa mit *A. christophei* und *A. etheridgei*. Als Besonderheit lebt hier auch die Schleiche *Celestus darlingtoni*, eine Art, die ausschließlich auf die Cordillera Central begrenzt ist. Alle hier vorkommenden Reptilien sind endemisch auf Hispaniola. Im Gegensatz zur Vogelfauna findet man die meisten Amphibien und Reptilien im Nebelwald.

Schmetterlinge sind mit 48 Arten, darunter 13 endemischen, vertreten, und hier wiederum sogar mit sieben Arten, die ausschließlich in der Cordillera Central vorkommen, z. B. *Calisto chrysaoros*. Unter anderem kann man bei unterschiedlicher räumlicher Verteilung und mit wechselnder Häufigkeit Tagfalter aus den folgenden Familien beobachten: 4 Danaiden (darunter 3 Arten der Gattung *Anetia)*, Heliconiden in 3 Arten, 10 Arten Dickkopffalter, ein Vertreter der Glasflügler (Ithomiidae) mit einer eigenen Unterart *Greta diaphana charadra*, 2 Bläulinge, 6 Ritterfalter, 3 Schwalbenschwanzarten, 9 Weißlinge und 10 Satyriden alle aus der Gattung *Calisto*.

Die Landschnecken mit und ohne Gehäuse wurden ebenfalls erfasst, aber es gibt bisher noch keine systematischen Untersuchungen auf der Insel, sodass diese Arten noch lückenhaft dokumentiert sind. Immerhin hat man aus den Familien Camaenidae, Helicinidae, Oleacinidae, Xanthonychidae, Sublinidae, Annulariidae, Veronicellidae und Sagdidae bereits insgesamt etwa 20 Arten nachgewiesen. Eine eingeschränkte Verbreitungsgeschwindigkeit, unterschiedliche Substrate und die verschiedenartige Vegetation ergeben eine recht mosaikartige Verbreitung. Damit sind aber immerhin 8 von 29 in der Dominikanischen Republik bekannten Familien auch in den kalten Höhen des Valle Nuevo vertreten und 8 der 20 nachgewiesenen Arten sind auf Hispaniola endemisch. Eine Art allerdings wurde als Ackerschädling aus Europa eingeschleppt.

Auch von einer endemischen, kleinen Süßwasserkrabbe (*Epilobocera* sp.) ist die Rede, die in dieser Höhe überall an den Ufern der Bäche und Flüsse vorkommt. Sie ist kleiner als die ebenfalls endemische gewöhnliche Süßwasserkrabbe *Epilobocera haytensis* und weist einen deutlichen Sexualdimorphismus auf, d. h. gut erkennbare Unterschiede zwischen Männchen und Weibchen.

Darüber hinaus gibt es verwilderte Kaninchen (*Oryctolagus cuniculus*), die aus Europa eingeführt wurden. Mehr Probleme bereiten allerdings verwilderte Haustiere wie Hunde und Katzen oder herumstreunende Ziegen.

Eine Pyramide am Mittelpunkt der Insel?

Ein markanter Punkt inmitten des Valle Nuevo bildet angeblich den Nabel der Insel. Es soll der exakte Mittelpunkt der Dominikanischen Republik sein, aber das ist wohl eher der Pico Duarte. Trujillo hat hier eine Pyramide erbauen lassen, die aus vier Teilen besteht und deren Achsen genau den Blick in Ost-West- und in Nord-Süd-Richtung frei geben. Es ist ein beliebter Ausflugspunkt der Dominikaner. Anderen Quellen zufolge wurde die Pyramide aber bereits 1929 von den Amerikanern während ihrer Besatzungszeit als ein wichtiger Messpunkt errichtet. Möglicherweise war diese Stelle bereits lange zuvor ein kultureller Treffpunkt der Urbevölkerung.

Nach einer kurzen Wanderung gelangt man zum Gipfel des Alto de Bandera (2.872 m), dem vierthöchsten Berg der Antillen. Bei klarer Sicht hat man von hier aus einen schönen Blick hinüber zum Pico Duarte, dem höchsten Berg der Karibik, sowie auf die gesamte Bergwelt der Cordillera Central. Weitere hohe Berge der Umgebung, alle mit einer Höhe von über 2.400 m, sind Monte Tina, La Chorreosa, El Pichón, Piedra de Manuel, Alto de la Primera Cañada und Tetero Mejía.

Das Valle Nuevo hat eine herausragende Bedeutung für den Wasserhaushalt eines großen Einzugsgebietes. In

Der Morgennebel liegt wie ein Milchsee in den Niederungen

Der endemische Wacholder „Sabina" ist heute strikt geschützt

den unzähligen Seitentälern und schroffen Schluchten entspringen aus mindestens 470 Quellen viele wichtige Flüsse, die in alle vier Himmelsrichtungen fließen. Neben zwei der vier bedeutendsten Flüsse des Landes, dem Río Nizao und dem Río Yuna, entspringen hier u. a. auch der Río La Cueva und der Río Grande (beides Zuflüsse des Río Yaque del Sur) sowie die Flüsse Río Ocoa, Río Banilejo, Río El Canal, Río Tireo und Río Blanco. Insgesamt 17 Flüsse und Bäche liefern Wasser für die sechs großen Tal-

sperren Sabana Yegua, Valdesia, Hatillo, Valle del Yuna, Higuey und Aguacate, die der Stromgewinnung und der Trinkwasserversorgung für einen beträchtlichen Teil der Bevölkerung dienen. Sie besitzen auch eine enorme landwirtschaftliche Bedeutung aufgrund der Wassereinspeisung in die Bewässerungskanäle der Felder. Zusammen mit den beiden kleineren Nationalparks Nalga de Maco im Westen und Loma La Humeadora im Osten liefern sie etwa 90 % des gesamten Trinkwasserbedarfs! Der Río Tireo und der Río Blanco sind zudem die wichtigsten Wasserlieferanten zur Stromerzeugung für das zentrale Cibao. Der Río Nizao speist neben vier Talsperren zur Stromgewinnung auch noch ein etwa 100 km langes Kanalnetz, das Wasser in die Senken von Bani und Nizao zur Bewässerung der dortigen Felder führt. 85 % des gesamten Wasserverbrauches werden für die Landwirtschaft eingesetzt. Das ist nicht ganz unproblematisch, weil der Wasserhaushalt ordentlich durcheinandergewirbelt wird und zudem der Rückfluss von Grundwasser aus den Feldern die Flüsse und später das Meer mit Bioziden und Düngerrückständen belastet.

Parque Nacional Eugenio de Jesus Marcano (Loma La Humeadora)

Das Nebelwaldgebiet Loma la Humeadora wurde jüngst zu Ehren von Eugenio de Jesús Marcano Fondeur auf dessen Namen umbenannt. Eugenio Marcano war einer der bedeutendsten Wegbereiter für den heutigen Naturschutz. Jahrzehntelang erforschte er bis zu seinem

Tod 2003 unermüdlich Fauna und Flora des Landes. Er war u. a. Entomologe (Insektenkundler), Malakologe (Molluskenkundler), Geologe, Paläontologe, Ökologe und Botaniker in einer Person. Er war einer der treibenden Kräfte in der Naturschutzbewegung und bildete an den Universitäten in Santiago de los Caballeros und in Santo Domingo viele Studenten aus, die heute wichtige Positionen innehaben und sein geistiges Erbe umsetzen und weitergeben. Eugenio de Js. Marcano war u. a. im 1976 neu eröffneten Botanischen Garten in Santo Domingo als erster wissenschaftlicher Beirat tätig. 31 Pflanzen und Tiere tragen seinen Namen, darunter eine Orchidee (*Lepanthes marcanoi*), ein Kaktus (*Pereskia marcanoi*), zwei Echsenarten (*Anolis marcanoi* und *Celestus marcanoi*), ein Insekt (*Diabrotica marcanoi*) und diverse Fossilien (z. B. das ausgestorbene Säugetier *Antillogale marcanoi* oder die fossile Schnecke *Cymia marcanoi*). *Anolis marcanoi* kommt übrigens in einem eng begrenzten Verbreitungsgebiet, nicht weit von hier entfernt, ausschließlich im Tal von San José de Ocoa vor (s. S. 339).

Dieser Nationalpark schließt sich südlich an das Reservat Valle Nuevo an und liegt in der Provinz San Cristóbal am südöstlichsten Zipfel der Cordillera Central. Er wurde 1996 gegründet und erstreckt sich über eine Fläche von 420 km². Anlass war in erster Linie die Sicherung der Wasserressourcen für die Städte Santo Domingo, Haina, Villa Altagracia und San Cristóbal. Hier entspringen mit den Flüssen Río Nigua, Río Isa, Río Maná und Río Haina gleich mehrere der wichtigsten Wasserlieferanten

für die am dichtesten bevölkerte Region des Landes.

Man erreicht den Park von San Cristóbal aus über die Bergstraße zwischen San José de Ocoa und Valle Nuevo, muss diese aber schon nach ein paar Kilometern in Höhe des Örtchens Rancho Arriba gegen eine noch schlechtere Straße in Richtung Osten eintauschen.

Das Nationalparkgebiet wurde in der Vergangenheit zwar stark genutzt, und viele Flächen entsprechen garantiert nicht mehr ihrem natürlichen Zustand,

Das Bittergras ist ein endemischer Florenbestandteil des Valle Nuevo

aber auf den zweiten Blick bietet es doch einige Überraschungen. Das Gelände, das zwischen etwa 800 m und dem Gipfel der 1.315 m hohen Loma la Humeadora gelegen ist, wurde botanisch nie richtig erforscht. Weder so berühmte Botaniker wie Erik Ekman, Henry Alain Liogier noch Eugenio Marcano drangen jemals bis hierher vor. Es war Wissenschaftlern des Botanischen Gartens von Santo Domingo im Jahr 1998 vorbehalten, die erste Flora der Loma la Humeadora, des „Dampfenden Berges", zu veröffentlichen. Der Name stammt von den permanent aufsteigenden Wolken am Gipfel.

Die Wettersituation entspricht etwa der des Reservates Ebano Verde (s. S. 317), d. h., der Park an der Ostflanke der Cordillera Central ist dem Einfluss des Passatwindes ebenfalls voll ausgesetzt. Dieser Nordostwind kann ungehindert durch das breite Tal, das sich von Santiago de los Caballeros über Bonao bis nach San Cristóbal erstreckt, weit nach Süden vordringen, mit den üblichen, hohen Niederschlägen im Gefolge. Die Temperaturen sind gemäßigt bis warm. Die Minima wurden zwischen 13 und 16 °C ermittelt, die Maxima liegen zwischen 18 und 22 °C, je nach Jahreszeit und topographischer Lage. Der meiste Regen fällt in den Monaten Mai bis Oktober, und die Niederschläge bewegen sich im Jahresmittel je nach Höhenlage zwischen 2.300 und 3.000 mm. Die relative Luftfeuchtigkeit im Gipfelbereich, der seinem Namen entsprechend die meiste Zeit des Jahres in Wolken gehüllt ist, schwankt zwischen 86 und 100 %. Es besteht also seitens der Klimadaten eine ziemlich große Ähnlichkeit

mit dem Naturreservat Ébano Verde. Kein Wunder, dass es auch sonst große Ähnlichkeiten gibt. Das schmälert den Wert des Nationalparks Eugenio de Jesús Marcano aber keinesfalls, denn diese Form der Vegetation ist außerordentlich selten.

Man kann fünf verschiedene Vegetationszonen unterscheiden, angefangen von diversen Sukzessionsflächen auf altem Kulturland über Farndickichte (Calimetes) ehemaliger Kahlschlaggebiete (s. S. 314) bis hin zu den interessanten Regen- und Nebelwaldtypen. Neben vielen Sekundärwäldern an den Hängen, Zeugen von Sünden der Vergangenheit, trifft man in der Gipfelregion einen noch ziemlich intakten Nebelwald mit vielen seltenen Laubholzarten an.

Bei den Kartierungen wurden 459 Pflanzenarten nachgewiesen, davon gehören 388 höheren Pflanzenarten an, und 71 Vertreter zählen zu den Farnen. Bei sechs Arten handelt es sich um endemische Formen, die nur auf der Loma La Humeadora oder in unmittelbarer Nähe vorkommen, weitere 77 Arten sind endemisch für Hispaniola. Die Flora ist fast ausnahmslos auch ursprünglich hier heimisch, nur zehn Arten sind Neophyten, von denen vier mittlerweile ökologisch integriert sind.

Interessant ist die Analyse der Arten nach Wuchsformen: Es wurden 99 Bäume ermittelt, 89 Sträucher, 87 Epiphyten und 56 Schlingpflanzen, des Weiteren 127 krautartige Pflanzen und ein Parasit. Auffällig ist dabei der hohe Anteil an Schlingpflanzen und Epiphyten, darunter 59 Orchideen- und 13 Bromelienarten – ein untrügliches Zeichen für einen unberührten Urwald. Insbesondere in den Nebelwäldern der Gipfelregion sind die Gehölze mit Moosen, Orchideen und Bromelien förmlich tapeziert, und es kommen mehrere Arten Baumfarne vor.

Im Nationalpark Eugenio de Jesús Marcano wurde auch der zweite Standort des endemischen Amaryllisgewächses *Zephyranthes ciceroana* entdeckt, das zu Ehren des Botanikers Julio Cicero benannt ist, einem Weggefährten Marcanos aus der nahe gelegenen Stadt San Cristóbal. Bisher glaubte man, diese Art sei ausschließlich auf die etwa 10 km entfernte Loma Mariana Chica bei Villa Altagracia begrenzt, wo sie von Pater Julio Cicero 1994 erstmals entdeckt wur-

de (Julio Cicero ist ebenfalls ein Nationalpark gewidmet, s. S. 425). Aber neben dieser Überraschung wurden an der Loma La Humeadora auch Pflanzenarten gefunden, die man bisher nur aus der Reserva Científica Ébano Verde kannte und die ebenfalls für Aufsehen sorgten. Allerdings ist hier eine andere Magnolie, nämlich *Magnolia domingensis*, anzutreffen. So gesehen ergänzen sich die beiden Naturschutzgebiete in idealer Weise. Sie werden heute zusammen mit dem folgenden Naturschutzgebiet als Genbank für eine große Zahl von nur hier vorkommenden Pflanzenarten angesehen.

Wegen der Abgeschiedenheit des Geländes ist über die Fauna leider noch so gut wie nichts bekannt.

Die Cordillera Central birgt bestimmt noch die eine oder andere biologische Überraschung

Reserva Científica Erik Leonard Ekman (Loma de la Barbacoa)

Die Verdienste des außerordentlich fleißigen Botanikers und Gründers des ersten Herbariums des Landes aus Schweden wurden ja schon an anderer Stelle gewürdigt (s. S. 245 und 295). Dieses Naturschutzgebiet, das sich durch eine eminente botanische Artenvielfalt auszeichnet, hätte deshalb keinen geeigneteren Namensgeber als Erik Leonard Ekman finden können. Das 1996 neu gegründete Reservat von 12 km² Größe, umgeben von einer 10 km² großen Pufferzone, erstreckt sich rund um die 1.775 m hohe Loma de la Barbacoa und ist ziemlich unzugänglich. Es liegt am Südfall des östlichsten Zipfels der Cordillera Central, unmittelbar umgeben von den Talsperren Valdesina im Südosten und Aquacate und Jigüey im Norden, westlich der Stadt San Cristobal.

Dieser noch bis vor kurzem völlig unerforschte Bereich lieferte eine Vielfalt an botanischen Überraschungen. Eine davon ist das Vorkommen einer weiteren von insgesamt fünf auf Hispaniola vorkommenden Magnolienarten, *Magnolia domingensis.* Sie bildet im Nebelwald der Höhenlagen ausgedehnte Bestände und scheint lokalendemisch auf dieses und das vorige Reservat begrenzt zu sein. Eine weitere botanische Neuentdeckung ist das Nachtschattengewächs *Cestrum milciomejiae,* das dem Leiter des Botanischen Gartens in Santo Domingo, Milcíades Meija, gewidmet ist, weil unter dessen Leitung die Erforschung dieses Gebietes durchgeführt wurde. Typische Leitarten des Nebelwaldes sind außerdem die Bergpalme,

Unzugängliche Gebirgsmassive stehen heute zur Wassergewinnung unter Schutz

Schefflera tremula oder *Dendropanax arboreus*. Viele anderweitig vom Aussterben bedrohte Pflanzenarten haben hier ebenfalls noch eine gesicherte Existenz.

Zoologisch ist das Gebiet Niemandsland, aber Biologen rechnen auch hier mit der Neuentdeckung endemischer Arten, wenn die Bearbeitung erst einmal in Angriff genommen werden kann.

Das Reservat ist auch aus wasserwirtschaftlicher Sicht schützenswert. Hier entspringen infolge der hohen Niederschläge Hunderte von Quellen, die vor allem die Flüsse Río Nizao und Río Bani speisen.

Die Höhenzüge zwischen den Naturschutzgebieten Ébano Verde und der Reserva Científica Erik Leonard Ekman müssen als zusammenhängendes Ökosystem betrachtet werden, die unter besonderen klimatischen Bedingungen stehen. Sie verlaufen entlang dem Ostabfall der Cordillera Central, der auf seiner gesamten Länge vom Nordostpassat beeinflusst wird. Er kann durch eine geologische Depression, das Bonao-Tal, durch das bekanntlich die Autobahn von Santo Domingo nach Santiago führt, ungehindert in Nord-Süd-Richtung wehen. Dieses Teilgebiet beherbergt in seinen einzigartigen Nebelwäldern 1.100 höhere Pflanzenarten, von denen 38 nur hier vorkommen und weitere 241 endemisch für die Dominikanische Republik sind. Daneben kennt man von hier bisher um die 200 Vertreter von Sporenpflanzen, darunter eine beachtliche Anzahl verschiedener Baumfarne. Es stellt eine wichtige Genbank für eine ungewöhnliche Flora dar.

Von San José de Ocoa in die Tiefebene von Azua

Von San Jose de Ocoa aus geht es wieder talwärts in die Senke von Azua. Auf dem Weg dorthin breiten sich an den Hängen ausgedehnte Kaffee-Plantagen aus, kleben kleinparzellierte Felder an den Bergflanken oder öffnen sich schroffe Schluchten, in denen noch Reste von üppigen Regenwäldern wachsen. Gelegentlich laden klare Gebirgsbächen zu einem erfrischenden Bad ein. Dieses scharf eingeschnittene Tal flankiert den südlichen Ausläufer der Cordillera Central auf seiner westlichen Seite. Das Klima wird beinahe mit jedem Meter tal-

Die Südflanke der Cordillera Central ist landwirtschaftlich stark übernutzt

Tabakanbau speziell für Zigaretten im Süden des Landes in der Ebene von Azua

wärts trockener. Das Bergmassiv El Número erhält z. B. nur noch 500 mm Niederschlag pro Jahr. Die südliche Verlängerung des Tales von San José de Ocoa stellt eine Wasser- und Klimascheide zwischen Ost und West dar, die einem auf dem Weg von Bani nach Azua deutlich ins Auge fällt. Östlich davon herrscht noch durch den Einfluss der Passatwinde feuchtes Klima, die Felder sind grün und üppig bewachsen, westlich davon wandelt sich das Bild fast abrupt in eine aride Landschaft mit staubigen Kleinstrauchsteppen und Kakteenhalbwüsten. Hier befindet man sich im absoluten Regenschatten der Cordillera Central mit ihren trockenen Fallwinden. Diese doch sehr spezielle Situation hat auch zoologische Konsequenzen, denn sie hat u. a. zur Entstehung einer lokalendemischen Anolisart geführt, nämlich *A. marcanoi*, die mit *A. christophei*, einer typischen Art der Cordillera Central, verwandt ist. *Anolis marcanoi* ist nur aus dem Tal von San José de Ocoa bekannt (Weiteres zu dieser Region s. S. 428).

Sierra de Yamasá

In der nordöstlichen Verlängerung der Cordillera Central erstreckt sich ein kleinerer Gebirgszug, dessen Name in vielen Landkarten schlicht unterschlagen wird. Er verbindet praktisch die Cordillera Central mit der Cordillera Oriental. Es ist ein Bergland von mittlerer Höhe, dessen höchsten Erhebungen die Loma Mariana Chica mit 802 m und die Siete Cabezas mit 856 m sind. Die Sierra Yamasá wird nach Westen vom Bonao-Tal, der Trasse der Autobahn von Santo Domingo nach Santiago de los Caballeros (s. S. 341), begrenzt, setzt sich im Osten in der Cordillera Oriental fort, im Norden fällt sie in die Vega Real ab, und im Süden grenzt sie an die Llano Costero Suroriental, die große südöstliche Tiefebene. Das Gebiet wird landwirtschaftlich stark genutzt. Neben ausgedehnten Weiden findet man vor allem an den niederschlagsreichen Nordhängen Kakaoanbau, an den Südhängen in sonnigen Lagen ausgedehnte Felder, beispielsweise mit Reis oder mit Ananas bestellt. Zur Erntezeit weht einem schon von weitem das Ananasaroma entgegen und lässt das Wasser im Mund zusammenlaufen.

Nur wenige Reste des Gebietes befinden sich noch im natürlichen Zustand, die Vegetation bildet dann typische immergrüne tropische Regenwälder.

Die Sierra de Yamasá ist wirtschaftlich auch in einer anderen Hinsicht von großer Bedeutung, gibt es doch östlich von Bonao eine ergiebige Lagerstätte von Nickelerzen, und in der Nähe von Cotui wurden bis in die jüngste Vergangenheit Gold und Silber gewonnen. Zwar kann man noch in vielen Teilen der Insel Gold finden, aber die Vorkommen sind ausgebeutet und Funde meist äußerst gering. Viel Gold wurde früher auch in den Flüssen der Cordillera Central gefunden, und es kann auch heute noch wie zu alten Zeiten gewaschen werden, allerdings sind die dürftigen Ausbeuten dann eher von symbolischem Wert. Weitere bekannte Bodenschätze wie Eisen, Kupfer, Magnetit oder Hämatit werden derzeit noch nicht abgebaut. Die Gesteine der Sierra de Yamasá entsprechen in ihrem Alter und in ihrer Zusammensetzung zwar etwa den Gesteinen der Cordillera Central und gehen bis in die Entstehung der Insel während der Kreidezeit zurück, aber sind offensichtlich nicht gemeinsam entstanden. Sie sind auch infolge der hohen Niederschläge, verbunden mit den hohen Temperaturen, weit stärker verwittert als die der Zentralkordillere. Möglicherweise ist das Bonao-Tal die Nahtstelle einer uralten Kollisionszone zwischen einem westlichen und einem östlichen Baustein der Insel vor sehr langer Zeit. Große Nickelerzvorkommen sprechen immer für tiefgreifende geotektonische Prozesse bei der Verschmelzung von Plattenteilen.

Corredor Ecológico Autopista Duarte

Die schon erwähnte Autobahn von Santo Domingo nach Santiago de los Caballeros bildet auch einen bedeutenden „ökologischen Korridor", den Corredor Ecológico Autopista Duarte, und ist die einzige quer durch das Land gehende Nord-Süd-Verbindung ohne nennenswerte Höhenunterschiede. Durch diesen Korridor streicht permanent der Passatwind und bringt den Hängen entlang der Cordillera Central die großen Regenmengen. Die Talsohlen sind landwirtschaftlich stark genutzt, hier befinden sich z. B. ausgedehnte Orangenplantagen.

Ein unschmelzbarer Schneemann

Cordillera Oriental, Sierra del Seibo und Corredor Ecológico La Via El Seibo – Miches

Die sich zwischen den Städten Cotui und Higuey in West-Ost-Richtung erstreckende Gebirgskette liegt deutlich unter 800 m. Eine der höchsten Erhebungen ist die Loma Vieja mit 736 m. Der etwa 80 km lange, östlichste Höhenzug der Insel ist ebenfalls überwiegend während der Kreidezeit entstanden. Er setzt zwar optisch die Cordillera Central fort, ist aber wie die Sierra de Yamasá anderen Ursprungs, denn die Gesteine unterscheiden sich deutlich von denen der Zentralkordillere. Verfolgt man die zentralen Gebirgszüge von Hispaniola allerdings auch unter der Meeresoberfläche weiter, so entdeckt man einen Zusammenhang mit dem lang gestreckten Gebirgssystem, das von Nicaragua ausgeht und sich bis nach Haiti fortsetzt. Es ist von tiefen Grabensystemen flankiert, die die karibische Platte durchschneiden und die für ein großes Driftpotential in dieser Region sprechen.

Nördlich grenzt die Cordillera Oriental an die schmale Küstenebene der Bucht von Samaná und die Karsthügel des Nationalparks Los Haitises, im Osten reicht sie bis zum Kap Engaño, im Süden grenzt sie an ausgedehnte Tiefebenen des späten Tertiärs, und im Westen setzt sie sich parallel zum Nationalpark Los Haitises bis nach Cotui fort. Die Zusammensetzung des Gesteins ist sehr vielgestaltig und besteht aus Vulkan- und Tiefengesteinen, aber ebenso aus Kalksedimenten und metamorphen Schiefern. Im Zentrum des Höhenzuges befindet sich eine von mehreren Goldminen der Gegend. Es existieren zwar auch noch weitere Bodenschätze wie Silber, Kupfer, Zink und Blei, die – sofern es wirtschaftlich war –, abgebaut wurden, aber derzeit wird vor allem im Westen kommerziell Bernstein gewonnen. Die Kalkgebiete der Südhänge beherbergen bekannte Höhlen wie Doña Ana in der Nähe von Hato Mayor, La Cueva de la Chiva und La Cueva la Hondonada bei El Seibo oder Las Cuevas del Peñon nahe Higuey mit Felsmalereien. Beliebte Ausflugsziele

Die Südhänge der Cordillera Oriental wurden zugunsten der Landwirtschaft abgeholzt

sind auch die Wasserfälle La Cascada Blanca an der Quelle des Río Seibo und die Wasserfälle Salto el Cocujo und La Cascada de la Higuera sowie die Naturschwimmbäder Balneario de la Río Seibo und Balneario de la Río Soco, allesamt in der Provinz El Seibo gelegen. In der regenreichen Gebirgskette entspringen viele Flüsse, die sowohl nach Norden als auch nach Süden entwässern. Der Kamm der Sierra del Seibo, wie die östlichen Teile der Cordillera Oriental oft genannt werden, bildet dabei die Wasserscheide. Wichtige Flüsse, die die südliche Tiefebene mitsamt ihren bedeutenden landwirtschaftlichen Flächen mit Wasser versorgen, sind allen voran der Río Soco, aber auch Río Iguamo, Río Chavón, Río Yuma, Río Cumayasa oder Río Dulce. Das Klima ist infolge der Passatwinde tropisch-feucht. Die Hänge sind mit regengrünem oder immergrünem Regenwald bewachsen, sofern sie nicht für die Anlage von Kakaokulturen, Kaffeeplantagen, Obstanbau – insbesondere Zitrusfrüchte –, Viehweiden und für Äcker mit Reis, Feldfrüchten oder Zuckerrohr abgeholzt wurden. Speziell die Sierra de El Seibo und die Südhänge der Cordillera Oriental sind landwirtschaftlich stark übernutzt. Die Restbestände intakter Regenwälder stehen heute zum Glück

Der Rio Seibo mündet nach langem Lauf im Süden ins Karibische Meer

Winden steuern zur reichhaltigen Flora einen erheblichen Anteil bei

unter Naturschutz. Bei der Durchquerung des Gebirgszuges über die wildromantische Panoramastraße, dem **Corredor Ecológico Carretera El Seibo – Miches,**

Baumfarne sind in der Cordillera
Oriental besonders häufig

Winden sind dank ihrer Kletterkünste
schon von Weitem zu erkennen

fallen einem stellenweise ganze Wälder
aus Baumfarnen auf. Sie sind ein
untrügliches Zeichen für den Versuch
der Natur, verlorengegangenes Terrain
wieder zurückzuerobern, denn der
Baumfarn ist hier eine wichtige Pionierpflanze. Die einzelnen Arten bestimmen
zu wollen ist nur etwas für erfahrene
Spezialisten. In der Dominikanischen
Republik gibt es insgesamt mindestens
20 Baumfarnarten mit recht unterschiedlicher Verbreitung. Die folgende
Artenliste gibt hierüber einen kleinen
Überblick: Zu den Baumfarnen zählen

Cnemidaria horrida, *Lophosoria quadripinnata* und aus der Gattung *Cyathea* die Arten *C. abbottii*, *C. andina*, *C. arborea*, *C. armata*, *C. aspera*, *C. balanocarpa*, *C. brooksii*, *C. crassa*, *C. fulgens*, *C. furfuracea*, *C. harrisii*, *C. insignis*, *C. microdonta*, *C. minor*, *C. parvula*, *C. pungens*, *C. tenera* und *C.* (in älteren Listen noch *Alsophila*) *urbanii*. Die Vielzahl von Arten einer Gattung auf engem Raum ist immer ein untrügliches Zeichen für rasante Artbildungsprozesse, die im Falle der Gattung *Cyathea* in der Dominikanischen Republik derzeit offensichtlich in vollem Gange sind.

Der Rindenanolis *Anolis distichus* markiert weithin sichtbar sein Revier

Ein Blick über die Bucht von Samaná

Parque Nacional Los Haitises

Im Südwesten der Bucht von Samaná gelegen befindet sich in der Bucht Bahía de San Lorenzo ein weiterer Nationalpark von herausragender Bedeutung im wörtlichen wie im übertragenen Sinne: Los Haitises, was im Sprachgebrauch der Ureinwohner soviel wie „die Berge" oder „die Hügel" bedeutete. Es ist ein etwa 80 km langer Landstrich, der sich in abgeschwächter Form bis weit in die Vega Real hineinzieht und einzigartig in der Dominikanischen Republik ist. Er gehört zwar optisch zur Cordillera Oriental, nicht aber geologisch. Es handelt sich mit 1.375 km² vielmehr um das größte Karstgebiet der Insel, vielleicht sogar der gesamten Antillen. Es ähnelt dem der Sierra de Bahoruco, allerdings in völlig anderer Ausprägung. Entstanden ist

Kleine Idylle bei „Familie Sturmseeschwalbe"

es, als sich die Halbinsel Samaná von Norden her ihrer heutige Position genähert hat und die Schubkräfte ein im Wege stehendes Riffplateau aus der Bucht von Samaná kurzerhand auf der Nordseite der Cordillera Oriental den Hang hoch gedrückt haben.

Es ist aber kein Dolinenkarst wie in der Sierra de Bahoruco (s. S. 361), sondern ein Kegelkarst. Ursächlich für das ungewöhnliche Landschaftsbild ist das wesentlich tropisch-feuchtere Klima. Verkarstung setzt immer sehr reinen Kalk voraus. Anders als in der Sierra de Bahoruco, wo im Windschatten der Hauptkordillere die Niederschläge verhältnismäßig moderat ausfallen und das Klima entsprechend trockener ist, befindet sich Los Haitises in einem der regenreichsten Landstriche der Insel, und das Klima ist entsprechend dampfend tropisch. Weite Teile im Westen des Nationalparks, an den Ausläufern der Vega Real, sind daher an der Einmündung des wasserreichen Río Yuna heute mit undurchdringlichen Mangrovenwäldern bedeckt (s. S. 275). Die eigentliche Attraktion für Touristen jedoch sind die zuckerhutartigen Korallenkalkhügel weiter im Osten, Mogotes genannt, eine Landschaft, die aus dem Flugzeug aussieht wie Eierkartons.

Bei der Entstehung dieser Mogotes griffen verschiedene, selten zusammentreffende Umstände ineinander. Geht man von der Ausgangssituation, einer etwa 500 m dicken und weitläufigen Bank aus reinstem Korallenkalk im Miozän aus, begann die Erosion bereits im Hebungsprozess mit der Bildung von Entwässerungsrinnen knapp über dem Meeresspiegel im ausgehenden Tertiär. Fortdauernde Hebungen bis in die heutige Zeit und steigende Niederschlagsmengen führten schnell zur Bildung von Versickerungskanälen. Das heiße Klima sorgte dafür, dass sich im angewärmten und mineralstoffarmen Regenwasser auf dem Weg durch das Gestein große Mengen Kalk lösten. Es fand eine rasante unterirdische Verwitterung statt. Erstaunlicherweise löst sich dabei hochreiner Kalk viel schneller als mit Verunreinigungen durchsetzter, was Tonbodenbildung zur Folge hätte. Weichere Partien wurden schneller aufgelöst als kompakte Sedimente. Es kam rasch zur Verkarstung des Untergrundes, in dessen Hohlräumen sich viel Wasser ansammelte. Weil sich das Ganze aber nahe dem Meer abspielte, stockten die Wassermassen auf dem Weg nach unten knapp über dem Meeresspiegel. Süßwasser ist leichter als Meerwasser und schwimmt quasi oben auf. Es musste sich den weiteren Weg daher horizontal durch das Gestein bahnen. Die so entstandenen mächtigen, unterirdischen Flüsse lösten dabei derartig viel Kalk, dass immer größere Hohlräume entstanden, einbrachen und die Landschaft zunehmend kuppiger wurde. Die anfänglich kleinen Wasserläufe der Oberfläche schnitten sich dadurch immer tiefer ein, wurden breiter, führten mehr Wasser und beschleunigten den Auswaschungsprozess zusehends. Kalkbrocken, die an den schroffen Flanken in die Flüsse herunterpurzelten, wurden schnell aufgelöst, sodass sich kein nennenswerter

Bizarre Pilze und Algen an einer Baumrinde des immerfeuchten Regenwaldes

Der Mangrovenbereich von Los Haitises ist nur ein Teil des Nationalparks

Diese umgefallene Mangrove lebt nach dem Motto: „Ein Baum gibt niemals auf"

Hangschutt bilden konnte. Zurück blieb eine Landschaft aus unzähligen, steilen Kalkkuppen, die von jeder Menge Höhlungen durchzogen sind. Fachleute nennen diese seltene Landschaftsform Kegelkarst. Sie kann sich nur in tropischen Regionen bilden und findet sich in der Karibik auch nur noch vereinzelt auf einigen Nachbarinseln in ähnlicher Perfektion wieder, etwa auf Jamaika in den Cockpit-Mountains oder auf Kuba. Bei geringeren Niederschlagsmengen ist die Auswaschung lange nicht so aggressiv, und es bilden sich die moderaten Dolinenkarstlandschaften, so wie in der Sierra de Bahoruco.

Fauna und Flora standen im Gebiet von Los Haitises vor schwierigen Aufgaben. Das Gelände wurde zusehends zerschnitten, und die einzelnen Populationen wurden frühzeitig, vermutlich schon am Ende des Pliozäns, voneinander isoliert. Im Falle des urtümlichen, tertiären Schlitzrüsslers bildeten sich schnell viele Kleinstpopulationen, die bis heute in den Kuppen des Nationalparks überleben konnten, weil sich dorthin weder Konkurrenten noch Räuber verirrten. Deshalb existieren hier vermutlich noch die größten Bestände des sonst extrem gefährdeten Kleinsäugers. Aber auch die Flora war gezwungen, eigene Wege zu beschreiten und sich den immer wieder neuen Gegebenheiten anzupassen. So ist es nur allzu logisch, dass auch Los Haitises über eine immense Zahl endemischer Pflanzenarten verfügt. Und auch Folgendes erklärt das hohe Interesse der Touristen an diesem Nationalpark: Die Höhlen waren schon lange vor der Entdeckung durch Kolumbus von Tainos bewohnt, die viele interessante und geheimnisvolle Felszeichnungen und so manchen Gebrauchsgegenstand hinterließen.

Wie man hinkommt

Der Park liegt im äußersten Nordwesten der Insel auf der Südseite der Bucht von Samaná in der Gemeinde Sabana de la Mar. Man erreicht ihn von mehreren Seiten: Von Sanchez, von Santa Bárbara de Samaná und von Sabana de la Mar aus. Sanchez und Santa Bárbara de Samaná befinden sich auf der gegenüberliegenden Seite der Bucht, auf der Halbinsel Samaná, von dort kommt man nur via Boot zum Park. Beide Orte sind über die nördliche Küstenstraße von Puerto Plata über Nagua aus zu erreichen. Sabana de la Mar dagegen erreicht man von Santo Domingo aus am besten über San Pedro de Marcorís und Hato Mayor. Hato Mayor soll nach neueren Vorstellungen für den Tourismus stärker ausgebaut werden. Von Punta Cana geht es auf einigermaßen gut befahrbaren Straßen am schnellsten über Higuey und El Seíbo durch die Cordillera Oriental und weiter über Miches. Die letzte Möglichkeit gibt es ab Samaná durch die Bucht mit der Personenfähre (keine Autos!) nach Sabana de la Mar. Die Parkverwaltung schätzt, dass die Besucherzahlen in naher Zukunft auf etwa 30.000 Personen im Jahr ansteigen werden. Man sollte grundsätzlich den Vortag als Anreisetag wählen und in einer der genannten Städte übernachten, bevorzugt in Samaná oder Sabana de la Mar. Im letztgenannten Ort liegt ganz nahe am Hafen auch die „Aula de la Naturaleza", das ist das Besucherzentrum der Nationalparkverwaltung mit einem kleinen Museum, das für nähere Informationen, Formalitäten und Planungen geeignet ist. Von Sabana de la Mar erreicht man den Parkeingang via Caño Hondo und Muelle del Bambú in etwa 20 Minuten per Motorradtaxi oder dem eigenen Wagen.

Die Touren durch den Park, egal von welchem Ausgangsort ausgehend, sind immer nur auf dem Wasserweg möglich und nicht gerade billig, aber lohnenswert. Man sollte sich vorher vergewissern, ob die Bootsführer durch die Verwaltung autorisiert sind, den Nationalpark zu befahren. Offizielle Büros sind in aller Regel dazu autorisiert, viele „Tou-

Die Kuppen der Mogotes in der Bucht von Samaná sind üppig bewachsen

Mehrere Tropfsteinhöhlen im Nationalpark Los Haitises sind zu besichtigen

Die Höhlen haben oft mehrere Durchbrüche nach draußen

ristenfänger", die einen auf der Straße ansprechen, dagegen nicht. Regenschutz ist dringend zu empfehlen, denn auch wenn es nicht regnet, ist es fast immer windig, und man wird durch hochgepeitschtes Meerwasser ordentlich nass. Insbesondere Kameras und anderes empfindliches Gerät könnten nach der Tour durch Salzwasser ruiniert sein, also auch dafür wasserfesten Schutz mitnehmen! Und achten Sie immer darauf, dass das Boot mit Schwimmwesten und Reservepaddeln ausgerüstet ist, denn die Außenbordmotoren sind nicht immer optimal gewartet.

Daten und Fakten

Erste Schutzbemühungen wurden 1968 eingeleitet. Auf entsprechenden Flächen der Kommunen Monte Plata, Villa Riva, Bayaguana und Sabána de la Mar wur-

den sämtliche Eingriffe verboten, was nicht schwer fiel, da die Region wegen ihrer Unzugänglichkeit als komplett unbesiedelt galt. Allerdings lebten hier seit langem versteckt ehemals geflohene Sklaven aus den umliegenden Zuckerrohr-Plantagen, die seit 1970 zunehmend größere Eingriffe vornahmen und die Behörden im Juni 1976 zum Handeln zwangen. Die Gesamtfläche des im gleichen Atemzug gegründeten Nationalparks beträgt heute 1.375 km², davon entfallen auf den eigentlichen Kernbereich 740 km². Die restliche Fläche, vorwiegend der ausgedehnte Mangrovenwald an der Mündung des Río Yuna, hat, abgesehen vom Schutzgebiet Gran Estero (s. S. 275) teilweise einen etwas geringeren Schutzstatus, weil sich darin immer noch Siedlungen befinden. Auch heute noch liegen viele bewirtschaftete

Flächen innerhalb des Schutzbereiches, und die Probleme mit der armen Landbevölkerung werden nicht weniger. Der eigentliche Nationalpark Los Haitises ist eine Ansammlung von Bergkuppen, am Meer zwischen 30 und 50 m Höhe, weiter im Landesinneren auf 200–300 m ansteigend. Die höchste Erhebung erreicht mit der Loma La Deseada 469 m. Trotz der hohen Niederschläge von 1.900 bis deutlich über 2.000 mm existiert so gut wie kein Oberflächenwasser; Regen versickert augenblicklich im porösen Untergrund und speist viele kleine Karstquellen nahe dem Meer. Der Karstkörper von Los Haitises bildet das wichtigste und schier unerschöpfliche Süßwasserreservoir der gesamten östlichen Region und versorgt die Mehrzahl aller im Osten gelegenen Städte mit Trinkwasser. Dieser Karstkörper speist auch einige wichtige Fließgewässer. Die mittlere Jahrestemperatur liegt zwischen 24 und 26 °C, je nachdem, ob man sich eher an der Küste oder mehr geschützt im Inneren des Parks befindet.

Das Ökosystem

Es handelt sich um einen feuchten bis sehr feuchten, tropischen und immergrünen Küstenregenwald mit sehr geringer oder fehlender Humusauflage, regional an Steilhängen zur Küste hin auch um trockenere Übergangsbereiche mit einem regengrünen Feuchtwald. Das Öko-

Einer der vielen idyllischen Wasserwege im Nationalpark Los Haitises

Die Urbevölkerung hat in den Höhlen viele Piktogramme hinterlassen

system ist zwar fragil, aber einzigartig und eines der komplexesten der Insel. Es zählt zu den fünf wichtigsten Ökoregionen des Landes. Da es so gut wie keine Trockenperiode gibt, obwohl die Niederschlagsmengen natürlich jahreszeitlich schwanken, ist der Wald immergrün, mit einem ausgesprochenem Reichtum an Laubbäumen. Aufgrund des extremen Nährstoffmangels, des alkalischen Untergrundes und der Windexposition zur See hin sind die Bäume ungewöhnlich niedrig und selbst in geschützten Lagen längst nicht so hoch wie in einem üblichen Regenwald. Daher erhält der Boden überall genügend Licht für einen üppigen Unterwuchs. Die Bäume sind wegen der hohen Luftfeuchtigkeit stark mit Epiphyten bewachsen: Bromelien, Farnen und vor allem Orchideen in großer Artenvielfalt. Man munkelt sogar von einem der artenreichsten Orchideenstandorte der Welt, auch wenn die meisten Arten recht unscheinbar ausfallen. Am Boden gedeihen unzählige Farne, kleine Palmen, Pfeffergewächse und eine Menge Rank- und Schlingpflanzen. Wegen

dieser Lianen sind weite Gebiete fast unpassierbar. Die Flora zählt mit über 700 nachgewiesenen Spezies in einer einzigen Vegetationszone und mit vielen endemischen Arten zu einer der artenreichsten Pflanzengesellschaften der Insel, sogar der gesamten Karibik. Aufgrund der Unzugänglichkeit sind sie auch heute noch nicht vollständig erforscht und warten ganz sicher noch mit einer Reihe Überraschungen auf.

Landschaftsprägende Bäume sind u. a. Westindische Zeder, Kapokbaum, Mahagoni, Balsamapfel, Kokospalmen, Amerikanisches Moschusholz, *Oxandra laurifolia*, Mammiapfel und *Tetragastris balsamifera*.

Unter den Säugetieren befinden sich, wie schon erwähnt, Schlitzrüssler und Zagutis, und in den Höhlen gibt es viele Arten Fledermäuse. Die nahe Bucht bietet dem Manati ideale Lebensbedingungen.

Der Artenzahl der Vögel ist immens: 110 der etwa 290 Vogelarten der Insel leben hier auf engstem Raum. Dazu zählen Haitiamazone, Haitisittich, Kornweihe, Braunpelikan, Prachtfregattvogel, Rosenseeschwalbe oder Truthahngeier.

Von den Amphibien und Reptilien sind vor allem die Haiti-Schlankboa, jede Menge Frösche, Geckos sowie einige interessante Anolis hervorzuheben. In den Küstengewässern leben hier drei der insgesamt vier um Hispaniola vorkommenden Meeresschildkröten-Arten: Unechte Karettschildkröte, Suppenschildkröte und Lederschildkröte.

Ganz verschieden davon sind in den flachen Bereichen an der Mündung des Río Yuna und im Meer stehend die mit

98 km² ausgedehntesten Mangrovenwälder der Insel im direkten Anschluss an Los Haitises in der Reserva Biológica Idelisa Bonnelly de Calventi (Humedales de Bajo Yuna) (s. S. 275).

Kulturhistorisches

Die Mogotes sind von unzähligen großen und kleinen Höhlen geradezu perforiert, für Höhlenforscher (Spelaeologen) wahrlich ein Paradies, denn viele sind zugänglich und einige sogar für den Tourismus erschlossen (Taschenlampe und Blitz mitbringen!). Die bekannteste von allen, die Cueva de San Gabriel, wurde bis etwa 1975 von Fischern als Rast- und Ruhestätte genutzt. Der Name rührt von einem Tropfstein her, in dem die (überwiegend katholische) Bevölkerung den

Die üppige Vegetation zwischen den Karsthügeln von Los Haitises

Erzengel Gabriel zu erkennen glaubt. Andere touristisch erschlossene Höhlen sind Cueva de la Arena, Cueva de la Línea, Cueva Willi Simon und Cueva del Angel. Diese häufig wasserdurchflossenen Höhlensysteme waren in vorkolumbianischer Zeit von Tainos bewohnt, die neben einigen Kulturgegenständen jede Menge Piktogramme und Petroglyphen (= Höhlenmalereien bzw. Einritzungen in Fels) mit vielen verschiedenen Motiven hinterlassen haben, leider oft mit dilettantischen Schmierereien von „Möchtegernkünstlern" der Neuzeit verunstaltet. Es gibt sogar eine kleine Skulptur, die von Tainos an einen Höhleneingang in

Farne lieben die Feuchtigkeit im Halbdunkel des Regenwaldes

der Boca del Infierno in einen Tropfstein geschnitzt wurde. Die Höhlenbegehungen mit einigen hübschen Tropfsteinformationen sind wild romantisch, stets unterbrochen mit vielen Durch- und Ausblicken aufs Meer und in die Bucht von Samaná. Los Haitises ist nicht umsonst einer der beliebtesten und meistbesuchten Nationalparks der Insel. Für Botaniker gibt es noch einen kleinen Leckerbissen: In den Eingangsbereichen einiger Höhlensysteme wächst mit *Dorstenia* die einzige in der Dominikanischen Republik krautig wachsende Gattung aus der Maulbeerbaumfamilie (Moraceae). *Dorstenia peltata* mit ihren eigenwilligen Fruchtständen ist allerdings nur eine von insgesamt elf auf Hispaniola vorkommenden Arten.

Landgang

Es gibt auch die Möglichkeit, in Begleitung eines Rangers einen sehr aufgeweichten Trampelpfad in der weiter landeinwärts gelegenen Parkregion zu begehen. Dazu muss man von Sabana de la Mar aus mit Motoconchos oder dem Auto von der Rangerstation etwa 10 km ins Hinterland fahren, um eine äußerst üppige Flora kennen zu lernen. Der Fußpfad von etwa 6 km Länge liegt zwischen Caño Hondo und Caño Salado, und die Begehung dauert 1,5–2 Stunden. Dort sind die Kuppen bereits deutlich höher, und man schlängelt sich in den Talsohlen unter hohen Bäumen durch einen gespenstisch anmutenden Tieflandregenwald. Farne, Schlingpflanzen und bizarr blühende Stauden völlig unbekannter botanischer Zugehörigkeit begleiten einen auf Schritt und Tritt. Es ist frustrierend und begeisternd zugleich, dass man dieser Artenfülle hilflos ausgeliefert ist. Immer mal wieder huscht ein Vogel durch das Geäst, sitzt eine fette Spinne am Baumstamm, die sich vielleicht gerade im Visier eines gut getarnten Anolis befindet, die hier zwar allgegenwärtig, in aller Regel aber nur schwer zu entdecken sind.

Auch hier im Hinterland gibt es die Möglichkeit, durch endlose Mangrovenbestände mit einem Boot in den Park hinein zu schippern. Mit viel Glück kann man dann auch eine der massenhaft auf den Luftwurzeln nach Beute jagenden Mangrovenkrabben der Art *Armases roberti* fotografieren, denn Zutraulichkeit gehört nicht gerade zu deren Stärken. Kein Wunder, angesichts der auf den Wurzeln lauernden Grün- oder Blaureiher und Anverwandten, deren Leib- und Magenspeise nebst kleinen Fischen vor allem eben Mangrovenkrabben oder ebenfalls auf den Wurzeln herumturnende Landeinsiedlerkrebse *Coenobita clypeatus* zu sein scheinen. Selbst nachts sind sie vor dem vorwiegend in der Dunkelheit jagenden Krabbenreiher nicht sicher. Da kann man das hektische Fluchtverhalten gut verstehen.

Weitere Attraktionen in der Umgebung sind die Laguna Cristal, eine von Wald umgebene Lagune in der Nähe der Gemeinde Cristal, Caño Salado, Bahía de San Lorenzo (die Bucht mit dem Zugang zum Park Los Haitises), Cayo de Los Pájaros (hier hat man die Möglichkeit, Vögel zu beobachten), Caño Hondo und Punta Arena.

Es gibt aktuelle Überlegungen, ein Biosphärenreservat namens „Bahía de Samaná" zu gründen, um den gesamten Großraum im Westen um die Bucht von Samaná als Naturschutzzone auszuweisen. Damit würden viele wichtige Lebensräume der näheren Umgebung zu einer Einheit zusammengefasst, und mit gezielten Maßnahmen könnte dann auch eine Wiedervernetzung von momentan isoliert liegenden Gebieten in Angriff genommen werden. Das Reservat würde folgende Gebiete beinhalten: Den Parque Nacional Los Haitises, das Feuchtgebiet Manglares y Humedales del Bajo Yuna (Reserva Biológica Dra. Idelisa Bonnelly de Calventi), das Refugio de Fauna Silvestre de la Bahía de La Jina, die Reserva Científica Miguel Canela Lázaro (= Loma Guaconejo), das Refugio de Fauna La Gran Laguna und das Santuario Banco de la Plata y de la Navidad.

Die Umgebung von Miches und das Refugio de Fauna Silvestre Bahia de la Jina

Das etwa 53 km² große Refugio de Fauna Silvestre Bahia de la Jina liegt zwischen Sabana de la Mar und Miches an der Küste, eingegrenzt von den beiden Flussmündungen des Río La Piedra und des Río Catalina zwischen Punta Ratón und Punta La Matica. Die Bucht wird von einem Korallenriff und einigen Sandbänken im Westen und einer Landzunge im Osten optimal geschützt. Sie beherbergt neben einer artenreichen Küstenfauna einige Mangrovengebiete und Salzgraswiesen. Die ruhige und flache Lagune ernährt mit ihren Seegrasbeständen Seekühe und Meeresschildkröten ebenso wie unzählige Krebse, Seeigel, Seesterne

Der elegante Flug einer Sturmseeschwalbe

und Mollusken aller Art. Die beiden Sandbänke Cayo Bocaina und Cayo La Culebra sind üppig mit Mangroven bewachsen. Dieses Gebiet liegt im Grenzbereich zwischen der Bucht von Samaná und dem offenen Atlantik.

Die östlich der Stadt Miches gelegene Küste ist besonders attraktiv. Herrliche weite Palmenbuchten mit weißem Korallensand, z. B. die Playa Miches und die Playa Media Luna, die im weiteren Verlauf in den von Lagunen und Mangrovenhainen durchsetzten Nationalpark Laguna Redonda y Limón übergehen. Mit dem Meer sind sie durch den Río Cedro verbunden, in dessen Mündungsbereich noch einige Karibik- oder Nagel-Manatis leben. Ausflüge in den Nationalpark als Bootsfahrt, Wanderung, Ausritt und der Besuch eines privaten „Aussichtsbergs" können nahe der Playa Tor-

tuga, wo Wasserschildkröten ihre Eier ablegen, gebucht werden. Die geschützte Ebene von Miches zählt zu einem der ökologisch bedeutendsten und ökotouristisch reizvollsten Küstenabschnitte des Atlantiks.

Das Naturwissenschaftliche Reservat der Lagunen Redonda und Limón

Das ursprünglich 10 km² große Gebiet wurde 1983 als Naturreservat zum Zwecke der wissenschaftlichen Forschung erklärt, 1995 auf 43 km² erweitert und mit einer provisorischen Schutzzone von insgesamt 108 km² umgeben. Die Grenzen und der endgültige Schutzstatus sind aufgrund vieler offener Fragen – wie Siedlungen, Grundstücksverhältnisse, landwirtschaftliche Nutzungsrechte – und anderer Konflikte mit Erholungs-

und Tourismusaufgaben noch nicht endgültig festgelegt. Erst dann könnte das Gebiet in den geplanten Nationalpark umgewandelt werden. Die beiden Lagunen Redonda und Limón liegen in einer Entfernung von 17 bzw. 27 km östlich der Stadt Miches am Ausgang der Bucht von Samaná und sind bei trockenem Wetter mit dem PKW gut zu erreichen. Aber ein ortskundiger Parkführer ist unerlässlich. Beide Lagunen können mit Elektrobooten befahren werden, die man mit Hilfe der Parkranger mieten kann.

Die mittlere Jahrestemperatur beträgt ca. 26 °C, und die mittleren Jahresniederschläge pendeln um 1.800 mm; damit liegen beide Lagunen in der tropischen Küstenregenwaldzone.

Es handelt sich um die beiden größten Wasserkörper der nordöstlichen Region, sie werden von zahlreichen Flüssen gespeist. Aber sie repräsentieren zwei sehr unterschiedliche Ökosysteme: Die Laguna Limón ist eine Süßwasserlagune, die Laguna Redonda dagegen eine Brackwasserlagune. Letztere steht über den Kanal „Caño Celedonio" zeitweise mit dem Meer in Verbindung. Ihr Salzgehalt schwankt erheblich, weil gleichzeitig über den Caño el Negro ständig Süßwasser nachgeliefert wird.

Die **Laguna Redonda** bedeckt ca. 7 km^2 bei einer maximalen Wassertiefe von 2,10 m. Gesäumt wird sie von weiteren 10 km^2 Sumpfgebiet, das überwiegend dicht mit der Roten Mangrove bewachsen ist. Daher wird auch das Lagunensediment vorwiegend aus organischem Feinschlamm der verrottenden Blätter gebildet. Die biologische Produktivität ist angesichts der geringen Wasser-

tiefe mit mittleren Temperaturen um 29 °C und des hohen Nährstoffgehaltes sehr groß und liefert den Fischern gute Erträge. An den Bogenwurzeln der Mangroven gedeihen große Kolonien von Mangrovenaustern *Crassostrea rhizophorae* und *Isognomom alatus*, welche der örtlichen Bevölkerung ebenfalls bescheidenen Reichtum bescheren – trotz Schutzstatus und Verbotes.

Die **Laguna Limón** erstreckt sich über 5,1 km^2, bei einer mittleren Tiefe von 1,43 m. Obwohl sie nur 6 km von der Laguna Redonda entfernt liegt, fehlen hier, weil es sich um eine reine Süßwasserlagune handelt, sowohl ein Mangrovengürtel als auch jegliche andere höhere Vegetation an den Ufern. Die beiden Lagunen unterscheiden sich also nicht nur in ihrer Wasserbeschaffenheit, sondern auch ökologisch und optisch stark voneinander.

Die beiden Lagunen sind durch eine leichte Erhebung („Montaña Redonda") getrennt. Von dort oben aus hat man einen schönen Überblick über die Bucht von Samaná und kann, falls man zur richtigen Zeit hier ist und Glück hat, sogar den einen oder anderen Buckelwal beobachten.

Das umgebende Gebiet ist landwirtschaftlich stark genutzt, und auch der Mangrovenbestand ist davon nicht ausgenommen. Er ist auf ein Siebtel der ursprünglichen Ausdehnung zusammengeschrumpft, der Löwenanteil davon wurde zur Holzkohleerzeugung oder als Bauholz gerodet. Der landwirtschaftliche Einfluss im Gebiet der provisorisch festgelegten Zone erschwert die Schutzbemühungen natürlich erheblich, aber langfristig ist eine Pufferzone um die beiden Lagunen dringend erforderlich.

Entlang der Küstenlinie befinden sich Mangroven, Ästuare, Priele, Korallenriffe, Dünen und Strände. Hier leben Meeresschildkröten, die ihre Eier ablegen und andere Küstenbewohner, die zur Fortpflanzung ungestörte Strandzonen brauchen, z. B. Krabben. In den Flussmündungen leben noch einige Manatis, die ebenso wie die Schildkröten in den vorgelagerten Seegraswiesen reichlich Nahrung finden. Auch hier ist erheblicher Konfliktstoff gegeben, weil die Strände auch zum Baden genutzt werden.

Am Strand Playa Costa Esmeralda findet man diverse Anbieter von ökologischen Touren in das Wissenschaftliche Reservat.

Die Vegetation an der Küste besteht aus allen vier Mangrovearten sowie Schwarzem Olivenbaum und Strand-Hibiskus.

Sowohl die nähere Umgebung als auch die Wasserflächen der beiden Lagunen werden von zahlreichen Vogelarten besiedelt, darunter Bindentaucher, Teichhuhn, Silber-, Blau-, Kuh- und Nachtreiher, Rosalöffler, Fischadler, Textorweber, Palmenschwätzer, Spießente u. a. Zugvögel finden hier gute Rastmöglichkeiten.

Des Weiteren findet man in den Lagunen zahlreiche Mollusken, Krabben, Garnelen (z. B. *Macrobrachium rosenbergii*) und die beiden Speisefische Olivgrüner Snook und Moçambique-Buntbarsch. Unter den Reptilien ist vor allem die Antillen-Schmuckschildkröte hervorzuheben. Sie besitzt von den beiden auf Hispaniola endemischen Wasserschild-krötenarten die weitaus größere Verbreitung.

Mangroven und die brackigen Flussläufe im Mündungsbereich am Meer sind die Heimat einiger Krabbenarten, die von der Bevölkerung häufig gefangen und gegessen werden. Neben einigen unbeachteten, kleineren Verwandten haben vor allem die drei großen Arten, die Westatlantische Landkrabbe, die Halloween-Krabbe und die kleinere Mangrovenkrabbe *Ucides cordatus* eine gewisse Bedeutung erlangt. Die in Strandnähe, an Land oder im Brackwasser lebenden Tiere suchen das Meer nur noch zur Eiablage während der Fortpflanzungsperiode auf, und zwar bei Vollmond in der Regenzeit mit den höchsten Niederschlägen, also in den Monaten Juni bis August. Ansonsten verstecken sie sich tagsüber in ihren meist selbst gegrabenen Höhlen oder in der Vegetation und suchen nachts nach Fressbarem. Sie ernähren sich von Samen, Früchten oder saftigen Pflanzenteilen, verschmähen aber auch tierische Kost nicht, wie etwa tote, angespülte Fische.

Wegen übermäßiger Nachstellung sah sich die Regierung gezwungen, Gesetze zum Schutz der Mangrovenkrabben zu erlassen. Seitdem sind viele Lebensräume geschützt, und es ist verboten, den Krabben während der Fortpflanzungsperiode nachzustellen. Auch müssen die gefangenen Tiere gewisse Mindestmaße aufweisen, um den Nachwuchs zu sichern. Selbst die Fangmethoden wurden überprüft, und es dürfen in Zukunft weder Fallen noch andere technische Hilfsmittel, etwa Netze, eingesetzt werden.

Der Südwesten

Sierra de Bahoruco und ihre vielfältigen Faltungen

Der Nationalpark Sierra de Bahoruco im weiteren Sinn hat eine Ausdehnung von etwa 2.400 km² und gehört damit zu den größten des Landes. Im engeren Sinn beträgt er etwa 800 km². Nach Vorschlägen einer Novellierung im Jahr 2000 soll dieser Teil zukünftig den Namen Parque Nacional Donald Dod tragen (Näheres s. S. 240). Der Südwesten ist der an Naturräumen reichste Landstrich mit der größten Biodiversität in der gesamten Dominikanischen Republik und führt die fünf wichtigsten Ökozonen der Insel an. Er gilt heute als einer der sogenannten Hotspots der Karibik, er ist also ein hochaktives Evolutionszentrum. Auf nur wenig mehr als 3 % der Festlandfläche wachsen 1.615 Pflanzenarten, das sind fast 40 % des gesamten Arteninventars des Landes. Davon wachsen 33 Arten weltweit nur in diesem einen Gebirgszug. Auch die Tierwelt ist mit einem bemerkenswerten Artenreichtum vertreten.

Sisalagaven werden speziell zur Fasergewinnung angebaut

Sierra

Rio Caña

Juan Santiago

Juan de La Cruz

Monte Neiba 2261m

Derrumbadero

Vallejuello

Rancho Copey

Caroon

Jorgino

50

Aniceto Martínez

N e i b a

Cabeza de Toro

Tierra Nueva

Los Pinos

Guayabal

Higo de la Crux

Apolinar Perdomo

La Descubierta

Las Caritas

Boca de Cachón

POSTRER RIO

48

JIMANI

La Furnia

Isla Cabritos

Los Rios

Las Clavellinas

El Estero

El Mamón

Galván

El Rodeo

Guanarate

46

Parque Nacional Isla Cabritos

48

Villa Jaragua

NEIBA

El Salado

48

El Limón

Lago Enriquillo

Cda del Maca

El Palmar

Vincen Noble

102

Laguna Limón

La Florida

Las Baitoas

El Albanico

Duvergé

Tamayo

Cano

Vengan a Ver

46

Colonia Mixta

Mena

El Jobo

44

El Naranjo

Palma Dulce

Mella

Reserva Científica Laguna Rincón de Cabral

El Peñón

Fundación

Jaquir

Palo Al

Mandàt

El Aguacate

Puerto Escondido

Cristobal

Laguna del Rincón

Cachón

La

Savane Zombi

2396m

Pueblo Viejo

Angostura

Las Salinas

Lemba

Tierra Blanca

46

Tiote

Los Arroyos

Parque Nacional

Los Saladillos

Cabral

A de Las Guanos

Rio Bonito

Sierra de Baoruco

La Guázara

Aguas Negras

La

Banano

Los Charquitos

1757m

Los Aguacates

Cda Liben

Sierra

Las Auyamas

El Platón

Baie de Ravrot

Parc Cado

Las Mercedes

Península

Polo

Rio Mulato

Anse-á-Pitres

Cda Población

de Baoruco

Leonardo

La San

200 m

PEDERNALES

44

Loma Gran Sabana 1082m

790m.

Paraís

Puerto de La Alcoa

de Pedernales

El Pino

Ojeda

Los Patos

Cabo Rojo

Maniel Viejo

A Dulce

Playa Los

Cabo Rojo

Cerro Caballo 322m

Buena Vista

Caletón

Cda Saber No Es Malo

Parque Nacional

44

Arroyo Dulce

Enriquillo

Bahía de Las Aguilas

Loma de Chendo 223m

Los Cocos

Cabo Falso

Los Tres Charcos

Juancho

Puerto Bello

Punta San Luis

La Sabana de Algodón

Cda Colmena

Oviedo

Ensenada del Refugio

Playa Larga

Laguna de Oviedo

Jaragua

Lago Dulce

Lago Salado

Punta Iglesia

359 I

Cayo Los Frailes

Canal de

Punta Beata

Vi

Los Corozos
ndo
Ba
El Oregano Grande
Hato Nuevo
Magueyal
Monte Bonito
Las Avispas
Loma Piquito
La Nuez
Rancho Arriba
Mahoma
La Matica
Nizao
El Rosalito
Calde
Viajama
Yayas de Viajama
Tabara Arriba
Los Toros
Las Guanabanas
Orégano Chiquito
Tabara Abajo
Quita Conaza
Negro
El Cruce del Quince
San Antonio
Peralta
El Cecado
Rancho del Pino
El Carrizal
Las Lomas
Las Yayitas
Puerto
La Altagracia
Sabana Yegua
Los Jovillos
Estebania
Clavellina
Pueblo Viejo
El Rosario
Palmar de Buena Vista
Barreras
Puerto Viejo
El Pinar
San José de Ocoa
La Ciénaga
La Laguna
Los Anones
Cañada Cimartona
Las Charcas
Monte Río
Puerto Tortuguero
Playa Monte Río
Hatillo
El Numero
El Número
628m
Los Ranchitos
Presa de Jigüey-Aguacate
Loma de la Valvacoa
1775m
Presa de Sabana Buey
Honduras
Las Carreras
La Montería
Galeón
Cañafistol
Sombrero
Matanzas
El Recodo
Villa Guera
Fundacion de Peravia
Boca Canasta
Playa de Bani
Punta Salina
Las Salinas
Las Calderas
Punta Santanilla
Arroyo Hondo
Sabana Buey
Villa Fundación
Palmar de Ocoa
Punta Ocoa
BANI
Pa
Las B
Iguana
Presa de Valdes
Camb
Mano I
El Gui
AZUA

Bahía de Ocoa

Punta Vigia
Punta Martín García

Bahía de Neiba

ARAHONA

Playa Barahona
Punta Prieta
an Estebán
Playa Saladilla

Baoruco

Rafael

Monte Busú
1368m

Loma del Aguacate
1266m

Martín García

Río Blanco
Río Tábara
Río Grande
Río Banilejo
Río Ocoa
Río El Canal
Río Las Cuev
Río Bani

© MairDumont, D-73751 Ostfildern

Die Klimadaten sind höchst heterogen, die Temperaturen überschreiten in den Niederungen häufig die Marke von 30 °C, während sie in den Hochlagen nachts auch schon mal unter den Gefrierpunkt sinken können, und die Niederschläge schwanken im Jahresmittel regional von 400–4.000 mm. Auch das mag eine Erklärung für die große Artenvielfalt sein.

Verschiedene Nationalparks dieser Region sind im Laufe der Zeit zu einem großen Verbund zusammengewachsen, der insgesamt rund 2.400 km² umfasst. Manche Quellen behandeln sie immer noch einzeln, andere fassen sie schon zusammen. Hier werden die Gebiete ihrer ökologischen Eigenständigkeit entsprechend, also einzeln betrachtet.

Die Entstehung der Sierra de Bahoruco ist relativ jungen Datums. Es ist die zweithöchste, mit 70 km aber auch die kürzeste Gebirgskette der Dominikanischen Republik und liegt im äußersten Südwesten der Insel im Grenzbereich zu Haiti. Das bis 40 km breite Massiv setzt sich vorwiegend aus rund 50 Millionen Jahre alten Meereskalken aus dem Eozän, regional auch aus jüngeren Gesteinen zusammen. Nur der Gebirgsstumpf und einige östliche Teile werden aus älteren Sedimenten bzw. vulkanischen und magmatischen Tiefengesteinen aus der Kreidezeit gebildet. Er ist aber praktisch komplett von tertiären Kalken überdeckt. Früher wurde der gesamte Gebirgsstock als kreidezeitlich angesehen, spätere mikropaläontologische Untersuchungen mit Funden fossiler Algen und Foraminiferen erforderten allerdings Korrekturen.

Die Sierra de Bahoruco, ein klassisches Bruchfaltengebirge, ist im jüngeren Tertiär entstanden, als sich ein Stück aufsteigender Ozeanboden vom sich bildenden Mittelamerika löste und entlang einem Tiefseegraben an Jamaika vorbei auf Hispaniola zudriftete. Dieses Landstück hatte offensichtlich Festlandkontakt mit Honduras. Die herandriftende Insel bohrte sich im Süden unter den Schelfsockel von Hispaniola und schob dabei unter Freisetzung von gewaltigen Kräften die mächtigen Gebirgszüge der Sierra de Bahoruco und der Sierra de Neiba vor sich auf. Die Insel selbst tauchte zunächst teilweise ab, wurde aber in jüngster Zeit wieder komplett angehoben. Heute bildet sie auf dominikanischer Seite die etwa 40 km breite und 50 km lange Halbinsel Bahoruco und setzt sich als Tiefebene weit nach Haiti hinein an der Südküste bis zur Halbinsel Tiburón fort. Das Erdbeben im Jahr 2010 hat gezeigt, dass dieser Prozess auch heute noch nicht abgeschlossen ist. Die Ebene besteht aus mehreren emporgehobenen Terrassen aus marinen Kalken des Oligozäns und des Miozäns, die direkt an die Sierra de Bahoruco angrenzen. Sie steigen meist auf Höhen um 30 m, an einigen Stellen aber auch bis 300 m an und werden dann als Vorgebirge von Barahona bezeichnet. Geologisch gesehen müssen die letzten Hebungen im Quartär stattgefunden haben und abrupt in mehreren Schüben erfolgt sein, was heute noch an steilen Küstenabschnitten und dem treppenartigen Aufbau der Terrassen zu erkennen ist. Die nördliche Begrenzung dieses Plateaus verläuft ungefähr entlang der Straße von Barahona

nach Pedernales. Das Gestein der Halbinsel ist ebenso wie das des Gebirges
stark verkarstet und bildet viele Höhlen
und zerklüftete Klippen an der Küste.
Der südliche Bereich ist ein wesentlicher
Baustein von Hispaniola und wird häufig
als die südliche Paläoinsel bezeichnet.

Die Sierra de Bahoruco ist auch ein
Schulbeispiel dafür, wie Geologie und
Klima zusammenwirken und das Land-
schaftsbild einer ganzen Region prägen.

Die hochreinen tertiären Kalke wurden unter dem Einfluss von Feuchtigkeit
und Wärme allmählich zersetzt, wegge-
löst und führten zu einem klassischen
Dolinenkarst mit sehr bizarren Gelände-
formen. Dass ein anderes Klima unter
geologisch sonst gleichen Bedingungen
auch zu ganz anderen Landschaftsformen führen kann, wird bei dem recht eigenwilligen Erscheinungsbild des Nationalparks Los Haitises deutlich (s. S. 346).

Die Sierra de Bahoruco setzt sich
nach Westen in Haiti im Massif de la
Hotte und im Massif de la Selle fort und
grenzt die südlichsten Bereiche Hispaniolas klimatisch und biologisch vom
Rest der Insel ab. Es handelt sich bei allen drei Gebirgszügen um Bruchschol-
len, durch tektonischen Druck aufgerich-
tet und mit einer Kippachse parallel zur

Küste. Sie steigen vom Süden her relativ
gleichmäßig an, brechen nach Norden
allerdings bei etwa 2.000 Höhenmetern
schroff und abrupt in die Enriquillo-Senke ab, an manchen Stellen mit 60
% Gefälle! Infolge von Brüchen,
Verschiebungen, Hebungen,
Senkungen und der – vor allem
im äußersten Osten – vulkanischen Aktivitäten ist das Gebiet
stark zerklüftet. Wissenschaftler
können dieses Chaos der Faltenbil-
dungen trefflich mit Be-
griffen wie Geosynklina-
len und Geoantiklinalen
erklären. Ein Geologe, der
einmal die komplizierte
Entstehungsgeschichte er-
klären sollte, zerknüllte
kurz entschlossen ein Blatt
Papier, zog es provisorisch
auseinander, drückte es in er
Mitte hoch und meinte lako-
nisch: „Etwa so!" An dieser
Stelle soll vor allem die Folge
davon, nämlich die großräumi-
ge Unwegsamkeit der Gegend,
angeführt werden und die
damit verbundene, äußerst dün-

**Die Landschaft Richtung Pedernales ist
streckenweise schroff und verkarstet**

Die unterste Vegetationsstufe am Hang der Sierra de Bahoruco vor der Ebene

ne Besiedelung und große Abgeschiedenheit. Diese Unpassierbarkeit ist auch daran schuld, dass die systematische Erforschung der Sierra de Bahoruco erst ab 1981 so richtig in Schwung kam. Frühe Anfänge, etwa um 1922 durch den amerikanischen Wissenschaftler Abbott, 1928 durch den schwedischen Botaniker Ekman, 1946 durch Howard und zwischen 1940 und 1965 durch den deutschen Geologen Richard Weyl wurden durch die Unwegsamkeit noch erheblich behindert. Noch 1940 beklagte Weyl die völlige Abgeschiedenheit dieses Gebirges.

Infolge der wechselvollen Entstehungsgeschichte, des aggressiven tropischen Klimas und der daraus resultierenden Verkarstung des Untergrundes erreichen trotz immenser Niederschläge in den Hochlagen nur wenige Flüsse das Meer, zumindest nicht oberirdisch. Ausnahmen sind der Río Pedernales mit seinem Zufluss Río Mulito und der Bach Cañada Robinson im Süden. Auf der Nordseite sind es die Flüsse Río Las Damas und Río Arriba, die Bäche Arroyo Colorado und Arroyo las Cuevas sowie Cañada El Cañaveral. Wasserarmut ist also ein weiterer Grund für die dünne Besiedelung, obwohl im Inneren des Gebirgskörpers immense Trinkwasservorräte lagern und es eine Reihe von unterirdischen Flüssen in den Hohlräumen des Karstes gibt. Berechnungen haben die unglaubliche Menge von über 1,8 Milliarden m³ Wasser ergeben, die den Untergrund jährlich passieren. Teile davon speisen ergiebige Karstquellen am Fuße des Gebirges, meist mit sehr kurzen Wegen zum Meer, in die Lagune von Oviedo oder im Norden in die beiden Seen Lago Enriquillo und Lagua Rincón.

In den südöstlichen Gebieten zwischen Barahona und dem Küstenort Enriquillo brechen die Berge ebenfalls ziemlich abrupt direkt entlang einer Verwerfung am karibischen Meer ab. Sie sind dort nur über eine wildromantische Bergstrasse entlang der Steilküste mit einem tollen Panorama passierbar (Näheres s. S. 386), die heute teilweise unter Schutz gestellt ist.

Das ca. 70 km lange Gebirge besitzt in seinen höchsten Lagen einen schmalen Kamm mit Erhebungen zwischen 1.600 m im Osten und der 2.367 m hohen Loma Alto del Toro bei Aguacate an der Grenze im Westen. In Haiti steigen sie noch weiter westlich bis auf 2.800 m an. In den Bergen liegen zum Teil tief eingesenkt mehr oder weniger isolierte Dolinen und Karstwannen. Die bedeutendsten sind Polje de Pelempito, Polje de El Tunal und Polje El Limonal.

Spannend ist, dass der südliche Bereich seit seiner Entstehung eine eigene biologische Entwicklung genommen hat und in der Region ein extrem hoher Endemismus vorherrscht. Der größte Reichtum an Pflanzenarten, darunter 615 (!) endemische, und viele Tierarten mit 43 endemischen Vertretern leben hier gedrängt auf engstem Raum. Was einerseits für Biologen ein El Dorado darstellt, birgt andererseits ein hohes Gefährdungspotenzial in sich. Das bedeutet natürlich, dass hier ein besonders großer Naturschutzbedarf besteht, was sich zum Glück in mehreren großen Nationalparks und Naturreservaten widerspiegelt.

Gier, Krater und Bauxit: die Vía Panorámica Aceitillar (Cabo Rojo)

Tropisches Klima besitzt ungeheuere Fähigkeiten. Außer der oben angesprochenen Verkarstung, also der Zersetzung von Kalkstein, hat es in einigen Landstrichen nahe Pedernales zur großflächigen Umwandlung von Sedimenten ganz anderer Art geführt. Diese Ablagerungen hatten sich seit Beginn des Eozäns als

Gier nach Rohstoffen hat zu solchen Kraterlandschaften geführt

Nur langsam verheilen die Wunden durch den Bauxit-Abbau

Verwitterungsschutt, höchstwahrscheinlich vulkanischen Ursprungs, vor der Küste gebildet. Bei der späteren Auffaltung am Ende des Tertiärs wurden diese Sedimente an der Südflanke der Sierra de Bahoruco in beachtliche Höhen transportiert und durch die große Feuchtigkeit und Wärme chemisch zersetzt. Alle löslichen Bestandteile wurden ausgelaugt, zurück blieben bis 30 m mächtige, unlösliche Roterden aus Bauxit. Diese äußerst unfruchtbaren Böden bestehen aus einem Gemisch von hoch angereicherten Aluminiumerzen wie Gibbsit und Böhmit, was bei Industriellen der Aluminiumbranche in den Vereinigten Staaten natürlich große Begehrlichkeiten weckte. In der Phase der amerikanischen Besatzung der Insel zwischen 1916 und 1924 wurden sofort auch Geologen ins Land geschickt, mit der Maßgabe, genau solche Lagerstätten von Bodenschätzen auszukundschaften und auf ihre Wirtschaftlichkeit hin zu überprüfen. Das Ende vom Lied war, dass seit Ausbeutungsbeginn 1959 in den Minen Las Mercedes und El Aceitillar – mit in Spitzenzeiten mehr als einer Millionen Tonnen Aluminiumerzen jährlich – rund 25 Jahre später eine gespenstische und ausgebeutete Kraterlandschaft zurückgelassen wurde sowie eine Straße, die ihresgleichen sucht. Denn zum Abtransport der kostbaren Fracht wurde eine autobahnähnliche Industriestraße etwa 34 km lang bis in 1.500 m Höhe in die Berge vorgetrieben, die am unteren Ende in dem eigens dafür gebauten Hafen endet, am Cabo Rojo, dem Roten Kap – vielleicht nach der typischen roten Farbe des Objektes der Begierde, dem Bauxit,

benannt. Die „Schönheit" dieser Panoramastraße wird seit 1986 mit dem Namen **„Vía Panorámica Aceitillar – Cabo Rojo"** gewürdigt, wobei die Fernsicht, trotz dieses befremdlichen Eingriffes, objektiv gesehen an manchen Punkten wirklich fantastisch ist.

Hoyo de Pelempito – das Ende der Welt

Es ist Glück, wenn man aus der Not eine Tugend machen kann. Denn heute dient diese Straße als bequeme Zuwegung durch still gelegte Abbauflächen hindurch in eines der erst vor kurzem erschlossenen und spektakulärsten Naturschutzgebiete der Insel, zum Hoyo de

Die zierliche *Coccothrinax* gedeiht prächtig im lichten Unterholz der Kiefern

Pelempito. Es liegt im Schnittpunkt der drei Kommunen Barahona, Independencia und Pedernales. Zwei alternative Zufahrten, von Duvergé im Norden oder vom Westen von der haitianischen Grenze her kommend, können nur mit Geländewagen passiert werden. Bei der etwa einstündigen Anfahrt durchquert man acht verschiedene Vegetationszonen und gelangt von einem Extrem ins andere, zumindest wenn man vom Hafen am Cabo Rojo startet. Das Gebiet zählt zum Kernbereich des Nationalparks Sierra de Bahoruco, und die Autofahrt endet mit einem Paukenschlag.

Die Tour startet mit der klassischen Zwerg-Dornstrauchsteppe der Küstensäume, bestehend aus niedrigen Kakteen und Akaziengebüschen. Mit jedem Höhenmeter werden auch die Kakteen höher, und es mischen sich in der subtropischen Trockenwaldzone fast unmerklich immer mehr regengrüne Hartholz-Arten darunter. Augenfälliger Indikator für den Wechsel hin zum regengrünen Trockenwald der Niederungen ist auch die zunehmende Zahl der Agaven in den Felswänden, die dort von Sickerwässern aus dem Karstkörper profitieren. Des Weiteren findet man Kokos- und Hutpalmen, *Myrica picardae*, Bergkirsche und Westindische Zeder.

Die Kakteen verlieren sich allmählich, und in der nächsten Zone wird es

Die Goldseidenspinne hängt oft in riesigen Netzen wie schwerelos im Raum

Weithin sichtbar ist der Parkeingang zum Hoyo de Pelempito

Wiederaufforstung mit der Dominikanischen Kiefer

zunehmend schwüler, der subtropische regengrüne Feuchtwald beginnt. Er fängt etwa in Höhe des Örtchens Las Mercedes in ungefähr 400 m Höhe an, einem der früheren Hauptabbaugebiete von Bauxit. Es beginnen Wälder mit niedrigen, zunehmend immergrünen Gehölzen und reichlich Unterwuchs, z. B. *Weinmannia pinnata*, *Garrya fadyenii*, *Miconia rigidissima*, *Myrsine coriacea*, *Brunellia comocladifolia* (bis über 8 m hoch werdend) und dam Gras *Panicum aciculare*.

An Quellwasserhorizonten wachsen gehäuft Fuchsien und andere lebhaft blühende Kleingehölze. Farne (*Polypodium*) und erdbewohnende Orchideen nehmen überall unter Bäumen, deren Stämme mit robusten Flechten und Moosen behangen sind, an Zahl zu. In diesem Übergangsbereich befindet sich auch der Eingang zum Park.

In der nächsten Zone, schon deutlich höher gelegen, gehen die noch feuchter stehenden und höher werdenden Laubgehölze eines schmalen Tieflandregenwaldstreifens, an vielen Baumfarnen erkennbar, sukzessive in die interessanteste Vegetationszone, den Nebelwald, über.

Noch etwas höher herrschen stellenweise umfangreiche, junge Wiederaufforstungen mit der Dominikanischen Kiefer auf den flachgründigen und armen Böden vor, und man hofft, dass die Zeit die Wunden des einstigen Bauxitabbaus irgendwann einmal heilt. Kiefern – mit Adlerfarn (*Pteridium aquilinum*) als Unterwuchs – sind in dieser Höhenzone charakteristische Florenelemente, was eindeutig auf gestörte Böden hinweist. Noch führt die Weiterfahrt durch monotone, weil relativ frisch angelegte Nadelwaldgebiete, in denen sich allerdings schon ein reiches und seltenes Vogelvolk eingefunden hat. Unter den 49 nachgewiesenen Arten sind die nur hier vorkommenden Schmätzertangare gemeinsam mit dem seltenen Dominikanischen Rosentrogon vertreten. Hier fliegt auch der nur in Höhenlagen vorkommende Schmalschnabel-Todi, der Bindenkreuzschnabel sowie das Sperlingstäubchen, der Hispaniola-Zwergspecht, der Haiti-

kuckuck, die Antillenkrähe, der Haitizeisig, die Haitidrossel, die Neiba-
Schmätzertangare, der Schwarzscheitelpalmist, der Spiegelwaldsänger, die Große Antillenelaenie und der Buntfalke.

Von den 49 in der Sierra de Bahoruco bekannten Vogelarten sind 19 endemisch, 28 heimisch und 2 sind Zugvögel,
eine für diese aride Gegend beachtliche
Zahl. Und ebenfalls beachtlich ist, dass
von 26 auf Hispaniola endemischen Vö-
gelarten zwei Drittel in diesem Nationalpark angetroffen werden können. Durch
diese Anhäufung von ornithologischen
Raritäten ist die Sierra de Bahoruco unter
Vogelfreunden eines der begehrten Ziele
in der Dominikanischen Republik.

An den Waldrändern lassen sich auf
hohen Stauden (vorwiegend Korbblütler
der Gattung *Eupatorium*) auffällig flat-
ternde Schmetterlinge bei der Nektarsu-
che beobachten, darunter recht große
Arten wie *Anetia pantherata* oder *Anetia
briarea*. In dieser abgelegenen Gegend
sind auch noch genügend Refugien für
die bedrohten Säugetierarten Zaguti und
Haiti-Schlitzrüssler erhalten.

Hat man bei etwa 1.800 m endlich
den Pass erreicht und die Asphaltstraße
gegen einen überraschend guten Schot-
terweg getauscht, taucht man endlich in
den einzigartigen, unberührten tropischen Bergregenwald ein, wie es ihn in
dieser Form nur an wenigen Stellen auf
der Insel zu finden gibt. Die Sierra de
Bahoruco bildet im Süden der Insel die
letzte Hürde für die Passatwinde; alles,
was bisher nicht abgeregnet ist, wird hier
abgeladen. Dominiert wird der bis über
20 m hohe, locker aufgebaute Nadel-
Mischwald von der Dominikanischen

Bauhinia divaricata ist eine kleinere
Verwandte des Orchideenbaums

Die nicht näher bestimmte Leguminose
leuchtet wie kleine Lichter im Schatten

Kiefer, dem mit 600 km² Ausdehnung
vermutlich größten Kiefernmischwald
der gesamten Insel. In dessen Schutz gedeihen Kirschverwandte wie zwei verschiedene Arten Bergkirsche (*Prunus occidentalis* und *P. myrtifolia*), Wacholder-
arten wie *Juniperus gracilior* oder *J. ekmanii* (endemisch nur in der Sierra de
Bahoruco und extrem selten!), *Didymopanax tremulus*), Westindischer Sumach (*Brunellia comocladifolia*), Ameisenbaum (*Cecropia peltata*) und der allgegenwärtige Mahagoni (*Swietenia ma-

Chrysophyllum oliviforme hat unterseitig eine schöne kupferfarbige Behaarung

hagoni). An geschützten Stellen findet man auch die seltene und in dieser Region endemische Magnolie *Magnolia hamori. Lasiacis divaricata, Ocotea* spp., Farne der Gattung *Gleichenia* und eine

Urbanus proteus ist einer der häufigsten Dickkopffalter der Insel

große Zahl Bromelien runden den kleinen botanischen Exkurs ab.

Im Unterholz dieses einzigartigen Mischwaldes schlummern Schätze vom Allerfeinsten. Insgesamt 1.615 Pflanzenarten hat man bisher in der Region gefunden, 615 davon wachsen ausschließlich hier, 37,5 % sind endemisch auf Hispaniola. Als Landesrekord wurde hier die beachtliche Zahl von 166 Orchideenarten festgestellt, das sind 52 % aller im Land vorkommenden Orchideen. Darunter befinden sich 32, die ausschließlich hier vorkommen und damit 10 % aller rund 300 bekannten Orchideenarten der Insel stellen. So gut wie alle dieser 300 in der Dominikanischen Republik bekannten Orchideenarten sind übrigens in ihrer Verbreitung auf Hispaniola begrenzt. Damit setzt sich der Nationalpark Hoyo de Pelempito in Hinblick auf Biodiversität an die Spitze aller Schutzgebiete der Dominikanischen Republik!

Das Besondere bei dieser Vegetationsabfolge ist vor allem, dass sie komplett auf Karstböden steht. Vergleichbare Ökosysteme dieser Höhenstufe wachsen sonst immer auf meist saurem Urgestein aus der Entstehungszeit der Insel. Das erklärt vielleicht die ungewöhnlich große Zahl an lokalen Endemiten.

Dieser Wald ist aber auch ein schlagender Beweis dafür, wie sehr die Vegetation in einer ansonsten ariden Umgebung das Klima beeinflusst und stabilisieren kann. Denn nur ein paar Kilometer entfernt auf haitianischer Seite, wo der Wald weitgehend abgeholzt ist, hat das trockene Klima auch die Höhenzüge erfasst und trägt dort entscheidend zur klimatischen Verschlechterung und Erosion der gesamten Region bei. Deshalb gibt es dort mittlerweile große Anstrengungen, dem Beispiel der Dominikanischen Republik mit seinen Naturschutzprojekten zu folgen. Der Nationalpark Hoyo del Pelempito zeigt also auf eindringliche Weise, wie wichtig der Erhalt von Wäldern ist. Das Klima ist hier deutlich gemäßigter. Die mittleren Temperaturen liegen innerhalb des Parkes je nach Lage und Jahreszeit zwischen 13 und 15 °C, und der jährliche Niederschlag bewegt sich zwischen 1.000 und 1.800 mm, nur in den Gipfelregionen liegen die Temperaturen und Niederschläge geringfügig tiefer.

Unser Weg hört aber noch nicht auf, sondern endet erst ein paar Minuten später nach insgesamt etwa 40 km Autofahrt auf einem Parkplatz, von dem aus es zu Fuß nur noch ein kurzes Stück bis zum Informationszentrum ist. Auf diesem Marsch sind viele Pflanzen entlang dem Weg mit Schildern beschriftet und geben einem eine leichte Ahnung vom Reichtum der Bergflora. Man erfährt, um nur zwei Beispiele herauszugreifen, von der endemischen *Agave intermixta*, die auch hier oben noch im lichten Unterholz gedeiht. Des Weiteren lernt man die zierliche, endemische Palme *Coccothrinax scoparia* kennen, im Volksmund Guano genannt, einem wichtigen Lieferanten für Fasern zum Herstellen von Körben oder Seilen, aus deren Gattung es noch weitere Arten mit ähnlicher Verwendung auf dieser Insel gibt.

Und dann steht man unvermittelt vor einem Abgrund und kann nur noch

Die Blüten von *Agave intermixta* sitzen bei näherem Hinschauen voller Insekten

Diese *Tecoma*-Art ist nur eine von vielen gelb blühenden Bignoniaceen

Ein extrem artenreicher Kiefernmischwald mit mehreren Pflanzen-Stockwerken

sprachlos staunen. Wer sich bis jetzt gefragt hat, warum es zum Hoyo de Pelempito („Trog von Pelempito") immerzu bergauf geht, bekommt jetzt die beeindruckende Antwort: Tief unten im Tal liegt einer der isolierten Einbruchgräben inmitten der Sierra Bahoruco, der durch tektonische Wirrungen, Erosion und Verkarstung gut und gerne 1.000 m abgesackt und von extrem steilen Wänden eingekesselt ist. Dieser Trog ist etwa 7 km lang, und man vermutet, dass darunter einst ein gewaltiges Höhlensystem gewesen sein muss. Waghalsige Botaniker haben diese oft fast senkrechten Steilhänge in jüngster Zeit durchklettert und dabei einmalige Pflanzen entdeckt, die der Wissenschaft bis dato völlig unbekannt waren. Abgeschnitten am „Ende der Welt" liegt der wohl außergewöhnlichste Park der Insel, ein Juwel mit einem grandiosen Ausblick in die Welt der Karstberge, ein Muss für jeden Naturfreund.

Es hat sich übrigens der Brauch entwickelt, vom Besucherzentrum aus seine Mütze über die Brüstung ins Tal zu schleudern. Wer jetzt vor Entsetzen aufschreit, das sei doch Umweltfrevel: keine Angst, denn es hat nach Auskunft der Parkwächter noch keiner geschafft. Die Aufwinde sind hier so stark, dass die Mützen im hohen Bogen über das Dach hinter die Station zurückfliegen und im Windschatten wieder aufgesammelt werden können. Wer schlau ist, postiert deshalb dort vorher einen Beobachter, denn die Vegetation dort ist ziemlich dicht!

Diese Winde sind auch ein Problem, denn der Südwesten des Landes ist sehr heiß und trocken, dadurch besteht erhöhte Waldbrandgefahr. Die schwersten Waldbrände der jüngeren Vergangenheit wüteten im August 1983 und im Januar 1984 und wurden durch die starken Winde tagelang immer wieder angefacht.

Parque Nacional Jaragua

Rolle rückwärts zurück zum Ausgangspunkt – wieder auf der Hauptstraße angelangt, richtet sich das Augenmerk jetzt erst einmal auf die Gegend um Pedernales. Ein paar karge Ackerflächen mit extensivem Anbau von *Aloe vera*, Sisalagaven oder Felder mit fremdartig anmutenden braunen Hirsekolben säumen auf dem verkarsteten Riffplateau am Fuße der Sierra de Bahoruco das Straßenbild. Derzeit laufen auch Versuche, hier Baumwolle zu pflanzen. Die kargen Böden bleiben aber über große Strecken angesichts Unwirtschaftlichkeit und Mangel an Bewässerungsmöglichkeiten der weitaus besser angepassten heimischen Flora überlassen. Das ist der Grund, warum sich noch weite Strecken in einem sehr ursprünglichen Zustand befinden. Kurz vor Pedernales dann eine unerwartete Überraschung: In einer Savannenlandschaft mit nur noch vereinzelten Grasbüscheln und Dornensträuchern fallen die kugeligen Melonenkakteen besonders auf. Massenhaft, teils einzeln, teils in schönen Gruppen zusammen wachsend, wurden sie erst vor wenigen Jahren als eine eigenständige Art erkannt und haben als *Melocactus pedernalensis* den Namen des verträumten Grenzstädtchens für alle Zeiten berühmt gemacht. Der Großteil des gesamten Artbestandes wächst auf rund 71.000 m^2, ein Gebiet, das man in einer halben Stunde bequem umrunden kann. Selbstverständlich gebührt ihm strengster Schutz. Wer ein besonderes Schauspiel erleben möchte, sollte am späteren Nachmittag hierher kommen. Dann nämlich öffnen die Kakteen ihre winzigen rosa Blütchen und werden von Kolibris der Art *Anthracothorax dominicus* bestäubt, die plötzlich in großen Mengen auftauchen und zwischen lautstarkem Gezeter um die Reviergrenzen und Nahrungsaufnahme ihr munteres Spiel treiben und, falls ihnen Zeit dazu bleibt, auf den immer gleichen Sitzwarten ein Ruhepäuschen einlegen. Verschiedene andere Vogelarten wie die Karibische Nachtigall oder Spottdrossel oder die Schwarzscheitelpalmiste haben offensichtlich

Das Hauptverbreitungsgebiet von *Melocactus pedernalensis* ist klein und eng begrenzt

Der Dominikanermango ist der häufigste Kolibri auf der Insel

Kakteen keimen besonders gut im Schutz von Gehölzen, die sie später oft verdrängen

Baumopuntien wechseln die Blütenfarbe innerhalb weniger Tage von Gelb nach Rot

Geschmack an den roten Samenkapseln gefunden und sorgen nach deren Darmpassage für die natürliche Verbreitung der Melonenkakteen. Dabei geben sie ihnen quasi als Mitgift auch gleich noch ein Häufchen Guano mit auf den Weg.

Wer nach der anstrengenden Tour in die Berge lieber etwas Strand zur Erholung wünscht, dem kann geholfen werden, denn am untersten Ende der Industriestraße, am Hafen von Cabo Rojo, zweigt eine einigermaßen befahrbare Piste unmittelbar an der Küste entlang in die Bucht von Punta Águilas ab. Es ist der bei Dominikanern beliebteste Badestrand Playa de la Bahía de las Águilas

und immer noch ein Geheimtipp für Touristen. Es soll der schönste und natürlichste Strand der Insel sein, Insider bezeichnen den 8 km langen Strand sogar als einen der schönsten Stände der Welt! Der schneeweiße Sand wird ständig vom dicht vorgelagerten Korallenriff nachgeliefert. Auch wenn man Punta Águilas mangels eines Geländewagens nicht mit einem normalen PKW erreicht oder sich nicht mit einem Boot dahin bringen lassen möchte, gibt es schon vorher immer wieder kleine Buchten an der Abbruchkante des hochgehobenen Riffplateaus mit ein bisschen Sandstrand und glasklarem Wasser. Dort kann man mit Glück

den ganzen Tag allein und ungestört verbringen. Auf dem Plateau knapp über dem Meeresspiegel wächst eine interessante Felsenflora mit vielen salzverträglichen Arten – ein Bonbon für den botanischen Forscherdrang. Der karstige Boden, die hohen Temperaturen und die große Trockenheit haben eine sehr spezielle Flora geschaffen, die sich vom Strand bis teilweise in 280 m Meereshöhe erstreckt. Erschreckend ist allerdings die Meldung, dass die Tourismusindustrie hier große Pläne mit All-Inclusive-Hotels hegt.

Hier vorgelagert dehnen sich weite Seegraswiesen aus, die reichlich Nahrung für die Riesenflügelschnecke und die Languste *Palinurus argus* liefern. Vor allem findet hier auch das Karibik-Manati noch eine gesicherte Existenz, und auf offener See lässt sich der Große Tümmler regelmäßig blicken.

Von Cabo Rojo zurück in Richtung Barahona quert man ein fast menschenleeres Gebiet, das den größten Flächenanteil des Jaragua-Nationalparks ausmacht und weitgehend unpassierbar ist. Auf dem brettebenen Karstplateau breitet sich auf einem mächtigen Absatz etwa 30 m über dem Meeresspiegel ein endloser Dornbusch-Trockenwald aus, der größte des Landes. Zusammen mit einigen Meeresflächen und Inseln stellt er mit 1.374 km² auch den flächenmäßig größten Nationalpark des Landes. Er wurde im August 1983 gegründet. Die Einzelflächen verteilen sich auf 536 km² Festland, 48 km² entfallen auf die Inseln Isla Beata, das kleinere Alto Velo und zwei kleine Sandbänke, Piedra Negra und Los Frailes, die restlichen 790 km²

sind Meer. Alto Velo ist übrigens der südlichste Punkt der Dominikanischen Republik. Die Isla Beata und Alto Velo liegen auf dem sogenannten Beata-Rücken, einem von mehreren geologischen Sätteln, welche

Die blasigen Früchte des Sodomsapfels enthalten Samen und weiche Seidenhaare

Hispaniola umgeben und die durch teils tiefe Gräben voneinander getrennt sind. Das Klima in dieser Region ist sehr trocken und heiß. Die Jahresniederschläge schwanken regional zwischen 630 und 800 mm, aber es gibt klein-

373

Raupen des **Monarch-Falters** fressen an giftigen Schwalbenwurzgewächsen

Die Spinne *Argiope argentata* hat einen Weißling erbeutet

räumig, je nach Topografie, weit trockenere oder feuchtere Stellen. Die Durchschnittstemperaturen liegen zwischen knapp über 26 und 28 °C.

Die Vegetation ist von relativ wenigen Leitarten eines typischen wechselgrünen Trockenwaldes mit Übergang zur Dornstrauchsavanne geprägt, allen voran Schirmakazien, dem Mesquitebusch (*Prosopis juliflora*) und Kakteen wie dem Säulenkaktus *Pilosocereus polygonus* sowie der Opuntie *Opuntia caribaea*. Alles Pflanzen also, die mit den klimatischen Bedingungen problemlos klarkommen. In deren Schutz wachsen weitere Vertreter von Trockenheit vertragenden Pflanzen, wie Mahagoni (*Swietenia mahagoni*), der Trompetenbaum *Catalpa longissima*, die endemische Palme *Haitiella ekmanii*, Pockholz (*Guaiacum officinale*), der Zürgelbaum *Celtis trinervis*, Balsamapfel (*Clusia rosea*), Amerikanischer Balsambaum (*Bursera simaruba*) oder die Senna-Art *Cassia emarginata* sowie die Meertraube (*Coccoloba uvifera*). Die Strauchschicht wird von *Borrichia arborescens* und *Suriana maritima* gebildet. Unter den krautigen Pflanzen verdient vor allem die nur in dieser Gegend vorkommende, also lokalendemische Art *Pimenta haitiensis* besonderes Augenmerk, und unter den Palmen ist die „Guanito"-Palme (*Coccothrinax ekmanii*) besonders hervorzuheben. Verwildert wächst hier auch *Aloe vera*.

Die Region beherbergt seltene Tiere, darunter den äußerst gefährdeten Schlitzrüssler, Cuviers Zaguti, die beiden Großleguane *Cyclura cornuta* und *C. ricordi* (s. S. 410) sowie auf der Isla Beata die Natter *Alsophis anomalus*. Hier im äußersten Südwesten liegt das Hauptverbreitungsgebiet des Hispaniola-Wirtelschwanzleguans. Allerdings lassen die unzugänglichen Dickichte und messerscharf ausgewitterten Karstböden des Jaragua-Nationalparks keine zufrieden stellenden Untersuchungen zu. Eines der früheren Hauptvorkommen in der Region rund um die Verladestelle am Cabo Rojo ist der Abbautätigkeit der Aluminiumerze zum Opfer gefallen. Weitere Bedrohungen waren und sind Beweidung und andere landwirtschaftliche Nutzung in den Randbereichen, unerlaubter Holzeinschlag sowie nach wie vor die Bejagung durch verwilderte Hunde und Mungos.

Die Region ist besonders artenreich an Reptilien und, wie nicht anders zu erwarten, leben hier auch einige endemische Arten und Unterarten. Besonders hervorzuheben sind dabei Ameiven und Hispaniola-Spitzkopfnattern.

11 Arten Fledermäuse haben hier ein ungestörtes Dasein, darunter das Große Hasenmaul, auch Fischerfledermaus genannt. Es ist mit besonderen Anpassungen an den Fischfang wie z. B. großen, krallenbewehrten Füßen ausgestattet (s. S. 164).

Unter den bisher 133 nachgewiesenen Vogelarten sind 76 heimisch, 10 Arten endemisch und 47 Arten sind Zugvögel. Das heißt, in diesem Gebiet kann man rund die Hälfte aller Vogelarten der Insel zu Gesicht bekommen. Sie verteilen sich etwa zu gleichen Teilen auf See- und Landvögel.

Hervorzuheben sind die weit über die Landesgrenzen hinaus bedeutsamen Brutvorkommen von zwei Taubenarten, der Weißscheitel- und der Rosenschultertaube. Die größte Besonderheit dürfte im November der Balzflug des sehr seltenen Teufelsturmvogels sein, der gelegentlich

zum Brüten hierher kommt, dem einzigen bekannten Brutplatz außerhalb Haitis.

Die Inseln Beata und Alto Velo sowie ein hochgehobenes Korallenriff, Los Frailes genannt, sind auch für viele Seevögel wichtige Rückzugs- und Brutgebiete, etwa für die Rußseeschwalbe mit der größten Brutkolonie der Karibik. In den kleinen Lagunen Manuel Matos, La Rabizza, Saldos de Bucán Base und Laguna de Oviedo (s. S. 378) leben unzählige Flamingos, die hier optimale Brutbedingungen vorfinden.

Bei Los Tres Charcos führt der etwa 13 km lange Fußpfad Fondo Paradise in Richtung Norden, auf dem man die Möglichkeit hat, viele Landvögel und andere Tiere zu beobachten.

Kulturell und historisch sind eine Reihe von Höhlen wie El Guanal, die Cueva La Poza und Cueva Mongó von Bedeutung, die mit Piktogrammen und Felsgravuren verziert sind und in denen allerlei Gebrauchsgegenstände aus vorkolumbianischer Zeit gefunden wurden. Die ältesten Funde konnte man auf 2590 v. Chr. datieren und sie den Vorläufern der Tainos zuordnen. Die meisten stammen allerdings von den Tainos, die Kolumbus noch bei seiner Ankunft angetroffen hatte. Hier lebte auch einer ihrer Häuptlinge (von den Tainos Kaziken genannt) mit dem Namen Xaragua,

Der Glattkopfleguan *Leiocephalus barahonensis* ist nur im Südwesten anzutreffen

Die Palmengattung *Coccothrinax* kommt in vielen Arten vor

Coccothrinax scoparia (= *C. miraguama*) wächst bevorzugt im Südwesten

der dem Parque Nacional Jaragua seinen Namen geliehen hat.

Die Straße verläuft meist etwas erhöht auf dem höchsten Rand der Tiefebene und gibt den Blick über weite Flächen frei.

Stoppt man sein Auto an Stellen, an denen das Gelände deutlich bergig ist, trifft man oft Karstböden an, die derart schroff und scharfkantig ausgewittert sind, dass ein Begehen nahezu unmöglich ist. Diese Erscheinung wird von den Einheimischen treffend „Hundezahn-Karst" genannt, weil die scharfkantigen Kämme Knöchel und Beine ordentlich verletzen können. In den tief eingesenk-

ten Ritzen sind nur ein paar spärliche Erdkrumen vorhanden, durch Eisenoxyd rot gefärbt, und doch stellte sich dort eine interessante Flora ein. Auffällig und besonders schön ist die ganz schlanke, meist 3–4 m hohe Palme *Coccothrinax scoparia* mit außerordentlich kunstvollem Bast um den Stamm. Daneben darben der Wilde Frangipani und diverse *Croton*-Arten. Wenn jemand auf die Idee käme, diese Zusammenstellung „Fakirpflanzengesellschaft" zu nennen, man könnte unwidersprochen zustimmen, denn genügsamer und leidensfähiger kann auch ein Fakir nicht sein. Es ist nicht verwunderlich, dass in solchen durchlässigen Landstrichen Fließgewässer keine Chance haben. Diese verkarsteten Felsen sind natürlich auch voller Spalten und Höhlen, die ideale Heimstätten für Fledermäuse darstellen.

Botanische Kartierungen auf dem Karstplateau in den Jahren 2002–2004 haben eine äußerst interessante Übersicht über die Flora des Nationalparks Jaragua ergeben, der großflächig von zwei Bodentypen gebildet wird. Neben dem Hundezahn-Karst findet man in den ebenen Landstrichen auch schwach tonig verwitterte Böden mit etwas Humusauflage vor und natürlich Sand an der Küste. Insgesamt lassen sich zwölf Pflanzengesellschaften unterscheiden, darunter Dünen- und Sandvegetation, Mangroven, Küstensavannen, Salzwiesen, Krautschichten, Felsbesiedler, kleinlaubiger Trockenwald oder trockener Dornenwald. Zusammenfassend wurden in diesen zwölf Zonen 259 Pflanzenarten aus 166 Gattungen und 61 Familien gefunden, davon 84 endemische Arten. 14 Arten wachsen ausschließlich in der Region zwischen Pedernales und Bahourco, zwei sogar nur am Cabo Rojo. 52 Arten stehen auf der Roten Liste, davon 29 endemische. Vorherrschend sind Sträucher mit 107 und Bäume mit 44 Arten. 39 Kletterpflanzen-, vier Palmen-, drei Epiphyten- sowie eine Parasitenart runden das Bild ab. Nur sieben Arten sind ausländischer Herkunft, davon haben sich fünf integriert. Sieben Familien haben insgesamt 90 Arten mit extremer Anpassung an die Trockenheit hervorgebracht, im einzelnen Euphorbiaceae mit 20, Cactaceae mit 15, Fabaceae mit 12, Boraginaceae mit 12, Mimosaceae mit

Agave intermixta nutzt das Quellwasser in den Felsspalten

Croton ist mit seinen silberbehaarten Blättern bestens an trockene Hitze angepasst

11, Asclepiadaceae mit 10 und Rhamnaceae mit 10 Arten.

Sobald man dann in die Gegend von Oviedo kommt, ändert sich die Landschaft, und es ist wieder mehr Ackerbau möglich. Hier wurden mit staatlicher Hilfe große Baumwollkulturen angelegt. Ansonsten werden hier vor allem diverse Feldfrüchte und Zitruspflanzen angebaut. Die Stadt wurde 1966 komplett von dem Hurrikan Inés zerstört und an gleicher Stelle wieder aufgebaut.

Baumwolle ist auf Hispaniola heimisch und wird gelegentlich auch angebaut

Zu flach für einen Kopfsprung: Die Lagune von Oviedo

In die Vielzahl der unterschiedlichen Ökosysteme des Jaragua-Nationalparks reihen sich auch einige Lagunen ein. Die wichtigsten davon sind die Laguna de Oviedo, Salado Bucán de Base, Salada, La Rabiza, Manuel Matos und Puerto en Medio.

Die Lagune von Oviedo ist mit 28 km² die größte Lagune des Landes und liegt auf halbem Weg nach Barahona. Sie ist in einem recht jungen Graben im Karstplateau an der Randzone eines ausgedehnten Faltensystems eingesenkt, das allgegenwärtig die Geschicke dieser Region bestimmt. Es handelt sich um ein ca. 11 km langes und im Mittel 3 km breites Feuchtgebiet unmittelbar an der Küste, das komplett vom Meer beeinflusst und nur durch ein 400 m breites angehobenes Korallenriff von ihm getrennt ist. Der Wasserstand ist mit im Mittel nur 90 cm äußerst flach. Die Lagune kann über weite Strecken durchwatet werden, ist also viel zu flach für einen Kopfsprung. Nur wenige Bereiche sind tiefer. In Regenperioden kann der Wasserstand aber insgesamt deutlich ansteigen. Das mag den Menschen zwar nicht so wichtig erscheinen, ist es aber umso mehr für die Heerscharen von Stelzvögeln. Für Silber- und Blaureiher, Rosalöffler, Schneesichler und die größte Population des Rosaflamingos des Landes bedeutet so eine Lagune natürlich ein gefundenes Fressen. Das im Mittel 28 °C warme, sauerstoffreiche, stark salzige und immer trübe Wasser beherbergt nämlich eine Unzahl von Kleinstlebewesen. Diese ernähren sich von im feinen Bodenschlamm zersetzenden organischen Abfällen (Detritus) der umstehenden Mangroven und bilden die erste Stufe der Nahrungskette. Kleinstlebewesen ernähren neben Fischen, darunter den nur in der Lagune von Oviedo vorkommenden Oviedo-Wüstenfisch, dem größten Vertreter seiner Gattung, und den aus Afrika eingeführten Moçambique-Buntbarsch auch kleine Krebschen. Diese wiederum werden von den Flamingos als Leib- und Magenspeise betrachtet und mit den kompliziert gebauten Schnabelreusen kopfunter mit kreisenden Bewegungen aus dem Wasser gefiltert. Und weil diese Krebschen in ihrem Panzer große Mengen Karotin und Vitamin A eingelagert haben, werden die Federn der Flamingos auch so schön rot, denn diesen Farbstoff können die Vögel selbst nicht bilden.

Flamingos sind für Europäer der Inbegriff von Tropen, und so nimmt es nicht wunder, dass die Lagune von Oviedo regelmäßig Touristen anlockt. Vom Besucherzentrum, etwas außerhalb des Ortes Oviedo an der Hauptstraße gelegen, gelangt man an die Station El Cajuil direkt am Wasser, wo man Boote mieten kann. Ein Parkführer bringt einen in den Mangrovenbestand mit verhältnismäßig niedrigen Gebüschinseln der Roten Mangrove, in dem sich die Wasservögel bevorzugt aufhalten, und schiebt dann das Boot vorsichtig knapp bis an die Fluchtdistanz von Flamingos, Rosalöfflern, Reihern oder Pelikanen heran. Mit etwas Geduld lassen sich die Tiere dann aus nächster Nähe bei der Nahrungsaufnahme beobachten. Hat man sich dann endlich satt gesehen, geht die Bootstour weiter zu einer kleinen Karstinsel, Cayo Iguana genannt, mitten in der Lagune,

Die flache Lagune von Oviedo ist ein optimales Gewässer für Flamingos

Jungen Flamingos fehlt noch die intensive Rosafärbung

auf der in einem archaischen Umfeld Nashornleguane leben und riesige Tillandsien aus den Felsen sprießen. Ihre Blütenstände sind so hoch, dass man sie sogar noch vom kleinen Aussichtsturm aus in Augenhöhe hat, der hier errichtet wurde und acht Personen Platz bietet, wenn man den Panoramablick über die stillen Wasser und andere verstreut liegende Inselchen genießt.

Fotografen sei dringend eine wasserdichte Tasche ans Herz gelegt, denn auf der Lagune treten oft überraschend ergiebige Schauer auf, oder böige Winde blasen die aggressive Salzgischt ins Boot. Kleidung ist da etwas pflegeleichter als Technik, selbst wenn man beim Trocknen im Fahrtwind manchmal empfindlich fröstelt.

Die Region südlich des Gebirgszuges der Sierra de Bahoruco, die südliche Pa-

läoinsel, ist nicht nur botanisch, sondern auch zoogeographisch äußerst interessant, selbst in Hinblick auf die Fischfauna der Fließgewässer und Lagunen. Ein großer Prozentsatz lebt hier endemisch sowohl in Haiti als auch in der Dominikanischen Republik, teilweise auf nur ganz wenige oder sogar nur ein einziges Gewässer begrenzt. Als Beispiel wurde schon *Cyprinodon nichollsi* für die Lagune von Oviedo genannt. Der Miragoane-See in Haiti beherbergt gleich acht endemische Arten, sieben aus der Gattung *Limia* mit den Arten *L. ornata*, *L. grossidens*, *L. miragoaensis*, *L. fuscomaculata*, *L. gardneri*, *L. inmaculata* und *L. nigrofasciata* sowie mit *Gambusia beebei* einen Vertreter der Gambusen. Im äußersten Westen der Halbinsel findet man *Gambusia pseudopunctata*. Nur *Limia dominicensis* ist weiter verbreitet. In der Enriquillo-Senke findet sich ein ganz anderes Artenspektrum, mit z. B. *Limia sulphurophila*, *L. tridens* und *Cyprinodon bondi*; *Gambusia hispaniolae* und *Limia perugiae* besitzen im Süden die weiteste Verbreitung. Mehr dazu ab S. 196 ff.

Auch von Land aus lässt sich die Lagune erforschen. Es gibt einige Fußpfade, die durch Salzwiesen mit *Sesuvium portulacastrum* und *Batis maritima* führen oder mehrere Arten von Mangroven beherbergen, über die man um die Lagune herum bis ans Meer gelangt. Die vorgelagerten Ufer sind traditionelle Brutplätze von Meeresschildkröten, und der Leiter des Nationalparks setzt das Menschenmögliche daran, dass so gut wie alle Jungtiere unversehrt das Meer erreichen. Die Eigelege aller vier hier lebenden Arten werden deshalb ausgegraben und in Zuchtbehältern bebrütet. Erst wenn die geschlüpften Jungtiere die volle Vitalität erlangt haben, werden sie, ohne den gefährlichen Landweg von der mütterlichen Nistgrube über den Strand nehmen zu

müssen, direkt ins Meer gesetzt, um hoffentlich eines Tages wieder an diese Lagune zum Brüten zurückzukehren. Vielleicht ist dann die Zukunft von Echten Karettschildkröten, Lederschildkröten, Unechten Karettschildkröten oder Suppenschildkröten in Zukunft gesichert. Noch zählen die Strände im Nationalpark Jaragua zu den Brutgebieten mit der größten Nachkommenschaft weltweit. Speziell für die Echte

Der Nashornleguan bildet auf den Inselchen in der Lagune Kleinstpoulationen

Karettschildkröte wurde ein eigenes Schutzprogramm ins Leben gerufen. Beobachtungen haben ergeben, dass sich diese Art bevorzugt in Korallenriffen aufhält und sich dort hauptsächlich von Schwämmen ernährt. Aber solange der Handel mit Schildpatt nicht weltweit unterbunden wird, wird dieser Art weiterhin unbarmherzig nachgestellt, auch wenn sie unter noch so strengem Artenschutz steht.

Im Umfeld der Lagune soll es auch noch den Schlitzrüssler, Zagutis sowie 11 Fledermausarten geben. Auch vom Hispaniola-Wirtelschwanzleguan wird berichtet.

Auf dem Weg zurück zur Rangerstation mag sich so mancher fragen, woher eigentlich das viele Wasser in der Lagune stammt, obwohl hier gar keine Flüsse münden. Die Antwort ist überraschend, denn es stammt nicht vom Meer, wie man glauben könnte, sondern wird unterirdisch durch Quellen aus dem Karstkörper der Sierra de Bahoruco mit jährlich sage und schreibe 300 Millionen m^3 zugeführt. Trotzdem ist das Wasser hypersalin, weil sich durch permanente Verdunstung eine deutlich höhere Salzkonzentration als in der angrenzenden Karibischen See angereichert hat. Auch dieses einzigartige Phänomen macht die besondere ökologische Bedeutung dieses Schutzgebietes und dessen hohen wissenschaftlichen Wert aus.

Andere wichtige Ökosysteme des Nationalparks Jaragua zwischen Wasser und Land sind Inseln, etwa Isla Beata und Alto Velo (auch Alta Vela genannt) sowie die flacheren Sandbänke Los Frailes und Piedra Negra, die sich in geologisch allerjüngster Zeit, dem Pleistozän, gebildet haben. Sie haben vor allem als Vogelschutzgebiete eine große Bedeutung. Auf der Insel Alto Velo befinden sich z. B. große Brutkolonien der Rußseeschwalbe oder des Schneesichlers. Auch gibt es dort riesige Kakteen mit großen Bromelien als Epiphyten. Alto Velo beherbergt zudem den nur hier vorkommenden *Anolis altavelensis*. Auf der Nachbarinsel Isla Beata dagegen wurden der endemische Glattkopfleguan *Leiocephalus barahonensis beatanus* und als wissenschaftliche Sensation im Jahr 2001 die mit 30 mm Gesamtlänge kleinste Echse der Welt entdeckt, der winzige Kugelfingergecko *Sphaerodactylus ariasae*. Dieser Winzling wurde nach der engagierten Reptilienexpertin Yvonne Arias benannt. Sie betreibt als Präsidentin der Grupo Jaragua – einer 1987 von ihr mitbegründeten, lokalen und privaten Umweltorganisation – seit vielen Jahren Grundlagenforschung und politische Aufklärung in dieser Gegend.

In den Mangroven der Lagune von Oviedo wohnt eine Kuhreiherkolonie

Mit Kennerblick wird schleifwürdiger Larimar herausgeschnitten

Der dominikanische Türkis oder der Nationalstein Larimar

Eine neue Einnahmequelle ist Mitte der 1970er-Jahre entstanden. 1916 wurden vom Strand nahe Barahona erstmalig von Pater Miguel Domingo Fuertes Loren blau glänzende „Kieselsteine" beschrieben, und er informierte seinen Erzbischof darüber. Der Entdeckung wurde aber lange Zeit keine ernsthafte Bedeutung beigemessen, und sie geriet fast in Vergessenheit. Erst 1974 wurden von Norman Rilling und Miguel Mendéz in dem unzugänglichen Gelände entlang dem Fluss Bahoruco und einem seiner Nebenflüsse, dem Wildbach Sitio, erneut Proben des blauen Steines aufgesammelt, der wegen seiner klaren, hellblauen Farbe „Tränen des Meeres", spanisch „lacrima de la mar" oder abgekürzt Larimar getauft wurde (andere Quellen führen den Namen auf eine Wortsynthese aus dem Mädchennamen Larissa, der Tochter eines der beiden Wiederentdecker und Erstbeschreibers Miguel Méndez, und mar, das Meer als Fundort, zurück). Und dann ging alles ganz schnell. Dieser wundervolle Schmuckstein wurde von da an in abenteuerlicher Weise mit primitivsten Werkzeugen abgebaut. Heute erreicht man die Minen, ein bis vor kurzem streng gehütetes Geheimnis, weit oben in den Bergen der Sierra de Bahoruco von Barahona aus, entlang der Küste in Richtung Oviedo. Nach ca. 10 km muss man in Las Filipinas über eine derzeit im Ausbau befindliche, beschwerliche und teils ungemein steile Schotterstraße in die Berge abbiegen. Die wichtigsten Vorkommen befinden sich nahe dem Örtchen Los Checheses, in der Kommune Los Chupaderos.

Die Hochfahrt selbst ist allerdings nur mit Einheimischen und deren Fahrzeugen zu empfehlen oder für wirklich erfahrene Geländefahrer mit einem entsprechenden Fahrzeug, denn normale PKW bleiben unweigerlich auf der Strecke. Oben angekommen, findet man eine kleine Ansiedlung von Häusern, die einen an das legendäre El Dorado zu Zeiten des Goldrausches erinnern. Mitten in dem üppigen Küstenregenwald ist der Boden aufgewühlt und zwischen Halden und Maschinen wohnen die Menschen da, wo gerade Platz ist. Es ist ein karges Leben hier oben, und wenn die Morgennebel die Hänge hoch ziehen auch ungemütlich kalt.

Das Larimarvorkommen ist auf eine sehr eng umgrenzte Region von maximal 10 km² beschränkt. Nur hier haben vulkanische Aktivitäten Tiefengesteine –

sogenannte Intrusivgesteine wie Gabbro oder Diorit und Vulkangesteine wie Andesit und Basalte – geeigneter chemischer Zusammensetzung an die Oberfläche gedrückt. Flüssige Lava kann je nach Entstehungsort im Erdinneren eine höchst unterschiedliche chemische Zusammensetzung besitzen, dementsprechend unterschiedlich sind auch die daraus gebildeten Primärgesteine und Minerale. Laien können es oft daran erkennen, dass manche Ergussgesteine beim Abkühlen eher faserig, andere eher körnig oder strukturlos kristallisieren und je nachdem entweder nadelige oder kompakte Mineralien liefern. Selten bilden sich sogar Gläser wie Obsidian. Manche Mineralvergesellschaftungen in unterschiedlichen Magmen schließen sich dabei grundsätzlich aus. Im Fall der östlichen Sierra de Bahoruco kamen Andesit und Basalt in einer sehr seltenen chemischen Zusammensetzung nach oben. Nur daraus konnte unter dem Einfluss von überhitztem Wasserdampf („hydrothermal") Larimar entstehen. Durch spätere vulkanische Aktivitäten im bereits erkalteten Gestein bildeten sich durch heiße Gase aus der Tiefe mit der Zeit Kamine und Schlote, in denen sich dann solche hydrothermalen Produkte ablagern konnten. Das begehrte Larimar ist ausschließlich in diesen meist senkrecht ausgerichteten Gängen zu finden, die sich im umgebenden Primärgestein meist nur mit Mühe verfolgen lassen

Der Berg ist schon bedrohlich von alten Stollen durchsetzt

und die oft nur eine geringe Mächtigkeit aufweisen.

Kein Wunder, wenn die Preise für Larimar drastisch steigen, denn der Berg ist schon jetzt wie ein Schweizer Käse durchlöchert. An so manchem Amulett aus Larimar klebt Menschenblut, denn die Schinderei unter Tage ist extrem hart und lebensgefährlich, Tendenz steigend bei sinkenden Ausbeuten.

Bauxit und Larimar hängen übrigens indirekt miteinander zusammen, haben doch beide ihre Wurzeln im kreidezeitlichen Vulkanismus, der von hohen Anteilen an Silikat und Aluminium geprägt ist, durchsetzt mit variablen Anteilen von Natrium, Kalzium und Eisen. Während im Falle des Bauxits allerdings die Aluminiumanteile übrig blieben, die sich aus den durch Klimaeinflüsse zersetzenden Silikaten sukzessive angereichert haben, ist umgekehrt beim Larimar der Silikatanteil in die Hohlräume des umgebenden Serpentingesteins eingedrungen. Dort hat es sich in einem komplizierten Prozess in den wundervollen blauen Stein umgewandelt. Larimar ist ein sogenanntes Sekundärmineral, das sich bei Zersetzungsprozessen aus Lava bildet. Die chemische Formel $NaCa_2[Si_3O_8OH]$ sagt, dass es sich hier um ein Pektolith handelt. Der Name wurde vom deutschen Mineralogen Kobell 1828 aus den beiden Worthälften „pectos" (= zusammengesetzt) und „lithos" (= Stein) gebildet, als Hinweis auf die heterogene Zusammensetzung des Minerals. Es ist gar nicht so selten, jedoch üblicherweise weiß und wird in die Pyroxengruppe eingeordnet. Aber den Zauber des Steins kann die Formel keinesfalls beschreiben,

denn die faszinierende Farbe, in allen Tönungen von Hellblau über Türkis- bis grünlich Blau, verdankt es kleinsten Beimengungen von Vanadium – und genau das macht diesen Stein so unverwechselbar und in dieser Farbe so einmalig auf der Welt.

Mittlerweile gibt es keinen Souvenirladen oder fliegenden Händler mehr auf der Insel, der nicht auch Larimarschmuck anbietet. Broschen, Ringe, Armreifen, Halsketten, Ohranhänger: Der blaue Stein harmoniert dabei besonders gut mit Silber, das ebenfalls in der Dominikanischen Republik gewonnen wird und zusammen mit Gold ein weiteres Standbein für die Beschaffung von Devisen ist.

In Santo Domingo wurde mittlerweile sogar ein eigenes Museum ganz dem Larimar gewidmet (s. S. 447) und das Fundgebiet als Naturdenkmal unter dem Namen des Entdeckers Padre Miguel Domingo Fuertes, das neben dem Larimar-Vorkommen auch die Vegetation berücksichtigt, geschützt. Ihm zu Ehren wurde auch ein kleines Botanisches Museum (Museo Botánico) in Barahona auf den Namen Padre Miguel Domingo Fuertes getauft.

Es sei noch dringend darauf hingewiesen, dass die Ausfuhr von unbearbeitetem Larimar auch in kleinen Mengen bei Strafe verboten ist. Politiker des Landes möchten damit erreichen, dass auch die Löhne für die Bearbeitung und Schmuckfertigung im Land bleiben und weitere, dringend benötigte Arbeitsplätze geschaffen werden. Nur so gelingt es auf Dauer, Menschen an der Ausbeutung der Natur – aus der Not heraus – zu hindern.

Reserva Biológica Padre Miguel Domingo Fuertes (Bahoruco Oriental)

1986 wurde das Gebiet um den Monta-ña Pie de Palo, einem 1.603 m hohen Berg oberhalb der Larimarminen, unter Schutz gestellt und Padre Miguel Domingo Fuertes Lorens gewidmet, der in der Diözese Barahona gewirkt hat. Pater Fuertes hat nämlich nicht nur das Larimarvorkommen entdeckt, sondern bereits vorher die Flora des Pico Duarte erforscht und die vorgefundenen Arten akribisch katalogisiert. In das 36 km² große Biologische Reservat sind auch die Berge Loma Trocha de Pey und Loma Remigio integriert. In diesem Teil der Sierra de Bahoruco entspringen der Río Bahoruco und einige Nebenflüsse des Río Nizaito. Eine der Besonderheiten dieses subtropischen Nebelwaldes ist das gleichzeitige Vorkommen der beiden Magnolienarten *Magnolia pallescens* und *Magnolia hamorii* am gleichen Standort, je einem Element der nördlichen und der südlichen Paläoinsel, die sich hier überlappen! Bemerkenswert ist auch der nur an wenigen Stellen in der Sierra de Bahoruco vorkommende *Cojoba zanonii* und die in dieser Region endemische Palmenart *Reinhardtia paiewonskana*. Der Wald ist durch Bergpalmen, *Didymopanax tremulus*, Baumfarne, viele Epiphyten, vor allem Orchideen und Bromelien, schnell als Nebelwald zu erkennen. Unglücklicherweise sind einige Bereiche des Reservates bereits stark durch Wanderfeldbau und Kaffeeplantagen geschädigt, und manche der seltenen Arten findet man nur noch in kleinen Waldinseln zwischen den landwirtschaftlichen Plantagen.

Vía Panorámica Mirador de Paraíso

Wenn man von den Larimarminen wieder talwärts Richtung Meer fährt, trifft man auf die als „vía panorámica" ausgezeichnete Küstenstraße. Die ersten Vorschläge zum Schutz der Landschaft in der Gegend um Barahona wurden bereits 1967 anlässlich einer Studie zum Erhalt der Naturschönheiten des Landes eingebracht. Entsprechende Küstenabschnitte wurden damals schlicht „Strand von Barahona" genannt. Es handelt sich jedoch um eine der schönsten Panoramastraßen des Landes, wenn nicht die schönste überhaupt. Sie führt über das Vorgebirge der Sierra de Bahoruco, von

Unweit von Barahona gibt es menschenleere Strände

Barahona aus in Richtung Oviedo, meist etwa 20 m über dem Meeresniveau, an der Küste entlang. Sie quert viele kleine Buchten mit Sand- und Schotterstränden oder Aussichtspunkte mit herrlichem Meerblick auf das türkisblaue Wasser der karibischen See. Seit 1996 steht sie als Vía Panorámica Mirador de Paráiso unter Schutz, die „Panoramastraße mit Blick ins Paradies", benannt nach einem kleinen Örtchen an dieser Strecke. In den steil dahinter aufragenden Bergen entspringen kleine Flüsse, die z. B. bei Los Patos in eine Bucht münden und eines von vielen kleinen Naturschwimmbädern der Gegend mit kristallklarem und erfrischend kaltem Quellwasser speisen, in denen man gefahrlos baden kann. Im Südosten brechen die Hänge der Sierra de Bahoruco an einer Verwerfung steil direkt ins Meer ab und sind ungewöhnlich reich mit Küstenwäldern bewachsen. In Meeresnähe sind die Bäume oft vom Wind stark zerzaust und niedergedrückt. Die knapp 60 km lange Küstenstraße zwischen Barahona und dem Örtchen Los Cocos nahe Enriquillo wird von vielen zu Recht mit der Côte d'Azur verglichen, die eine ähnlich schroffe und bizarre Streckenführung vorweisen kann, die aber auch ähnlich gefährlich ist. 1992 wurde von der dominikanischen Forstbehörde ein Managementkonzept zum Schutz dieses Küstenabschnittes in mehreren Stufen vorgestellt und wird seitdem umgesetzt. Ein 200 m breiter Schutzstreifen beiderseits der Straße dient z. B. dem Erhalt der typischen Flora in dieser Region. Die Panoramastraße endet mit dem Beginn der Ebene von Jaragua.

Eine große Meertraube spendet Schatten

Große Wäsche am Strand

Caesalpinia coriaria **mit einer Sturmfrisur im wahrsten Sinn des Wortes**

Der ökologische Korridor nach Polo mit einer vielfältigen Flora

Der ökologische Korridor von Polo

Um zum nächsten Punkt zu gelangen, muss man von Barahona erst ein paar Kilometer in Richtung Azua stadtauswärts fahren, sich aber bald wieder links, also nach Westen, in Richtung Duvergé halten. Der Weg nach Polo ist steil und hat schon so manchen Motor zum Kochen gebracht. Aber die Strapazen lohnen sich in mehrfacher Hinsicht. Dazu muss man in der Ortschaft Cabral wieder links, also nach Süden in die Berge abbiegen.

Erstes Highlight auf dem Weg zum Gipfel ist nach wenigen Kilometern der Polo Magnético. Hier kann man amüsiert Menschen beobachten, die erstaunt Blechdosen oder Getränkeflaschen beob-

achten, welche die Straße hinauf statt hinunter rollen. Das Ganze beruht natürlich auf einer optischen Täuschung: Die Landschaft ist hier so kurios geformt, dass sie dem Betrachter keinerlei optischen Anhaltspunkt bietet. Zwar verläuft die Straße objektiv bergab, in Bezug auf die Umgebung aber steigt sie scheinbar an. Einheimische und Fremdenführer sind natürlich felsenfest von magischen Kräften tief im Untergrund überzeugt und machen geheimnisvolle, magnetische Kräfte dafür verantwortlich. Banale Erklärungen wären für den Tourismus auch längst nicht so attraktiv!

Nachdem man seine Sinne genügend hat täuschen lassen, steht ein real existierender, steiler Anstieg bevor. Die Straße nach Polo ist als ökologischer Kor-

Piper aduncum, ein wildes
Pfeffergewächs, mit typischen
Blattwedeln und Blüten

ridor ziemlich einmalig und dementsprechend in seinem ganzen Verlauf
unter besonderen Schutz gestellt.
Streifen von je 250 m rechts und
links der Straße sollen der natürlichen Vegetation vorbehalten
bleiben und von menschlichen Einflüssen frei gehalten werden. Wei-
dende Ziegen stellen hier aber ein
erhebliches Problem dar.

Außerdem ist es eine Straße von
historischer Bedeutung, die einst
von flüchtenden schwarzen Sklaven
(„cimarrones") auf dem Weg zu ihren Verstecken in der Sierra de Bahoruco benutzt wurde. Auch schon
davor war die Sierra Bahoruco ein
beliebtes Versteck der Tainos vor den
Spaniern, da es sehr unzugänglich
war. So rief der Taino-Häuptling, der

Die Haitianische
Baumschnecke *Liguus
virgineus* ist in der mittleren Höhenstufe häufig

Die einsame Schutzhütte zeigt, dass in der Nähe Menschen sind
Urea baccifera **ist ein dekorativer Verwandter unserer Bennessel und brennt auch so**

Kazike Guarocuya – von den Spaniern Enriquillo („der kleine Heinrich") genannt – im Jahr 1532 während seines Befreiungskampfes gegen die Spanier die Bergregion als freie Republik aus. Und tatsächlich endete der Kampf in einem Friedensvertrag mit den Spaniern, allerdings viel zu spät. Fast alle der einst eine Million zählenden Ureinwohner der Insel waren bereits den Waffen oder Krankheiten der Spanier innerhalb von weniger als 50 Jahren zum Opfer gefallen. Und das, obwohl doch Kolumbus bei seiner Ankunft die Tainos als eines der liebenswertesten Völker der Erde bezeichnet hatte.

Aber zurück zur heutigen Realität. Polo liegt in einem äußerst fruchtbaren Hochtal, einem der wenigen Gebiete, an denen die Gesteine aus der Kreidezeit an die Oberfläche ragen. Niederschläge von 2.000 mm pro Jahr und vulkanische Verwitterungsböden schaffen allerbeste Voraussetzungen für hohe Erträge. Im kühlen Klima gedeiht Kaffee von allerbester Qualität im Schutz hoher Bananenstauden – er zählt zu den Top-Sorten der Welt. An anderen Orten trifft man auf kleine Plantagen mit *Bixia*-Bäumen für die Farbstoffindustrie. Auf den Feldern ernten die Bauern Mais, Yams, Maniok, Taro oder Batate, und auf den verstreut liegenden Weiden grasen Rinder und Pferde. Dazwischen befinden sich immer wieder kleinere Reliktwäldchen mit einer interessanten Fauna und Flora. Und oberhalb des Ortes kann man in den steilen und daher unbewirtschafteten Hängen ebenfalls nach Herzenslust botanisieren oder seltene Schmetterlinge und Vögel beobachten.

Refugio de Fauna Silvestre Annabelle Stockton de Dod (Reserva Científica Laguna Cabral ó Rincón)

Auf dem Rückweg von Polo blickt man talwärts direkt auf einen großen Süßwassersee.

1983 wurde ein 47 km² großes Gebiet rund um die Lagune von Rincón nahe der Stadt Cabral unter Schutz gestellt, 1997 zum Parque Nacional Laguna de Cabral ó Rincón aufgewertet und auf 241 km² erweitert. Später wurde es in Refugio de Fauna Silvestre Annabelle Stockton de Dod umbenannt. Die Ehefrau des schon mehrfach erwähnten Donald Dod hat sich vor allem um die Vogelfauna der Dominikanischen Republik verdient gemacht und neben der Entdeckung und Erstbeschreibung einiger Vogelarten den ersten umfassenden Vogelführer für die Dominikanische Republik veröffentlicht. Sie hat auch als eine der Ersten die herausragende Bedeutung der Halbinsel Bahoruco für die Vogelwelt erkannt.

Das Schutzgebiet grenzt im Süden direkt an den Parque Nacional Bahoruco Oriental. Es stellt ein bedeutendes Reservat für Tausende von Zugvögeln dar. Die Lagune von Rincón bildet mit 30 km² den größten Süßwassersee des Landes und wird hinsichtlich der Wasserfläche nur vom Lago Enriquillo übertroffen. Letzterer ist jedoch hypersalin, also hochgradig salzhaltig. Gespeist wird die höchstens 5 m tiefe Lagune neben etwas Niederschlagswasser von einigen umliegenden Quellen aus der Sierra de Bahoruco und der Sierra de Neiba, vor allem aber durch das Wasser des Río Yaque del

Tillandsia recurvata bildet im Idealfall perfekte Kugeln

Sur, das über den Kanal Mena-Trujillo in die Lagune geleitet wird.

Das Naturreservat liegt etwa 10 m über dem Meeresniveau in der Senke von Neiba und ist dementsprechend heiß und trocken. Die mittlere Temperatur beträgt 26,8 °C, und die Niederschläge sind mit 871 mm niedriger als die Verdunstungsrate, die Wasserbilanz ist also negativ. Die umliegende Vegetation auf den niedrigen Felskuppen wird von einem für die Region typischen, subtropischen regengrünen Trockenwald geprägt. Leitarten sind Capanema, Hispaniola-Weinpal-

Die Lagune von Rincón ist ein riesiges Süßwasser-Reservoire

me und diverse Kakteen. An den Ausläufern der Lagune wachsen an manchen Stellen Mangroven, z. B. Rote Mangrove oder die Knopfmangrove. Im flachen Wasser der Lagune gedeihen Rohrkolben, die Seerosen *Nymphaea* sp. und *N. ampla*, Lotosblumen und Raues Hornblatt.

Die Amphibien- und Reptilienfauna ist reichhaltig. Neben dem Nashornleguan und verschiedenen Anolis-, Ameiven- und Schlangenarten (u. a. Schlankboas und Hispaniola-Spitzkopfnattern) an Land, kommen im Wasser hier vor allem die größten Bestände der endemischen Wasserschildkröte *Trachemys decorata* vor, die es sonst nur noch im Lago Enriquillo und auf der Halbinsel Barahona gibt. Von den Amphibien sind die Aga-Kröte, die Kröte *Pelthophryne guentheri*, der Antillen-Pfeiffrosch *Eleutherodactylus pictissimus apantheatus* und der Laubfrosch *Osteopilus dominicensis* besonders hervorzuheben.

Die Fischfauna besteht zum Teil aus endemischen Vertreten der Gattungen *Limia* und *Gambusia*. Der in den 1950er-Jahren aus Afrika eingeführte Moçambique-Buntbarsch hat im See große Bestände gebildet und ist für die Bevölkerung ein wichtiger Wirtschaftsfaktor geworden. Das hat allerdings zu großen Problemen für die heimische Fischfauna geführt. Außerdem ist die Lagune Lebensraum für die im Süßwasser lebende Sandgarnele *Palaemon pandaliformis*.

Das Gebiet ist natürlich auch für viele Wasservögel als Brutrevier interessant, etwa für die vom Aussterben bedrohte Westindische Maskenente, daneben Schwarzkopf-Ruderente, Dreifarbenreiher, Braunsichler, Blauflügelente, Carolinasumpfhuhn, Gelbstirn-Blatthühnchen, Bindentaucher, Rosaflamingo und verschiedene andere. Gelegentlich kommen Massen von Enten hierher, um eine Rast auf ihrem Zug gen Süden einzulegen, so hat man schon über 80.000 von ihnen als Durchzügler innerhalb kürzester Zeit gezählt.

Die Salz- und Gipsminen von Barahona

Auf der nördlichen Seite der Sierra de Bahoruco, wenn man die Straße von Barahona nach Duvergé wählt und auf halber Strecke Richtung Las Salinas in die Canteras de Yeso und Loma del Sal abbiegt, gelangt man zwischen Lemba und Angostura an mächtige Lagerstätten, in denen auf etwa 21 km² ungefähr 1 Million Tonnen fast chemisch reiner Gips und die ungeheure Menge von 250 Millionen Tonnen Steinsalz schlummern, die größte Salzlagerstätte der Welt. Folgerichtig hat man diesen Landstrich Cerros de Sal, Salzberge, und die geologische Formation nach der nahegelegenen Ortschaft „Angostura-Formation" benannt. Die Salzberge haben viel mit der Auffaltung der Sierra de Bahoruco zu tun, denn im Zuge der Landhebung wurde zwischen der neu entstehenden Sierra de Bahoruco und der nördlich gelegenen Sierra de Neiba in einem Bruchgraben ein Meeresarm abgeschnitten, in dem ständig Wasser verdunstete und mangels Austausch mit dem offenen Meer gelöste Mineralien auskristallisierten, während durch eine schmale Passage ständig Meerwasser nachfloss. Dieser Prozess muss sehr lange angedauert haben, damit sich derartige Mengen an Mineralstoffen in Form von kristallinem Kalk, Gips und Kochsalz ansammeln konnten. Experten schätzen den Zeitraum auf 5–10 Millionen Jahre während des ausgehenden Miozäns und die heutige Mächtigkeit auf bis zu 1.425 m. Die Salzlagerstätten, die hier im Tagebau ausgebeutet werden, stehen zum Teil senkrecht aufgefaltet und deuten auf große tektonische Aktivitäten nach deren Ablagerung hin. Im Nebengestein hat man fossile Muscheln und Schnecken aus dem Miozän gefunden, die eine genauere geologische Datierung ermöglichen.

Dieser Meeresarm zwischen Port au Prince in Haiti und Barahona war offensichtlich mehrmals in seiner geologischen Vergangenheit isoliert und wieder offen, denn im ausgehenden Pliozän wurden hier erneut Sedimente abgelagert, die heute streckenweise an der Oberfläche liegen und sich durch eine große Zahl von Muscheln, Schnecken und Korallen auszeichnen – weit ab vom Meer. Dazu mehr ab S. 399.

Seit etwa 40 Jahren werden hier Bodenschätze abgebaut, dementsprechend viel LKW-Verkehr herrscht auf den Straßen, und man muss bei der Anfahrt zum nächsten Etappenziel vorsichtig sein.

Kuhreiher bei einem Stelldichein in einer Schirmakazie

Leguan-Aufzuchtsstation

Landnahme und Landwirtschaft, Aberglaube, Unvernunft und Hunger haben zur ernsthaften Gefährdung der beiden Großleguane (*Cyclura*) geführt, denn auch heute noch landen nicht wenige dieser imposanten Echsen im Kochtopf oder liegen überfahren auf den Straßen – trotz strengstem Artenschutz! Auch werden immer wieder Tiere in Panik von der Landbevölkerung erschlagen, im Aberglauben, sie seien gefährlich, oder – im anderen Extrem – gefangen und als Haustiere gehalten.

Grund genug für engagierte Naturschützer, Tiere in Obhut zu nehmen, um über gezielte Nachzuchtprogramme den Bestand zu vermehren, damit sie in geeigneten Biotopen später wieder angesiedelt werden können. Gleichzeitig lernt man während der Aufzucht viel über ihr Verhalten und ihre Biologie. Mit diesem Wissen lassen sich für die Zukunft Lebensräume in Hinblick auf die Bedürfnisse von Leguanen landesweit optimieren. Außerdem können Menschen hautnah an die Tiere herangeführt werden, um Aufklärung und Sympathiewerbung zu betreiben.

Mittlerweile gibt es mehrere Zuchtzentren im Land, eines im Zoologischen Garten in Santo Domingo, eines in der

Die Leguan-Zuchtstation von Lemba

Nähe von Punta Cana, eines auf der Halbinsel Samaná und ein weiteres hier im Südwesten, im Hauptverbreitungsgebiet der Großleguane und der einzigen Region der Welt, in der zwei Arten der Gattung *Cyclura* natürlich nebeneinander vorkommen. Außer im Zoologischen Garten in Santo Domingo, der sich auch für die Nachzucht von *C. ricordi* einsetzt, stützen sich die meisten Zuchtbemühungen ausschließlich auf die Bestandsvermehrung des Nashornleguans, der im Prinzip den gesamten Küstenbereich von Hispaniola, wenn auch in sehr unterschiedlichen Populationsdichten, bevölkerte und zum Teil auch noch bevölkert (Näheres s. S. 410).

Die Aufzuchtstation befindet sich nahe Las Salinas etwas versteckt in der Ecke eines großen, eingezäunten Geländes, das unterschiedlich genutzt wird. Orientierungspunk ist eine LKW-Waage in der Nähe, über welche die wertvolle Gips- und Salzfracht aus den angrenzenden Minen rollen muss, bevor sie der Industrie zugeführt wird. Die Station lässt sich aber an großen Schildern trotzdem recht leicht entdecken, wenn man weiß, wo man sie suchen muss. In mehreren Gehegen leben etwa 100 Tiere unterschiedlichen Alters. Das freundliche Personal lässt einen gern das abgegrenzte Areal betreten, denn diese Station ist nicht für Besucher eingerichtet und muss extra aufgeschlossen werden. Basisinformationen können jedoch jederzeit auf den großen Tafeln über den Zaun hinweg entnommen werden. Der Einblick in die Gehege ist von der Straße aus aber so gut wie unmöglich.

Die nördliche Sierra de Bahoruco in Richtung Polo

Nördlicher Teil der Sierra de Bahoruco: Parque Nacional Bahoruco Oriental

Unwegsamkeit, Grenznähe zu Haiti und Wasserarmut haben die Sierra de Bahoruco (gelegentlich auch „Baoruco" geschrieben) bis heute relativ unangetastet gelassen und den Dominikanern unberührte Natur bewahrt, die mittlerweile fast komplett als Nationalpark ausgewiesen ist und deren wissenschaftliche Sonderstellung der Öffentlichkeit erst in den letzten Jahren langsam ins Bewusstsein dringt. Seit 1983 mehrfach erweitert, erstreckt sich der nördliche Teilbereich inzwischen auf 70 km² und beinhaltet große Teile des Gebirgszuges, ähnlich denen der Südseite mit dem Nationalpark Hoyo de Pelempito. Die Einmaligkeit begründet sich, dank der komplexen Entstehungsgeschichte, auf das einzigartig schroffe landschaftliche Relief mit allen erdenklichen Klimazonen von Meereshöhe bis auf fast 2.400 m Höhe auf engstem Raum. Dies bildete die Grundlage für ein Maximum an Lebensräumen unter einmaligen geologischen Bedingungen, was wiederum zu besonderen Anpassungen von Fauna und Flora geführt hat.

In den feuchtesten Regionen können über 4.000 mm Niederschlag jährlich fallen. Der Park liegt auf den Territorien der drei Provinzen Barahona, Pedernales und Independencia und schließt an die drei Nationalparks Sierra de Neiba, Jaragua und Reserva Científica Laguna Cabral ó Rincón an. Damit ist dieser Komplex die größte zusammenhängende Region des Landes unter Schutz und umfasst den größten Teil der überaus sensiblen Halbinsel westlich von Barahona. Der Pflanzenreichtum mit dem hohen Anteil an endemischen Arten wurde bereits angesprochen, dazu kommt noch das Ökosystem als solches, das einzigartig ist, auch dafür wurden genügend Fakten erörtert. Hier soll es vor allem darum gehen, das Gebiet noch von einer ganz anderen Seite her kennen zu lernen, um „laufend" neue Erkenntnisse zu sammeln, denn Fahren geht nicht. Die

ganz andere Seite der Sierra de Bahoruco erreicht man vom Norden her über eine kleine Straße, die von der Hauptstraße, welche von Barahona in Richtung Jimaní führt, mitten in Duvergé in die Berge zu einem kleinen Wasserkraftwerk abzweigt und die schnell fürchterlich staubig wird. Ein weißer Kalkschleier überzieht Landschaft und Vegetation rechts und links des Weges, der von jedem Auto neu aufgewirbelt wird und das Fahren recht ungemütlich macht. Aber nach 10 km Staubstraße hat das Leid ein Ende, und man erreicht ein paar Kilometer weiter, hinter dem Bauerndorf Puerto Escondido, die Station der Nationalparkverwaltung, an der man seinen Obolus entrichtet. Noch etwa 1 km in Richtung der Berge, dann wird der Weg so steil und schotterig, dass die Reifen durchrutschen und man das Auto besser stehen lässt, denn nach der nächsten Kehre wäre vermutlich ohnehin Schluss. Eine Fußtour führt einen verschlungenen Trampelpfad bergauf (Trinken, Sonnenschutz und wirklich feste Schuhe nicht vergessen) durch eine halbimmergrüne trockene bis feuchte Bergvegetation, die sich von der Pflanzenwelt der Südseite klar unterscheidet und noch wesentlich artenreicher ist. Je höher man steigt,

Hier könnte es sich um eine nahe Verwandte der Ambramalve handeln

Die Blätter einer Agave haben sich gegenseitig mit Ornamenten verziert

Dazu kommen jede Menge Schmetterlinge, Käfer, Bienen und Libellen auf den vielen Blumen beiderseits der Wegränder. Farbenfroh gebänderte Baumschnecken der Gattung *Liguus* haben sich als Schutz vor der Trockenheit an der Rinde der Äste bis zum nächsten Regen angekittet. Auch die Vogelwelt ist reichlich vertreten. Mit Glück kann man u. a. folgende Arten entdecken: Weißscheitel-, Antillen- und Weißflügeltaube, Haitisittich, Haitikuckuck, Haitiamazone, Palmenkrähe, Virginiawachtel, Zwergelfe, Breitschnabeltodi, Dickkopftyrann, Hispaniolapiwih oder Bartklarino. Man sollte viel Zeit für die Tour einplanen und mit vielen Pausen unterwegs sein, denn sobald man sich still verhält, kommen die Vögel aus ihren Verstecken, oder man entdeckt einen gut getarnten, am Baum angeschmiegten Anolis. Hier kommt auch der farbenprächtige *Anolis bahorucoensis* vor, für viele Reptilienfans die schönste Art der Insel.

Nichtbotaniker sollten gar nicht erst den Versuch wagen, Pflanzen erkennen zu wollen, und Botaniker reißen irgendwann schreiend und hilfesuchend die Arme gen Himmel, denn anders als im Nationalpark Hojo de Pelempito stehen hier keine Schilder an den Raritäten, und die Artenvielfalt dieser unvergleichlichen Kalktrockengesellschaft ist wahrlich gigantisch. Wer ahnt auch schon, dass die etwa fingerdicke „grüne blattlose Wurst", die sich viele Meter lang über Stock und Stein windet, eine gerade in Ruhe befindliche Orchidee, genauer gesagt eine endemische Vanilleart ist? Deren berühmte Verwandte kennen die meisten wohl nur von Abbildung auf De-

desto mehr Jahresniederschläge fallen, die aber infolge des porösen Bodens so schnell versickern, wie sie gefallen sind. Nur in schattigen Lagen drängen sich die mehr wasserbedürftigen Arten. Alle anderen müssen entweder einen hohen Grad an Sukkulenz aufweisen, sehr tief wurzeln oder aber in Stresszeiten schnell ihre Blätter abwerfen können. Alle diese und noch andere Strategien sind hier mehr als reichlich vertreten.

Auch der Tierreichtum ist groß. Auf den Wegen sonnen sich schon mal Schlangen, um ihre Betriebstemperatur auf höchste Leistungsstufe aufzuheizen.

ckeln eines Vanille-Jogurts. Und wer kann schon die grellroten Hibiskusblüten benennen, die wie nächtliche Feuerwerksraketen aus dem Grün heraus leuchten? Ein *Abutilon* könnte es schon sein, aber welche Art ...?

Hier ist Natur pur, und wer die Mühen nicht scheut, wird beim Aufstieg bis zum Bergrücken immer wieder mit grandiosen Ausblicken in die Landschaft und auf das Blätterdach eines subtropischen, regengrünen Trockenwaldes oder mit Tierbegegnungen jedweder Art belohnt. Man sollte sich aber nicht hinreißen lassen und die Uhr im Auge behalten, denn der Abstieg auf dem rollenden Schotter ist mühsam und zeitraubend, und die Rückfahrt auf der Staubpiste ist bei Nacht niemandem zu empfehlen.

Die aus Madagaskar stammende *Kalanchoe pinnata* faszinierte schon Goethe

Tiefe Depressionen: Die Senke des Lago Enriquillo

Der tiefste Punkt der Insel und zugleich einmalig in der gesamten Karibik ist der Lago Enriquillo, ein Extrembiotop vom Feinsten. Er ist im Südwesten zwischen den beiden Gebirgszügen Sierra de Bahoruco und Sierra de Neiba eingekeilt und grenzt im Westen an Haiti. Bei einer maximalen Länge von 35 km und 12 km an seiner breitesten Stelle bildet er mit ca. 200–265 km^2 den größten Binnensee des Landes und ist damit auch der größte der gesamten Antillen. Das Besondere: Er markiert mit seiner Lage von bis zu 44 m unter dem Meeresniveau, zusammen mit einer weiteren gleich tiefen Senke in Patagonien, den tiefsten Punkt Südamerikas. Der Lago Enriquillo besitzt dabei den höchsten Salzgehalt aller Seen der Karibik mit annähernd der dreifachen Konzentration des normalem Meerwassers. Außerdem ist das Wasser stark kalk- und schwefelhaltig. Der Wasserstand schwankt im Rhythmus von mehreren Jahren um mehrere Meter, dadurch schwanken auch die angegebenen Maße. Der See ist an seiner tiefsten Stelle im Norden ca. 24 m und in den flacheren Bereichen im Süden etwa 9 m tief. Insgesamt liegt eine Fläche von annähernd 540 km^2 unter dem Meeresspiegel, das entspricht etwa 1 % des Landes.

Lago Enriquillo, Östlichster Teil

Die Senke ist je nach Gegend mit 24–31 °C Durchschnittstemperatur (Gesamtmittel 26,4 °C) und Tageshöchstwerten von über 38 °C im Schatten die heißeste Region Hispaniolas und bei mittleren Jahresniederschlägen von 470–500 mm auch die trockenste. Es gibt zwei Niederschlagsperioden, eine kurze vom Mai bis Juni und eine längere zwischen September und November, mit dazwischen liegenden Dürrezeiten.

Ein früherer, flacher Meeresarm, ein Grabeneinbruch – geologisch Depression genannt –, ist vermutlich erst nach der Eiszeit vor 5.000 Jahren zum überwiegenden Teil verlandet. Eine Kette von flachen Lagunen erstreckte sich von der Bucht von Neiba in ost-westlicher Richtung durch Haiti hindurch bis nach Port au Prince. Auf haitianischer Seite liegt z. B. nur einige Kilometer von Jimaní entfernt im Tal Cul-de-Sac der See Étang Saumâtre, der aber topografisch höher liegt und kaum salzhaltig ist. Auf dominikanischer Seite wird der Lago Enriquillo ebenfalls von einigen kleineren und ökologisch höchst bemerkenswerten Lagunen flankiert. Noch heute zeugen in der gesamten Senke 35 m mächtige Ablagerungen aus Korallenbruchstücken von der einstigen Bedeckung mit Meerwasser. Gebildet hat sich die Depression zwischen zwei geologischen Verwerfungen (Antiklinalen genannt, also der nach oben gewölbte Teil einer geologischen Falte). Die eine liegt am Nordrand der Sierra de Bahoruco, die andere am Südrand der Sierra de Neiba. Entlang diesen beiden „Knautschzonen" wurde die dazwischen liegende Mulde (geologisch als Synklinale bezeichnet) vor rund 10 Millionen Jahren weit unter den Meeresspiegel gedrückt, als von Süden her die Halbinsel Bahoruco an Hispaniola andockte. Beginnende Hebungen seit Ende des Miozäns und Flusssedimente an den Rändern, vor allem die des Río Yaque del Sur, haben den zentralen Teil der Senke erst in allerjüngster geologischer Zeit wieder vom Meer abgeschnitten. Gespeist wird der See heute mit jährlich et-

Die Sierre Neiba im Hintergrund überragt den tiefsten Landstrich Lateinamerikas

Bewässerungsgräben sollen den Lago Enriquillo vor dem Trockenfallen bewahren

Ein Denkmal für Enriquillo, den letzten tapferen Krieger der Tainos

wa 460 Millionen m³ Süßwasser, das vorwiegend unterirdisch aus der Sierra de Bahoruco stammt und oft erst in unmittelbarer Nähe des Lago Enriquillo aus Quellen austritt. Da die Senke ohne Abfluss ist, kann das Wasser nur durch Verdunstung wieder entweichen, was den hohen Salzgehalt des Sees leicht erklärt. Trotz seines großen Einzugsgebietes von 3.400 km² gibt es nur wenige Flüsse oder Bäche in der Region, das meiste Wasser wird dem Lago Enriquillo als dem tiefsten Punkt der Senke durch den

porösen Untergrund als Sickerwasser unterirdisch zugeleitet.

Zu Kolumbus' Zeiten war der See erheblich größer und stand offensichtlich noch mit dem Étang Saumâtre in Verbindung. Er wurde von den Tainos Hagueibon genannt. Aufzeichnungen aus dieser Zeit berichten noch von Delfinen und Seekühen in diesem Riesensee. Das hieße, der Wasserstand hätte vor etwas mehr als 500 Jahren noch 15 m über Meeresniveau gelegen! Das Schicksal des Lago Enriquillo ist daher sehr ungewiss, denn der Wasserspiegel fällt derzeit kontinuierlich, und keiner weiß genau, warum. Trujillo hat während seiner Regierungszeit den Río Yaque del Sur zwar anzapfen lassen, um Wasser in den zu verlanden drohenden See zu leiten, ob die Bemühungen allerdings langfristig von Erfolg gekrönt sein werden, ist ungewiss. Viel Wasser aus dem Río Yaque del Sur geht mittlerweile in der Ebene von Azua durch Entnahmen zur Bewässerung verloren, und in Trockenperioden sinkt der Lago Enriquillo dramatisch ab. Möglicherweise ist der frühere hohe Wasserstand des Lago Enriquillo auch damit zu erklären, dass der Río Yaque del Sur damals komplett in den Grabeneinbruch mündete, sich das Flussbett aber nach Osten verlagerte. Als mögliche Ursache hierfür vermutet man, dass der Río Yaque del Sur im Laufe der Zeit viel Sediment aus den Bergen herantransportierte und es dann als Wall auftürmte. Seitdem mündet er in die Bucht von Neiba. Hinweise auf die Richtigkeit dieser Theorie geben die Böden in der Senke des Lago Enriquillo, die aus fruchtbaren Schwemmlandsubstraten bestehen. Solche selbstverursachten Flussbettänderungen lassen sich in der Dominikanischen Republik mehrfach beobachten, etwa auch beim Río Artibonito oder dem Río Yaque del Norte bei Monte Cristi.

Parque Nacional Isla Carbitos und Parque Nacional Lago Enriquillo

Schon 1966 wurden Forderungen laut, das Gebiet zum Erhalt einer großen Krokodilpopulation unter Schutz zu stellen, was ansatzweise auch geschah. 1996 wurde dann eine Fläche von etwa 412 km^2 rund um den Lago Enriquillo zum Nationalpark erklärt, darunter der gesamte See, Bereiche der Ufer sowie die drei Inseln Isla Cabritos, La Islita und La Barbarita. Das Gesetz wurde allerdings 1997 von der neuen Regierung erst einmal widerrufen, ist aber seit 2000 wieder – wenigstens zum Teil – in Kraft. Der heute 320 km^2 große Nationalpark umfasst neben dem gesamten See auch die Sumpfgebiete im Osten und schließt an das Schutzgebiet der Laguna Rincón mit 240 km^2 an. Die Isla Cabritos, die größte Insel, stand während der gesamten Wirren allerdings schon seit 1974 als Nationalpark ohne Unterbrechung unter Schutz.

Eine mitten im See liegende flache Sandbank mit je nach Wasserstand 12– 16 km Länge und 1,5–2,5 km Breite formt eine etwa 20–26 km^2 große Insel. Die höchste Erhebung, ein fossiles Korallenriff, ragt bis 40 m über den Wasserspiegel hinaus. Historischen Überlieferungen nach war diese Insel 1758 von vielen Ziegen bewohnt, was ihr den heu

Diese Felsformation war vermutlich eine heilige Stätte der Taino-Indianer

Der Keilschwanz-Regenpfeifer bevorzugt offenes Land wie hier am Ufer des Lago Enriquillo

Der Buntfalke ist überall auf der Insel ein häufiger Greifvogel

tigen Namen Isla Cabritos, Ziegeninsel, einbrachte. 1930 wurde zum ersten Mal während einer Dürreperiode von Verlandungen in der Nähe von Jimaní am Südufer des Sees berichtet. In dieser Zeit wurde die Insel rund 10 Jahre lang von der Bevölkerung genutzt, bis der See wieder anstieg und die Landbrücke verschwand. Später waren immer wieder steigende und fallende Wasserstände zu verzeichnen, d. h., die Insel verlandet mehr oder weniger periodisch. Offen-

Die Baumopuntie *Consolea moniliformis* erreicht hier mehrere Meter Höhe

sichtlich gibt es einen Zyklus von 15–30 Jahren, in dem sich ungewöhnlich hohe Jahresniederschläge als Folge von Hurrikans mit Phasen enormer Trockenheit, begleitet von hohen Verdunstungsraten, abwechseln und in denen der Spiegel des Lago Enriquillo um mehrere Meter steigt oder fällt. 1979–1980 war z. B. ein Anstieg des Wasserspiegels um etwa 3 m zu verzeichnen, seit 1997 ist dagegen wohl eher wieder ein Verlandungsprozess im Gange. Auf der gesamten Insel gibt es weder Trinkwasser noch Fließgewässer. Alle Tiere dort leben ausschließlich von der Feuchtigkeit der Pflanzen und deren Früchten.

Die Isla Cabritos bot früher dem Indianerhäuptling Enriquillo und seinem Gefolge in Zeiten der Verfolgung durch die Spanier den nötigen Schutz. Sie nannten die Insel Guarizacca. Damals gab es hier offensichtlich noch eine kleine Süßwasserquelle. Heute ist der gesamte Nationalpark zu Ehren von Enriquillo benannt, wenigstens eine späte Rehabilitierung des tapferen Kämpfers.

Die UNESCO hat die drei aneinandergrenzenden Nationalparks Sierra de Bahoruco, Jaragua und das Gebiet rund um den Lago Enriquillo im November 2002 zum Biosphärenreservat erklärt und mit 4.767 km² das größte zusammenhängende Naturreservat der gesamten Karibik geschaffen. Eingeschlossen darin befinden sich noch kleinere Areale wie das Monumento Natural Las Caobas, das Feuchtgebiet Los Humedales de Boca de Cachón, das Schutzgebiet Barbarita y La Islita, die Niederungen von Los Barballones, das Flusstal Caño de Villa Jaragua, Cuero de Vaca, die Laguna Limón und die Reserva Biológica Miguel Domingo Fuertes.

Das Biosphärenreservat zählt zu den an endemischen Arten reichsten Naturschutzgebieten der Welt. Während die Sierra de Bahoruco höchst differenzierte tropische Bergregionen enthält, steuert der Lago Enriquillo hypersaline Elemente und der Park Jaragua 12 fein abgestufte Ökosysteme der trockensten Gebiete des Landes sowie einige vorgelagerte Sandbänke und Inseln bei.

Die Region rund um den Lago Enriquillo ist von einem gut befahrbaren Straßennetz umgeben, somit sind alle Gebiete problemlos zu erreichen. Man sollte sich allerdings auf häufige Polizeisperren und entsprechende Kontrollen gefasst machen, denn in Jimaní im Südwesten des Lago Enriquillo ist der Hauptgrenzübergang nach Haiti.

Beste Übernachtungsmöglichkeiten bietet der Ort La Descubierta ganz im Westen, von dem man aus in nur wenigen Minuten alle wichtigen Anlaufstellen zum Park und andere Attraktionen

Die koloniebildende *Mammilaria prolifera* wächst gern im lichten Schatten
Harrisia divaricata hat für Kakteen einen recht untypischen Wuchs

Wer viele Tiere sehen möchte, muss früh aufstehen

erreichen kann. Am Ortsausgang in Richtung Jimaní liegt die Nationalparkverwaltung, in der man die Überfahrt zur Isla Cabritos einen Tag zuvor offiziell buchen sollte und in der man auch für andere Touren wertvolle Hinweise bekommt. Man sollte keine Ausflüge in die freie Landschaft ohne die Begleitung von Rangern unternehmen.

Heute ist die „Ziegeninsel" eine beliebte Touristenattraktion und wird von vielen Hoteliers und von einheimischen Reiseveranstaltern als Ausflugsziel angeboten. Die etwa 7 km lange Überfahrt mit dem Boot startet in La Azufrada etwa 4 km nördlich außerhalb der Ortschaft La Descubierta und dauert je nach Wind etwa 30 Minuten. Auf der Insel selbst

Nach Sonnenaufgang wärmen sich die Spitzkrokodile am Ufer des Lago Enriquillo

existieren ein kleines Besucherzentrum und einige einfache Einrichtungen für Tagesausflügler. Übernachtungen dort sind aber nicht möglich. Betreten werden darf die Insel grundsätzlich nur in Begleitung eines autorisierten Führers, der strikt darauf achtet, dass die markierten Wege nicht verlassen werden. Mit etwas Glück kann man an der Caimanera Sur Krokodile antreffen, auf anderen Wegstrecken, etwa dem Sendero El Rastro de la Iguana, die beiden endemischen Großleguane und einige seltene Vogelarten beobachten und auf dem Lehrpfad Sendero Lamento del Roble den einzigen Trockenwald der Welt unter Meeresniveau kennen lernen. Einige der wichtigsten Pflanzen sind entlang den Pfaden sogar mit Namensschildern versehen. Auch das fossile Korallenriff, das gleichzeitig die höchste Erhebung der Insel darstellt und einen schönen Überblick über den See liefert, ist mit im Programm. Auf der Rückfahrt geht es dann noch am Ufer Los Borbollones entlang, den traditionellen Liegeplätzen von Krokodilen und wichtigen Nahrungsbiotopen von Flamingos und Rosalöfflern.

Der Lago Enriquillo ist touristisch recht interessant, weil er einerseits zwar im Zentrum einer Senke mit dem heißesten und trockensten Klima der Insel liegt, aber gleichzeitig auch erfrischende Bademöglichkeiten bietet. Manche Quellen nahe La Descubierta liefern, als Begleiterscheinung der geologischen Prozesse, schwefelhaltiges, warmes Wasser aus der Tiefe. Dieses wird z. B. in La Azufrada nahe dem Nationalparkeingang etwas nördlich von La Descubierta in großen Schwimmbecken aufgefangen und besitzt eine gute Heilwirkung bei Hautproblemen. Andere Quellen bilden grüne Oasen und liefern eiskaltes und kristallklares Trinkwasser, das in einem der vielen natürlichen Schwimmbecken der Umgebung zu einem erfrischenden Bad einlädt. Las Barías inmitten von La Descubierta zählt zu den lauschigsten Freilandbädern der Insel. Vermutungen nach stammt dieses Wasser aus der nahen Sierra de Neiba.

Boote bei La Azufrada bringen Touristen auf die Isla Cabritos

Auch bei Jimaní, am westlichen Ende des Lago Enriquillo, gibt es bei Boca Cachón ein Naturschwimmbad. Dessen Wasser aus einer unterirdischen Quelle ist nicht ganz so kalt wie das von La Descubierta, doch genauso klar. Es hat seinen Ursprung im Cañada El Penitente und stammt aus der Sierra de Bahoruco. In der Nähe stehen einige mehrere hundert Jahre alte Mahagonibäume.

Zwischen La Descubierta und Entre Ríos gibt es, im Nordwesten an den Südhängen der Sierra de Neiba gelegen, bei Las Caritas unmittelbar an der Straße einen Hügel aus fossilen Korallenbänken, in dem einige Höhlen mit präkolumbianischen Felszeichnungen und Piktogrammen der Tainos zu sehen sind, die „kleinen Gesichtchen". Von dort oben hat man auch einen herrlichen Überblick über die gesamte Senke. Der Boden ist über weite Strecken mit Korallen und Überresten von fossilen Muscheln und Schnecken übersät.

Natürlich gibt es nicht nur eine fossile, sondern auch eine reiche rezente Fauna und Flora mit vielen Besonderheiten. Die karge Vegetation beweist einmal mehr, unter welch harten Bedingungen noch Leben möglich ist. Aus der Tierwelt dominieren vor allem Reptilien mit acht endemischen Arten sowie eine große Zahl von Vögeln. Unter anderem bietet die Region optimale Bedingungen für Zug- oder Brutvögel, allen voran für Hunderte Flamingos, Reiher und Rosalöffler. Der große Endemismus dieser Region erklärt sich einerseits durch die extremen klimatischen Bedingungen, andererseits aus dem Zusammenwirken der beiden vereinigten Inselteile, die jeweils anpassungsfähige Arten beigesteuert haben.

Die Fauna

Knapp 100 Arten und Unterarten von Brut- oder Zugvögeln wurden bisher festgestellt. Etwa zwei Drittel, das sind 62 Arten, leben an den Ufern oder im Wasser des Lago Enriquillo, das restliche Drittel mit 35 Arten sind Landvögel. 45 Arten sind heimisch.

Die Palmenkrähe bildet auf der Isla Cabritos mit 200 Exemplaren eine der größten Brutkolonien des Landes. Überall sonst ist sie selten geworden. Antillenkrähen fressen hier bevorzugt Kakteenfrüchte, Aas und Abfälle.

Der Dominikanermango ist der häufigste Vogel der Isla Cabritos. Der typische Lebensraum dieses agilen Kolibris sind Trockenwälder. Sein Schnabel ist etwa 10 cm lang, damit bestäubt er u. a. die Blüten vieler Kakteenarten.

Rosaflamingos im Lago Enriquillo halten den Landesrekord mit beinahe 500 Brutpaaren. Sie nisten in ihren typischen Schlammnestern an den Ufern der weniger als 1 km² großen Inseln Islita und La Barbarita, die deshalb ganzjährig unter striktem Schutz stehen und nicht

Auch die Palmenkrähe *Corvus palmarum* hat auf der Isla Cabritos eine große Kolonie

Rosaflamingos überfliegen den Lago Enriquillo in der Morgensonne

betreten werden dürfen. Neuerdings sind die Brutaktivitäten aber aus unbekannten Gründen zurückgegangen.

Weitere auffällige und häufige Vogelarten im Gefolge der Flamingos sind Rosalöffler und Blaureiher. Daneben kann man regelmäßig in Ufernähe Vogelarten wie Flötenregenpfeifer, Silberreiher, Kanadareiher, Dreifarbenreiher, Mangrovenreiher, Nachtreiher, Seeschwalben oder Braunsichler beobachten.

In der Nähe von Quellen und kleinen Zuflüssen halten sich Ringfischer, Indianderdommel, Blauflügelente, Maskenruderente und Zwergsultanshuhn auf.

An Land, sowohl auf der Isla Cabritos als auch in der Umgebung des Lago Enriquillo, sind der in selbst gegrabenen Bodenhöhlen nistende Kaninchenkauz, der Dickkopftyrann, die hummelgroße Zwergelfe, die Weißscheiteltaube, die Haitiamazone, die Antillennachtschwalbe, die Antillenschwalbe, der Bartvireo, der Breitschnabeltodi und der eingeführte Dorfweber anzutreffen.

Unter den Amphibienarten sind in den Feuchtgebieten rund um den See am häufigsten die Aga-Kröte, die endemische Kröte *Pelthophryne guentheri*

Kolibris fliegen vor allem unbestäubte, also gelbe Blüten der Baumopuntie an

und der endemische Laubfrosch *Osteopilus dominicensis* anzutreffen. Sie sind aber seltener zu sehen als zu hören.

Von den auf Hispaniola vorkommenden 150 Reptilienarten leben „nur" acht Arten

ße Population des Spitzkrokodils. Es handelt sich offensichtlich um ein Reliktvorkommen dieser im Salz- und Brackwasser vorkommenden Art aus einer Zeit, als die Enriquillo-Senke noch von Meerwasser überflutet war. Sonst sind auf Hispaniola nur noch fragliche Einzelvorkommen in der Mündung des Río Yaque del Norte und der Laguna de Saladilla im Nationalpark Monte Cristí bekannt. Sie

Porträt eines großen Spitzkrokodils

sind dort aber aufgrund ökologischer Veränderungen extrem gefährdet und sehen möglicherweise dem gleichen Schicksal entgegen wie die übrigen Populationen, die noch in historischer Zeit viele Küsten-

auf der Isla Cabritos und insgesamt 25 Arten im gesamten Nationalparkgebiet.

Aber mit derzeit etwa 400 Exemplaren existiert im Lago Enriquillo eine gro-

Die Krokodil-Armada rückt aus

abschnitte rund um die Insel besiedelt hatten. Es könnte aber auch sein, dass sie dort schon ausgestorben sind. Restpopulationen gibt es gesichert sonst nur noch in Haiti im Étang Saumâtre.

Verschiedene Ruheplätze der Krokodile am Lago Enriquillo können unter Führung eines Parkwärters zu Fuß, mit dem Boot oder mit Motorrädern besucht werden. Es empfiehlt sich allerdings, die Aktion auf die frühen Morgenstunden zu verlegen, weil dann die meisten Krokodile noch ziemlich träge an Land liegen und es um diese Tageszeit außerdem am kühlsten ist. In jedem Fall muss man ausreichend Getränke mit sich führen, weil es nirgendwo etwas zu kaufen gibt und sich das Gebiet sehr stark aufheizt. 50 °C in der Sonne – Schatten gibt es dort kaum – sind im Sommer keine Seltenheit!

Seit mittlerweile mehr als 10 Jahren gibt es gezielte Schutz- und Nachzuchtprogramme. Viele Gelege wurden in der Vergangenheit vernichtet, z. B. von skrupellosen Wilderern für den Schmuggel ins Ausland geplündert oder von unachtsamen Besuchern zertrampelt, weil sie unsichtbar im Untergrund vergraben waren. Viele Krokodile wurden auch ihres Fleisches wegen von der Bevölkerung gejagt. Jagdaufsicht, Besucherlenkung und Zutrittsverbote in häufig frequentierten Brutzonen sind aber nur einige der Maßnahmen zum Schutz der Krokodile. Seit ein paar Jahren werden auch gezielt Eigelege ausgegraben und in Klimaschränken bebrütet. Erst nachdem die Jungtiere ihre kritische erste Lebensphase hinter sich gebracht haben, werden sie an geeigneter Stelle wieder im Frei-

Das Spitzkrokodil kommt abends zum Schlafen an Land

land angesiedelt. Die Verlustquoten sind in freier Natur extrem hoch. Viele Jungtiere schaffen es nicht, die Eigrube selbstständig zu verlassen, obwohl die Muttertiere durch die Rufe ihrer schlupfreifen Jungen in den Eiern dazu animiert werden, die Gelege freizugraben. Von denen, die es geschafft haben, fallen viele Greifvögeln zum Opfer, andere verhungern oder verdursten in der sengenden Hitze, denn junge Krokodile benötigen unbedingt Süßwasser zum Trinken. Daher bringen Muttertiere ihre Jungen oft aktiv ins Süßwasser und sind dann – gut getarnt – in den üppig bewachsenen Quellbächen anzutreffen. In dieser Phase sind sie recht aggressiv! Die Jungtiere verbringen hier ihr erstes Lebensjahr. Danach halten sie sich bevorzugt im Brackwasserbereich der Quellmündungen auf.

Die Eiablage erfolgt im Februar. Je Weibchen werden weit über 50 Eier in mehreren selbst gegrabenen Sandgruben mit durchschnittlich 22 Eiern am Seeufer abgelegt und von der Sonne bebrütet. Im Inneren der Eigelege wurden im

Rahmen von Feldforschungen mittlere Temperaturen von deutlich über 30 °C gemessen, abhängig von der Tiefe der Grube. Gegen Überhitzung werden die Gelege von den Muttertieren beschattet, indem sie sich darüber legen. Von der Eiablage bis zum Schlüpfen der Jungtiere vergehen etwa 85 Tage.

Trotz aller Bemühungen ist eine rückläufige Bestandsentwicklung zu beobachten, was auf eine Übersalzung des Wassers zurückzuführen sein könnte.

Friedlich vereint: die beiden Großleguane des Nationalparks

Der Nationalpark gehört zu einer der wenigen Regionen, in denen beide Großleguane gemeinsam vorkommen.

Cyclura ricordi **hat auf der Isla Cabritos seine größte Population**

Der Nashornleguan ist der größere von beiden und wird bis 150 cm lang. Er ist durch drei Hornhöcker auf der Schnauze leicht vom Hispaniola-Wirtelschwanzleguan zu unterscheiden. Die Augen sind schwarz. Rücken und Schwanz ziert ein auffälliger Kamm. Der Nashornleguan ist die bei weitem häufigere Art und besitzt auch das größere Verbreitungsgebiet. Trotzdem gilt sein Bestand zunehmend als gefährdet. Einerseits schrumpfen die ihm zusagenden Lebensräume, andererseits werden Leguane von der einheimischen Bevölkerung trotz strenger Verbote immer noch bejagt und gegessen oder als Haustiere gehalten. Die Hauptverbreitung liegt zwar im Süden, aber im Prinzip ist der Nashornleguan über die gesamte Insel entlang den Küsten verteilt. Nur im Graben des Lago Enriquillo besiedelt er auch das Landesinnere. Die heutigen bekannten Vorkommen in der Dominikanischen Republik liegen im Nationalpark Monte Cristi, in der Gegend um Puerto Plata, im äußersten östlichen Zipfel von Samaná, dem Landstrich von Punta Cana/Macao bis hin nach Bayahibe und dem gesamten Gebiet südlich einer Linie von Bani nach Descubierta. Insgesamt sind etwa 20 unabhängige Populationen auf vier Schwerpunktregionen verteilt.

Der Hispaniola-Wirtelschwanzleguan ist etwas kleiner und hat rote Augen. Die Art ist im Gegensatz zum Nashornleguan nicht einfarbig olivegrau, sondern besitzt 5–6 breite, mehr oder weniger grünliche Querbinden. Sowohl Rücken als auch Schwanz sind mit einem Kamm aus schwarzen, kräftigen Stacheln bestückt. Die Art ist ausschließlich im Südwesten des Landes, im Neibatal rund um den Lago Enriquillo und besonders häufig auf der Isla Cabritos und an der kleinen Laguna del Medio bei El Limón, der trockensten Stelle des Landes, anzutreffen, sowie in Bereichen der Halbinsel von Barahona. Dort ist er auf die trockensten Gebiete innerhalb des Jaragua-Nationalparks und die Region um Cabo Rojo begrenzt. Meldungen aus Haiti konnten aktuell nicht bestätigt werden. Die Population auf der Isla Cabritos gilt als die größte und einzige noch stabile. Der Hispaniola-Wirtelschwanzleguan gehört zu den am stärksten bedrohten Leguanarten der Welt, da seine Populationen sehr klein sind und weit isoliert auseinander liegen. Ein genetischer Austausch ist zumindest kleinräumig zwar immer noch möglich, etwa wenn die Isla Cabritos eine Landverbindung mit dem Seeufer des Lago Enriquillo bildet, obwohl die Strecke prinzipiell auch schwimmend von den Echsen überbrückt werden könnte. Aber für die südlichen Populationen stellt die Sierra de Bahoruco eine unüberwindliche ökologische Barriere dar. Es spricht einiges dafür, dass im Pleistozän die klimatischen Bedingungen günstiger waren und die Populationen damals noch im genetischen Austausch gestanden haben. Die ungewöhnliche Verbreitung spricht auch dafür, dass die Hispaniola-Wirtelschwanzleguane vermutlich über die erst im Tertiär angelandete Paläoinsel Bahoruco nach Hispaniola eingewandert ist. Dort sind sie auf bestehende Populationen der Nashornleguane gestoßen. Sie leben in ihren Habitaten immer mit Nashornleguanen zusammen. Allerdings sind

Der Nashornleguan besitzt in der Tat ein Horn auf der Nase

Hispaniola-Wirtelschwanzleguane weit anspruchsvoller in Bezug auf Boden, Nahrung und Klima. Sie sind z. B. auf ganz feinkörnige und tiefgründige Böden angewiesen, in denen sie ihre Höhlen graben können. Andere Verstecke, wie etwa hohle Baumstämme, akzeptieren sie, im Gegensatz zu den Nashornleguanen, nur in seltenen Ausnahmefällen. Die Nahrung besteht aus einer Vielzahl von Pflanzen, u. a. je nach Verfügbarkeit aus *Consolea, Cordia, Croton, Guaiacum, Melocactus, Opuntia* und *Prosopis*. Insekten und Krebstiere stehen ebenfalls auf ihrem Speiseplan.

Mit Beginn der ersten Regenzeit im Mai bis Juni werden im Durchschnitt elf Eier in separaten, etwa 40 cm tiefen Gruben abgelegt. Bei einer Nesttemperatur von 30–31 °C dauert die Inkubationszeit etwa 95–100 Tage. Der Schlupf der Jungtiere fällt dann mit der zweiten Regenzeit im September/Oktober zusammen.

Das heutige Verbreitungsgebiet des Hispaniola-Wirtelschwanzleguans in der Dominikanischen Republik beträgt unter

Schreibers Glattkopfleguan jagt am Ufer des Lago Enriquillo nach Insekten

100 km^2. Die aktuelle Gefährdung der Art beruht derzeit auf zwei Hauptfaktoren: Zum einen schrumpft der nötige Lebensraum in Ausdehnung und Qualität beträchtlich, zum anderen setzen eingeführte Räuber, allen voran Mungos und auf der Isla Cabritos verwilderte Katzen, der Population stark zu. Sämtliche Vertreter der Wirtelschwanzleguane zählen zu den gefährdetsten Echsenarten der Welt. Daher werden Forderungen laut, u. a. die Zuchtprogramme in Zoologischen Gärten weiter zu intensivieren und wildlebende Katzen auf der Isla Cabritos konsequent zu eliminieren.

Die farbenprächtigste Echse ist ohne Zweifel die Zwergameive. Sie kommt nur in Trockengebieten vor und entfaltet ihre Aktivitäten auch dort nur während der heißesten Stunden des Tages. Dann huschen die schwarz-blau gestreiften Echsen rastlos im Unterholz über den Boden und sind zwischen den kontrastreichen Schatten des Geästes kaum zu entdecken.

Bei Schreibers Glattkopfleguan sind die Männchen deutlich größer und bunter als die Weibchen. Auch sie bevorzugen die trockenen Zonen des Buschlandes. Besonders häufig sind sie den ganzen Tag über an der Bootsanlegestelle am Ufer des Lago Enriquillo zu sehen.

Des Weiteren ist unter den Anolis *A. distichus* recht häufig, und es gibt die beiden endemischen Geckos *Aristelliger cochranae* und *Sphaerodactylus altavelensis*.

Schlangen sind mit 13 Arten vertreten, darunter Schlankboas der Gattung *Epicrates* sowie die Hispaniola-Spitzkopfnatter *Uromacer catesbyi*. Bemerkens-

Skorpione verstecken sich tagsüber meist im trockenen Laub

wert ist jedoch *Alsophis anomalus*, die größte und seltenste Schlangenart Hispaniolas, die außer am Lago Enriquillo nur noch an zwei anderen Stellen des Landes vorkommt.

Hispaniola ist die einzige Insel in der Karibik, auf der auch zwei endemische Süßwasser-Schildkrötenarten vorkommen. Eine davon, *Trachemys decorata*, ist in einer großen Population im Osten des Lago Enriquillo anzutreffen. Diese Art ist auf den Südwesten der Insel beschränkt.

Fledermäuse sind nur wenig erforscht. Auf Isla Cabritos sind bisher vier Arten nachgewiesen: *Noctilio leporinus*, das Große Hasenmaul, jagt kleinere Fische, die es im Lago Enriquillo reichlich vorfindet, und kleine Insekten. *Artibeus jamaicensis*, der Fruchtvampir, ernährt sich vor allem von Früchten und Nektar, gelegentlich aber auch von kleinen Fischen oder Insekten. Er ist für die Verbreitung vieler Kakteensamen verant-

wortlich. Er lebt in Gebäuden, Baumhöhlen oder Höhlen. *Tadarida brasiliensis*, die Guano-Fledermaus, ist überall in der Dominikanischen Republik zu finden, lebt in Baumhöhlen und jagt Insekten. *Monophyllus redmani* ist ein Nektarsauger und verbringt den Tag in Höhlen der nahen Sierra Neiba.

In einem so extremen See wie dem Lago Enriquillo sind die Lebensbedingungen für Wasserbewohner sehr begrenzt. Salzgehalt und Wassertemperatur sind überdurchschnittlich hoch und reduzieren den Sauerstoffgehalt im Wasser erheblich. In so einem Milieu können nur wenige Fischarten existieren, und häufig genug führen Extremwetterlagen zu einem Massensterben. Andererseits führen tropische Starkregen wie 1980 zu einer deutlichen Aussüßung des Wassers und fördern den Fischreichtum erheblich. Neben den größeren Speisefischen des Sees, dem dort eingesetzten afrikanischen Moçambique-Buntbarsch mit

Ameiven huschen bevorzugt in der größten Mittagshitze durch das Unterholz

seiner hohen Toleranz an sehr unterschiedliche Wasserqualitäten und dem Haiti-Buntbarsch (*Cichlasoma haitiensis*) gibt es auch heimische Arten wie verschiedene Wüstenfische und Zahnkärpflinge (*Cyprinodon bondi*, *Limia perugiae*, *L. tridens* und *L. melanonotata*), den Hispaniolakärpfling (*Gambusia hispaniolae*) und den Domingo-Kärpfling (*Gambusia dominicensis*). In dem von Süßwasserquellen gespeisten, schwefelhaltigen Fluss La Zurza lebt die nur hier vorkommende, endemische Art *Limia sulphurophila*. Wie schon in der allgemeinen Einführung zu den Fischen angedeutet, hingen die Süßwassersysteme der Karibik mit denen von Südamerika im Tertiär eng zusammen. Dessen große Flusssysteme haben im Miozän in Rich-

tung Norden, also in Richtung Karibik entwässerten und viele Süßwasserarten dorthin verfrachtet. Genauso wie sich im heutigen Amazonas Meeresorganismen, etwa Delfine oder Stachelrochen, an das Süßwasser angepasst haben, konnten sich umgekehrt Süßwasserorganismen auch im Laufe der Zeit an extrem hohe Salzgehalte gewöhnen.

Als Nahrung dient ihnen heute Phytoplankton, vorwiegend Arten der Gattung *Chromulina*, welche das Wasser stark trüben und nur wenig Licht für die erforderliche Photosynthese eindringen lassen, was die Sauerstoffarmut noch verstärkt. Gefäßpflanzen gibt es hier nicht, auch keine Muscheln oder Schnecken, obwohl leere Gehäuse zu Millionen an den Ufern liegen, deren ehemalige Bewohner aber schon länger ausgestorben sind. Heute liefern Salinenkrebse wie *Mesocyclops gracilis*, die endemisch nur im Lago Enriquillo vorkommen, Fischen ein recht einseitiges Nahrungsangebot. Im und am See leben auch die zwei Krabbenarten *Epilobocera haytensis* und *Uca bergersii*.

In der gesamten Dominikanischen Republik sind derzeit 14 Arten Skorpione bekannt. Neuerdings laufen aber Forschungen, die eine große Zahl von Neubeschreibungen erwarten lassen. Auf der Isla Cabritos leben zwei davon: Der Alcaran ist zwar häufig, kommt aber ausschließlich im Südwesten des Landes vor. Die zweite, über die gesamte Insel verbreitete Art, *Rhopalurus princeps*, ist deutlich seltener. Man findet sie meist unter abgestorbener Rinde an alten Baumstämmen oder in der Spreu von abgefallenen Palmenblättern.

Die Vegetation

Die Pflanzendecke in der Enriquillo-Senke kommt in ihrer Gesamtheit einer Savanne am nächsten. Teils gibt es sehr trockene Partien mit Tendenz zur Savannen- oder Wüstenbildung, an anderen Orten dagegen beherrschen Feuchtsavannen das Bild. Insgesamt lassen sich fünf Vegetationszonen unterscheiden. Die Pflanzendecke der Isla Cabritos wird von typischen Vertretern des subtropischen Trockenwaldes und der Dornstrauchsavanne gebildet und kann angesichts des schütteren Wuchses gut und gerne als Halbwüste mit Übergängen zur Trockensavanne bezeichnet werden. Es handelt sich um einen Sekundärbewuchs, nachdem die Vegetation als Folge der Holzkohleerzeugung und durch Überweidung mit Ziegen fast vollständig zerstört war. Trotz der geringen Niederschläge von höchstens 600 mm pro Jahr gibt es immerhin 106 Pflanzenarten aus 89 Gattungen und 44 Familien, über die Hälfte davon ist krautig (57 Arten). Die maximale Wuchshöhe der 15 Baumarten liegt bei 5–6 m. Auffallend ist die geringe Zahl von Palmen und Epiphyten. 10 % der Arten sind endemisch. Die Wiederbesiedelung der Isla Cabritos ist vorwiegend der Verschleppung von Samen durch Vögel oder durch den Wind zu verdanken, andere Pflanzensamen sind im Dung von Ziegen, Eseln und Pferden nachgewiesen worden.

Die meist nährstoffarmen Böden bestehen vorwiegend aus Verwitterungsprodukten von Korallen oder alluvialen Einschwemmungen und bilden helle, unterschiedlich dicke Sandauflagen oder Tone auf porösem Untergrund.

Die Baumopuntie *Consolea moniliformis* bildet auf Isla Cabritos kleine Wäldchen

Gelbe Blüten scheinen in heißen Regionen die größte Anziehungskraft zu haben

Das extrem salzige Wasser glänzt in der Sonne besonders brilliant

Die Flora der Savanne

25 % der Vegetation gehören dem Typ „Savanne" an, beherrscht von zwei *Jacquinia*-Arten sowie *Piscidia ekmanii*, *Maytenus buxifolia* und weniger häufig *Prosopis juliflora*. Die Strauchschicht wird von verschiedenen Mimosen-Arten und *Pictelia spinifolia*, *Crossopetalum decussatum*, *Turnera diffusa*, *Croton discolor*, *Malpighia*-Arten oder *Lantana decussatum* gebildet. Zu den Kräutern zählen *Portulaca* sp., *Evolvulus sericeus*, *Stylosanthes hamata* und Vertreter der Poaceae (Süßgräser).

Im krassen Gegensatz zu den Dornengebüschen gibt es auch Mangroven im äußersten Osten und Westen des Sees, etwa bei Boca de Cachón, sowie in den Sumpfgebieten Cuero de Vaca ungefähr entlang der Straße zwischen Villa Jaragua und Duvergé oder an der Bootsanlegestelle bei La Azufrada, wo die Überfahrt zur Isla Cabritos startet. Allerdings ist nur die Knopfmangrove den extremen Bedingungen gewachsen, an besonders günstigen Standorten gedeiht auch vereinzelt die Schwarze Mangrove.

Aber in Jahren extremer Trockenheit sterben beide mehr oder weniger komplett wegen der Übersalzung ab.

In den Sumpfgebieten wächst eine recht interessante Halophytenflora (= Salzvegetation), vorwiegend mit Portulak-Verwandten („Verdolagas"), u. a. der strauchigen *Batis maritima* und der Riffbanane, auch Überlebenskraut genannt, die normalerweise die Küste besiedeln.

Die Flora des Trockenwaldes und der Dornstrauchsavanne

Geprägt wird das Landschaftsbild rund um den Lago Enriquillo von 10 Kakteenarten: *Pilosocereus polygonus*, *Consolea moniliformis*, *Cylindropuntia caribaea*, *Neoabbottia paniculata*, *Melocactus lemairei*, *Neomammillaria prolifera*, *Harrisia divaricata*, *Harrisia nashii*, *Lemaireocereus hystrix* sowie *Opuntia dillenii*.

Die weitere Flora besteht u. a. aus: *Cissus trifoliata*, *Pseudelephantopus spicatus*, *Croton poitaei*, *Capparis cyanophallophora*, Mesquitebusch (*Prosopis juliflora*), Schirmakazien, Pockholz, Amerikanischem Balsambaum, *Phyllo-*

In trockenen Hitzephasen kristalisiert Salz an den Ufern der Isla Cabritos aus

stylon rhamnoides, *Ziziphus rignonii*, Trompetenbaum und Sodomsapfel. Häufige Palmen sind *Copernicia berteroana* und *Pseudophoenix vinifera*. In den Feuchtgebieten dominiert Rohrkolben.

Die Gefährdung des Ökosystems Lago Enriquillo besteht vor allem in einer Übersalzung des Sees während der heißesten Zeit des Jahres, gefolgt von großem Sauerstoffmangel. Ursache dafür ist die Entnahme von Süßwasser aus den Zuflüssen rund um den See zur Bewässerung von Feldern. Aber auch Brunnenbohrungen zur Trinkwasserversorgung und zur Bewässerung der Felder in den umliegenden Ortschaften tragen zur Verminderung des Grundwassereintrages in den See bei. Intensive Beweidung durch Ziegen und Abholzungen zur Brandholznutzung und zur Holzkohleerzeugung zerstören die empfindliche Vegetation. Die starken Veränderungen der Biotope und illegale Jagd reduzieren die Bestände von Krokodilen und Leguanen erheblich. Umweltverschmutzung durch Hausabwässer und Agrochemikalien setzt der Region ebenfalls in steigendem Maße zu. Eine weitere Gefährdung droht dem See durch Verlandung infolge eines übermäßigen Eintrages von Sedimenten durch Starkregen aus den umliegenden, stark abgeholzten Bergregionen auf haitianischer Seite. Im Mai 2004 kamen z. B. in der Gegend um Jimaní sehr viele Menschen in Schlammlawinen ums Leben, als sich dort eine Regenfront tagelang festgesetzt hatte.

Mit etwas Glück sind die Blüten von Säulenkakteen am frühen Morgen noch geöffnet

Monumento Natural Las Caobas

Im Nordwesten des Lago Enriquillo, an der Grenze zu Haiti, liegt ein 73 km² großes Gebiet mit dem größten zusammenhängenden Bestand von Mahagonibäumen im Land. Diese Region wurde aufgrund ihrer abgeschiedenen Lage vom

Der Mahagoni-Baum mit seinen typischen Früchten

flächendeckenden Raubbau verschont, der in den vergangenen Jahrhunderten während der Kolonialzeit durch Spanier und Amerikaner gleichermaßen zum Verlust der einst riesigen Bestände geführt hat. Einzigartig in diesem 1995 eingerichteten Schutzgebiet ist auch die Vergesellschaftung mit diversen *Coccoloba*-Arten, die zu den Lieferanten der härtesten Hölzer des Landes zählen. Trockenwälder zeichnen sich stets durch einen großen Anteil an Hartholzbäumen aus.

Swietenia mahagoni ist heute zum Nationalbaum der Dominikanischen Republik avanciert. Seine natürliche Verbreitung erstreckt sich von der Südspitze Floridas über Kuba, die Bahamas und Jamaika bis nach Hispaniola mit der Dominikanischen Republik und Haiti. Der imposante und weit ausladende Baum trägt unscheinbare, grünliche Blüten, die – männlich und weiblich getrennt – am gleichen Blütenstand sitzen. Später bringen sie interessante, holzige Früchte hervor, die am Ende der Reife in fünf Segmente zerfallen und große, geflügelte Samen freigeben. Weltruhm hat der Mahagonibaum, zusammen mit seiner größeren Schwesternart *Swietenia macrophylla* vom Festland, als Lieferant eines der begehrtesten Tropenhölzer der Welt erlangt. Es wurde für exklusive Luxusmöbel benutzt und prägte den Stil der „Chippendale-Epoche". Mittlerweile stehen die Bäume, mit Ausnahme der Bestände in einigen Plantagen, unter striktem Artenschutz. In der Dominikanischen Republik werden „Caobas" auch heute noch gerne als Schattenspender in Straßen und Parks von Städten angepflanzt.

Schroff und unzugänglich: der unberührte Nebelwald im Parque Nacional Sierra de Neiba

Dieser abgelegene und schwer zugängliche Park wird vom Kernbereich der etwa 100 km langen und 25 km breiten Gebirgskette Sierra Neiba gebildet (früher auch Cordillera Meridional genannt) und ist touristisch so gut wie nicht erschlossen. Ökologisch gesehen ist es aber das drittwichtigste Gebirge der Insel. Der Höhenzug bildet quasi die Kontaktzone zwischen der nördlichen und der südlichen Paläoinsel. Auf seinen Hochebenen herrscht zum Teil ein kontinental-mediterranes Klima, das in dieser Form einmalig auf den Antillen ist. Aber durch die höchst heterogene Struktur des Gebirges ist das Klima nicht einheitlich, sondern sehr wechselhaft, was sich in deutlich unterschiedlichen Vegetationszonen widerspiegelt. Die Sierra Neiba ist äußerst schroff, und einige Hänge erreichen Neigungen bis zu 40 %. Geographisch zählt es eigentlich zum südlichen Muldensystem der Cordillera Central, zu dem auch das angrenzende Valle de San Juan gehört. Geologisch, zoologisch und botanisch aber muss es eher zu den südwestlichen Gebirgen gerechnet werden. Der Nationalpark liegt nördlich des Lago Enriquillo und erstreckt sich über die Provinzen Elías Piña, San Juan, Independencia und Bahoruco. Die Sierra Neiba besteht streng genommen aus zwei locker aufgebauten, parallelen Höhenzügen, die von einem Längstal durchzogen werden. Der südliche Ast der Sierra Neiba, der den Nationalpark beinhaltet, setzt sich aus den drei Hügelketten Loma el Hoyazado im Westen, Loma la Tasajera del Chivito in der Mitte und Loma Monte Bonito im Osten sowie einigen kleineren Höhenzügen zusammen, die jeweils durch mehr oder weniger breite Täler voneinander getrennt sind. Im Osten reicht das Schutzgebiet bis zur Stadt Galván und den Río Yaque del Sur, auf der westlichen Seite grenzen die beiden Gebirgszüge an Haiti. Dort werden sie im Norden von den Montagnes Noires und im Süden von den Montagnes de Trou de Eau weiter nach Westen fortgeführt. Die Sierra Neiba erstreckt sich, wie alle Höhenzüge der Insel, in nordwest-südöstlicher Richtung und wird von zwei Synklinalen, also zwei tiefen tektonischen Furchen, flankiert. In der südlicheren von beiden liegt der Grabeneinbruch des Lago Enriquillo, in der nördlichen das Tal von San Juan. Die östliche Fortsetzung der Siera Neiba leitet nach einer kurzen Unterbrechung durch das Flusstal des Río Yaque del Sur in die Sierra Martín García über, wo der Höhenzug nach Süden verschwenkt und abrupt ins Meer abtaucht.

Der 1995 gegründete Nationalpark ist 319 km² groß und an seiner Südseite vorwiegend mit laubabwerfenden Trockenwäldern bestanden, im Norden zusätzlich mit wechselfeuchten, also halbimmergrünen Wäldern. Der feuchte Passatwind bahnt sich seinen Weg vor allem über die niederen Hügelketten zwischen Haiti und der Dominikanischen Republik hindurch und muss erst hier wieder stark ansteigen. Dadurch verliert er nochmals sehr viel Feuchtigkeit. In größeren Höhen geht die Vegetation deshalb in den ausgedehntesten Nebelwald des Südwestens über, denn an seinem höchsten Punkt, dem Pico Neiba, erreicht der Park immerhin 2.279 m. Dort stehen die Bäume permanent mit den Wolken in Kontakt und bilden eine einzigartige Vegetation. Im Gegensatz zu den anderen Gebirgen ist der Kiefernwald hier auf die Tieflagen beschränkt, und die Bergkuppen werden von immergrünen Laubwäldern eingenommen. Man findet in abgelegenen Tälern der Niederungen an den Nordhängen die ältesten Dominikanischen Kiefern des Landes. Der Nadelwald mit einem teils reichen Unterwuchs setzt sich abrupt und übergangslos von den höher gelegenen Nebelwäldern ab. In den Hochlagen des Parks, also den Bereichen mit jährlichen Niederschlägen von 1.400 mm an aufwärts, der

sich vorwiegend über die etwa 60 km² große Bergkette der Loma La Tasajera del Chivito hinwegzieht, stehen über und über bemooste und mit Epiphyten behangene, Jahrhunderte alte oder bereits abgestorbene Laubbäume. Sie bieten einen überwältigenden Anblick in einem der größten noch unberührten Urwälder des Landes. Dort oben schließen viele Bäume ihren Lebenszyklus noch natürlich ab, etwa die beeindruckenden Exemplare von *Didymopanax tremulus* mit einem Alter von 500−800 Jahren. *Podocarpus aristulatus* könnte sogar ein Alter von 1.400 Jahren erreichen, würde er nicht vorher von Epiphyten erstickt, etwa von der Bromelie *Vriesea sintenisii*, die nur ab einer Höhe von 1.500 m vorkommt. Andere Pflanzen des höchsten

Von der Isla Cabritos blickt man in nördlicher Richtung auf die Sierra Neiba

Nebelwaldes im Land sind *Ocotea wrightii*, *Dendropanax arboreus*, *Brunellia comocladifolia*, *Turpinia picardae* und diverse Baumfarne wie z. B. *Cyathea arborea*.

In den offenen Bereichen der Hochtäler wächst noch eine weitere äußerst bemerkenswerte Pflanzenformation, eine Hochgebirgssteppe mit Gräsern, Stauden und kleinen Sträuchern. Sie besteht aus dem Bittergras *Danthonia domingensis*, *Hypoxis decumbens*, *Hydrocotyle pusilla*, *Diodia domingensis*, *Dichanthelium laxiflorum* (in älteren Listen fälschlich *Panicum xalapense* genannt), *Hypericum hypericoides*, *Aster dumosus*, *Viola domingensis*, *Hieracium gronovii* und *Cyperus picardae*. Diese Magerrasen-Gesellschaft verdankt ihre Existenz den äußerst armen Karstböden, wo die wenigen Erdkrümel durch die mit-

unter sehr starken Niederschläge permanent ausgewaschen und weggespült werden, und den gelegentlich auftretenden Nachtfrösten, die einen Baumbewuchs verhindern.

In ihrer Form ist diese Bergvegetation einzigartig in der Welt. Sie bietet auch den natürlichen Lebensraum für einige interessante Vogelarten, wie Haitiamazone, Rosentrogon, Antillentaube oder Bartklarino.

Unbedeutende Reste von tiefer liegenden Regenwäldern in den im Norden an die Nebelwälder angrenzenden Lagen sind zwar noch als schmale Säume vorhanden, aber der Großteil ist in der Vergangenheit der Landwirtschaft zum Opfer gefallen. Sie wurden auf Geheiß des Diktators Trujillo abgeholzt und in Sekundärwälder für den Kaffeeanbau umgewandelt. Heute zeugen nur noch

421

Die Sierre Neiba im Hintergrund überragt den tiefsten Landstrich Lateinamerikas

wenige Relikte von der einstigen Vielfalt, mit Leitgehölzen wie *Cupania americana*, *Picramnia pentandra*, *Alchornea latifolia* und Balsamapfel.

Auch die flacheren Randbereiche des Parks zwischen 700 m und 1.700 m Höhe sind leider übernutzt und zersiedelt und ähneln eher einem Flickenteppich aus Waldresten und Feldern als einem Nationalpark. An den regenärmeren Hängen werden von den über 2.000 im Schutzgebiet lebenden Familien Kaffee, oder im typischen Wanderfeldanbau, den „Conucos", Bohnen, Mais und andere Feldfrüchte angebaut. Überweidung, vorwiegend durch Ziegen, und Rodungen zur Brennholzgewinnung

oder zur Herstellung von Holzkohle waren und sind nach wie vor die ärgsten Feinde dieser regengrünen Trockenwälder. Diese Erscheinung ist umso bedauernswerter, als dort viele Spezialbiotope existierten, mit einem Arteninventar, das an anderen Orten nur selten angetroffen wird. Bergbauliche Aktivitäten gibt es trotz verschiedener Bodenschätze zum Glück noch nicht, von wenigen Kalksteinbetrieben abgesehen.

Charakteristische Bäume dieser ursprünglich recht dichten Trockenwälder der niederen Lagen an den Südhängen sind Amerikanischer Balsambaum, Süße Akazie, *Phyllostylon rhamnoides*, Duftakazie, *Haematoxylon campechianum*,

Pockholz und *Exostema acuminatum*. Viele dieser Pflanzen werden von der Bevölkerung seit alters als Heilpflanzen verwendet, die Inhaltsstoffe werden aber erst in jüngster Zeit wissenschaftlich erforscht. Ein Argument mehr, die Naturschutzbestimmungen einzuhalten und strenger zu kontrollieren.

Insgesamt wurden in dieser interessanten Region 670 Pflanzenarten nachgewiesen, von denen einige recht bemerkenswert und in ihrer Erscheinung einzigartig sind. Spannend ist auch die Verknüpfung der beiden Paläoinseln, denn z. B. den Baum *Cojoba zanonii* (alte Bezeichnung *Obolinga zanonii*), den man endemisch für die Sierra de Bahoruco gehalten hatte, traf man 1994 auch in einem kleinen Bestand am Monte Bonito an. Der Erstnachweis von *Begonia rotundifolia* in der Dominikanischen Republik ist ein weiteres Beispiel für noch mehr zu erwartende Überraschungen.

Auch unter den Tieren sind einige höchst bemerkenswerte Arten zu finden, etwa je zwei Vertreter der erst vor kurzem entdeckten und nur in der Sierra de Neiba verbreiteten Antillen-Pfeiffrösche *Eleutherodactylus notitode* und *E. parabates* sowie der Saumfinger *Anolis placidus* und der Kugelfingergecko *Sphaerodactylus schuberti*. Insgesamt sind von hier 11 Amphibien- und 39 Reptilienarten bekannt. Außerdem wurden bisher 85 Vogel- und 13 Fledermausarten gesichtet. Höhlen sind in derartigen Karstgebieten häufig, und es existiert auch eine 300 m lange Höhle mit Felsmalereien der Tainos. Natürlich kommen in derart abgelegenen Regionen auch noch der Schlitzrüssler und die Jutia vor.

Der Zugang zum Park ist zwar schwierig, von Süden her aber über mehrere, meist sehr schlechte Wege möglich, die alle von der Straße nördlich des Lago Enriquillo abzweigen.

Vom Norden her gibt es ebenfalls einige Zugänge in den Park. Sie gehen alle von der Verbindungsstraße ab, welche die Ortschaften Vallejuelo, El Cercado und Hondo Valle miteinander verbindet und die im Tal zwischen den beiden Gebirgszügen verläuft. Aber auch sie können nur mit Geländewagen befahren werden. Ausbaupläne liegen jedoch in der Schublade, es ist also nur eine Frage der Zeit, bis das Gebiet zugänglicher wird.

Die einzelnen Bergketten erreichen verschiedene Höhen. Neben dem Pico de Neiba mit 2.279 m erreicht die Loma la Tasajera beispielsweise 2.176 m und der Monte Bonito 1.842 m. Von dort oben gibt es schöne Ausblicke in einerseits viele schmale Cañons, andererseits in breite Bergtäler, etwa in das 500 m hoch gelegene Tal los Pinos del Edén, in die Flussaue des Río Guayabal, in die Hochebenen Los Bolos und El Maniel in 1.100 m Höhe oder in die zu Füßen der Loma Monte Bonito liegende Sabana del Silencio, die Savanne der Stille. Das Relief ist komplex und manche Hochtäler reichen gut und gerne bis in 2.000 m Höhe.

Die Sierra Neiba bildet eine Wasserscheide. Der Südteil entwässert in die Senke des Lago Enriquillo. Die meisten dieser Flüsse führen aber nur bei Starkregen oder in den Hochlagen der Berge permanent Wasser, denn der Untergrund besteht aus weißem beziehungsweise durch Eisen braun oder rot gefärbtem

Kalk vorwiegend eozänen Alters und ist stark verkarstet. Der Arroyo Los Bolos im gleichnamigen Tal z. B. verschwindet nach 3 km plötzlich in einem ausgedehnten Höhlensystem.

Das Wasser fast aller Flüsse versickert so oder ähnlich und fließt dann unterirdisch weiter. Es speist – vergleichbar der Sierra Bahoruco – aus einem großen unterirdischen Wasserkörper zahlreiche Quellen, die aber erst weit entfernt am Fuß des Gebirges entspringen. Beispiele sind die beliebten Badequellen Las Barías in La Descubierta, Las Marías in Neiba und La Furnia in Las Clavellinas, alle am Südrand der Sierra Neiba gelegen. Andere Quellen münden direkt in den Lago Enriquillo. Die wenigen oberirdischen Flüsse erreichen den Lago Enriquillo allerdings nur noch selten, weil das Wasser zur Versorgung der Felder in Kanäle abgezweigt wird. Aufgrund des Mangels an Fließgewässern und der dadurch bedingten Wasserknappheit gehört der Süden der Sierra Neiba zu einer der am dünnsten besiedelten Regionen des Landes.

Im Norden dagegen führen einige Flüsse wie der Río Caña, der Río Sonador, der Río los Baos und der Río Vallejuelo permanent Wasser und bieten willkommene Bademöglichkeiten. Sie alle sind Nebenflüsse des Río Macasía in Haiti und des Río Artibonito oder des Río San Juan auf Seiten der Dominikanischen Republik und bringen der Landwirtschaft im Norden das begehrte Nass.

Nahe der Stadt Neiba tritt, wie schon oben erwähnt, eine kristallklare Quelle aus dem Karstgestein und speist ein beliebtes Naturschwimmbad, das Balneario de Las Marías". Es bietet Einheimischen und Reisenden in der heißen Gegend eine willkommene Abkühlung. Dem Wasser dieser Quelle schreibt man auch noch heilende Kräfte zu.

Etwas westlich von Neiba befindet sich das wichtigste Weinbaugebiet des Landes. Dieses ist äußerst bemerkenswert, denn hier wird ein extrem hitze- und trockenheitsverträglicher Wein angebaut, der angesichts des Klimawandels selbst bei Winzern aus Europa auf Interesse stößt. Zwar eignen sich die äußerst süßen Trauben nur für den Frischverzehr und weniger zur Weinerzeugung, aber als Kreuzungspartner wird diese Sorte bereits bei Züchtern für zukünftige Klimaverhältnisse fleißig erprobt.

Parque Nacional Juan Ulises García Bonnelly

Dieser 1996 gegründete, also noch recht neue Nationalpark liegt südlich der Stadt San Juan de la Maguana im nördlichen der beiden Stränge der Sierra Neiba. Es ist ein zum Teil völlig unerforschtes Gebiet und dient insbesondere der Sicherung der Wasserressourcen, die zur Bewässerung der Felder rund um das Valle de San Juan benötigt werden. Der Nationalpark erstreckt sich über die drei Bergmassive Loma La Guardarraya, Loma Las Pascuala und Loma Jayaco. Sie sind von höchst unterschiedlicher ökologischer Qualität. Während die beiden Ersten in der Vergangenheit sehr stark durch Brandrodung und Wanderfeldbau übernutzt wurden, ist die 1.692 m hohe Loma Jayaco noch in einem nahezu unberührten Zustand. In diesem Gebiet entspringt der Río Macacías, der eine Reihe von Bewässerungskanälen speist, bevor er in den Río Artibonito mündet. Auch viele andere Quellen versorgen die Region mit Wasser, die zum Teil ins Valle de San Juan, zum Teil aber auch ins Tal von Vallejuelo fließen und in verschiedenen Flusssystemen münden. Die Gipfel bieten einen herrlichen Fernblick auf die umgebenden Gebirgsketten und die in den Tälern liegenden Städte. Die Senke von San Juan war übrigens vor dem Hebungsprozess im Miozän lange Zeit ein Bergsee, der über zwei Abflüsse verfügte. Der eine ist das heutige Bett des Río Artibonito, der andere das alte Bett des Río Yaque del Sur. Heute fließt hier nur noch der Río San Juan. Die beiden großen Gewässersysteme haben im Verlauf der jüngeren Erdgeschichte ihr Bett mehrfach gewechselt. Der einstige See ist heute verlandet und mit sehr fruchtbaren Sedimenten aus der Nacheiszeit aufgefüllt. Das Valle de San Juan wird heute überwiegend für Reisfelder und in den trockeneren Gebieten für den Tabakanbau genutzt.

Biologische Untersuchungen im Schutzgebiet liegen bisher noch nicht vor. Man weiß also weder etwas über Tiere noch über Pflanzen. Der Nationalpark ist zu Ehren von Ing. Juan Ulises García Bonnelly benannt, einem berühmten Naturforscher und Soziologen der Dominikanischen Republik, als Anerkennung für seine konstruktiven Integrationsbemühungen im Konflikt zwischen Naturschutz und den Interessen der Bevölkerung.

Voller Überraschungen: Parque Nacional Padre Julio Cicero (Sierra Martín García)

Östlich an den Gebirgszug der Sierra de Neiba, nur vom Tal des Río Yaque del Sur getrennt, schließt sich die Hügelkette Sierra Martín García an. Das Bett des Yaque del Sur liegt heute in einem Grabeneinbruch, der während des mittleren Tertiärs entstanden ist und die Sierra Martín García von der Sierra de Neiba abgeschnitten hat. Das kleine Bergland

Wie der Name nahelegt, ist *Acacia barahonensis* auf die Region um Barahona begrenzt

liegt direkt zwischen dem Karibischen Meer an der Bucht Bahía de Neiba und der Straße, die von Azua nach Barahona führt. An seiner Basis ist es von den trockensten Regionen des Landes umgeben, der Gipfel dagegen ist von einem kleinen, aber einzigartigen Nebelwald bedeckt.

Dieser nur etwa 25 km lange Gebirgszug wurde 1996 zum Nationalpark erklärt, denn es handelt sich um ein höchst bemerkenswertes Mosaik aus sehr gegensätzlichen Ökosystemen mit Dornbuschsavannen, Trockenwäldern, halbimmergrünen Wäldern und Bergregenwäldern. Die Entwicklung hat offensichtlich äußerst isoliert stattgefunden und zur Bildung einer ganzen Reihe von lokalendemischen Arten geführt. Die herausragende biologische Bedeutung dieses Gebietes als ökologische Insel wurde erst vor kurzem in seiner gesamten Tragweite erkannt, und derzeit sind Biologen mit Hochdruck dabei, die einzigartige Fauna und Flora zu erforschen.

Neben einigen noch unbeschriebenen oder seltenen *Acacia*-Arten (z. B. *A. cocuyo*) und dem größten Vorkommen der seltenen Euphorbie *Cnidoscolus acrandra* wurden Hunderte von heimischen Pflanzen nachgewiesen. Nennenswert sind z. B. *Senna atomaria*, *Ziziphus rhodoxylon*, *Senna angustisiliqua*, baumbildende Kakteen wie *Neoabbottia paniculata*, *Consolea moniliformis* und *Lemaireocereus hystrix*, aber auch diverse Agaven oder die Palme *Haitiella ekmanii*. Die im wahrsten Sinn des Wortes herausragendste Neuentdeckung allerdings ist die Palme *Coccothrinax boschiana*. Vertreter dieser interessanten

Gattung sind mit einer ganzen Reihe von Arten in der Dominikanischen Republik verbreitet und haben über die Insel verstreut noch weitere endemische Formen hervorgebracht.

An der Bucht von Neiba, in die heute auch der Río Yaque del Sur mündet, gibt es einen kleinen Mangrovenbestand aus Roter-, Schwarzer-, Weißer- und Knopfmangrove. Berechnungen haben ergeben, dass der Río Yaque del Sur an seiner Mündung pro Sekunde im Mittel 430 m³ Wasser ins Meer leitet.

Aus der Vogelwelt wurden bisher 67 Arten nachgewiesen, mit 14 Zugvogelarten und 53 heimischen Vertretern, darunter 11 endemische. Die größte Artenvielfalt findet man in Wassernähe am Strand, an der Lagune und den angrenzenden Feuchtgebieten.

25 Reptilienarten und 6 verschiedene Amphibien kommen hier vor, darunter der weit verbreitete Nashornleguan und die Blindschlange *Typhlops sulcatus* sowie alle drei dominikanischen Schlankboa-Arten (*Epicrates fordii*, *E. gracilis* und *E. striatus*).

Nahe der Stadt Barreras hat man fossile Pflanzenreste einer alten Lagune gefunden, die auf ein geologisch recht hohes Alter hindeuten, vermutlich auf das Eozän. Die fossile Flora ist bisher zwar noch nicht wissenschaftlich bearbeitet, sie ist aber immerhin der Beweis dafür, dass die Entstehung dieses Gebirgszuges am Ende des Eozän stattgefunden haben muss und hier bereits früher Mangroven gestanden haben.

Von den Höhen der Sierra Martín García, die mit der Loma del Curro 1.343 m und der Loma Fría immerhin noch 1.285 m erreichen, genießt man in alle Richtungen einen hervorragenden Fernblick. Der Park ist von der Hauptstraße zwischen Azua und Barahona aus leicht über Barreas zu erreichen, allerdings darf man ihn nur in Begleitung eines Parkführers betreten. Die Gegend hat auch kulturell eine gewisse Bedeutung, denn in den vielen Höhlen dieser Umgebung wurden zahlreiche Spuren von präkolumbianischen Taino-Kulturen gefunden.

Mit dem 407 km² großen Park wird der verdiente Wissenschaftler Pater Julio Cicero S. J. geehrt, der aus Mexiko einwanderte und sich 30 Jahre lang um die Erforschung der Fauna und Flora der Insel verdient gemacht hat. Er hat u. a. in San Cristóbal, wo er Biologie lehrt, ein bemerkenswertes Arboretum gegründet. Julio Cicero ist auch der Entdecker eines neuen endemischen Zwiebelgewächses, das 1994 von den beiden Leitern des Botanischen Gartens, M. Meija und R. Garcia, die aktuell zu den wichtigsten Botanikern im Land gehören, ihm zu Ehren auf den Namen *Zephyranthes ciceroana* getauft wurde.

Der Park befindet sich zwar in einer der menschenleersten Gegenden des Landes, aber trotzdem gibt es einige Eingriffe, die das Gesamtgefüge beeinträchtigen. Wie in vielen Trockenwäldern üblich, wurden auch hier viele Bäume zur Gewinnung von Holzkohle gerodet. Außerdem gibt es in der Peripherie extensive Weidewirtschaft mit Ziegen und einige bergbauliche Aktivitäten. Für industrielle Zwecke und den Straßenbau wird bei Canoa Travertin abgebaut und nahe der Stadt Vicente Noble gibt es ein Marmorvorkommen an der Loma del Curro und am Cerro del Rubiato, dessen Abbau sich 600 Jahre zurückverfolgen lässt.

Acacia cocuyo ist ausschließlich vom Parque Nacional Padre Julio Cicero bekannt

Die südliche Mitte

D ie südliche Mitte mit den Provinzen Azua und Perávia ist tektonisch recht kompliziert gebaut. Fünf geologische Zeitabschnitte zwischen Kreide und Quartär haben mitgewirkt, die Landschaft an der karibischen Meeresküste zwischen dem südlichsten Ausläufer der Cordillera Central, dem Massiv el Número und der Sierra Martín García zu formen. Es handelt sich (neben dem Cibao-Tal im Norden) um einen der größten Bruchgräben der Insel, der bis nach San Juan de la Maguana und weiter bis Elias Piña reicht. Den größten Einfluss auf das heutige Erscheinungsbild

hatte dabei das Eozän. Dessen mächtige Geröll-Ablagerungen reichen als Vorgebirge an der Südflanke der Cordillera Central zum Teil weit in die Berge hinauf und sind eine von mehreren Ursachen für eine völlig andersartige Vegetation als in der Hauptkette. Lange Streckenabschnitte, vorwiegend westlich der Stadt Azua, sind von bizarren Geröllfeldern begleitet und bieten neben einer höchst bemerkenswerten Landschaft auch eine höchst bemerkenswerte Fauna und Flora.

Diese typische Vegetation in der ausgedehnten Karstebene ohne Oberflächenwasser wird bei einem Savanenkli-

Die Senke von Azua ist dank Bewässerung ein fruchtbares Tal

ma mit Regenmengen zwischen 500 und 1.000 mm Jahresniederschlag und mittleren Temperaturen von 27,4 °C von Dornbusch und subtropischem Trockenwald geprägt. Wegen der extremen Trockenheit nennen die Einheimischen das Valle de Azua im Lee der Cordillera Central zu Recht „en el desierto", also „in der Wüste". Die Bäume besitzen in derart ariden Gebieten ein äußerst hartes Holz und wachsen sehr langsam. Prägend ist der Mesquitebusch und nach Westen hin das Auftreten der baumförmig wachsenden Kaktee *Neoabbottia paniculata*. Weiter landeinwärts, an den südlichen Ausläufern der Cordillera Central, wird der Trockenwald allmählich durch einen regengrünen Feuchtwald ersetzt. Hier liegen die durchschnittlichen Niederschläge zwischen 1.000 und 2.000 mm. Noch höher, beim Anstieg in die Berge, geht die Vegetation dann in Nadelwald mit der endemischen Dominikanischen Kiefer und anderen heimischen Koniferen über, ein Indikator dafür, dass die Böden dort massiv, kreidezeitlichen Ursprungs und sauer sind. Diese Bereiche wurden bereits im Kapitel über die Zentralkordillere abgehandelt (s. S. 339).

In der Cordillera Central und der Sierra Martín García lagern bedeutende Metallvorkommen, z. B. Kupfererze. Derzeit werden allerdings nur diverse Kalkgesteine abgebaut. Die Landwirtschaft ist auf den eigentlich fruchtbaren Schwemmlandböden, vor allem mit großflächigem Anbau von Tomaten, Zwiebeln, Melonen und Kochbananen, auf eine permanente Bewässerung angewiesen. Das Wasser stammt, außer aus

Die wüstenhafte Ebene von Azua hat ihren ureigenen, schroffen Charme

maná

Cabo Cabrón
Monte La Meseta 806m
Bahía del Rincón
Playa Las Galeras
Puerto del Valle
bacos
El Limón
Playa Rincón
Cabo Samaná
Monte Pan de Azúcar 490m
Las Galeras
Saltos El Limón
349m
Playa Playuela
Puerto Francés Viejo
NTA BÁRBARA DE SAMANÁ
Las Pascualas
Honduras
Los Cacaos
El Francés
Punta Balandra
Cayo Levantado

Punta El Negro
Sabana de la Mar
do
El Caño
Capitán
Las Cañitas
Punta Mangles
Reserva Científica
Laguna Redonda y Limón
Punta Gorda
El Valle
Magua
Bahía de La Jina
La Loma
Playa Miches
Punta El Rey
El Morro
Miches
Playa Limón
Laguna Limón
Arenitas
Laguna Playa Limón
Montaña Limón 533m
Punta Nisibón
Altamira
Colonia El Cedro
El Jovero
Las Guineos
Laguna Nisibón
Playa del Muerto
Cañada Honda

Costa de Cocos

Loma del Limón
Pedro Sánchez
Reparadero
701m
La Vacama
Boca de Maimón
San Rafael
La Subida de la Cuchilla
Vicentillo
El Llano
Las Lagunas de Nisibón
Playa El Macao
Sabana de Bárriolo
Paso Cibao
Yerbabuena
HATO MAYOR
El Macao
La Higuera
Rincón
El Salado
Bahía de Los Ranchitos
Dos Ríos
Cibahueto
El Cuey
Los Ranchitos
Las Pajas
Covadonga
El Higo
Hato de Mana
Bonao
La Cruz del Isleño
El Corticito
Bávaro
Los Algarrobos
El Salado
La Otra Banda
El Peñón
Playa Bávaro
Guayabo Dulce
Sabanas del Soco
Batey Guayacanes
Bejucal
El Cerro
Cerro Gordo
Cabo Engaño
Platanitos
Campina
La Enea
Santana
Palo Hincado
Consuelo
Batey Lechuza
Sabana
El Guanito
Nuestra Señora de la Altagracia
HIGÜEY
Campo Nuevo
Hique
Playa del Caletón
Ramón Santana
Diego
Guaymate
Batey Ochenta
Chavón Arriba
Mata Chalupe
Verón
Pantanal
Platana
La Balsa
Los Lerenes
Batey Santa Rosa
Batey Milagrosa
Aletón
Jobo Dulce
Magdalena
Laguna Hoyo Claro
Punta Cana
Magarin
Guerrero
Batey Higo Claro
El Naranjo
La Matilla
Laguna Hoyo Claro
Nuevo Juanillo
Playa Punta Cana
Ulloa
Jagual
Higüeral
Batey Cacata
Batey Zubiera
Batey Santón
La Plata
Batey Maraguá
Raquet Village
Marina
Playa Juanillo
Cristóbal Colón
Boca de Soco
Cuevo de Maravillas
Soco
Los Arados
Caleton
Gato
Batey Montecarlo
San Rafael del Yuma
Farallón
Punta Espada
Caletón
SAN PEDRO DE MACORÍS
La Punta
La Sardina
Comeyaya
LA ROMANA
La Caleta
Boca de Chavón
Cinco Palma
Casa Ponce de León
Boca de Yuma
La Playita
Cayuba
Cabo San Rafael
Playa de Soco
Playa La Sardina
Playa La Rosa
Playa Camoyas
Punta Blandino
Isla Catalina
Serena Cay
Altos de Chavón
Casa de Campo
Cueva de Berna
Bahía de La Altagracia
Bahía de Yuma
Cabo Falso
Punta Berroa
Dominicus
Playa Bayahibe
Playa Dominicus
Guaraguao
Parque Nacional del Este
Cueva del Puente
Martel
Granchorra
Cabo San Rafael

a Caribe
El Peñón
El Algibe
Isla Catalinita
Punta Gorda
Catuano
Punta Puntón
Bahía Catalinita
Punta Roca
Laguna Secucho
Punta Cana
Laguna Los Flamencos
Isla Saona
Laguna Canto de Playa
Mano Juan
Cayo Caballo Blanco
Canal de La Mona

ribe

Canal de Catuano

Die meterhohen Blütenstände von *Agave antillarum* sind weithin sichtbar

einigen Brunnen, vorwiegend aus der Talsperre Sabana Yegua, die wiederum vom Río Yaque del Sur gespeist wird. Vor den Eiszeiten verlief der Río Yaque del Sur noch selbst durch diese Ebene, musste sich aber infolge der immensen Aufschüttungen von Sedimenten aus den Schmelzwässern ein neues Bett deutlich weiter im Westen suchen. Er hat sich, wie viele Flussläufe der Insel in der wechselvollen jüngeren Erdgeschichte, seinen Weg nicht nur einmal neu bahnen müssen.

Monumento Natural Bahia Puerto Viejo

In einer Bucht an der Küste, südlich des heutigen Azua, liegt Puerto Viejo. Es handelt sich um die Überbleibsel der alten Hafenstadt Azua la Vieja, die 1504 von den Spaniern gegründet wurde. Ein Erdbeben im Jahr 1571, gefolgt von einem Tsunami, zerstörte sie und tötete einen großen Teil der Bevölkerung. Aus Angst vor weiteren Flutwellen wurde Azua weit weg vom Meer an seinem heutigen Platz neu errichtet. Neben dem historischen Wert als Zeugnis frühspanischer Besiedelung ist das 1995 gegründete Naturdenkmal vor allem der Existenz von Dünen und einem Mangrovengürtel zu verdanken. Zwei vorgelagerte Inselchen und ein Korallenriff schützen den kleinen Naturhafen zwischen der Mündung des Cañada del Arenazo und der Punta de Boca del Jura. Die große Artenvielfalt von Muscheln und Schnecken zeugt von vielgestaltigen Lebensräumen unter Wasser. Aber auch über Wasser gibt es viele Ökosysteme, bestehend aus der unmittelbaren Strandvegetation, aus Salzpfannen, Wiesen mit salzverträglichen Gräsern, Stauden und Sträuchern oder einer reichen Dünenvegetation. Es existieren viele zerklüftete Kleinstlebensräume zwischen den Buchten, Gräben und Gewässermündungen. Hier herrschen ideale Bedingungen für Zugvögel und die vorgelagerten Meeresflächen bieten den Manatis und Meeresschildkröten reiche Nahrungsbiotope und Reproduktionsstätten. Das 31 km² große Schutzgebiet ist mit nur 456 mm Jahresniederschlag die vermutlich trockenste Stelle in der Dominikanischen Repu-

Die Raupe lebt von den aromatischen
Blättern einer Wüstenpflanze

Keine Früchte von *Opuntia antillana*,
sondern Pflanzen-Gallen

blik und enthält Strukturen, die den Begriff Wüste mehr als nur rechtfertigen.

Solche und ähnliche Lebensräume
prägen zwischen Bani und der Sierra
Martín García häufig die Vegetation. Kartierungen der Küstenvegetation haben
489 Arten erbracht, darunter 378 heimische und 44 endemische, der Rest sind
eingeführte Arten. Zwar liegen diese Gebiete meist außerhalb jeglicher Schutzzonen, aber dennoch lohnt es sich, beim
Durchqueren dieser Region mehrmals
und an verschiedenen Stellen auszusteigen, denn sowohl Fauna als auch Flora
haben hier besondere Anpassungen an
die extreme Trockenheit entwickelt. Außerdem existieren hier zahlreiche Spezialbiotope mit Fels-, Strand- oder Dünen-

vegetation und vielen anderen, die sich
von Osten nach Westen allmählich ändern und jeweils ein typisches Arteninventar beherbergen. Neben Trockenheit
vertragenden Gehölzen wie dem Pockholz oder dem Mahagoni sind natürlich
viele Akazien und Kakteen zu sehen, die
einen typischen Küstentrockenwald bilden. Darunter befinden sich Mesquitebusch, *Lemaireocereus hystrix*, *Cylindropuntia caribaea*, *Consolea moniliformis*,
Duftakazie, *Pithecellobium circinale*,
Acacia scleroxyla, Amerikanischer Balsambaum oder *Leptochloopis virgata*.
Infolge der Temperatur, die tags durchaus
37 °C betragen kann, und der Trockenheit von weniger als 500 mm Jahresniederschlag, besitzen die meisten Arten re-

Samenhaare des Sodomsapfels liefern weiche Fasern, er wurde aus Afrika eingeschleppt

Kampeche-Blutholz ist Lieferant von roten Farb- und Heilstoffen

duzierte Blätter und Stacheln, weshalb dieser Lebensraum auch gerne Monte Espinoso, also Stachelwald, genannt wird.

Trotz der flimmernden Tageshitze sind hier verschiedene, bodenlebende Echsen wie die Glattkopfleguane *Leiocephalus semilineatus* und *L. schreibersi* oder blau gestreifte Ameiven häufig anzutreffen, die jedoch bei der geringsten Störung blitzartig verschwinden. Auch fliegen erstaunlich viele Schmetterlinge, Libellen oder andere Insekten, leider auch Moskitos. Unter den Vögeln fallen einem sofort Hispaniolaspechte ins Auge, die sich an Kakteen oder lautstark an hölzernen Telegrafen- und Strommasten zu schaffen machen. Wer sich, z. B. von Bani oder Azua aus, in aller Frühe hierher aufmacht, wird ein tolles Vogelkonzert erleben. In der aufgehenden Morgensonne kann er viele Vogelarten hören und sehen, die sich während des Tages meist vor der Hitze zurückziehen, still im Schatten herumhuschen und eine Vogelarmut vortäuschen, die gar nicht existiert. Die Wüste lebt, nicht nur bei Walt Disney, sondern auch „en el desierto" von Azua!

Die großen *Pepsis*-Wespen sind die Erzfeinde von Vogelspinnen

Vom Winde verweht: die Dünen von Bani im Monumento Natural Félix Servio Doucudray (Monumento Natural Bahía de las Calderas)

In der Dominikanischen Republik gibt es eine Reihe von Küsten- und Binnendünen. Die bekanntesten und mit 18 km² auch die ausgedehntesten sind die bei Las Salinas. Sie liegen in der Bucht Bahía de Calderas nahe Bani in der Provinz Perávia. Diese als Naturdenkmal ausgewiesenen Dunas de las Calderas sind geologisch, ökologisch und historisch für den gesamten karibischen Raum einzigartig und von größter Bedeutung. 1996 wurde das Schutzgebiet um eine Pufferzone auf 55 km² erweitert und zum Andenken an den Ökologen und Erforscher der Düne in Monumento Natural Félix Servio Doucudray umbenannt. Das Gebiet ist ca. 60 km südwestlich von Santo Domingo gelegen. Man erreicht es – von Bani aus gerechnet – nach etwa einer halben Stunde Fahrzeit auf einer gut ausgebauten, schmalen Straße, die nach Südwesten auf die Halbinsel Las Salinas führt. Sie endet dort unmittelbar am Strand in der Bucht Las Calderas, wo sich ein paar kleine Hotels und etwas Gastronomie befinden.

Solche Dünen bilden sich mitten im Land, wenn in trockenen Ebenen genügend Sand und Wind in der richtigen Konstellation aufeinander treffen. Sie zählen zu den azonalen Vegetationszonen, d. h., sie werden weit weniger vom Klima als viel mehr von lokalen Verhältnissen geprägt. Im vorliegenden Fall wirken zu kleinen Sand-Partikeln zerriebene

Cryptostegia grandiflora ist überall auf der Insel verbreitet

Korallen und Wind zusammen. Natürlich haben Dünen an der Nordsee ganz andere Pflanzenarten hervorgebracht als die Dünen der Karibik, aber in solchen Extrembiotopen sind die Mechanismen nahezu die gleichen, und das spiegelt sich auch in einem nahezu gleichen Erscheinungsbild wider.

Dünen sind permanent Sonne, extremer Hitze, Trockenheit und Wind ausgesetzt, Faktoren, die Tieren und Pflanzen im Kampf ums Überleben besondere Fähigkeiten abverlangen. Pflanzen müssen z. B. das Kunststück fertigbringen, einerseits mit einem Minimum an Nährstoffen und Wasser auszukom-

Die älteren Dünen sind zum Teil dicht bewachsen

men und gleichzeitig gegen hohe Salzkonzentrationen ankämpfen. Trotz dieser Schwierigkeiten müssen sie über genügend Vitalität und Wuchskraft verfügen, um gegen permanente Verwehungen oder gegen das Abschmirgeln ihres Gewebes mit Flugsand anzukommen. Das grenzt fast an die Quadratur des Kreises und erklärt die große Artenarmut in der Dünenvegetation. Allerdings nehmen solche Spezialisten dann auch unmittelbaren Einfluss auf das Erscheinungsbild ihrer Düne, formen und stabilisieren sie über lange Zeiträume hinweg und bedingen sich somit gegenseitig. Denn im Windschatten von Pflanzen lagert sich erneut Sand ab, der die Düne vergrößert, die Pflanzen langsam unter sich begräbt, die sich aber immer wieder durch horizontale Ausläufer oder andere Mechanismen freikämpfen – Systeme,

die sich gegenseitig aufschaukeln.

Die Vegetation hängt stark vom Entwicklungszustand der Dünen und von der Nähe zum Meer ab: Manchmal wird sie von Pionierpflanzen wie Gräsern komplett überwachsen, manchmal ist sie durch Opportunisten, also Pflanzen, die winzige Areale mit ihnen zusagenden Bedingungen vorfinden, inselartig durchsetzt, manchmal ragt sogar der Mangrovengürtel in sie hinein. Ältere Dünen haben bereits einige Humusstoffe angereichert und sind oft schon etwas weiter vom Entstehungsort „weggewandert", was sich in der Gesamterscheinung mit Büschen oder sogar kleinen Bäume sofort bemerkbar macht.

In den bis zu 30 m hohen Dunas de las Calderas beherrschen Vertreter folgender Pflanzenfamilien in unterschiedlichen Verteilungsmustern das botanische Bild: *Simarouba berteroana* – diese Art ist selten, endemisch, mit essbaren Früchten und besitzt ihr Hauptvorkommen in diesen Dünen. Daher ist sie nach Meinung einiger Botaniker vielleicht sogar hier entstanden! Weitere hier typische Arten sind das Sumachgewächs *Comocladia dodonaea*, das Kreuzdorngewächs *Ziziphus rignonii* (mit essbaren Früchten), das Seidenpflanzengewächs *Cryptostegia grandiflora*, die zu den Mimosengewächsen gehörende Paternostererbse (*Abrus precatorius*), Mesquitebusch (*Prosopis juliflora*) und *Pithecellobium circinale*, das Malvengewächs *Corchorus hirsutus*, das Kaperngewächs *Capparis flexuosa* und Kakteen mit *Opuntia dillenii* und *Consolea moniliformis*. Es gibt natürlich noch viele Vertreter aus anderen Familien, die aber entweder nur sporadisch auftreten oder nur in besonders gelagerten Fällen eine dauerhafte Überlebenschance haben. Zum Beispiel existieren noch Reste eines hier vermutlich früher vorhandenen subtropischen Trockenwaldes in Form einiger vom Wind stark gebeutelten Mahagonibäume, die nur dank ihres weit verzweigten Wurzelsystems bisher überleben konnten. Insgesamt sind über 100 Arten nachgewiesen. Der Dünenvegetation kommt die wichtige Aufgabe zu, den Sand zu binden und die Düne vor Erosion durch Wind zu schützen. Allgemein gilt: Je stärker eine Düne bewachsen ist, desto stabiler ist ihr Ökosystem.

Tiere müssen lernen, mit einem permanent instabilen Untergrund zu leben, sonst hätten sie ihre Existenz wahrlich auf Sand gebaut. Entweder sie besitzen die Fähigkeit, sich schnell ein- und wie-

Dieser Schmetterlingshaft – ein Verwandter unserer Florfliegen – ahmt in verblüffender Weise einen Dorn oder ein Aststückchen eines Strauches nach

der auszugraben oder finden Mechanismen, ihre Behausungen gegen Einstürzen zu stabilisieren. In den Dünen von Bani lassen sich mit etwas Glück beide Strategien beobachten. Es gibt Insekten, hier speziell Raubfliegen (z. B. *Efferia*) und solitäre Sandwespen, die im Sand Gänge anlegen, in die sie Nahrungsvorräte und anschließend ein Ei hinein legen. Auch wenn diese Gänge permanent vom Sand zugeweht werden, haben die Insekten mit ihrem unglaublichen Orientierungsvermögen keine Schwierigkeiten, sie wieder zu finden, sie frei zu graben und weitere Nahrung für den Nachwuchs einzutragen. Diese kann aus Pollen oder gelähmten Insekten bestehen. Vorteil dieser speziellen Form von Brutpflege ist zum einen die hervorragende Tarnung der Brutstätten, zum anderen fördern Wärme und Trockenheit die schnelle Entwicklung der Larven. Allerdings müssen die geschlüpften Nachkommen dann auch in der Lage sein, sich aus ihrer sandigen Kinderwiege herauszubuddeln. Damit dies erleichtert wird, kleiden die Wespen ihre Gänge mit Speichel aus, der den Sand verklebt und das Ganze vor dem Zusammenbruch bewahrt. Eine weitere Anpassung an Hitze und Sand ist bei vielen Düneninsekten ein Pelz aus feinen, silbrigen Härchen, der verhindert, dass beim Atmen und beim Graben Sand in die Tracheen gelangt. Gleichzeitig isoliert das dünne Luftpolster vor der übergroßen Hitze so dicht am Erdboden, und schließlich reflektiert das Haarkleid die direkte Einstrahlung der Sonne. Die Härchen sind zudem beim Rückwärtskriechen während der Grabungstätigkeit auch noch eine zusätzliche Hilfe beim Heraustransportieren von Sand aus den Gängen. Arten, die nicht so optimal ausgestattet sind, sind gezwungen, erhöhte Sitzwarten oder Schatten aufzusuchen, weil sich diese nicht so stark aufheizen, und regeln dann vor allem durch ihre Verhaltensweise die Körpertemperatur. Ameisenlöwen bauen für ihre Brut senkrechte Röhren in den Sand, in denen die schwerfälligen Larven dann in einem selbst gebuddelten Trichter darauf lauern, dass Insekten, meist Ameisen, in die Fallgrube purzeln, um sie mit ihren nadelspitzen, hohlen Mundwerkzeugen sofort zu packen und auszusaugen, ohne die Röhre zu verlassen.

Andere Dünenbewohner haben es gelernt, ihre Schlaf- und Rasthöhlen unterhalb von größeren Pflanzen anzulegen, wo durch das umfangreiche Wurzelgeflecht ausreichende Stabilität gegeben ist. Hier wohnen dann diverse Echsenarten, die bevorzugt von Sandfliegen und Sandwespen leben oder, wie der Nashornleguan, von saftigen Kakteenblättern und -früchten. Überall im Sand

Nur wenige schaffen es, unter so unbarmherzigen Bedingungen Fuß zu fassen

hinterlassen sie ihre Spuren. Andere, wie *Ameiva lineolata* und mit Abstand am häufigsten Schreibers Glattkopfleguan, leben als Insektenjäger, halten sich dann meistens im spärlichen Schatten auf und sind nur schwer zu entdecken, weil sie durch ihre Färbung hervorragend getarnt sind.

Unter den weiteren Tierarten, die in den Dünen zu finden sind, haben geflügelte Arten aufgrund ihrer großen Mobilität den weitaus größten Anteil, also Vögel und Insekten. Bei den Vögeln gibt es Vertreter, die die Vegetation der Dünen als reinen Schlaf- oder Ruheplatz nutzen, dazu gehören vor allem viele Seevögel. Andere besuchen sie mehr oder weniger regelmäßig zur Nahrungssuche, wieder andere nutzen sie während der Brutzeit als ruhige Niststätte. Von den Insekten sind Vertreter aus etwa 16 Familien mehr oder weniger häufig anzutreffen, allen voran Dipteren (Mücken und Fliegen), Hymenopteren (Bienen, Wespen und Ameisen) und Hemimetabole, d. h. Insekten mit unvollständiger Larvalentwicklung, wie Gottesanbeterinnen und Heuschrecken. Auffälligster Schmetterling der Dünen ist der Monarch, ein unsteter Wanderer, der immer wieder aufkreuzt, weil hier

Den Riesenaugen der Raubfliege *Efferia* entgeht keine vorbeifliegende Beute

seine Lieblings-Futterpflanze, der Sodomsapfel, besonders gut gedeiht. An Säugetieren streunen gelegentlich verwilderte Ziegen umher, die allerdings enorme Schäden im ökologischen Gleichgewicht der Dünen anrichten.

Die Dünen von Las Calderas waren durch die Entnahme von Sand für Bauzwecke stark bedroht, mittlerweile sind solche Abgrabungen durch die Unterschutzstellung als Naturdenkmal allerdings illegal geworden.

Es gibt in der Dominikanischen Republik insgesamt noch etwa 25 weitere nennenswerte Dünengebiete unterschiedlicher Ausprägung und Ausdehnung. Im Nordwesten, am Río Yaque del Norte südlich von Monte Cristi, gibt es innerhalb des Nationalparks sogar einige Binnendünen. Die weitaus meisten aber sind

Ein Jungtier von Schreibers Glattkopfleguan macht Siesta in der Mittagshitze

Küstendünen, doch haben alle bei weitem nicht die Ausmaße und ökologische Bedeutung wie die Dunas de las Calderas.

Einige weitere Beispiele für Dünengebiete:

El Estero in der Provinz Monte Cristi,
Dünen von Cabarete östlich Puerto Plata im Norden,
Dünen von Neiba nahe dem Lago Enriquillo als Binnendüne,
Dünen der Isla Beata,
Dünen nahe Macao in der Provinz La Altagracia ganz im Osten,
Pie de la Sierra Martín García am Río Jura östlich Barahona,
Dünen im Parque Nacional Litoral Sur bei Santo Domingo,
Dünen bei Pedernales im Süden nahe der Grenze zu Haiti

Dünen bilden sich nur unter ganz speziellen klimatischen und geographischen Verhältnissen. Es gibt eine ganze Reihe Formen von Dünen, deren Behandlung hier aber zu weit führen würde. Man denke nur an den Sonderfall der Wanderdünen. In jedem Fall sind es stets seltene Biotope mit einem eng begrenzten Areal und Arteninventar. Trotzdem, oder gerade deswegen sind es sensible und verletzliche Biotope, die sehr schnell ihre Stabilität verlieren und als Ökosystem zusammenbrechen können. Daher gebührt ihnen nicht nur in der Dominikanischen Republik, sondern weltweit besondere Aufmerksamkeit und besonderer Schutz.

Der Name Las Salinas stammt von den immer noch in Betrieb befindlichen Salinen, die einen großen Flächenanteil der Halbinsel Las Calderas einnehmen. Das Wasser in den großen Salzgewinnungsbecken ist durch Bakterien manchmal leicht rosa gefärbt. In dieser heißen und niederschlagsarmen Gegend lohnt sich der Abbau von Meeressalz, denn der ständige Wind bringt eine ungewöhnlich hohe Verdunstungsrate mit sich. Las Salinas bildet mit den Salinen von Monte Cristí die zweite wichtige Meersalzgewinnungsanlage der Insel.

Salzabbau im Naturschutzgebiet, ein klarer Widerspruch

Die Mangroven in der Bahia las Calderas wurden in der Vergangenheit durch Abholzen zur Gewinnung von Feuerholz und Holzkohle nahezu zerstört. Dominierend ist hier *Conocarpus erectus*, während die drei anderen Arten nur vereinzelt vorkommen. In den Relikten kann man noch eine Reihe von Wasservögeln beobachten, vor allem diverse Reiher. Aber speziell die nähere und weitere Umgebung ist eine beliebte Anlaufstelle für Ornithologen, mit vielen Seevögeln und einigen Raritäten. Hier gibt es noch die Dreizehenmöwen, die Möwe *Larus graellsii*, Dominikanische Regenpfeifer oder Amerikanische und Gemeine Odinshühnchen.

Reserva Antropológica Cuevas de Borbón o del Pomier

1995 wurden die Höhlen von El Pomier als einzigartiges historisches Denkmal mit der Ausweisung zum „anthropologischen Reservat" endgültig vor der Zerstörung durch den nahen Kalksteinabbau gerettet. Fachleute argumentierten, die Vernichtung dieses Höhlensystems käme der Zerstörung der ägyptischen Pyramiden gleich. 1851 entdeckte der damalige englische Konsul, Sir Robert Schomburgk, etliche Kilometer nördlich von San Cristóbal ein System von 54 Höhlen mit einzigartigen historischen Zeugnissen der Ureinwohner. Es ist die reichhaltigste archäologische Fundstelle der Antillen mit Felsmalereien der Tainos und gehört zu den bedeutendsten Zeugnissen dieser Art in der Welt.

Das Höhlensystem zieht sich mehrere Kilometer weit durch die Kalkfelsen und ist nicht nur reich an Stalagmiten und Stalaktiten, sondern auch mit unzähligen Wandmalereien verziert. In 30 Höhlen wurden etwa 4.000 Wandbilder und 500 Felsgravuren gezählt. Allein die Höhle Nummer 1 enthält auf einer Länge von etwa 2 km über 600 Piktogramme. Damit ist es die am reichsten verzierte Höhle der Karibik. Daneben hat man Grabstätten und Scherben von Keramikgefäßen gefunden. Aber auch für Naturfreunde hat die Höhle mit über einer Million Fledermäuse und ein paar anderen wirbellosen Tierarten viel zu bieten. Zurzeit sind zwölf Höhlen für Besucher zugänglich.

Eine kleine Sensation lieferte die Entdeckung von Paläontologen, die in den Höhlensedimenten Reste eines

großen Pflanzenfressers entdeckt haben, der hier vor den Eiszeiten gelebt haben muss.

Geologisch gesehen geht das Felsplateau, das die gesamte Küste beiderseits von Santo Domingo bildet, auf „neuzeitliche" Hebungen großer Riffbereiche im Quartär zurück. Die Höhlen liegen etwa 40 km westlich von Santo Domingo in der Provinz San Cristóbal und sind am besten mit Hilfe eines ortskundigen Führers zu finden. Sie liegen an den südlichsten Ausläufern der Cordillera Central nördlich von San Cristóbal in 160–350 m Meereshöhe im Übergangsbereich von gehobenen Riffplatten und eozänen Ablagerungen. Der karstige Untergrund hat zu unterirdischen Flüssen geführt, welche die Höhlen ausgewaschen haben.

Das Schutzgebiet liegt im tropischen Feuchtwaldbereich mit durchschnittlich knapp 26 °C Jahrestemperatur und rund 1.760 mm mittlerem Niederschlag. Von den 248 hier festgestellten Pflanzenarten sind keine großen Besonderheiten hervorzuheben. Die wenigen endemischen Arten sind allesamt im näheren und weiteren Umland verbreitet und nicht selten, z. B. die Königspalme, die Sabalpalme, *Tabebuia berterii* oder *Comocladia domingensis*.

Die häufigsten der 31 beobachteten Vogelarten werden repräsentiert durch Palmenschwätzer, Schwarzscheitelpalmist, Hispaniolaspecht, Bartvireo, Glattschnabelani, Spottdrossel, Carolinataube und Tigerwaldsänger.

Sieben der insgesamt 18 Fledermausarten wurden in den Höhlen entdeckt, das sind *Pteronotus* (*Chilonycte-*

ris) *quadridens fuliginosus*, *Monophyllus redmani*, Schnurrbart-Fledermaus, *Macrotus waterhousii*, Fruchtvampir, Blütenvampir und *Erophylla sezecorni*.

Auch die Reptilien sind durch die vier häufigsten und am weitesten verbreiteten Anolis der Insel vertreten: *Anolis cybotes*, *A. distichus*, *A. chlorocyanus* und *A. semilineatus*.

Natur in der Großstadt: Santo Domingo

Santo Domingo ist die älteste noch existierende Stadt der neuen Welt. Sie wurde Überlieferungen nach 1494 von Miguel Díaz gegründet, der vor den Konquistadoren im Norden fliehen musste und sich mit seiner Geliebten, der Kazikin Catalina an der Mündung des Río Haina niederließ. Der Ort wurde von Díaz gewählt, weil es an den Ufern des Río Ozama Goldminen der Tainos gab.

Nahe dem Eingang im Botanischen Garten steht die Büste des Gründers Rafael Moscoso

Der Botanische Garten

Der Botanische Garten in Santo Domingo wurde von einer unabhängigen Jury als einer der zehn schönsten Botanischen Gärten der Welt gewählt. Zu Recht, denn auf 20 ha inmitten der Stadt strahlt die erstaunlich großzügige Fläche im Gebiet von Altos de Galá üppigstes tropisches Flair aus. Santo Domingo liegt im Klimabereich eines subtropischen Feuchtwaldes. Die Aufteilung des Gartens in verschiedene Sektionen ist übersichtlich und klar gegliedert. Für einen ersten Überblick empfiehlt sich die Fahrt mit der kleinen Bahn, die auf gut ausgebauten Wegen die wichtigsten Stationen anfährt.

Anolis im Botanischen Garten von Santo Domingo
Coccothrinax argentea wurde hier an seinem natürlichen Standort belassen

Der Botanische Garten ist noch recht jungen Datums. Baubeginn war 1972, und nach mehrjähriger Bauzeit waren im Gründungsjahr 1976 zumindest das grobe Gerüst und ein Großteil der Anpflanzungen fertiggestellt. Endgültig beendet wurden die Bauarbeiten um 1979. Er ist dem großartigen Wissenschaftler und Pionier der botanischen Erforschung Hispaniolas, Dr. Rafael Maria Moscoso, Jahrgang 1874, gewidmet. Er gründete das Botanische Institut an der Universität in Santo Domingo und leitete es bis zu seinem Tod 1951. In dieser Zeit legte er den Grundstein zur systematischen Erfassung der Vegetation der Dominikanischen Republik. Er erkannte schnell die herausragende Bedeutung der botanischen Vielfalt dieser Insel und die Vielzahl der endemischen Arten. Diese Arbeit wurde von Henri Liogier mit überaus großem Eifer fortgesetzt, der als erster Leiter des botanischen Gartens

Thespesia grandiflora, ein Verwandter des Hibiskus, bildet mächtige Bäume

mehr als 100 Veröffentlichungen publiziert hat, das wissenschaftliche Herbarium begründete und dem eine nahezu vollständige Florenliste der Insel zu verdanken ist. Heute liegt der Garten in Händen von Milcíades Meija und einem großen wissenschaftlichen Mitarbeiterstab. Dieser meistert in hervorragender Weise die schwierige Aufgabe von botanischen Kartierungen auch im schwierigsten Gelände auf der gesamten Insel und stößt dabei auch heute noch regelmäßig auf neue Arten. Alle Erkenntnisse werden in der hauseigenen wissenschaftlichen Reihe „Moscosoa" veröffentlicht. Damit ist der Botanische Garten nicht nur eine Ausstellung von etwa 50.000 lebenden Pflanzen, sondern vor allem Zentrum wissenschaftlicher Grundlagenforschung, Umwelterziehung und Genbank für gefährdete Arten des Landes.

Großen Raum nimmt die etwas abseits hinter den Verwaltungsgebäuden gelegene Sammlung typischer endemischer Bäume und Sträucher von Hispaniola ein, Gewächse, die nur in der Dominikanischen Republik oder in Haiti vorkommen, und natürlich auch der Mahagoni-Baum, der Nationalbaum des Landes. Neben Neuanpflanzungen kann man auch schon prächtige, etablierte Exemplare bewundern. Es gibt sogar ein umfangreiches Nachzuchtprogramm, mit dem man versucht, gefährdete Arten zu vermehren, um sie später wieder am Naturstandort anzusiedeln. Das ist in dieser Form ziemlich einmalig auf der Welt. Einmalig auch die Sammlung der etwa 340 endemischen Orchideenarten der Insel in einem separaten Pavillon mit so beliebten Arten wie Cacatica, *Polyradicion lindenii* und *Leochilus labiatus*. Mit dieser Artenvielfalt ist Hispaniola die orchideenreichste Insel der Antillen. Bemerkenswert ist auch die über das gesamte Gelände verstreute Kultur einer

Kein Parasit, sondern eine baumbewohnende Tillandsie, ein Bromeliengewächs

Die nektarreichen Agavenblüten locken
neben Insekten auch Vögel an

großen Auswahl der insgesamt etwa 600
Farnarten, die bisher von der Insel bekannt geworden sind.

Ein weiterer Schwerpunkt ist die beeindruckende Palmensammlung mit etwa 200 Arten aus aller Welt – darunter
altehrwürdige Individuen –, aber auch
mit den meisten heimischen oder endemischen Vertretern. Es ist leicht nachzu-
vollziehen, dass man die überaus zierliche *Coccothrinax argentea*, eine endemische Palme, als Wahrzeichen des Botanischen Gartens ausgewählt hat. Allein
um diese Fülle der Palmenarten in Ruhe
studieren zu können, sollte ein halber
Tag eingeplant werden.

Informativ ist auch das weitläufige
Arboretum im hinteren Teil des Gartens,
u. a. mit einer Auswahl von Gehölzen
mit essbaren Früchten, die man während
einer Rundreise durch die Insel allenthalben antreffen kann, oder einer Sammlung von Arten mit besonders schönen

Blüten. Insgesamt stehen dort 1.500
Bäume, die meisten davon heimisch
oder sogar endemisch.

Eine Schlucht, von einem kleinen
Zufluss des Río Isabella durchzogen, im
Zentrum des Gartens gibt eine leise Ahnung von einem vor Vitalität berstenden
Regenwald, mit von gigantischen Lianen
überzogenen Bäumen, etwa Philodendren nie gesehenen Ausmaßes. Vom
höchsten Punkt des Gartens aus (80 m
über dem Meeresspiegel) kann man sogar auf die Wipfel der Bäume mit beein-
druckendem Blattwerk herabblicken.
Ein „tropischer Urwald" mitten in der
Stadt, der etwa 40 % der Gesamtfläche
des Botanischen Gartens einnimmt! Optimales Klima mit 1.367 mm Jahresniederschlag und Durchschnittstemperaturen von 26,1 °C machen dieses Highlight möglich.

Einen deutlichen Kontrast dazu bildet der japanische Garten, streng formal,

Senna angustisiliqua ist einer der vielen endemischen Hülsenfrüchtler

von denen es 45 Arten in der Dominikanischen Republik gibt. Wasserpflanzen und Kakteen begleiten einen auf dem weiteren Streifzug. Ein umfangreiches Herbarium mit etwa 90.000 Sammlungsbelegen, als Referenz für wissenschaftliche botanische Untersuchungen, und ein Pavillon mit den Dioramen verschiedener Ökosysteme der Insel runden den botanischen Spaziergang ab.

Für einen Besuch sollte man mindestens einen oder besser zwei Tage einplanen, denn es lohnt sich, die unerwartete Vielfalt und die himmlische Ruhe in entspannter Atmosphäre zu genießen.

In einer derart üppigen Oase mitten in der Stadt stellen sich natürlich auch viele Tiere ein, allen voran Anolis,

Die Rote Alpinia wird gern in Gärten angepflanzt und ist nicht heimisch

wie es sich gehört und großzügig angelegt. Ein Ort, der zum Verweilen und Meditieren einlädt. Er liegt etwa auf halber Strecke des Rundganges und ist der ideale Ruhepunkt für Körper, Geist und Seele.

Beim weiteren Rundgang gibt es auf Schritt und Tritt etwas Neues zu entdecken: Mal eine Gruppe riesiger Schraubenbäume mit ihren bizarren Früchten, mal ein „ordinärer" *Ficus benjamina*, der allerdings die von deutschen Büroräumen her gewohnten Dimensionen längst überschritten hat, oder eine großzügig angelegte Sammlung üppig blühender Bromelien,

Schmetterlinge und Vögel, die einem hier so dicht wie sonst nur selten zu Gesicht und vor die Linse kommen.

In den Palmen brüten beispielsweise Palmenschwätzer in ihren typischen Gemeinschaftsnestern, um einen herum schwirren verschiedene Kolibris auf der Suche nach Nistmaterial oder der Suche nach Nektarblüten, an anderer Stelle singt eine karibische Nachtigall ihr melancholisches Lied und wieder woanders krächzen ein paar endemische Krähen hämisch vom Baum.

Vor allem dem frühen Besucher präsentiert sich ein Heer von höchst unterschiedlichen Anolis, die die ersten Sonnenstrahlen für ihre „Aufwärmphase" nutzen und noch nicht so hektisch die Flucht ergreifen wie während der heißen Mittagsstunden.

Die Vielzahl der Pflanzen ist natürlich auch für eine Vielzahl verschiedener Schmetterlingsraupen ein gefundenes Fressen, und so wundert es nicht, dass auch der Reichtum an Tagfaltern, besonders aber auch der von spektakulären Nachtfaltern sehr groß ist. Manche Nachtfalterarten mit weit über 10 cm Spannweite sitzen fast mit an Sicherheit grenzender Wahrscheinlichkeit jeden Morgen unter den Laternen an den Mauern von Gebäuden oder der Einfriedung, denn einige Bereiche des Gartens sind die ganze Nacht über mit starken Scheinwerfern erhellt.

Alles in allem ist der Botanische Garten besonders für diejenigen ein lohneswertes Ziel, die nicht die Möglichkeit oder die Zeit haben, entlegenere Ziele oder Nationalparks aufzusuchen, um die heimische Fauna und Flora kennen zu

Die Brettwurzeln des Kapokbaumes dienen der Stabilisierung im flachen Grund

lernen. Aber er ist auch eine gute Gelegenheit, sich vor dem Aufbruch ins Landesinnere mit Pflanzen vertraut zu machen, die einem später auf Schritt und Tritt begegnen werden.

Der Zoologische Garten

Unweit des Botanischen Gartens befindet sich auf ca. 160 ha der Parque Zoológico, der Zoo. Neben vielen Tieren aus aller Welt, wie sie typisch für zoologische Gärten sind, ist für den an der dominikanischen Fauna Interessierten besonders die große Flamingokolonie zu erwähnen, die im Schatten der Bäume am durch den Park fließenden Río Isabela auf Schlammnestern brütet. Nachzucht programme von Hispaniola-Wirtelschwanzleguanen und Spitzkrokodilen tragen dazu bei, zwei akut vom Aussterben bedrohte Tierarten in ihrem Bestand zu vermehren. Die Nachzuchttiere werden im fortgeschrittenen Alter und ab einer bestimmten Größe, in der sie nicht

Im Zoologischen Garten von Sto. Domingo werden Hispaniola-Wirtelschwanzleguane nachgezüchtet

mehr so sehr gefährdet sind, an geeigneten Biotopen wieder ausgesiedelt. In Volieren werden eine Reihe von einheimischen Vögeln gehalten. Das seltenste Säugetier, den Haiti-Schlitzrüssler, sucht man hier aber vergeblich. Sämtliche Haltungs- oder Nachzuchtprogramme haben sich als erfolglos herausgestellt. Die Tiere verenden trotz aller Bemühungen schon nach kurzer Zeit. Daher fehlen auch viele Erkenntnisse, die Aufschluss über die natürlichen Bedürfnisse der Tiere geben könnten. Im Zoologischen Garten gibt es auch einige Karsthöhlen, die von Fledermäusen bewohnt werden.

Weitere interessante Orte in Santo Domingo

Die erste **Universität** der Neuen Welt entstand in Santo Domingo. Neben den üblichen Wissenszweigen wurde auch schon sehr früh ein naturwissenschaftlicher Bereich gegründet, in dem mittlerweile Naturschutz ganz groß geschrieben wird.

Das Naturkundemuseum **Museo de Historia Natural** ist derzeit im Umbau. Neben einem Zentrum zur wissenschaftlichen Erforschung, insbesondere der Fauna und der Geologie der Insel, ist

man bemüht, das veraltete Muse-
umskonzept zu modernisieren. Parallel
zum Ausbau der üblichen musealen
Sammlungen wird derzeit an einer
Grundsanierung des Gebäudes gearbeitet, in dem in Zukunft zeitgemäße na-
turkundliche Ausstellungen präsentiert
werden sollen.

Das **Larimar-Museum** ist ganz
dem Nationalstein gewidmet. Es liegt in
der historischen Altstadt von Santo Domingo und wurde 1996 gegründet. Die
Ausstellung befindet sich in privaten
Händen in einem restaurierten Altbau
aus dem 17. Jahrhundert, nahe der alten
Kathedrale in der Straße Isabel la Catolica. Das Larimar-Museum ist weltweit
einzigartig. Hier werden die Entstehungsgeschichte und die geologischen
Zusammenhänge des blauen Pektolith
anschaulich dargestellt und Eindrücke
von der einzigen Lagerstätte der Welt
vermittelt. Neben Hintergründen zur
Entdeckung des Halbedelsteins wird
auch dessen Verarbeitung zu exklusiven
Schmuckstücken gezeigt (s. S. 383).

Das **Museo del Hombre Dominicano** widmet sich der Kultur der Urbevölkerung vor der Ankunft der Spanier.
Neben den zur damaligen Zeit üblichen
Kulturgegenständen und anderen Din-
gen des täglichen Lebens wird auch
Schmuck ausgestellt, der aus Bernstein
gefertigt wurde.

Die drei **unterirdischen Seen Los
Tres Ojos** liegen im Osten von Santo
Domingo an der Autobahn Las Americas,
etwa 5 km außerhalb der Stadt in
Richtung San Pedro de Macorís. Dabei
handelt es sich um eine unterirdische Lagune mit drei Tropfsteinhöhlen, die al-

lerlei Getier beherbergen. Bemerkenswert sind u. a. Fledermäuse und große
Geißelspinnen, die man allerdings mit
Sicherheit erst nach Einbruch der Dunkelheit antreffen kann. Der Name Los
Tres Ojos, „die drei Augen", ist darauf
zurückzuführen, dass die Höhlen oben
teilweise eingestürzt sind und das Tageslicht wie durch drei Augen, die in Höhlungen liegen, einfällt. Es handelt sich
um typische Karsteinbrüche des südli-

**In den Karsthöhlen Los Tres Ojos spiegelt
sich Tageslicht im Wasser**

Der Höhleneingang von Los Tres Ojos ist malerisch mit Farnen und Lianen eingerahmt

Das Seewasseraquarium Acuario Nacional wurde 1990 eröffnet und liegt in einem 30 ha großen Park nahe der karibischen Küste im Süden von Santo Domingo. Dort wurden in Zusammenarbeit mit den Umweltbehörden viele Meeresbiotope nachgebildet. In einem riesigen Becken werden Besucher durch einen Tunnel in die faszinierende karibische Unterwasserwelt mit Korallen und Fischschwärmen entführt. Dort kann man sich trockenen Fußes wie ein Taucher fühlen. In drei großen Schauhallen sind viele Einzelaspekte der Meeresbiologie aufgearbeitet und dienen insbesondere auch Schulen als Bildungsstätte. Hier wird der dominikanischen Jugend auf eindrucksvolle Weise Umweltbewusstsein vermittelt. Das Seewasseraquarium ist aber auch für Wissenschaftler ein Stützpunkt, um Grundlagen der Meeresbiologie zu erforschen.

chen Kalksteinplateaus. Die unterirdischen Gewässer werden von dem ebenfalls unterirdisch verlaufenden Fluss namens Brujuelas gespeist. Als Besonderheit kann man eine Reihe von Farnen und anderen Schatten vertragenden Pflanzen in den Höhleneingängen vorfinden. Als Touristenattraktion fahren sogar kleine Boote über die unterirdischen Seen – also an Blitzlicht und an Taschenlampen denken.

In der Gegend sind unzählige weitere Höhlen zu vermuten, die häufig mit Tropfsteinen ausgekleidet sind. Es muss allerdings dringend davon abgeraten werden, solche Tropfsteine, die gern als Souvenirs angeboten werden, zu erwerben, weil man damit den systematischen Raubbau an solchen Höhlen fördert, lange, bevor sie wissenschaftlich untersucht worden sind.

Auch im Parque Mirador del Sur, einem beliebten Erholungsgebiet mitten in der Stadt, gibt es Höhlen mit Fledermäusen.

Parque Nacional Litoral Sur de Santo Domingo

Seit 1968 steht praktisch der gesamte Küstenstreifen in der Hauptstadt unter Naturschutz. Ziel war es in erster Linie, den Strand von jeglicher Bebauung frei zu halten, um das Panorama nicht zu beeinträchtigen. Das Schutzgebiet grenzt im Osten an den Unterwasserpark La Caleta und erstreckt sich über eine Fläche von etwa 11 km². Hier und da sind ein paar kleinere Dünen vorhanden. Die Höhenunterschiede reichen von Meereshöhe bis maximal 75 m. Die Vegetation entlang der Uferpromenade ist längst nicht mehr ursprünglich und besteht vor allem aus Ziergehölzen, meist Westindischem Mandelbaum (*Terminalia catappa*) oder Kokospalmen, nur gelegentlich mischt sich noch mal eine Meertraube (*Coccoloba uvifera*) darunter. Auch die Fauna ist naturgemäß sehr arm und besteht vor allem aus „Allerweltsvögeln" wie Fregattvögeln, Braunpelikanen, Strandläufern und Seeschwalben. Die Kleintierfauna ist nicht gesondert untersucht, an manchen Stellen kann man bei Ebbe, die in der Karibik jedoch mit höchstens 40 cm Tidenhub recht unspektakulär ausfällt, häufig Krabben beobachten. Das Klima ist tropisch, mit 25 °C und etwa 1.500 mm Niederschlag entspricht es dem Vegetationstyp eines Niederungs-Feuchtwaldes. Man mag aus ökologischer Sicht am Sinn dieses Parks zweifeln, aus Gründen des Küstenschutzes allerdings ist er durchaus berechtigt.

Parque Nacional Submarino La Caleta

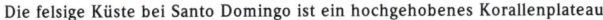

Vor der Küste, unmittelbar am Flughafen, etwa 20 km östlich von Santo Domingo, liegt der erste Unterwasser-Nationalpark der Dominikanischen Republik, der Parque Nacional Submarino La Caleta. 1986 gegründet, bezieht er ethnologische und archäologische Flächen ein.

In dem etwa 10 km² großen Schutzgebiet ragen die Riffe bis 180 m in die Tiefe. Sie sind in drei deutlich abgesetzte und parallel zur Küste angeordnete Terrassen gegliedert. Diese Terrassen gehen auf unterschiedliche Wasserstände während der Eiszeit zurück und wurden von der Brandung geformt. Bekanntlich lag der Meeresspiegel in dieser Zeit bis zu 200 m tiefer als heute.

Die felsige Küste bei Santo Domingo ist ein hochgehobenes Korallenplateau

Bis in Tiefen von 50 m bestehen die Riffe aus lebenden Korallen und beherbergen eine große Vielfalt von Schwärmen mit bunten Fischen, die dort Verstecke und Nahrung finden. Die Hauptattraktion allerdings ist das etwa 38 m lange und 7,5 m breite Schatzsucherschiff „Hickory", das hier 1984 in Küstennähe in 18 m Tiefe von Wissenschaftlern (Grupo Investigatores Submarinos = GIS) versenkt wurde. Das Wrack sollte als künstliches Riff der Ansiedelung von Korallen dienen und marinen Lebewesen Verstecke und Vermehrungsmöglichkeiten bieten. Um das Wrack herum wurden Kanonen und Anker spanischer Schiffe drapiert, die hier in historischer Zeit gesunken waren. Das Ganze wird, ähnlich wie die Einrichtungen des Nationalen Aquariums, als Forschungsstätte von Meeresbiologen genutzt. Aber auch Höhlentaucher kommen in diesem Unterwasserpark auf ihre Kosten, z. B. grenzt hier die Höhle Cueva de las Golondrinas an den Park.

Weitere naturkundlich interessante Orte nahe der Hauptstadt

Präsident Hippolito Meija hatte im März 2002 angeordnet, fünf neue stadtnahe Naturparks zu etablieren. Die Bezeichnung „Nationalpark", die dafür gewählt wurde, ist zwar in Naturschützerkreisen mehr als umstritten, denn sowohl Größe als auch Struktur sind für einen Nationalpark bei weitem nicht gegeben, begrüßt wurde die Tatsache als solche aber allemal. Es handelt sich vornehmlich um die Schaffung eines Grüngürtels mit Einbeziehung von Fließgewässern und deren Galeriewäldern, um Feuchtgebiete, Acker- und Weideflächen und Parks, um Küstenabschnitte an der Peripherie der Hauptstadt zu beiden Seiten oder um Flussmündungsbereiche mit Ästuaren. Das alles ohne einen unmittelbaren Schutzhintergrund, aber mit der Absicht, eine zusammenhängende Pufferzone rund um die Hauptstadt zu schaffen. Weitere Aufgaben eines solchen Grüngürtels sind z. B. die Luftreinhaltung und der Hochwasserschutz bei Starkregen. Es ist ein Konglomerat aus unterschiedlich wertigen Landschaftsbestandteilen von bunter Vielfalt, und es ist die Antwort auf die Verwüstungen durch den Hurrikan David mit anschließenden Bemühungen zur Wiederaufforstung. Die Bestrebung, die Stadt intensiver zu begrünen und naturnahe Korridore zu schaffen, ist sinnvoll. Santo Domingo ist heute eine der grünsten Hauptstädte Lateinamerikas.

Interessanterweise ziehen solche grünen Oasen verschiedene Wildvogelarten magisch an, u. a. die in der freien Natur stark bedrohten Haitisittiche, die in der Stadt große und lärmende Schwärme bilden. Diese Tendenz ist in den letzten Jahrzehnten auch in anderen Städten, z. B. in Santiago zu beobachten. Offensichtlich finden dort Papageien optimale Bedingungen vor. Kurioserweise lassen sich Parallelen sogar in Deutschland finden, wo im Rheinland zwischen Koblenz und Düsseldorf seit etwa 25 Jahren zunehmend größere Schwärme von Halsbandsittichen, einstige Volierenflüchtlinge, lautstark durch die Vorgärten und die Alleen der Straßen ziehen. Heute leben in den Großstädten der Dominikanischen Republik vorsichtigen Schätzun-

Fast der gesamte Süden Hispaniolas wird von einer Felsenküste gesäumt

gen nach vielleicht schon mehr Papageien, als in ihrem eigentlichen Verbreitungsgebiet in den Wäldern Hispaniolas.

Doch zurück zum Grüngürtel, häufig auch „grüne Stadtmauer" tituliert: Neben dem Mirador del Sur, Mirador del Este und Mirador del Norte verdienen vor allem die Feuchtgebiete rund um den Mittellauf des Río Ozama besondere Beachtung.

Der Parque Nacional Humedales del Ozama beginnt unmittelbar nördlich am Ostrand von Santo Domingo an der Brücke über den Río Ozama in der Avenida Charles de Gaulle. Er umfasst einen breiten Schutzstreifen beiderseits der Ufer flussaufwärts und schließt auch die Nebenflüsse Dajao, Ahoga Vaca und Taza mit ein. Es handelt sich hier um eine unberührte, dichte Ufervegetation, was in einem derart dicht besiedelten Gebiet wie dem Stadtteil Los Mina in dieser Form bemerkenswert ist. Der Park erstreckt sich insgesamt über eine Fläche von 47,4 km². Es ist für all diejenigen gedacht, die schnell aus der Stadt in die unberührte Natur entfliehen wollen. Hier gibt es viele Wasservögel, Fische und die Süßwasserkrabbe *Homalaspis plana*. Die Krabbe ist mittlerweile wieder recht häufig, denn die übermäßige Nachstellung mit Reusenfallen hatte in der Vergangenheit zu einem bedrohlichen Rückgang geführt. Heute stehen Krabben unter einem gewissen Artenschutz.

Die Region gilt als das zweitgrößte Feuchtgebiet des Landes und damit auch des westindischen Archipels und beinhaltet neben größeren Sumpfgebieten auch Süßwasserlagunen, Mangroven, viele Flussläufe und unzählige Kanäle.

Der Südosten

Zwischen Santo Domingo und Punta Cana

Der Südosten wird von einer großflächigen Küstenebene beherrscht. Das etwa 180 km lange und im Schnitt 40–60 km breite Kalkplateau besteht aus quartärem Korallenkalk und schließt sich südlich an die Cordillera Oriental an. Das Gebiet war vor der jüngsten Hebungsphase noch vom Meer bedeckt. Mehrere Stufen repräsentieren die unterschiedlichen Hebungsphasen. Allerdings sind sie auch das Resultat von schwankenden Meeresspiegeln während der Eiszeit. Die durchlässigen Karstböden sind nicht sonderlich fruchtbar, genügen aber als typisches Savannenland den Ansprüchen als Rinderweiden oder den Ansprüchen des kalkliebenden Zuckerrohres. La Romana ist deshalb das Zentrum der aus Kuba eingewanderten Zuckerbarone, mit vielen Zuckermühlen und Rumdestillerien. Die westlichsten Ausläufer dieser verkarsteten Ebene reichen bis nach Santo Domingo, der östliche Bereich wird Llano

Die Zuckerrohrernte wird häufig von haitianischen Wanderarbeitern erledigt

de Seibo genannt. Das Küstenplateau wird von mehreren Flussläufen aus dem regenreichen Hinterland durchschnitten, die seltener in der Sierra Yamasá, sondern meist in der Cordillera Oriental entspringen und alle mehr oder weniger tief eingeschnitten auf direktem Weg in das karibische Meer fließen. Hier fehlt ein großer Sammler nach dem Vorbild der ausgedehnten nördlichen Flusssysteme, etwa eines Río Yuna oder eines Río Yaque del Norte. Die Küste ist meist schroff und felsig mit einem kleinen Steilabfall. Diese Tiefebene ist großflächig von den größten Zuckerrohrfeldern der Welt bedeckt, die in den Wintermonaten für Ornithologen interessant sind, denn auf den abgeernteten Feldern versammeln sich mit Einbruch der Dunkelheit viele nachtaktive Vögel auf ihrer Suche nach Mäusen, u. a. kann man dann drei Eulenarten beobachten. Die Gegend ist ohnehin recht reich an seltenen Vogelarten, bietet aber auch noch eine ganze Reihe von anderen biologischen und geologischen Besonderheiten. Charakteristisch für das semiaride Klima und das kalkige Substrat sind neben anderen die Vorkommen der Königspalme und des Kapokbaums.

Das nationale Naherholungsgebiet **Area Nacional de Recreo Playa de Andres – Boca Chica** beherbergt einen der populärsten Strände des Landes. Dort entstand dank der Nähe zur Hauptstadt noch vor Sosua im Norden das erste Touristenhotel der Dominikanischen Republik. Die Bucht wurde von einem Einwanderer namens Juan Vicini, einem Italiener, entdeckt und zum Touristikzentrum ausgebaut. Hauptattraktion ist

die Bucht Boca Chica, die gern als eine gigantische Badewanne bezeichnet wird. Sie liegt zwischen den Ortschaften Boca Chica und Andrés. In der Tat ist die flache Bucht von einem großen Riffkomplex und den Sandbänken La Matica und La Piedra vom karibischen Meer gut abgeschirmt. Dadurch ist das Wasser überdurchschnittlich warm und ruhig, glasklar und von einem weißen Strand gesäumt. Boca Chica ist Ausgangspunkt für viele organisierte Tagesausflüge und Rundreisen und eines der großen Zentren für Tauchsportfreunde. Vom Unterwassernationalpark La Caleta aus zieht sich ein ausgedehnter Riffgürtel bis zum Parque Nacional del Este, mit vielen interessanten Tauchrevieren und einer abwechslungsreichen Küstenlinie. Entlang der Küste liegen im flachen Gewässer noch einige weitere Wracks, die speziell für Taucher versenkt wurden, etwa der 22 m lange Schlepper „Limon" oder das 33 m lange Schiff der Küstenwache „Capitan Alsina". Von Boca Chica aus starten viele Ausflüge in Neptuns Reich. Der Süden ist auch reich an mittlerweile wieder überfluteten Süßwasserhöhlen, nachdem die Meeresspiegel nach der Eiszeit angestiegen sind und landeinwärts für einen Wasserrückstau sorgen. Auch solche Höhlen stehen im Angebot der Tauchschulen und sind selbst für erfahrene Taucher eine Adrenalinspiegel erhöhende Herausforderung. Allerdings sind sie im Dickicht der Küstenwälder nicht immer leicht zu erreichen und setzen einen geländeerfahrenen Führer voraus.

Juan Dolio liegt noch weiter in Richtung Osten, etwa 24 km östlich des Flughafens Las Americas und 16 km

Der Río Chavón bildete eine der Kulissen für den Film „Apocalypse now"

westlich von San Pedro de Macorís. Es ist touristisch ebenfalls stark überlaufen. Auch hier erstrecken sich ausgedehnte Sandstrände an dem sonst eher felsigen Küstenstreifen. Die nahe gelegene Hafenstadt San Pedro de Macorís ist wie La Romana von der Zuckerindustrie beeinflusst, von hier wurde früher der Zucker in alle Welt verschifft. Die Stadt beherbergt aber auch noch andere Industriezweige. Hier werden z. B. Jeans für den deutschen Markt genäht. Die ansässige Universität hat u. a. die (längst vergriffene) „Flora der Dominikanischen Republik" von Alain Liogier herausgegeben, die im Verlaufe von fast 25 Jahren in neun Lieferungen erschienen und noch immer unvollendet ist. Für Sportbegeisterte sei noch erwähnt, dass San Pedro de Macorís die Hochburg des Baseballs, dem Nationalsport der Dominikaner, ist.

Unweit der Stadt befindet sich angrenzend an ein ausgedehntes Industriegebiet eine 2,2 km² große Schutzzone namens **Refugio de Fauna Silvestre Laguna Mallén**. Es handelt sich um ein Mangrovengebiet mit Sümpfen, Prielen und kleinen angrenzenden Buchten, das dem Artenschutz der reichen Küstenfauna und -flora dient.

Weiter im Hinterland, westlich der Straße zwischen San Pedro de Macorís und Hato Mayor, liegt am Zusammenfluss des Río Higuamo (auch Iguamo geschrieben) mit dem Río Maguá ein weiteres Schutzgebiet, das **Refugio Fauna Silvestre Río Higuamo**. Hier gedeihen noch recht naturnahe Galeriewälder, Auenwälder und andere gewässerbegleitende Ökosysteme, die der daran angepassten Tierwelt die notwendige Existenzgrundlage bieten. Insbesondere der natürliche Rückstau im Einmündungsbereich bildet ein interessantes Feuchtgebiet, das allmählich in eine Brackwasserzone übergeht, die von Mangroven gesäumt ist. Entlang diesem Flusssystem wandern viele Seevögel stromaufwärts, um zu rasten und vor allem um zu brüten. Daher genießt dieses noch ziemlich unberührte Wildtierreservat seit 1996 einen besonderen Schutzstatus.

In der nahen Gemeinde Ramón Santana beginnt auch die seit 1995 ausgewiesene Panoramastraße **Via Panorámica Río Soco**, die von hier ab dem Lauf des Flusses Soco bis zu seinem Mündungsdelta folgt. Ein beidseitiger, 250 m breiter Schutzstreifen sorgt für den Erhalt der natürlichen Galeriewälder beim Durchfließen des ruhigen Gewässers durch Schluchten und die Küstenebene bis zum Strand Montero in der Bucht Soco. Dort existiert auch noch ein kleiner Küstenstreifen mit reichem Mangrovenbesatz, der schon seit 1989 wegen seiner reichen Vogelfauna unter Schutz steht und seinerzeit Manglar Escuela genannt wurde.

Etwa 15 km außerhalb von San Pedro de Macorís in Richtung La Romana stößt man fast unmittelbar an der Straße bei Boca de Soco auf eines der vielen bedeutsamen Höhlensysteme im südöstlichen Karstplateau, die **Reserva Antropológica Cuevas de las Maravillas**. An diesem Küstenabschnitt ist die Gegend ziemlich kuppig, mit beeindruckenden Klippen direkt am Meer. Die Höhlen selbst, 1926 entdeckt und 1949 auf den jetzigen Namen getauft, sind mit Stalagmiten und Stalaktiten übersät und wur-

den bereits von den Tainos bewohnt. Die Wände tragen rund 500 Felszeichnungen der damaligen Bewohner, und man hat viele Keramikscherben und Reste von anderen Kulturgegenständen mit einem Alter von über 1.000 Jahren gefunden. Somit ist dieses Schutzgebiet von größter kulturhistorischer Bedeutung. Aber hier haben auch umfangreiche Forschungen zur Paläontologie, Geologie, Speläologie (Höhlenkunde) und Biologie stattgefunden und zum Verständnis der gesamten Region beigetragen.

Das mit 1,4 km^2 ungewöhnlich große „natürliche Museum" verfügt über drei Eingänge und beherbergt viele Fledermäuse in mehreren Arten. Der begehbare Bereich ist 840 m lang und liegt etwa 25 m unter der Erde. Es ist die touristisch am modernsten erschlossene Höhle mit einem üppig bepflanzten Umfeld, einem Aufzug, einem Besucherzentrum und beleuchteten Gängen. Trotzdem Taschenlampen mitbringen und an warme Kleidung denken! Leider gibt es ein Fotografier- und Filmverbot. Die begehbaren Bereiche sind oft sehr großräumig, und es gibt viele Durchgänge und Verbindungen zwischen verschiedenen Höhlensystemen. Dieses Reservat hält Vergleichen mit den schönsten Höhlen der ganzen Welt stand.

Kurz hinter La Romana liegt das 1976 aus Korallensteinen originalgetreu nachgebaute andalusische Künstlerdorf im Stil des 16. Jahrhunderts, Altos de Chavón. Von hier aus kann man den herrlichen Ausblick auf den Mündungsbereich des Río Chavón genießen. Die archaische Landschaft ist einer der Original-Schauplätze für den Antikriegsfilm

Der Goldkelch ist in Bergwäldern Hispaniolas heimisch, aber ziemlich selten

„Apocalypse Now". Ein Abstecher in das kleine kulturhistorische Museum erlaubt Einblicke in das Leben der Tainos, der karibischen Urbevölkerung, von der man in der unmittelbaren Umgebung zahlreiche Kulturgegenstände gefunden hat. Das Amphitheater ist ebenfalls weit über die Grenzen der Region hinaus bekannt. In diesem Dorf gibt es auffallend viele Anolis an den Mauern und an den Bäumen.

Der von hier oben gut einzusehende Unterlauf des Flusses steht als **Via Panorámica Río Chavón** auf einer Strecke von etwa 1.500 m bis zu seiner Mündung im Meer unter Schutz. Eine

500 m breite Pufferzone inklusive der Steilwände beiderseits des Flusslaufes durch die Tanama-Schlucht soll den einzigartigen Charakter dieses Abschnittes sichern. Die tief in den Felsen gesprengte Küstenstraße kreuzt den imposanten Felsdurchbruch des Río Chavón kurz vor seiner Mündung. Genügend Haltebuchten geben Gelegenheit, dieses für die Dominikanische Republik einzigartige Naturschauspiel von allen Seiten intensiv zu betrachten.

Draußen, unweit im Meer, liegt noch ein weiteres Naturschutzgebiet, das **Monumento Natural Isla Catalina**. Die etwa 15 km² große Insel, von den Tainos früher Toeya genannt, ist von einer 500 m breiten zusätzlich Pufferzone im offenen Meer umgeben, um die reiche karibische Unterwasserwelt zu schützen. Die dem Klischee eines Karibikparadieses schon sehr nahe kommende Tropeninsel wird gerne als Freizeitangebot für Tagesausflügler genutzt. Sie verfügt über palmengesäumte Sandstände, besitzt mit 25–29 °C überdurchschnittlich warmes Wasser und ist wegen ihres flachen Inselschelfs, ihrer überreichen Meeresfauna und der klaren Sicht ideal für Schnorchler und Tauchanfänger. Berühmt bei den Tauchprofis ist allerdings ein imposantes Riffgebiet mit seinem 40 m senkrecht abfallenden Steilabhang, „The Wall" genannt. Die Insel wird mit Booten sowohl vom nur 4 km entfernten La Romana als auch von Bayahibe aus angesteuert. Isla Catalina zählt nach Ansicht von Insidern nicht nur zu den schönsten Stränden, sondern auch zu den schönsten Tauchplätzen der Karibik.

Parque Nacional del Este

Dies ist der östlichste Nationalpark der Dominikanischen Republik. Er wurde im September 1975 gegründet und liegt in der Provinz Altagracia. Die trapezförmige Halbinsel befindet sich an der Südküste im karibischen Meer zwischen Bayahibe und Boca de Yuma. Sie ist von Santo Domingo aus auf der gut ausgebauten Autopista de Las Americas, der Autobahn Nr. 3, über San Pedro de Macoris und La Romana bei einer Strecke von 155 km in etwa drei Stunden zu erreichen. Auch von den rund um Punta Cana verstreut liegenden Hotelanlagen kommt man über Higüey in maximal der gleichen Zeit dorthin. Der mit durchschnittlich 550 Besuchern täglich, in Spitzenzeiten sogar bis zu 1.500 Besu-

Der harsche Karstboden ist nur mit festen Schuhen sicher begehbar

Ein Tag sagt auf seine ganz eigene Art „adieu"

Die bis in die Urzeit zurück reichende Gattung *Zamia* bedeckt hier große Flächen

Wege in den Park, wobei der Pfad in Boca de Yuma der längere ist. Außer auf diesen beiden Wegen ist ein Begehen des Parks nur äußerst mühsam möglich. Von Bayahibe aus gibt es auch die Möglichkeit, den Park zu Pferd zu erkunden.

Zum Nationalpark gehört auch die lang gestreckte Isla Saona, die rund ein Viertel der Gesamtfläche ausmacht und mit etwa 115 km² zu Buche schlägt. Bei maximal 5–6 km Breite ist sie 22 km lang und die größte der vorgelagerten Inseln. Sie ist durch den stellenweise über 6.000 m tiefen Kanal Paso de Catuáno vom Festland getrennt. Isla Saona ist unabhängig auf einer aus dem Wasser ragenden Riffplattform entstanden und beherbergt aufgrund von Süßwasserquellen

chern, zählende, meistfrequentierte Nationalpark ist mit rund 430 km² der fünftgrößte des Landes. Sowohl von Bayahibe im Westen mit dem Haupteingang am Besucherzentrum bei Guaraguao als auch von Boca de Yuma im Osten aus sind die Zugänge zum Park gut ausgeschildert. Von beiden Eingängen führen

die einzigen Siedlungen an der Küste innerhalb des Nationalparks. Mano Juan und Punta Gorda erreichen zusammen nicht mehr als 300 Einwohner. Neue Häuser dürfen hier nicht mehr errichtet werden. Der früher von den Tainos benutzte Name „Adamany" für die Insel wurde bereits von Kolumbus 1494 in

Saona umgewandelt. Möglicherweise beruht die Änderung auf einem Missverständnis, weil eine Pflanze von der damaligen Bevölkerung „Saona" genannt wurde und immer noch so heißt. Es handelt sich um das auch heute dort vorkommende Faulbaumgewächs *Ziziphus rignoni*. Isla Saona gilt als die Hauptattraktion des Nationalparks, die für die großen Besucherzahlen verantwortlich ist, weil sie im Gegensatz zum Festland über hervorragende Badestrände mit weißem Korallensand und tiefblauem Wasser verfügt. Dort gibt es aber auch vier kleinere hypersaline Salzwasserlagunen mit einem hohen ökologischen Wert für Wasservögel.

Geographische und geologische Besonderheiten

Ein Großteil der Südküste wird von tertiären, stark verkarsteten Meeressedimenten gebildet, die durch den Einfluss der Brandung in mehrere ebene Terrassen mit kurzen, steilen Anstiegen dazwischen gegliedert sind. Dieses Relief wurde während des Pleistozäns durch mehrere schrittweise Hebungen der karibischen Platte geformt. Die felsige Küste ist in aller Regel steil und schroff und ragt 3–4 m aus dem Meer. Im Untergrund haben sich eine ganze Reihe von Höhlen gebildet, die teilweise sogar öffentlich zugänglich sind. Das gesamte Nationalparkgebiet befindet sich auf diesem karstigen, weitgehend flachen Gelände; die Folge sind zum Teil sehr trockene Böden. Andererseits gibt es kleine, feuchte Senken, die mit Regenwasser, in Küstennähe auch mit Brackwasser, gefüllt sind, was sich natürlich auf die Vielfalt und die

Die Früchte des Sandbüchsenbaumes wurden früher mit Sand zum Löschen von Tinte gefüllt

Coccothrinax barbadensis, eine von vielen Arten der Gattung, strebt aus dem Unterholz zum Licht

Einzigartigkeit der Vegetation auswirkt. Fließgewässer dagegen gibt es nicht, obwohl im Gebiet mehrere kleine Quellen entspringen, aber der poröse Untergrund lässt alle Oberflächengewässer sofort versickern. Der gesamte Wasserhaushalt findet innerhalb des Karstkörpers statt, und es gibt im Meer Bereiche mit starkem Süßwassereinfluss, ein Hinweis für Quellen unter dem Meeresspiegel. Nur in Ritzen und Senken haben sich im Laufe der Zeit etwas Humus und Lateriterde abgelagert, allerdings sind es ziemlich unfruchtbare Böden, felsiger Untergrund herrscht vor. Daher wird das Bewegen im Gelände durch die oft äußerst scharfkantigen Gesteine – Hundezahnkarst genannt – und die vielen unberechenbaren Löcher erschwert, festes Schuhwerk und derbe Kleidung sind daher dringend geboten!

Dem Festland vorgelagert erstrecken sich vier bedeutsame Korallenriffe entlang der Küste im Kanal von Catuano, die von Bayahibe ausgehend auch für Taucher erschlossen sind.

Der größte Durchmesser des Nationalparks beträgt zwischen den beiden Städten im Norden etwa 25 km, an der Südküste 11 km. Die tiefste Temperatur wurde mit 14 °C, die höchste mit 38 °C gemessen, der Durchschnittswert liegt bei 25,6 °C. Der mittlere Jahresniederschlag beträgt 1.300 mm, das Klima ist entsprechend tropisch-feucht und heiß, aber nicht nass. Es herrscht ein permanenter Wind von See her vor. Die Hauptregenzeit liegt zwischen Mai und November, die Spanne zwischen Dezember und April ist dagegen deutlich trockener. Die höchsten Erhebungen liegen bei etwa 70 m über Meeresniveau, die einzelnen versetzten Terrassen sind flach, mit steilen Anstiegen verbunden.

Von der Schärfe der Chilischoten konnte sich schon Kolumbus überzeugen

Polydontes obliteratus handelt nach dem Motto: „Im Schneckentempo kommt man auch ans Ziel"

Argiope argentata ist mit der europäischen Wespenspinne verwandt

Besondere Attraktionen

• Die Höhlen im Festlandsbereich mit ihren Felsmalereien und Gravuren, z. B. die recht große Cueva del puente in der Region Guaraguao, sind von Bayahibe aus zu erreichen. Von Boca de Yuma aus dagegen kommt man in die Cueva de Bienvenido, mit schönen Tropfsteinformationen inmitten üppiger Tropenlandschaft und in die Cueva de Berna mit Jahrtausende alten Funden untergegangener Kulturen. Außerdem gibt es eine Höhle auf der Isla Saona. Alle diese Höhlen dienten der Urbevölkerung als Behausungen und Kultstätten. In einer dieser Höhlen wurden auch die fossilen Überreste eines Lemuren gefunden, ein Hinweis darauf, dass die Insel in geologischer Zeit von Affen bewohnt wurde, die möglicherweise erst von den ersten Siedlern in historischer Zeit ausgerottet wurden. Die Höhlen, von denen es noch eine ganze Reihe nicht-öffentliche gibt, zählen zu den bedeutendsten

Felsenkrabben fahren regelmäßig aus der Haut

archäologischen Kulturstätten des Landes.

• Ein Aussichtsplateau bietet am Ende eines interessanten Naturpfades durch den subtropischen Trockenwald einen

Sandstrände am karibischen Meer sind oft auf nur kleinere Buchten begrenzt

phantastischen Überblick über den Ostteil des Parks und ist vom Besucherzentrum in Boca de Yuma aus zu Fuß in etwa 45 Minuten zu erreichen.

• Bayahibe gilt als Treffpunkt für Taucher, ist aber vor allem der Hauptausgangspunkt für Bootsüberfahrten zur Isla Saona (Kosten: 100 US$).

• Isla Saona lockt mit schneeweißen Stränden und kristallklarem Wasser. Die Siedlung Mano Juan ist durch die bunten Holzhäuser bekannt und der einzige Ort des gesamten Parks mit einer Trinkwasserquelle. Weitere lohnenswerte Ziele sind Laguna de los Flamencos, Laguna Secucho und Laguna Canto de la Playa sowie die Höhle von Cutabanamá bei Punta Catuano. Die Überfahrt von Bayahibe aus dauert je nach Strömung und Wetter 30–45 Minuten. Es gibt auch die Möglichkeit einer Überfahrt

Der Scharlachstrauch *Hamelia patens* ist im Südosten weit verbreitet

von La Romana oder von Boca de Yuma aus. Isla Saona ist auch für ihre Unterwasserwelt bekannt.

• Von Bayahibe startet ein Boot zu den etwa 15 Minuten entfernten Las Palmillas mit der Piscina Natural, dem Natur-Schwimmbad am südwestlichen Zipfel der Halbinsel. Hinter diesem Namen verbirgt sich eine natürliche, fast vollständig von Felsen eingekesselte, romantische Meeresbucht.

• Bayahibe ist auch Ausgangspunkt für einige Tauchexkursionen in der Nähe. Beliebte Ziele sind Isla Catalina und Isla Saona. Der Kanal von Catuano liegt in einer günstigen, ruhigen Strömung und ist deshalb durch einen besonderen Artenreichtum an Korallen, Schwämmen und Fischen ausgezeichnet, mit besonders schönen Riff-Formationen. Kein Wunder, dass er deshalb und wegen sei-

nes ruhigen und klaren Wassers zu den meistfrequentierten Tauchrevieren der Dominikanischen Republik zählt. Neuerdings gehört auch ein Wrack zu den Attraktionen unter den Tauchern, denn

Laelichilis yumanensis **ist eine besondere Orchidee in der Bucht von Yuma**

Bromelia pinguin **kann stachelige Verhaue mit schmerzhaften Fußangeln bilden**

1998 wurde in der Bucht von Bayahibe der 80 m lange Frachter „Saint George" versenkt. Leider zählen die Riffe sowie auch die gesamte restliche Wasserfläche im Canal von Cuatáno nicht zum Schutzgebiet und sind in ihrem Bestand wegen intensiver Nutzung bedroht. Es gibt drei Riffkörper, der längste davon, zwischen Punta Balaju und Punta Titín gelegen, ist 7 km lang. Manche Riffe ragen in Tiefen bis über 1.000 m, sind dann aber nicht mehr mit lebenden Korallen besiedelt, wohl aber mit Schwämmen.

Die Lebensräume

Der Park wurde vor allem wegen des größten noch existierenden regengrünen Feuchtwaldes, einem lehrbuchhaft ausgeprägten Saisonwald, unter Schutz gestellt. Je nach Untergrund und Höhenlage lassen sich am Festland drei Vegetationszonen unterscheiden: In den Niederungen herrscht subtropischer wechselfeuchter Trockenwald vor, etwas höher der größte und bedeutendste subtropische feuchte Sommerregenwald der gesamten Karibik. Dazwischen liegt eine interessante Übergangszone mit Einflüssen von beiden Seiten. Offene Flächen findet man hier kaum. Über 80 % des Gebietes sind mehr oder weniger dicht bewaldet, die Bäume sind aber infolge des Windeinflusses in aller Regel recht niedrig. Die felsige Küste wird von einem schmalen Mangrovegürtel gesäumt, auf der Insel Saona kommen allerdings auch ausgedehnte Palmenstrände dazu. Am Südzipfel der Halbinsel, in der Bucht von las Calderas, existieren als Besonderheit einige brackige Küstenmoore, und dort wachsen kleine Zwergstrauchsteppen. Das Meer und die Küste im Westen der Halbinsel sind etwas flacher und sandiger als im Rest des Parkes. Im Süden und Osten ist die Küste deutlich felsiger und zerklüfteter. Strandabschnitte sind klein und selten. Einzige Ausnahme sind die Strände auf der Isla Saona.

Die Flora

Die Flora des Parque Nacional del Este gehört zu den bestuntersuchten des Landes. Es wurden bisher 575 Pflanzenarten in 381 Gattungen aus 106 Familien nachgewiesen. 478 Arten davon sind

heimisch, weitere 44 Arten sind sogenannte Neophyten, also aus anderen
Ländern eingeführt, und es wundert
kaum, dass auch im Osten Hispaniolas
viele endemische Arten vorkommen:
Mit 53 Arten machen sie etwa den Anteil von 10 % der Gesamtflora des Parkes
aus. Nach Wuchsformen sortiert verteilen sich die Pflanzen auf 149 Baumarten,
123 Sträucher, 179 krautige Pflanzen, 76
Rankpflanzen und 40 Epiphyten sowie
sechs Spezialisten, darunter zwei Parasiten.

Es können 16 verschiedene Vegetationstypen unterschieden werden. Allein
diese Zahlen machen den hohen ökologischen Wert des Parks mehr als deutlich
und zeigen eindrucksvoll, warum er zu
einer der bedeutendsten Vegetationszonen der Insel gezählt werden muss. In
der Tat erreicht er die höchste Artendichte auf Hispaniola, d. h. die meisten Arten
pro Fläche.

Unübersehbar und weite Landstriche prägend ist allerdings das Massenvorkommen des kleinen, endemischen
Palmfarnes *Zamia media*, der große Teile
des gesamten Parkbodens bedeckt und
auf den Südosten der Insel beschränkt
ist. Palmfarne gehören zu den urzeitlichen Gewächsen, die im Karbon vor
nahezu 300 Millionen Jahren für die Bildung der heutigen Steinkohlevorkom-
men verantwortlich waren und die Vorläufer aller modernen Samenpflanzen
sind. Heute findet man sie zerstreut als
Reliktarten in der tropischen Welt rund
um den Globus. In der Dominikanischen
Republik werden einige Arten wegen
ihres palmartigen Aussehens als Zierpflanzen geschätzt, darunter *Cycas circi-*

Nicht nur auf Capri versinkt die rote
Sonne jeden Abend im Meer

Früchte des Morindabaumes werden gern als Schweinefutter verwendet

Winden blühen überall und in allen Farben

nalis und *C. revoluta*, die allerdings eingeführt wurden.

Auch die erst 1977 von Alain Liogier entdeckte *Pereskia quisqueyana* darf nicht unterschlagen werden, ein nur im Parque Nacional del Este in der Übergangszone vorkommender Kaktus, der strauchig wächst und noch große, dunkelgrüne Blätter besitzt. Ohne Blüten könnte man ihn fast für eine stark bedornte, immergrüne Kamelie halten. Die auffälligen Blüten aber verraten sofort seine Zugehörigkeit zu den Kakteen. Aus der Gattung *Pereskia* sind noch zwei weitere endemische Arten bekannt, eine vierte endemische Art wird derzeit neu beschrieben. Damit wachsen insgesamt sechs Arten dieser Gattung in der Dominikanischen Republik. Eine davon ist in der Karibik noch auf anderen Inseln heimisch, eine weitere wurde aus Südamerika eingeführt und ist mittlerweile ausgewildert. Die Besonderheit bei dieser Gattung ist, dass sich männliche und weibliche Blüten auf getrennten Pflanzen entwickeln. Das Problem bei der äußerst seltenen *Pereskia quisqueyana* war lange Zeit, dass nur männliche Pflanzen bekannt waren und die Vermehrung ausschließlich über Stecklinge möglich war, die aber natürlich auch nur männliche Pflanzen hervorbrachten. Erst mit der Entdeckung einiger weiblicher Exemplare mehr als zwanzig Jahre später wurden sowohl die Vermehrung durch Samen als auch die genetische Bestandssicherung für die Zukunft möglich. Heute versucht man mit Nachzuchtprogrammen, die Bestände sowohl im botanischen Garten als auch in der freien Natur zu vergrößern, denn die Art ist an ihren bisher nur vier bekannten Wildstandorten mit insgesamt 65 Exemplaren akut vom Aussterben bedroht.

Weiterhin wichtige Charakterbäume des Parks sind Balsamapfel, Terpentinbaum, Mesquitebusch, Mahagoni, Wilde Olive, Schwarzer Olivenbaum,

Pockholz, Meertraube, *Coccoloba diversifolia* und natürlich Kokospalmen. Der Boden ist außer mit Palmfarn noch mit vielen anderen Kleingehölzen, etwa *Guaiacum sanctum*, *Eugenia maleolens*, *Schaefferia frutescens* und Stauden dicht bedeckt, es gibt viele Lianen und Epiphyten, z. B. *Peperomia glabella*.

Weitere Besonderheiten sind *Vachellia farnesiana*, *Capparis cyanophallophora*, *Phyllostylon brasiliense*, *Acacia scleroxyla*, *Spondias mombin*, *Sideroxylon foetidissimum*, Gelbholz oder Färbermaulbeerbaum, Westindische Zeder und Weinpalme.

An der Festlandsküste und an einigen Stränden der Isla Saona gibt es ausgedehnte, jedoch meist schmale Mangrovensäume, bestehend aus allen vier in der Dominikanischen Republik vorkommenden Mangrove-Arten. Manche Exemplare werden bis 50 m hoch (s. S. 119).

Eine Besonderheit stellt die Orchidee *Laelichilis yumanensis* dar, die sich als Naturhybride aus den beiden Arten *Laeliopsis domingensis* und *Psychilis olivacea* herausgestellt hat. Es gelang Botanikern kürzlich, in Kreuzungsversuchen die beiden Elternteile zu rekonstruieren. Exemplare dieser attraktiven Hybride kann man zu mehreren Zeitpunkten im Jahr in Blüte erleben, neben meist unzugänglichen Standorten in der engeren Umgebung vor allem an Steilhängen entlang dem Río Yuma, den man von Boca de Yuma aus mit dem Boot ein Stück weit befahren kann. Der Río Yuma wurde durch einen Hurrikan 1998 über große Strecken in seinem Verlauf geändert und ist nur noch ein kurzes Stück mit dem Boot befahrbar. Früher dienten einige Bäume im oberen Teil der Flussmündung als Schlafstätte für eine stattliche Reiherkolonie, die

Vom Aussichtsturm im Parque Nacional del Este hat man einen schönen Überblick

In Meeresnähe ist die nur im Parque Nacional del Este lebende Schnecke *Cerion yumaensis* häufig

Die Fauna

Landesweite Bedeutung besitzt der Park als Lebensraum für eine vielfältige Ornithofauna. 144 Vogelarten, das ist etwa die Hälfte aller auf der Insel lebenden Arten, sind hier versammelt, darunter 55 Zugvogelarten. Hieran haben zwar Seevögel einen großen Anteil, aber auch an Land sind immerhin acht endemische Vogelarten beheimatet und elf Spezies, die auf die Westindischen Inseln beschränkt sind. Darunter Raritäten wie die Weißscheitel-Taube, die heute zu den stark bedrohten Vogelarten zählt, früher hier allerdings in so ungeheueren Massen zum Brüten auftauchte, dass sie vor gar nicht so langer Zeit noch gefangen wurde und als Schweinefutter diente. Weitere interessante Vögel sind so typische Arten wie die Haitiamazone, Antillenkrähe, Breitschnabel-Todi, Gelbschnabelkuckuck, Palmenschwätzer, Grautyrann, Schleiereule, Styxeule, Zuckervogel oder die Rosenschultertaube. Unter den Seevögeln sind als typische Vertreter anzutreffen: Rotfußtölpel, Amerikanische Silbermöwe, Prachtfregattvogel, Rosaflamingo und der Braune Pelikan.

Unter den 19 hier ansässigen heimischen Säugetierarten, darunter 17 Fledermausarten, befinden sich auch die beiden „Stars" der dominikanischen Fauna, nämlich das Dominikanische Zaguti und der Haiti-Schlitzrüssler.

Bei den Amphibien kommen neben dem Antillen-Pfeiffrosch *Eleutherodactylus flavescens* und dem Laubfrosch *Osteopilus dominicensis* noch insgesamt acht weitere Froscharten vor, die alle bis auf eine endemisch sind. Von den hier lebenden 26 Reptilienarten sind immer-

durch den Hurrikan ebenfalls vernichtet wurde. Heute ist eine Bootsfahrt wegen der schönen Kulisse, einer Restpopulation des Nashornleguans in Höhlen an den Steilwänden, einer interessanten Vogelfauna oder wegen der bunten Krabben an den Felsen nahe der Wasserlinie interessant.

hin 17 endemisch, darunter die Natter *Antillophis parvifrons*, die Ameive *Ameiva taeniura* und die Schmuckschildkröte *Trachemys stejnegeri vicina*. Weiterhin sind besonders der Nashornleguan, Landkrabben wie *Gecarcinus lateralis* sowie die Echte Karettschildkröte und die Suppenschildkröte hervorzuheben.

Der flache Küstenbereich beherbergt im Schutz der Korallenriffe mit seinen ausgedehnten Seegraswiesen und 25 Algenarten ein reiches Futterangebot für Meeresschildkröten. Unter den Meeressäugern sind besonders das Manati und der Große Tümmler hervorzuheben. Man nimmt derzeit an, dass die Manati-Population die größte der Insel ist.

Die Riffe sind reich an Korallenarten, wie *Acropora palmata*, *Diplora clivosa*, *Porites asteroides*, *Millepora squarrosa*, *Montastrea annularis*, mit jeder Menge bunter Fische, von denen

Die Wespenspinne ist eine der auffälligsten und häufigsten Spinnen des Landes

bisher 37 Arten bestimmt wurden. In flachen Bereichen kommt die größte Meeresschnecke der Antillen, *Strombus gigas*, noch in großer Zahl vor. Sie lebt von den vielen in der Dominikanischen Republik vorkommenden Seegrasarten,

Ein umgestürzter Baum erwacht abends dank einer Kuhreiher-Kolonie zu neuer Blüte

Anartia jatrophae **ist mit vielen lokalen Rassen in ganz Mittelamerika verbreitet**

darunter Schildkröten- und Manati-Seegras, *Cymodea manatorum*, *Halodule* spp., *Halophila baillonis*, *Halophila engelmanni* und *Ruppia maritima*, die eine enorme Biomasse produzieren und daher bedeutende Ökosysteme darstellen. Die Seegraswiesen rund um die Isla Saona zählen neben denen des Nationalparks Jaragua zu den ausgedehntesten der gesamten Dominikanischen Republik. Im Meer lebende, höhere Pflanzen mussten spezielle Anpassungen entwickeln. Zum Beispiel lösen sie das Problem der Bestäubung, indem ihre Pollen statt durch Wind oder Insekten durch das Wasser verbreitet werden. Außerdem pflanzen sie sich durch ständige Sprossung, also vegetativ, fort. Auf diese Weise können sie eine Dichte von bis zu 4.000 Pflanzen pro Quadratmeter erreichen, stehen also eng gedrängt mit Abständen von gerade einmal 1,5 cm je Exemplar zusammen. Übernutzung und Wasserverschmutzung stellen aber ein großes Gefährdungspotenzial dar.

Neben *Strombus gigas* sind noch weitere 123 Meeresmolluskenarten zu finden. Zwischen den Mangrovenwurzeln brüten u. a. Fische aus den Familien Schnapper (Lutjanidae), Zackenbarsche (Serranidae), Papageifische (Scaridae) und Süßlippen (Pomadasys).

Zum Artenreichtum im Wasser kommen etwa 200 Insektenarten an Land. Bisher wurden vorwiegend Käfer und Schmetterlinge erfasst sowie 14 Spinnentiere. Das dürfte aber nur die Spitze des Eisberges sein, denn konsequente Kartierungen haben bisher noch nicht stattgefunden und sind erst seit kurzem in vollem Gange.

Von der Insel Saona kennt man bislang sechs Schlangen-, zehn Echsenarten sowie eine Froschart.

So groß die Freude über die Akzeptanz des Nationalparks auch sein mag, so groß ist die Sorge, dass durch eine touristische Übernutzung des Gebietes nachhaltige Schäden und Beeinträchtigungen des Ökosystems zu erwarten sind. Angesichts vieler bedrohter Tierarten und einzigartiger Biotope eine gefährliche Gratwanderung zwischen Begeisterung für die Natur bei gleichzeitiger Gefährdung. Bedauert werden muss auch, dass das an den Park angrenzende fischreiche Meer nicht im Schutzgebiet enthalten ist, zumal es auch von Vögeln und Manatis intensiv genutzt wird. So sind wichtige Pufferzonen nicht gewährleistet. Auch private Flächen innerhalb des Parks und die bis an die Grenzen heranreichenden landwirtschaftlichen Nutzflächen oder Hotels sind ein ernsthaftes Problem für die zukünftige ökologische Stabilität.

Für große Aufregung sorgte im August 2002 die illegale Entnahme von acht Großen Tümmlern für die Delfinarium-Industrie aus dem Randbereich des Schutzgebietes vor Bayahibe. Dies zeigt eindringlich, wie wichtig ausgedehnte Pufferzonen und deren Kontrolle rund um die Nationalparks sind.

Konfliktstoff ist auch gegeben, weil die Bevölkerung von Bayahibe zum großen Teil vom Fischfang lebt.

Die Gegend um Punta Cana

Punta Cana ist für den Individualreisenden das blanke Grauen. Bettenburg an Bettenburg und All-Inclusive-Hotels pflastern hier über viele Kilometer lückenlos den Strand. Massentourismus pur mit einem eigens dafür gebauten Flughafen. Berühmt ist der schneeweiße Korallensand, der hier fast 60 km lang ununterbrochen den palmengesäumten Strand bedeckt. Die meisten der hierher kommenden Touristen verlassen diese Stände kaum und werden nie erfahren, welch großartige Natur diese Insel zu bieten hat. Zwar gibt es einige Initiativen rund um die Ressorts, um den Gästen wenigstens etwas von diesen Schätzen

Landeinsiedlerkrebse benutzen oft Gehäuse von Meeresschnecken als Behausung

näherzubringen, aber trotz aller Bemühungen bleibt es doch nur ein schwacher Ersatz.

Für Taucher mit etwas Erfahrung sind Punta Cana und Bavaró aber lohnenswerte Ziele, denn durch das Zusammentreffen von Atlantik und Karibischem Meer bekommt man eine besonders reichhaltige Vielfalt an Riff-Formationen mit einer Fauna und Flora aus beiden Meeren geboten. Allerdings geht es hier manchmal recht rau zu, und die

In der geschützten Bucht Boca de Yuma liegt ein kleiner Fischerhafen

turbulente Strömung kann Anfängern das Tauchen schnell vermiesen. Die Riffe sind mit insgesamt 30 km die längsten der Insel, und es stehen etwa 20 Riffkomplexe unterschiedlicher Schwierigkeitsgrade im Angebot der Veranstalter zur Auswahl. Attraktion bei Tauchern ist auch das Wrack eines 120 m langen Frachters, der hier vor etwa 40 Jahren gesunken ist (Näheres zu Riffen s. S. 198).

Naturschutzstation mit Leguanzucht

In der Nähe des Flughafens befindet sich ein kleiner ökologischer Park, die Punta Cana Ecological Foundation, mit einer Leguanzuchtstation und einem kleinen botanischen Garten in privater Hand, in dem man wenigstens ein paar der wichtigsten Pflanzen der Insel zu Gesicht bekommen kann. Seit 2004 sind in das Projekt auch ein Küstenabschnitt mit einem der wenigen Barriereriffs der Insel und ein 1.500 ha großer subtropischer Küstenregenwald mit einigen kleinen Süßwasserlagunen integriert. Hier sind rund 500 Pflanzenarten zu finden. Wenn sich schon viele Touristen nicht von den Ressorts weg bewegen wollen, muss man eben mit der Natur zu ihnen kommen – verzweifelte Bemühungen gegen die Ignoranz des Massentourismus. Vielleicht hilft es dennoch, den einen oder anderen dazu zu bewegen, die Natur der Insel genauer zu erkunden. Die Betreiber dieser Forschungsstation setzten jedenfalls alles daran, diese sich so rasant entwi-

Perlhühner, offensichtlich vom nahen Bauernhof ausgebüchst

ckelnde Region wenigstens zum Teil in einem natürlichen Zustand zu erhalten, um geeignete Refugien für die heimische Fauna und Flora zu bieten.

Auch in der Nähe kann man an einigen Stellen weitere recht interessante Naturbeobachtungen erleben, etwa an der Lagune von Bávaro. Das etwa 15 km² große Schutzgebiet, das **Refugio Fauna Silvestre Laguna de Bávaro,** beherbergt eine Besonderheit, die nicht so sehr durch ihre Größe, sondern vielmehr durch ihre Einmaligkeit besticht. Es handelt sich um eine von mehreren endemischen Kleinfischarten, den Wüstenfisch *Cyprinodon higuey*, der ausschließlich in dieser Lagune vorkommt. Diese ist im Osten von einer 200 m breiten und 2 km langen Pufferzone aus Mangroven umstanden, die ans Meer grenzt. Etwa in der Mitte dieser Zone, an der sogenannten Punta de los Nidos, brütet traditionell die Weißscheiteltaube. Außerdem ist hier ein ruhiger Schlaf- und Rastplatz für unzählige Zug- und heimische Vogelarten, etwa verschiedene Möwenarten wie z. B. *Larus atricilla*, *L. philadelphia*, Fregattvögel, Braune Pelikane, Kubapfeifgänse, Bindentaucher, Klapperrallen, Nachtreiher, Indianerdommel, diverse Reiher (z. B. *Egretta alba*, *E. caerulea*, *E. rufescens*), Helmperlhühner u. a. Im Wasser leben zahlreiche Schildkröten, Krabben und Mollusken.

Im Westen grenzt das seit 1995 bestehende Schutzgebiet nach einem etwa 250 m breiten Schutzstreifen an die Verbindungsstraße zwischen Bavaró und

Solche mit Sediment verschüttete Flussmündungen sind interessante Lebensräume

Punta Cana. Auch im Norden und Süden stößt es mit nur schmalen Pufferzo-

Kleine Felsinseln im Meer sind sichere Rastplätze für Meeresvögel

nen direkt an Straßen oder an Ferienanlagen.

Das in der Provinz Higuey gelegene Naturdenkmal **Monumento Natural Alubfera de Maimón** schützt eine in der Dominikanischen Republik wohl einmalige Flussmündung. Der Río Maimón endet nämlich nicht direkt im Meer, sondern mündet in eine kleine Bucht, die durch eine vorgelagerte Sandbank abgeschottet wird und nur über einige kleinere Kanäle Kontakt mit dem Meer besitzt. Das Schutzgebiet umfasst 21 km² und wurde 1996 eingerichtet. Es beinhaltet einen 1 km breiten Küstenstreifen zwischen Punta Pedrito und Punta Sabaneta und ragt etwa 2 km stromaufwärts entlang dem Río Maimón ins Landesinnere. Ökologisch gesehen handelt es sich um ein ausgedehntes Mangrovengebiet mit einigen Feuchtsavannen.

Kleines Reise-ABC

Generell ist die Dominikanische Republik ein gut erschlossenes und für Individualtouristen gut zu bereisendes Land. Die Kriminalität ist zwar hoch, hält sich Ausländern gegenüber aber in Grenzen, die Menschen sind in aller Regel äußerst freundlich, aufgeschlossen und hilfsbereit. Ich habe selbst in den entlegendsten Ecken immer jemand gefunden, der den Weg wusste oder in Einzelfällen auch schon mal mitgeholfen hat, das fest gefahrene Auto aus dem Schlamm zu ziehen. Die Infrastruktur wird rasant ausgebaut, und das Straßennetz wird von Jahr zu Jahr besser. Alle Warnungen in den All-inclusive-Hotels dienen nur dem Zweck, die Gäste im Haus zu behalten. Allerdings nehmen Kriminalität und Prostitution in den Touristenzentren schlagartig zu, was nicht nur den Einheimischen anzulasten ist. Speziell aus den USA und Kanada kommen manchmal recht merkwürdige Gestalten ins Land, um es vorsichtig auszudrücken, mit recht merkwürdigen Bedürfnissen.

Palmen sind das klassische Klischee für Urlaub und Tropen

Kleines Reise-ABC

Allgemeines: Amtssprache ist Spanisch, die Hauptstadt ist Santo Domingo und die Staatsflagge ist blau, weiß und rot in der Anordnung eines weißen Kreuzes mit je zwei diagonal gegenüberliegenden Rechtecken in je blau und rot. In der Mitte liegt ein Wappen.

Die Dominikanische Republik besitzt eine Präsidialdemokratie. Die Einwohner heißen Dominikaner. Etwa 80 % der Bewohner sind katholischen Glaubens, es gibt aber auch Minderheitenreligionen, die afrikanischen Ursprungs sind und dem Voodoo-Kult nahestehen. Die Alphabetisierungsrate ist hoch, Schule ist Pflicht, ihr Besuch im ländlichen Raum oft wegen großer Entfernungen problematisch. In Santo Domingo befindet sich die älteste Universität der Neuen Welt. Die Gesundheitsversorgung ist gut und auch für individuell Reisende in größeren Orten selbst sonntags gewährleistet.

Anreise: Von allen größeren deutschen Flughäfen und ab Amsterdam gibt es Direktflüge mit unterschiedlichen Fluggesellschaften, vor allem mit LTU, Condor oder – recht günstig – ab Ams-

Nahe Santo Domingo liegt einer der fünf internationalen Flughäfen

Administration und Auskunft:

Fremdenverkehrsamt der
Dominikanischen Republik,
Kaiserstraße 13, 60311 Frankfurt/Main.
Tel. 069-91 39-78 78
Fax 069-28 34 30
Internet: www.fremdenverkehrsamt.com/
reiseziele/dominikanische_republik_
karibik.html;
www.godominicanrepublic.com/
E-Mail: domtur@aol.com

Reisehinweise des Auswärtigen Amtes
unter: Tel. 030-18-172000, alles aber
auch auf der Homepage: www.diplo.de.
Auch folgende Internetadressen helfen
weiter: www.auswaertiges-amt.de;
www.impfen-online.de;
www.el-limon.de/.

Diplomatische Vertretungen in
Deutschland:
www.embajadadominicana.de/
de/index_de.htm
Botschaft der Dominikanischen Republik,
Dessauer Str. 28-29, 10963 Berlin.
Tel. +49(0)30-25 75 77 60
Fax +49(0)30-25 75 77 61
E-Mail info@embajadadominicana.de

Generalkonsulat der Dominikanischen
Republik:
www.dominikanischeskonsulat
hamburg.de/;
Neuer Wall 39, D-20354 Hamburg,
Tel. 040-47 40 84
Fax 040-460 51 97
E-Mail: info@consuldom.de

Diplomatische Vertretungen in der
Dominikanischen Republik:
Botschaft der Bundesrepublik
Deutschland,
Edificio Torre Piantini Piso 16,
Calle Gustavo Mejia Ricart, esq. Ave.
Abraham Lincoln, Santo Domingo.
Postadresse: Embajada de la República
Federal de Alemania, Apartado 1235,
Santo Domingo, Dominikanische
Republik.
Tel. 001-809-542 89 49 und 542 89 50
Fax: 001-809-542 89 55
E-Mail: info@santo-domingo.diplo.de,
Internet: www.santo-domingo.diplo.de

terdam mit Martinair (Bustransfer z. B.
ab Köln möglich).

Der Flug dauert zwischen 9 und 10
Stunden, je nach Wind und Flugrichtung
(Hin- und Rückflug unterschiedlich
lang).

Internationale Zielflughäfen (von
insgesamt 8) sind für die großen Lang-
streckenmaschinen vor allem Punta

Cana im Osten, Las Americas (Santo Domingo) im Süden oder La Union (Puerto
Plata, oft mit Zwischenstopp in Punta
Cana) im Norden. Zu abgelegeneren
Zielen (z. B. Samaná oder Barahona) gibt
es Anschlussflüge mit Inlandsgesellschaf-
ten. Die Zeitverschiebung beträgt je nach
mitteleuropäischer Normal- oder Som-
merzeit -5 bzw. -6 Stunden.

Bougainvillea als Feldhecke, so etwas gibt's nur in den Tropen

Autofahren ist eigentlich kein Problem, wenn man vor einem gewissen Chaos nicht zurückschreckt und sich umsichtig verhält. Es gibt zwar Regeln, die aber oft missachtet werden, dafür denkt jeder mit. Vorsicht vor „Speedbumps", also quer zur Fahrtrichtung angelegten Betonbarrieren, spöttisch „Schlafende Polizisten" genannt, die man leicht übersieht und die man mit äußerster Vorsicht überqueren sollte, denn oft sind sie unverschämt hoch. Selbst in ungewohnten Situationen trifft man sie an, speziell aber in oder vor Ortschaften, doch in Grenznähe zu Haiti auch an Polizeikontrollen auf freier Strecke. Daneben gibt es gefährlich tiefe Regenablaufrinnen an Kreuzungen. Die Geschwindigkeitsbegrenzung von 80 km/h auf Landstraßen und innerorts sogar nur 40 km/h ist durchaus sinnvoll! Ohnehin sollte man immer äußerst konzentriert fahren, denn leider ist Alkohol am Steuer ein großes Problem. Schlaglöcher mit abenteuerlichen Dimensionen sind zwar seltener geworden, aber selbst auf Autobahnen zu erwarten. Straßenschäden durch Unwetter sind oft gravierend. Ortsschilder setzen sich regional nur zögerlich durch. Nach Möglichkeit nie bei Nacht fahren. Menschen, Tiere, unbeleuchtete Fahrzeuge oder Speedbumps können einem schnell zum Verhängnis werden. Grundsätzlich Vollkasko-Versicherung abschließen und Auslandsschutzbrief mitführen, denn bei Unfällen kann es Wochen bis zur Klärung des Sachverhaltes dauern. Fahrerflucht bei Unfällen ist an der Tagesordnung, und die Polizei ist alles andere als schnell, sobald man sich in ländlichen Bereichen aufhält. Sofort Fotos machen!

Bei Unfällen mit Personenschaden ist die Polizei allerdings recht hart und nimmt auch schon mal Unschuldige mit in Gewahrsam.

Autovermietungen: An allen Flughäfen, aber auch in jeder größeren Stadt und nahe den Touristikzentren kann man Autos von fast allen einschlägigen Firmen mieten (Mindestalter 25 Jahre mit gültigem Führerschein). Achtung: Öffnungszeiten beachten, vor allem bei der Rückgabe (!). Die Preise sind ziemlich hoch, wie häufig auf Inseln zu beobachten, Vergleiche lohnen sich. Wer eine Kreditkarte vorlegt und ein Blanko unterschreibt, braucht keine Kaution zu hinterlegen. Bei der Übernahme unbedingt auch mal unters Auto schauen, um auffällige Mängel zu erkennen. Es herrscht Rechtsverkehr. Die Benzinpreise entsprechen internationalen Verhältnissen und lehnen sich an den amerikanischen Markt an. Speziell auf dem Land wird Sprit auch schon mal hinter dem Haus aus offenen Fässern oder, besonders auf Samaná, am Straßenrand aus Plastikflaschen verkauft. Also bei Spritmangel fragen, nicht verzweifeln (Tankstellen heißen im Jargon oft „Bomba", für Pumpe). Gewarnt sei vor der Anmietung von Motorrädern, die Diebstahlrate ist hoch und der Mieter haftet bei Verlust in voller Höhe!

Bootstouren: Es gibt ein großes Angebot für Raftingtouren, Überfahrten zu verschiedenen Inseln (Isla Catalina, Cayo Levantado, Isla Saona) und eine Personenfähre zwischen Sabana de la Mar und Santa Barbara de Samaná. Fischer sind manchmal bereit, individuelle Ausflüge per Boot zu übernehmen. Allerdings sollte man sich nicht übers Ohr hauen lassen, denn manche verlangen Fantasiepreise, weil sie auch hier an dicke Fische denken.

Busverbindungen und öffentliche Verkehrsmittel: Alle größeren Städte werden von Busunternehmen für Überlandfahrten zu entfernteren Zielen angesteuert, eine Eisenbahn gibt es nicht. METRO und CARIBE TOURS sind am verbreitetsten, es gibt aber auch andere Gesellschaften. Meist ist eine Sitzplatzreservierung am Busbahnhof einen Tag vorher erforderlich, denn volle Busse halten nicht. Die Busse sind klimatisiert, Jacke oder Pulli bereithalten. Die Bevölkerung nutzt die preiswerteren Guaguas, das sind (häufig hellblaue) Kleinbusse, die meist völlig überfüllt sind, und Conchos, in denen alles transportiert wird, was transportabel ist, drinnen oder auf

Autofahren kann schnell zum Abenteuer werden Foto: C. Calzolari

Fixe Feiertage:

1. Januar: Neujahrstag (año nuevo)
6. Januar: Dreikönigstag (día de los reyes)
13. Januar: Nationaler Tag der Alphabetisierung (día nacional de la alfabetización)
21. Januar: Katholischer Feiertag (día de Nuestra Señora de la Altagracia)
26. Januar: Tag des Republikgründers Juan Pablo Duarte (día del padre de la patria Juan Pablo Duarte)
31. Januar: Tag der Jugend (día nacional de la juventud)
14. Februar: Valentinstag (día de la amistad/día de San Valentín)
25. Februar: Tag des Gründungsvaters Matías Ramón Mella (día del patricio Matías Ramón Mella)
27. Februar: Tag der nationalen Unabhängigkeit im Jahr 1844 (día de la independencia nacional)
Variabel (Februar oder März): Karneval (carnaval)
8. März: Internationaler Tag der Frau (día internacional de la mujer)
9. März: Tag des Gründungsvaters Francisco del Rosario Sánchez (día del patricio Francisco del Rosario Sánchez)
30. März: Gedenken an die Schlacht vom 30. März (aniversario de la batalla del 30 de marzo)
Variabel (März oder April): Ostern (la semana santa – die heilige Woche)
1. Mai: Tag der Arbeit
16. August: Tag der Erneuerung der Republik 1863 (día de la restauración)
24. September: Katholischer Feiertag (día de Nuestra Señora de la Mercedes)
6. November: Tag der Verfassung (día de la constitución)
25. Dezember: Weihnachten (día de navidad)

dem Dach. Man nimmt auch schon mal neben Hühnern Platz. Guaguas halten weit häufiger, wer unterwegs aussteigen möchte, muss durch heftiges, zweimaliges Klopfen ans Busdach auf sich aufmerksam machen. Wer gerne mit einem Taxi fährt (meist ab Flughafen oder Hotel), sollte den Preis vorher aushandeln, denn viele Taxen besitzen kein Taxameter. Auch Motorradtaxen (Motoconchos) bringen einen innerorts oder ortsnah für kleines Geld überall hin, auch hier vorher den Preis aushandeln. Motorradtaxen stehen überall im Ort in kleinen Gruppen gut erkennbar zusammen.

Drogen: Sowohl Konsum, Besitz als auch Handel mit jedweden Drogen selbst in Kleinstmengen ist strikt verboten und wird rigoros bestraft. Touristen werden schon mal gerne als ahnungslose Kuriere missbraucht, also keinesfalls für Unbekannte etwas transportieren oder das Auto offen stehen lassen! Die Strafen sind drakonisch und reichen bis zu mehreren Jahren Gefängnis.

Einreise: Es ist ein Reisepass erforderlich, der noch mindestens drei Monate plus Verweildauer gültig sein muss. Vor der Einreise (vom Reiseveranstalter oder von der Dominikanischen Botschaft – auch per Download – erhältlich) oder im Flugzeug kann man ein Einreiseformular („Touristenkarte") bekommen, das bei der Ankunft gegen eine Einreisegebühr von 10 US$ oder Euro in Scheinen, keine Münzen (!) abzugeben ist. Es ist eine Art Visum ausschließlich für den Urlaubsaufenthalt. Den gestempelten Ausreiseabschnitt unbedingt sicher aufbewahren. Diese Touristenkarte ist 30 Tage gültig. Für die Einreise via Schiff

und aus anderen Ländern ist ein Visum erforderlich. Auch die Ausreise ist gebührenpflichtig, also das passende Geld von wiederum 20 US$ oder Euro bereithalten.

Elektrizität: Die Netzspannung beträgt 110 V, ein Adapter für amerikanische Stecker ist erforderlich. Die Stromversorgung in der Dominikanischen Republik ist ein Problem. Häufige Stromausfälle sind die Regel („no luz"). Regional ist der Stromausfall sogar regelmäßig wegen Energieknappheit zeitlich für mehrere Stunden festgelegt. Notebooks oder Ladegeräte dann sofort wegen Überspannungsgefahr bis nach dem Wiederanschalten des Stromes vom Netz nehmen!

Feiertage/Feste: In der Dominikanischen Republik findet man immer einen Grund zum Feiern. Zu den fixen, für das ganze Land geltenden Feiertagen kommen die regionalen mit ihrem jeweiligen katholischen Heiligen in Form von Kirchweihfesten dazu. Die Geschäfte sind meist nur an einem Tag geschlossen. Am Oster- und Pfingstmontag und am zweiten Weihnachtsfeiertag wird gearbeitet.

Fotografieren: Dominikaner sind offene und positive Menschen, die sich gerne fotografieren lassen, wenn man sie vorher freundlich fragt. Manche kommen sogar von selbst und begeben sich in Pose, sobald sie eine Kamera sehen. Im Zeitalter der Digitalkameras ist das Filmproblem zwar gelöst, aber wer noch analog fotografiert, sollte sich unbedingt auf die extremen Lichtverhältnisse einstellen und genügend Vorrat an Filmen mitbringen. Zwar gibt es in den Touristenzentren überall Filme zu kaufen, aber denen kann man nicht immer trauen.

Geld: Die Landeswährung ist der Dominikanische Peso. Ein Dominikanischer Peso entspricht 100 Centavos. Der aktuelle Wechselkurs ist an den US-Dollar angelehnt und daher die bevorzugte Währung, z. B. in Form von (sicheren!) Traveller-Schecks. 1 US-Dollar entspricht etwa 36 Dominikanischen Pesos. 100 Pesos entsprechen je nach Tageskurs etwa 2,1 Euro, umgekehrt entspricht 1 Euro etwa 48,5 Pesos (Stand April 2010; aktuelle Wechselkurse unter www.xe.com/ucc/convert.cgi). Es gibt ein dichtes Netz von Banken oder Wechselstuben (Casa de Cambio), in denen überall gegen Vorlage des Reisepasses (!) Devisen gewechselt werden. Geeignete Zahlungsmittel für Reisende sind neben Bargeld vor allem Traveller-Schecks, Kreditkarten oder Geldanweisungen. Unbedingt die Belege aufheben, denn sonst kann ein Rücktausch der Landeswährung in Dollar oder Euro große Probleme bereiten. Die Ein- und Ausfuhr von Pesos ist verboten! Barbeträge von über 10.000 US$ sind bei der Ein- und Ausreise wegen des Geldwäschegesetzes meldepflichtig. Man sollte keinesfalls größere Bargeldbeträge mit sich führen und keine hohen Peso-Noten. Dafür sollte man unbedingt immer kleine Scheine in der Tasche haben, denn Wechseln ist oft genug Glückssache.

Gesundheit: Typische Krankheiten sind selten. Im Grenzgebiet zu Haiti wird zu Malariaprophylaxe geraten. Auch empfiehlt sich eine Stärkungsspritze für das Immunsystem und Prophylaxe gegen Hepatitis A und B. Weitere Schutzimpfungen, etwa gegen Tetanus, nach Befragung des Hausarztes, soweit nicht ohnehin vorhanden, sind zu empfehlen. Ansonsten sind keine besonderen Vorkehrungen erforderlich. In heißen Gebieten abseits vom Meer kann Fisch schon mal zu Problemen

führen. Fisch und Fleisch also immer nur durchgebraten verzehren. Auch gibt es giftige Meeresalgen, die speziell beim Genuss von größeren Fischen durch darin angereicherte Toxine zu lang anhaltenden Vergiftungserscheinungen (Ciguatera) führen können. Also Vorsicht und besser die Finger weg!

Nicht abgekochtes Trinkwasser (auch Eiswürfel!), Leitungswasser und ungewaschenes Obst meiden. Zähne am besten mit gekauftem Wasser aus der Flasche putzen und nur Getränke, die aus Flaschen stammen, trinken.

Die Reiseapotheke sollte ein Mittel gegen Durchfall enthalten, der bei tropischem Klima immer auftreten kann. Wer sich in klimatisierten Räumen aufhält, muss mit einer Erkältung rechnen, also Fiebertabletten einpacken. Auch an Mittel gegen Insektenstiche und Verbrennungen (Sonnenbrand) denken und zur Vorbeugung natürlich Sonnenmilch mit hohem Lichtschutzfaktor und unbedingt Moskitospray mitnehmen. Unbedingt eine Auslands-Kranken- und Kranken-Rücktransportversicherung abschließen! Deutsche Krankenkassen übernehmen die Kosten normalerweise nicht.

Gifttiere: Das Land kann man auch deshalb so entspannt bereisen, weil

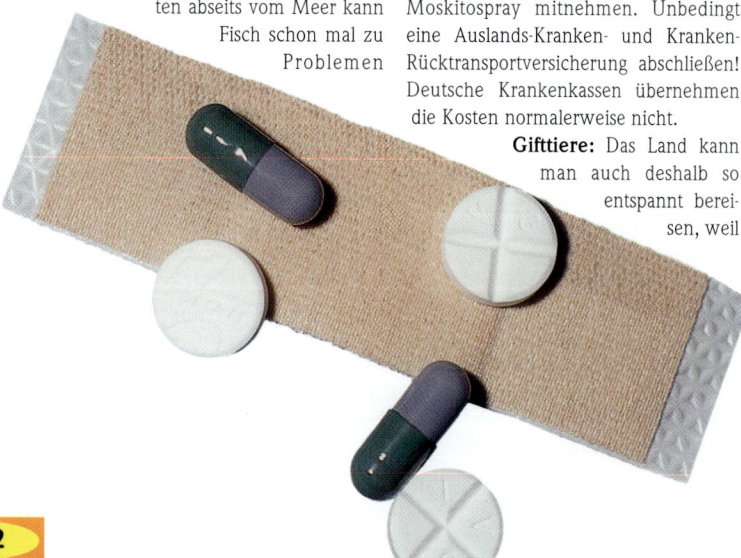

Eine gesunde Erfrischung gibt es fast an jeder Straßenecke

es keine wirklich gefährlichen Tiere gibt – Giftschlangen oder aggressive Raubtiere sind nicht vorhanden. Ein bestimmter Hundertfüßer (Skolopender) kann zwar mit seinem Biss zeitweise Lähmungen verursachen, ist aber nur höchst selten zu sehen. Eher in Acht nehmen muss man sich da schon vor Skorpionen und Giftspinnen (Witwen und Einsiedlerspinnen), deren Stiche bzw. Bisse extrem schmerzhaft sein und systemische Folgen haben können. Eine spezielle Wespenart (es gibt mehrere sehr ähnliche Arten) kann in der Nähe ihres frei aufgehängten Nestes schon mal aggressiv reagieren und ebenfalls äußerst schmerzhaft stechen, zum Glück ist sie selten. Da hat man dann aber ein paar Tage etwas davon, genauso wie von den Bissen winzig kleiner Ameisen – sie halten sich

bevorzugt am Boden an feuchten Stellen auf, etwa Flussufern –, die heftige Schwellungen verursachen. Man sollte aber ohnehin im Gelände immer feste Schuhe, eine lange Hose und langärmelige Hemden aus leichter Baumwolle tragen, auch wenn sie einem oft am Leib kleben.

Moskitos und andere Blutsauger können allerdings lästig werden. Es gibt jede Menge Arten, die sich den Tag für ihre Blutmahlzeit gut aufteilen, also ist rund um die Uhr Mückenalarm! Manche Arten können bei Massenvorkommen auch schon mal einen Allergie-Schock auslösen, daher immer auch ein Anti-Allergikum mitführen.

Im Meer ist man ebenfalls recht sicher. Nesselquallen, Haie oder giftige Fische sind zwar vorhanden, aber an den

Für eine glückliche und unbeschwerte Kindheit braucht es nicht viel

und an vielen kleineren Touristenorten mal mehr, mal weniger saubere Hotels. Oft liegen sie aber mitten in der Stadt und sind je nach Lage ohrenbetäubend laut. Da es meist keine Fensterscheiben, sondern nur Holzklappen gibt, kann der Lärm ungehindert eindringen. Scheinbar ruhige Lagen erschallen dann nachts manchmal durch eine nahe und ohrenbetäubend laute Diskothek, also vor dem Einchecken danach fragen. In den Bergen kommt im Winter oft große Kälte dazu, dann vorsorglich mit warmen Decken eindecken. Es gibt auch Hotels mit klimatisiert-fensterlosen Zimmern, die allerdings gewöhnungsbedürftig sind. Halbwegs sauber und abgelegen sind so genannte „Cabañas turisticas". Dahinter verbergen sich Stundenhotels am Stadtrand. Hier kommt man preiswert, diskret mit eigener Garage und recht ruhig unter, darf sein Appartement aber bis

klassischen Badestränden spielen sie keine nennenswerte Rolle. In flachen Seegraswiesen oder an Felsküsten Badeschuhe tragen, wegen der Seeigel!

Hotels: Außerhalb der Touristenhochburgen mit Zimmern jeder Kategorie von luxuriös bis einfach findet der Individualreisende in jeder größeren Stadt

zur Abreise nicht mehr verlassen. Getränke bekommt man diskret via Drehklappe gegen Bargeld und gelegentlich einen kleinen Imbiss. Auch wenn es einem etwas merkwürdig vorkommt, aber nach mehreren überlauten und schlaflosen Nächten lernt man diese Etablissements lieben!

Klima und Kleidung: Das Klima ist im Flachland tropisch, in den Bergen zum Teil sehr kalt. Der Norden und Osten sind regenreicher, der Süden und Westen trockener. Die Durchschnittstemperaturen in Santo Domingo liegen zwischen 24 und 27 °C, die Luftfeuchte zwischen 50 und 70 %. Die beste Reisezeit ist zwischen Dezember und April, dann herrscht winterliche Trockenzeit mit angenehmen Temperaturen. In der Sommerferienzeit ist die Gefahr von Hurrikans gegeben und es ist regional schwül und heiß. Kurze, aber heftige Regenschauer sind immer zu erwarten, also zumindest für empfindliche Geräte stets einen Schutz mitführen. Die Kleidung sollte vorwiegend aus leichten und luftigen Materialien wie Baumwolle oder Leinen bestehen, für klimatisierte Räume, Busse, in Höhenlagen oder bei Höhlenbesuchen sind jedoch ein warmer Pulli oder eine Jacke unbedingt angeraten. Im Gelände immer feste Schuhe tragen. „Oben ohne" und FKK gilt in der Dominikanischen Republik als verpönt und ist verboten. Trotzdem setzen sich immer wieder Gäste an den Strandanlagen der Hotels darüber hinweg. Es gibt aber einige geschlossene Anlagen für Nacktbader.

Kriminalität: In der Dominikanischen Republik ist längst nicht jeder ehrlich, aber die Kriminalität hält sich doch sehr in Grenzen, speziell im ländlichen Bereich. Prostitution ist leider ein großes Problem und die Damen (und zunehmend auch Herren) sind zum Teil äu-

Die einheimische Küche kann gewöhnungsbedürftig sein, lohnt sich aber oft
Foto: C. Calzolari

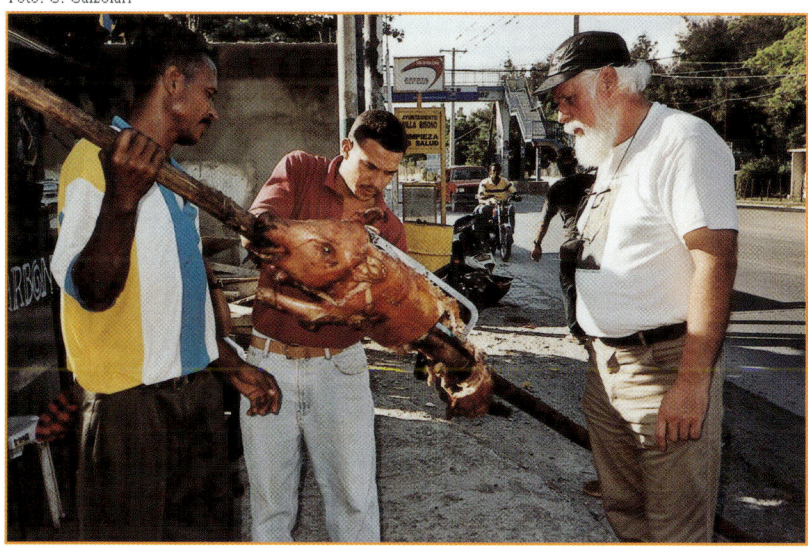

ßerst aufdringlich. Wie in aller Welt üblich, sind Prostituierte und Kleinkriminelle in Touristikzentren und der Hauptstadt besonders zahlreich und dreist. Dann sind Taschendiebstähle oder kleinere Übergriffe nicht auszuschließen. Leider werden aber in den Hotels viele Schauermärchen und Nonsens erzählt. Wer die üblichen Vorsichtsmaßnahmen einhält, wird normalerweise keine Probleme haben. Also keine Wertsachen zur Schau stellen oder sie offen am Strand liegen lassen und Hand- oder Kamerataschen vor schnellen Zugriffen immer geschützt in der Mitte zwischen den beiden Partnern oder von der Straße

abgewandt tragen! Und nachts nie einsame Gegenden aufsuchen.

Worauf man sich auf keinen Fall einlassen sollte, ist Geldwechseln auf der Straße. Es gibt dort sehr geschickte Trickbetrüger, die einen gehörig übers Ohr hauen! Außerdem ist es nicht erlaubt. Bei solchen Tricks spielt auch oft die Polizei mit, genauer gesagt ein als Polizist verkleideter Komplize.

Touristen sind in den Augen der Einheimischen Millionäre, und sie wollen deshalb ein Stück vom Kuchen abhaben. Sie bieten sich dreist als Fremdenführer (guías) an und verlangen oft horrende Summen für nichts. Also vorher Qualifikation testen, denn speziell in Santo Domingo und den Nationalparks gibt es staatlich geprüfte Führer. Dauer, Art und Umfang der Führung und Honorar aushandeln und nie im Voraus zahlen! Am besten fährt man immer noch mit den Parkrangern. Auch sie versuchen zwar, etwas mehr

Geld als erforderlich herauszuschlagen, aber sie sind garantiert ortskundig.

Wer keinen Führer möchte, kommt oft mit der Bemerkung „soy residente" (Ich wohne hier) weiter.

Souvenirs: Neben hervorragendem Rum, Weltklassezigarren und hochwertigem Kaffee gehören vor allem die naiven Malereien, Bernstein und Larimar-Schmuck zu den typischen Mitbringseln. Während man Rum, Kaffee und Zigarren in allen größeren Supermärkten zu ortsüblichen Preisen erwerben kann (Einfuhrbestimmungen in Deutschland studieren, sonst ist Zoll fällig!), schwanken die Preise für die kunsthandwerklichen Erzeugnisse erheblich. Da lohnt es sich allemal, sich in den Seitengassen der Tourismusmeilen umzuschauen oder im ländlichen Bereich zu suchen.

Denn nicht immer ist es dort am billigsten, wo die Waren ursprünglich herstammen.

Auf Märkten ist handeln „Ehrensache", vor allem, wenn man die spanische Sprache beherrscht. In Geschäften dagegen liegen die Preise fest. Wer angeblich „typisch haitianische Kunst" erwerben möchte, muss wissen, dass vieles in Fließbandarbeit „nebenan" hergestellt wird. Speziell an Massentourismussorten

ist das so. An kleineren Urlaubsorten gibt es allerdings schnuckelige, kleine Ateliers mit Künstlern, denen man beim Malen zuschauen kann, etwa in Las Terrenas. In Altos de Chavón werden auch Arbeiten von renommierten dominikanischen Künstlern angeboten. Regional sind Holzschnitzarbeiten beliebt und eine Spezialität im Norden sind Masken aus Leder.

Gewarnt sei vor dem Kauf von unbehandelten Steinen (speziell Larimar und Bernstein müssen verarbeitet sein), sonst könnte es bei der Ausreise Probleme geben. Insbesondere sei auf internationale Artenschutzbestimmungen hingewiesen, denn die schweren Holzmörser stammen zum Beispiel von den international geschützten Gujakbäumen und die großen Conchs, Schildpatt oder viele Korallen stehen ebenfalls auf der Artenschutzliste.

Telefonieren und Internet: Die Dominikanische Republik verfügt über ein vorbildliches Telefonnetz und Aus-

landsgespräche sind einfach, von bester Qualität und erstaunlich preiswert zu führen. Es gibt kaum öffentliche Münz-Fernsprecher, dafür aber viele Büros mit ausreichend Telefonplätzen, etwa CODETEL oder TRICOM, die in jeder größeren Gemeinde oder in Touristenzentren zu finden sind. Bezahlt wird dann am Schalter bar oder mit Kreditkarte. Dort sind auch häufig Internetanschlüsse verfügbar.

Vorwahl von Deutschland in die gesamte Dominikanische Republik: 001-809- ...

Vorwahl aus der Dominikanischen Republik nach Deutschland: 011-049-... (Ortskennzahl dann ohne 0).

Gespräche aus den Hotels nach Deutschland sind dagegen sehr teuer!

Trinkgeld ist in den All-Inclusive-Anlagen nicht immer üblich, aber Individualreisende sollten im Landesinneren im Hotel eine Kleinigkeit für den Zimmerservice und im Restaurant 10 % des Rechnungsbetrages als Trinkgeld vorsehen.

Zoll: Bei der Ausreise aus der Dominikanischen Republik dürfen die üblichen Dinge aus Nicht-EU-Ländern mitgeführt werden, z. B. 200 Zigaretten, 1 Liter hochprozentiger Alkohol und sonstige Waren im Wert von 100 Euro.

Achtung: Bestimmte Materialien, die nicht behandelt sind, dürfen nicht ausgeführt werden, so z. B. unbearbeitetes Gold oder Mineralien wie roher Larimar und Bernstein. In die Bundesrepublik dürfen keine Produkte von geschützten Tier- und Pflanzenarten eingeführt werden!

Schlusswort

Die Auflistung und Beschreibung der vorangegangenen offiziellen Schutzgebiete soll natürlich den Blick nicht für die vielen kleinen und versteckten Winkel versperren, die jeder Individualreisende tagtäglich überall vorfindet. Es lohnt sich fast immer, die Hauptroute zu verlassen, auszusteigen und zu Fuß kleine Wege zu erkunden. Meistens ergeben sich interessante Begegnungen mit der heimischen Fauna und Flora des Landes. Nicht zu vergessen, dass fast überall liebenswerte und gastliche Menschen wohnen, die einem bereitwillig Auskunft geben, sobald sie das Interesse und den Respekt ihres Gegenüber an ihrer Natur und an ihrem Land erkennen. Die vielen menschlichen Begegnungen sind es letztlich, die einen Besuch in der Dominikanischen Republik zusätzlich zu der überreichen Natur zu einem unvergesslichen Erlebnis werden lassen.

Bei aller Begeisterung darf man aber auch nicht die aktuellen Probleme im Land übersehen. Das sind u. a. die starke Bodenerosion, die dazu führt, dass sich

Spanferkel: zu Weihnachten ein Traditionsessen

z. B. Stauseen rapide mit Sedimenten füllen oder dass der Lago Enriquillo durch Schlammlawinen, die bei Starkregen aus Haiti herunterspülen, verlandet. Der Grund dafür ist immer noch in der fehlerhaften Landwirtschaft der Landbevölkerung an dafür völlig ungeeigneten Berghängen zu suchen, aber auch im Kahlschlag der Wälder. Ein anderes Problem ist die Versalzung der Böden durch die übermäßige künstliche Bewässerung und durch den steigenden Einsatz von Düngemitteln und Bioziden. Eine der Hauptursachen für die Rodungen der Wälder ist heute glücklicherweise zumindest für die Dominikanische Republik behoben: die Köhlerei. Denn die staatliche Förderung zur flächendeckenden Versorgung der Bevölkerung mit Gas hat Früchte getragen, aber die Landnahme zu Siedlungszwecken hält unvermindert an.

Die Natur überrascht einen mit immer neuen Impressionen

Die massiven Anstrengungen zum Erhalt der Artenvielfalt sind u. a. durch folgende Maßnahmen zu erreichen:

- Eindämmung der immer noch fortschreitenden Rodung der Wälder
- Vermeidung und Bekämpfung von Bränden jeglicher Art
- Einschränkungen von Bioziden
- Fachgerechte Begleitung beim Abbau von Bodenschätzen
- Verbot des Fangens von Wildtieren als Nahrung (speziell Vögel und Reptilien)
- Verbot des Haltens einheimischer Arten als Haustiere (Vögel und Reptilien)
- Stärkere Kontrolle der illegalen Jagd
- Verhinderung der Einfuhr von lebenden fremden Pflanzen und Tieren
- Intensivierung der wissenschaftlichen Erforschung von Fauna und Flora
- Gezielte Errichtung weiterer Schutzgebiete
- Lenkung der Besucherströme, aber keine neuen Ferienanlagen in unberührter Natur
- Kein Tourismus an empfindlichen Strandabschnitten, z. B. an Schildkrötennistplätzen
- Förderung eines sanften Ökotourismus

Wer mit offenen Augen durch die Dominikanische Republik reist, wird allerdings noch andere Probleme bemerken, die jedes Entwicklungsland auszeichnen: Überall sieht man Berge von Müll und wahllose Eingriffe in die Landschaft. Aber bevor man solche Verhaltensweisen anprangert und verurteilt, sollte man sich vor Augen führen, dass über 500 Jahre Kolonialismus nicht spurlos an einem Land vorübergehen. Seit seiner Entdeckung wurde das Paradies von einst geplündert und aller Schätze beraubt, die es beherbergte: Gier nach Abenteuer und Gold waren das Eine, Plünderungen der Ressourcen in Form von Edelhölzern oder Bodenschätzen das Andere. Heutige Wissenschaftler fürchten, dass praktisch sämtliche Wälder des Landes in historischer Zeit mindestens einmal abgeholzt oder niedergebrannt waren, dass also beinahe alle Waldgebiete Sekundärwälder sind. Ob es wirklich alle sind, ist zwar stark zu bezweifeln, dass es aber der Löwenanteil ist, steht außer Frage. Die Hinterlassenschaften der Kolonialisten waren verbrannte Erde und eine ausgebeutete Bevölkerung, geschunden, verarmt und verelendet. Der Bibelspruch „Gehet hin in alle Welt und lehret alle Völker" wurde von den Konquistadoren gründlich „missverstanden". Denn Brandschatzen, Rauben, Morden steht dort nicht geschrieben. Und wenn Benediktinermönche voller Entsetzen ihren Königen im europäischen Heimatland berichtet haben, sie könnten es nicht mehr ertragen, im Blut der Urbevölkerung zu waten, weil sie sich der „Christianisierung" widersetzte, spiegelt das die ganze Grausamkeit der damaligen Zeit wider, mit Völkermord in einem unvorstellbaren Ausmaß.

Menschen der Neuzeit, die einen

Zeittafel der einzelnen Epochen der Erdgeschichte

Das Erdaltertum (Palaeozoikum) vom Kambrium bis zum Ende des Perm (500–190 Mill. Jahre) spielte für die Entstehung der Karibik eine untergeordnete Rolle.

Im Erdmittelalter mit Trias (190–155 Mill. Jahre), Jura (155–125 Mill. Jahre) und Kreide (125–60 Mill. Jahre) spielte vor allem die Kreide eine größere Rolle bei der Entstehung der Dominikanischen Republik.

Ihr heutiges Gesicht verdanken die Großen Antillen vorwiegend dem Einfluss des Tertiärs und des Quartärs.

Paläozän: Beginn vor 60 Mill. Jahren
Eozän: Beginn vor 55 Mill. Jahren
Oligozän: Beginn vor 40 Mill. Jahren
Miozän: Beginn vor 30 Mill. Jahren
Pliozän: Beginn vor 12 Mill. Jahren
Pleistozän („Quartär"): Beginn vor 2 Mill. Jahren
Holozän: Beginn vor 25.000 Jahren

sanften Ökotourismus bevorzugen, sollten sich also auf die wahre Bedeutung des Bibelspruches rückbesinnen und das Land bereisen, um der Bevölkerung eindringlich zu lehren, welche großartigen Naturschönheiten ihre Insel noch beherbergt. Nur wenn es gelingt, den unwiederbringlichen Wert, den intakte Natur nun einmal besitzt, in bares Geld umzumünzen, ohne sie zu zerstören, wird gewährleistet, dass auch kommende Generationen beim Anblick Hispaniolas in ihr Tagebuch schreiben können, sie haben das Paradies gefunden, so wie es einst Kolumbus 1494 getan hatte. Das dominikanische Volk hätte dies nach all den Jahren mehr als verdient.

Danksagung

Ohne die Mithilfe vieler freundlicher Menschen wäre dieses Buch niemals zustande gekommen. Bedanken möchte ich mich in erster Linie bei dem Verleger Matthias Schmidt und den Lektoren Heiko Werning und Mike Zawadzki für deren Geduld während der Entstehungsphase, sowie bei Christian Ehrlich für dessen hilfreiche Tipps und seine Vermittlung zum Verlag. Claudia Calzolari hat mich auf manchen anstrengenden Reisen begleitet und hat dank ihres Organisationstalentes und ihrer guten Sprachkenntnisse, viel mehr aber noch durch ihre unbekümmerte Art, auf Menschen zuzugehen, entscheidend zum Erfolg der Reisen und zum Entstehen dieses Buches beigetragen.

Dem Enkel und geistigem Erben von Professor Eugenio de Jesús Marca-no Fondeur und meinem Freund, Eduardo Jiménez Polanco, und dessen Familie sei an dieser Stelle ebenfalls ein ganz herzlicher Dank ausgesprochen, haben sie mir doch zu allen Zeiten Gastfreundschaft, Hilfe und Unterstützung gewährt und mit unzähligen Tipps und Informationen zum Gelingen dieses Reiseführers beigetragen.

Vor Ort gab es auch zahlreiche Kontakte mit vielen Nationalparkrangern, die uns unermüdlich alles gezeigt haben, was uns interessierte. Diese Kontakte verdanken wir dem ehemaligen Leiter des Umweltministeriums und seinen Mitarbeiter/innen, vor allem Ivonne Bachmann von der Universität Mainz, die dort im Rahmen eines deutschen Entwicklungsprojektes tätig war.

Der Autor „bei der Arbeit" Foto C. Calzolari

Literatur

Allgemeines, Ökologie und Regionale Ökosysteme:

Areces-Mallea, A., A.S. Weakley, X. Li, R.G. Sayre, J.D. Parrish, C.V. Tipton & T. Boucher (1999): A guide to Caribbean vegetation types: classification systems and descriptions. – The Nature Conservancy / International Institute of Tropical Forestry/USDA Forest Service / Eros Data Service / US Geological Service / USAID. Washington, DC, US.

Autorenkollektiv (2003): Enciclopedia Ilustrada de la República Dominicana. – Eduprogreso, Santo Domingo (11-bändiges Standardwerk).

Autorenkollektiv (2002): Enciclopedia Agropecuaria Dominicana. – Santo Domingo.

Autorenkollektiv der CEBSE (1994): Diversidad de Vertebrados y Ecosistemas en la Peninsula de Samaná. – Samana. Im Centrum der CEBSE erhältlich. Dort auch weitere Broschüren zu unterschiedlichen Themen.

Blume, H. (1968): Die Westindischen Inseln. – Westermann Verlag. Braunschweig.

Bolay, E. (1997): The Dominican Republic. A Country between Rain Forest and Desert. – Margraf Verlag, Weikersheim.

Consortio Empacta-Redes (Hrsg.) (2000): Guía de Turisma de Montaña y Aventura.

Groß, G. (1997): Vegetationsstruktur und Ökologische Dynamik des Feuchtwaldgebietes „Loma Guaconejo" im nordöstlichen Teil der Dominikanischen Republik. – Dissertation, Bielefeld.

Hereida, F. (1998): Dunas Costeras de la República Dominicana „Biodiversida y Conservation". – Publicaciones de la Universidad Autónoma de Santo Domingo, Vol. DCCCXC.

Hoppe, J. (1989): Los Parques Nationales de la Republica Dominicana / The National Parks of the Dominican Republic. – Coleccion Berceló 1. Santo Domingo.

Humann, P., C. Stoll & H. Ritter (1995):

Karibik. – Bechtermünz-Verlag, Augsburg. Ein Bildband mit vielen Unterwasseraufnahmen.

Moscosoa (seit ca. 1980): Zeitschrift des Botanischen Gartens mit einer unregelmäßigen Erscheinungsweise, „jährlich" oder auch länger. Erhältlich im Pavillon des Botanischen Gartens in Santo Domingo. Behandelt überwiegend Neubeschreibungen von Arten und Floren von Naturschutzgebieten, daneben verschiedene andere botanische Wissensgebiete und Personalia.

Valdez, G.S. & M.M. Féliz (1992): Sistema de Areas Protegidas de Republica Dominicana. – Santo Domingo.

Walter, H. & S. W. Breckle (1994): Ökologie der Erde. – Spektrum Akademischer Verlag. Gustav Fischer. 4 Bände.

Geologie und Geographie:

Bolívar M. & M. Troncoso (1992): Regiones Geomorfologicas de la Espanola o de Santo Domingo. – Publicaciones de la Universidad Autónoma de Santo Domingo, Vol. DCLXXXII.

De León, R.O. (1989): Geologia de la Sierra de Bahoruco. Republica Dominicana. – Museo Nacional de Historia Natural. Santo Domingo.

Moya Pons, F. (2004): Atlas de los Recursos Naturales de la República Dominicana. – Secretaría de Estado de Medio Ambiente y Recursos Naturales. Santo Domingo.

Weyl, R. (1953): Geologische Streifzüge durch Westindien und Mittelamerika. – Senckenbergbuch No. 31. Frankfurt.

– (1965): Erdgeschichte und Landschaftsbild in Mittelamerika. – Senckenbergbuch No. 44. Frankfurt.

– (1966): Geologie der Antillen. – Beiträge zur regionalen Geologie der Erde. Berlin.

– (1940): Bau und Geschichte der Cordillera Central von Santo Domingo. – Veröffentlichungen des Deutsch-Dominikanischen Tropenforschungsinstitutes Hamburg.

Band II. Jena.

WOODRING, BROWN & BURBANK (1924): The Geology of the Republic of Haiti. – Port-Au-Prince.

Botanik:

ADAMS, D.C. (1971): The Blue Mahoe and other Bush. An Introduction to Plant Life in Jamaica. – Kingston, Jamaica.

ANDERSON, E. F. (2001): The Cactus Family. – Timber Press.

CEBSE, USAID & CMC (1994): Los Manglares de la Bahía de Samaná. – Naturschutz-Zentrum Samaná. 4. Auflage.

GARCIA, R.. M. MEJÍA & F. JIMÉNEZ (1997): Importancia de las Plantas Nativas y Endemicas en la Reforestation. – Santo Domingo.

HABERLANDT, G. (1926): Eine Botanische Tropenreise. – Verlag W. Engelmann, Leipzig

HOPPE, J. (1998): Palmen in der Dominikanischen Republik. – Santo Domingo.

LE BELLEC, F. & V. RENARD (1999): Tropical Fruits – The Compendium. – Orphie, Cirad 1999. Montpellier.

LIOGIER, H.A. (ab 1982): La Flora de la Española, Vols. I–IX. San Pedro de Macorís. Die monographische Darstellung ist noch nicht komplett abgeschlossen. Von den 200 vorkommenden Familien warten noch etwa 40 auf ihre Bearbeitung.

– (1978): Arboles dominicanos. – Santo Domingo.

– (2000): Diccionario Botánico de nombres vulgares de la Española. – Jardin Botanico Nacional Dr. Rafael Ma. Moscoso. Santo Domingo.

LITTLE, E. & F. WADSWORTH (1964): Common Trees of Puerto Rico and the Virgin Islands. – Washington D.C.

LITTLE, E., R. WOODBURY & F. WADSWORTH (1974): Trees of Puerto Rico and the Virgin Islands. Second Volume. – Washington D.C.

LÖTSCHERT, W. (1969): Pflanzen an Grenzstandorten. – Gustav Fischer Verlag, Stuttgart.

MOSCOSO, R.M. (1943): Catalogus Florae Domingensis (Catalogo de la Flora Dominicana) Parte 1 Spermatophyta. – New York.

PEGUERO BRÍGIDO (1995): La Flora de la Península de Samaná. – Documento Agil No. 2. Centro para la Conservación y Ecodesarrollo de la Bahía de Samaná y su Entorno CEBSE, Santo Domingo.

PEGUERO BRÍGIDO (1995): La Vegetation de la Península de Samaná. – Documento Agil No. 3. Centro para la Conservación y Ecodesarrollo de la Bahía de Samaná y su Entorno (CEBSE), Santo Domingo.

VEGA, B. (1996): Las Frutas de los Taínos. – Fundacion Cultural Dominicana, Santo Domingo.

Säugetiere:

DE PREE, K. (1991): Die Wale von Samaná. – Eigenverlag. Broschüre erhältlich beim Besuch des Walmuseums.

Amphibien und Reptilien:

CEBSE (2004): La Iguana Rinoceronte: Una Especie Endémica Seriamente Amenazada. – Geschäftsstelle der CEBSE, Samaná.

COCHRAN, D.M. (1941): The Herpetology of Hispaniola. – Washington.

FLÄSCHENDRÄGER, A. & L. WIJFFELS (1996): Anolis. – Natur und Tier - Verlag, Münster.

HENDERSON, R.W., A. SCHWARTZ & S. INCHÁUSTEGUI (1984): Guia para la Identification de los Anfibios y Reptiles de la Hispaniola. – Museo National de Historia Natural. Santo Domingo.

HESELHAUS, R. & M. SCHMIDT (1990): Karibische Anolis. – Natur und Tier – Verlag, Münster.

ROUGHGARDEN, J. (1995): Anolis Lizards of the Caribbean. Ecology, Evolution, and Plate Tectonics. – Oxford Series in Ecology and Evolution. Oxford University Press, New York.

SCHWARTZ, A. & R.W. HENDERSON (1991): Amphibians and Reptiles of the West Indies. Descriptions, Distributions, and Natural History. – Gainsville, University of Florida Press.

SCHWARTZ, A. (1968): Geographic Variation in *Anolis distichus* COPE (Lacertilia, Iguanidae) in the Bahama Islands and Hispaniola. – Harvard University, Cambridge, USA.

WILLIAMS, E.E. (1975): *Anolis marcanoi* New Species: Sibling to *Anolis cybotes*: Description and Field Evidence. – Breviora Nr. 430

Fische:

LEE, D.S.. S.P. PLATANIA & G.H. BURGESS (1983): Atlas of North American Freshwater Fishes. Supplement: Freshwater Fishes of the Greater Antilles. – North Carolina Biological Survey. Reprint 1990.

Vögel:

BOND, J. (1993): Birds of the West Indies (5th edition). – Collins Field Guide. London.

DOD A.S. DE (1978): Aves de la República Dominicana. – Museo Nacional de Historia Natural. Santo Domingo.

FLIEG, M. & A. SANDER (2000): A photographic Guide to Birds of the West Indies. – New Holland Publisher, London.

LATTA, S.C. (2001): Aves Comunes de la República Dominicana (Common Birds of the Dominican Republic). – Sociedad Ornitológica de la Hispaniola. Santo Domingo.

– (2006): Birds of the Dominican Republic & Haiti. – Helm Field Guides. London.

PERRINS, C. (1996): Die Große Enzyklopädie der Vögel. – Orbis Verlag, München.

RAFFAELE, H. (1998): Birds of the West Indies. – Helm identification Guides. London.

WAUER, R.H. (1996): A Birder's West Indies. An Island by Island tour. – University of Texas Press.

Schmetterlinge:

BROWN, M.F. & B. HEINEMANN (1972): Jamaica and its Butterflies. – London.

RILEY, N.D. (1975): A Field Guide to the Butterflies of the West Indies. – Collins, London.

PETERSON, R. & C. COVELL (1987): A Field Guide to Moths. Eastern North America. – The Peterson Field Guides. Boston, USA.

SCHWARTZ, A. (1983): Haitian Butterflies. – Museo National de Historia Natural, Santo Domingo.

SCHWARTZ, A. (1989): The Butterflies of Hispaniola. – University of Florida Press, Gainsville.

TAKIZAWA, H., S.M. CABRAL & D. VELOZ (2003): Guia de Mariposas Diurnas de la Hispaniola. – Museo Nacional de Historia Natural, Santo Domingo.

Meeresbiologie:

CORNELI, B. & H. CORNELI (2003): Tauchreviere der Welt. Kuba und die Dominikanische Republik. – Müller Rüschlikon, Schweiz.

HUMANN, P. (1999): Niedere Tiere Karibik. – Jahr-Verlag, Hamburg.

– (1997): Fisch-Führer Karibik. – Jahr-Verlag, Hamburg.

HUMFREY, M. (1975): Sea Shells of the West Indies. A Guide to the marine molluscs of the Caribbean. – Collins, London.

LIESKE, E. & R.F. MYERS (1994): Korallenfische der Welt. – Jahn Top Special Verlag Hamburg.

LINDNER, G. (1975): Muscheln und Schnecken der Weltmeere. – BLV, München.

MIETZ C. & W. IPPEN (1993): Tropische Meeresfische. – Augsburg.

SCHUHMACHER, H. (1976): Korallenriffe. Ihre Verbreitung, Tierwelt und Ökologie. – München.

TOOK, J.F. (1990): Fishes of the Caribbean Reefs. – Macmillan Education Ltd., London.

WOOD, E. & L. WOOD (2000): Reef Fishes, Corals and Invertebrates of the Caribbean including Bermuda. – New Holland Publishers, London.

Bernstein:

KRUMBIEGEL, G. & B. KRUMBIEGEL (1996): Bernstein. Fossile Harze aus aller Welt. – Fossilien, Sonderband 7. Goldschneckverlag Weinstadt.

SCHLEE, D. (1990): Das Bernsteinkabinett. – Begleitheft zur Bernsteinausstellung im Museum am Löwentor, Stuttgart. Stuttgarter Beiträge zur Naturkunde, Serie C –Nr. 28.

SPAHR, U. (1981–1992): Stuttgarter Beiträge zur Naturkunde. Viele Einzelveröffentlichungen zum Dominikanischen Bernstein mit kompletten Artenlisten, in der Serie B (Geologie und Paläontologie).

WU, R.J.C. (ohne Jahreszahl): Secrets of a Lost World. Dominican Amber and its Inclusions. – Santo Domingo. Selbstverlag.

Register

Im folgenden Register finden Sie ein vollständiges, alphabetisch geordnetes Ortsverzeichnis sowie eine umfassende Liste der meisten der im Buch genannten Pflanzen- und Tierarten und aller behandelten Artengruppen mit ihren wissenschaftlichen und zumeist auch deutschen und dominikanischen Namen. Als zusätzliches Angebot gibt es auf der Internetseite des Natur und Tier Verlags (**www.ms-verlag.de**) ein Register sämtlicher genannter Pflanzen- und Tierarten nach Tiergruppen sortiert, die derzeit aktuellste Liste der Tagfalterarten der Dominikanischen Republik sowie ein Verzeichnis allgemeiner Begriffe.

Orte

Pflanzen

Die Baumopuntie *Consolea moniliformis* erreicht mehrere Meter Höhe

Register

Wirbellose

Deutscher Name	Wissenschaftlicher Name	Dom. Name	Seite
–	*Agraulis vanillae insularis*	–	192
–	*Anartia jatrophae*	–	470
–	*Anetia*	–	367
–	*Calisto*	–	192, 299, 308, 323, 332
–	*Danaus*	–	190, 191
–	*Diphtera festiva*	–	195
–	*Dryas julia hispaniola*	–	192, 274
–	*Euptoitea hegesia*	–	193
–	*Greta*	–	268, 332
–	*Hamadryas februa*	–	192
–	*Historius acheronta*	–	194
–	*Lecauge venusta*	–	231
–	*Thysania zenobia*	–	195
–	*Urbanus proteus*	–	368
Admiral	*Vanessa atalanta*	–	192
Ameisenlöwe	–	–	436
Distelfalter	*Vanessa cardui*	–	192
Foraminiferen	*Foraminifera*	–	215
Garnelen	–	–	206, 211, 358, 392
Goldseidenspinne	*Nephila clavipes*	–	365
Haarsterne	Crinoidea	–	213
Hohltiere	*Coelenterata*	–	213
Kalmare	–	Calamares	210
Korallen	–	–	201, 213-215, 234, 469
Krabben	*Brachyura*	Camarones Marinos	126, 206, 211, 212, 227, 231, 332, 355, 358, 373, 392, 414, 449, 451, 462, 471
Kraken	–	–	210
Krebse, diverse	–	–	211, 212, 231, 232, 355, 414, 471
Langusten	–	–	211, 373
Libelle	–	–	195
Malachitfalter	*Siproeta steneles*	–	191
Mauerbiene	–	–	315 f.
Monarch	*Danaus plexippus*	–	191, 374, 437
Moostierchen	Bryozoa	–	215
Muscheln	Bivalvia	–	126, 209, 357
Nesseltiere	Cnidaria	–	213
Passionsfalter	Heliconiden	–	151
Pepsis – Wespe	–	–	432
Plattwürmer	–	–	215
Quallen	–	–	215 f.
Raubfliege	*Efferia*	–	435, 437
Röhrenwürmer	Polychaeta	–	215
Salpen	–	–	215
Schaumzikade	–	–	140
Schlangensterne	Ophiuroidea	–	213

Diese Krabbe handelt nach dem Motto: „Sehen, ohne gesehen zu werden"

Schnapper-Schwärme gehören auch in der Karibik zum typischen Bild Foto: D. Knop

Fische

Amphibien

Reptilien

Der Hispaniola-Wirtelschwanzleguan wohnt in selbst gegrabenen Erdbauen

Vögel

Die Bucht Boca de Yuma ist fischreich
und lockt auch viele Braunpelikane an

Fregattvögel sind Räuber, sie jagen anderen Wasservögeln ihre Beute ab

Säugetiere

Neue Schutzgebiete

Nach Fertigstellung des Manuskriptes Ende 2009 kamen 37 neue Schutzgebiete unterschiedlicher Kategorien zu den bereits beschriebenen Gebieten hinzu. Damit erhöhte sich der Anteil geschützter Areale auf ca. 30 % der Landesfläche der Dominikanischen Republik. Hier die Wichtigsten im Überblick:

• Parque Nacional Aniana Vargas (120 km^2): Im östlichen Cibao-Tal in der Sierra Prieta südwestlich von Cotui wurden 1995 die umfangreichsten Höhlen-Wandmalereien der Karibik entdeckt. In 21 Höhlen gibt es 435 Petroglyphen und 711 Wandbilder.

• Parque Nacional Ámina (112 km^2): Dieser Nationalpark liegt in den nördlichen Ausläufern der Cordillera Central, den sogenannten Sambahills im westlichen Cibao-Tal, und beherbergt besondere Trockenwälder entlang dem Río Amina.

• Parque Nacional Francisco Alberto Caamaño Deñó (588 km): Südlich von San José de Ocoa sind Bereiche des Südabfalls der Cordillera Central und Teile der vorgelagerten Ebene sowie die sich anschließende Bucht zwischen Azua und Palmar de Ocoa unter Schutz gestellt. Dieses Gebiet wird auf den Seiten 339 ff. beschrieben.

• Parque Nacional Baiguate (52 km^2): Ausgedehnte Misch- und Galeriewälder am Mittellauf des Río Baiguate inklusive des legendären Wasserfalls waren Anlass, das Gebiet unter Schutz zu stellen. Es liegt in der Cordillera Central etwas südöstlich von Jarabacoa. Siehe Seite 312.

• Parque Nacional Punta Espada (82 km^2): Beherbergt Teile der Ebene Gran Llanura Costera Oriental del Caribe östlich von Boca de Yuma mit den felsigen Steilküsten. Vergleiche die Beschreibung des Parque Nacional del Este ab Seite 457, der eine gewisse Ähnlichkeit mit dem neuen Nationalpark besitzt.

• Parque Nacional Luis Quin (198 km^2): Im südöstlichsten Ausläufer der Cordillera Central an der Loma La Tachuela östlich San Jose de Ocoa liegt dieser neuer Nationalpark, der neben Wasserfällen vielfältige Ökosysteme von Trockenwäldern bis zu Nebelwäldern beherbergt.

• Parque Nacional Anacaona (539 km^2): Die östlichsten Ausläufer der Sierra de Neiba bilden das Terrain für einen Nationalpark, der von einem geologischen Phänomen geformt ist: der Verlagerung des Flussbettes des Río Yaque del Sur im ausgehenden Tertiär. Weitere Infos auf den Seiten 400 und 424 ff.

• Parque Nacional La Gran Sabana (220 km^2): Im Valle de Neiba zwischen der Laguna de Rincón und dem Lago Enriquillo befindet sich eine stark von Salzböden durchsetzte Senke, durch die der Bewässerungskanal des Río Yaque del Sur zum Lago Enriquillo führt. Hiervon sind jetzt größere Bereiche geschützt. Mehr dazu Seite 400.

• Parque Nacional El Conde en la Presa de Valdesia (42 km^2): Dieser neue Park liegt am östlichen Ausläufer der Cordillera Central westlich der Stadt San Cristóbal und schützt vor allem bizarre geologische Strukturen rund um die Talsperre Valdesia, daneben einen interessanten Übergangswald in den niederen Lagen. Eine Übersicht bietet der Text auf Seite 334.

• Parque Nacional Saltos de la Jalda (36 km^2): Die neuerdings geschützten Wasserfälle befinden sich in der Nähe von Miches (Seite 349) in der Cordillera Oriental und entspringen an den Nordhängen in den dort typischen montanen Regenwäldern. Von hier gibt es schöne Ausblicke auf die Bucht von Samaná.

• Parque Nacional La Española/Sitio Histórico La Isabela (55 km^2):Der Parque Historico La Isabela (Seite 240) wurde deutlich in Richtung Luperón erweitert und als Parque Nacional La Española deklariert. Er ist aber nicht nur aus historischer Sicht interessant, sondern es wachsen dort auch recht typische Küstenwälder.

• Monumento Nacional Salto de Jimenoa (17 km^2): Im Buch noch als Ausflugstipp beschrieben, handelt es sich jetzt um ein geschütztes Nationalmonument. Näheres dazu auf Seite 312.

• Monumento Natural Saltos de Jima (19 km^2): Dieses Naturmonument schützt die Talsperre von Rincón und ihren Zulauf mit einigen imposanten Wasserfällen am östlichen Abfall der Cordillera Central nördlich von Bonao. Der Fluss durchquert unterschiedliche Regenwaldformationen.

• Monumento Natural El Saltadero (2,6 km^2): An der Atlantikküste in der Nähe des Städtchens Cabrerea liegt im Vorgebirge (siehe Seite 248) ein bemerkenswerter Wasserfall, der sich in den Karstkörper eingefressen hat und unter Schutz gestellt wurde. Er wird von der Bevölkerung und von Touristen als erfrischendes Naturschwimmbad genutzt.

• Monumento Natural Salto de Socoa (68 km^2): Dieser geschützte Wasserfall mit dem großen Einzugsgebiet des Río Soca und dem immergrünen Regenwald liegt in der Provinz Monte Plata südwestlich der Bucht von Samaná und soll ein neues Ökotourismuszentrum werden.

• Monumento Natural Saltos de la Tinaja (30 km^2): Dieses Gebiet liegt nördlich der Stadt Santiago de Caballeros in der Cordillera Septentrional. Es schützt im Wesentlichen den Einzugsbereich des Río Jacagua mit kleineren Wasserfällen und den zugehörigen Waldgebieten.

• Monumento Natural Salto Grande (15 km²): Die unter Schutz gestellten drei Wasserfälle mit einer reichhaltigen Fauna und Flora liegen in der Nähe von Bayaguana, etwa 30 km nördlich von Santo Domingo am Río Comatillo.

• Monumento Natural La Ceiba: Endlich hat man den vermutlich größten Baum Hispaniolas zwischen den Orten Tamboril und Peña unter amtlichen Schutz gestellt. Mehr siehe Seite 129 f.

• Monumento Natural Punta Bayahíbe (1,5 km²): Der große kulturelle und natürliche Reichtum bei Punta Bayahíbe war durch den intensiven Tourismus gefährdet (siehe Seite 457 ff.). Die aktuelle Unterschutzstellung bietet der negativen Entwicklung hoffentlich Einhalt.

• Monumento Natural Laguna Gri-Gri: Näheres siehe ab Seite 249.

• Monumento Natural Manantial Las Barías (1,2 km²): Das Naturdenkmal liegt am Lago Enriquillo direkt angrenzend an die kleine Gemeinde Descubierta. Geschützt sind einige seltene Baumarten und das Naturschwimmbad. Näheres dazu auf den Seiten 405 und 424.

• Monumento Natural Las Marías (4,5 km²): In der Sierra de Neiba an der Straße von Galván nach Neiba wurde ein kristallklares Naturschwimmbad

mit interessantem Baumbestand unter Schutz gestellt (siehe auch Seite 424).

• Reserva Biológica Sierra Prieta (4 km²): Nördlich von Santo Domingo am Südrand der Sierra Yamasá (Seite 340 f.) waren es die seltenen Serpentin-Böden mit einer endemischen Flora, die den Ausschlag für die Unterschutzstellung gaben.

• Reserva Biológica Loma Charco Azul (174 km²): Südlich des Lago Enriquillo und westlich von Duvergé ist das neue Biologische Reservat angesiedelt. Es umfasst die Übergangs- und Trockenwälder mit ihrer endemischen Vogelfauna an den nördlichen Ausläufern der Sierra de Bahoruco und der Senke des Enriquillo-Sees.

• Reserva Científica La Salcedoa (41,2 km²): Am Nordhang der Cordillera Septentrional zwischen Salcedo und Gaspar Hernández liegt rund um den Gipfel der Loma El Peñón ein Wissenschaftliches Reservat zum Schutz von Regen- und Nebelwäldern auf dem höchst gelegenen Karstgebiet der Insel. Dort wurde eine neue endemische Pflanze, *Salcedoa mirabaliarum*, entdeckt.

• Reserva Científica Dicayagua (1,2 km²): Dieses Wissenschaftliche Reservat der Insel schützt eine vermutlich einzigartige Epiphytengesellschaft, vorwiegend aus Bromelien und kletternden Kakteen, im Galeriewald des Flüsschens Dicayagua am südlichen Abfall der Cordillera Central und liegt zwischen Santiago de Caballeros und San José de las Matas.

• Santuario Marino Arrecifes del Sureste (7.862 km²): Die Meeresgebiete im Südosten von Hispaniola wurden bisher recht stiefmütterlich behandelt (siehe Seite 464). Jetzt wurden große Riffbereiche zwischen der Mona-Passage und der Mündung des Río Higuamo bei San Pedro de Macorís unter Schutz gestellt.

• Santuario Marino Arrecifes del Suroeste (2.711 km²): Die Mündung des Río Yaque del Sur in der Bucht von Neiba (Seite 426) und der ausgedehnte Küstenschelf Richtung Parque Nacional Jaragua beherbergen viele gefährdete marine Arten, die zur Unterschutzstellung dieses Riffgebietes geführt haben.

• Refugio de Vida Silvestre Río Higuamo (18,5 km²): Nördlich von San Pedro de Macorís fließen die beiden Flüsse Río Higuamo und Río Maguá zusammen und bilden ein Feuchtgebiet, das bis zu seiner Mündung als wichtiges Schutzgebiet für Vögel und andere Wildtiere ausgewiesen ist.

• Refugio de Vida Silvestre Laguna Mallén (1,4 km²): Siehe Seite 454.

• Refugio de Vida Silvestre Gran Estero (152 km²): Das Schutzgebiet umfasst die ausgedehnten Feuchtgebiete am Atlantik im äußersten Westen der Halbinsel Samaná südlich der Bahia Escocesa.

• Área Nacional de Recreo Boca de Nigua (8,5 km²): Dieses Nationale Erholungsgebiet wurde an der Playa Los Charcos mit etwa 7 km Länge an der Mündung des Río Nigua etabliert. Es liegt am karibischen Meer nahe der Stadt San Cristóbal.

Wissen, wo's langgeht

Costa Rica ist eine der artenreichsten Regionen der Erde und besitzt vielfältige Lebensräume: Auf engstem Raum finden sich
Regenwälder, Trockengebiete, Küstenre-
gionen und Gebirgsketten.

Wolfgang und Jacqueline Denzer, ausgezeichnete Kenner des Landes, stellen Ihnen Costa Rica und seine Naturreiseziele
ausführlich vor. Die zahlreichen Schutzgebiete mit ihrer einzigartigen Geologie,
Flora und Fauna sind die Hauptattraktion.
Hier können Sie Vulkane bestaunen, eine
Vielzahl exotischer Tiere in natürlicher Umgebung beobachten und unzählige prächtige Blütenpflanzen bewundern.

Ergänzend finden Sie praktische Hinweise
zu Naturreisen in Costa Rica, genaue Angaben zu Routen und lohnenden Zielen,
ein Ortsregister sowie eine mehrsprachige
Liste mit den wichtigsten Tier- und Pflan-
zennamen.

Eine der artenreichsten Regionen der Erde: Costa Rica

Costa Rica
W. & J. Denzer

223 Fotos, 27 Karten, große Faltkarte
Format: 13,6 x 19 cm
ISBN 978-3-86659-075-5

26,80 €

Natur und Tier - Verlag GmbH
An der Kleimannbrücke 39/41 · 48157 Münster
Telefon: 0251-13339-0 · Fax: 0251-13339-33
E-Mail: verlag@ms-verlag.de